投 資 學

伍忠賢 著

三民書局

國家圖書館出版品預行編目資料

投資學 / 伍忠賢著.－－初版一刷.－－臺北市；三
民，2003
　　面；　公分
參考書目：面
ISBN 957－14－3850－2　（平裝）

1. 投資

563.5　　　　　　　　　　　　　　　　92010919

網路書店位址　http：// www. sanmin. com. tw

ⓒ　投　資　學

著作人　　伍忠賢
發行人　　劉振強
著作財
產權人　　三民書局股份有限公司
　　　　　臺北市復興北路386號
發行所　　三民書局股份有限公司
　　　　　地址／臺北市復興北路386號
　　　　　電話／(02)25006600
　　　　　郵撥／0009998－5
印刷所　　三民書局股份有限公司
門市部　　復北店／臺北市復興北路386號
　　　　　重南店／臺北市重慶南路一段61號
初版一刷　2003年8月
編　號　　S 56219－0
基本定價　拾伍元
行政院新聞局登記證局版臺業字第○二○○號

有著作權，不准侵害

ISBN　957－14－3850－2　（平裝）

謹獻給

恩師　林炯垚　教授

～感謝他對我博士論文的指導與啟發

自序——實用、考碩士班二用的書

　　1991年，芬蘭程式設計師托瓦茲(Linus Torvalds)撰寫脫胎自Unix的作業系統Linux。當年，他只把Linux視為電腦玩家免費的玩意兒。不料三股勢力聯手把Linux推向主流：經濟景氣差導致企業思索省錢之道、英特爾開始製造適用Linux環境的晶片和微軟霸權引起眾人反感。

　　國際數據資訊公司（IDC，或譯為愛迪西）的數據顯示，1999年時，Linux在伺服器市場的佔有率近乎零，但是2002年，在這個規模509億美元的市場攻下13.7%的佔有率；預料2006年會增至25.2%，登上市佔率亞軍。同時，現以59.9%市佔率稱霸伺服器市場的微軟公司，可能得揮別長期攀升的趨勢，緩緩走下坡。

——美國商業周刊，2003年2月22日

　　市面上有關債（票）券、股票、房地產、外匯、共同基金和直接投資等投資管理的書，恰如天上繁星，甚至最近數年成為財務顯學的期貨、選擇權、資產交換等，更令實務工作者、學生有沉重的知識爆炸壓力。然而，縱使能遍讀群書，常有「見樹不見林」的感覺。

　　讀者對書的共同需求是一本能"one stop shopping"、"total solution"的投資管理的書，上以董事長的角度來看公司資產配置，下至投資人員也能依樣畫葫蘆的教戰手冊；對學生來說，則需要一本同時能兼顧就業、升學（考、讀碩士班）的書。

一、本書目標讀者（市場定位）

　　由表0-1可見，本書兼具教學、實用雙棲用途，實務從業人員縱使讀過投資管理的相關書籍，再來看本書，仍會有不虛此行的體會。此外，為了讓各類人員（例如董事長）立刻找到必需閱讀的部分，在表0-1中我們也把相關章節標示出來。

　　鑑於2002年起，家庭理財成為全民運動，銀行紛紛投入財富管理市場，本書投入三章的篇幅(§1.5、§4.2～8、§14.3～6)探討此主題。讓你唸完，再輔以現況另外再加上保險，便可成為稱職的銀行理財專員。

在教學用途方面，本書朝不分科系的通用本邁進，所以數學推導的部分降至最低（這是財務數學、財務計量學的領域）。本書特別適用於科技大學（包括技術學院）、專科學生，以實務、實用為導向，盡可能滿足你「一次看最多」（抱歉的是無法全部應付證券營業員考試）的需求。

表 0-1　本書用途和目標市場

教學用途	實務用途：對象	
一、企管（含國際企業管理），特別是經營管理碩士班（Executive MBA）	一般公司（非金融業）(nonfinancial company) 1.董事長（董事），特別是 chap. 1、§3.5、chap. 4 2.總經理，尤其是§1.1、§3.5、chap. 4	金融業 (financial company) 投資銀行業者（含私人銀行業者）、財務顧問業者
二、財務管理和金融（營運）、保險等科系	1.財務長（CFO）或投資長，特別是 chap. 2～4、§13.1、§16.3、§20.4、§21.5 2.投資部人員，chap. 5～21 3.金融機構理財專員，§1.5、§4.2～8 和§14.3～6	1.證券投信公司 （含海外基金公司） 2.證券投資顧問公司 3.證券公司研究部、經紀部，綜合券商自營部、債券部、研究部、衍生性商品部、承銷部 4.銀行、壽險和票券公司投資、研究人員
三、會計系所	1.會計人員，尤其是§5.1 2.稽核人員，特別是§16.2、§16.5、§21.4	會計師事務所

§代表章節，例如：§5.3 代表第五章第三節，chap. 代表章 (chapter)。

二、我們希望滿足你對書的需求（產品設計）

歌星庾澄慶有首動人歌曲「讓我一次愛個夠」，同樣的，我們瞭解你有「一次（一本書）看最多內容」的需求，因此透過表 0-2 第三欄的寫書方式，讓你花一本書的錢，至少值回三本書的票價；不僅可作為大學投資學課程入門書，也具有實用價值，看了本書，到實務工作中立刻用得上手。不僅滿足你對「學習效果」的需求，在你對學習效率需求的滿足方面（即表 0-2 第一欄中的易讀、好唸），我們也精心設計，透過各種圖表以取代冗長敘述；再加上作好跟財務管理、進階投資管理課程（例如股票、固定收益證券、衍生性商品）的「密接」，以減少重複，藉此把頁數

控制在輕薄短小。

表 0–2　讀者需求分析跟本書「三合一」特色

讀者對書的需求	坊間書（三個I）	本書「三合一」特色
一、實務（能用）	Intelligence:《投資策略》、某某聖經 Information: 例如《基金評比》、《看報紙作股票》等	1.基於作者多年財務工作經驗，以實用為內容取捨標準和全書基調，並經常以實務舉例 2.以臺灣博、碩士論文實證結果來篩選理論，並提出投資決策建議 3.以個人創意（§2.1、§5.6和§12.2等）激發你用新角度來看事物，培養你把知識用出來
二、理論（架構、系統）	Introduction: 例如《投資第一本書》、某某百科,和大部分投資管理教科書	1.以理論架構為基礎，所以「完整」程度比《現代投資管理》更進一級，可說是「策略性投資管理」，詳見§1.2 2.承上（財務管理）啟下（股票、固定收益等投資），避免重複，例如債券的分類請見拙著《財務管理》表12–10、表13–2
三、易讀、好唸	《投資 Step by Step》	1.全書架構（圖0–1、表0–1）、導讀，有些篇另有相關篇章架構圖 2.以圖表整理，取代冗長敘述，以節省篇幅 3.文筆流暢、盡量用口語，盡量每章後面附個案

㈠理論、實務、寫書能力三者兼備（作者的優勢）

　　我在政治大學企管系博士班時主修財務管理，對投資管理有系統的瞭解。

　　從 1986 年我擔任工商時報經濟研究室專欄記者時開始，每週寫「匯率預測」、「利率預測」，1988 年在京華投顧當研究員，1995 至 1996 年在財務顧問公司從事併購和商務信託專案，1996 年在泰山企業替福客多超商公司弄短期資金預測，1997年在聯華食品公司擔任財務經理，處理金融投資相關事宜。十八年來，從公司內外各個角度接觸過公司投資的大部分實務。

　　1992 至 1993 年，在中央大學講授財務管理、投資管理、期貨和選擇權，和1999～2003 年在真理大學講授財務管理、投資管理、國際財務管理、共同基金投資等的經驗，讓我有機會瞭解學生的需求。近年來，在商周及三民書局等出版社，出過許多實務及大專相關用書，對讀者有較深的接觸，也強化了我寫書的技能。

㈡傳道、授業、解惑

有一部校園電影片經典之作「春風化雨 1996」，片中校長傑可布對男主角賀蘭老師說：「老師的職責不僅只是傳授知識，更重要的是避免學生誤用知識。」再加上父親對我教學的期許，皆指出不要只做一個授業的教書匠。所以本書中一些關鍵問題上，我也提出「解惑」的淺見，例如：

(1)第三章第一節你認為「隨便買」的主張及其背後的隱含假設正確嗎？

(2)第三章第二節你認為「隨時買」或「定時定額（基金）投資」無往不利嗎？

尤其，在習題中放了不少報章上常見卻似是而非的投資觀念，讓你能「明辨是非」。

(三)本書不包括二類主題

「知所進退，識所取捨，是為智慧」，寫書時如何拿捏，黑與白之間並沒有清楚的界限，但是至少個人淺見，下列二方面題材本書不擬探討。

1.學生自己可以看得懂而且隨手可得的

大學教育的目標在於給學生釣竿，而不是給他魚；同樣的，教育跟訓練最大差異在於訓練常是可以立即上手的，而教育則偏重於思考、判斷方法。

課程可分為學科、術科，有關金融市場及交易等投資管理術科的書，可參考坊間相關書籍。

2.只有理論意義卻沒有實用價值

社會科學首重實用，任何假說、理論無法經得起實證、實務的檢驗，至少不宜在碩士、大學用書上佔重要篇幅，否則「只能看不實用」的書於事何補？絕大部分投資學的書皆以資本資產定價模式 (CAPM) 為基礎，涵蓋股票投資組合、全球投資組合和投資（如共同基金）績效評估等，篇幅至少佔三分之一。本書在第五章第五節就開門見山的說明資本資產定價模式、套利定價模式的重大缺陷，本書不擬在沙堆上蓋大廈。

創意是發明之母，當我們不採取傳統作法後，被迫想出取代的理論、方法，而且「能用」、「好用」（只要會按計算機即可，無須上電腦跑迴歸模式）。

三、感謝和感激

本書涵蓋投資管理、企業管理和國際金融等領域，非常感謝政治大學國際貿易系、經濟系碩士班和企管系博士班等各相關課程教授（尤其是陳隆麒、林炯垚、劉維琪、吳欽杉和陳肇榮）的教誨，長庚大學的吳壽山教授在財政部證期會擔任顧問

期間，也提供有價值在實務運用的實例，使本書內容兼具實用性，和許多企業人士、專家學者不吝賜教。本書如果有可取之處，他們居功厥偉；要是有任何瑕疵，則應由才疏學淺的我負責，當祈先進不吝指正。

　　一路走來，好友謝政勳、林新象、蔡耀傑、楊正利、柯惠玲，在財務上的支持、精神上的鼓勵，使我能沒有後顧之憂的從事寫作，尤其感激。

伍忠賢　謹誌於新店

2003 年 7 月

投資學

目　次

第二篇　股票投資管理

第四篇　金融投資的風險管理

第十六章　金融投資的風險管理：策略面

表 目 次

圖 目 次

導論──由投資三劍客報酬、風險和「配合」來看本書架構

　　對於不是專攻財務管理的人，只要抓住投資三原則「獲利性、安全性、變現性」來看本書，範圍從大至資產配置、中至各類資產的投資管理、小至一種投資工具的管理，皆分別討論如何符合這三原則。

　　套用行政地理和區域地理的分別，本書架構可依二種方式來表現，圖0–1是投資學的分析架構，硬把資產依其性質分篇分章說明，類似行政地理。至於表0–1則是依區域地理（例如大麥生產區橫跨大陸數省、煤礦則散布數省）的處理方式，依資產配置三大重點──即報酬、風險和配合為經，以各資產為緯，構成本書架構。

　　本書為策略導向的投資管理，比傳統投資管理在安全性、變現性方面著墨較多，由表0–1可見，本書在投資三原則方面分配的比重。第一部分是導論，本處便不多說明。

　　第五篇全球資產配置擺在最後二章,其實依圖0–1的架構,它最好擺在第四篇。擺在這裡的原因，還是遵照各種企業功能管理（例如人管、銷管）大都把全球管理此一主題放在書末，一方面顯示「隔國如隔山」，一方面可能也因此主題屬於選擇性教材，讀者可看也可不看。

一、目標：報酬（率）極大，獲利性

　　「沒有三兩三，怎敢過梁山」，想在報酬率上高人一等，的確需要有二把刷子。本書以65%的篇幅討論資產配置的方法（尤其是chap. 2、3）；針對各項投資工具如何賺得多，則分別於下列章節中討論：

　　1.股票

　　在第二篇中，我們以第五～十二章來說明。

　　2.固定收益證券（主要指票券、債券及債券基金）

　　在第三篇中，我們以第十四、十五（§15.4除外）章來說明。

　　3.不動產

　　不少製造業資產中有二至四成是不動產，如何化清水為雞湯，這便是第十三章公司不動產配置的內容。

　　4.外幣資產

圖 0-1 本書架構——5W1H 架構

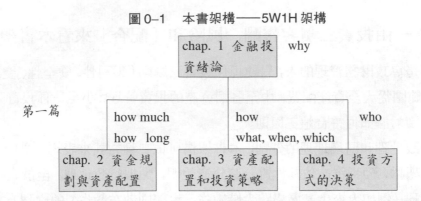

臺幣投資		外幣投資	風險管理
非固定收益資產	固定收益資產		
第二篇	第三篇	第五篇	第四篇
chap. 5 報酬和風險	chap. 13 不動產投	chap. 20 全球資產配置	chap. 16 金融投資的風
chap. 6 基本分析	資管理	§21.1～2 國外短期投	險管理
Part I	chap. 14 固定收益	資	chap. 17 風險管理和內控
chap. 7 基本分析	證券投資	§21.3～4 國外中長期	制度
Part II	組合管理	投資	chap. 18 衍生性金融商品
chap. 8 選股	chap. 15 固定收益		快易通
chap. 9 技術、市場	證券投資		chap. 19 選擇權投資
分析	進階篇		
chap. 10 股票投資			
組合規劃			
chap. 11 投資心理			
學			
chap. 12 股票投資			
組合決策			

　　第一、二、四篇屬於金融資產的投資，第一、二篇以本國貨幣計價的證券為主，第五篇則為外幣資產的投資。臺灣企業理財國際化的腳步可能比製造、行銷等核心活動來得早，在理財無國界的情況下，我們以第二十、二十一章詳細說明全球金融資產配置之道。

二、風險管理: 安全性

「要先懂得如何避免損失，這是投資的第一課」，本書以三成的篇幅強調資產配置、風險管理的方法，這跟大部分的書「重獲利、輕風險」大異其趣，包括下列三大主題:

1. 投資限制

第四章說明投資限制以釐定安全投資範圍，以免誤入險境。

2. 各類金融工具風險管理

股票 (chap. 10)、利率 (§15.4) 和外幣資產 (§21.4) 的風險管理，皆有介紹。

3. 方法、制度和工具

金融避險方法（chap. 16 金融投資的風險管理）、制度（chap. 17 風險管理和內控制度）和金融避險工具（chap. 18 衍生性金融商品、chap. 19 選擇權），是「現代」投資管理的熱門趨勢，不能不懂; 所以我們花四章來說明。

三、資產和負債配合: 變現性

「量入為出」等俚語在說明資產（或收入）和負債（或支出）配合 (matching)，此種「資產和負債管理」的重要性，其目的便在於維持適當的變現力，以免青黃不接。一般投資學對變現力管理此一主題往往一筆帶過，本書以一章的分量，在各節中詳細說明如何配合得恰恰好!

表 0-3 本書用詞跟一般不同處

英文	一般譯詞	本書用詞	說明
convertible bond (CB)	可轉換公司債（可轉債）	轉換公司債	依法律上用詞
disflation	通貨緊縮	物價下跌	詞能達意
fund manager	基金經理人	基金經理	「經理」本來就是職稱，無須再加一個「人」字
hedge fund	對沖或避險基金	衍生性商品基金	詞能達意
inflation	通貨膨脹	物價上漲	詞能達意
NTD	新臺幣	臺幣	因為沒有「舊」臺幣存在
two stocks	二「檔」股票、基金	二「支」股票、基金	避免跟「檔」（價格升降單位，tick size）混為一談
sector	部門，例如 IT sector 譯為資訊部門	產業，例如 IT sector 應譯為資訊產業	一般譯詞譯錯了
yield rate	殖利率	報酬率	詞能達意

因限於篇幅，下列二個主題，請見本書光碟。

1. §12.4 企業直接投資 —— 專論企業專屬創投公司
2. Chap. 13 個案：大陸房地產投資 —— 中屋臺賣正熱門

第一篇

資產配置、投資策略和方式

第一章

金融投資緒論

泡沫之所以出現，主要反映部分投資人對金融資產價格上揚的多頭預期。如果基金經理和投資人察覺到相同的風險，並正確判斷新科技所衍生出的獲利成長，那麼股價上漲即非泡沫。

——葛林史班 (Allen Greenspan)　美國聯邦準備理事會主席

工商時報，2002 年 8 月 31 日，第 2 版

學習目標:

本章先站在董事長、總經理的立場,來看財務部或投資部的財務利潤對公司整體盈餘貢獻預估,計算出投資資金可用期間和金額,並據以進行資產配置。

直接效益:

第一節說明公司宜妥善利用財務資源(提升財務資源生產力),甚至藉以強化公司可維持的競爭優勢。

本章重點:

· 財務利潤不應忽視,經營者應要求財務主管妥善運用資金賺取財務利潤,而不能活在傳統「帳房」時代「錢沒錯」就好了的想法。§1.1
· 「己已巳」是不同的三個字,那麼投資學、現代投資學、投資管理、策略性投資管理,你分得出來有何差別嗎? §1.2
· 2003 年臺灣各種金融投資工具的數目。表 1–4
· 一般公司投資人員需具備十八般武藝,才能應付「財務掛帥」的 21 世紀挑戰。§1.4
· 私人銀行。§1.5 二㈡
· 財富管理分行。§1.5 二㈢
· 理財規劃人員。§1.5 三

前言：財務利潤已成企業獲利新主流

　　1996 年以來，臺灣股市呈多頭走勢，在這一階段的多頭格局中，跟 1986 迄 1990 年那一波最大的不同點是，許多公司不再只把投資利得當做可遇不可求的橫財；而把它當做正業的一部分，有些公司甚至反客為主，採取財務掛帥，本業反倒應酬一下。不管什麼情況，但是都指出，像美國從 1960 年代起，公司投資的意識逐漸抬頭，而這浪潮在三十年後吹到臺灣企業。

　　當然，光一個股市不足以造就這股旋風的，像美元兌臺幣匯率也是呈現多頭格局，從 1997 年的 28.5 元迅速升值到 1998 年 1 月的 34.5 元，三個月之內，升幅高達 21%。不僅許多公司大賺臺幣貶值的匯兌利得，散戶更是螞蟻雄兵般的投入，外匯存款最高金額達到 7000 億元，折合約 200 億美元。

　　新的焦點，便需要有新的策略、組織、用人來因應，以免跟不上時代。本章將先說明新目標（投資管理的重要性），第二章再討論企業投資管理的資金規劃和資產配置（即投資策略）。

◆ 第一節　財務掛帥時代來臨——運用投資管理以強化企業核心能力

　　1998 年股市中的股王華碩在 2 月，投入 1.36 億元買進聯電第三次無擔保轉換公司債，這是華碩買進具有股票性質證券的第一炮，打破以往金融投資只做定存和票券附買回交易。（經濟日報，1998 年 2 月 4 日，第 15 版，陳漢杰）

　　上述是新公司開始體會金融投資的必要性，所跨出的第一步。用來看第一大的專業資產管理公司，國泰人壽總資產高達 8250 億元，1997 年盈餘超過 200 億元，其中股市獲利佔一半，海外投資也賺了 35 億元。

　　華碩、國泰人壽可說是投資管理的重視程度光譜的二個極端，但每股盈餘 15 元的華碩是由忽略投資管理重要性，逐漸往另一端國泰人壽靠近，可見只要賺得合理，沒有公司會嫌錢多的。連本業一年可賺一個資本額以上的公司都很快注意金融資產更有效運用的重要性，更不要說本業尚可的公司了。

一、以往財務利潤的功能

以前公司董事長把財務利潤擺在如棒球比賽中指定代打、救援投手的角色，這些都不是經常發生的，詳如下面說明。因此，財務部的獲利功能是「養兵千日，用在一時」，並不需要頻繁交易以多賺一些「橫財」。

(一)財務利潤以使盈餘平滑

不少公司把財務利潤作為「盈餘操縱」(earning manipulation) 項目，消極目的是避免本業景氣循環所導致的稅前淨利劇烈波動。在本業盈餘低時，把財務利潤實現，正可以讓公司盈餘平滑，如此可提高公司盈餘的穩定性，降低權益的必要報酬率，其結果當然是公司價值（以股價乘上股數來衡量）提高。

當然盈餘操縱的動機、手段很多，本文不能一一敘述；但是管夢欣（1993年）研究臺灣上市公司，研究期間為1986至1991年，支持上市公司透過長期性資產出售交易來操縱公司盈餘。

(二)財務利潤以雪中送炭

不少處於像寄居蟹換殼的公司，在本業新舊交換之際，往往都必需透過「橫財」來撐住場面，以免帳上不好看。不少瀕臨降類的上市公司，常靠賣土地、賣股票來美化帳面，進行淨值保衛戰（每股不要低於5元），由此可見投資管理還有雪中送炭的效果。

用「進可攻，退可守」來形容投資管理的重要性再恰當不過了，開門見山先簡短說明結論，再回頭來看投資管理的定義，和詳細說明投資管理的重要性。

二、投資管理的重要性——財務掛帥時代來臨

1986年以來的股市大多頭格局，臺灣已進入全民理財時代，股票投資已成為全民運動。賺取股價、房地產差價等財務利得，也成了市井小民的興趣。

這股時勢潮流對公司有很大的衝擊，許多公司開始注重投資，對財務部的要求也從以前「不求有功，但求無過」（例如支票不開錯、沒人捲款潛逃），到要求財務人員在股市、匯市衝鋒陷陣，賺取財務利潤(financial profit)，於是財務掛帥時代來臨。

(一)掌握的資源

隨著企業漸趨大型化、集團化，很多公司早已脫離1986年以前跑三點半的慘

綠年代；再加上股票上市和上櫃（以後簡稱上市，除非另有所指），很多公司都擁有傲人的金融資產、土地資產，合佔資產比重可能高達四成，而真正的生財資產（例如原物料、應收帳款、廠房設備、預付款等）可能只佔六成。

由此可見，財務部（或投資部）雖然員工不多，但卻掌管公司極高比重的資產。

㈡財務利潤對每股盈餘的貢獻

把資產當做生產要素，就必須要有合理的貢獻，如此資源才能做最有效率的運用。

以上市公司每年所作的財務預測來說，大部分公司僅列債券（或票券）附買回交易、存款等利息收入，很少把股票投資利得、處置不動產利得放在裡面。這樣做的理由一方面是簽證會計師的意見，一方面也可作為伏兵，一旦盈餘目標可能無法達成，便透過財務利潤來充場面。要是本業佳，而財務利潤又不錯，後者可說是未預期盈餘，常會刺激股價往上走；此時，公司派大股東正可收春江水暖鴨先知的好處。

財務利潤目標秘而不宣，但是對內，董事長一定會給財務長一個目標，例如：

⑴金融資產年投資報酬率目標為 14%，

⑵財務利潤（不含處置不動產）對每股盈餘的貢獻目標為 0.5 元。

公司對於財務長的要求已逐漸從「資金成本最低」、「要錢有錢」的掌櫃角色，逐漸轉向為「不見得要勝過基金經理，但也不能差太遠」的「投資長」(chief invest-ment officer, CIO) 的要求。簡單的說，對於財務部等的定位已從資金採購單位的「成本中心」，轉變為「靠錢賺錢」的利潤中心。

㈢顛覆市場標竿的金融商品、投資大師輩出

像美國女網選手辛吉絲，17 歲便登上全球女子網球排行榜第一名。在專業資產管理公司中，也有不少以投資能力作為資源，以推出更有吸引力的金融產品，保本基金就是一個具體例子。

金融業的推陳出新，更讓一般公司有挑精撿肥的選擇機會；投資再也不是億萬富翁的專利，不少銀行推出理財中心 (private banking) 更顯示小氣財神照樣可以享受 VIP 服務。簡單的說，以前認為財務利潤是「橫財」，現在不少老闆認為它應是正常收益；而且隨著整體投資能力的提升，對於及格的市場標竿水準也逐年往上提高，老闆的胃口也被撐大了。

三、投資管理在策略財務中的角色

　　1991 年以來，臺灣企業也邁向財務掛帥（不過這只是形容財務的重要性），許多企業皆殫精竭慮的想活用實體資產（例如不動產）、金融資產，藉由財務作風以提升公司競爭力。

　　財務長（chief financial officer, CFO 或 financial executive）已從以前出納主管角色逐漸升級，有些注重財務管理的公司更積極想賺取財務利潤。不僅如此，逐漸有主張財務長在公司策略管理中應扮演重要角色，而不再只是「上有（公司）策略，下有（財務）政策」的聽命行事罷了。

　　在財務長想更上一層樓以與聞廟堂之事的前提下，「策略財務（管理）」(strategic finance) 主題下，由表 1-1 可看出投資管理在其中所佔位置，主要是在策略規劃階段，提供全公司實體資產資源配置的方案、方法。投資重點在於本業的直接投資案，可說是投資管理中的專章罷了。

表 1-1　資產配置導向投資管理在策略財務中的角色

策略管理	內容	詳見拙著
策略規劃	1.假設的合理性 2.決策方法 (1)策略投資 (2)策略預算 (3)資產配置導向的投資管理	《國際財務管理》，§1.1參，三民書局，2003 年 9 月 同上，§1.1 壹一 同上，§1.1 壹二
策略執行	1.併購 (M & A) 2.企業重建 (corporate restructuring)	《企業併購》，新陸書局，2002 年 7 月
策略控制	績效評估	《策略管理》第十八章，三民出版，2002 年 5 月

◆ 第二節　為什麼學投資管理——策略性投資管理的意涵

在學校裡修課、從課本上學習，目的在於因應現實生活的需要，在第一節中，我們從非金融業對投資的需求，來瞭解「一位投資人員應發揮的功能」；再逆溯來看，投資人員應具備哪些能力。而金融業從業人員（商品研發、資產管理、業務行銷）所需具備投資能力的深度會超過非金融業投資人員。此外，對個人來說，具備投資知識有助於投資致富。

一、她的需要，你瞭解嗎？

為什麼要學投資管理，我們可以用證券、投信、投顧和壽險公司投資部等在召募證券分析師（或研究員）時，所列出來的畢業系所以及其關注成績單上的課程，詳列於表1-2。我們順便把其他所需課程也一併列出來，好讓你瞭解就業（或勞動）市場上需求，而你能供給什麼。

表1-2　以證券研究員所需具備能力來看在校時所需研修課程

基本分析層級	證券、投信、壽險公司研究部人員職稱	畢業系所	所需研修課程
總體分析	經濟研究員 (economists)，報紙譯為經濟學家，其實譯錯	經濟系所畢業尤佳	經濟學（尤其是總體經濟學）貨幣銀行學（貨幣理論和政策尤佳）國際金融
產業分析	產業研究員 (industry analyst)	產業經濟系所畢業尤佳	產業經濟，企管系所為麥克‧波特的《競爭策略》之類的書財務管理
公司分析	研究員或（證券）分析師 (analyst)	企管（其中包括財金、理工）	投資管理（或投資學）公司鑑價投資組合管理財務報表分析

二、投資學在財務管理中的地位

如果以欣賞、鑑定一顆鑽石來比喻，可分成三種距離來看，請一邊參看圖1-1。

1.**用眼睛看：** 可以看清楚鑽石全貌，這是大二「財務管理」或「公司理財」課程，以資產負債表來說，兼顧資金去路、資金來源（融資面）。

2.**借助放大鏡：** 如果借助放大鏡來看米雕，則可以把局部看得很清楚；本書就是集中在財務管理的一邊，也就是投資管理。

3.**用顯微鏡看：** 用顯微鏡看東西只能看到一小塊，在投資管理中再細分下去，在大三至大四或碩二課程，則是把主要投資工具各自獨立開一門課，講得透徹。例如衍生性金融商品的期貨、選擇權這二項，皆可單獨開課。1992 年以來，隨著金融工具不斷創新，因此財務工程、金融創新也有單獨開課。

圖 1–1　投資管理課程在大學財務核心課程中的地位

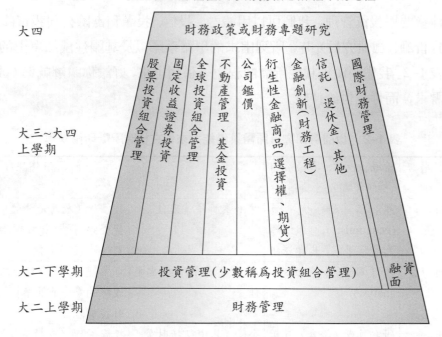

三、投資管理跟投資學的差別

投資學書名令人目不暇給，但其實名稱背後是有玄機的，由圖 1–2 可看出，至少有 4 種名稱，而由第 1 欄「課程名稱」也大抵可見這學科的歷史發展，主要是反映公司對資產管理的重要性與日俱增。

㈠傳統投資學（1991 年以前的書）

就如同經濟學的發展是先從個體經濟學開始，1930 年以後才有凱恩斯推出總

體經濟學。同樣的，傳統投資學只介紹股票、債券等少數幾種投資工具的投資，偏重於單兵戰術或戰技層級。

㈡現代投資學（1992 年以後的書）

　　現代投資學只是把新的投資、避險工具（衍生性金融商品：遠期市場、期貨、選擇權、資產交換）加入，額外可能還會加上投資組合保險、財務工程和金融創新。

　　只是在知識廣度上擴充，但仍著眼於個人、作業（低階管理人員）的對投資「事務」的處理。

㈢（現代）投資管理（1992 年以後的書）

　　投資學跟投資管理的差異，望文生義可以看出，投資「管理」的書會討論管理全部功能：

　　1. 投資學只討論管理活動中的「規劃」功能：從（行情）分析、投資（或避險）決策這些都屬於管理活動中的「事的管理」，是比較科學的部分。

　　2. 投資管理還討論用人、組織設計、協調、控制等：以「用人」來說，事在人為，如果無法適才適所，那麼錢不會自動就賺進來，其他管理功能也是如此。由此看來，投資管理便涉及公司中階管理者（經理）的部門管理活動。

㈣資產配置導向的投資管理（1992 年以後的書）——策略性投資管理

　　資產配置並不是新題目，它比較偏重董事長（或總經理制情況下的總經理）如何把公司資產配置在這些資產之中，這是「最佳資產組合」(optimal asset mix)，觀念上比僅談論一種資產（例如股票、債券）投資組合管理的範圍更寬一些。

　　套用策略管理來比喻，資產配置可類比為公司層級總體策略 (corporatestrate-gy)，至於投資管理則為事業部層級的事業策略 (business strategy)。不過資產配置的觀念還是可以運用到只談作業層級的投資問題，例如投信公司的基金經理（通稱為基金經理人，但我不喜歡多加「人」這個字）如何把資產配置在股票、債券上。

四、從投資人員上迄董事長

　　本書涵蓋公司組織範圍，上起策略層級（董事長迄財務長），中接戰術層級（各類資產投資經理），下迄戰技層級（中類資產的交易、分析、行政人員）。本書比一般投資管理多增加策略層級，接著我們將詳細說明。

㈠「策略性」

　　本書不少篇幅是站在董事長、財務長或投資長的角度來討論投資管理，可說是

圖 1-2　「投資」課程名稱跟公司相關組織圖

課程名稱	本書章節		公司層級和分工
「策略性」	chap. 1	投資和融資	董事長
（資產配置）	chap. 2	資金規劃和資產配置	組織　層級
（加 4～5 章）	chap. 3	資產配置和投資策略	─── 稽核部
	chap. 4	投資方式決策	
	chap. 17	風險管理和內控制度	
投資「管理」		用人、組織管理	戰略（副總─協理）　總經理
（加 2 章）		績效評估和控制	小企業　　大企業
「現代」投資學	chap. 16、18、19	風險管理	財務長　　投資長
（加 3～5 章）		衍生性商品	
傳統投資學	chap. 2	資產配置和投資策略	戰術（經理）
（共 11 章）	chap. 5～12	股票、基金	投資部　國外金融部　不動產開發部　風險管理部
	chap. 13	不動產	
	chap. 14～15	債券	戰技（副理─專員）
	chap. 20～21	海外金融投資	債（票）券交易　股票交易　其他　外匯交易　國外金融交易　其他

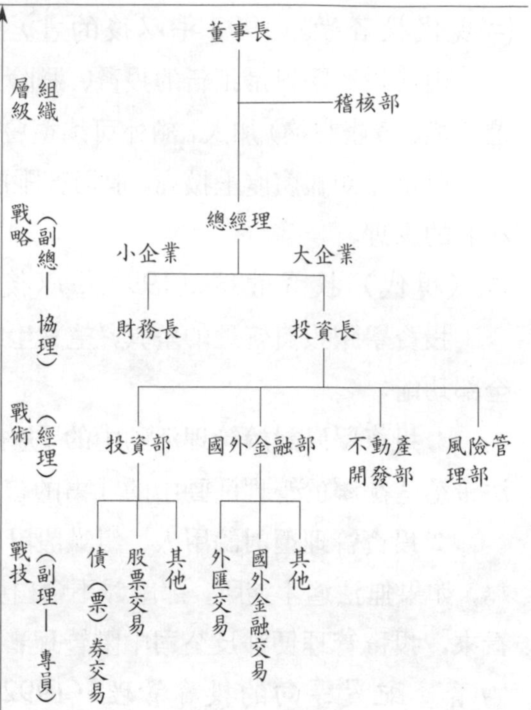

「策略性投資管理」(strategic investment management)，這跟策略性人力資源管理、策略性行銷管理等的精神是一致的。

怎麼判斷一件事情是「策略性」的？最簡單的指標便是董事長會參與，親自下決策，可見茲事體大。在公司投資管理中，資產配置、風險管理及內控制度，往往一不小心就動搖「國」本，所以董事長不敢掉以輕心。由此看來，本書算得上「策略性投資管理」。

資產配置的角色就跟事業部的資源分配一樣，往往連總經理都無權置喙，大都由董事會或董事長決定的。

由於關心的層級不同，所以針對同一主題的處理方式也不同，以衍生性金融商品為例，投資學會以二篇、五到八章來深入介紹選擇權、期貨、資產交換，少數會介紹遠期市場。本書用四章來說明，例如第十六章，說明四種衍生性工具在避險方面的決策、衍生性工具交易的內部控制，這連董事長都必須要懂，以免發生如霸菱金融風暴事件；只是董事長、總經理不必然需要瞭解戰術、戰技層級的選擇權訂價

模式。

　　大學企管系非財管組、企管碩士班，投資管理課程列為選修，但是卻宜把本書列為必讀，可視為涵蓋財務政策的三大主題中的二項——只差理財（即資金來源）。

㈡本書比較注重一般均衡，一般投資學偏重局部均衡

　　套用大一經濟學的觀念，均衡有一般（global）和局部（local）二種狀態，投資管理比較偏重局部均衡分析，一般書籍比較少進一步談一般均衡（以現金流量表中三大部分來舉例）。

　　⑴現金流量表中投資面和營運面間的配合，在第二章第三節中由營業活動的五年現金流量預估，可進一步瞭解未來有多少「可投資資金」（investable capital），並進而求取淨資產保障情況下的最佳投資組合。

　　⑵現金流量表中投資面和理財活動的配合，好像這筆資金是股本一樣，可以無限期使用下去。但是事實上，投資資金仍兼負著還債的任務，這也是第四章第七節談「資產負債管理」（包括變現力管理）、「虧損上限時的最佳投資組合」的原因。

　　由上述可見，資產配置比較注重全部均衡，財務部不把「可投資資金」當做理所當然的外生變數來處理，而是當做系統（此處為公司）內決定的內生變數看來。簡單的說，當分析結果某些直接投資案的淨現值低於金融投資，那麼在資源配置時則應拒絕投資；這麼來看，資產配置不再只是把閒置資金、資產做有效率的運用罷了！資產配置的目的在求公司有形資產的最適配置，並連帶的也將影響無形資產的配置。

◆ 第三節　微利時代來臨——財務利潤越來越難賺

　　如果遍地黃金，那就沒有人會去發明煉金術；當公司老闆將本求利把箭頭指向「擁金自重」的財務部，要求要有功勞；可惜的是，金融環境卻很嚴峻，套句流行語來說，2001 年全球進入微利時代，連每年賺個 5% 都不容易；這對投資人員來說可說是「屋漏偏逢連夜雨」，本節詳細說明「投資人員真命苦」！

一、股市進入微利時代，投資人夢醒

　　看過 Discovery 頻道，報導美國阿拉斯加州的鮭魚逆流而上去產卵，灰熊好整以暇的站在河中，隨手一撈都是鮭魚，順口一咬，如果咬到鮭魚，灰熊還會丟掉，

因為有卵的母鮭魚比較好吃。

你看,魚多到可以挑精撿瘦;反之,大部分臺灣的河川釣客釣到三、四兩重的鯽魚、溪哥,就樂歪了。

由這二個例子可看出,「站對山頭,勝過拳頭」,灰熊不比人聰明,只因有地利之便。同樣的,2001年起,隨著全球產能過剩,製造業進入微利時代,金融投資也跟實體投資一樣慘,進入微利時代。

(一)美股帶動全球股市趨勢

1991～2000年2月美股大多頭時期,投資人瘋狂追股票,造成股價漲翻天,投資專家趁勢鼓吹要揚棄老舊的鑑價標準,不能再以企業獲利和股利來衡量股價是否合理,連堅持價值投資的股神華倫·巴菲特(Warren Buffett),也一度虛心的自我檢討。

2000年3月,美股突然開始由盛而衰,迄2002年,寫下連三黑。美股市值已至少跌掉7兆美元,股票基金淨值平均縮水五成,投資報酬率更創下1987年股市大崩盤以來最差紀錄,詳見表1–3。

表1–3　2002年海外基金績效

投資類型	基金類別	投資報酬率(以臺幣計算)
一般型基金	亞洲太平洋股票基金	−12.87
	歐洲股票基金	−19.45
	環球股票基金	−19.46
	臺灣股票基金	−20.56
	北美股票基金(以美國為主)	−24.88
科技型基金	亞洲太平洋資訊科技股票基金	−13.97
	臺灣資訊科技股票基金	−25.09
	環球資訊科技股票基金	−40.18
	生物科技股票基金	−41.88

資料來源: Lipper
資料整理: 匯豐中華投信
經濟日報,2003年1月11日,第11版。

曾經讓許多人一夕致富的科技股,可能也會沉寂好一陣子,就跟1970年代的能源股、1980年代的消費性類股一樣,從絢爛歸於平淡。

　　2002 年 7 月起，許多美國的證券分析師甚至斷言，股市動輒兩位數（例如 25%）的投資報酬率已成天寶遺事，今後股市恐怕也要進入微利時代，投資人最好要有心理準備。未來股市年投資報酬率大概只有 7 ～ 9%，跟標準普爾 500 種股價指數（S ＆ P 500）成分股的平均獲利成長率趨於一致，　重視基本面的投資策略終於獲得平反。

　　摩根士丹利證券公司全球策略分析主任畢格斯認為，未來的投資策略講究小而美，慎選個股尤其重要，大規模的投資組合很難獲利，更別奢望有 8% 的投資報酬率。

㈡2003 年也不容易大賺

　　2003 年全球經濟將持續面對產能過剩和消費不足的挑戰，　預料全球景氣將僅維持低度的成長。群益投信店頭市場基金經理陳恭錂指出，2003 年仍然不是一個容易賺大錢的一年。（經濟日報，2003 年 1 月 13 日，第 17 版，宋繐瑢）

㈢零利率時代一步一步逼近臺灣

　　2003 年初，中央銀行放手讓市場短期利率跟重貼現率間的利差持續擴大，銀行也紛紛加入降息行列，多數銀行的活期存款和證券活儲利率已經跌至 0.25% 以下，中信銀更把證券活儲利率降為 0.15%，已經接近零利率。

　　一旦央行近期宣布調降重貼現率一碼（0.25 個百分點），則銀行比照辦理，上述存款利率，很有可能降為零，變成名副其實的零利率。（工商時報，2003 年 6 月 27 日，第 2 版）

㈣日本早已是零利率

　　2001 年起，日本實施零利率的貨幣政策，試圖以此刺激消費、降低貸款成本以增加企業舉債。一年期定存利率只剩 0.02%，也就是存 100 萬日圓，利息只有 2000 日圓，此時存錢已沒有任何報酬，銀行對日本人來說變成保管箱。

　　當零利率政策初實施時，透過電視新聞，看到日本人在風雪中排隊，把日圓存款轉到外商銀行的外幣存款，至少在「高失業率、零利率」的苦日子中還有些進帳。

二、你不理財，財不理你

　　2002 年有關生涯發展（高失業率）、理財（微利時代）的書是書市的主流，反映出「工作不好找」、「錢不好賺」的大趨勢。以理財來說，不論自理或委外，難度越來越高，惟有專業知識才能闖天關。

(一)琳瑯滿目，目不暇給

上市場買魚不容易，同樣的，由表 1–4 可見，投資工具可說多如繁星，就以股票來說，上市加上櫃近 1000 家，隨便挑一支，有九成投資人不知道它做哪一行；真可用「歧路亡羊」來形容投資人面對琳瑯滿目的投資工具時的手足無措。

表 1–4　2003 年各種投資工具的數目

投資標的	數目
一、股票	
(一)上市股票	700
(二)上櫃股票	
1.一類股	300
2.興櫃	70
二、基金	
(一)股票	
1.股票型	180
2.平衡型	20
(二)債券	90
(三)海外	1000
三、選擇權	
(一)認購權證	100
(二)個股選擇權	5
(三)轉換公司債	70
四、指數期貨	3

(二)靠別人，別人會倒

做菜很多人都會，但終究比不上大廚師；2003 年 1 月 31 日除夕的年夜飯，有很多家庭訂超商的年菜外送甚至吃館子。同樣的，越來越多人體會投資需要專業，因此委由基金經理、代操經理來代勞。

三、連專家都摃龜

上館子吃飯，最怕碰到食物中毒；在投資方面也是如此，最怕「遇人不淑」、「所託非人」，自己也難辭其咎。

股票型基金雖然有 180 支，但是不管一、二、三或五年，要能賺個 10% 的，不

到十支。更慘的是，事不過三，大多數基金績效長期（三年以上）不具持續性，還真應了「小時了了，大未必佳」這句俚語。

(一)2002 年，唉，股票型基金慘不忍睹

由表 1–5 可見，44 家投信公司、163 支股票型基金平均下跌 21.73%，詳細來看，各類股票型基金也都烏烏鴉。標榜「進可攻，退可守」的平衡型基金也下跌 8.30%，只有債券型基金平均績效 2.7834%，勉強打敗一年期定存利率。

表 1–5　2002 年臺灣各類型基金績效

單位：報酬率%

類　型	平均績效
一、股票型基金	−21.73
一般股票型	−21.29
科技類型	−25.13
中小型股	−22.68
上櫃股票	−22.84
價值型股票	−6.25
二、平衡型基金	−8.30
一般平衡	−11.98
價值平衡	−3.39
三、債券型基金	2.7834
無買回限制	2.8114
有買回限制	2.5783

資料來源：台灣經濟新報／群益投信整理。

(二)三年五載也慘不忍睹

你說「不能由一葉（2002 年）落而知秋」，但由表 1–6 可見，不管過去二、三或五年，整體來說，股票型基金都沒替投資人賺到錢。

1.**2001～2002 二年績效**：2001 到 2002 年，臺股跌幅 6.05%，股票型基金兩年績效整體平均報酬率僅微幅下跌 0.83%，但是也沒讓投資人賺到錢。

2.**2000～2002 三年績效**：2000 到 2002 年，由於臺股由多翻空，三年下跌 47.30%，三年期股票型基金整體平均報酬率是負的 41.38%；三年的冠軍是統一統信，累計報酬率只有 2.74%。

3.**1998～2002 五年績效**：五年的長期投資也不見得好，整體平均報酬率是負

的 18.82%。

兩年、五年累計報酬率冠軍都是臺灣富貴，兩年累計報酬率高達 85.05%，五年為 57.47%。(經濟日報，2003 年 1 月 22 日，第 19 版，宋總瑢)

表 1-6 股票型基金各期間績效前三名

一年期 (2002 年)		二年期 (2001～2002 年)		三年期 (2000～2002 年)		五年期 (1998～2002 年)	
基金	報酬率%	基金	報酬率%	基金	報酬率%	基金	報酬率%
新光競臻笠	12.71	臺灣富貴	85.05	統一統信	2.74	臺灣富貴	57.47
大華基金	11.04	新光競臻笠	46.78	臺灣富貴	0.60	新光國家建設	25.34
臺灣富貴	10.72	保誠中小型	45.03	統一龍馬	-17.51	統一統信	21.71
整體平均	-21.53	整體平均	-0.83	整體平均	-41.38	整體平均	-18.82
打敗大盤支數	52/152	打敗大盤支數	80/140	打敗大盤支數	72/109	打敗大盤支數	52/62

資料來源：投信投顧公會。

(三)贏家不好找

表 1-6 印證了「股市沒有專家，只有贏家、輸家」，投資人員或理財專員存在的價值，便在於慧眼獨具的把表 1-6 中的常勝將軍 (例如臺灣富貴基金) 找出來。

第四節 公司內投資人員的跨世紀挑戰

在財務 (甚至其中投資) 掛帥的情況下，財務部已從冷衙門變成董事會關愛眼神的對象之一。這對投資人員一則以喜，可說是三千寵愛集一身；但一則以憂，因為如何擺平內憂外患，可說是公司內投資人員的跨世紀挑戰。

一、外 患

投資人員遭受外界的進步壓力，至少來自二個來源。

(一)打敗基金經理的壓力

一般公司財務長的壓力來源還包括職業選手級的專業資產管理公司(代表性的為壽險、投信、投顧、創投，甚至銀行)，以知名度高的美國投資大師華倫‧巴菲

特為例，僅靠「長期投資於股價低估的長期績優股，而且不投資當紅炸子雞的電子股」，就能平均每年有二成以上的獲利。這種看似傻瓜的投資術，更令不少老闆覺得自己的投資人員應該「有為者亦若是」，有榮譽感的投資人員更以「恨鐵不成鋼」來要求自己。這種激烈競爭下，快速的把市場及格標竿往上提升，不僅金融業專職的投資人員追趕得喘不過氣來；而且更給業餘水準的一般公司投資人員很大壓力，尤其當「企業再造」主張非核心專長的企業活動宜外包，而金融投資的外包商（即資產管理公司）水準又高，一般公司投資人員可得夙夜匪懈才能保住飯碗。

　　投資人員如果想打敗投信或代客操作的基金經理，必須自己也有二把刷子，也不只是把基金經理的建議奉為聖旨，否則極易誤上賊船（迷信單一基金經理的建議以致少賺）；甚或歧路亡羊（被二、三位基金經理不同的建議搞得暈頭轉向）。

㈡推陳出新的金融創新

　　金融觀念、工具推陳出新的速度，可跟高科技產業相較，知識折舊的速度非常快。1987 年以前畢業的商（或管理）學院學生，大都沒學過選擇權、期貨、資產交換；面對衍生性金融商品、金融創新等投資、避險工具，可能如鴨子聽雷；甚至連不是主修財務的企管博士都覺得財務管理可說是企管七種管理中進入障礙很高的一個學程。

　　如何與時俱進而不被時代潮流淘汰，將是投資人員所須面臨非常沉重的工作挑戰。

二、內　憂

　　一般公司財務（或投資）部人員的投資績效壓力很大，主要來自下列五個來源。

㈠懶人投資術會讓你丟掉工作

　　1996 年以來，類似「隨便買，隨時買，不要賣」、「懶人投資術」大行其道，要是公司老闆、財務長信以為真，恐怕會如臺灣大學財金系教授李存修在課堂上所說的：「你就沒工作了。」

　　同樣的道理運用在規避匯兌風險上，如果硬以「法則代替權衡」，也就是照章行事而不權宜調整，食品類股票上市公司聯華食品董事長李開源的話足以代表一般老闆的心聲：「要是採取定型化的避險方式，那麼高中畢業生就會做了，何必高薪聘請碩士學歷的財務主管。」

㈡對公司獲利貢獻的壓力

如同第一節中所述，越來越多公司董事會把財務部視為利潤中心，希望每年達到最低財務利潤目標。

此外，不少董事長還會私下把幾千萬到數億元的私房錢交給公司投資人員操盤；再加上如果董事長太太喜歡作股票，那麼公司投資人員還得順便兼任解盤義工。我碰過股市戰將（甚至戰神）級人物，對這類「贏球無功，輸球有過」的差事都敬謝不敏，但是投資人員身在江湖，如何拿捏進退，可需要智慧。

㈢備多力分的壓力

一般公司限於規模，往往「小貓幾隻」的公司的投資人員，必須負擔多種資產的分析、投資、風險管理，甚至還得負責老闆個人的股票投資，比較無法做到像投信公司那樣專業分工。

備多力分、績效又不能比基金經理差到哪裡，這些都構成公司投資人員無形的壓力。

㈣專業能力不易證實

醫生有執照、世界網球選手有排行榜可證明其絕對實力，但是投資人員的能力都是相對的。有張證券分析師執照或財務管理博士文憑，難道投資績效就會贏過一些股市老手嗎？

如同佛光山的全部建築都是星雲大師和建築包工蕭丁順（國中畢業）一起討論出來的一樣，完全沒有建築藍圖照樣可以營建出廟宇殿堂。

我們這麼說並不是說「學問無用」或「學歷無用」，投資跟音樂創作有些類似，非音樂科班出身的作曲家人數、賣座，可能都比正統音樂科系的畢業生來得多。我們想強調的是，專業投資人員往往必須面臨公司內非專業投資人員的質疑、挑戰：「我來操盤，投資績效搞不好會更好。」

㈤一次失敗可能晚節不保

投資人員滿像政府中的部長，做對是應該，但犯大錯則功過無法相抵，必須下臺。

猶有甚者，像英國倫敦 Babba 公司總裁 Beckers (1997) 的一篇文章可能是許多董事長的心聲，那就是基金經理績效出類拔萃，可能是運氣好等外界環境好的緣故，甚至可以連莊超過五年。但是一旦手氣背了，也可能陰溝中翻船，沒有「東方不敗」的道理。

第五節 家庭財富管理時代來臨

以往投資學把讀者定位在一般公司（我不喜歡「非金融業」一詞）財務部或投資部任職，少數現代投資學的書則強調可供證券公司高級營業員考試之用。

在微利時代，「隨便買，隨便賺」已是天方夜譚；銀行、證券投資信託公司、投資顧問公司和壽險公司大舉徵才，進軍**財富管理市場**(wealth management market)，甚至可以把 2002 年定名為臺灣財富管理元年。

在本節中，我們將強調本書把目標讀者延伸到理財專員，甚至是任何有理財需要的人。由表 1–7 可見，本書以二章、佔本書一成篇幅來討論個人理財。

表 1–7　本書中有關個人理財的部分

章　節		主　題
§ 1.5		家庭財富管理的重要性
chap. 2	附錄一	保本型基金
	附錄二	黃金基金
§3.5 六		怡富投顧的安家理財策略
chap. 3	附錄	股債兼重的例子：平衡型基金
§4.3 ～ 8		基金投資和個人理財
§14.3 ～ 4		債券型基金投資
§14.5 ～ 6		連動式債券

一、市場潛力估計

財富管理市場有多大呢？底下由金額、戶數逐步估計，到估計就業人數。

㈠金額估計

臺灣的高儲蓄率是推動財富管理銀行大行其道的關鍵。2002 年 12 月，摩根士丹利證券公司，在一份有關臺灣金融產業研究報告（手續費收入，未來上漲空間）中指出，臺灣平均國民所得約達 12526 美元，排名亞洲第四，僅次於日、港、新，臺灣家庭的金融資產總計 8000 億美元，但是保險和財富管理的滲透力很低。

如果以 2000 年的統計來預估，臺灣平均每戶家庭資金使用分配：存款約佔總資產的 55%、保險和年金僅有 10%、股票投資約 22%、信託約 4%、債券約 3%。

　　2003 年 6 月，台灣銀行一年期定存利率僅有 1.525%，基於追求更高的收益，人口老化，金控公司相繼成立各業務間交叉銷售、提供更多整合性服務給客戶，摩根士丹利預期臺灣未來五年的銀行手續費成長將非常強勁，但是資產的成長卻會比較溫和。銀行的手續費收入主要成長是來自：銀行間銷售保單，指定信託和共同基金，信用卡商家手續費、預借現金等費用。

　　預估到 2006 年，銀行手續費成長可破 1167 億元，2002 年僅有 512 億元，以 18% 年成長率持續向上攀升。年成長率以財富管理最大，達 45%，信用卡約 12%，其他僅有 12%，財富管理手續費收入將從 2001 年僅佔各項手續費收入的 10%，到 2006 年可達 28%，信用卡則由 29% 略降為 25%。(經濟日報，2002 年 12 月 24 日，第 18 版，白富美)

㈡花旗銀行的人數估計

　　根據花旗銀行統計，臺灣的富裕人士（high networth individual，即可投資資產超過 10 萬美元的家庭）已超過 40 萬戶，以 9.8% 的年成長率增加。年收入在 100 至 275 萬元的家庭數已超過 250 萬戶，2010 年將可達到 405 萬戶。由此可以推估臺灣貴賓理財市場有很大發展空間。(經濟日報，2002 年 9 月 11 日，第 9 版，林宜諄)

　　依據財政部公布的稅賦統計，擁有 10 億元財富者約有 5 萬人、億萬富翁 13 萬人。美林集團的調查指出，擁有 100 萬美元以上的富裕人士至少 5 萬人。但不管是哪種調查，都顯示富裕人口不少，因而極具開發私人銀行業務的潛力。

㈢需要多少人？

　　已知：

　　⑴潛在客戶 40 萬「戶」，每戶一人負責理財

　　⑵每位理財專員負責 200 位客戶

　　答案：

　　⑴銀行至少需要 2000 位理財專員

　　彰化銀行全省分行每家配置一名理財專員，目前有 160 多名理財專員正在接受訓練。第一銀行全行挑中了 200 多名理財專員，真正專業的約 20 到 35 人。合作金庫選定全省 45 家分行開辦理財專員制，每家配置理財專員一名，辦理個人理財服務。(經濟日報，2002 年 6 月 6 日，第 9 版，應翠梅)

二、銀行理財中心跟統一超商一般多

臺灣的銀行分行近一千家，可用跟統一超商一般多來比喻，未來將逐漸轉型為財富管理分行（8～10人的簡易分行便是其中代表）。

㈠客　戶

私人銀行業務的客戶可略分為兩大類：

1.**法人客戶**：從營利事業（即公司）到非營利事業（主要指基金會），只要有錢，都是準客戶。

2.**個人大戶**：從排名前1000大的企業董事長、科技新貴、中小企業老闆、專業人士（例如醫師、會計師、律師），都是私人銀行業務鎖定開發的客源。

銀行依其營運成本、服務水準，把客戶的財富分級，並提供不同水準的服務。以財富來劃分的人口金字塔，財富管理銀行爭取的是金字塔塔身的中產階級，私人銀行則更高，開戶門檻從50到千萬美元不等。

㈡私人銀行業務

私人銀行業務 (private banking) 裡的「私人」(private) 可解釋為私密性、個人化，在這裡，客戶可以獲得銀行提供私密性極高、個人的整合性理財投資服務。

銀行提供的投資理財服務通常是針對普羅大眾或中產階級，但是在私人銀行業務裡，客戶享用到的是銀行針對客戶的個人財務、節稅需求而設計的各種金融服務。

有的私人銀行業務會給客戶一張行遍天下的國際金融卡，而且跨國提款免收手續費。縱使沒有跨國金融卡，客戶也可以透過指定銀行做跨國匯款，多數匯款也不收取手續費。

合法節稅也是服務項目之一，利用各種稅賦的優惠達到節稅目的，有些私人銀行業務就建議客戶，利用土增稅減半徵收的機會，透過多層次出售不動產，再把資金匯出海外，把不動產出售的所得以信託方式贈與下一代，再透過成立境外公司，隨時返臺投資，如此達到最大節稅效益。

瑞士銀行的私人銀行業務聞名全球，該銀行logo上的三把鑰匙，即分別代表安全、信賴和隱密，這就是所有私人銀行業務追求的極致。

㈢財富管理分行

花旗集團在2000年10月把財富管理銀行的運作引進臺灣，對淨資產10萬美元或300萬元以上的客戶提供專屬理財服務。

從花旗、荷銀、渣打，到上海匯豐銀行，各家外商銀行對富裕人士提供的理財服務，名稱雖有不同，但開戶門檻都是 300 萬元。建華銀、富邦銀、中信銀、台新銀和國泰銀行等，也都把貴賓理財門檻設在這個水準。但是也有銀行對 50～300 萬元的客戶提供理財服務，因為隨著金控公司的成立，金融機構提供民眾整合式、全方位投資理財服務的能力愈來愈高。(經濟日報，2002 年 10 月 22 日，第 9 版，白富美)

㈣財富管理分行──以中信銀為例

2002 年 7 月 9 日，中信金融控股公司旗下第一家跨售機制的金控營業據點大安分行開幕，並以財富管理分行為定位，裝潢費用超過 3000 萬元，是罕見的豪華型分行設計。中信金全年設立六家財富管理分行，建立中信銀財富管理銀行的形象，搶攻理財銷售商機。

財富管理分行共分為一般業務、個人理財和貴賓理財三個專區，大安分行開闢保險和證券服務區，設置的證券專櫃由中信銀綜合證券專業小組進駐，提供證券、期貨和信用交易業務開戶服務。該分行設置的 e-corner 提供即時股市行情、大盤各股走勢資訊，專櫃電話可直撥中信銀證券營業員，提供客戶電話下單和行情諮詢的服務。保險專櫃提供專人諮詢的保險理財和保險節稅規劃服務，可提供即時辦理旅遊平安險。(經濟日報，2002 年 7 月 10 日，第 7 版，周庭萱)

三、理財人員成為市場寵兒

消費金融是大部分金控公司衝刺的重點，打仗靠能將強兵，因此理財專員成為就業市場的寵兒。

㈠從鐵飯碗到金飯碗

外商銀行掀起銷售理財商品的成功模式後，會銷售理財商品的理財專員，因獎金收入高，月入數十萬元非夢事，儼然成為銀行金飯碗的最佳代言人。

銀行主管指出，理財專員獎金高得讓人眼紅，但其獎金基礎是靠賣基金或賣保險等理財商品的成績，壓力之大也不是一般銀行行員所能比擬。

有家銷售理財商品業績頗佳的外商銀行，對理財專員的獎勵制度就相當嚴格，嚴厲執行「有付出才有所得」的哲學，把該分行的營運和人力成本，轉換為理財專員每天「責任額」。每位理財專員當天銷售理財商品的手續費和佣金收入需達 650 到 700 美元左右，才符合責任額標準；換算為每日應銷售的理財商品業績，金額約在 120 萬元。獎金計算按超過責任額的部分給予累進級距式的獎勵，超過越多，獎金

抽成比率也越高。

富邦銀行個人金融總處副理郭惠嫻指出，好的理財專員不僅要積極進取，富企圖心，還要有豐富的理財知識基礎。(經濟日報，2002 年 7 月 10 日，第 7 版，周庭萱)

㈡人往高處爬

由於臺灣金融產業走向金融百貨化經營的金融控股發展，競相以理財專員提供全方位理財規劃和財富管理服務，因而創造出對專業理財人員的龐大需求。金融業推出新金融商品的速度越來越快，不下功夫認識、研究，很快就會趕不上產品問世的腳步。因此，理財證照除了是進軍理財專員領域的必備證照，也有助於增加個人對理財工具的瞭解與應用。

在金融研訓院舉辦的各種金融證照考試，以理財證照最熱門。2002 年 11 月第一次舉辦的理財規劃人員考試，有 8.7 萬人報考、5.8 萬人到考，創下該院歷次證照考試中，考試人數最多的紀錄，而且金融業以外考生高達四分之一，堪稱歷來考試之最，足見具備理財專業知識已普遍受到重視。(經濟日報，2003 年 2 月 7 日，第 7 版，林宜諄)

㈢有為者亦若是！

吳珮綾是中信銀貴賓理財中心襄理，擔任理財專員職務六年，負責 300 多位客戶；其中 1000 萬元以上資產的客戶就有 50 多位，管理的資產達 15 億餘元。在全行 100 多名理財專員中，績效排名均保持在前五名。

她是中信銀的超級理財員，並擁有六張專業證照，她的成功可歸功於下列二項做法。

1.瞭解客戶是第一步：吳珮綾表示，要成為一個成功的理財專員，最重要的就是要對客戶「深耕」；深耕愈久才能愈瞭解客戶的真正需求，也唯有如此才能逐漸得到客戶的信賴。透過一次、二次，甚至第三次的努力後，客戶終於願意前來聆聽所提供的投資建議組合或商品，縱使客戶沒有做投資，也已經算是成功的開始。

把客戶的財產當成自己的財產來經營，依照客戶短、中和長期的資金需求來做理財投資建議，而不是一味以產品銷售為導向。

2.循序漸進：吳珮綾說，剛開始替客戶做投資組合建議時，一定要循序漸進，先瞭解客戶是屬於穩健型、成長型或積極型，而且拿出來投資的資產是客戶的全部資產，抑或部分資產；同時資金用途還必須區分為短、中和長期。如此才能切合客戶的需要，這也是她認為耕耘長期客戶的方法。

　　她認為當客戶把他（或她）省吃儉用的資產交給你處理時，這就是互信維護的開始。而身為一個理財專員，也應該以長期心態從事這分行業，而且須為自己設定目標，才有機會成為一個超級理財專員。（經濟日報，2003 年 1 月 20 日，第 18 版，宋總瑢）

◆ 本章習題 ◆

1. 找最近一篇盈餘操縱的碩士論文，整理出哪些大類、中類盈餘操縱的方式。

2. 把非金融業營業外收入佔盈餘比重前十大的公司找出來，分析其賺什麼「橫財」？意外之財會持久嗎？

3. 財務長的職位（經理、協理或副總經理），跟公司規模還是其功能（消極的帳房抑或積極的求利）有關？舉幾家上市公司為例。

4. 分析國泰、新光等壽險公司，其資產配置決策是誰下的？

5. 從財務健診角度，如何判斷一家公司的閒置財務資產有充分利用？（Hint：從投入面即資產配置和產出面投資報酬率）

6. 以台積電財務長張孝威為例，分析他花比較多時間在待人（或管人）還是管事。

7. 對客戶長期應收帳款不收利息，這是財務部協助營業部提高銷貨的吸引力，你同意嗎？

8. 股票型基金中有服膺「隨便買，隨時買，不要賣」的原則的嗎？（Hint：價值型基金勉強沾到一點邊）

9. 搜集幾個銀行傑出、頂尖理財專員的案例，分析其如何成功的？

10. 公司投資人員如何說服老闆不要裁掉這種職位？

第二章

資金規劃與資產配置

想抓住往下挫的股票，就像試圖抓住往下掉的刀子一樣危險，因為往往會抓錯地方，最好等刀子落地，完全停止震動再去撿比較保險。

——彼得・林區　美國最大股票型基金麥哲倫基金的經理

學習目標：

站在董事長（或總經理制時總經理）、財務長立場，先規劃未來五年的現金流量、擬定資產配置（如外幣資產、股票、不動產等大類資產所佔比重）。

直接效益：

坊間有許多資金規劃或資金預測課程，看完第三節（中長期），這筆 3～6 小時、2400 元以上的訓練支出可以省下來。

本章重點：

- 虧損、獲利限制情況下的資產管理是很普遍情況，但如何在資金有、無限制情況下作資產配置，必須先有全盤瞭解。
- 我們依「資產分類表」把資產畫於圖、表上，讓你對於資產的投資屬性（預期報酬率、預期虧損率）快易通。§2.1
- 市場組合並不在效率前緣線上，更不可能是最佳投資組合。§2.1 五
- 資金可用期間（即投資期間）越長，一般來說其效率前緣線比較在左側。§2.2
- 未來五年公司（或事業部）現金流量預估方法和例子。§2.3
- 董事長如何下資產配置決策 (asset allocation decision)？§2.3 五
- 如何衡量投資人對投資虧損的風險承擔能力？§2.4

前言：可以輸掉一千個戰役，但必須贏得戰爭

下象棋、西洋棋，論輸贏在於是否將、帥被吃掉，一旦群龍無首，樹倒也就猢猻散，也難怪「擒賊先擒王」。同樣道理，把投資當成下棋、視同作戰，致勝重點在於兵力如何分配；這在投資時，只是把「兵力」改成「資產」罷了。本章的重點便在於如何得到最佳資產配置，以獲得最佳投資績效。

一、問題解決程序

整個投資學的基調只有一點：在可接受的虧損範圍內，追求金融投資報酬率的最大。而公司本業的經營、個人工作、女性擇偶……，也都是基於此一經濟人 (economic men) 的理性假設。因此，由圖 2-1 可看出，問題解決程序 (problem-solving process) 是不分對象的，企業只是其運用的對象之一，企業管理的書籍和理論只是其運用的結果。

財務管理只是企業管理中七門專業管理範圍之一，或者說財務部只是公司七個功能部門之一，因此只是解決問題的對象、內容不同，但是本質上仍是問題解決程序。

圖 2-1　問題解決程序適用範圍

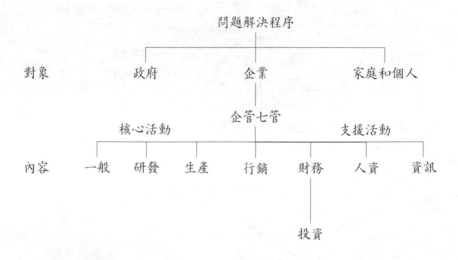

二、投資問題解決程序

實務人士每天都在解決問題，公司投資人員每天就是照著圖 2-2 投資問題解決流程，進行其中一或多個項目罷了！

本書也是依據圖 2-2 來設計全書章節。

圖2-2　投資（理財）問題解決流程和本書架構

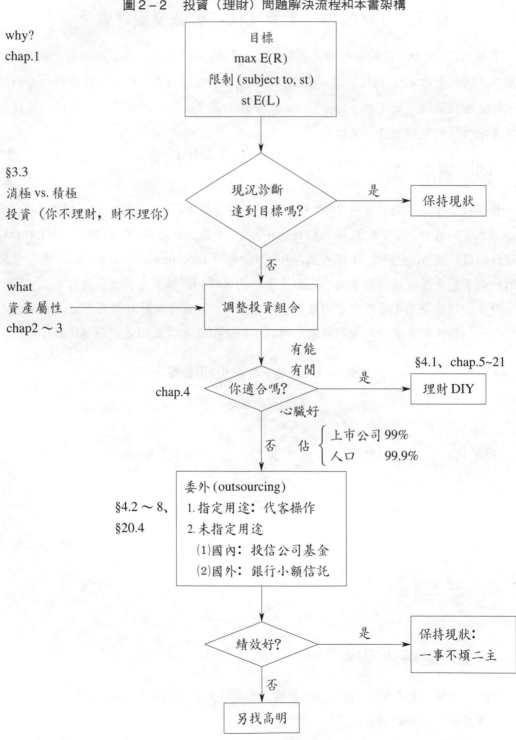

why?
chap.1

§3.3
消極 vs. 積極
投資（你不理財，財不理你）

what
資產屬性
chap2 ～ 3

chap.4

§4.2 ～ 8、
§20.4

第一節　資產分類和資產配置——風險衡量方法和效率前緣

　　想瞭解資產得怎樣配置才符合投資目標，第一步驟就得瞭解資產屬性，就跟醫生下藥一樣，依病人體質、病情，而斟酌下藥。我們不用模糊的形容詞來形容各種資產的特性，例如股票是「高風險、高報酬」資產、債券是「低風險、低報酬」資產，但多少才是「高」、「低」或什麼是「風險」卻沒人講得清楚，那麼有講跟沒講有什麼兩樣！

一、資產配置的定義

　　「資產配置」(asset allocation) 是指投資資金如何部署在各類資產 (asset classes) 上，以建構一個能達到目標的資產組合 (asset mix)。以大宗熟悉的股票投資來說，就是決定持股比率的高低，例如表 2–1。

　　asset allocation 翻譯成資產配置，而不譯為資產分配；「分配」(distribution) 主要是用於像所得分配、食物分配等，是如何分餅的。至於資產配置跟任何生產要素的配置一樣，功能在於使餅變大。

　　此外，「配置」不僅是指資產部署，它還會帶來「作多暴露」(positive exposure) 和「作空暴露」(negative exposure)。例如：

　　⑴借臺幣貸款去存美元存款，想賺取臺幣貶值的匯差。這筆交易稱為「空」臺幣、「long 美元」，一旦臺幣利率往上走，對臺幣負部位的人會不利，因為利息加重了。

　　⑵股票質押（或融資交易）套現作股票，這筆交易是作多股票、作空債券（假設把貸款證券化），同時面臨股市、債市雙邊風險，一旦事與願違，即股價跌、利率漲（債券價格下跌），則兩面挨耳光，風險比用閒錢作股票來得大。

㈠舉例：2003 年資產配置建議

　　2003 年 1 月時，在合理預期景氣將逐步復甦的前提下，看似安全的存款因而隱含不低的機會成本，反倒是在股票投資方面，從過去經驗分析，美股連跌四年的機率不高，投資人不妨適度調高股票配置，以提高整體獲利機會，並建立固定收益的債券部位，強化投資組合對市場變化的因應能力。

　　由表 2–1 可見，多家美國重量級券商包括高盛、美林、摩根和所羅門美邦等，皆建議民眾 2003 年留存的現金比重都不超過 10%，更有券商建議投資人把資產完全分散投資債券和股市，不要保有現金部位。這代表投資人在新的一年從事資產配置時，應首重有效運用資金，增加獲利較高的投資部位，盡可能避免讓資金凍結在銀行帳戶中。(經濟日報，2003 年 1 月 8 日，第 18 版，傅沁怡)

表 2–1　2003 年美國重量級券商資產配置建議和美股預測值

單位：比重 %

券　商	股：債：現金	道瓊指數預測值	S & P 500預測值
德意志銀行		9000～9500	1000
高盛（科恩）	75：22：3	10800	1150
摩根大通	50：30：20	–	800
美林	45：35：20	–	860
摩根士丹利	75：20：5	–	1050
保德信	65：25：10	–	–
所羅門美邦	60：30：10	10375	1075
華實	89：11：0	–	1038
第一聯合	75：25：0	–	1020
平均值	68：24：8	10305	1027

註：2001 年 12 月 31 日道瓊 10021 點

資料整理：怡富投顧。

(二)股票不等於資產

　　股票只是各類資產中的一個中類，一般公司可投資範圍比投信公司寬廣，所以在討論如何做好資產配置組合時，必須先瞭解資產的範圍。

二、資產的範圍

　　1980 年代以來，活用資源以建立公司（或事業部）競爭優勢的主張逐漸成為策略管理中的熱門學說，從「資源基礎理論」(resource-based theory) 來看投資管理書中所指的「資產」更可清楚明瞭資產的意義。「資源」包括資產 (assets) 和能力 (capability) 二大類（本書不擬詳述，有興趣者可參看拙著《策略管理》(三民書局) 第十一章第一節），其中資產又分為二個中類：

1.**有形資產**：有形資產又可分為二個中類。

⑴**實體資產**，包括機器、廠房和不動產。

⑵**金融資產**或稱財務資源。

2.**無形資產**

⑴公司資產，

⑵個人資產。

由上述看來，資產配置中的資產指的是「有形資產」，而不只是指金融資產而已。

三、資產和基金的分類

㈠超級分類

資產的屬性可用「孳息」、「可轉換」、「可消費」分為表 2-2 中的**超級分類** (super class)。

想在這三大類中劃條涇渭分明的楚河漢界可不容易，因為有些資產是混血的 (hybrid)。甚至有些資產兼具多樣特性，黃金既可保值也可租賃出去孳息，閒置土地既可保值但未來也可開發產生孳息；像不動產證券化則是**資本資產** (capital asset) 這大類中跨二個中類（即股票、不動產）的資產。

你該很容易發現，雖然投資對象千奇百怪，但九成以上仍為資本資產，主要包括不動產、動產中的金融資產。不動產也算是資本資產之一，這是因為公司的廠房也可出租、租賃出去，所以不動產也可以產生持續性收益。

表 2-2　資產的超級分類及其特徵、性質

超級類別	例子	特徵/性質
一、資本資產：可產生收益，所以可用折現法來估計其價值。	股票 債券 不動產	單一國家（或地區）的資本資產比較易受當地經濟狀況影響，例如傳統觀念認為不動產屬於非貿易財。
二、可消費／可轉換 (consumable/transformable, C/T) 資產：是指實體商品，本身不產生孳息。	穀物 牲畜 石油 金屬	1.此類資產價值比較受區域甚至全球供需影響，不能用折現法來計算其價值。 2.折現率比資本資產低，例如石油擺一年還是石油，頂多漏損一點點。 3.基於此類資產所衍生的金融商品（例如商

		品期貨）其價格行為主要反映其標的資產。
三、 價值儲存 (store of value, SOV) 資產：此類資產不產生孳息，也不可消費或轉換。	各種通貨活期存款、現鈔（沒有利息）黃金藝術品（例如畫）	左二項（尤其是美鈔）往往作為避難貨幣。

資料來源：整理自 Greer, "What is an Assets Class, Anyway?", *JPM*, Winter 1997, pp. 86–91.

圖2–3　公司資產配置、投資組合管理的決策流程和本書章節

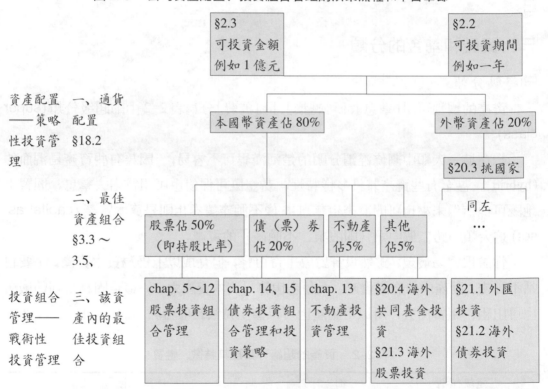

(二)大分類

由圖 2–4 可見，資本資產又可分為三大類。

1.**基本資產 (primitive assets)：** 這些就跟化學元素一樣，是不可以再細分的資產，主要的有固定收益證券、股票。

2.**合成資產 (synthetic assets)：** 像轉換證券就是合成資產，就跟任何混合物一樣，其投資屬性由其組成的基本資產所構成。

3.**衍生性金融商品 (derivatives)：** 這類資產本身並不產生孳息，其性質係跟其

標的證券 (underlined securities) 同向但振幅較大，主要像期貨、選擇權等皆屬高槓桿交易。

圖2-4 資產、共同基金分類依虧損率、報酬率程度由左往右排列

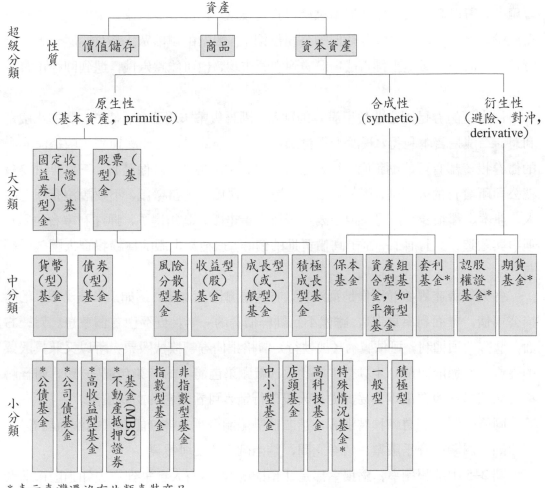

＊表示臺灣還沒有此類臺裝商品

四、以預期報酬率、預期虧損率來分類

由圖 2-5 可看得出來資產的族譜，接著我們將以預期報酬率、虧損率來分析其投資屬性。

㈠以預期虧損率來取代其他風險衡量方式

1.**縱軸代表資產的預期（年）報酬率**：由報酬率最低的固定收益證券到報酬率最高的衍生性金融商品，前者報酬率僅 1.6 ～ 8%，而後者為 40 ～ 200%，可說是前者的十倍以上。

2.**橫軸代表資產的預期（年）虧損率**：「投資風險」這名詞並不難懂，有賠才算風險，所以我們用預期虧損率來衡量投資風險。由圖 2-5 看來，定期存款完全沒有風險，除非銀行和中央存款保險公司都倒了。股票的風險眾人皆知，碰到大多頭行情，指數一年可能上漲六成；但碰到空頭市場，也可能跌六成，遇到回檔也會跌二成。

保本型證券是固定收益型證券的別名，因為貨幣市場工具、債券，賺的八成是利息、二成是資本利得，理論上不會蝕本。但奇怪的是，為什麼連固定收益證券中的債券投資都有可能虧損呢？原因之一是買到倒店的債券，像萬有、三富等財務危機公司所發行的公司債，因公司掛了，這些公司債只能當壁紙，不要說沒有利息收入，連本金都損龜了。另一項原因是投資人看走眼，賭錯邊了，押注利率會再跌，但事與願違，手上抱了一缸子高價買進的債券，這種看走眼的機構投資人國內外都有。

各大類資產界線並不像楚河漢界，有些是腳踏兩條船，例如「半債半股」的轉換公司債，票面利率為 1%，雖然不到純粹債券的一半，好歹也有個孳息。另一方面，還有一項權利，可依履約（或執行）價格把債券轉換成股票，所以又兼具股票的性質。不過股票部分才具有主導性質（就跟染色體中的 Y 染色體一樣），難怪轉換公司債是在股票市場交易，從每天股票行情表可看到它的交易價量。

同樣性質的還有轉換特別股，這二個雙胞胎合稱為轉換證券（或混血證券），其報酬、風險就介乎股票、債券之間，這由圖 2-5 便可看見。

圖 2-5 中的報酬率、虧損率都是「預期的」，沒有人會笨到事先知道股市將腰斬，而去買股票型基金的。這「預期」就是指「有可能」，那麼如何瞭解各種資產、各個區域的預期報酬率、虧損率呢？

最簡單的作法便是「以古鑑今」，所以你常會看到各基金的報酬率計算期間有：過去一個月、今年至今、過去一年、過去三年和過去五年。

另一種作法則為預測法，我們在第六章第三節中會說明，隨著景氣榮枯，而各種資產（尤其是股票）也有多頭、空頭市場循環的情況，沒有人年年過年的！

(二)報酬和風險間的替換關係

　　偷雞也得蝕把米，想要多賺一點，就必須多負擔一些可能虧損的風險。由經驗法則來說，大部分人願意接受「三比一」的賠率，也就是說輸了賠一元，但贏了賺三元。以「報酬率、虧損率」的觀念來說，某種資產（以股票為例）可能會賠 10%，對保守的投資人而言，最少要有 30% 的報酬率他們才願意冒險投資。至於各類資產應有報酬率、虧損率，詳見附表 1「各類資產應有的報酬率、虧損率比價表」。

　　圖 2-5 中虧損率、報酬率間大抵呈正向關係，這條線其實跟耐吉球鞋的商標一樣，是向右上角翹的曲線，即當虧損率超過某一水準（例如 50%），此時投資人要求的賠率可能是「四比一」，而不是「三比一」了，只是為了方便起見，把它用直線表示。

圖 2-5　資產的投資屬性

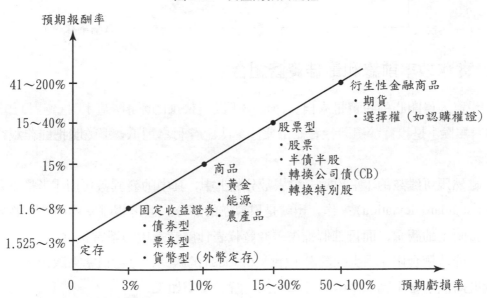

五、傳統效率前緣曲線

　　圖 2-6 是你在財務管理書上唸過的效率前緣 (efficient frontier)，我們再重述一遍，一方面是為了引介出圖 2-7。還有眼尖的讀者可能會發現以前的說法是市場組合（即股價指數）落在效率前緣上，如此再從縱軸取無風險利率（例如 1.525%）引一條切線（即資本市場線，capital market line, CML）切於效率前緣線，切點是市場組合。較新的美國文獻已修正，即市場組合並不落在效率前緣線上，那是因為

明明有那麼多支基金打敗市場, 那麼「中性」的市場組合怎會落在效率前緣線上呢?

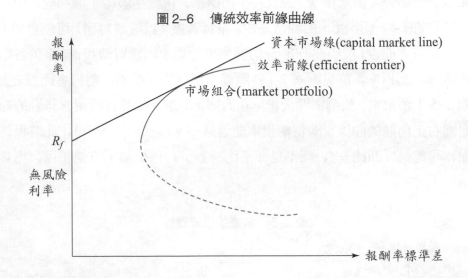

圖2-6　傳統效率前緣曲線

六、實務效率前緣和最佳資產組合

投資人員關心的投資是來自資產價格下跌所帶來的虧損, 這才叫 (絕對) 風險; 「相對風險」是投資於風險性資產的報酬率比定存利率還低, 那乾脆把錢存銀行算了。

雖然馬可維茲的「平均數—變異數分析」中, 其中的變異數可用「半標準差」(semi-standard deviation) 來作, 也就是只算賠的部分。但是報酬率標準差對許多人都是很陌生的觀念, 而且二個標準差究竟代表什麼意義也很難直接推論。

因此我們套用「損失的風險」(risk-of-loss) 的觀念, 以虧損率來取代標準差, 舊瓶裝新酒的畫出圖2-7中的效率前緣, 詳細說明如下:

實務效率前緣的二端也代表著資產配置的極端, X點代表100%持股, 可說是豪賭型投資方式; 反之, Y點 (或其內側) 代表零持股、100%債券, 可說保守有餘, 連退休基金都不會這麼謹慎。而在效率前緣上, 則是股票、債券適度搭配。

再由1.525% (一年期定存利率) 拉一條線, 跟效率前緣相切, 切點便是最佳資產組合, 例如「股票70%, 債券30%」(簡稱為股7債3)。

同樣的方法當然可用在各類資產 (例如股票) 中, 去找出戰術性最佳資產組合, 也就是最佳投資組合, 詳見第十二章第二節。

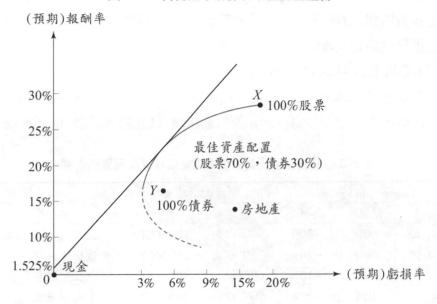

圖 2–7　實務效率前緣和最佳資產組合

第二節　投資期間對資產配置的影響

傳統的看法認為當資金「可使用期間」（即投資期間）越長，則資產中持股比率將水漲船高，這是因為以長期來說，股票的風險往往比短期時低，套用效率前緣的觀念來說，二十年期限的效率前緣線應該在十年期限效率前緣線的左上方；這也是主張採取「買進持有」的人所持的依據。

一、投資期間的重要性

投資期間 (investment horizon) 的長短嚴重影響資產配置，主因如下。

㈠跟資產負債配合有關

除非是了無牽掛的閒錢，否則投資資金皆會因另有用途而中途部分流出，甚至會有終止的一天，為了配合未來支出（即負債、資金流出），所以投資人會預估在全期甚至各子期間內，要有足夠資金支應負債。縱使在完全閒錢情況下，到了每年年底或期末，資產報酬率如果沒有大於定存利率（無風險利率的代表），那麼投資人也會若有所失。

㈡跟投資的效率前緣有關

效率前緣會隨時改變，因此不同投資期間的效率前緣曲線都不一樣，所以要是無法確定投資期間，那麼效率前緣線將莫衷一是。簡單的說，便是無法找到最佳資產組合，更無法決定投資的報酬率的目標。

㈢投資期間越長，持股比率可以越高

由表 2-3 可見，理財土法大都認為隨著投資期間變長，越應該提高股票佔資產中的比重，好比銀行定存多賺一點，而且虧損率（風險）也比短期來得低。

表 2-3　傳統智慧認為投資期間對公司資產配置的影響

投資期間	預期（年）		資產配置比重　或		投資標的
	報酬率	虧損率	股票	債券　或	共同基金種類
10 年以上	60%	-20%	90% 以上	10% 以下	衍生性金融商品基金*
6 ~ 10 年	40%	-20%	75% 以上	25% 以下	積極成長型股票基金
1 ~ 5 年	20%	-10%	60% 以上	40% 以下	成長型股票基金
1 年內	12%	-5%	70% 以下	30% 以上	平衡型基金
					套利基金*
					保本型基金

*說明：臺灣還無此種共同基金。

二、以支出來計算投資期間

如何計算投資期間的長短，由表 2-4 可見至少有三種情況。

1.事先確定：許多資金可用期間都是事先就知道的，就跟「整存整付」、「零存整付」的情況最像，此外，「整存零付」也是同樣的。

2.終止前一段期間通知：代客操作契約中常會載明以一季為基本委託期間，而委託人在解約前 30 天必需通知受託人。這種情況，對於剛接受委託的資產管理人傾向於把投資期限訂為一個月，不敢自信滿滿的認為委託人下期還會找他。

3.投資期間長短不好拿捏：碰到天威難測、不按牌理出牌的董事長時，或是大災難（像東南亞金融風暴下的印尼、南韓），此時投資人員非常不容易拿捏投資期間的長短，因為投資資金常會被「挪用」去應急、救火。

投資期間以及此期間內資產、負債流量宜盡可能弄清楚，否則長期資金卻作短期投資，資金生產力難免大打折扣，可說是財務資源低度（或無效率）運用。

表2-4　投資期間的衡量方式

出 ＼ 進	零　付	整　付
零　存	1.開放型共同基金， 2.分期給付的退休金、年金。	年金終值問題，例如： 1.壽險中的死亡給付，但是採分期繳納保費， 2.一次全額給付的退休金。
整　存	家庭信託、分月或分年將信託 孳息或資金給付受益人。	終值問題： 1.大部分財團法人，例如成立基金 (endow- ment fund)， 2.封閉型共同基金， 3.繳保費者（壽險或產險）。

三、對戰術性資產配置的影響

投資期間長短不僅影響策略性資產配置，而且對戰術性資產配置也是有意義的。其中尤以 Gunthorpe & Levy (1994) 的研究頗具代表性，他們研究美國 1963 到 1990 年的股市，主要結論：

⑴隨著投資期間變長（例如由一年變為五年），高貝他係數股票的貝他值與時俱增，反之，低貝他係數股票的貝他值卻變小。

⑵前項對投資組合成分 (portfolio composition) 的意義是，當投資期間拉長了，或是換句話說，長期投資情況下，高貝他值股票佔比越來越低，而低貝他值股票則比重越來越大。

四、短資短用、長資長用

多餘資金的投資去處，可依「資金可用期間」（即投資期限）而定，在資金管理角度，便是如同圖 2-8 的流向，即是先滿足短期資金（蓄水池），多餘的資金再溢流到中期資金（蓄水池），同理，再到長期資金（蓄水池）。

（一）安全存量

短中期的資金安全存量（可視為第一預備金）很容易估計。

1.短期安全存量：這當然受限於收支流量，不過對於常川型公司，現金安全存量頂多擺 3 天（平均）的支出金額便可以了。以 1 個月 24 個營業日天來說，平均每天支出 300 萬元，那就留 900 萬元便可。

圖 2-8　短中長期資金流向圖

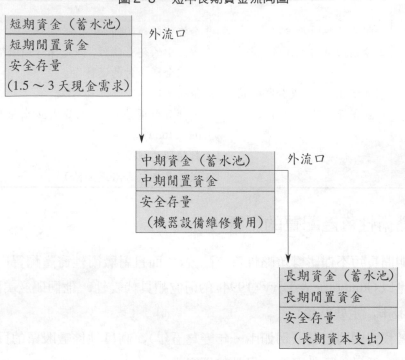

2.中期安全存量：以維持公司機器設備維修費用、調薪幅度為宜，這筆指定用途資金可用於保本型投資。

3.長期安全存量：影響長期資金安全存量的變數比較多，主要跟長期資本支出和預期公司虧損有關，後者可能引發銀行雨中收傘，所以手上得多保留一些**財務肥肉** (financial slack)。

㈡**多餘資金的去路**

至於多餘資金的去路，以短期資金來說，至少有二：

1.**短錢短用**：投資期限短的多餘資金，只能往固定收益證券去，可作為公司的第一預備金，至於銀行未動支信用額度才是第二預備金。

2.**長錢中用**：至於逐日累積多餘資金且投資期限較長（例如半年、一年以上），則可以流到中期資金（蓄水池），同樣的短期資金（蓄水池）的循環故事又再上演。

第三節　營業活動和投資活動的配合──預估未來五年可投資資金金額

一般公司在資源配置上，總以本業為先，財務部能動用於投資的資金大都為閒置資金，否則本末倒置的話，那就不務正業了。

所以財務部在進行財務資產配置時，往往會由未來五年的現金流量預測，來瞭解將來究竟有多少錢可運用於金融投資。

由表 2–5 可見一家年年有餘的公司，每年從營業活動都會持續累積長期可用的投資資金；至於理財活動則是資金流出的主要活動，不是還債就是支付現金股利。底下將詳細說明表 2–5 是如何計算出來的。

表 2–5　甲公司未來五年現金流量表

單位：億元

	2003 年	2004 年	2005 年	2006 年	2007 年
營業活動	假設盈餘成長率10%				
＋（盈餘）	2	2.2	2.42	2.662	2.93
－（虧損）					
理財活動	現金增資募集3億元，以進行大陸投資				
＋（借入）	3				
－（還款）	−0.5	−0.5	−0.5	−0.5	−0.5
投資活動	投資活動預期報酬率 "20%"（詳見表 2–7 第(4)欄底 19.3%）				
＋（流入）	0.45	0.56	1.034	1.649	2.438
－（流出）	−3	—	—	—	—
年底可投資金額	1.95	4.21	7.164	10.975	15.843

一、來自營業活動的現金流量

「來自營業活動的現金流量」這些數字主要是財務部根據營業、生產等部門未來五年的營業計畫，進而彙總而得的。

但是很少公司這麼深謀遠慮，所以財務預測時，財務人員只要能瞭解：

(1)公司未來是否有大的資本支出計畫，這主要指新轉投資案、新事業部（含新產品），這些對營收、盈虧和投資資金都有很大影響。

⑵原有營運項目的基本假設，只需要三項便可：營收成長率、毛「益」（或利）率、純益率，其中毛益率的資料可以不用。影響獲利率較大的二個成本項目原物料成本、薪資，其中薪資成本很容易估計。反倒是高科技產業和看天吃飯的農產品兩種原料成本不容易估計，所幸這數字會來自於採購部門，也不需要財務人員操心和負責。

準備的功夫較多，但具體的結果往往只是數頁工作底稿（例如成本、依事業部門別收入預估），和一頁營業活動現金流量預測彙總表。

作到這步驟，先讓總經理過目、討論一下，暫不急著進行下一步驟，以免牽一髮而動全身。等到總經理修正你的初稿後，接著進行下一步驟。

本處指的雖然是營業活動的現金流量，但是我習慣使用應計基礎的會計盈餘，原因如下所述。

㈠非現金的分攤支出應加回

現金基礎下有二項非現金支出的分攤費用應加回，我的處理方式：

1.**機器、房屋的折舊費用**：在永續經營假設下，公司在投資活動上還得每年編個維持性資本支出，假設累積折舊費用恰巧等於重置成本，所以一加一減剛好軋平。那就不用在投資活動上再加入維持性資本支出，讓「投資活動」簡化為「財務」投資活動。

不過有些人還是會說「必要的資本支出」並不必然真的有資金流出，它的性質比較像貸款契約中債權人要求債務人所提存的「**償債基金**」(sinking fund)，專款只能專用。這點我倒同意，在真正動用這筆錢去重置機器設備之前，財務部還是應該善用這筆指定用途的購買機器設備基金，而且應該把實際動支的落點找出來。以現金基礎來計算當然比較準確，以應計基礎來代替只是權宜之計，前提是二者差異不要太大（即不要年差異超過 12% 以上）。

2.**商譽分攤**：在稅法上只有購入之商譽才准列為費用逐年攤銷，絕大部分公司沒有購入商譽等；縱使有，金額、比率也不大，不用那麼吹毛求疵。

㈡應收、應付款項時差

應收（或應付）款項往往在商業交易後一個月左右才會進帳（或出帳），但站在中長期預測的立場，每個月營收差別不大，所以也就不用去計較這一個月的時差。此外，應收和應付款項一扣抵下來，淨額（大抵是純益額）就更小了。

二、來自理財活動的現金流量

　　來自理財活動的資金流量的用途仍以本業為重,例如現金流入部分無論來自現金增資或是舉借新債,只要是為了新投資案而募資的,對財務部來說,這筆錢可用於金融投資的期間極短,反倒是下列二項理財活動持續性的造成資金流出。

㈠維持適當的負債比率

　　在公司超過最適負資金結構(例如負債比率30%)時,穩健的老闆總希望把每月賺的錢多還一些給銀行,以健全財務結構。其中很重要的一點是預留舉債空間,這種過度貸款 (excess borrowing) 也是企業財務資源的一部分, 可作為第二預備金,以支應不時之需。很少公司會為了金融投資而把整個舉債額度都用光,這樣財務風險太大。

　　當然,對於已達到最適負債比率的公司,可能就有「錢滿為患」的問題。至於適當負債比率應維持多高,董事長皆會明白告訴財務長的,不需要去猜測,常見的是20～40%。

㈡股利政策和資本形成

　　許多公司喜歡採取穩定股利支付政策,每年每股 0.5 元的現金股利,讓股東能有錢繳稅、零花,已把客戶效果 (client effect) 列入考量。穩定的現金股利支付金額(或比率),主要還是替投資人考量,當然也跟公司的資本形成政策有關。至於資本額該多大,一般是倒算的,也就是在每股盈餘目標(例如二元)下,參酌(本業)獲利金額,再計算出合適的資本額;更仔細地說,當考量的是權益報酬率時,則決策變數是業主權益金額。

　　身為財務長,你只要問董事長未來五年的股利政策便可以,為了預防他(或她)反問你,你對公司的股利政策應該有個譜。老闆一問,你立刻能以書面資料回答,老闆可能還稍作修改,如此便可以得到現金股利的預估金額。

三、來自投資活動的現金流量

　　來自投資活動的現金流量是最後才計算的項目,因其可投資金額主要是來自:

　　⑴流量,即當年度盈餘 (income),主要指營業、理財活動的現金流量淨額,

　　⑵存量,即財富 (wealth) 的觀念,也就是過去未分配所得的累計,表現在股東權益中的資本公積(但不包括沒有現金收入的資產重估增值、溢價換股合併)和未

分配盈餘。

四、資產配置決策——由盈餘規劃來決定資產配置

有了可投資金額、資金可用期間 (time horizon)，再加上資產配置目標，這些內部條件；再加上外部資產所組成的效率前緣，便可求出最佳資產組合，或稱為**策略性資產配置 (strategic asset allocation)**，有別於單一資產投資時的**戰術性資產配置 (tactical asset allocation)**，不論期間長短，皆屬於資產配置決策 (asset allocation decision)。

至於如何決定最適資產組合，第十章第二節中效用曲線和效率前緣的切點也可運用於此處，也就是跟股票投資組合選擇的道理是一樣的。表 2–6 便是未來五年資產配置的藍圖，表 2–7 則是工作底稿。

表 2–6　未來五年年底可投資金額和預定資產組合

單位：億元

	配置比重	2003 年	2004 年	2005 年	2006 年	2007 年
一、債券投資	20%	0.4	0.842	1.4328	2.195	3.1686
二、股票投資						
(一)上市股票	40%	0.8	1.684	2.8656	4.39	6.3372
(二)轉投資	20%	0.4	0.842	1.4328	2.195	3.1686
三、海外金融	10%	0.2	0.421	0.7164	1.0975	1.5843
四、房地產投資	10%	0.2	0.421	0.7164	1.0975	1.5843
合計	100%	2	4.21	7.164	10.975	15.843

表 2–7　以第一年（2003 年）為例說明資產組合

	(1) 配置比重	(2) 投資金額	(3) 預期報酬率	(4) = (2) × (3) 預期報酬
一、債券	20%	2000 萬元	6%	120 萬元
二、股票				
1.上市	40%	4000 萬元	21%	840 萬元
2.未上市	20%	2000 萬元	35%	700 萬元
三、外幣	10%	1000 萬元	12%	120 萬元
四、房地產				
1.房租	10%	1000 萬元	14% *	140 萬元

2.處分利得	–	–	–	–
合計	100%	1億元	19.2%	1920萬元

*房租預期報酬率已考慮未來處分利得。

五、資產組合政策

表 2-6 可說是董事會核定的**資產組合政策** (asset mix policy)，除非金融環境或本業有意外大變動時再予以修訂，否則財務長必須依此大政方針 (guideline) 來落實。

由表 2-6 可看出，資產的比重中有六成為股票，如果以共同基金的成長性來比喻，可說是積極成長或成長型，學名為「**股票導向型資產組合**」(diversified equity-oriented asset mix)。

另一個極端則為把全部資金押在債券上，這種稱為「**百分之百債券型資產組合**」(100% bond asset mix)。

更仔細的說，策略層級的資產配置決策一旦決定，戰術、執行層級的各類資產投資策略也跟著決定。例如當年報酬率目標 20% 而可容忍虧損率 10% 的投資目標下，很少人會採取百分之百債券型資產組合，然後把絕大部分資金押在垃圾債券上；為達此目標比較可能的投資策略為平衡型 (例如 40% 股票、40% 債券、20% 其他)。

◆ 第四節　風險承擔能力和資產配置決策

有道是穿鞋的打不贏光腳的，那是因為穿鞋的怕把鞋弄壞了，而光腳的人一貧如洗，反正打死了也沒多少好留戀的。打架非死即傷是如此，投資是種冒險也是如此，投資人對風險（以虧損率衡量）容忍程度的高低，大大影響了其資產配置的決策。

一、風險承擔能力

每家公司的資產配置依其主觀、客觀條件不同，對**風險承擔能力** (risk tolerance) 也有差異。雖然說客觀條件夠的話，有強化主觀能力的可能，但是二者不見得是同一件事，也有「身大如牛，膽小如鼠」的人，所以還是分別說明為宜。

㈠主觀意願：承擔損失的性格

公司金融投資的主觀風險承擔能力大大受董事會(尤其是董事長)性格的影響，本業經營保守，在投資上也傾向於保守，也就是對於虧損的容忍意願較低，公司不打沒有把握的仗。

年齡、學歷、過去不愉快投資經驗這些往往都會讓董事長在投資上趨於保守，以年齡來說，孔子曾說過:「老之年戒之在得」，老老闆當家的公司，他（或她）來日無多，犯不著為了多賺一些可有可無的橫財，以致於讓公司冒大風險，自己不僅可能一世英名毀於一旦，對下一代也無法照顧。

除了董事長性格外，營運風險高的公司，其財務風險（一般只討論負債比率高所帶來的風險）應該低，才能使公司總風險維持一定水準。因此，高科技公司比較不宜從事大金額的股票投資，反倒是成熟產業比較可以冒點投資性的財務風險。

㈡客觀能力: 有錢就有膽

直覺的想法是，隨著人的「淨資產」(net asset，公司稱為淨值) 增加或「資產負債比率」（負債比率的倒數）提高，人們傾向於有本錢冒險，所以對虧損容忍度也就提高，例如可容忍一年投資虧損15%。

「有（閒）錢就有膽」，這句話說明了有閒錢才有本錢支撐資產組合中多擺一些風險性資產（主要是股票），那麼如何衡量本錢雄不雄厚呢? 常見的有下列二種方式，其英文用詞雖不同，但我們依其本質，套用財務管理的名詞來表示。

1. 以金額表示，即淨資產、安全邊際:

安全邊際（safety margin 或 surplus）＝資產現值－未來負債現值

淨資產小於零的部分稱為負的淨資產 (deficits)，但在本書中不另外替正的淨資產 (surplus) 創造新名詞。

2. 以比率表示，即資產負債比率 (funding ratio)

資產負債比率＝資產現值 /（未來）負債的現值

二、資產配置的涵義

不同風險承擔能力下，對於資產配置的重心活動也都不一樣，由圖 2–9 可見，至少可分為下列三種情況。

㈠資產管理導向

圖2-9右下方,當資產負債比率大於"2",而且又沒有風險或最低報酬率的限制,此狀況即**資產管理導向** (asset-only management),最常見的情況便是封閉型基金,在基金有效期間內,基金經理的心思只消為資金(風險平減後)報酬率去打拼,壓根兒不需擔心到期時是否對投資人有什麼承諾,反正投資人是「願賭服輸」!

第二節中投資期間的長短也影響資產配置,本處不再贅述。

圖 2-9 主觀、客觀風險承擔能力下的資產配置和本書相關章節

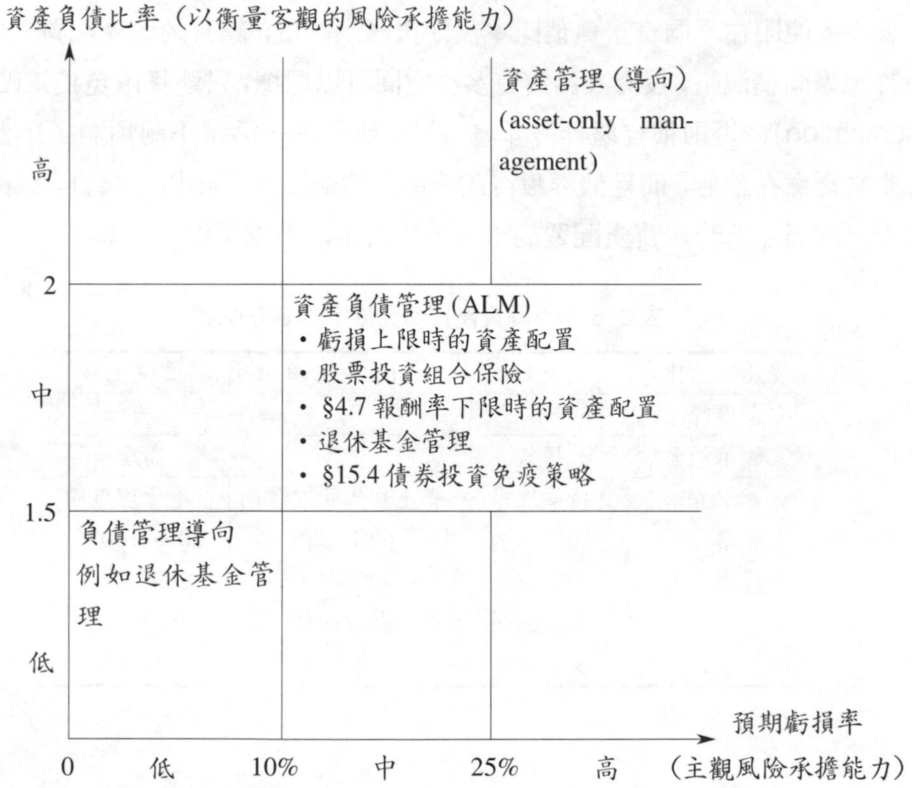

資產負債比率(以衡量客觀的風險承擔能力)

㈡資產負債管理導向

當本錢略有餘,且希望「入大於出」(或者說資產成長速度大於負債成長速度),此時資產配置必需瞻前顧後,也就是得做好**資產負債管理** (asset-liability management, ALM)。

如何維持淨資產大於某下限的資產配置問題,詳見在第十五章第四節介紹債券

投資免疫策略，至於股票的股票投資組合保險策略，請詳見拙著《實用投資管理》（華泰文化）第十六章。

(三)負債管理導向

當本錢不雄厚而且個性上又比較保守，此時資產配置偏重於**負債管理** (liability management)，其中一項例行活動為「變現力管理」(liquidity management)，以免因青黃不接而跳票。最迫切需要負債管理的情況首推財務困難公司，每天都跟生存在拼命，現金管理極度重要。

(四)各安其命

表 2-8 說明在不同資產負債比率或淨資產水準下，應有的資產配置方式。其中負債管理導向情況下，投資人員沒有多少空間可以選擇，只能採取**免疫策略** (virtual immunization)，否則很容易弄得「老壽星吃砒霜——活得不耐煩」了！九成以上的資產必需擺在債券，而且債券投資組合的存續期間以三年以下為宜，以免利率風險太大（詳見 §15.3），資產配置講求「不求大賺，但求不賠且小賺」。

表 2-8　不同資產負債比率下的資產配置

資產負債比率	= 1	1.5 ～ 1.99	2 以上
安全邊際	小	中	大
風險承擔意願	極低	中等	高度
資產配置	負債管理導向	資產負債管理導向	資產管理導向
1.股票	10% 以內	60% 以內	80 ～ 100%
2.債券	90% 以上	40% 以上	20 ～ 0%
	存續期間 3 年以內	存續期間 5 年以上	存續期間 5 年以上

附錄一　保本型基金

保本型基金、連動式債券、投資型保單和理財套餐，推出的公司雖然不同，詳見表 2-9，但是商品設計原理卻一模一樣，「江湖一點訣」，說穿了就不值錢。

在本附錄中，我們以保本型基金為例，說明第四節中安全邊際的原理怎麼運用。如同蒙面魔術師破解令人驚嘆的魔術，以吸引觀眾瞭解魔術的奧妙一樣，我們想藉由破解保本型基金的配方，讓你恍然大悟，原來這只不過是合成性資產，而且可以說是一種保本的平衡型基金罷了！

表 2-9　五種保本性質金融商品的投資對象

發行機構	金融商品名稱	保本投資的標的	高獲利投資的標的（衍生性金融商品）
投信公司（俗稱基金公司）	保本型基金	定存、零息票債券	股票選擇權為主
壽險保險公司銀行	投資型保單詳見第十四章第三～四節	保單	紅利拿出來投資
	1.連動式債券	債券	(1)股票連動等(2)利率連動
	2.投資型定存	定存	外幣選擇權
	3.（三合一）理財套餐	定存	把孳息拿出來買保險（意外險）、定期定額基金

一、什麼是保本型基金？

保本型基金 (principal guaranteed fund) 是指在某一特定期間，基金經理把投資人本金的某一比例，投入固定收益商品（例如零息票公債，zero-coupon bond），剩餘的小部分資金，則進行預期高收益高風險（例如選擇權商品）投資。藉由此種投資方式，只要抓對趨勢，小筆資金也能創造不錯的獲利。縱使到期時高槓桿商品操作失利，投資人在一般情況下，仍能拿回期初投入的全數本金。

一般的保本型基金，不論是產品或是條件的設計都大同小異，頂多在保本比率（或保本率）、基金壽命和贖回期間有所不同。以保本率來說，各家銀行或投信業者所推出的商品，其保障率也有所不同，通常保本比例越高，收益就相對有限，保本率如不到100%，潛在收益就相對驚人。

至於基金壽命，保本型基金在募集時就會設定一個期限，通常為二到四年。該期間的長短，

將直接影響基金經理操作風險性資產的投資比率，越長的期限代表經理的操作空間越大，預期收益也會越高。(工商時報，2002 年 10 月 13 日，第 4 版，蔡沛恆)

二、臺裝的保本型基金

政府同意保本型基金本金部分，可以運用的金融工具為零息票債券和臺幣存款，以 2003 年 7 月來說，臺銀一年期定存利率 1.4%。

$$Y \times (1 + 1.4\%)(1 + 1.4\%)(1 + 1.4\%) = 100$$
$$Y = \frac{100}{1.0426}$$
$$= 95.91 \text{ 元 (保本的期初投資)}$$

安全邊際 = 100 - 95.91 = 4.09 元

這部分可以拿來積極投資，例如投資在有高槓桿效果的股票選擇權。

由表 2-10 可見，在美夢成真 (預期報酬率成形) 時，此保本型基金報酬率 10.257%，這很有可能。

表 2-10　保本型基金預期報酬率

投資項目	(1) 比重	(2) 預期報酬率	(1) × (2) 期望報酬率
定存	95.91%	1.4%	1.343%
選擇權	4.09%	200%	8.18%
		小計	9.523%

(一)保本比率和最低投資期間

只有少數保本基金名副其實的「保本」，也就是不賠! 由表 2-11 可見，保本基金是否 100% 保本，而要視「保本率」、「投資期間」等因素而定。保本率 90%、投資期間為 6 個月的保本基金，保證持有 6 個月後可拿回本金的九成或更多，所以還是有本金虧損的可能。

保本是指期滿才保本，例如期限為三年，如果第二年就要贖回，那麼，發行機構並不同意給予保本的條件，按提前贖回當時的淨值來算，投資人很可能會虧錢。

表 2-11　最低投資期間跟保本率的抵換關係

(1)最低投資期間	3 個月	6 個月	1 年	2 年以上
(2) (預期) 報酬率				

(3)保本率	85%	90%	95%	100%
(4)預期虧損率 = 1－(3)	15%	10%	5%	0%

㈡提早贖回要付手續費

投資人在投資期間還沒到期前提早辦理贖回，需另外支付贖回手續費，越早贖回就需支付較高的贖回手續費率。持有超過一定期限或到期才辦理贖回時，投資人才可免支付贖回手續費。

三、平民化的臺裝商品

海外保本型商品，都要求以 10000 美元或 10000 歐元起跳的高門檻，投信業者認為，2003 年首度推出的臺裝保本型基金可以把此種貴族商品平民化，現在規劃中的單筆投資金額，大約在 5000 到 10000 元，而且是以臺幣計價。

附錄二　黃金基金

2002 年最賺錢的投資工具是什麼？這不是腦筋急轉彎的問題，而是一翻二瞪眼的問題，答案是黃金，更精確的說是「黃金基金」。由表 2-14 可見，友邦黃金基金報酬率 100%，投資一年就回本，你相信嗎？

一般教科書很少「很俗」的討論黃金投資，一方面它看起來是阿公阿媽時期的 LKK 投資工具，另一方面，它也很久沒表現了。不過，從 2002 年起，你可不能小看它了！

一、醜小鴨

相對於美股二十年的多頭，歷經 20 年空頭的黃金市場早已受到多數人的忽視，黃金相關投資也被分析師打入「投機」和「不入流」的冷宮，難怪到目前為止，只有少數個人投資者勇於參與此波黃金多頭市場。（經濟日報，2002 年 12 月 24 日，專刊 3 版，李佳濟）

二、醜小鴨變天鵝

2002 年受到美元貶值、國際政治局勢緊張影響，黃金價格擺脫多年來的空頭走勢，揚眉吐氣，詳見圖 2-10。

1979 年物價上漲嚴重，造成債券等固定收益資產價格縮水，金價足足漲了一倍多，2002 年金價漲幅將僅次於當年。

圖 2-10　國際金價長期走勢圖

三、弄懂金價走勢不難

黃金主要的本質是商品，商品的價格主要受供需影響；由表 2–12 可見，影響黃金需求的三類動機。

表 2–12　黃金價格的影響種類

需求動機	供給 （利空）	需求 （利多）
一、商品 （交易需求）	2002 ～ 2010 年，產量減 少三成	(一)商業 (二)金飾 　1.銀樓金飾：下跌 　2.品牌金飾：上升
二、投資需求		1. 2000 ～ 2002 年股市三年空頭，物 　價下跌，黃金的保值功能又受到 　重視 2. 美元貶值，黃金反向漲價
三、避險需求		此項功能逐漸減少，但是 2002 年以 來，各項軍事危機（尤其是波灣）令 黃金成為避險貨幣

四、黃金最大利多：大戰一觸即發

哈德遜河期貨公司 (Hudson River Futures) 資深黃金交易員吉安諾恩 (Bill Giannone) 說：「攻伊行動會帶動金價急漲，迅速往上大幅攀升，然後再回檔。」

1990 年 8 月 2 日伊拉克入侵科威特之後三週，金價狂漲 12%，但是到 10 月中旬，又跌掉所有漲幅。1991 年 1 月 17 日盟軍展開沙漠行動後，市場預期伊拉克戰爭可速戰速決，金價反而下挫 7.4%，詳見表 2–13。分析師表示，伊拉克戰爭一觸即發，避險資金湧入黃金市場，金價 2002 年創下二十三年來最大漲幅，每英兩 350 美元。而且 2003 年還有上攻實力，每英兩上看 380 美元，甚至 400 美元。（經濟日報，2002 年 12 月 28 日，第 2 版，湯淑君）

五、黃金基金

在黃金多頭市場中，投資黃金股票型基金是投入黃金市場最好的方式，即黃金基金不直接投資於黃金，而是投資於金礦公司。除了因為黃金基金是由資深的專業人士來管理之外，黃金類股的獲利跟金價間具備槓桿的關係；由於金礦公司大部分的成本是固定成本，所以不論是當金價走高或是黃金產量走高的時候，多出的營收大多都會直接成為獲利。依據過去的經驗顯示，

通常在黃金價格出現上漲或下跌時，黃金類股的漲跌幅通常都為金價變動的二～三倍左右。

2002年黃金基金績效良好，友邦黃金基金報酬率為99.03%，美林世界黃金金礦基金報酬率則為91.18%。

表2-13　國際局勢緊張時，黃金、石油價格跟其他主要指數漲跌比較

	波斯灣戰爭 1990.7.16～10.11	美國911恐怖攻擊 2001.9.10～9.28	以巴、印巴緊張情勢 2002.3.12～6.4
黃金價格	6.81%	7.91%	11.57%
石油價格	132.57%	−19.56%	2.98%
道瓊工業指數	−21.16%	−7.81%	−8.48%
MSCI世界指數	−18.01%	−4.34%	−5.88%
美元匯率	−8.21%	−1.09%	−5.70%

資料來源：Bloomberg，美元計價（美元匯率以DXY美元指數代表），富蘭克林投顧提供。

表2-14　2002年國際金價暨黃金基金表現

單位：%

名　稱	近1個月(%)	近3個月(%)	2002年至今(%)
友邦黃金基金	22.79	9.98	99.03
美林世界黃金基金（美元）	15.89	7.71	91.18
富蘭克林黃金基金	14.95	10.64	34.57
黃金基金平均	18.44	–	72.27
金價平均	–	–	25

註：以美元計價

資料來源：普羅財經，截至2002年12月25日。

六、黃金基金在資產配置中的角色

黃金獨特的資產類別，跟其他投資資產例如股票、債券等連動性非常低，因此對投資人來說，可在投資組合中酌量持有，能夠有效分散投資風險，也有助於提升整體投資報酬率。

面臨瞬息萬變的股債市時，投資人善用黃金基金分散風險效果佳的優勢，持續把5～10%的資產配置在黃金基金上，在此情況下，不論股市是在多頭或是空頭市場時，都可降低風險，而且更能在空頭市場時，擁有比同時投資在股債市更好的投資獲利效果。（工商時報，2002年12月26日，第3版，游育蓁）

◆ 本章習題 ◆

1. 搜集買高賣低、買低賣高和買入持有法三種投資方式的投資報酬率，例如以去年（每月）的加權指數為例。

2. 「現金是王」，但是在股票投資時，「現金」指的是現鈔、支票存款嗎？

3. 如果說基本資產像動物、商品像植物、價值儲存工具像礦物，你覺得如何？

4. 加權指數（即市場組合）位於效率前緣上嗎？如何驗證？

5. 短錢（例如可用期間 1 週）長用（例如去買股票），往往會有什麼下場？

6. 以表 2–4 為架構，舉一家上市公司未來五年的現金流量表來分析。(Hint: 找一本現金增資公開說明書，上面載有此表)

7. 以表 2–5 為架構，分析台積電的可投資金額和資產組合。

8. 用表 2–6 為基礎，用當年預期市場走勢來檢驗台積電投資資產配置。

9. 以表 2–7 為基礎，分析台積電等屬於哪一種資產配置情況？

10. 年輕人閒錢可用期間比較長，所以比較適合買股票，你同意嗎？

第三章

資產配置和投資策略

要揮出股市全壘打，你必須先站上打擊區，最後你總會在多次的失敗中開出勝利的花朵，只要你早點投入股市，你就可以早點獲利。

——范德漢　基金經理

學習目標:

財務長和投資經理如何資產配置、交易人員如何進行戰術性資產配置,本章給你 total so-lution。

直接效益:

「資產配置」此一主題一般投資管理書只是點到為止,而英文書既多且厚,在本章中,我們替你消化,讓你唸完就可抓住四本資產配置原文書的重點。

本章重點:

· 臺灣股市連弱式效率市場都談不上,更不要說半強式效率市場,「隨便買」不適用於美國,更不要說臺灣了! §3.1

· 破解坊間一些傻瓜投資術能致富的天真主張,如何把你所學運用出來。§3.2

· 投資哲學、目標和策略並無新意,因屬董事長(或董事會)決定,所以方法跟策略規劃程序是一樣的,「財務、金融科系學生和投資人員不能不懂企管、不能不知道企業經營」——開發國際公司總經理、政治大學財管系教授林烱垚。§3.3

· 金融市場各類資產大抵是競爭品,所以有此消彼長情況,整個價格(或報酬率)均衡的道理跟商品市場是一樣的。§3.4

· 策略性資產配置第一層是投資地區(通貨配置)、第二層是資產配置,這是投資最重大的決策。§3.5

· 資產配置的執行主要是戰術性資產配置的問題,投資人員(尤其是交易人員)看了 §3.6 就八九不離十知道該如何撥亂反正。

前言：站對山頭，贏過拳頭

西方現代兵聖李達‧哈特在其名著《戰略論》中強調「戰略才能贏得戰爭，戰術只能贏得戰役」。同樣的，在投資中，最重要的決策是資產配置（即資產的投資策略），也就是如何把資金視情況分配在股票、債券、外幣等各類資產上。至於每天買進賣出的交易，看似苦勞不少，其實決策皆在帷幄之中，只是在「戰場」上驗收戰果罷了。

本章就從這角度切入，第一節先說明三種效率市場假說，以及要下對決策，積極操作的預期報酬遠高於消極的「坐以待幣」！而關鍵就是資產配置，也可以說是策略性投資。

◆ 第一節 「隨便買」和效率市場假說

股市如戰場，如何決定何時把幾成資金押在股市，可說是股票投資的策略性決策。本節中，我們將由根本出發，先說明「分析有用」。你相信「隨便買」嗎？

1996～1998 年有位暢銷個人理財作家曾出過一本狂賣的書，該書提出股票投資致富的九字箴言，其中前三字是「隨便買」。作者在書中、電視上受訪時，一再強調「隨便買」的主張有財務理論實證上的依據，那就是股市（至少是美國股市）是（半強式）效率市場，所以任何的技術、基本分析，無法獲得**超額報酬**（abnormal return，或**異常報酬**），結論是「分析無用論」，學當猴子射飛鏢選股就可以了。

我們無意評論他這本書，只是藉此切入主題，並且問你：「你相信隨便買股票可以致富嗎？（不管持有多少年）」因為這對積極型投資策略可說是全盤否定，也就是「多算勝，少算不勝，何況不算」這句話是錯的。這種說法又名「傻瓜投資術」，他舉了一、二個人來說明「傻人有傻福」。

一、效率市場假說新圖解

由圖 4-2，你可以清楚的瞭解效率市場假說 (efficient market hypothesis, EMH) 由低往高分為三個層級。例如當依技術分析來投資可以多賺一些（跟買入持有法比），那麼就可見股票市場連最低程度（稱為弱式）的「效率」都談不上，也就是有些投資人「後知後覺」（即缺乏資訊處理效率），連對已顯露在外的價量關係都無法看出玄機。最具體的說，由主力進出表（或該股十大熱門進出券商），聰明的投資人應該可以捕捉公司派（最大內線人士）的進出虛實（包括庫存量），進而

偵測出公司派是否延緩發布利多消息而壓低進貨， 或是報喜不報憂的逢高出貨。

二、殺雞焉用牛刀？

許多碩、博士論文以效率市場的檢定為題材，但是請你不要被這些繁雜的主題和看起來有點陌生的計量方法所迷惑，有時，簡單的邏輯就可以回答你的問題：當一種分析方法無效，久而久之，該方法就沒人用，由此看來：

⑴如果有人主張臺股符合弱式效率市場，你的常識答案是什麼？那麼《工商時報》、《經濟日報》上的技術分析看盤等一缸子人用技術分析研判買賣點，豈不是白做工？會有「全部（至少大多數人）永遠被騙」這道理嗎？

⑵有不少美國實證指出美股大抵符合半強式效率市場假說，你的推理答案是什麼？有位美國財管教授回答的好，那麼所有從事基本分析（尤其是公司分析）的搜集（資訊公司，例如 Value Line 公司）、分析（如各券商、投信的研究員）可都得失業了，因為基本分析無用！但事實並非如此。

美國加州大學財務教授 Robert Haugen (1995) 在其書《新財務》(*New Finance*) 中開宗名義的說，「老財務」(old finance) 管理以金融市場符合效率市場假說為基礎，但是事實並非如此；我們只要用技術分析，照樣可以在股市、匯市賺取額外利潤。在第十一章第一節中，我們會詳細說明他對新舊財務的斷代主張。

三、阿里山沒挖到黃金，就代表世上沒黃金？

技術分析指標至少四十種，其中二、三種失靈，並不代表全族陣亡，只有抽樣檢驗的論文只能在結論時說：「我們實證指出，使用某技術指標無法獲得額外報酬」，就是不能過度推論的一竿子打翻一條船的主張證明「技術分析無用論」。以高一數學中邏輯的角度，除非對所有方法都檢驗過，否則不能提出「全稱命題」。

四、隨手二篇碩士論文就證明分析有用

有關技術分析、基本分析的碩士論文多如繁星，我們信手拈來以臺灣大學財務金融研究所高梓森（1994 年）的碩士論文，研究期間為 1987 到 1993 年，就可支持DMI、MACD 二種技術指標作買賣依據，扣除交易成本，其投資績效均顯著優於買入持有策略。

再以同一研究所許文義（1995 年）的碩士論文來看，研究期間為 1992 到 1994

年，只用利率、貨幣供給成長率等總體經濟因素所建立的預測模式來買賣股票，當市場處於多頭走勢時，有75%的機率可獲得超額報酬。

在第七～十一章中，我們還將進一步說明如何利用市場的無效率來獲得超額報酬。

五、為什麼臺股這麼沒效率？

臺股不符合效率市場假說的癥結出在投資人結構，散戶佔八成，不像美股法人佔六成，對基本面資訊的反應比較精準。以調低存款準備率對各銀行、上市公司（尤其是負債比率六成以上）每股盈餘的影響，只有幾家投信、外商券商能從電子試算表迅速算出，其他人最快也得等下午看了晚報或明天日報才看得到中華投信公司等公布的結果；也就是這個消息至少得花二天才能正確反映在股價上。

換個簡單例子會更清楚，1998年5月6日9點18分非凡頻道誤播「昨日華航又傳墜機」的跑馬燈式新聞，華航股價從平盤一路打到跌停（24.3元）。雖然10點時，非凡播出更正澄清字幕。但當天成交量高達1.2萬張，是昨天的六倍。一個很容易查證、不需專業知識計算的消息，散戶以「狼來了」的心態去因應，這還能算效率市場嗎？

所以臺股仍適用「多算勝，少算不勝，何況不算」這句兵法原則。

六、投資常識非夢事

我們透過舉證說明「隨便買」這個華麗商業包裝下的錯誤投資觀念，背後想告訴你如何把邏輯推理運用在投資上，如此你所學的才是活的知識。而重要的是，本書不只希望給你魚，而且還要給你釣竿；不僅是談知識，而且還要把它化為智慧。

有句名言提供你參考：

聽人高見不如瞭解其資訊有多少。

No man's opinions are better than his information.

——Paul Getty　美國石油大亨

七、刺激與挑戰

股票市場的特性可用美國最大股票型基金麥哲倫基金，前基金經理彼得‧林區的一句話來形容：「世界上根本沒有一個通則可適用在所有不同股票上。」就因為股

市這麼千變萬化，所以才吸引這麼多人研究、投資。

如果有人提出「放諸四海皆準」的投資鐵律，用斬釘截鐵的全稱命題來譁眾取寵（以求賣書、投顧公司吸收會員），那只能一笑置之，因為股市只有「限時限地限股」適用的部分命題，懂越多的人覺得講話要更嚴謹，這是我們在讀書、投資時應有的態度。

第二節　傻瓜投資術，喔遜！

你有沒有聽過下列說法，並且深信不疑，甚至照表操課。

⑴每月投資股票 7000 元，適時做一些調整，三十年就可以擁有 1 億元。

⑵每個月投資股市 1.4 萬元，隨便買、不要賣，二十年後擁有 1 億元。

這是二位赫赫有名的個人理財專家的招牌菜，許多人想必耳熟能詳，但在你「不疑有他」、照單全收之際，你是否發現這個「理想」實是那麼的不堪一擊。

一、長期持有的報酬率不見得多高，甚至常被套牢

有許多文章大談時間價值，主張複利可以讓你長期致富，然而我比較支持投資專家林行止的看法，「長期投資可令人致富，……此中所隱藏誤導成分」（工商時報，1997 年 11 月 18 日，第 15 版，林行止「投資漫談」專欄），舉例說明如下。

㈠以臺灣股價指數來說

如果以 1966 年臺股指數 100 點，2003 年底 7000 點來計算，上漲七十倍。由複利效果來看，這 38 年的複利利率恰巧約為 11.8%，看起來並不很高。要是考慮股息併入綜合所得課稅後，稅後（假設稅率 10%）報酬率可能又剩 10.6%。或許你對這樣的報酬率很滿意，但是那可說是一段「爛田變厝地」的成長階段。你相信以 2003 年指數 7000 點，2023 年時會成為 67524 點或是 114570 點嗎？絕大部分人會說不會這麼離譜吧！67524 點，那是假設股市每年漲 12%，20 年漲 9.6463 倍；而大盤 114570 點，也僅是假設大盤每年漲 15%、20 年漲 16.367 倍罷了。

㈡以美國股價指數來說

臺灣的數字還好看，美國的數字則羞於見人。假如你在 1925 年買進道瓊工業指數，指數為 160 點；到了 1999 年為 11000 點，上漲 68 倍。中間還經歷過 1929 年經濟大蕭條所帶來的股市大崩盤，75 年還能上漲 68 倍，看起來很不錯。但是用複

利公式計算，投資報酬率僅6%，可能比複利定存還差；所以投資美國股市想長期年報酬率10%，那真是天方夜譚。而且這邊的投資報酬率6%還是投資人稅前報酬率，要獲取此一報酬率，投資人必須把每年配股配息都拋下去，這樣才有複利滾存效果；但是股息是要繳稅的，如此一來，稅後投資報酬率可能只剩5%，你認為很好嗎？

㈢複利定存——每月投資1.4萬元，二十年後成億萬富翁

有某位通俗理財專家曾舉例說明「隨便買，隨時買，不要賣」的正確性，他估計每月投資1.4萬元買股票，投資至少二十年就可以成為億萬富翁。他漏掉告訴大家，這個例子背後隱藏假設年金終值利率為20%。但是根據前面的分析，75年來美股市複利報酬率才6%，要想年賺20%，恐怕得巴菲特等萬中選一的大師才勉強做得到。

除了買股票外，有些投資專家則以年金終值來舉例，說明「時間和複利是致富不二法門」，每月只要存3000元，定存利率7%，五年後便可成長813倍，達到160萬元。看起來「小兵立大功」，小氣財神也可致富。

這種說法故意遺漏物價上漲會吃掉你一部分，甚至全部的購買力，尤其是當實質利率為負的時候，像有一陣子俄羅斯存款利率20%，但年物價上漲率200%，銀行沒人存款，還甚至發生銀行搶匪無錢可搶的糗事。

最令人沮喪的是，誠如第一章第三節中所強調的微利時代會延續好多年，定存利率3%已經算好日子了，7%可說是在天堂吧！

二、誤信「理財神明」，以後吃虧倒楣

我們並不否認傻瓜投資術有適用時機，但也不用誇大、神化它了，這往往會誤導一些「善男信女」，等到二十年後，這些投資人會發現每月定時定額存1.4萬元，竟然沒到一億元（那是假設投資報酬率20%）。要是投資人想靠這筆錢養老、送終，才會發現晚景淒涼，那時再來怪二十年前誤聽信某某《理財聖經》這一類，那也只能怪自己太好騙了。

三、「鑑古知今」錯在哪裡？

你有沒有看過傻瓜投資術致富的例子，最常見的是以國壽（國泰人壽）為例，只要二十年前持有一張股票，現在已成千萬富翁。

有不少人延伸這個說法,以一些電子股票為例,主張持股十年,則投資報酬率可達數十倍。(工商時報,1997 年 9 月 26 日,第 18 版,蕭世鋒「長抱電子股,十年獲利數十倍」)

看起來,投資的確很容易、賺錢好像很輕鬆,只要隨便撒種子,不需耕耘、施肥、除草,一段期間以後就可以「坐享其成」了,天下有這麼美的事嗎?

先來看這些文章錯誤的計算方式,例如:

⑴ 1998 年 3 月 23 日以 174 元(歷史本益比 35.3)買進日月光,

⑵依日月光除權能力,十年後母股、股子、股孫等合計持股共 19.5 張,平均成本只剩 8.923 元,

⑶到了 2007 年,假設每股盈餘 2.1 元,本益比 15 倍,股價 31.5 元,

⑷十年報酬率 2.53 倍。

由上述可看出,報酬率只有 253%(即 2.5 倍),絕不是像這些文章所吹噓的數十倍。

你覺得這例子 2.53 倍很好嗎?要是我跟你說,你在 3 月 23 日把錢存入定存,利率 13%,十年後便可淨賺 2.53 倍。那你就知道原來持有日月光十年的預期報酬率也不過 13%。

日月光的例子要能實現,還得看上述第 2、3 個假設是否成立。但是依高科技股的產業革命式變動特性、公司經營者(日月光董事長等)老化等因素,上述假設能否站得住腳是個大疑問。

與其冒上述這些風險才賺得 13% 報酬率,倒不如買美國富蘭克林公司發行的坦伯頓債券基金,報酬率只是稍微低一些,但是風險卻很小,除非你以臺幣結購美元去買,那額外增加匯兌風險。

我們不否認長期持有潛力股會有爆炸性獲利,但是像台積電、日月光等這些老牌公司,資訊充分,股票基本價值比較容易估計,有些散戶還會追價,所以股價不僅已反映其南科等投資計畫的價值,甚至還有可能反映過頭了;這也難怪十年長期持有的預期報酬率頂多只有 13%。

所以「長抱電子股十年獲利數十倍」這種話,只要用計算機、查終值表便可知道是錯的。錢要是這麼好賺,投信公司可就得關門了,但事實上投信都一家一家開、股票型基金一支一支發行(2003 年 6 月已超過 2300 億元),「傻瓜投資術長期也能成為大富翁」的話,你還能相信嗎?

四、多長算長？——進場時機的拿捏

「長期」投資最曖昧的就是多長算長呢？十年算不算，要是勉強算的話，那麼一個時機沒拿捏好，也有可能賠。假如你在 1990 年 2 月 21 日臺灣股市大崩盤那一天，以 12650 點股價指數買進臺股，到 2003 年 2 月 21 日只剩 4600 點，整整 14 年還賠 63%，甚至買到投機股（例如國華飯店、泰豐輪胎等）現在仍處於大賠狀態。

日本則更慘，1990 年 2 月 21 日，日經指數 36800 點，到 2003 年同一天，只剩 7800 點，只剩下二成。

這些看似邏輯推理的情形，對你或許不痛不癢，但是對當事人來說，有時卻是心口的痛。像我 1994 年 3 月投資日本三種共同基金，1997 年 9 月被迫賣掉，持有期間三年半，虧損 40%，東南亞基金也好不到哪裡。

有些投信公司建議三、五年投資股票型基金定有年平均 15% 的報酬率，長期投資者有福了。這不一定，還要看你何時買入。要是買到最高點，可能十年都無法翻身。

第三節　投資哲學、目標和策略

把投資部 (investment department) 看成一家公司，那麼許多公司策略管理或經營管理的觀念，便很自然的可以轉用到投資部的管理，詳見表 3-1，其中投資哲學、投資策略都是由董事會決定的。

表 3-1　投資哲學、策略、程序和型態

跟公司策略管理類比	主要內容	本書章節
一、投資哲學（類似公司經營哲學）	長期持有 vs. 波段操作	§3.3 一
二、投資策略（類似公司總體策略或事業策略）	保守、中庸 vs. 積極 *保守、中庸可稱為消極方式 　(passive approach)	§2.5 §3.3 二
三、投資程序（類似 SWOT 分析）	由下到上 vs. 由上到下	§6.1
四、投資型態（類似用	1.獲利主要來源	

	2.投資對象（證券種類）	
人）	3.融資和融券的態度	§10.2 一

一、投資哲學

投資哲學（investment philosophy，或投資理念）主要是指董事長、投資長對投資獲利來源的看法，以股票投資為例，究竟是採取「活得越久，領得越多」的買入持有法(buy-and-hold)，守株待兔的賺取長期滿意的報酬；還是看準時機，採取波段操作，積極賺取中線甚至短線價差，以創造更大報酬。

就跟公司的經營哲學（或經營理念）一樣，投資哲學構成投資人員心中一把無形的尺，哪些資產是投資禁地不能碰、賺錢要怎麼賺才算允當；看似無形，但卻不成文的規範了整個投資部。

二、投資目標

在政治大學企管系教授、臺灣策略大師司徒達賢《策略管理》一書中，主張目標跟策略是互動、共同決定的。同樣的，財務部的金融投資目標也是如此，一般皆像業績目標的訂定一樣，先看看外面金融環境，再來訂定績效目標。

投資人員績效好或壞，當然要跟標竿(benchmark)來比，標竿可說是及格標準。跟策略管理中的「標竿策略」一樣，投資績效的目標標竿至少可分為外部、內部二種標竿。一般投資學把 benchmark 譯成「基準」，例如「**基準投資組合**」(benchmark portfolio)，跟目標管理中「效標」的意義相似。

㈠外界績效標竿

由表 3–2 可見，各類資產皆有其相對的績效標竿。其中以股市投資來說，最簡單的標竿為「打敗（股票）市場」(beat the market)，也就是賺要比大盤的漲幅多或賠要比大盤的跌幅少。

不管外部或內部標竿，投資目標皆只包含盈餘目標；不像業績目標由營業額（反推市場佔有率）、淨利二項所組成。

㈡以老闆的操盤績效作為標竿

專職投資人員至少操盤績效要比老闆好，否則就失掉自己存在價值。所以當老闆也是箇中好手時，投資人員在跟老闆「談判」投資目標時，所遭受的壓力也比較

表 3–2　各類資產的投資績效標竿

資產種類	績效標竿 (benchmark)
一、票券、債券	行情、債券指數
二、股票	
1. 上市	1. 打敗（股票）市場 (beat the market)
2. 未上市	2. 12% 年報酬率。
三、外幣投資	外幣定存利率再加 1～2 個百分點
四、不動產	
出租、出售、營運	行情
合計（投資組合）	很難找到一個綜合性標竿

大。

最後，由於整個資產組合涵蓋金融（國內、國外）、不動產，而且有些資產種類（例如未上市股票）缺乏市場指標，所以 Hensel 等三人 (1991) 表示，整個資產組合不容易找到單一績效標竿，他們建議可以用相似投資策略、內容的資產管理公司的績效作標竿，似乎是一條可行途徑，這方法稱為**簡單資產配置** (naive asset allocation)。

(三)自選指數的編製方式

如果你不選擇外界現成指數作為標竿，而想自己編製指數，例如：

(1)以可行投資股票 100 支（詳見 §8.1）作為指數。

(2)甚至縮小到以台積電、聯電、華邦等 8 家上市晶圓製造廠來編製「半導體股價指數」，來跟美、日同類股價指數相比較。

由於精業等技術分析，台灣經濟新報社的上市公司資料庫軟體皆附有此項自選股票編製指數功能（注意是採股本加權或簡單平均），大大方便使用者。

三、投資策略

目標決定投資策略 (inrestment strategy)，如果公司想賺得越多，以股票投資來說，勢必要精選個股、慎選進出股機，績效標準在於「打敗（股票）市場」，這種旺盛企圖心的作法稱為「積極方式」(active approach)，詳見表 3–3。

反之，要是企圖心不大，例如「有賺就好」、「保本為先」，那麼極可能採取「消極方式」(passive approach)，最具代表性的方式便是指數型基金，不求打敗市場，

但也不希望比大盤遜色。這種心態運用在匯兌風險管理方面，就是擺明了不賺匯兌利得，一切以避險為先，很重要的基本心態，假設「匯率是無法預測的」，與其費盡心思去做沒把握的事，還不如少賺一點做點安心的事。

表 3–3　二種投資策略和其適用時機

策　略	投資方式	適用情形
消極型 (passive) 策略	買入持有法，以賺取「選股報酬」(selection return)。	股市長期（至少五年）處於多頭。
積極型 (active) 策略	除選股報酬外，還想趁指數、股價起伏，賺取「擇時報酬」(timing return) 和「組合報酬」(portfolio return)。	必須能抓得住波段，而且交易成本不宜太高。

美國賓州大學華頓學院教授 Grossman (1995) 在美國財務學會年度主席致詞中指出，消極型投資策略的結果是次佳的，缺乏效率的。他的致詞刊登在美國第一名的財務文獻《財務期刊》上，可見該演講的重要性。他所持的理由很簡單，由於金融市場（不僅僅是股市而已）的資訊有價，所以市場並不是完全有效率的（即符合弱式效率市場假說、甚至半強式效率市場假說）；因此才有人覺得有利可圖而積極進行交易，以求多賺一些，因此積極型投資策略才可能（但不必然）帶來「最佳的」結果。

他的推論也很直接，如果市場符合半強式效率市場假說，那就不會有那麼多證券公司、資產管理公司花大錢搜集、研究資訊，以求找出潛力股。在金融業或一般公司的投資人員皆不該採取消極型投資策略，否則何以證明自己存在的價值？

消極型投資策略或許適用於缺乏專業投資資訊、時間的個人，但在公司投資的書中，不能以「公說公有理，婆說婆有理」、「各有千秋」的話來形容積極型投資策略、消極型投資策略各有優缺點，重點是積極型投資策略運用得當，則風險平減後報酬率優於消極型投資策略。

第四節　資產市場均衡理論

套用經濟學中商品市場均衡的觀念，你會很驚訝的看到豬、香蕉、公車票的售

價是如何動態的決定,一部分取決於來自供給面的商品間的替代性,一方面也來自需求面的消費者偏好。同樣的,金融市場也有同樣情況,我們憑什麼說股市已超跌,所以值得投資?再縮小到只談各國股票投資,為什麼有人說,東南亞股市已超跌,值得逢低買進。

「四時行焉」,但背後的道理是什麼?這便是「資產均衡理論」(asset equilibrium theory) 想要回答的,重心是投資人在各大類資產中去比價,「風險平減後報酬率」(詳見 §5.2) 高的資產(即資產價格較低)便會有逐利的「熱錢」滾滾而來,而原來(風險平減後)報酬率較低的(即資產價格較高)便會發生需求減少(整條需求曲線往左下方移動),帶動其價格下跌,也就是報酬率往上走。各類資產的價格,就在這比價原理中取得一定均衡。因此,股票、債券市場中有條楚河漢界的「(金融)市場區隔理論」(market segmentation theory) 是無法站得住腳的。

接著我們詳細說明:

⑴大分類資產中股票、債券市場間的巧妙均衡如何達成。

⑵中分類資產中各國股市如何維持動態均衡。

一、大分類資產間的一般均衡

或許你有聽過,美國華爾街投資人的經驗法則是「股票必要(最低)報酬率為公債利率再加 8 個百分點」,此處公債利率代表無風險利率,多這 8 個百分點以上的「風險溢酬」(equity risk premium) 以吸引投資人「拼死吃河豚」,這個股票預期報酬率減公債利率的部分稱為「股票/債券溢酬」(stock/bill premium)。

這個大分類資產間應有個合理的比價空間的道理,是由美國 Fouse 所發明的,名稱為「溢酬法」(premium technique) 或「價差法」(spread technique),這道理很像類股中的比價原理。

㈠股票比債券多賺八個百分點——美國的權益風險溢酬

2002 年臺灣 940 萬勞工平均薪資為年薪 46 萬元,雖然不是每個人都可以賺到這金額,但也差不遠了。同樣的,投資股票長期來說,「應該」比存銀行定存多多少報酬率呢?下列二個方向的結論皆相同。

1.**學術研究**:權益風險溢酬可說是財務管理的核心,有關此題目,美國排名居先的《財務期刊》在 2001 年有二篇文獻,可說是舊話重提。

⑴排行榜第 1 名:「股票報酬比公債利率平均高八個百分點」,這個耳熟能詳的

經驗法則, 源自於著名的資料庫公司 Ibbotson Associates (在臺灣則台灣經濟新報社很像) 所發布的年度統計, 研究期間從 1926 年股市高檔開始, 也就是包含 1929～1933 年經濟大蕭條所帶來的股市崩盤。

⑵另類想法: 美國哥倫比亞大學商學院教授 Thomas 和巴克萊投資公司 Claus(2001) 的複雜研究, 研究期間為 1985 ～ 1998 年, 認為美國股市權益風險溢酬只有 3 個百分點, 並批評 8 個百分點太樂觀。

可惜的是, 這另類結論卻因研究方法不當, 反而不足取, 還不如我們在下一段所引用的簡單作法, 即實務上以股價指數來計算股市報酬率。

2.**最近的證據:** 至於近十五年的資料可參考表 3–4, 以算術平均報酬率來說, 美股比美債報酬率高 6 個百分點。你可以看出, 我們故意略去 2001 年, 主要是該年因 911 紐約撞機事件, 標準普爾指數下跌 12%, 是 1974 年能源危機 (當年下跌 30%) 以來, 指數表現最差的一年。(經濟日報, 2002 年 1 月 1 日, 第 9 版)

⑵*知其然, 也要知其所以然*

股市的預期報酬率跟無風險利率之間的差距太大, 這種現象很難用傳統理論解釋, 稱為**權益溢酬之謎** (equity premium puzzle)。

針對權益溢酬過高之謎, 行為財務學者提出新的概念加以解釋。 Barberis、Huang 和 Santos (2001) 納入 KT 展望理論中損失規避的概念, 跟 Thaler 和 Johnson (1990) 所提出的私房錢效果, 修正傳統經濟的模型。他們發現, 股利增加會使股票報酬增加, 由於私房錢效果, 會降低投資人風險規避的程度, 這是因為如果利得之後出現損失, 那麼個人對此損失所感受到痛苦較一般為低, 因為它的衝擊被前一次的利得所減輕。投資人會用比較低的折現率來折現股利, 這使得相同每股盈餘下, 股價更高, 造成股價相對於股利的價值偏高, 所以接下來的股票報酬會降低。同樣的, 在股利下跌之後, 由於私房錢效果的影響, 會使投資人對風險的容忍度降低。這是因為損失之後如果再出現損失, 那麼個人對此損失所感受到的痛苦較一般更大, 因為經過前一次損失的衝擊之後, 個人對再一次的損失會更敏感。投資人會用較高的折現率折現未來的獲利。在這種情況之下, 比較高的折現率會導致股價更低, 導致下一期的報酬較高。這麼一來, 使得股票報酬起伏更大。這個結論能夠解釋權益報酬的高報酬、高波動性和高度的可預測性, 高的波動性可導出高的權益溢酬, 因此可以解釋權益溢酬之謎。(部分摘自周賓凰等,「行為財務學」, 2002 年第 2 季, 第 36 ～ 37 頁)

表 3-4　標準普爾 500 指數跟歐美重要債券指數年報酬率比較

年	標準普爾500 指數	摩根美債指數	摩根歐債指數
1986	14.6%	15.8%	10.2%
1987	2.0%	2.2%	8.5%
1988	12.4%	6.8%	8.6%
1989	27.3%	14.0%	3.9%
1990	−6.6%	8.6%	6.7%
1991	26.3%	14.8%	14.6%
1992	4.5%	7.2%	12.9%
1993	7.1%	10.1%	20.6%
1994	−1.5%	−2.9%	−4.4%
1995	34.1%	17.3%	17.6%
1996	20.3%	2.9%	12.0%
1997	31.0%	10.0%	9.6%
1998	26.7%	10.3%	13.4%
1999	19.5%	−2.9%	−2.4%
2000	−10.1%	13.9%	7.5%
算術平均	13.84%	7.87%	8.62%
幾何平均	5%	1%	2%

資料來源：彭博資訊。

大多數機構投資人以標準普爾 500 指數作為美股投資的指標，該指數 2001 年下跌 13%，如果把再投資的股息計算在內，該指數的市值則減少 12%。

此指數成分股企業 2001 年的股息比 2000 年約少 3.3%，是 1951 年以來減幅最大的一年。(經濟日報，2002 年 1 月 4 日，第 9 版，吳國卿)

㈢盈餘報酬率 vs. 公債報酬率

有些人拿盈餘報酬率（earning yield，或股利報酬率、股利率）來跟無風險利率相比，以判斷大盤指數是否過高，例如以美國聯邦準備理事會主席葛林斯班命名的「葛林斯班模式」的判斷方式為例。以標準普爾 500 指數的預估本益比（預估未來一年）為 21 倍，其倒數為 4.75%，此即盈餘報酬率，但此比十年期公債報酬率 5.60% 低 15%。這也是 1997 年 3 月 15 日美國 *Barron* 周刊引述某證券分析師的推論，認為股市已「超漲」15%。(工商時報，1998 年 3 月 16 日，第 6 版，周曉琪)

㈣從本益比角度來看美國情況──聯邦準備理事會公式

1.**公式曝光：** 聯準會股價評估模型 (Fed model) 是根據 1997 年聯準會提給國會的報告，指出十年期公債報酬率跟標準普爾 500 指數成分股的股利報酬率，其報酬率理應相去不遠。

2.**歷史驗證：** 根據此公式，當股價高漲，導致股利報酬率低於十年期債券報酬率，表示股價高估，因為十年期債券幾乎沒有信用風險，投資人沒理由在此狀況下去冒險買股票。

此公式對於提醒投資人股市當前價格水平頗見成效，1987 年 8 月，美股崩盤前夕，該模型顯示美股高估 35%，10 月時美股暴跌。在 1993 到 1996 年期間，該模型顯示股價低估，然後在 1997 ～ 1998 年，模型再次指出股價高估，2000 年泡沫高峰時，模型顯示股價高估 52%。

3.**也有鈍化現象：** 保德信證券策略分析師雅迪尼提醒，該公式只是提供股價所處水平的參考，高估或低估的狀況可能持續一段長時間，因此不宜作為拿捏高低點、判斷進出時機的工具。以上一波泡沫為例，公式出現高估警訊，從 1999 年持續到 2000 年。

聯準會並沒有公開承認此股價評估模型，但是雅迪尼在此報告出爐後，指出聯準會參考此模型作為股價水準是否合理的參考，並將之命名為「聯準會股價評估模型」或「**聯準會公式**」(Fed formula)。在第十一章第三節美股泡沫中，2002 年 7 月，葛林史班討論美國泡沫中，則直接指出此公式。

為什麼這個股票、債券間的比價關係會被稱為「聯邦準備理事會公式」呢？原因是從這美國中央銀行（即聯邦準備理事會）的理事主席葛林史班每次出來講話，暗示美股已過熱、已超漲，證券分析師按當時公債報酬率和股市盈餘報酬率間發現這個「巧合」，並猜測聯邦準備理事會依此作為判斷股市是否「泡沫化」的指標。

4.**注意點：** 這個公式需要準確的公司盈餘預估，問題是盈餘常被高估，因此此公式通常處於過度樂觀水平。盈餘品質也是一大考量，寬鬆會計標準會讓帳面更漂亮，對此公式也必須更保守看待。

5.**路遙知馬力：** 泡沫破滅讓聯準會公式重新受到關注，1999 年期間，人們批評該公式的基礎邏輯假設錯誤，宣稱道瓊工業指數可以上看三萬六千點。當時投資人曾經相信股票風險不再大幅高於債券，因此股利報酬率可以低於債券報酬率。

6.**那麼 2002 年 7 月呢？：** 2002 年 7 月，根據聯準會公式，標準普爾 500 指數水

平低於合理價格達22%，處於股價低估水平。(工商時報，2002年7月12日，第2版，林正峰)

7.**大大唉，好用!**：許多海外基金在臺業務人員，也是用這公式說明歐美股市並沒漲過頭，以及值得投資，可見這公式很普及。

(五)臺灣情況：2002年底

套用聯準會公式來看2003年1月臺股急漲，再神準不過了。由表3-5可見，1月2日，指數在4450點，由歷史本益比計算出來的股利報酬率，皆遠高於一年期定存利率。難怪大盤會一路響叮噹的大漲，買股票縱使股價沒漲，還是比存定存划算，那麼誰會存定存呢?

而且該注意的是，此處股市採取歷史本益比，2003年經濟成長率(預估3.2%)高於2002年，所以預測本益比會比歷史本益比還低，換算出的股利報酬率會更高!

至於大盤本益比的計算觀念跟個股本益比一樣，不再贅敘。

表3-5　2002年12月臺股本益比、股利殖利率

	歷史本益比	報酬率
一、本益比		
(一)大盤*	41.77	2.39%
(二)電子股*	25.94	3.85%
二、一年期定存	65.57	1.525%

*資料來源：證交所，經濟日報，2003年1月7日，第33版。

(六)無風險本益比只是股市下限

不過，聯邦準備理事會的公式是「錯的」，因為它只考慮股票的盈餘，而沒有考慮盈餘的成長性(一如高登模式)，這部分可用圖3-1中的一杯啤酒來舉例。

股票的盈餘報酬率是「啤酒」，而(預估)盈餘成長性則是表現在「泡沫」部分，這部分每個人預期皆有差異，但也不致於太離譜(物理學中測不準定理的應用)。有了這朦朧美感的部分，投資人願意多出一些價格來投資，表現在外的是股票本益比高於無風險本益比。

但是泡沫也不可能多過啤酒，否則就不是喝啤酒，而是喝泡沫了，此時「泡沫股市」(泡沫經濟最大的現象)就成形了。同樣道理，以表3-5來說，當本益比到60倍，此時跟無風險利率本益比相似；此時絕大部分外資皆居高思危，獲利了結。

本益比 60 倍，換算報酬率只剩 1.67%，只比一年定存利率高 0.1 個百分點，要是股價不漲，則光當股東，這個報酬率會讓許多投資人員羞愧得無地自容。股利報酬率太低便代表股價太高了，此時謹慎的投資人寧可暫往債券去避險。

　　反之，難怪每當大盤跌到本益比 65 倍左右時便止跌反彈，反正買股票縱使股價不漲甚至下跌，當股東領股利的報酬率都跟存銀行差不多了，而且還有一夜致富的夢想可期（彩券功能）。

圖 3-1　以啤酒為例說明股市的合理泡沫水準

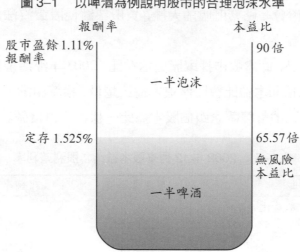

㈦限　制

　　這個「無風險本益比」來判斷股市高低估觀念，適用時須排除極端值。例如：

　　⑴日本一年期定存利率只剩 0.02%（無風險本益比 5000 倍）、公債利率 1%（無風險本益比 100 倍）。

　　⑵俄羅斯公債利率曾高達 200%（無風險本益比 0.5 倍），通常也有 50%（無風險本益比 2 倍），那股市豈不跌到無底洞？

二、大分類資產間的部分均衡

　　中分類資產間也存在著同樣的均衡關係，因只涉及同一大分類資產所以可稱為部分均衡。最常見的是：

　　⑴各國股市間本益比的比價，詳見第二十一章第三節，

　　⑵例如債券投資組合中公債、公司債間的比例。

三、芝麻、龍眼各有所好

紅肉（牛、豬、羊肉）、白肉（魚、雞肉）價格看似各行其是，但是彼此維持著巧妙的價差關係。同樣的，金融市場中可說有條楚河漢界，區隔開低風險的固定收益證券、高風險的股票和衍生性商品；以符合不同風險容忍程度投資人的偏好，勉強可用市場區隔理論來形容，詳見圖 3-2。

圖 3-2　金融「市場區隔」

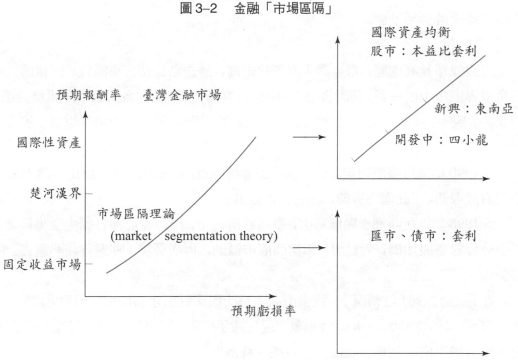

㈠國內比價

金融市場的楚河漢界並不是那麼涇渭分明，彼此間有互別苗頭的競爭性質：

⑴以表 3-5 為例，當股市本益比下跌到 41.77 倍，跟由一年期定存利率 1.525% 計算出的無風險本益比 65.57 倍低很多，此時不少投資人會把定存解約，到股市撿便宜貨，替明天買個希望。

如果你不習慣以本益比來分析，那麼用報酬率來看，股市本益比 41.77 倍，表示股票報酬率（或稱股利報酬率）為 2.39%，這跟一年期定存利率高 57%，而且股票還有股價上漲的「樂透彩券」功能，難怪此時有不少「賭性堅強」的定期存款戶

會下海玩起股票了。

　⑵當本益比達 100 倍時，股利報酬率只剩 1%，約只有一年期定存利率的三分之二。此時有不少股市投資人居高思危，暫時把錢放在定存或債市，作為股市資金避風港。

　　可見，股市本益比太低則會吸引債市資金；反之，股市本益比太高，則資金會流向債市；這便是國內金融資產的比價關係，而在一般情況（例如股市本益比 50 到 67 倍時），資金則顯得有點「你走你的陽關道，我過我的獨木橋」的現象，可說二個市場各處於均衡狀態。

㈡跨國比價

　　人跟錢都往高處爬，當臺灣牛肉價格走高，連走私貨都想來賺錢。同樣的，臺股是世界股市中的一員，國際資金（其中也有臺灣資金）就在各國股市中挑精撿肥。因此，臺股不只是跟固定收益證券競爭，而且還得跟世界各股市競爭以吸引資金。例如：

　　⑴1990 年 2 月臺股崩盤，不少避險資金轉戰香港、泰國股市，反正這錢本來就要投資於股票，「此處不留爺，自有留爺處」。

　　⑵1998 年，在亞洲金融風暴中，臺灣經濟健全，所以在亞洲各國中受傷最輕，不少外資對臺股加碼，對日股、東南亞股市減碼，再次可見「哪邊有錢哪邊去」的現象。

　　在「資金無國界」情況下，資金由高本益比股市往低本益比股市流動，這個「本益比套利」(PE ratio arbitrage) 現象，就促成了國際資產市場均衡，這個道理跟商品市場（如牛肉、汽車、衣服）是一模一樣的。

　　「禿子跟著月亮走」，這句話運用在股市，原理在於國際本益比套利，而臺股跟著國外老大哥走，這可分為二階段：

　　⑴1986 ～ 1990 年期間，臺股走「日股模式」，投資人的口號是「日本能，為什麼我們不能」，

　　⑵1996 年以來，臺灣走「美股模式」，由表 3–6 可見，由最簡單的統計方法相關係數來看，其中由於臺股以電子股為主流，所以難怪在美股三大指標中，以跟高科技股為主的那斯達克指數關聯程度最高，這本來就不足為奇。由表可看出，1998 年時，相關係數達 0.77。

　　不過由表可見，臺股跟美國標準普爾指數相關係數竟高達 0.84，那跟雙胞胎間

的相似程度已相同。

表 3-6　臺股跟美股三項標竿的相關係數

	1998 年	1997 ～ 1998 年	1996 ～ 1998 年
道瓊工業指數	0.50	0.42	0.26
S & P500 指數	0.84	0.81	0.76
Nasdaq 指數	0.77	0.70	0.65

　　2002 年 11 月，以本益比、股價淨值比來看，在各地區股市中，亞股相對偏低。

　　根據彭博資訊統計顯示，歐美股市從 2002 年以來雖然平均下跌二至三成，但是預估本益比仍然在 20 倍，例如美國標準普爾 500 指數為 18.3 倍，以科技股為主的那斯達克指數本益比更高達 40.5 倍，歐洲彭博 500 指數則為 19.5 倍。但是亞洲股市預估本益比卻還在 15 倍以下，例如香港、馬來西亞、泰國和新加坡股市皆在 13 至 16 倍，而南韓、印尼股市更僅有 7.5 倍、6.6 倍，亞洲股價顯然比歐美股市便宜。

㈠股利報酬率高

　　亞股本益比不但比其他股市低，怡富投顧表示，換句話說連股利報酬率亞洲股市約在 2.78 ～ 3.5% 間，也比美國標準普爾 500 指數股利報酬率 1.74% 為高，因此亞洲股市仍應是較具投資潛力的區域。

㈡臺灣持平

　　法人雖然看好亞洲市場發展，但是區域內經濟仍有相當大的差異，Lieven De-bruyne 指出，在亞洲地區最看好南韓和大陸，比較不看好香港，而臺灣則比較持平。其原因是南韓和大陸經濟正在快速增長、香港因為物價連續三年下滑而備受物價下跌困擾、臺灣的情況介於兩者之間。至於東協市場因變現性不佳，仍然被大部分全球投資人所忽略，在東協股市中只看好少數幾支個股。(工商時報，2002 年 11 月 7 日，第 4 版，黃惠聆)

表 3-7　全球主要股市本益比、股價淨值比比較

地區	指　　數	預估本益比	股價淨值比	股價淨值比 近五年平均
美	道瓊工業指數	17.8	3.36	4.19
	S & P500 指數	18.6	2.74	4.11

國	Nasdaq 指數	43.3	2.76	–
歐	英　　國	22.1	1.85	2.62
	德　　國	22.3	1.22	1.96
洲	法　　國	17.1	1.82	–
	日　　本	41.5	1.63	2.07
	香　　港	14.0	1.51	2.23
亞	南　　韓	8.0	0.78	2.41
	臺　　灣	22.9	1.54	2.28
洲	新加坡	16.7	1.44	1.59
	馬來西亞	14.6	1.35	1.61
	泰　　國	12.4	1.75	1.59

資料來源：彭博資訊，怡富投顧整理。

◆ 第五節　資產配置和資金分配——策略性資產配置

　　資產中擺多少比重在股票、債券和外幣資產中，初生之犢不畏虎的人會建議類似「隨便買，隨時買，不要賣」的傻瓜投資術，縱使投資資金可以無限期使用，買入持有英鎊般的消極型投資策略要是投資績效能令很多人「滿意又能接受」，那麼專業資產管理公司（投資信託、投資顧問等）和公司內金融投資人員絕大部分都得失業了。

　　就是因為「橫財」（超額報酬）不那麼好賺，所以富貴不僅要險中求，富貴還得靠智取，所以也不是人人都賺得到，如何才能「大處著眼」、「贏大輸小」，這便是本節的重點。

一、資產的布兵圖

　　就跟作戰時如何劃分戰區、布置兵力一樣，一個公司資產配置也是同樣的道理，由表 3–8 可見公司投資可分為二大步驟：

　　1.**策略層級（董事長迄財務長）**：資產配置可分為二階段決策，首先決定各超級分類資產所佔比重，至少透過資產分散以降低投資風險。第二階段才是在各通貨（尤其是本國通貨）內尋求最佳資產組合，例如美國股票佔 25%。

　　2.**戰術層級（投資經理迄投資人員）**：各類資產中該怎麼找到最佳投資組合，

這是戰術層級的事。

二、資產配置以表呈現

把圖 2–4 劃在表 3–8 的第 1 列，第 1 欄則是區域和國家，背後隱含著下列二件事。

1.**資產配置最重要**：這背後假設各類資產在全球市場「同命」（同命鴛鴦的「同命」），即共整合效應 (cointegration effect)。因此重點不是「買哪裡」，而是「買什麼」！

2.**區域配置其次**：同命不同運的前提下，即「十年河西，十年河東」，也就是錢該往有賺頭的區域去。

這個表可說是整個資產配置的大圖，屬於策略層級；資產配置由公司投資部決定；至於各中分類資產（例如股票、債券）的投資則屬於戰術層級，由各投資經理決定。

表 3-8　資產配置

超級分類 中分類	價值儲存	商品		金融資產	
		農產品	能源	債券	股票
資產配置 區域國家	5%	10%		30%	55%
美洲					
(一)美國				20%	25%
(二)拉丁美洲					
亞洲					
(一)日本					10%
(二)四小龍				2%	5%
(三)四小虎					
(四)其他					
歐洲				8%	15%
(一)西歐					
(二)東歐					

靈感來源：Caraglia & Morog (2002)，p.79 Exhibit 1.

三、績效種類和組織設計

投資是非常複雜的事，複雜 (complexity) 指的是已超過一個人的能力範圍，因此針對資產配置、選股、買低賣高三件工作，是由不同層級、人員負責。

㈠投資績效種類

「站對山頭勝過拳頭」，這句話貼切說明策略的重要性，大部分的戰術作為很難挽回策略錯誤所造成的大勢已去，而「孤臣無力可回天」更描寫著戰技的螳臂擋車的渺小。

同樣的，投資績效也可依策略等決策影響分為三個層級，資產配置決定了組合績效 (portfolio return)；以股票投資此中類金融資產來說，選對產業、買對公司所賺到的選股績效 (selection return)，只屬於軍隊中師長級的戰術作為。最後，針對特定個股買低賣高的擇時績效 (timing return)，則是個人的戰技作為。

咬文嚼字的說，此處組合績效應該稱為資產配置績效 (allocation return) 才對。

縱使是散戶，一人全包三項投資決策，然而把自己的投資績效分解成三項報酬，正可以瞭解哪些項目仍力有未逮，必須迎頭趕上，如此才能提升投資績效。

㈡事在人為

「冤有頭，債有主」的責任歸屬或課責 (accountability)，才不會造成賞罰不公平，表 3-9 中第 3 欄可見，由於講究專業分工，因此每種投資績效皆由不同層級、人員負責，在表 6-1 時會詳細說明。

表 3-9　投資績效和投資部組織設計

決策影響	投資績效	組織設計	
		投信公司*	一般公司
一、策略	組合績效 (portfolio return)	1.投資委員會：由董事長、總經理、副總組成 2.基金管理部副總	(1)財務長 (2)投資長(當有此編制時)
二、戰術	選股績效 (selection return)	1.執行：基金經理 2.幕僚：研究部研究員	同左

| 三、戰技 | 擇時績效
(timing re-
turn) | 交易部交易員 | 投資專員 |

*投信公司用以代表資產管理業者，包括壽險公司、銀行等。

四、從最簡單的資產配置方法切入

打籃球大部分球隊採取 "212" 的隊形，也就是 2 個前鋒、1 個中鋒、2 個後衛的人員配置；足球隊形也差不多，只是人員多一倍罷了。門外漢看球，只覺得一團亂，但覺一些人跑過來跑過去，但內行人可是看得出門道的！

同樣的道理來看，如果公司有 1 億元交給你投資，你會如何分配在股票、債券（含票券、現金、定存）上呢？這是最簡單情況，也就是假設只有股票和債券二類資產，至於把房地產、外幣資產等一個個或全部加入，分析方法是相同的。

(一)從標竿資產組合開始

就跟學鋼琴的人總是先從簡單的小蜜蜂之類的兒歌學起一樣，討論資產配置的美國書刊大都以「股票 60%、債券 40%」（或簡稱 60/40）作為起點，這樣的比重已具成長型股票共同基金的架勢。

至於為什麼一開始時不先從「100% 持股」談起，這水準可說是「職業」水準，只要技巧不夠，一次看走眼，可能十年都無法翻本。要是無法料事如神，那麼擺越大比重在股票，可能死得越慘，由第二節第四段的說明，臺、日股十四年還翻不了本，誰說「長期」來說，股票風險不大？「長期」究竟是幾年？二十年還是三十年？

(二)臺灣的用詞

前面「股票 60%、債券 40%」的用詞是美國書中的用語，臺灣則稱為持股比率 60%，相對應的便是現金比率，詳見表 3-10，不過這名詞很少人用。

表 3-10　持股比率、現金比率定義

名　詞	定　義	舉　例
持股比率	股票（含股票型基金）投資成本 / 投資金額	80 萬元 / 100 萬元
現金比率	1-持股比率	1-80%＝20%

　　而且股票投資組合中所指的「現金」，其實不是指會計科目上的現金，它是指「不是股票投資部分而暫時放在變現力高的固定收益證券」，常見的為票券附買回交易、債券型基金，以後者來說，今天要求贖回，明天款項就會入帳；所以只要你今天下單買股票，債券型基金可以靈活的作為閒置資金的保本獲利去處。沒有人憨直到聽投資顧問建議：「二成現金」，而傻傻的把錢擺在甲存（支票帳戶）、活存帳上，讓錢「爛」在那邊的。

五、從標竿到 "prolo" 水準

　　但是 "60/40" 的資產配置難道是最棒的嗎？如果你認為是，那麼 "62/38"、"65/35" 跟 "60/40" 又有多大差別呢？當然，要回答怎樣的資產比重才恰當，正確的作法是採取馬可維茲投資組合「平均數－變異數分析」，也就是由效率前緣等投資組合最佳模式，許多人在大二財務管理基礎教科書中都看過，但是不知道怎麼用。此處，我們想借用這個全球專業投資機構通用的方法，賦予它實用的新生命。

(一)只要開了竅，一通百理通

　　或許你會擔心光是臺灣就有 640 支上市股票、300 支上櫃股票、百餘支債券，這麼龐大的資料，要計算出效率前緣可是一件大工程。其實，只要懂得竅門，事情不像前面想的那麼複雜，既然重點是策略性資產配置，分析的層級是資產類(§2.1中已說明)，所以在畫出過去一年的效率前緣曲線時，只需使用集中市場加權指數（例如臺灣證交所的）、債券指數（勉強可用具指標意義的十年期公債報酬率）作代表，先算出日平均報酬率、標準差（或是半標準差），然後再把股市由 0% 投資比率逐步提高到 100%，債市則反方向下跌；由此便可找到效率前緣。

(二)理論方法總是知易行難

　　前面這個道理其實很簡單，而從 1990 年諾貝爾經濟獎得主美國馬可維茲 (Hary M. Markowitz) 在 1952 年，他 25 歲時提出投資組合理論，迄今已超過半個世紀，但這個不算難的方法，至今為何還不能被普遍採用呢？由表 3-11 第 1 欄可看出這些理論方法的重大缺點，其中最嚴重的還是像美國康乃爾大學企管所教授 Bierman(1997) 曾說：「以古鑑今合適嗎？歷史會再重演嗎？」誰又料得到股市會大崩盤呢？

表 3-11　二種資訊、四種方法優缺點比較

資訊	歷史資訊	預測資訊	
	固定基期	用歷史資料來預測	主觀加上預測
方法	馬可維茲的「平均數一變異數」最佳模式	數（或計）量方法：例如類神經網路、或遺傳演算法 (genetic algorithm) 作成決策支援系統用以套利等。	Chopra & Lin (1996) 貝氏動態線性模式，資料、模式再加上經驗，可說是很棒的方法。
缺點	歷史會再重演嗎？即投資組合理論所得到的結論常不合理、不合直覺，和理論不易使用。	投資、研究人員懶惰，所以還不是很普遍使用，此外，不易偵測大變動（如崩盤、金融風暴）。	同左

　　1980 年以來的方法論偏向於採取預測模式來預測預期的報酬率、變異數，當然比用歷史資料來分析還更合理，不少美國專業投資機構皆已把它融入在決策支援系統中，用以套利等。相形之下，臺灣的資產管理水準也快速迎頭趕上。

六、資金分配四種方式讓你選

　　不考慮順勢而為的積極投資時需經常變更資產組合的情況，假設你用 "60/40" 的方式一路玩到底，但下一個問題又來了，這 "60/40" 是用什麼來衡量？

　　由表 3-12 來看，買入持有法是以投資成本來衡量資產比重，所以本質上是想賺複利報酬率，尤其是股票部分，也就是把股票上賺的錢又拋下去。這種資金配置法，在股市多頭時有錦上添花效果；但是在股市空頭時，反而屋漏偏逢連夜雨。

　　相形之下，固定資產組合比率策略 (constant-mix strategy) 則以資產市價來衡量資產配置。當股價下跌，原 60% 的比重也就跟著下滑，此時只好賣點債券好多買些股票把股票比重拉回 60%。這種方法不適用於空頭市場，因會連環套；但也不適合多頭市場，因為股價一漲，就必需賣股票，漲越多則賣越多，上方報酬也有限，基本上報酬率是單利的，這方法適用於波段起伏的盤整格局。

　　另外還有二種資金分配方法，其目的在於確保資產價值的下限，所以稱為投資組合保險 (portfolio insurance)，也就是透過投資組合方式看起來像是替你的資產買張「保單」。至少有二種方式，其中固定比率投資組合保險的報酬型態比較像買入持有法，而以選擇權為基礎的投資組合保險 (option-based portfolio insurance,

OBPI) 報酬型態比較像固定資產組合比率策略。投資組合保險有點深度，本書只能點到為止。

表 3-12　資產配置、資金分配四種方法

動態策略	說明	重新調整 (rebalancing)	優點	缺點
一、買入持有法	股票60%，債券40%，這是投資組合價值的下檔，是用投資成本來衡量資產比重。	不需要，所以又稱為「無為而治策略」(do nothing strategy)。	適合單向大多頭趨勢 (up market)。	當市場處空頭 (down market) 時，最差。
二、固定資產組合比率策略 (constant-mix strategy)	以資產市價來衡量是否維持固定資產組合比率，例如股票60%，債券40%。	隨資產價值變動重新調整，股價跌則買股票，股票漲則賣股票。	適合波段起伏 (reversals)，報酬線呈凸向原點 (即遞減)。	不太有下檔保障 (可能越套越多)，上方報酬也較有限。
三、固定比率投資組合保險 (CPPI)	投資股票金額＝M(資產價值－要保金額)，詳見拙著《實用投資管理》第16章第1節。	機動調整，股價漲則買，股價跌則賣。	適合多頭市場，有下方保障、報酬線呈凹向原點 (concave)，報酬率遞增。	僅適用股市屬大多頭趨勢。
四、以選擇權為基礎的投資組合保險 (OBPI)	是 CPPI 的變型，把資產價值大於要保金額部分全用於買股票，保本基金就是這麼做的。	1.投資期間必須向前移動，以保持一 (或二) 年。 2.要保金額為資產總值的某一比率 (例如80%)。	跟固定資產組合比率策略相同。	隨投資期間到期，將重新調整，所以只適用於短期。

資料來源：整理自 Perold & Sharpe, "Dynamic Strategies for Asset Allocation", *FAJ*, Jan./Feb. 1988, pp. 16 – 27.

七、最佳資產組合的選擇

是否有一個放諸四海皆準的資產配置策略呢? 答案是否定的，主要還得看主客觀條件而定。在資產配置時如此，各類資產中的投資組合管理也是如此，以股票來說，詳見第十二章第二節。

　　1.視投資人偏好而定：「武大郎玩夜鷹——什麼人玩什麼鳥」，這句話頗適用於

描寫不同投資人的「報酬／風險」偏好不同，所以市場才不至於因全買進或全賣出的單一方向預期，以致有行無市，在第二章第四節中我們已詳細說明投資人的風險承擔能力對資產配置的影響。

2.視市況而定：由表 3–12 可見，四種策略中前三者適用於長期（一年以上），以選擇權為基礎的投資組合保險適用於短期。此外，前三者策略適用於股市處於不同階段；買入持有法、固定比率投資組合保險適用於多頭格局，而固定資產組合比率策略適用於震盪、盤整格局；此時宜採取「低買高賣」的箱形操作。

對於字斟句酌的讀者，想清楚瞭解這四種策略下的報酬 (payoff)、風險暴露 (exposure) 的計算公式，請參見表 3–12 下資料來源的附錄。

八、好例子：怡富投顧的安家理財策略

說了很多，如果沒有例子說明，很容易出現「你說得很清楚，我聽了很模糊」的現象。所幸，怡富投顧公司的一項產品正好迎刃而解。

2003 年 1 月，怡富投顧提出安家理財策略 (wealth management strategy)，由圖 3–3 可見其資產配置步驟，詳細說明於下。

圖 3–3　資產配置圖解說明

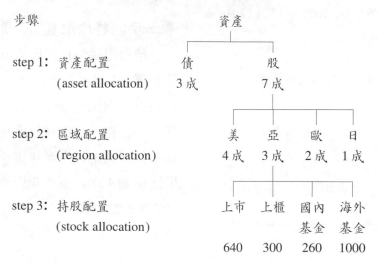

第一步：資產配置

投資人已逐漸放棄「現金寄股市」的作法，而把一些錢擺在債券上，也就是多

少有點平衡型基金 (balance fund) 的味道。而此類基金依「預期報酬率、虧損率」又可分為二型，詳見表 3-13。

每季調整資產配置一次，做到「股七債三」(股票債券比率 70/30) 均衡布局。

如果股票基金在過去一季大幅上漲，透過股債各半的調整等於做到獲利了結；反之股票下跌，則恰可做到逢低加碼。

● 充電小站 ●

套用債券組合用詞：啞鈴式投資

在資產配置方面，2002 年 11 月，開始流行一個名詞：「啞鈴式投資策略」(dumbbell investment strategy)，這是套用債券中的啞鈴債券組合方式（詳見表 15-7）。

以 2002 年 11 月，怡富投顧公司的建議是「股債 50：50」或「股債 1：1」。(經濟日報，2002 年 11 月 21 日，第 19 版，陳欣文)

2002 年 12 月，德盛安聯投顧公司的建議是「股債 70～30%：30～70%」，範圍可說很大。(經濟日報，2002 年 12 月 12 日，第 19 版，溥沁怡)

圖 3-4　啞鈴投資方式

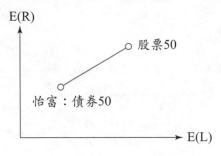

第二步：區域配置

區域配置 (region allocation) 理應依各國股市變化彈性配置，但是對無暇研判市場趨勢的投資人來說，仍是一項苦差事。怡富提出 "4321" 原則，股票部分以美國 40%、亞洲 30%、歐洲 20% 和日本 10% 的比率進行配置，詳見圖 3-3。此比例不僅跟市場實際規模大致相仿，同時也符合各界看好亞洲未來長線發展的趨勢。同樣地透過每季一次的評估和調整，也可做到獲利了結、逢低加碼的效果。

第三步：持股配置

怡富投顧對於持股方向、明細的持股配置 (stock allocation)，著墨不多，我們以其關係企業怡富投信的建議來替代。怡富投信總經理侯明甫認為，2003 年布局策略上，上半年電子與非電子類股比重約 4：6，下半年則調整成 6：4。

(經濟日報，2003 年 1 月 7 日，第 20 版，侯明甫)

第六節　資產配置的執行——戰術性資產配置

策略性資產配置是投資人員長期遵循的指導政策,有點類似一般公司的企業政策或全年方針管理 (policy management)。但是策略或許跟事實有所出入,因此在實際執行時,便需要作一些動態調整 (dynamic strategy),也就是「戰術性資產配置」(tactical asset allocation),投資人員有八成以上的時間從事此項活動,可說是滿例行的工作。

一、戰術性資產配置的動機

戰術性資產配置的動機分為誤差修正的消極動機和利用市場失衡而短期調整資產配置的積極動機。所以一樣的名稱、動作,都有著天壤之別的動機。

㈠消極修正以維持既定航向

消極修正的原因至少有下列 3 個,至於修正的方法,則屬於動態避險策略的執行範圍。

1.**預期和事實間的差距:** 不管用歷史資訊或預測資訊來決定資產配置,都絕對不會跟事後的事實一模一樣,此時必須微幅修正原定的策略,例如事前決定全年資產組合是 "75/25",但是過了一季後,用事後資料來看,可能 "73/27" 比較合適,所以必須風偏修正一下。

最常見的便是採取指數複製法 (詳見 §15.3) 時,因判斷錯了,以致造成循跡誤差 (tracking error),此外,避險比率 (§16.4) 也有同樣問題。這些誤差必需事後修正,才能恢復均衡 (rebalancing)。

2.**衡量方法上的問題:** 例如在免疫策略時,由於債券投資組合存續期間減少的速度比時間還慢 (詳見 §15.4 四),也就是隔一段期間後,縱使其他情況不變,但是會發生存續期間移動 (duration shift) 的情況,所以此時投資人必需動態調整投資組合以恢復應有的水準。

3.**市價造成的:** 最常碰到的動態調整反而是來自市價變動,除非你採取表 3-12 中的買入持有法,否則必需經常隨著市價變動而調整資產數量。

㈡積極修正往往加重持股比率

積極目的的戰術性資產配置,往往是發現市場失衡——例如第 4 節所說的溢酬

法的比價均衡關係被破壞或股市不理性的短期重挫，此時反而出現「渾水摸魚」的機會，眼尖的投資人往往搶短加重持股比率。市場恢復均衡以後，再恢復原定的資產配置水準。

（三）策略性修正，嚴格上不能算戰術性

碰到市場結構性改變，例如股市空頭市場來臨，此時持股比率可能必需由原定 70% 降低至 50% 以下，債券比重跟蹺蹺板一樣，自然就由 30% 升高到 50%。

這種策略性資產配置的重新定位，嚴格上來說不能算是戰術性資產配置。

二、做好動態調整所需具備的能力

積極型戰術性資產配置關鍵成功因素在於投資人員具有未卜先知的預測能力 (forecast ability)，以股票投資為例，買入持有法獲利來源為股市趨勢，而戰術性資產配置則還想賺波段的錢，所以擇時能力 (timing skill) 要很強；否則容易弄巧成拙。例如，1987 年 10 月紐約股市大崩盤，許多搶短的基金經理都損龜。

積極型戰術性資產配置類似攻擊性持股，它跟持股金字塔結構中的底部基本持股（長線持有）、中層的核心持股（中線持有）不同，它屬於短線（一個月內軋平部位）。而且佔資產比重往往在二成以內，為了降低交易成本，不少採取衍生性金融商品（主要是指數期貨）來執行。

因此，美國 Rogers Casey 公司 Philips 等 (1996) 建議，此種操作宜由擅長戰術能力的交易人員擔任，而不宜由以策略能力見長的基金經理擔任。

附錄 股債兼重的例子: 平衡型基金

平衡型基金是「股債兼重」的資產配置的活生生例子,有點像波蜜果菜汁強調有蔬菜有水果的「均衡一下」,強調具有「(股票部分)進可攻,(債券部分)退可守」的性質。

由表 3-13 可見,平衡型粗分為二大類,攻擊型平衡基金其實已屬於股票型基金了,防禦型股票基金反而比較符合名稱。

表 3-13 平衡型基金分類

分類\結構	防禦型		攻擊型
股票(含轉換公司債)	3⁻成	5成	7⁺成
債券	7⁺成	5成	3⁻成
2003年		怡富投顧的建議	本書的建議

一、價值平衡型基金——少輸就是贏

2002 年,價值平衡型基金平均績效僅下跌 3.39%,其中如怡富平衡、群益平衡王、臺灣新光千里馬等三支基金績效甚至逆勢上揚,相較於加權股價指數全年下跌 19.8% 的表現,價值平衡型基金抗跌的表現相當引人注目,詳見表 3-14。

表 3-14 2002 年前五支績效最佳的價值平衡型基金

排名	基金名稱	報酬率
1	怡富平衡	7.99%
2	群益平衡王	4.60%
3	臺灣新光千里馬	3.76%
4	ING 平穩精選	−0.92%
5	荷銀安利	−2.29%

資料來源: 台灣經濟新報,群益投信整理。

二、一般平衡型基金

表 3–15　2002 年前五支績效最佳的一般平衡型基金

排名	基金名稱	報酬率
1	復華傳家	5.47%
2	保誠理財通	4.43%
3	建弘廣福	−1.65%
4	復華傳家二號	−2.08%
5	國際萬全	−5.55%

資料來源：台灣經濟新報，群益投信整理。

三、以 2003 年上半年第一名為例

根據投信投顧公會評比，保誠理財通基金 2002 年整年績效為一般股票平衡型基金的第二名。該基金是 2003 年最風光的基金，上半年，操作績效一直領先，穩居冠軍寶座。到 5 月 26 日為止，保誠理財通基金的報酬率高達 9.94%，跟績效第二名的富達臺灣成長基金（報酬率約 5%）有一段距離，同時期加權指數的漲幅僅 0.29%。

根據保誠理財通持股變化資料研判，「靈活調整持股」的操作策略以及「追求絕對報酬」的特色應是致勝之道。（經濟日報，2003 年 5 月 31 日，第 27 版，陳欣文）

保誠理財通基金贏在資產配置，由表 3–16、圖 3–5 可見，持股比率是基金績效（圖 3–6）的主要決定因素。

表 3–16　保誠理財通基金隨加權指數調整持股比率

年月日	2001.2.16	9.28	2002.10.11	2003.1.24	1.28	2.7	5.2	5.23
持股率%	20.39	39.95	53.99	22.46	21.22	20.29	8.64	39.64
基金淨值（元）	10.06	8.41	8.32	10.86	10.83	10.80	10.47	10.50
加權指數	6,045.67	3,636.94	3,850.04	5,057.32	5,015.16	4,735.37	4,044	4,349

資料來源：臺灣經濟新報。

圖 3–5 保誠理財通基金持股比率

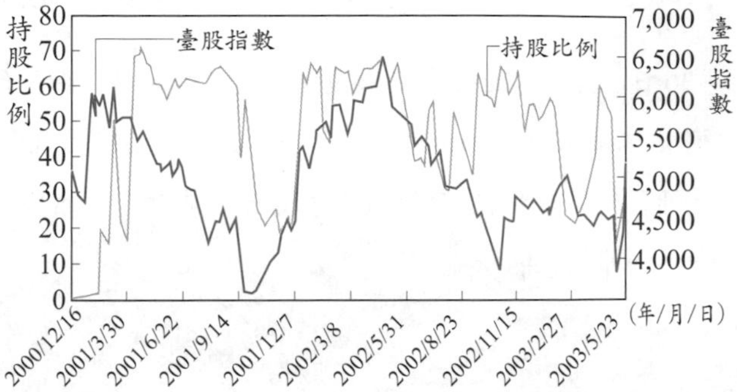

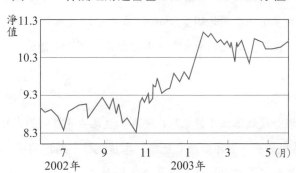

資料來源：保誠投信。

圖 3–6 保誠理財通基金 2003.5 ～ 2003.5 淨值

註：近一年基金淨值最低點是 2002 年 7 月 2 日和 10 月 14 日，都是 8.31 元，2003 年 5 月 29 日淨值為 10.57 元。
資料來源：聯合理財網 Money.udn.com。

個案 徬徨少年路？──2002 年 7 月，專家多空激辯美股後市

2002 年 7 月 22～26 日，美股是過去十週來週線首度收紅，華爾街多位分析師引經據典指出，美股從 2000 年 3 月泡沫破滅以來即遍尋不著的底部，可能已經近在咫尺。

底下我們將把《亞洲華爾街日報》、彭博報導中的專家看法，有系統的由簡到繁整理。最重要的是，印證第三章第四節內容。

一、只看本益比

(一)本益比推估股價

保德信證券首席證券量化策略師啟恩 (Ed Keon) 側重標準普爾 500 指數成分股獲利跟股價的相對關係，他表示，目前對成分股企業獲利的共識預測，是未來一年每股平均為 57 美元，但美股眼前的水準則反應出僅為 37 美元，低於應有價值，可作為美股接近底部的跡象之一。

美股大跌讓偏空的基金經理開始翻多，Safeco 資產管理公司基金經理麥拉蓮過去三年持續看空股市，不過上週美股重挫讓她三年來首度由空翻多，麥拉蓮指出，股市連連下跌，股價實在便宜。

(二)還看本益比趨勢

道瓊工業指數上週一度跌落五年最低點，使其本益比由 3 月時的高點下降 32%。根據 Ned Davis 研究公司回顧美股過去一百年的歷史紀錄，本益比在空頭期間平均降低 26%，以此角度來看，目前股價似已低到足以吸引投資人再度進場的水平。

道瓊工業指數 3 月的本益比高點約達 31 倍，比 2002 年 9 月底的低點高出約 29%，不過本益比從 3 月高點快速下滑，上週已降至 21 倍。同一時期，標準普爾 500 指數本益比的下降幅度也超過空頭市場平均值，7 月 23 日的水平約比 3 月高點大幅下降 54%。

雖然本益比降低幅度低於空頭市場平均降幅，卻不保證本益比不會跌得更低，以 1973～1974 年空頭市場為例，當時道瓊指數本益比下滑約 60%。

二、抬出聯準會公式

資訊研究公司第一聲 (First Call) 研究主管希爾認為，股市趨勢似乎跟傳統模式一致，他表示，人們認為此次跟過去不同，不過目前看來卻越來越像在遵循過去的軌跡。希爾補充指出，企業獲利在連續五季衰退後已開始回升，此一時刻投資人也願意付出較高的價格來買進股票。第一聲調查顯示標準普爾 500 指數成分股中，383 家已公布第二季財報的公司，獲利平均比 2001 年同期增加 3.9%。

根據聯準會股價模型來觀察，合理股價本益比應跟十年期公債的本益比相當，目前十年期

公債報酬率為 4.53%，以此換算股價的合理本益比約為 22 倍，不過以未來一年企業獲利水平來推算，目前股價本益比僅 18 倍。

㈠換種說法

所羅門美邦證券策略師列夫柯維契 (Tobias Levkovich) 表示，股市步入空頭初期，標準普爾 500 指數成分股股利的平均報酬率，通常低於美國三個月期國庫券的報酬率，但隨著美股價格持續探底，前者終於在最近揚升到 2%，高過後者的 1.665%。

按照他的邏輯，當股利報酬率高過三個月期國庫券報酬率時，資金通常開始回流至股市。

㈡隔山打虎

Bianco 研究公司資深分析師柯薩 (John Kosar) 從美國卅年期公債期貨的未平倉合約量指出，近來該部位遞減，意味投資人認為股市將持續上漲，公債價格則將相對下挫，因此不敢貿然持有公債部位太久。他認為，這也反映出美股底部應該不遠。

三、核心投資人的看法

美國加州 Bailard Biehl & Kaiser 公司首席投資經理希爾 (Peter Hill) 從投資人心理分析指出，部分顧客的態度趨向極端，是個好兆頭。他表示，在 2000 年極力敦促他加碼科技股的顧客，現在都只想韜光養晦，這也反映出美股已經處於或正在逼臨底部。

四、綜合判斷

國際策略投資公司的分析師崔納特 (Jason Trennert) 列出美股可能觸底的八大跡象，其中有六項：包括共同基金贖回擴大、宣布啟動庫藏股機制的企業增加、媒體充斥恐慌論調等，已經出現；惟獨債市價格勁揚、攢壓利率進一步走低和分析師不再表示見到可能觸底的跡象這兩項，還有待驗證。崔納特調侃說：「最後一項不僅有趣，可能還很準。」（工商時報，2002 年 7 月 31 日，第 6 版，林正峰、李鏷龍）

至於答案請詳見圖 20-3 的道瓊股價走勢圖，事後來看，上述各專家說法殊途同歸，可說有先見之明。

◆ **本章習題** ◆

1. 如何評估債券型基金的績效？或者換另一個說法（Hint：表 3-2 第二列），債券的績效標竿是什麼？

2. 以表 3-3 為基礎，舉同一行業二家上市公司為例，說明為何採取不同投資策略？

3. dividend yield 報紙譯為股利率，但投資人稱為股利報酬率，你比較喜歡哪一種用詞？為什麼？

4. 聯準會公式是否適用於臺股？請把過去五年的圖畫出來（盈餘報酬率和一年期定存利率），驗證圖 3-1 是否成立？

5. 以表 3-4 為架構，把臺灣的數字找出來填進去，回答權益溢酬多少個百分點？

6. 電子股本益比跟大盤本益比間在多頭、空頭時的平均差距為何？

7. 臺股跟美股（以道瓊指數為對象）本益比在多頭、空頭時的平均差距為何？

8. 把臺股、美股過去五年的相關係數表找出來，分析其趨勢。

9. 分析上月第一名股票基金的持股、現金比率，跟第二、三名有何差異？

10. 以本章個案為基礎，分析臺股或美股未來一季走勢如何？

第四章

投資方式的決策
——兼論股票型基金投資

有人今天可以坐在樹蔭下乘涼，是因為他在多年前種了一棵樹。

——華倫·巴菲特

學習目標：

本章站在財務長的立場來思考金融投資究竟宜自行管理還是委外（如買共同基金或請人代客操作）。

基金投資是大部分公司、個人股票投資的主要方式，可說是投資活動的「外包」(out sourcing)，本章可說是基金投資的快易通，回答 when、how much、how、what、which、where 等 4W2H 問題。

直接效益：

有關基金投資的書多如過江之鯽，拙著《超越基金》（遠流出版，1999 年 3 月）值得一看，本章主要取材自 §3.1、chap. 6，行有餘力可參看該書，否則光看完本章，大概足夠應急了。

本章重點：

- 如何決定金融投資是自己管還是請別人管。§4.1
- 如何慎選代客操作的受託人？§4.2 一
- 如何由投資人員來判斷其可能採取的投資型態？表 4–1
- 如何運用投資組合原理來建立自己的基金投資組合？§4.2 二
- 自己管理投資資金時，沒有必要採「攤平法」去降低損失或美化財務報表。§4.2 三
- 人生各階段的投資目標、限制和基金組合。表 4–3
- 臺幣、外幣資產所佔比重。§4.3 一(五)
- 不同年齡時的持股比率。§4.3 二
- （每月）最佳（定時定額基金）投資金額。§4.4
- 現在儲蓄無法滿足退休後資金需求時的解決之道。表 4–6
- 投資方式主要取決於投資能力、時間（有閒與否）。§4.5
- 投資能力高低的判斷方式。圖 4–5
- 投資能力和投資策略的搭配。表 4–9
- 股票型基金投資屬性和適用時機。表 4–10
- 不同屬性投資人的決策準則。表 4–13
- 如何建立穩賺不賠的基金組合？§4.8
- 保本基金的「保本、中度報酬」原理大公開。§4.8 一

前言：歹局不可搏？

一般投資學只談股票，卻不討論股票型共同基金投資。但以一般公司來說，除了100家左右大型上市公司有經費成立投資部來玩股票外，臺灣109萬家中99.9%的公司可說沒這麼多錢來養大編制的投資部。我們在第一章第三節中已詳細說明此點，也就是企業再造的觀念也適用於一般公司投資活動，所以還不如透過買共同基金、委託代客操作，把這部分活動外包掉。

「80：20」原則運用於股市，最常見的說法便是如圖4-1所示，依據股市贏家謝政勳的經驗，股市投資人結構可分為五種人，從生物鏈最低層的散戶（即中實戶自然人、營業員），可說是草食動物，也是肉食動物的獵物，族群數量最大，至少佔八成以上。可惜的是，在獲利方面，卻只佔股市總獲利的二成，可用「在富人桌上撿拾麵包屑」來形容。

至於肉食動物依捕食能力排序，從上到下，股市的獅子就是常見的黨政基金（佔盡春江水暖鴨先知的「天時」），上市公司派則是老虎，佔盡職位上的「地利」之便（也就是狹義的**內線資訊，inside information**），又可動用公司（和子公司）的資金護盤，難怪常常是武俠小說《笑傲江湖》中的東方不敗，倒跟賭場中的莊家有點像。

投信公司、綜合券商自營部和**外資法人 (QFII)** 這三大法人可說是鬣狗、豹，擁有「人和」的優勢，這包括：

(1)跟上市公司老闆等的人和，所以擁有第一手資訊，

(2)同業間互通資訊的人和，

(3)有一群專業研究員勤於做基本分析。

作手（如業內）、**主力 (major player)** 在食物鏈中屬土狼、土狗型，尤其是由股友社（外表名稱為證券投資顧問公司）報明牌，發動螞蟻雄兵來搬象時。隨著三大法人的影響力越來越大，主力呼風喚雨的時代（1980年代）早已結束，1990年代的主力只能零星出擊，不成氣候。

圖 4–1　不同身分投資人獲利差異圖示

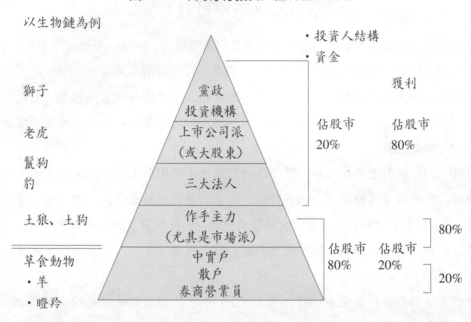

第一節　股票投資方式的決策流程——自製或外包

就像製造策略中第一個碰到的問題「自製或外包」決策一樣，在臺灣非專業從事股票投資的一般公司，縱使像遠東紡織等以財務槓桿操作聞名的公司，其股票投資部門人數都不會比一家最小的投資信託公司大。從術業有專攻的分工角度來看，既然股票投資是項專業的行為，而且專業公司收費也不高(即共同基金的認購費用、基金管理費)，所以股票投資委託專業公司似乎順理成章。

不過，看似簡單的道理，不少公司進行股票投資時仍喜歡自己來，其代價如下所述。

一、老闆盡可能不要玩股票

臺灣股市投資人結構中「散戶」約八成，散戶的定義不在於金額大小，而在於研究團隊規模、操盤人的功力水準。相對於「法人」，法人包括投資信託公司、券商自營部和外國專業投資機構 (簡稱外資，QFII) 三大法人，一般公司財務部在股市中其實是散戶而不是「機構法人」，投資金額在 5 億元以內的頂多也只能算是散

戶中的大哥大「中實戶」罷了。

(一)老闆玩股票則荒廢本業

有些公司老闆想替公司發點橫財，再加上本身賭性甚高，所以把公款拿去炒股票，其後遺症：

1.**玩物喪志**：作股票不僅事前分析、看盤很耗時間，而且大部分人都會患得患失，被套牢時往往會沮喪，又有幾個事業有成的老闆在股市也春風得意呢？

誠如廣泰財務顧問公司總經理莊大緯所說，業外收入在申請股票上市時，不列入獲利能力考慮。縱使股票已上市，機構投資人也會分析盈餘的品質，對於這種沒有根的資本利得是不會列入公司的正常（本業）盈餘的。此外，基於本益比套利的考慮，他也建議上市公司董事不宜分心在作股票，自己賺 1 億元，就是 1 億元；但如果替公司本業賺 1 億元，假設恰巧對每股盈餘貢獻為 1 元（即假設資本額 10 億元），本益比 20 倍的情況下，股價將為 20 元，公司市價總值 20 億元。董事持股比率只要 5% 便折合市價 1 億元，也就是說董事只要替公司拉生意讓公司賺 1 億元，自己財富增加得反而更多。

2.**虧空公款**：1998 年 10 月爆發的「東隆五金」案，前總經理范芳魁為了籌措資金買東隆股票和彌補其他股票投資虧損，預估挪用公款 50 億元，此案幾乎使東隆成為全額交割股。（經濟日報，1998 年 10 月 27 日，第 3 版，宋宗信）

「東隆」只是冰山上的一角，所以經營者不宜「心有旁鶩」。

(二)財務人員又玩不過投信的基金經理

以 1998 年時的投資人結構來說，三大法人的持股佔總市值約 10.9%，其餘「自然人」則佔 89.1%，其中上市公司董監事（俗稱公司派、大股東）佔 25%。

依據投資專家謝政勳的經驗，認為在股市獲利的投資人依序為：

(1)政府（含國民黨的投資公司），俗稱黨政基金、四大基金，

(2)上市公司公司派，可說是最標準的內線交易，

(3)投資信託公司、自營商、外資等三大法人，

(4)中實戶，

(5)散戶。

他的推論可用效率市場假說來解釋，詳見圖 4-2。前三種人賺最多的原因在於「資訊不對稱」，也就是比中實戶、散戶多掌握未公開資訊，而後二者僅能捕風捉影的打聽謠言等，深受「雜訊」(white noise) 的煩擾。

圖 4-2　效率市場假說、四種分析和本書相關章節

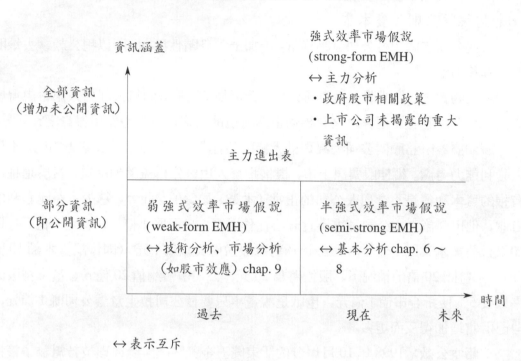

他進而以「80：20 原則」來推論,股市中 20% 的投資人(即政府、公司派、三大法人)賺了股市報酬中的 80%,少部分人賺了大部分人的錢。剩下佔股市人口中 80% 的中實戶、散戶只能「別人吃肉我喝湯」,分享股市報酬中的 20%。

他的建議很簡單:如果你不是戰將級的投資人,那最好把錢交給投信公司,讓專家替你賺更多的錢。

二、投資方式的決策流程

臺灣或許只有一、二百家非專業投資公司大到足以養活自己的股票投資部門,因此誠如謝政勳、美國投資大師巴菲特的建議,一般公司宜依圖 4-3 來決定金融投資方式。

當投資金額小於 1 億元時,在此種未達規模經濟的情況下,宜找專家代勞。當投資金額只有數百萬元時,最好買共同基金;要是可投資金額超過千萬元,那不妨考慮找代客操作業者來操盤。

如果可投資於股票的金額超過 1 億元,那就可以考慮成立股票投資部門了。至

圖4-3　不同投資金額下的股票投資方式和本書相關章節

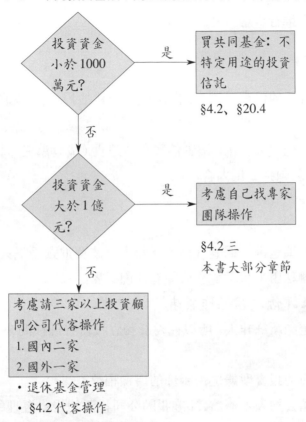

投資資金小於1000萬元？ ——是—→ 買共同基金：不特定用途的投資信託
§4.2、§20.4

↓否

投資資金大於1億元？ ——是—→ 考慮自己找專家團隊操作
§4.2 三
本書大部分章節

↓否

考慮請三家以上投資顧問公司代客操作
1. 國內二家
2. 國外一家
‧退休基金管理
‧§4.2 代客操作
‧商務信託和家庭信託

於1億元是怎麼算出來的，其實是倒算出來的，一個像樣的投資經理的行情約為年薪250萬元，這包括底薪月薪7萬元和操盤績效獎金，一般為盈餘的10%，以1億元，年預期報酬率20%來說，稅後應賺1500萬元，其中投資部抽成10%，作為團體獎金，其中可能七成由投資經理拿走，其他三成由助理等分紅。至於不敢開口要求年薪250萬元的投資經理，只能說是二軍等級；要求年薪120萬元以下的，這種最多只有業餘球隊中乙組的水準，最好還是敬謝不敏。

◆ 第二節　委外代客操作或自行管理——兼論共同基金投資

　　一旦投資方式決定之後，接下來便是如何執行，本節將說明如何避免所託非人

的代客操作，並且說明在小投資金額下的共同基金的投資策略。最後，當投資金額
夠大時，如何獨立進行金融投資。

一、代客操作

2000 年起，合法的代客操作正式開步走，合格的投信、投顧公司的合格人員皆
可從事代客操作。

由於此項業務還屬於新創，業者信譽有待建立（成立滿三年以上的投信可能不
需要），這「信譽」包括二項內容：

⑴投資績效，

⑵職業倫理。

對利益衝突事項是否有迴避（例如操盤人不能買進跟受託人同樣的股票）、避
免利益輸送和公器私用等職業道德皆需有律己以嚴的標準。

㈠由投資型態來評估代客操作業者

委託人為了避免所託非人，所以在委託獨立投資管理顧問公司之前，總會設法
瞭解下列事項：

⑴該投顧公司的投資型態是否跟你的目標相符？

⑵要是該投顧公司人才濟濟，那麼投顧公司指派的投資經理的投資作風是否跟
你的目標相符？

回答這些問題，有二種不同方式，詳見表 4–1。

表 4–1　投資人員屬於哪種投資型態的判斷方式

研究方法	判斷方式	內　容
一、權益特質分析 (equity-characteristic approach)	訪談	1.瞭解其投資哲學，例如如何在股市中找到投資價值， 2.評估其投資過程，結論是：什麼人玩什麼鳥，即有些投資經理偏好投資高科技股，有些喜歡轉換公司債、轉換特別股等。
二、報酬率型態分析 (return pattern analysis)	分析	分析投資經理的投資報酬率等，以便將各投資經理加以分類。

資料來源：整理自 Christopherson, Jon A., "Equity Style Classifications",

JPM, Spring 1995, pp. 32 – 33.

㈡不過投資專家往往說一套、做又是一套

不過前述由投資哲學來取材的方式往往不準，主因在於投資人員常常說一套，但做又是另外一套，證據至少有二：

⑴美國 KPA 諮詢服務公司總裁 Ambachtscheer (1994) 針對美國 184 支退休金基金的研究，研究期間為 1991 至 1993 年，發現實際報酬率跟依基金經理投資政策來作的報酬率，二者相關程度只有三成。

⑵美國 1997 年 11 月 24 日《財星雜誌》投資專欄報導，雖然許多基金公司強調長期投資，但縱使股神彼得‧林區操盤時，富達基金年周轉率也超過一倍，更不用說其他基金了。

㈢全權委託

代客操作一般以全權委託為主，也就是在授權投資範圍內由操盤人全權決定，如此才能釐清權責。此外，委託人可決定下列事項。

1.是否同意信用交易?：這包括融資、融券二項，尤其是操盤人比較希望爭取作空的授權，以免被綁手綁腳。

2.表達自己所能接受的損失範圍：越保守的投資人（例如一年可接受 10% 的虧損率），受託人越會把這類「不敢吃辣」的投資人分派給保守型的操盤人接手，不過代價是保守型操盤人績效可能比積極成長型操盤人遜色，真是「有一好便沒二好」，看你要哪一種囉。

㈣保障收益合法嗎?

站在投資人立場，委託他人代客操作，最好有保障收益率，至少可能虧損率應控制在委託人可容忍的範圍。可惜，投信、投顧事業管理規則雖開放全權委託（代客操作）業務，但是卻不准代客操作業者對客戶提供保障收益率。

至於基金公司自己出錢賠償投資人損失的情況仍屬特例，例如美國潘韋伯 (Paine Webber) 公司在 1994 年 6 月就這樣做過。

那麼，縱使投資人跟代客操作業者簽定契約中有保障收益率此一條款，而屆時，業者未達此標準且未依約補償投資人。投資人憑此約去控告業者，在法令上很難站得住腳。

㈤避免碰到大小眼的受託人

找大券商附設投顧或非作手的投信代客操作，比較沒有職業道德問題，但可能會發生「小錢不算爺」的情況。1997年，有家前十大券商附設投顧，向某上市公司招攬代客操作業務，上市公司老闆為了應付人情，於是委託1000萬元。第二、三季的投資績效還不到大盤的一半，而且第三季時持股幾乎沒動，連股市重挫時沒跑，也沒買（持股比率僅六成）。後來，該上市公司老闆就依約在解約前半個月通知該投顧，在8月底解約了。

為了避免遇人不淑，建議你找人代客操作時，採取下列二個措施：

1.**分散二家操盤**：要是你有二千萬元以上時，便可以分散二家（以上）操盤。

2.**限時委託**：一般委託契約皆有最低委託期間限制，以免時間太短，又碰到行情不好，操盤人來不及發揮便可能被淘汰出局。很多委託期間是以「季」為單位。

站在客戶的角度，則比較不敢接受一年期以上的委託，除非對操盤人相當肯定。

(六)**代客操作的行情**

在合法起跑之前，代客操作已偷跑十餘年了；甚至連前十大券商中的某些附屬投顧公司都有經營此項業務。收費方式可分為二種：

1.**基本費用**：不論賺賠，每月有一最低金額（例如2萬元）的「資料費」。

2.**績效費用**：對於約定「超額報酬」（即超過及格報酬率的部分，例如年超額報酬率為12%，平均月報酬率1%），則操盤人有權分紅，常見的採取單一費率方式，例如抽一成；累進費率方式較少見。

二、買共同基金

要是金額太小或太大，或是對代客操作還缺乏信心，那就不妨買開放型共同基金，由於封閉型共同基金往往折價近二成，所以我們比較不主張買封閉型。

但問題來了，投資人員把大部分（或全部）股票投資資金拿去買基金，那麼如何向老闆交代？自圓其說的理由有二：

(一)**專注本業**

絕大部分公司財務部還沒大到設立專責單位(即投資部)來處理股票投資事宜，往往只有專人甚至兼辦處理，甚至財務經理也得撩起褲管一起做，有的還得幫老闆私人作股票。但是股票投資並不是財務主管的本業，往往被套牢弄得心神不寧、心有旁騖，反而容易荒廢本業。

(二)**慎選時機，建構基金中的基金**

只要稍加注意，買基金的報酬率甚至有可能高於基金，要點有二：

1.慎選進出時機：基金大都有最低持股的限制（常為六、七成），縱使碰到臺海危機、東南亞金融風暴（1999 年 2 月跌到最低點 5422 點時約下跌 47%），下跌時像溜滑梯，但上升時則像爬山。

所以財務人員可以把選股、個股擇時績效交給投信公司的基金經理，自己則專注資產配置績效，一年頂多買賣各三次就夠了，也不用天天耗神去注意各股，僅需留心大盤的大波段行情便可。

2.搭配多種基金成為基金中的基金——**縱使是股票共同基金， 最少可分為三種：**

⑴積極成長型：投資標的為上市公司高科技類股、中小型類股和上櫃公司。至於認股權證型共同基金我們不推薦，這種投資標的物是大賺大賠的選擇權、期貨、保證金交易，對一般公司來說，只能拿來避險用，不宜列為常態投資標的。

⑵成長收益型：投資標的兼顧成長性、收益性（老牌績優公司），例如 1997 年 11 月推出的國建基金等。

⑶平衡型：投資標的涵蓋股票、債券（最低比率三成），所以兼顧股票的資本利得和債券的利息所得。在股市重挫時，此基金不會死得那麼難看。

在大多頭以外的情況，適度把資金分散在這三種（或其中二種）基金，例如積極成長型佔 50%、成長收益型和平衡型各 25%，自己組成一個基金中的基金，搞不好投資績效還會名列前茅呢！

俗語說「什麼人玩什麼鳥」，上述三種股票型基金適用時機如表 4-2 所示。

在第八節中，我們將說明如何以類股型基金（有點類似預鑄式房屋）來建立自己的基金套餐組合 (fund portfolio)。

表 4-2　不同型態股票型基金適用情況

基金 適用情況	平衡型	成長收益型	積極成長型
公司投資策略	中庸	積極	積極甚至冒險
資金可用期間	半年以上	1 年以上	2 年以上

㈢分散投信公司

買共同基金也跟買股票一樣，不能單戀枝頭一枝花，投信公司是由人組成的，

人會誤判、搶手的基金經理也會跳槽；所以建議你採取下列的分散方式：

(1)三年內前 3 名的佔 25%。

(2)二年內前 3 名的佔 25%。

(3)一年內前 3 名的佔 50%。

前二者是看重其穩定性，第 3 者是注重其爆發力，不過比重不宜超過一半，以免此類基金經理看走眼了、衝過頭了（持股比率九成以上，而且七成以上押寶電子股）。

三、財務部操盤

當公司覺得自己投資金額夠大（例如超過二億元），可以好好請二位專人來專司股票投資時，此時有一點值得特別注意。

有些上市公司老闆深怕公司提列「投資損失」對盈餘不好看，因此採取下列二種方式之一去作帳：

(1)認賠殺出，但往往賣到最低點。

(2)攤平，但可能成本沒下降多少，但卻越套越多。

「投資損失準備」只是一個臨時科目，行情回升，它就被沖掉了。所以，只要你對行情回升有信心、財力上耐得住，暫時被套牢也不用擔心。以 2002 年來說，如果你買的績優股只賠二成，大部分公司賠三、四成，那麼你也就不用那麼在意了。

為了會計準則編出的財務報表而去作帳粉飾，可說沒有必要。講難聽一點的，帳上出現「投資損失準備」、「匯兌損失準備」，以致盈餘縮水；但行情回升時，也只有你（上市公司老闆）近水樓臺先得月，有失必有得，無須刻意去遮醜的作帳，免得弄巧成拙，矯枉過正。

❖ 第三節　人生各階段的投資組合 (when)

人之不同，各如其面；連個小感冒，大家已養成習慣找醫生針對體質來開處方。

同樣道理，沒有任何一種基金（甚至保本基金、全球型基金）可以適用所有投資人，所以基金不是挑選報酬率高的就好，重要的是看跟自己適不適配，而且個人生涯各階段需求皆不同。

很多沒學過插花的人，沒有布局，隨興插花草，結果不僅沒有因為無所不包而

多彩多姿，反而可用慘不忍睹來形容。基金投資組合也一樣，有些人道聽塗說（主要是基金公司的海外基金投資組合建議），或是隨興所至亂投資，結果常常弄得事與願違，這種沒有投資方案的基金組合應盡量避免。

要是你發現手上一堆亂牌，此時不妨找一、二位基金顧問幫你診斷一下，看看該打掉哪一些牌、換進哪種牌，才不至於弄出「不按牌理出牌的結局」。

本章從 4W2H 出發，一步一步教你如何建立跟你適配的基金組合。至於一般慣稱 5W 中的一個 W（who）即「如何挑基金」（買誰家的基金），請參見拙著《超越基金》（遠流出版）第 11、12 章。

人生各階段的投資策略，受事業發展、家庭狀況影響，而基金投資組合只是這生涯發展導向式的投資策略中的一環罷了，所以我們由表 4-3 的宏觀角度先全盤說明。

一、投資目標、限制和基金組合

㈠目標方向可能相同，但條件互異

發財（報酬率）的目標方向或許人人相同，但是風險（年虧損率）承擔能力、投資金額和投資期間則很少有人雷同。

由表 4-3 可見，我們把人生各階段的基金投資策略看成下列限制的線性規劃問題：

(1)要求的每年報酬率下限。

(2)風險承擔能力，主要的影響因素是年齡，越老則風險承擔能力越低。

(3)資金金額和可用期間。

圖解詳見表 4-3。

表 4-3 人生各階段的投資目標、限制和基金組合

人生階段（年齡）	18~29 歲	30~39 歲	40~49 歲	50~65 歲	65 歲以上
年報酬率（目標）	36%	24%	18%	12%	8%
年虧損率（限制）	10%	6%	4%	2%	1%
投資型態（投資資產）	冒險型	積極成長型	成長型	平衡型基金、收益型股票基金	固定收益基金
臺幣資產比重	65% 以上	70% 以上	75% 以上	80% 以上	90% 以上
外幣資產比重	35% 以內	30% 以內	25% 以內	20% 以內	10% 以內

海外基金組合：	3個以上國家	跨洲、跨國	區域	區域	全球
①已開發	40%	45%	50%	60%	80%
②新興工業區	30%	30%	30%	30%	20%
③新興股市	30%	25%	20%	10%	–

說明：外幣資產比重＝1－臺幣資產比重

外幣資產主要為海外基金、外幣存款。

㈡三合一的基金組合

基金投資組合（簡稱基金組合）該如何隨著年齡而變化，在表4–3中，我們首先把人生分為五個階段，一般皆是以十年為一階段，而這跟個人事業發展、家庭狀況關係有關。

⑴畢業後至結婚（18至29歲），有很多人高職、高中畢業後便開始工作，面臨理財問題。

⑵事業衝刺、養兒育女期（30至39歲）。

⑶中年（40至49歲）事業成長階段，子女上高中、大專。

⑷壯年（50至65歲）事業已達高峰，子女大學畢業且工作，甚至已成家立業。

⑸老年退休（65歲以後）。

在表4–3中，前三列標示個人各階段理財的目標、限制，後三列則說明個人資產配置的三大決策，只要一個簡單的表，就可回答絕大部分投資人所關心的基金投資策略的所有問題。

㈢目標隨年齡而遞減

「錢越多越好」大部分人都不會反對，一旦退休後不僅沒有薪水收入而且還得吃老本，此時對於「老本」投資可容忍的虧損率幾近於零，投資範圍大受限制，而且連帶的投資目標也必須「識相」的調低。所以由表4–3可見，隨著年齡的增加，可容忍虧損率、期望報酬率卻遞減。

㈣投資型態（即投資資產）

18到29歲階段，可從事冒險投資，但隨著年齡增長，投資資產（或基金組合）的性質，如同圖2–2所示，每到了人生一關，投資型態也宜由線的右上方往左下方移動一格。例如30到39歲還可嘗試積極成長型資產，但到了60歲以後，則只能買「低風險、低報酬」的固定收益基金了。

㈤臺幣、外幣資產所佔比重

　　究竟資金比重中有多少該擺在海外投資（海外基金、外幣存款）中，由表4-3可見外幣資產的比重是逐年減少的，這背後當然是假設99%的投資人生活在臺灣，所以以臺幣為主。到了65歲以後，尤其退休以後，除非出國旅遊要用外幣，否則在投資方面，外幣資產比重減至一成以內即可，不用為了賺老外的錢，而天天擔心臺幣大幅升值，而遭受匯兌損失 (currency loss)。

㈥海外基金中各投資地區的分配

　　假設外幣資產全用於海外基金投資，在表4-3最後一列中，我們也標示了海外基金的組合。

二、年齡是持股比率的取決因素

　　「老壽星吃砒霜——活得不耐煩」、「臨老入花叢」、「老之年戒之在得」，這些古諺皆指出人生階段不同，生活也必須跟著改弦更張。在基金投資方面，年齡跟所得狀態息息相關，所以用年齡來決定持股比率就顯得順理成章。

　　或許你很有興趣知道我們怎麼推論出不同年齡情況下股票型基金佔你投資金額的比重，由表4-4可以看得一清二楚。這公式看起來像不像標準體重的計算公式？在分子擺個100，主要是為了化成「百分之幾」的表達方式。

表4-4　不同年齡階段股票投資比重公式

年齡	49歲以前	50歲以上
適用公式	100 − 你的年齡/100	80 − 你的年齡/100
舉例	30歲時 100 − 30/100 = 70%	60歲時 80 − 60/100 = 20%

　第四節　決定基金投資額 (how much)

　　就跟買壽險一樣，先必須算出多少的保額保障才足夠，其次是繳費期間、每期（如每季）繳費金額的決策。同樣的，定期定額基金投資也有這些 "how much" 的問題。

一、最佳投資金額

㈠最佳投資金額的功能

理財原則之一是「量入為出」,而投資原則之一則是「今天要為明天作準備」,明天(退休後)生活水準(每月)須要多少錢才能維持(至少是目前水準)?在假設的投資期間(例如你還要工作二十五年)、假設投資報酬率之下,便可倒推出惟一的未知數:從今天起每月「最佳」定期定額投資金額。

為什麼叫「最佳」?那是投資報酬率只要夠用即可,不要為了退休後好過,而今天節衣縮食的省錢來投資,這樣的投資很容易半途而廢;此外,勉強持之以恆,到老時也才發現「過去沒有必要那麼虐待自己」。

㈡最佳投資金額的決定

如果你手上的書有終值表、年金終值表,那麼不妨拿出來,參照表 4-5 的方式,一一計算。我們以最常見但也最複雜的「定期定額支出╱定期定額投資」情況來舉例。

1.**目標值(未來支出金額)**:已知下列條件,以計算出下列一段期間支出金額(查年金現值表)。

⑴65 歲退休,預期平均壽命 78 歲,共十四年。

⑵希望每月生活水準 5 萬元。

⑶折現率,以物價上漲率(例如 3%)作為利率。

由於該表中的「期」是以年為單位,所以我習慣把每月金額轉換成年金額,本例為 60 萬元。查年金現值表,期數 14 期、利率 3%,其值為 11.2961,再乘上 60 萬元,等於 678 萬元。也就是到 65 歲退休時,你帳上要有近於這數目的淨資產,否則就無法安享晚年了。

2.**必要投資金額的決定**:既然知道目標值,那剩下來的便是在下列因素下去做決策,尤其已知第 2、3 項因素,查年金終值表,得值再乘上投資金額,就可得到你 65 歲時投資資產的終值。

⑴可投資金額,

⑵投資期間,

⑶投資報酬率。

㈢找人免費幫你算

有幾家投信公司、銀行宣稱有軟體，可以幫助投資人做理財健診，並且估算出每月最佳的定時定額基金投資金額，稱為「量身訂做的理財規劃」。

表 4-5　單筆和定期定額投資性質

投資頻率 ＼ 未來支出	單　筆	定期定額支出
單筆（或不定期）	終值表（或稱終值利率因子）。	1.投資金額，同左， 2.定期定額支出，依物價上漲率作為折現率，查年金現值表。
定期定額投資	年金終值表（或稱年金終值利率因子）。	1.投資金額，同左， 2.定期定額支出，同上。

不過，有幾件事必須注意：

⑴年報酬率 15% 是偏高的假設。

⑵未來（尤其是退休後）生活支出的費用，主要係基於現在的支出，再加上物價上漲（或稱通貨膨脹）率的考量。不過這有些要注意，目前生活水準的支出還包括一大資本支出：房屋貸款、壽險保費，甚至汽車貸款、標會會款，這些在 50 歲左右就已還光了。所以未來支出不應該把這些包括在內，否則很容易求出一個高得離譜的定時定額基金投資金額。

⑶未來收入不好估計，只有公務人員和上市公司不會倒閉、未來調薪幅度比較抓得住。此外，國民年金制如果實施，又替你預為退休生活準備，也就是說基金投資金額可以少一點。

㈣你現在每個月有多少結餘？

另一方面，瞭解了最佳投資金額此一資金需求後，再透過下面公式簡單算出每月可投資金額，也就是每月有多少閒錢（結餘、儲蓄）可用於基金投資。

每月可投資金額（儲蓄）＝（年收入除以12）平均每月收入－（年支出除以12）平均每月支出

舉例：2萬元＝7萬元－5萬元

㈤月結餘低於最佳投資金額怎麼辦？

要是一算出來，目前每個月的結餘（例如只有 2 萬元）還不夠最佳投資金額（例

如 3 萬元），也就是發生「投資缺口」，如何救平這缺口呢？表 4-6 提供了開源節流的二大類六個方法，往往必須兼採幾個方法，才能比較沒有壓力的達成目標。

表 4-6　現在儲蓄無法滿足退休後資金需求時的解決之道

方　法	說　明
一、降低目標，即降低退休後生活水準	本方式只適用於未來想過著「金包銀」生活的人，對務實生活的人來說，這是最阿 Q 的作法，反正未來沒人可預見，今天少「做」一些，明天又會如何？但小心落個晚景淒涼的下場。
二、增加投資金額、延長投資期間、提高投資報酬率 1.延後退休年齡 2.提前投資 3.節流 4.借錢賺錢，以擴大初期投資金額 5.提高基金組合的預期報酬率	1.如原本打算 55 歲退休，延後至 60 歲，2.例如女性單身時想結婚後再來投資，可能必須犧牲一下，婚前少出國旅遊幾次；3.降低目前生活水準，「明天」才能享受「今天」的犧牲。4.在融資比率不超過總投資金額三成內，借錢作幾筆單筆基金投資，以多累積一些。5.例如短期來說，增加冒險型（或稱避險）基金所佔比重，由 10% 增至 20%；或是中期來說，增加積極成長型股票基金所佔比重，例如由 40% 增加至 50%，但不宜長期（五年以上）採取上述作法。

二、越早投資，賺得越多

股票基金單筆投資有「來得早，不如來得巧」的現象，尤其是 1990 年 2 月在 12600 點高價套牢的人，十二年都無法回本，而且還不考慮這投資本錢拿去存定存的利息（即俗稱貨幣價值）損失。

不過，大體來說，除非像前面所說運氣不好，否則在長期多頭情況下，不論是單筆或定時定額基金投資都可套用買保險的用詞「買得越早，賺得越多」。這種滴水穿石的效果，投資十年跟二十年的差距，並不是只差一倍，而是差更多。

可以由下列二種投資方式來印證複利終值。

(一)單筆基金投資時

從「終值利率因子表」中很容易可以找到表 4-7 的數字，再加點工便可得到表最後一列數字。二十年比十年在時間上多一倍，可是由於錢又賺錢（利滾利），所以在年報酬率 12% 情況下，二十年前投資 1 元，二十年後可領到 9.6463 元，這是

十年金額 3.1058 元的 3.1 倍，即多出 2.1 倍，而不只是多一倍而已。

報酬率 15% 時，時間越久，這差距擴大為 4 倍。

㈡定期定額基金投資時——年金終值

定期定額投資是個零存整付的財務問題，查「年金終值表」便可求得表 4-8 的數字。

跟前面情況相同，這次我們只看投資一、二年差別，時間差一倍。但投資越久，這差距累進擴大。可見，這不是「時間做工」（時間是中性的），而是選對基金，及時介入，長期可享巨富，你可大膽的說：「我的未來不是夢!」

表 4-7　複利情況下終值

期（年）報酬率	12%	15%
10	3.1058	4.0456
20	9.6463	16.367
20 年終值除以 10 年終值	3.1 倍	4 倍

表 4-8　「年金」（每月定存 1 元）終值

期（月）報酬率	1%	2%
1 年	12.683	13.412
2 年	26.973	30.422
5 年終值除以 2 年終值	2.127 倍	2.208 倍

第五節　投資能力、時間決定投資方式 (how)

基金投資究竟應該自己 DIY 還是買現成的套餐組合（或錢多一點時請人代客操作），由圖 4-4 可見，這取決於你有沒有時間、投資能力高低和性格。

一、有沒有時間

很多職業婦女兼家裡財政部長，常常忙得不可開交，弄得全家晚餐也必須以外食解決，這種投資人絕對屬於沒有時間的那一型。

不過，基金屬於中長期投資，並不像股票短線投資那樣需要全神貫注，每天平

均只需要花二分鐘就夠了。所以，重點不在於每天平均有沒有二分鐘，而在於心思有沒有擺在這件正事上。

二、投資能力夠不夠？

「沒有三兩三，不要上梁山」、「沒有那樣的胃，就不要吃那樣的瀉藥」，這些俗語都在說明要有二把刷子才能成事。不過，投資基金也不需要天大的本領，好像得瞭解政經社會、天文地理似的，當然這些都會影響股市的表現，不過只要看股價指數本益比便可以。

雖然如此，我們想強調的是不要逞強、不宜好高騖遠，像股市當日沖銷交易，只有高竿的投資人才玩得起。同樣的，剛入門作基金，實在不適合自己七拼八湊的去建立基金組合，倒不妨買現成的基金套餐組合，以免弄巧成拙，俗語說：「烏合之眾不足以稱軍」就是這個道理；投資方式的決策流程詳見圖4-4。

人貴於自知，有什麼方法可以客觀的衡量自己的投資能力有多高呢？

㈠模擬法（即紙上投資）

要是你從來沒買過基金，那麼最好不要花冤枉錢去繳學費，也就是真的拿錢買基金，邊作邊學。最好方式是像小孩子玩家家酒一樣，先玩假的，也就是先做紙上投資組合，每天看報紙，來決定是否變更基金內容。以三個月為一期，至少比較二種方式：

⑴自製的基金組合（例如積極成長型）是否勝過買現成的基金套餐組合？

⑵單筆進出是否勝過定時定額投資？

㈡實際投資績效

要是你是新手上路或早已是識途老馬了，此時便可拿實際投資績效來判斷自己的斤兩。

㈢如何判斷高低？

投資能力的高低是相對的，你可選擇中華、群益等投信公司的基金作為比較標竿，由圖4-5可見，當你的投資績效是標竿的1.3倍以上，可見你的功力不凡，要是連標竿的七成都不到，也不用氣餒，絕大部分人都是如此，只是「術業有專攻」之別罷了！

圖4-4 投資方式決策流程

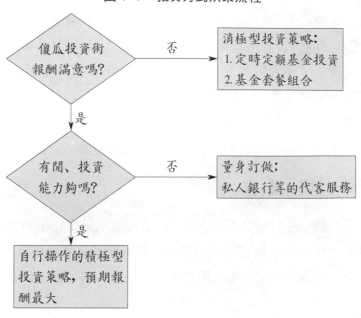

傻瓜投資術報酬滿意嗎? → 否 → 消極型投資策略:
1. 定時定額基金投資
2. 基金套餐組合

是 ↓

有閒、投資能力夠嗎? → 否 → 量身訂做:
私人銀行等的代客服務

是 ↓

自行操作的積極型投資策略,預期報酬最大

圖4-5 投資能力高低的判斷方式

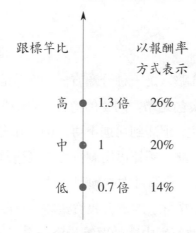

跟標竿比　　以報酬率方式表示

高　● 1.3倍　　26%

中　● 1　　　20%

低　● 0.7倍　　14%

三、男女性格上的差異——女性偏好定時定額,男性偏好單筆投資

不少投信公司對男、女性投資人進行調查,發現:

⑴男性投資 IQ 高於女性,顯示男性投資人投資知識比較豐富,比較喜歡殺進殺出的單筆式基金投資。

⑵女性投資人傾向於採取定時定額基金投資, 投資 「情緒商數」 (EQ) 比男

性高。

「耐性與成功結緣」，這句話也適用於基金投資，不論是守株待兔的單筆投資「不要賣」，或是「隨時買」的定期定額基金投資，只要是多頭市場時，女性投資人由於比男性投資人「不貪短利」、「不自以為是」，所以不會聰明反被聰明誤，也就是女性的理財「情緒商數」比男性高。反倒是「合理膽小的人」賺最多，即不會暴虎馮河的去單押積極成長型股票基金。

如此看來，夫妻之間由太太來決定基金投資反倒比較合適呢。

四、適才適所，皆大歡喜

「武大郎玩夜鷹——什麼人玩什麼鳥」，這句諺語最足以形容基金投資時，不同條件的投資人宜採取適合自己的投資策略。例如理財菜鳥或是公務員，勉強自己買賣封閉型基金，想賺取短線差價，很容易事與願違，這種錢不是什麼人都可以賺的。

由表4-9可見，投資人宜真實的面對自己，瞭解自己的條件，以進而採取「適配」的投資策略。

五、在變與不變之間

積極型、消極型投資策略只是一種分類方式，並不是說只有這二種方式可以選擇。黑色和白色之間也有灰色地帶，同樣的也有「守中帶攻」的混合投資策略。平時以定時定額投資策略為主，但碰到可遇不可求的股市超跌情況（例如本益比跌到只剩17倍），此時不賺白不賺，額外再用剩餘資金（也許只佔總投資資金二成）買基金，賺個7%，在半個月、一個月內就獲利了結。

同樣道理，也有「攻中帶守」的混合投資策略，有四成以內資金進行定時定額基金投資，六成以上資金進行短中期的單筆投資。

表4-9　投資能力和投資策略的搭配

適用投資人	投資策略	說　明		
		投資對象	投資方式	獲利方式
投資能力低（如新買基金的人）且沒	消極型投資策略	2～3支綜合型基金，例如：	1.單筆 2.定時定額	長期投資（即「不要賣」）

閒的人		1.海外基金中的全球型基金。 2.國內基金的平衡型基金或收益型、成長型股票基金。	（即隨時買）	
投資能力較高且有閒（例如公司的財務部）	積極型投資策略	1.6 支類股型等基金，以建立「效率前緣上」的投資組合。 2.積極成長型的封閉型股票基金。	單筆為主	短中線進出，賺取波段，所以必須經常調整現金比率，甚至「看好」時，還短期融資加碼，以擴大戰果。

◆ 第六節　股票型基金快易通（what）

　　如果你有煮過咖哩雞，你就會知道食材之一的咖哩塊，依辣的程度可分為「特辛（辣）」、「高辛」、「中辛」、「普通」四級，不同人可以選擇不同口味。同樣的，股票型基金也可以分成這四類，由名稱大概可以看出這種基金「辣」（漲幅、跌幅，或是報酬率、虧損率）的程度，詳見表 4-10。

一、四類股票型基金的投資屬性

　　各類股票型基金為什麼在投資屬性上各有不同面貌呢？由表 4-10 第一列持股性質可看出，主要關鍵在於持有科技股所佔比重，就跟調雞尾酒一樣，酒才是主要決定因素（遺傳中的顯性因子）、蘋果西打是次要因素（遺傳中的隱性因子）。

　　特別注意我們把收益型股票基金的英文譯為 revenue stock fund，以免跟「（固定）收益型基金」（income fund）搞混了。

表 4-10　四中類股票型基金投資屬性和適用時機

說明種類	風險分散型 (diver-sified)	收益型 (revenue)	成長型 (growth)	積極成長型 (aggressive growth)
持股性質（報酬來源）：				
1.營收、盈餘成長性	跟大盤相近	40% 以下	41～69%	70% 以上

（資本利得）				
2.績優股且低本益比（股利）	同上	60% 以上	41~69%	30% 以下
投資屬性（大盤倍數）：				
1.「相對」*漲幅	0.9~1.05x	1.1~1.29x	1.3~1.5x	1.6x 以上
2.「相對」跌幅	0.9~1.05x	0.6~1.05x	0.7~1.1x	0.8~1.2x
規模（2003 年 6 月）：				
1.支數	4	18	67	91
2.比重	2.4%	10.2%	37%	50.4%
適合投資的股市階段		末升段	初、主升段	主升段
適合單筆投入的投資人	公司	51~65 歲	36~50 歲	35 歲以下

*此處「相對」係指相對於大盤。

(一)積極 vs. 消極，依投資策略分類

這四個基金中分類，還可依其究竟採取積極型投資策略、消極型投資策略而分為二大類。

1.採取積極型投資策略的「積極性基金」(active fund)：收益型、成長型、積極成長型股票基金經理也都絞盡腦汁，希望「打敗市場」(beat the market)，即漲得比大盤多、跌時比大盤跌得少。

2.採取消極型投資策略的「消極性基金」(passive fund)：其中風險分散型基金（尤其是其中的指數型基金）大都採取「買入持有法」，不自作聰明的進出（即追求擇時績效），只求跟大盤同進退。

(二)依耐跌程度來分類

有些投資人比較計較投資的「安全性」，所以特別關心股票型基金中哪種「比較」（跟大盤比）抗跌，由表 4–11 可見，依照此標準可以分成三類。

表 4–11　股票型基金依耐跌程度分類

	防禦性 (defensive)	中性 (neutral)	攻擊性 (aggressive)
投資股票	跌時重質	跟大盤神似同上	漲時重勢
投資屬性	耐跌（跌得比大盤少）	同上	跌得比大盤凶、漲得比大盤多
代表性基金	收益型	風險分散型	成長型、積極成長型

不過，我們特別強調的，上述只是「理論上」、「應然面」的說法，大難來時，很少股票型基金能逆勢表現。這不禁使我想起，對於不會開車的人，總認為汽車的

耐撞力（就跟基金的抗跌能力一樣）是駕駛安全的最大保障，這包括 ABS、安全帶等。等到開車後，才體會「安全（駕駛）是惟一平安回家的路」，否則一出大車禍，賓士 600、富豪汽車照樣車毀人亡。用在基金經理操盤上，持股比率高低才是主要決定基金漲跌幅的因素，而對投資人來說，也是如此。

否則，一遇股市重挫，收益基金只是跌幅較少，但頂多也只是「五十步笑百步」，沒有多少可倚靠的，也就是它只是耐跌，但並不「抗跌」啊！

不過我們不認為「耐跌」的比較標準為大盤，要作到比指數跌得少、漲得多是很容易的事。耐跌要跟下列來比，才有意義：

⑴一年期定存利率，

⑵其他同類型股票基金。

（三）基金風格向「錢」看

風險分散型、積極成長型基金被基金契約所卡死，所以無法變更基金類型。但是收益型、成長型基金彼此間卻可以移轉，在多頭市場時，我們看到連標榜收益導向的基金也稍微敢冒險一些，而帶有成長型基金的味道。反之，在空頭市場時，成長型基金經理 (growth manager) 也以保本為先，其基金反倒顯露出「跌時重質，漲時看勢」的色彩。也就是說，這二類基金並不是涇渭分明，反倒有明顯的「基金風格移轉」(fund style shift) 現象。

二、商品（基金）分析

由表 4-10 第二列可看出，積極成長型基金佔股票型基金比重 50.4%，是投資人的最愛；其次是成長型基金佔比重 37%，二者合計佔 88%。可見投資人來吃麻辣火鍋，就是追求麻、辣的感覺；很少像收益型、風險分散型基金投資人只想嚐點麻辣的滋味而已。

三、圖解股票型基金

投資工具就跟物質可用化學特性來說明一樣，股票型基金性質，從圖 2-4 上便可以依其報酬率、虧損率的高低，至少分為四個中類。

至於有些人把平衡型基金或稱「成長收益型基金」(growth and income fund) 也歸類為股票型基金，那可是硬把驢子歸為馬一樣，其實驢子是由馬（股票型基金，具成長性）和騾（固定收益型基金，具收益性）混血而成，不是原生性的，是一種

資產組合基金。當然，大的來說，馬、驢子沒多大差別，皆可作為騎乘工具；那麼平衡型基金可說是合成的股票型基金，而略近於收益型、成長型基金之間。

四、對單點投資的涵義

對採取單點投資（尤其是定時定額投資）的人來說，由表 4–10 第五列可看出，由右往左來搭配投資人的年齡，例如積極成長型適合 35 歲以下的投資人，這些人年輕，有時間可以耗（當碰到套牢時）。相形之下，51 到 65 歲的「銀髮族」經不起「大風大浪」，所以適合買收益型股票基金。

第七節　不同投資目的之投資決策 (which)

由於每個人的投資目標、限制不同，所以投信公司便設計許多種基金來滿足投資人多樣的需求，甚至可以說，每個人一生都可能經歷過這些不同的投資需求，惟有先知己，再知「彼」（基金），再來下投資決策就容易多了。

看表 4–12 讓你五選一，你會投資哪一支基金？

要是你挑 A 基金，認為它過去五年平均報酬率為 15%，排行第一，所有人都會選這支基金，「難道還有其他答案嗎？」是的，就是有其他答案。人之不同各如其面，對於投資的需求至少可分為五種。

一、沒禁忌的投資人──報酬率最大準則

在投資時，最簡單的決策準則就是挑報酬率最高的基金（及其組合）去買。報酬率正確的衡量方式當然是夏普指數，不過此處為了讓一般人看得懂，所以我們只用一般報酬率。

那又為什麼表 4–13 第三欄，同一個決策準則，竟然有人會選 A 基金，有人會選 E 基金呢？答案也很簡單：

注重基金穩定表現的人，比較會用過去三、五年的平均績效來選基金，以免以一年來作判斷時，容易被短期脫穎而出卻不能持盈保泰的基金誤導了，因此選 A 基金。

由於基金過去績效未必保證未來績效，就跟「小時了了，大未必佳」一樣，所以有些投資人偏好近期表現傑出的基金。

表 4-12　　1998～2002 年五支基金的報酬率

單位：%

基金年度	1998 年	1999 年	2000 年	2001 年	2002 年	五年平均報酬率	排名
A	-10	22	23	18	22	15	1
B	8	17	16	19	10	14	2
C	10	16	14	14	11	13	3
D	6	12	14	16	12	12	4
E	7	7	8	89	24	11	5

表 4-13　　三種不同屬性投資人的決策準則

投資人屬性	決策準則	選擇基金
35 歲以下，有閒錢	沒有任何限制情況下，依最大報酬率來挑基金	A 或 E
為子女籌措教育費、投資報酬率需大於學雜費漲幅、退休金理財	每年至少需符合報酬率下限 (10%) 的報酬率最大基金	C
短期內投資資金有他用（繳子女學費等）所以不能蝕本	年度虧損率上限 (5%) 時最大報酬率基金	B

二、年報酬率須達最低標準的投資人──資產保障下的最大報酬率準則

　　有些投資必須達到每年 10% 的最低報酬率要求，否則以後就無法跟得上負債（或費用）的成長速度。大學學雜費每年平均成長 10%，對於為人父母的投資人來說，投資標的選擇得好能確保每一年都有 10% 以上的報酬率，所以表 4-12 中的 A、B 基金雖然五年報酬率位居第一、二名，但 B 基金有一年報酬率只有 8%，未達低標；所以只能再往排名後面的基金去找，排名第三的 C 基金恰巧合適。

三、只能小賠甚至需保本的投資人——年度虧損率上限的報酬率準則

個性保守的人不能容忍賠本，至於已退休人士投資更是不允許賠本，否則棺材本都不見了。對快要退休的人來說，由於即將沒有薪資所得，但是支出卻不能停止，所以，隨著年齡的增加，對風險承擔能力也大打折扣。

這種投資人挑基金，就跟挑另一半一樣，先把自己討厭的候選人篩掉，再從不討厭的那一堆中找一個最適配的，所以要報酬率高又不容許虧損。表 4–12 中，A 基金因曾有一年虧損 10%，不符合標準，剩下四支基金合格，那當然挑 B 基金了。

四、兼具報酬率上限、虧損率下限的投資人

60 歲以上的人投資，便面臨這個問題，既不能容忍虧本，又要求報酬率至少需達到 10%，雙重限制，也使得可投資範圍縮小了。

有一些人也有如此的限制，例如：
⑴婚前「賺某本」（儲積結婚費用）的人，
⑵想撈一筆來創業或買房子的人。

這種「毛病多」的投資人，只能挑 C 基金了，雖然不是所有基金中報酬率最高的，但至少跟投資人的要求最適配。

五、每年要支付例行支出的投資人

有些投資人（例如退休人士）沒有薪資所得來支應生活費用，所以有些投資專家建議，宜把七成以上資金比重擺在固定收益證券，這種主張太「憨直」了。投資資產本身有沒有固定收益跟是否能滿足投資人每年費用支出的需求無關，縱使投資在成長型或積極成長型股票基金，只要每年有賺，將一部分基金變現，不僅能支應生活所需，而且報酬率還更高。

即將或已退休人士宜以固定收益基金為主，原因在於它的低風險，不在於其他。

也有 55 歲以下的人，每年有例行性支出需求，例如兒女的大學教育費用，這種人還可考慮買海外保本基金，至少要用錢時，本金還在。

簡單的說，投資報酬需滿足每年的例行性支出，這只是個「變現力管理」的問題。縱使股票型基金一時被套住，投資人還是可以透過手上保有的預備金來支應，

除非完全沒預留不時之需的救命錢，此時也可考慮把基金拿去質押一點錢，撐過一段時期，又是一尾活龍；當然質押不是長久之計，也不應該是常態。

六、找出可行的投資範圍

前面我們只是用股票型基金來討論，回到第二章所談的三大類的金融資產，再來看三種決策準則下的可行投資資產範圍，詳見圖4–6，以當年虧損率上限定為10%的投資人來說：

⑴單押情況下，預期「高報酬，高風險」的衍生性商品基金、積極成長型基金都不合格，所以整條效率前緣線這部分以虛線表示，不宜全部押注。

⑵在基金投資組合時，高風險資產佔資金比重應控制在二成內，以免虧損時嚴重拖累整個投資組合。

七、資金可用期間和適配基金組合

很多人沒學過財務管理，但都懂得「短期資金不能長期使用，長期資金不宜短期使用」的道理。以後者來說，長期資金拿去存一年定存甚至買票券，報酬率在5%以下，實在不划算。同樣道理，債券型基金也不宜佔長期投資二成以上比重，以免獲利被拉低了，對中長期投資來說，債券型基金只是股票型基金投資的避風港罷了。

短期資金「不能」長期使用的道理也很明確，股市有一個玩笑，菜籃族的媽媽們把買菜錢也拿去買股票，原以為跑個短線，二天小賺就獲利了結，沒想到股票被套牢，全家只好吃泡麵過日子。

仔細評估未來三年資金的可用期間長短，再配合基金的性質，便可得到「投資期限」（即資金可用期間）跟基金適配組合，詳見圖4–7。

圖4-6 三種決策準則下的可行投資組合

1. 有限制情況下的可行投資組合（效率前緣）

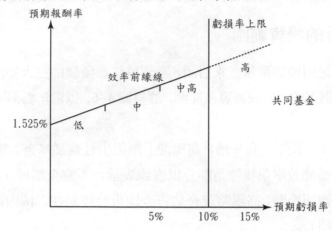

2. 沒有虧損率上限的可行投資組合

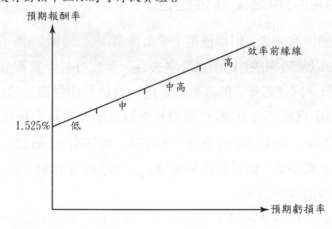

3. 有報酬率下限的可行投資範圍

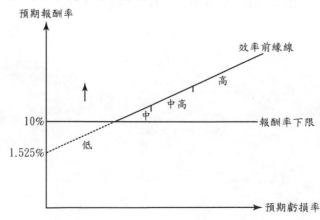

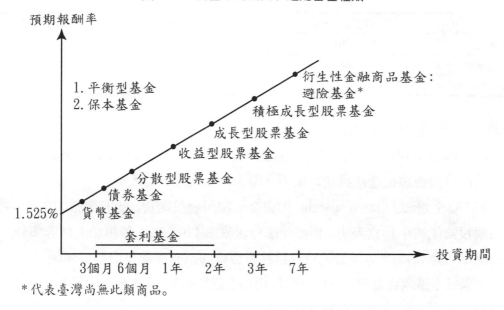

圖4-7　資金可用期間和適配基金種類

*代表臺灣尚無此類商品。

第八節　穩賺不賠的基金組合原理 (where)

每次看魔術都覺得很精彩,一旦拆穿了,才發現不值一毛錢。同樣的,或許你會好奇,為什麼保本基金敢向你保證到期「還本」,而且年報酬率往往至少在8%。底下我們將深入淺出的說明這個保本的原理,接著將用於本節——建構保本的基金組合。

既保本又有中度報酬率的原理很簡單,可以用投資組合保險方式來做,本書中我們套用保本基金的作法,另外「保本型美元定存」的原理也是一樣的。

(一)先把保本部分扣下來

由表4-14可見,如要確保投資滿一年時,最少可拿回95%的本金,為達此保本目的,如果債券報酬率為7%,投資人把88.79%資金投資於債券,那麼一年後的本利和為95%,即保本95%。

表 4-14　單筆和定期定額投資

	期初（今天）	報酬率	期末（1 年）	(2)＋(3)小計
(1)本金	100	95		
(2)債券	88.78	7%	95	
(3) = (1) − (2)安全邊際	11.21	120% 或 200%	13.452 或 22.42	108.452 或 117.42

(二)再把安全邊際拿來投機（或投資）

期初本金 100% 中有 88.79% 被凍結在債券上，剩下 11.21% 資金的責任可重大。這部分投資縱使全部損龜，屆期（期末）你還是保有本金。

把「安全邊際」(safety margin) 的資金全部投資於期貨、認股權證，盼望小錢、高報酬投資能夠小兵立大功。例如此部分報酬率 120% 時，若再加上債券部分，合計報酬率可達 8.452%，差強人意。當然投資標的也有可能是股票、外匯。

如果安全邊際資金報酬率為 200%，再加上債券部分，那麼合計報酬率為 17.42%，大部分人看到這報酬率，眼睛都會為之一亮。

或許你會說，這樣的報酬率光靠股票也做得到，但是卻無法做到本處「本金保證」的效果。

一、基金組合原理

談了這麼多原理原則，你一定急著想看如何派上用場，否則還真是不知道怎麼運用呢！

圖 4-8 是我常用的基金組合方式，而且照表操課。

(1)圖中第一欄投資期間和功能，這是基金經理在建立投資組合中常見的三種不同功能的持股，而在投資人的基金組合，股票則由個別基金取代。

(2)第三欄為投資地區，這是海外基金時才有這一欄；如果只考慮國內基金組合時，這一欄可以直接跳過。

二、用 50% 基本組合打地基

基本組合 (basic portfolio) 的功能在於穩定整個投資組合，首先三年以上不會賠本，而且宜產生持續、穩定的報酬率，目標是最少每年 12%。要想降低賠本的機率，那麼投資地區最好是全球，而投資資產宜為分散型或收益型的股票基金或平衡

型基金。

　　由於投資期間長、投資地區廣，所以資金介入方式宜採定時定額法。

圖4-8　短中長期的（海外）基金投資策略

資金比重 %

一年以內，攻擊性持股 20%	單筆	國家基金或新興市場區域基金	積極成長型	末升段
一～三年，核心持股 30%	定時定額為主，單筆為輔	歐洲、美洲或跨國基金(如美臺基金)	成長型	主升段
三年以上，基本持股 50%	定時定額，單筆更合適	全球	分散型收益型	初升段
投資期間和功能	資金介入方式	投資地區(海外基金時) →	投資資產(股票型基金) →	市況(以股市為例)

三、30% 的核心組合攻守得宜

　　整個資金有三成是擺在中度風險的資產，以股票型基金來說，可選成長型，為了減輕資產帶來的風險，因此在投資地區宜以已開發國家的區域型基金為主，例如歐洲、美國（美國大到可以抵得上歐元區），臺灣投資人還可以考慮美台基金等跨二洲的跨國型基金。

　　核心組合 (core portfolio) 以中期投資為主，所以一到三年必須更換投資地區，例如美歐股市 1993 年以來，漲幅都已達二倍，可說已到末升段，最多也不會有三年（到 2001 年）的好光景，所以宜列為中期投資。

　　有大錢就單筆介入，如果每月只有三、五千元的小錢，只好採取定時定額投資。

四、20% 的攻擊性組合恰恰好

　　把二成資金擺在高風險資產，稱為攻擊性組合 (aggressive portfolio)，例如積極成長型股票基金、避險基金、開發中國家型或新興股市基金。這些都屬於一年內投資，也就是「打帶跑」的短打，基金的「搶短」要比股票的「搶短」時間長很多。

◆ 本章習題 ◆

1. 以圖 4–2 為基礎，來分析此分類方式是否合適？

2. 為什麼很多小型上市公司仍設立三、五人的投資部呢？（Hint: 大部分是替董事長護盤）

3. 以表 4–1 為基礎，分析你父、母屬於哪種投資型態的投資人？

4. 以表 4–2 為基礎，分析台積電、聯電屬於哪種型態的投資人？

5. 以圖 4–2 為基礎，分析你父母或你自己的投資功力。

6. 以一位男主人 40 歲、太太 38 歲的家庭為例，年收入 150 萬元，二十五年以後退休，不用付房貸，想過每年 60 萬元的生活水準，預期男人 72 歲、女人 78 歲壽命。那麼今年起到 64 歲共二十五年，每年應定時定額投資多少錢在股票型共同基金上？

7. 把上月股票型基金排行前十名找出，分析異動原因。

8. 如何驗證股票投資有沒有對抗物價上漲 (inflation hedge) 的效果？

9. 你在公司上班，如何說服投資主管不玩股票而玩股票型共同基金呢？

10. 你二年後要用錢（例如出國留學、結婚），但又想多賺一些橫財，又得保本，該買哪一種基金？（Hint: 保本型基金）

第二篇

股票投資管理

第五章 ·······························

報酬和風險

許多人對股市生氣，但其實是對自己生氣，氣自己心存不切實際的幻想。建議你不要回顧過去，真正重要的是股市未來的發展。

如果你持有的是一支垂死掙扎的網路股，作決定就很容易：「賣掉它，從此跟它沒有瓜葛。」

持有個別股票而且損失慘重的投資人，大都能認同分散風險的好處。重要的是，從現在再度出發。

——羅吉　紐約州波西米亞市財務規劃師
　經濟日報，2002 年 10 月 6 日，第 3 版

學習目標:

熟悉各種報酬率衡量方式，本章可說是「第一本」總整理的書。

直接效益:

唸完第四節，就抓得住基金績效評比的方法，以後再也不會莫宰羊了。此外，表 5–10 把所有風險平減後報酬率衡量方式彙總於一個表，也是難得一見的「小抄」!

本章重點:

· 報酬 vs. 報酬率。§5.1 一
· 報酬率。§5.1 二
· 年報酬率。§5.1 三
· 報酬率的種類。圖 5–1
· 事前、事後報酬率。§5.1 五
· 絕對報酬率分為名目（或會計）和實質（或經濟）二種。表 5–4
· 算術平均和幾何平均報酬率。表 5–5
· 有關股票投資報酬率計算方式。§5.3
· 瞭解夏普指數等，英國最大基金評比公司 Micropal 和臺灣基金評比方式皆採此方式，所以下一次你看報刊上的基金評比方式就知其所以然了。§5.4 二、三
· Modigliani (1997) 的風險調整報酬率。§5.4 四
· 瞭解資本資產定價模式 (CAPM) 的嚴重錯誤，有助於研究所入學考試。§5.5
· 股價風險衡量方式：振幅、盤中高低價差、報酬率標準差（歷史、隱含、預測三種）和貝他係數等。§5.5 三
· 以相對本益比為風險調整因子的「風險調整後投資組合績效評估」。§5.6 一
· 以相對股價淨值比為風險調整因子的「風險調整後投資組合績效評估」。§5.6 二

前言: 報酬和風險, 投資的關鍵

不管學歷高低, 當老闆的人總會對收入、成本相當敏感。同樣的, 財務管理中, 在各種收入、成本情況下, 如何計算報酬率, 這當然是必備常識。

必有甚者, 各項投資(組合)方案的風險各不相同, 所以不能以報酬率來挑投資案, 還得把風險考量進去, 「高(預期)報酬, 高風險; 低報酬, 低風險」就是這個道理。

在本章中, 將仔細說明各種「風險」、「報酬」的衡量方式, 進而計算「風險平減後報酬率」。先把重要結論講在前面, 我們完全不採用資本資產定價模式所計算出的貝他係數及其相關方法, 但卻提出更多更實用的方法, 例如夏普指數、蒙地里安尼、修正的風險調整報酬率。

第一節 報酬率快易通

賣西瓜的小販, 至少一定得弄清楚成本和售價, 才能計算做這筆生意是不是划算。不管唸多少書、做哪一行, 怎麼算賺多少錢、報酬率是否划算, 這目標則是一致的。

只是財務管理的成本項目以資金為主, 詳見本章第二節加權平均資金成本, 收入以金融投資為主; 跟做生意的商品雖然不同, 但道理卻一樣。在本節中, 先說明報酬一族的種類, 畢其功於一役, 一次把在經濟、財管(包括投資學)中所碰到的報酬率皆講清楚。

一、報酬 vs. 報酬率

有些名詞一字之差, 狀況就有些許不同, 水跟水蒸氣是個例子, 報酬和報酬率的情況很類似。由下面例子來看會比較清楚。

已知: (期間沒有配息、配股、減資、現金增資)

    2003.1.2   買進 100 元

    2003.12.30   賣出 110 元

不考慮 買進時: · 券商手續費 0.1425%

       賣出時: 證交稅 0.3% · 券商手續費 0.1425%

解答: 一股

報酬　　　10 元 = 110 元 − 100 元

報酬率　　$10\% = \dfrac{110 - 100}{100}$

1.**報酬:** 報酬 (return) 是指「賺了多少錢」，這個例子（一股）賺了 10 元。但光看報酬無法判斷「花多少本才賺到」，所以還得計算出報酬率。

2.**報酬率:**「報酬率」(rate of return) 是變動率、百分比的觀念，以這個例子來看，成本 100 元，賺了 10 元，而且投資一年，所以「年」報酬率是 10%，下一段再說明「年」是怎麼回事。

二、報酬率

報酬率、成本、風險是財務管理的三個核心觀念，報酬率是日常生活中的觀念，不是財務管理(尤其是投資學)時才會碰到。由表 5–1 可見，報酬率是變動率 (change rate) 的特例，前者比較像速度；說變動率比較「中性」，用報酬率比較「穩賺不賠」，像是 2002 年臺股下跌 19.8%，說成報酬率負 19.8% 便很不順耳，乾脆說「賠 19.8%」更口語。

㈠適用情況

由表 5–1 二右邊可見，成長率、投資報酬率都是相似觀念，背後都假設「不進則退」，像 2001 年臺灣經濟成長率 −2%，五十年來第一次「負」成長，可見我們已經習慣「一暝大一寸」，一旦「進一步，退三步」，講「負成長」便覺得自相矛盾，就像最美的醜男子一樣，但是說成「經濟衰退率」2% 又很奇怪。

㈡百分點 vs. 百分比

有二個像繞口令的名詞，只是一字之差，但卻有很大差別:

1.**百分點:** 以一年期定存利率 2.125% 降至 1.4% 來說，利率下滑了 0.725 個「百分點」。

2.**百分比:** 百分比是衡量變動的幅度，以這個例子來說，原來在銀行存 100 萬元，可以領 2.125 萬元利息，現在只能賺到 1.4 萬元利息，主要是利率下跌了 34.12%。

表 5–1　變動率 vs. 報酬率

	變動率 （change rate 或 change%）	報酬率 （rate of return）
一、類比（車子）	(一)速率 $$\dot{Y} = \frac{Y_t - Y_{t-1}}{Y_{t-1}}$$ ・：dot，唸成 Y dot	(二)速度（有方向的速率） 但大部分是「正」的，「負」的聽起來怪怪的，例如 002 年臺股下跌 19.8%，說成報酬率負 19.8%，便很弔詭
二、適用情況	物價上漲（率） 物價下跌（率） 例：2002 年，CPI ↓ 　　 −0.20%	1.營運時：成長率 (growth rate) 　(1)經濟成長（$\dot{Y}$ 或 GDP），即 $$\dot{Y} = \frac{\Delta Y}{Y} = \frac{Y_t - Y_{t-1}}{Y_{t-1}}$$ 　(2)公司營收成長率 2.投資時：報酬率 　股票投資報酬率
三、百分點	2002 年 6 月 R = 2.125 ↓ 2003 年 7 月 R = 1.4%	1.一年期定存利率下跌 0.725 個百分點（即 2.125% − 1.4% = 0.725%） 2.一年期定存利率下跌 34.12%（即 $\frac{1.4\% - 2.125\%}{2.125\%} = -34.12\%$）

三、年報酬率

在美國，有位美眉開車被交通警察攔下來，警察說：「小姐，妳知道妳時速 80 公里，已經超速了」，小姐無厘頭的回答：「我開車離開家到現在才 15 分鐘，怎麼可能一小時開 80 公里，八成是你想找個理由要我家的電話號碼」。

這個例子指出「時速」（換算成一小時的速度）這個大家常見的用詞，而在報酬率中最常見的是換算成年報酬率。

「A 車 20 分鐘開 30 公里比較快，還是 B 車 30 分鐘跑 40 公里比較快?」常見的衡量方式是化成時速（一小時跑多快），上述可變成「A 車 60 分鐘跑 90 公里」、「B 車 60 分鐘跑 80 公里」，所以 A 車比 B 車快。

同樣的，所有期間報酬率 (period rate of return) 也都須年化 (annualized)，化

為年報酬率 (annual rate of return) 來比較。

(一)年化報酬率

$$R = R_T \times \frac{365}{T}$$

R_T：期間報酬率

T：投資期間（日曆日）

以下述例子來說：

$$7\% \times \frac{365}{6} = 7\% \times 60.83 = 425.81\%$$

投資台積電 6 天，賺了 7%；一年有 60.83 個 6 天，要是歷史一再重演（比爾‧莫瑞主演的電影《今天暫時停止》），那麼一年便可以賺 425.81%，這就是「6 天賺 7% 的年化報酬率」。

(二)從年利率倒回期間報酬率

年報酬率（在存款、貸款利率時稱為年息 %）使每筆投資的報酬率都標準化，以方便比較；但也帶來另一個問題，就是類似在時速 90 公里的情況，20 分鐘可以跑幾公里？答案是 30 公里。同樣的，以表 5-2 來說，一個月期定存年息 1.2%，但

表 5-2　臺灣銀行定存利率

利率單位：年息%

2003 年 7 月	定期存款	
	一個月	一年
臺灣銀行	1.2%	1.4
期間報酬率	$1.2\% \times \frac{31}{365}$	1.4
	或 $1.2\% \times \frac{1}{12} = 0.1\%$	
存 100 萬元利息	0.1 萬元	1.4 萬元

資料來源：工商時報週一～五，第 8 版，臺幣利率表。

這是每個月到期皆續存，或者說 12 期單利存款；簡單平均說，存一個月只領年息的十二分之一，此例是 0.1%，也就是存 100 萬元，一個月拿 1000 元利息。相形之下，一年期定存利率 1.4%，利息 1.4 萬元。

四、一次看到整個森林

報酬率的用詞五花八門，要不是為了教學，我也很少費時間去詳細整理。結果才發現，五花八門的報酬率觀念卻有個生物分類「界門綱目科屬種」上下的隸屬關係，而不是各自獨立的。由圖5-1可以一目了然，至少可以分成四層，下一段先講第一層，第二節說明第二層中的絕對報酬率、第四節討論相對報酬率。

圖5-1 報酬率的種類

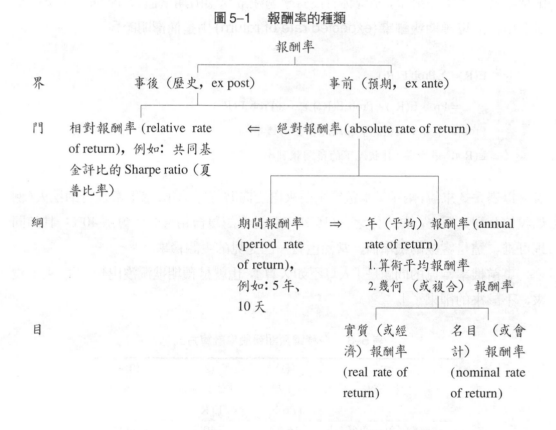

五、第一層：事前 vs. 事後

依事情是否發生，在經濟學中常用**事前 (ex ante)**、**事後 (ex post)**，前者在財管是預期報酬率，後者是歷史報酬率。

㈠歷史報酬率

「生米煮成熟飯」、「潑出去的水收不回來」是對**歷史報酬率 (historical rate of**

return) 的通俗描述，以股票投資來說，每天收盤（目前是 13:30）後，便可採取最新的收盤價來計算手上持股的輸贏，可說是極少數「現世報」的投資。

歷史報酬率大都是秋後算總帳，論功行賞用的，在控制中屬於回饋控制 (feedback control)，即「亡羊補牢，時猶未晚」。

㈡預期報酬率

作任何投資時，大部分人總是「機關算盡」、「人算」，分析各種可能狀況發生的機率及其可能報酬率，不管你有沒有學過統計學中的期望值 (expected value)，但是套用在計算預期報酬率 (expected rate of return) 則是簡潔明瞭：

$$E(R) = \sum_{i=1}^{n} Prob_i E(R_i)$$

$$= Prob_1 E(R_1) + Prob_2 E(R_2) + \cdots + Prob_n E(R_n)$$

$Prob_i$：表示 i 種狀況下各狀況發生的機率

$E(R_i)$：表示第 i 種狀況下的預期報酬率

以表 5–3 來說，兩項基本數字主要來自工商時報等每年、每季常進行的法人（例如投信公司）調查，有六分之一 (16.7%) 受訪者認為台積電今年會漲 40%；其餘同理可推。這是客觀的機率值，當然也有一己之見的主觀機率。

事前機率常見的問題是「人算不如天算」，也就是預期狀況沒出現，「該來的沒來，不該來的卻來了」。

表 5–3　台積電預期報酬率計算方式

未來狀況	(1) 發生機率 (Prob$_i$)	(2) 可能報酬率 E(R$_i$)	(3) = (1) × (2)
一、樂觀（即如意算盤）	16.7%	40%	6.68%
二、可能	66.6%	20%	13.32%
三、悲觀	16.7%	−10%	−1.67%
小計			18.33%

第二節　絕對報酬率

我身高 175 公分，體重 70 公斤，這是常見的絕對衡量方式，比較清楚明瞭。同樣的，「絕對」報酬率又分為二種衡量方式，詳見表 5–4。

表 5–4　絕對報酬率分為會計、經濟報酬率二種情況

絕對報酬率	本　質	說　　明	處理方式
會計報酬率 (accounting rate of return)	名目 (nomi-nal)	未考慮貨幣時間價值，縱使在跨年投資時也是如此。	這是最通用的報酬率計算方式，以股票來說，便是「除權、除息」後的報酬率
經濟報酬率 (economic rate of return)	實質 (real)	已考慮貨幣時間價值	1.機會成本的標竿 (1)物價上漲率 (2)無風險利率（一年期定存利率） 2.平減 (deflact) 方式——以常見名目成長率化為實質成長率為例，有二種方式： (1)相減，$R - CPI = r$ (2)相除，$\dfrac{R}{1 + CPI} = r$

符號說明：R: 名目報酬率
　　　　　CPI: 物價上漲率
　　　　　r: 實質報酬率

一、會計報酬率

死背名詞容易忘記，懂得道理就不會了。我對**會計報酬率** (accounting rate of return) 的「領悟」（辛曉琪的成名曲之一），來自於在聯華食品當財務經理時，每做一筆金融交易，入帳的報酬、報酬率都是會計部依照會計公認準則計算的，難怪稱為會計報酬率。

會計或說財務報表的特色是歷史成本法（除了不動產可以重估增值外），背後並沒有把貨幣時間價值（或物價上漲）考慮進來，有考慮貨幣的機會成本的便是經濟報酬率，在本節第三段討論；不過，下一段先說明比較常用的二種會計報酬率。

二、算術 vs. 幾何

沒唸過財務管理的歐巴桑都知道單利、複利（利滾利）的差別，詳見表 5–5。

表 5–5　算術平均和幾何平均報酬率

種類　　說明	算術平均	幾何（或複合）平均
一、what	$R_{期間} \times \dfrac{365}{T_{年化\,(annualized)}}$	$\sqrt[n]{(1+R_1)(1+R_2)\cdots(1+R_n)}$
1.舉例	2001.1.2 買股票 100 元 2003.1.2 賣股票 120 元 （途中沒有除權、除息） $\dfrac{120-100}{100} \times \dfrac{365}{730} = \dfrac{20\%}{2} = 10\%$	$1 - \sqrt[2]{(1+R_1)(1+R_2)} = 20\%$ 如果 $R_1 = R_2$，那麼 $R_1 = 9.48\%$
2.類比	單利	複利（即利滾利）
二、when		
1.標準	年利率報價	
2.破年	一個月期存款（年）利率 1.2%， 其實月利率 $1.2\% \times \dfrac{1}{12}$	
三、which	存款（整存整付）	信用卡（循環利率） 高利貸等貸款

尤其是跟銀行往來時，100 萬元存一年，利率 2.125%，逾期未領，逾期的利息計算是以 100 萬元為基礎。反之，任何貸款都是利滾利，以貸款 100 萬元為例，一期利率 8%，本期利息未付，第二期利息：

$$100 \times (1+8\%) \times (1+8\%) = 116.64$$

跟二期利息各 8 萬元、二期共 16 萬元的單利來比，由於利滾利，利息變成 16.64 萬元，多出 0.64 萬元。

(一)換個專業術語來說

H_2O 的俗語是「水」，真的說 H_2O 反倒很多人不知道；同樣的，報酬率用單利、複利來稱呼，很容易懂，但學名卻比較好用。

　1.**算術平均：** 算術平均 (mathematic average) 是一般人常用的方法，原因很

簡單，只要學過算術的除法便會算。以表 5–5 中的例子來看，以 100 元的成本買股票，二年後賣掉，股價 120 元，為了簡化起見，不囉哩囉嗦的考慮交易成本，100 元的成本，二年賺 20 元，二年報酬率 20%，「平均」（連算術兩個字都省掉了）（年）報酬率為 10%。

2. 幾何平均： 幾何平均 (geometric average) 或稱為複合平均 (compounding average)，以前的書常用抽象來解釋抽象，以致把數學底子不好的人嚇壞了。

幾何平均的生活例子便是複利， 其中最簡單的便是假設每一期報酬率都一樣（幾何「平均」）。以表 5–5 中的例子來說，二年賺 20%，就等於第一年賺 9.48%，再拗下去繼續投資，最後終於達到賺二成。

同樣的，幾何平均的各期報酬率可能都不一樣，但是二一添作五，最後用平均數來表達。

每本財管的書的附錄一往往是「終值利率因子表」，這可以節省我們按計算機的功夫。

3. 幾何平均比較正確：在二、三期內，算術、幾何平均報酬率沒有顯著差異，但「路遙知馬力」，期間一拉長，複利效果（有人說:「時間做工」）便顯現出來，由表 5–6 可見一斑。

簡單的說，如果只是為了舉例，三期以內，用算術平均勉強及格。但是如果「一分一毫要算得清清楚楚」，那麼就一定得用複合平均，有沒有唸過書由此可以略見端倪。

表 5–6　期間長短對算術、幾何平均數差異的影響

	(1) 算術平均	(2) 幾何平均	(3) = (1) − (2)
表 5–5（2 期）	10%	9.48%	0.52%
表 5–7（4 期）	18.74%	15%	3.74%

(二)他們這麼說

2002 年 5 月 2 日，臺灣唯一掛牌的電子設計自動化工具 (EDA) 廠商思源科技在法人說明會中，引述研究機構 Gartner Dataquest 報告（詳見表 5–7 第三列），EDA 全球市場規模年複合成長率概估為二成。（工商時報，2002 年 5 月 3 日，第 13 版，王玫文）

(三)我這麼說

不過，精確的說，年複合成長率是 15%，不是「概估二成」，也就是期初時的 36.12，每年以 15% 的利率利滾利，四年後變成 63.17，也就是複利。反之，單利的角度，平均成長率 18.74%，詳見表 5–7。

表 5–7　2002 ～ 2005 年 EDA 的二種成長率

年	2002F	2003F	2004F	2005F
營收（億美元）	36.12	43	52	63.19
平均成長率	$(\frac{63.19-36.12}{36.12})/4 = 18.74\%$			
幾何成長率	$36.12(1+R)^4 = 63.17 \doteqdot 63.19$			
	查終值利率因子表，n = 4，R = 15%			
	FVIF(15%, 4) = 1.7490			

三、經濟報酬率

「實質」(real) 這個經濟學常用的名詞，常見情況為：

1. **實質利率**：名目利率減「（預期）物價上漲率」等於實質利率 (real interest rate)，例如一年期定存利率 1.4% 減物價上漲率 0.2%，即得到實質利率 1.2%。你或許已注意到我不用「通貨膨脹率」這個詞，而用物價上漲率，前者雖然很多人使用，但是詞沒用對，無法望文生義。

2. **實質經濟成長率**：此處，「實質」就是指「物價指數平減」(CPI deflated) 後的結果。至於表 5–4 中進一步說明「平減」有相減、相除二個方式，二者結果相差不大，而「相除」比較準確、「相減」比較簡易。

名目 ─────────────▶ 實質

已知	2001 年	2002 年	物價上漲率
營收	100 萬元	101 萬元	2.7%

(1)除法（比較精準）

$$\frac{\frac{101}{(1+2.7\%)}-100}{100} = -1.66\%$$

這在會計學領域中，屬於中等會計學中的物價上漲時的會計處理。

(2)減法（計算比較快）

$$1\% - 2.7\% = -1.7\%$$

進步太少，就是退步！進步太慢，就是落伍！

先複習「實質」一詞的定義後，再來看投資學中常用的實質報酬率就很清楚了。

(一)實質報酬率

投資學中所指的**實質報酬率 (real rate of return)** 當然比經濟學中的「實質」有其他衡量方式，所以才需要額外花篇幅循序介紹。計算方式至少有二：

(1)物價平減（相減法）的計算方式，即上述方式。

(2)超額報酬或溢酬 (excess return)。

另一個平減的基準是以無風險利率作為「平減因子」(deflactor)，它背後已考慮貨幣的時間價值。今天買支股票100元，明年今天還是100元，中間沒有除權、除息；會計上認定報酬率為0，即不賺不賠。但站在經濟學的立場，經濟利潤是考慮機會成本後的利潤，而在投資中最低標準的機會成本就是無風險利率，在上段已簡單說明過「實質虧損」。

財務學者額外給這個「無風險利率平減報酬率」一個簡潔名詞：「**超額報酬率**」(excess rate of return)，為了省事起見，常簡稱為「超額報酬」（「報酬」是指「值」）。

站在投資人的立場，當然會關心實質報酬率，以免「錢變薄了」，也就是錢被物價上漲等所侵蝕了。

(二)實質報酬的推論

超額報酬是財務很重要的觀念，如果你看到報上說：「股市重挫二成，共同基金有九成以上賠得比大盤少，所以基金經理還是滿稱職的，能『少輸就是贏』的打敗指數。」

這種主張跟超額報酬觀念是抵觸的，買股票型基金，冒了股價下跌的風險，所以報酬率至少要比無風險利率高；現在以「少輸就是贏」來論功過，那是不恰當的。2002年臺股下跌19.8%，163支股票型基金中只有6支報酬率超過一年期定存利率，這才是投資人每年付1.5%基金管理費而希望基金經理能做到的──嚴格的說。

第三節　股票投資報酬率計算方式

如何計算股票投資報酬率，這不僅是事後投資績效評估的事，而且實務上還涉及事前的停損價位設定、是否要認購現金增資股（尤其當採攤平法操作時）。

一、從最單純情況說起

㈠考慮買賣時交易成本

眼尖的讀者會發現表 5-8 中期間報酬率的買進價格和評價日 (value day) 的賣出價格，皆有考慮交易成本，詳見下列符號、公式說明。

表 5-8　除息除權參考價的計算公式

狀況	除息除權後股價	期間報酬率
一、除息	$P_t - D$	$\dfrac{P_t + \Sigma Di - P_0}{P_0} \times 100\%$
二、除權（即無償配股）（股票股利）	除權參考價 $= \dfrac{P_t - 1}{1 + C_1}$	$\dfrac{P_t + 權值 - P_0}{P_0}$
⑴昨日收盤價 P_{t-1}	以佳格食品 1999.1.20 除權 $= \dfrac{48.60}{1 + 0.25}$	$\dfrac{P_t + (\dfrac{P_{t-1}}{1 + C_1} \times C_1) - P_0}{P_0} \times 100\%$
⑵權值 C_1（無償配股率）	$= 38.88$ 元 其中 $C = 0.25$ 係來自每千股 無償配股，即配股率 0.25。	
⑶每股權值 $=$ ⑵ $\times$ 除權參考價	9.72 元 $= 38.88$ 元 $\times 0.25$	
三、現金增資時	$\dfrac{P_{t-1} + (P_s \times C_2)}{1 + C_2}$	$\dfrac{P_t + [P_{t-1} + P_s \times C_2] - P_0}{P_0} \times 100\%$
⑴昨日收盤價	以台壽保 1999 年 1 月 20 日 為例 $= \dfrac{70 + (40.5 \times 0.5)}{1 + 0.5} = 62.83$ 元	
⑵權值 C_2（現金增資認股率）		
⑶每股溢價 P_s（現金增資認購價格）		

(4)每股權值	8.46 元	
四、綜合情況時		
(1)除息	$\dfrac{P_{t-1} - D+(P_s \times C_2)}{1+C_1+C_2}$	$\dfrac{P_t+[\dfrac{P_{t-1}+(P_s \times C_2)}{1+C_1+C_2} \times (C_1-C_2) - P_0]}{P_0}$
(2)除權		
(3)現金增資		$\times 100\%$

(二)同一股票，多筆交易時

有些投資人員採先入先出方式來計算該股每筆買入（或一次買入，分批賣出）時的報酬率（即依時間分散原則，同一股票每筆買入應視為不同股票）。但是會計部如果採取平均成本法的話，那麼每（或一）筆賣出時的合計報酬率還是得依會計部的。總的來說，二種會計方法對同一股票的報酬率還是會殊途同歸的，如同「朝三暮四」、「朝四暮三」，加起來都是七一樣——當然再一次的，站在複利觀點略有差異（因有時間的貨幣價值）。

表中「期間報酬率」一欄符號說明：

計算報酬率時，P_0、P_t 的定義如下。

(1)買入時，券商手續費視為投資成本：

$$P_0 = P_0(1 + 0.1425\%)$$

(2)賣出（股票時），證交稅、券商手續費視為收入之減項：

$$P_t = P_t(1 - 0.1425\% - 0.3\%)$$

同樣的，在開放型共同基金時，此道理仍適用贖回時淨值＝贖回日淨值（毛淨值）$\times [(1 - 1.5\% - 0.2\%)/360)]$，其中 1.5% 為基金公司的管理費用，年率 0.2% 為保管銀行費用，皆為年率日結。

二、當成收入增加或成本減少？

「話一點就明」、「一通百理通」，計算投資期間有股利發放（如除息、除權）、現金增資、減資的公式，我們曾看過以排列組合方式，從一次只考慮一種情況，到一次考慮二種情況……，到一次考慮四種情況，這樣子搞下來，至少 14 個公式，看得人眼花撩亂，反而抓不住重點。

　　「江湖一點訣」，看報酬率公式得抓住精神，把配息（即現金股利）、配股（即股票股利），皆當做「所得」，即收入的增加，而不是成本減少。這從稅法很容易就可以看得出來，配息（股票、共同基金、債券皆是）列入個人 27 萬元利息所得免稅範圍，一超過，便得繳稅了。

㈠除息（即現金股利）

　　除息對中長期股價不會有大影響，以台積電來說，昨天收盤價 100 元，息值 2 元，那麼今天開盤的除息後參考價為 98 元；很少出現息值超過 2 元的情況。

　　表 5–8 中除息期間報酬率中的 $\sum D_i$ 是指從買入到計算報酬率期間內所領到數（或一）次息值。

㈡無償配股（即股票股利，狹義的「除權」）

　　領到股票股利，可說是不花錢的額外收入，所以稱為無償配股；在稅法上屬於資本利得。

　　由於對投資人來說，只是多領到一些「股子」（把股票比喻成有生育力），所以往往以「降低成本」的方式來看待，例如持有台積電原始成本 60 元，除權 2 元（每張股票可配到 200 股，即增加至 1200 股），那麼除權後持股成本降至 50 元。

　　除權後持股成本：

$$60 元（除權前持股成本）= 50 元(1 + 0.2)（除權）$$

　　用這方式，每天收盤後（或盤中），計算報酬率是不是簡單多了？

㈢現金增資（即有償配股）

　　現金增資有二個效果：

　　⑴對老股來說，有除權的稀釋效果，這是不利的，

　　⑵對有參與現增認股的人來說，無異以較低價認購到一些股份。

㈣綜合情況

　　瞭解上述三個基本情況的參考價、報酬率計算方式後，便可導引出綜合所有情況的萬用公式。至於其他部分情況，例如除息又除權、除權又現增……，只消把未出現情況當零就可以了，無庸贅敘。

三、信用交易時的報酬率計算

當有進行信用交易時，投資報酬率也可以依樣畫葫蘆的算出，只是得額外考慮一些情況（如融券手續費 0.1%、擔保品利息收入）罷了。

至於再詳細介紹其公式已沒有意義，因為像樣一點的財務用計算機（更不要說電腦軟體），只要給予參數值，就會自動算出報酬（率）。

四、大盤報酬率

個股的報酬率計算方法已經介紹過了，至於「大盤」（即整個股市）、產業類股的報酬率，則只好靠指數了，也就是把加權指數當做大盤的股價。以 2003 年 5 月日為例，指數上漲 60.80 點，以 7398.65 收盤，上漲 0.83%，這便是通常用以計算指數報酬率的算法。至於個股除息、除權和新股上市、舊股下市（含暫停交易），則視為理所當然，不需追根究底去問：「數字怎麼來的?」、「有沒有算錯?」

就跟個股股價可以進行技術分析一樣，以決定買賣點；同樣的，由於大盤、類股深深影響個股股價走勢，所以必須有正確衡量這些的指數。由表 5–9 可見，股價指數的內容：

㈠指數類別

常見的指數有三大類：

1. **大盤**：為了避免金融類股佔大盤比重過大，扭曲了股市主要交易標的（主要是電子類股，佔日成交量四至六成），所以發行量加權指數分為包含、不含金融股二種，前者全稱為臺灣加權指數 (TWIS)，也就是各媒體、投資人所慣稱的大盤指數。

另外還有「臺灣五十指數」，主要做為**指數股票式 (ETF) 基金「寶來臺灣卓越50 基金」**(Polaris Taiwan Top 50 Tracker Fund) 參考之用，少數（像工商時報 66、摩根指數）是抽樣的。（經濟日報，2003 年 5 月 31 日，第 18 版，謝偉姝）

2. **類股指數**：依上市公司 19 個類別，另編製 22 個產業指數。

3. **其他**：《工商時報》另依據上市公司股本大小、股價高低，把上市公司分成三等分，另外編製指數。

㈡大盤報酬率

2003 年以前對大盤報酬率的計算方式很簡單，把指數當成一支股票的價格，但

這忘了考慮除息的影響。

1.**除息會扭曲大盤**：發行量加權股價指數是以股價乘以股本，所製作出來的大盤參考指數。一家公司分配股票股利時，除權當天，公司的股本增大，但股價會降低，一增、一減，相乘後，這家除權公司的市值不變，所以加權指數不會失真。

但是公司除息後，公司已把現金股息給了股東，所以除息當天，股價自然要扣除股息，但股本不變，一減、一不動，相乘後，公司市值減少，就會影響加權指數。

2001 年投資人就有慘痛教訓，上市股本第三大的中華電信，除息交易時，因為股本高達 960 多億元，且每股現金利息高達 5.8 元，在除息當日，因以扣除現金股利的股價，計算中華電信的總市值，使得大盤的加權指數一開盤就下跌 33 點。當時不少投資人，眼見一開盤，加權指數就跳空下挫，趕忙殺出持股；恐慌心態蔓延到其他個股和類股，買盤信心不足，當天臺股收盤下挫 80.54 點，以中黑收盤。

2.**改變所有的錯**：證交所 2003 年 1 月 2 日起，推出「發行量加權股價指數的報酬指數」（簡稱加權報酬指數），不過，這只比大盤指數高出 2 點而已！

在實務上及學術上計算投資報酬率時，都包含企業所發放的現金股利在內，因此**報酬指數通常也被採用為評估基金投資績效優劣的評比標竿**。（經濟日報，2003 年 12 月 26 日，第 3 版，蕭志忠、李佳諭）

(三)基　期

皆採取固定基期，例如證交所加權指數以 55 年為基期，當時為 100。

(四)權　數

證交所跟世界大部分主要股市作法一樣，採取各上市公司發行量（股本）為權數。

少數為了避免大哥大級公司股價扭曲大盤，所以採取「大小平細漢」的一視同仁作法，像經濟日報店頭指數。

(五)編製單位

雖然《工商時報》、《經濟日報》也努力編製加權指數，並且三不五時的指出其指數領先大盤，但終究人還是習慣的動物，所以使用最普遍的指數還是證交所的加權指數。

表 5-9　股價指數分類和編製機構

對象機構	證交所	《工商時報》(第 27 版)
一、大盤	1.（發行量）加權指數 2.不含金融（股）指數	1.工商六六指數 2.工商摩根指數
二、分類指數	1.水泥　　11.橡膠 2.食品　　12.汽車 3.塑膠　　13.電子 4.紡織纖維　14.營造建材 5.電機機械　15.運輸 6.電器電纜　16.觀光 7.化學工業　17.金融保險 8.玻璃陶瓷　18.百貨貿易 9.造紙　　19.其他 10.鋼鐵	左述紡織纖維類股為二中類
三、其他 　1.依規模 　2.依股價 　3.其他	大、中、小 高、中、低	
基期、權數	55 年、股本加權平均	簡單平均

第四節　相對報酬率

前面，我們花了很長的篇幅說明「絕對」報酬中的超額報酬這觀念。接著下來，再進而計算出風險調整報酬率，由表 5-10 你可以發現，只要知道絕對報酬率、風險測度，便立刻可以算出相對報酬率。

表 5-10　風險平減後報酬率的計算方法

(1)絕對報酬率	(2)風險測度	(3)相對報酬率 =(1)/(2)
一、報酬率 (R_p)	1.貝他係數 (β) $=\dfrac{Cor(R_p,R_m)}{Var(R_m)}$	1.崔納指數 (Treynor index) $=\dfrac{R_p-R_f}{\beta}$，超額報酬對系統風險比率

		2. 詹森指數 (Jensen index) $\alpha_p = (R_p - R_f) - \beta(R_m - R_f)$
二、 超額報酬或溢酬 (excess return, ER) = $R_p - R_f$	2. 標準差 (σ) 此字發音為 Sigma，是希臘文中的第18個字母，相當於英文中的s，而用此字作為統計學上 standard deviation 的縮寫	1. 夏普指數 (Sharpe index) $R_a = \dfrac{R_p - Rf}{\sigma}$，單位風險超額報酬率 2. 標準普爾 Micropal 公式 $R_a = \dfrac{R_p}{\sigma}$，單位風險報酬率 3. 蒙地里安尼公式詳見 §5.4 四
	3. 相對本益比 (RPER) = $\dfrac{PER_b}{PER_p}$ 4. 相對股價淨值比	二種修正的風險平減方法 $R_a = R_b \times \dfrac{PER_b}{PER_p}$ $R_a = R_b \times \dfrac{PNW_b}{PNW_p}$

下標說明：a (adjusted)：風險調整後

　　　　　b (benchmark)：標竿、大盤或指數

　　　　　f (risk free)：無風險

　　　　　m (market)：（股票）市場

　　　　　p (portfolio)：投資組合，以下標 i 表示第 i 個投資組合

　　雖然我們還沒介紹表中第2欄「風險測度」(risk measure，或風險衡量) 的觀念，但由此表你很容易可以看清楚常用風險測度、相對報酬率，可說是「一目了然」，也才不會因木失林，接著再來說明風險、風險調整報酬率的各種衡量方式及其優缺點 (有優缺點便代表有適用時機)。

一、同樣報酬率，不一樣的風險

　　我身高175公分，可是你相不相信我打籃球時可以灌籃。這不是腦筋急轉彎的問題，因為我在小學籃球場打球，籃球架高度已依小學生身材往下調整；這種依使用者身高來調整籃球架高度，運用在投資報酬率的衡量，就是相對報酬率 (relative rate of return，或風險調整後報酬率)。

　　「急漲之後便有急跌」，所以股市投資人喜歡「緩步趨堅，良性換手」。同樣道理，如果 A、B 二支基金，報酬率相同，但是 A 基金手上以投機股、轉機股、高科技股為主，在所有股票中這些股票最容易暴漲暴跌；反之，B 基金則以一些藍籌股 (在臺灣稱為績優股) 為主。一旦大盤棄守，A 基金的跌勢會像溜滑梯，而 B 基金

則比較像人走路下樓梯，差別的原因在於 A 基金在本質上的風險太大了，反映在外的便是基金淨值波動大。

這麼說來，挑基金不能只看其淨值成長率，還得看其風險，就跟買電視、冰箱一樣，不能只看售價，還得看它的耐用年限，把售價除以耐用年限，才能計算出產品真正的價值，例如一部 2.1 萬元的電視可用七年，那麼每年成本 3000 元。同尺寸、不同品牌售價 1.8 萬元卻只能用五年的電視，每年成本 3600 元。所以光看 2.1 萬元和 1.8 萬元，可能會錯認 2.1 萬元的電視比較貴，但如果從產品壽命成本來看，反而比較便宜。

接著下來，我們就來說明「一分風險，一分報酬」到底怎麼衡量。

報酬率標準差是最常用的風險衡量工具，可是標準差和其衍生的貝他係數（注意其分子分母）並無法單獨使用，這就如同你問我：「二部不同品牌電視，一部可用七年、一部可用五年，你會選哪一部？」我無法回答你，因為我不知道它們的售價。同理，風險就跟電視的耐用年限一樣，話只說了一半，因此還是不夠的；所以必須結合報酬率才能得到「一分風險，一分報酬」的關係。因此，在標準差的運用方面，有二種用法，皆是本節介紹的重點。

(1)定向分析（只能評定大小）

主要是基金評比時最常用的夏普指數、Micropal 公式。

(2)定量分析（能夠計算出風險平減後報酬率）

我們介紹財務大師蒙地里安尼的公式，而這對我們導出第六節修正的風險調整後報酬率有點啟發作用。

二、夏普指數 —— 單位總風險溢酬

由美國史丹佛大學教授夏普 (William F. Sharpe) 在 1966 年所提出的夏普指數 (Sharpe index)，可說是全球使用最廣的共同基金績效評比方式，連英國最大的共同基金評鑑公司標準普爾 Micropal 所採取的 「單位風險報酬率」(expected return per unit of risk) 也是源自夏普指數。

夏普指數的真正名稱是「報酬率對變異數比率」(reward-to-variability ratio)，有時稱為夏普比率 (Sharpe ratio)。先看它的公式：

$$夏普指數 = \frac{投資組合的報酬率 - 無風險利率}{分子（或稱超額報酬率）的標準差}$$

當然，盡可能的話，公式中分母的其中一項投資組合「報酬率」，應該用稅後報酬率來算。

此外，注意其基本精神，分母是分子（即超額報酬率）的標準差。財務管理講究精準，否則有可能發生「差之毫釐，失之千里」的事，不僅要「見輿薪」，也必須明察秋毫。

(一)舉例說明夏普指數

我們可以用夏普 (1994) 自己舉的一個例子來說明怎樣運用夏普指數。由表 5–11 可看出，A 基金夏普指數為 0.25，高於 B 基金的 0.20，也就是在同樣的風險程度時，A 基金的報酬率高於 B 基金，那當然應該選購 A 基金囉。

表 5–11　夏普指數示例

	A 基金	B 基金
(1)期望報酬率	8.3%	5.3%
(2)無風險利率	2.3%	2.3%
(3)標準差	20%	10%
(4)夏普比率 ＝ (1) － (2) / (3)	0.25	0.20

(二)臺灣共同基金的例子

2002 年以前，每月 8 日左右，在《經濟日報》（第 14 版），投資人都可以看到臺灣大學財金所李存修、邱顯比二位教授對臺灣股票基金績效評比，包括一個月、三個月、一年、自成立日起報酬率，不過在決定基金獲利排名時，還是依據夏普指數，這項基金績效評比的負責單位是臺北市證券投資信託暨顧問同業公會。

運用的原則很簡單：買進夏普指數最高的共同基金。由表 5–12 可看出，1998 年 2 月的共同基金的績效排行榜，第三名的京華外銷基金（絕對的）報酬率遠高於元富金滿意基金；但是相對的，經風險調整後的報酬指標（即夏普指數）卻是元富金滿意基金較高，所以才會拿到亞軍。京華外銷基金的風險比元富高，一旦大盤反轉直下，京華外銷基金的跌幅一定比元富金滿意大，真可說是「一分風險，一分代價」。

表5–12　　1998年2月共同基金前三名

排名	基金名稱	夏普指數	一年 (1997.3 ～ 1998.2) 報酬率
1	京華高科技	0.4389	103.41%
2	元富金滿意	0.4355	87.68%
3	京華外銷	0.4225	107.79%

　　最後還可以拿各共同基金的夏普指數跟加權指數的夏普指數比，像1998年2月加權指數的夏普指數為0.1377，如果基金的夏普指數比這高，則可說是基金的表現比大盤還要好，這是基金的及格標準，就跟考試及格標準為六十分的道理一樣。

㈢夏普指數在統計學上的涵義

　　唸過統計學的人應該會想起，夏普指數只不過是標準化 Z 值 ($Z = \dfrac{X_i - \overline{X}}{\sigma}$) 的運用，是很淺顯的觀念。白話一點的說，是指一單位報酬率標準差下，這投資組合 (例如共同基金) 給你多少報酬率。為了統一比較基準，不管什麼期間的夏普指數，其標準差皆採取年化處理，就跟你在銀行看到的月存款利率 (例如1.2%)，其實是年利率的道理一樣。

㈣字斟句酌的方顯專業

　　你可以看得出來，講究用詞精確的我們，這次在夏普指數一詞上也從眾了。依夏普原用詞為夏普比率，這樣就對了，因為「指數」是指跟基期比的統計觀念，至於有人把index譯成「指標」，那碰到indicator這個字又該怎麼翻譯？這二個用詞在大二統計學中皆說得清清楚楚。

㈤二種夏普比率和其涵義

　　夏普比率的分母、分子可依使用的是歷史資料或預測資料而分為下列二種情況：

　　1.歷史夏普比率 (ex post 或 historic Sharpe ratio)：這是一般實務界常用的衡量方式，主要在評估過去一段期間共同基金的績效，要是「鑑往知來」的作為挑選股票、共同基金的參考，那便隱含假設歷史會再重演。

　　2.事前夏普比率 (ex ante Sharpe ratio)：這是學術界討論的焦點，包括設法預測標準差等。

三、英國標準普爾 Micropal 評比方式

英國最大基金評比公司標準普爾 Micropal（因被美國標準普爾公司所併購，所以前面冠了集團名號）所採取的「單位風險報酬率」的計算方式如下：

以美國股票型共同基金為例，1997 年全年的單位風險報酬率如下：

$$單位風險報酬率 = \frac{報酬率}{該期間內的標準差}$$

$$= \frac{12.87\%}{22.35\%}$$

$$= 0.576$$

可以看得出，跟夏普指數相比，此公式在分子分母各少了一項（即減無風險利率），不過精神上是相似的。

四、蒙地里安尼公式

夏普指數的缺點在於它是序列尺度的，只能比高低，但是卻無法進一步作量的推論，就像前面提到元富金滿意基金的夏普指數為 0.4355，而京華外銷基金為 0.4225，只能說前者比後者高，除此之外，也不能再多說什麼；就跟 11 級風並不代表比 10 級風快 10%。而我們真正有興趣的是名目尺度，也就是風速多少、每秒鐘幾公尺？換成投資報酬，便是在同一風險下，各投資組合的報酬率多少？

㈠ Modigliani 公式

所幸美國麻州理工學院的財務管理大師蒙地里安尼（Modigliani）和紐約摩根士丹利公司 Modigliani（1997）提出「風險調整報酬率」(risk-adjusted performance, RAP，為了方便記憶起見，你可以用美國饒舌歌 RAP 來記）的計算方式，如下所示：

$$風險調整後的報酬率 (RAP) = \frac{\sigma_m}{\sigma_i}(R_i - R_f) + R_f$$

$$= \frac{\sigma_m(R_i - R_f)}{\sigma_i} + R_f$$

$$= \sigma_m \times Sharpe\ ratio + R_f$$

　　眼尖的讀者會發現這跟資本資產定價模式的外觀很類似，那是英雄所見略同。至於公式中最後一行可以明顯看出夏普比率可視為該投資組合風險的絕對價格，再乘上股票市場風險（即 σ_m）後，便折換為相對價格。

　　本處是以股票市場來衡量市場風險，實際上可用其他任何相關的市場（或其組合）來視為「市場」，所以本公式適用範圍很廣。

㈡實例說明

　　我們可用表 5-12 來說明如何使用上述公式。

◆ 第五節　資本資產定價模式無用論
——貝他係數死二遍啦!

　　一談到資產風險高低和「風險溢酬」（即負擔風險所要求比無風險利率多的部分），所有書都一股腦兒的大談特談**資本資產定價模式 (capital asset pricing model, CAPM)** 和**套利定價理論 (arbitrage pricing theory, APT)**，鑑於這二種方法皆有其嚴重缺點，所以本書以此為基礎來討論如何建構股票投資組合。但由於這二個方法甚囂塵上，所以本書不得不說明這二種方法的錯誤之處。

一、風險何價?

　　資本資產定價模式吸引人之處，在於邏輯簡潔有力，投資人購買一項風險性資產（例如股票），希望至少要有「無風險利率」的報酬率，至於額外所冒險的預期報酬率，則由風險數量（即貝他係數）乘上風險價格（即預期市場報酬率減無風險利率），二者相乘的結果便是第 i 種證券的風險溢酬 (equity risk premium)。這可由資本資產定價模式的公式看得一清二楚。

　　Merton (1973) CAPM:

$$E(R_i) = \underset{\text{最低報酬率}}{R_f} + \underset{\substack{\text{風險}\\\text{數量}}}{\beta_i} \underset{\substack{\text{風險價格，稱為股市風險溢酬}\\\text{(market risk premium)}}}{[E(R_m) - R_f]}$$

　　　其中 E(R) 代表預期報酬率

　　　　 i 代表第 i 項風險性資產

R_m 代表市場報酬率

R_f 代表無風險利率，美國為長期政府公債利率，臺灣習慣用銀行一年期定存利率來衡量

β 代表貝他係數，是這個迴歸方程式中自變數的估計係數

簡單的說，由此模式計算出的證券預期報酬率，可說是投資人投資該股票所希望得到的「必要報酬率」(hurdle rate)，對股票發行公司來說，這便是權益資金的成本。

二、資本資產定價模式已死二次了！

資本資產定價模式在美國已於 1970、1990 年代二次被宣布死亡，在美國學術圈中的光環也漸褪去，接著我們來看這巨星殞落的原因。

(一)教科書上說的缺陷

教科書上指出資本資產定價模式未考慮下列變數，所以難怪解釋能力有限。

(1)假設借款、放款的利率相同，

(2)沒有考慮物價上漲，

(3)交易成本（如券商手續費）、證券交易稅。

(二)資本資產定價模式的致命傷

縱使把前述學者建議的解釋變數納入資本資產定價模式中，模式的解釋能力仍然低於30%，因為上述變數有些是常數（例如交易成本），或是變化很少（例如消費者物價指數波動範圍大抵為0至4%），詳見表 5–13，詳細說明於下。

表 5–13　CAPM、APT 的理論、計量上偏誤

模式、理論	實證上偏誤	計量上設定誤差
一、資本資產定價模式 (CAPM)	Sharpe、Lintner & Mossin(1965) 提出 $E(R_i) = R_f + \beta i[E(R_m) - R_f]$	
1.系統風險(β) 2.風險平減後報酬率 3.投資組合的貝他係數 4.投資組合績效，如 Jensen's、Sharpe's	1.實證的判定係數低於50%，即模式遺漏很多重要變數，詳見 Ross (1977)， 2.投資組合內各證券的正（或負）相關或增強（或減弱）投資組合的貝他係數，因此投資組合貝他係數絕非組合內各證券貝他係數的加權平均。	只有二個自變數 (R_m, R_f)，卻想解答一個複雜的價格行為，難怪解釋能力很低，實證判定係數（即模型解釋能力）低於0.3。

α			
二、 套利定價理論 (APT)	任何一證券(風險性資產)的(預期)報酬率為一群變數的線性函數,例如 Ross (1976)。		
	實證的判定係數低於70%,即模式還遺漏不少重要變數。	1. 假設函數型是線性, 2. 因限於自變數來源(如總體變數)大都為月資料,所以只能做到月模式。

1.**實證上偏誤**:資本資產定價模式對現實的解釋能力僅有三成,股價行為中有七成是模式無法解釋的,殘酷的說,此模式可說是跟實況不符,誰能夠憑十分之三張藏寶圖而控制寶藏? APT 因為解釋變數多了,所以解釋能力也有六、七成,但仍有三、四成是月球黑夜的一面。

2.**計量上偏誤**: 撇開遺漏掉重要變數這個模式設定誤差 (specification error) 不說,資本資產定價模式、套利定價模式皆是一次線性模式,但現實生活是動態的,而且模式可能是非線性的。

資本資產定價模式在方法論上最大的問題是它是建立在股市至少符合半強式效率市場假設,所以市場組合(例如美國道瓊 30 或臺灣的加權指數)是最佳投資組合。可惜,大部分的股價指數皆不是最佳投資組合,難怪 Roll & Ross (1984) 主張藉此所計算出的貝他係數可說毫無價值可言。

既然這二個模式皆有所長,於是學者 Wei (1988) 主張: 套利定價理論連結資本資產定價模式,應可收截長補短之效。實證結果,模式對證券平均報酬率這一因變數的解釋能力提高了,但幅度有限,所以跟隨的人不多。

㈢Beta 死第一次

1960、1970 年代一連串文獻使資本資產定價模式在實證上很站不住腳,甚至出現無法自圓其說的情況,例如低貝他係數股票的報酬率竟高於高貝他係數股票的報酬率。

複雜的問題往往沒有簡單的答案,尤其是股價可說是金融資產中最難捉摸的,用幾個簡單變數便想一窺廬山真面目,想法太天真了 (naive)。

尤有甚者,資本資產定價模式並無法進一步推論該股股價高估或低估。例如當該股預期報酬率小於零時,而貝他係數又大於零時,此時惟一可能是預期市場報酬率將為負的,也就是指數將下跌,那可能是大盤漲過頭了;連帶的,個股也就跟著

下跌。追根究柢、打破砂鍋的問下去，如何預測大盤超漲、泡沫經濟來了呢？這恐怕不是資本資產定價模式能夠回答的！

此外，當計算出的第 i 種股票預期報酬率小於無風險利率時，怎麼會出現這種不符合邏輯的事情呢？

貝他係數的第一次被宣布壽終正寢，可說是在 1976 年另起爐灶提出套利定價理論的 Steven Ross，他在 1977 年專文批評的文章，可說是宣讀了資本資產定價模式的訃文。

㈣Beta 死了第二次

雖然被宣布第一次死亡，但是資本資產定價模式的魅力仍然無法擋。到了 1992 年財務管理大師 Fama & French（1992 年）的一篇實證研究提出，研究期間幾乎長達三十年（1965 迄 1990 年），結果很簡單：「貝他係數跟長期平均報酬不相關。」遭此重擊，後續不少文章支持這二位大師的主張，甚至用「Beta 死第二遍」來形容資本資產定價模式的難堪處境。

後續雖然有些學者想嘗試挽回局面， 例如美國普林斯頓大學教授 Grundy & Mechiel (1996)，但效果有限，資本資產定價模式的氣勢已弱。

㈤連夏普都不買自己的帳

讀過大二財務管理書的人都會記得資本資產定價模式是夏普等三人在 1960 年代發展出來的，夏普也因此獲得 1990 年的諾貝爾經濟學獎。

但是如果唸書多一點敏感，那你可能會聯想為什麼夏普不忠於自己，即夏普指數為什麼分母不用貝他係數（也就是跟崔納指數一模一樣）。當然說法之一是，這二個指數是同時推出， 但至少可見夏普覺得分母用標準差比貝他係數更有意義。

㈥實務界隱含拒絕貝他係數

由夏普指數成為全球最普遍使用的共同基金績效評比方法，而不是崔納指數，隱含的指出實務界並不認同資本資產定價模式的適用性。

三、資本資產定價模式勝出之因在於簡單

雖然財務學者們都知道美國著名學者 Steven A. Ross（1977）對資本資產定價模式的批評，但是至今的普及率還是超過套利定價模式，原因依序如下。

㈠標準化

就跟化學、物理實驗強調在「常溫、常壓環境」一樣，資本資產定價模式在這

方面就比套利定價模式更標準化，因為不同產業的上市公司，其套利定價模式的自變數至少有一個會不一樣，例如冠德公司股票預期報酬率，自變數之一為營建業生產指數，但是華碩公司時，則需換為電子業生產指數。如果研究對象為投資組合時，則自變數更改為工業產值或工業生產指數；但是如果研究對象的產業產值資料（例如商業）不存在或衡量誤差很大呢？

相較於套利定價理論這個多變數模式，資本資產定價模式可說只有一個變數（即預期的市場報酬率），是單變數模式，而且幾近於標準化，例如研究個股股票，九成以上會以臺灣證交所所發布的加權指數為計算股票市場報酬率的基準。

（二）簡單化

資本資產定價模式的貝他係數可推論該股票（或投資組合）係高（大於1）、中（等於1，即跟大盤指數的風險一樣）或低風險。但是套利定價理論的自變數至少有四個，每個係數皆是個小貝他係數，那該如何推論該股票的風險程度呢？是把這些小貝他係數全部加總還是單挑其中一些呢？

四、貝他係數的迷思

雖然資本資產定價模式漏洞百出，但是學術、實務界仍對它情有獨鍾，這種認知失調的景象，有些學者在1970年代便稱之為「貝他迷思」(Beta myth)。

（一）跟著流行走

不少學術論文採取資本資產定價模式作為研究方法，原因是想要在美國學術期刊、學術會議上發表論文，又不得不入鄉隨俗。而一個1965年的老方法，為何還能流行這麼久呢？套用諾貝爾經濟學獎得主佛利曼(Milton Friedman)的比喻。

有天某甲在回家的路上，看到某乙在一盞路燈下的草地上很認真地找東西，某甲就走過去想要幫忙。他問乙在找什麼，乙答說找鑰匙；他接著又問鑰匙是不是掉在附近，乙答說鑰匙實際上掉在五十公尺以外的草地。甲就問：「那你為什麼在這裡找？」乙說：「因為這裡才有路燈。」原來乙是一位經濟學者。

這個例子在說明，不少學者為了便於模式推導，往往把複雜的實況過度簡化了；所以所推導出的模式頂多只能說是一幅粗糙的地圖，方向也許無誤，但經緯度等內容都有待補強。

資本資產定價模式的情況又何嘗不像是有些財務學者在路燈下找鑰匙呢？

(二)錯誤資料真分析

臺灣有家投信公司規定貝他係數大於2的股票不能納入投資組合中,以免風險太大。

如同美國老牌的股票投資雜誌《價值線》(*Value Line*)刊載主要個股的財務資料外,也附帶刊出貝他係數;臺灣有些專業投資刊物,也把臺灣各股貝他係數刊出,以供投資人參考。

這些可說是「假戲真作」一個粗糙的模式計算出的結果,這樣的結果不僅不值得參考,甚至不用浪費時間去看。

◆ 第六節　修正的風險平減後投資組合績效評估

夏普指數、貝他係數皆是「瞎子摸象」、「以管窺天」的投資組合評比方式,只是因為這些公式出道得早,因此全球流行,反倒更積非成是了。再加上一時半載沒有更好的工具可取代,因此也就將就著用,連在自然科學發展上也是司空見慣的事。

我們認為還有更實用(不需計算標準差、貝他係數)、更正確的衡量方式,而修正的「風險調整績效」(modified risk-adjusted performance) 的二個公式就是個值得考慮的選擇。

一、本益比風險調整後投資組合績效

我們的二個公式適用於任何股票投資組合,而基金只是投資組合的一種,所以當然也適用,本益比風險調整績效 (PER risk-adjusted performance),適用於大部分股票 (即虧損、資產股以外的公司)

$$風險調整後投資組合報酬率 = A 基金報酬率 \times \frac{大盤本益比}{基金持股本益比}$$

$$舉例: \quad 14.4\% = 18\% \times \frac{20}{25}$$

那麼你就很容易理解在上面公式中我們用「相對本益比」作為風險平減因子,以大盤本益比視為標竿 (就如同以水作為衡量物質比重的標竿一樣)。舉例來說,A 基金報酬率 18%,而基金本益比 25,比大盤本益比 20 高;如果基金本益比降為

20，那麼基金報酬率將變為 14.4%，這樣子來比較各基金的報酬率才公平。

　　當然，剩下的問題是你願不願意採納我用「相對本益比」來作為風險調整因子。許多注重基本分析、價值投資的人可能會接受我的點子，「本益比」本來就是判斷股價水準合不合理的最重要指標。

㈠基本假設「雖不中，亦不遠矣」

　　熟手一眼就可以看出，以相對本益比作為風險調整因子的背後有個很基本的假設，也就是只考慮公司「未來獲利機會」（即每股盈餘），而假設在長期（例如十、二十年），公司殘值的現值很小，可略而不計。這個假設當然不適用於典型的資產股（像飯店股）、實質資產股（例如台鳳、農林、台紙），所幸這些公司往往不在基金的持股菜單中，縱使納入，其比重也微不足道，因此不會嚴重影響基金持股本益比的結果。

㈡歷史本益比 vs. 預測本益比

　　股票（基金）投資是看未來，但由於資料有限，所以在計算基金本益比時，投資人可採用：

　　⑴證交所公布的上市公司「歷史」（過去一年，例如去年第四季到今年第三季）每股盈餘，再進而算出「歷史」（資料）本益比。

　　⑵使用工商時報《四季報》上「本報預估」數字，會比上市公司自吹自擂的每股盈餘數字還要準確。

㈢資料時差的限制

　　你在精業公司的即時資訊系統中只能看到上個月各基金的持股明細，這是因為證期會只要求投信公司按月申報。如此一來，你便無法知道今天各基金的持股明細，當然沒辦法進一步算出基金（持股）本益比。資料的可行性限制了我們的方法，不過，不要忘了，所有的投資組合績效評估方法也同樣面臨這項限制。

㈣舉例說明

　　由表 5-14 可見，有三支基金，依淨值報酬率來排名，依序應該為 C、B、A。但由於 B、C 二支基金比 A 基金持股本益比高，預期風險高，敢冒險持有較多比重的電子股、轉機股甚至投機股，所以報酬率也比較高。

　　一旦用相對本益比調整後，再來看漲跌幅的排行，反倒很像橋牌中的豬羊變色，依序為 A、B、C。

表 5-14　本益比平調整基金績效評比

	近一個月漲跌幅	本益比	本益比平減後漲跌幅	排　名
指　數	3%	20	3%	
A 基金	4%	18	4.44%	1
B 基金	5%	24	4.17%	2
C 基金	6%	30	4%	3

二、淨值風險調整後投資組合績效

　　以相對本益比作為風險平減因子並不適用於資產股，而且強調價值投資理論的人也很重視上市公司的資產價值。針對少數以資產取向的個股，我們建議採取「相對股價淨值比」(relative price net value ratio) 作為風險調整因子。

　　公式如下：（資產股、價值投資時適用）

$$A\,基金風險平減後報酬率 = A\,基金報酬率 \times \frac{大盤市價淨值}{基金市價淨值}$$

　　某股「股價淨值比」$= \dfrac{股價}{每股淨值}$，愈低代表愈有投資價值，小於 1 時，股價大抵已低估。

　　此公式在實務、實證上的依據，例如施純玉（1997 年，第 65 頁），都傾向於使用「市價淨值比率」，即由此來判斷股價是否已跌到皮貼到骨（即淨值）了。

如何均衡一下？

　　或許你會問不少公司兼具獲利、資產價值，那麼如何把相對本益比、相對股價淨值比加權平均，以求出通用的風險調整因子呢？這種作法是符合理論的，但是權數（比重）的選擇難免會涉及主觀判斷，個別差異情況很明顯。

◆ **本章習題** ◆

1. 以表 5–1 為基礎，把實際例子填入。

2. 以表 5–2 為基礎，試算一下存三個月定存利息收入多少？

3. 以表 5–3 為基礎，再看《工商時報》的券商對指數預測，去預測大盤報酬率。

4. 貨幣銀行學中的費雪方程式，是經濟報酬率中相減或相除方式的結果？

5. 以表 5–5 為基礎，找一家上市公司股價的例子來運用一下。

6. 以表 5–7 為基礎，再找一個例子來運用一下。

7. 以表 5–10 為基礎，找一家上市公司股價的例子來運用一下。

8. 以表 5–12 為基礎，把上個月基金的更新數字套進去，去做比較。

9. 以表 5–14 為基礎，餘同第 8 題。

10. 以表 5–14 為基礎，以三支 DRAM 類股為例，計算修正本益比調整後報酬率。

第六章

基本分析 Part Ⅰ
──總體分析的投資策略：決定持股比率、做好資產配置

即使我們全部的分析師都投入，不斷地進行研究，也不可能聰明到精準地算出市場底線；因為你得在「最慘的時機」買進。

──史都華‧亞德寂夫　坦普頓基金經理

學習目標:

第二篇第六～十二章旨在使你具備投信公司基金經理、證券研究員的基本知識。

直接效益:

第六～十章是投資顧問公司、相關證券訓練中心開授「基金經理訓練班」的主要內容，唸完這 5 章，可以幫你省下 21 小時、17200 元以上的上課費用，這筆錢就自己賺。此外，坊間股票投資書不會有十本以上超越本書這 5 章範圍，所以本書可以替你省下一大筆買書錢。

本章重點:

- 臺灣股市連弱式效率市場都談不上，更不用說半強式效率市場，「隨便買」不適用於美國，更不要說臺灣了！ §6.1
- 投資策略應「由上到下」抑或「由下到上」？ §6.1 一、二
- 基本、技術和心理三種分析法如何落實在投資策略？ 表 6–2
- 股市三大動力。圖 6–1
- 如何判斷人氣行情？ §6.2 二
- 人氣行情所支撐的股市，往往超漲。§6.2 二㈠
- 如何看「景氣領先指標」來決定投資策略？ §6.3 五
- 如何從「本益比帶」(PE ratio band) 決定持股比率？ §6.3 七
- 景氣預測方法。表 6–10
- 如何判斷資金行情？ §6.5
- 貨幣政策對股市的影響過程。圖 6–7
- 股神巴菲特的操盤手法。個案

前言: 捉大放小

孟子曾說:「讀書不誌其大,雖多而何為」,「站對山頭,勝過拳頭」貼切形容策略管理的重要性,「大處著眼,小處著手」……,這些金玉良言都在形容 "First thing first" 的重要。同樣的,在 (股票) 投資中,最重要的第一步便是資產配置,以股票:債券比例 (即股債比) 為例,2003 年 6 月常見比率是 4:6。本章重點就在於如何審時度勢機動的決定這個比率。

◆ 第一節　投資策略的決定程序

既然「隨便買」只是一種消極型投資策略,那麼該如何決定持股比率、產業比率、個股比率,以追求更大的報酬率呢?

有二種方向完全相反的**投資策略決定程序 (investment process)**,這看起來跟童話故事《格列佛小人國遊記》中,二個小人國因對吃蛋究竟是「由上吃到下」還是「由下吃到上」看法不同,以致兵戎相見。不過,接著下來,我們會解釋由上到下的方法才是正確的,並沒有「公說公有理,婆說婆有理」那回事 (其實在 §3.3 三中已說過一遍了)。

一、「由上到下」還是「由下到上」?

一般書籍說明「投資組合建構方式」(俗稱選股策略) 時,都會說明有二種方向上截然不同的方法。

1.由上到下方式 (top-down approach): 由大到小,先作總體環境分析以決定持股比率,進而產業分析,以決定各類股投資比重,最後再針對這些類股中的上市公司進行評估,以決定各股持股比率。

2.由下到上方式 (down-top approach): 跟「由上到下方式」恰巧反其道而行,由下到上方式先從所有上市公司中挑選出具有投資潛力的,再進而決定產業比重,最後再作總體分析,嚴格來說,本法僅止於「由下」選股,根本不管大盤起伏。

像基本分析大師葛蘭姆 (Ben Graham) 強力主張「由下到上方式」,他建議投資人把精力用於發掘股價低估的股票,而不用去管大盤的表現。(工商時報,1998 年 2 月 23 日,第 15 版)

㈠資產配置佔投資八成獲利

縱使僅以股票投資來說,適時的拿捏持股比率,即作好資產配置在風險資產(即股票)和無風險資產(債券附買回、現金),光是組合績效(或資產配置績效),對整個投資報酬率的貢獻可能就佔91.5%,而選股績效佔6.8%、個股擇時績效佔1.7%。

(工商時報,1998 年 3 月 27 日,第 15 版,施珠璣)

在全球投資時,資產配置的重要性更加明顯,各金融工具仍受其所屬市場、國家的影響,美國 Ibboston & Brinson (1987) 等學者證實,光是決定那些資產類別(股票、債券、現金),已佔全球投資組合績效中的93%:各投資工具(例如 GM 股票、三菱債券、歐盟歐元)對總投資績效的影響很有限。而且採取由下到上方式須要有很強的產業分析能力,除非是大型金融投資機構,否則一般公司可請不起一、二百位研究員。

這些國外研究在股票投資組合管理的涵義為,採取「由上到下」方式才能大賺,而選股、擇時等「由下到上」方式頂多只能小賺。本節是站在公司董事長、財務長的觀點,決定資金如何配置在各類資產,百年大計的投資策略才是重點。

㈡由下到上是特例

由上到下方式是普遍使用的、正常的,而由下到上方式只是特例,為什麼還有人倒著走呢?它適用於下列二種情況。

1.**國家基金而且最低持股比率被卡死:** 只能投資在單一國家的國家基金 (country fund),而且持股比率有下限規定(常見的為 70%),再加上周轉率又被卡死的話,基金經理的焦點只能逆來順受的擺在換股操作,其他揮灑的空間很有限。

2.**長期投資:** 有些投資人(例如美國一些家庭主婦組成的投資俱樂部)抱著長期投資的心理,只買些名氣大、業務簡單易懂的老牌績優股,在美國例如 IBM、可口可樂、通用汽車;在臺灣像台塑四寶(台塑、南亞、台化、福懋)、三商銀。由於類似定時定額投資,所以大盤三、五年怎麼走,他們根本不在乎。

二、由上到下方式

由上到下的投資組合建構方式,共計有三種不同的分析方式,基本分析、技術分析、心理(或消息)面分析,後者稱為行為財務。由表 6–2 可看出,這三種分析又有大盤、產業、公司三個運用層級,其分析目標則為預測大盤、產業股價指數、個股股價的走勢。

(一)技術分析 vs. 基本分析

技術分析比較有用還是基本分析比較準，這是很有趣的抬槓題目。主要還是看情況，像法人佔股市投資比重六成以上的美國，實證上比較支持股市符合弱式效率市場假說，所以難怪愛荷華州立大學教授 Carter & Auken (1990) 對大型機構投資人的投資經理所作的問卷調查，最普遍、最重要的分析方式還是基本分析，只有三分之一的人用技術分析，而且重要性不高。

(二)臺灣的情況

散戶佔八成的臺灣股市，技術分析可能是最普遍使用的方式。除了少數技術分析的基本教義死忠分子外，大部分法人皆是以基本分析為主，輔以技術分析，再參考消息面。由於基本分析所得到的大部分皆為月資料（例如上市公司月營收、月盈餘），只有少數是日資料（例如貨幣市場利率），所以根據月資料所得到的預測值比較可能是個區間，例如台積電 2003 年的 EPS 為 1.6 至 2 元，這個也是物理學中描寫電子行徑「測不準定理」的描述，如果以本益比 30 倍來說，台積電的股價可能在48 至 60 元之間。

這區間可說不小，至於實際成交價會偏向哪一邊，那就看市場的認知，表現出在價量關係，進一步應用便是技術分析。其中下檔關卡、支撐，表示投資人大抵認為這是該股股價的下限，比這低就值得買進，尤其是最知箇中滋味的三大法人和公司派。反之，上檔關卡、壓力，除了套牢區外，表示投資人認為這是股價的上限，越往上則賣壓越沉重。每個人的資訊、期望不同，下檔支撐、上檔壓力也就不同；所以不會在某一價位有總買進、總賣出的一致性行為。簡單的說，技術分析在於彌補基本分析不足，它可以告訴你每五分鐘的上檔、下檔參考價位，提供你更細的資料。

(三)技術分析的限制

技術分析中對大盤走勢的預測主要仰賴艾略特的波浪理論，但是技術分析最大的盲點在於完全不顧股票價位是否合理。例如在 1990 年 2 月大崩盤（12682 點）之前，15000 點、18000 點的說法已甚囂塵上。2000 年 2 月指數到達 10393 點時，「15000點指日可期」的說法又流行了。

學院派的學者不屑談技術分析，認為不登大雅之堂；所幸技術分析基本教義派的人也有限，一般人大抵是基本分析、技術分析相輔為用。終究當臺灣股市還沒有符合弱式效率市場假說時，技術分析仍有其擅場的空間。

三、三種分析對投資績效的貢獻

基本、技術和消息分析皆有助於提升投資組合、選股和擇時績效，詳見表6-1。不過，基本分析還可以更細分為總體、產業、公司三個層級，像擁有120位研究員超大編制的荷銀投信公司來說，這三樣皆更有專人負責，其中交易員兼著負責市場主力動向等的消息分析，以決定何時買低賣高。

㈠由大到小

表6-1的設計很有玄機，詳細說明於下。

1. **第1欄**：隱含著Y軸，表示投資報酬率貢獻的來源。另一方面，也代表投資部或投資人的決策順序：買多少股票（持股比率）、哪些股票、什麼時候買。

2. **第2欄**：第2欄中基本分析一項也是由大到小排列，總體分析去配組合績效，產業、公司分析去配選股績效，還加上擇時績效。至於技術分析可以自成一格，但在基本面抬頭的今天，技術分析大都作為輔助參考，尤其偏向個股的擇時。

㈡論功行賞

把投資績效分解成三個成分，例如2002年股票型基金獲利第一名新光競臻笠基金12.71%，在股市大跌19.8%，還能小賺，可說難能可貴。但是這不只是基金經理一個人的功勞，由表6-1第1欄可看出，基金經理只為組合績效負責，至於選股績效則是研究部個股研究員的責任，最後在既定每天的買賣清單上，去買低、賣高，這則是交易部**交易員 (trader)** 的職守。

表6-1　投資績效來源和分析方法

分析方法 績效來源	基本分析			技術分析	投信公司部門、職稱
	總體分析	產業分析	公司分析		
	chap. 6	chap. 7	chap. 8	chap. 9	
一、投資組合 績效 (por tfolio re- turn)	1.巴菲特： 　大盤市值/GDP 2.聯準會公式， 　詳見§2.4			波浪理論 1.多頭5波： 　1 2 3 4 5 2.空頭3波： 　A B C	基金管理部的基金經理 (fund manager) 和研究部的策略分析師
二、選股績效 (selection			倍數法 1.本益比法	RSI 1.黃金交叉：買點	研究部的證券分析師或個股

		2.股價營收比	2.死亡交叉：賣點	研究員
		3.股價淨值比	KD	
三、擇時績效 (timing return)			季節性 1. 1月、春節效應 2.董監行情 3.作帳行情	交易部的交易 員 (trader)

四、基本分析不易用計量模式來預測

　　雖然說基本分析足以判大盤、個股買賣點，可惜對於喜愛跑計量軟體的人，在這方面比較會失望，這是因為以股價變動（或變動率）作為因變數，由於其每天起伏太大，而表6–3中常用的基本分析的變數，其數值皆為窄幅波動，因此，純就計量、統計（例如迴歸分析）來說，模式對股價行為解釋能力很少超過四成。

表6–2　三種分析方法在「由上到下」投資組合建構中的應用

分析方法 功能	基本分析	技術分析	心理（或消息）面 分析
一、目標 戰略： 1.持股比率 2.投資期間，即 組合績效	總體分析： (一)實質經濟面 　1.全球經濟 　2.臺灣經濟成長率 　3.產業經濟成長率 (二)金融面 　1.貨幣供給 (M_2) 　2.利率 　3.臺幣匯率 　4.國際股市 (三)大盤 EPS、本益比	大盤上檔、支撐： (一)波浪理論 (二)其他技術分析	(一)政治 　1.臺海情勢 　2.國內政爭 　3.其他 (二)社會 　重大治安事件 (三)股市 　政府作多或作空 　心態，例如「4500 　點股價便宜」
二、目標 戰術：產業比 重，即選股績效	產業分析以得到未來一季、一年、三年產業 EPS、本益比，尤其是：某某概念股，如手機、高鐵、中國收成、英特爾……概念股	產業類股指數技術分析	
三、目標 戰技：	上市公司分析以得到上市公司下列資訊：	個股線形技術分析： 1. 6、12日均量	主力分析，分析籌碼和動向

1.選股 2.買賣點選擇，即擇時績效	1. EPS、本益比 2.每股淨值 　(1)重估增值後 　(2)轉投資收益以計算合理投資價值	2. 6、12 日 RSI 3. KD 4.其他，如融資、融券餘額表以判斷個股超漲或超跌，以決定買賣點	1.主力進出（或庫存）表，以計算主力庫存、成本 2.外資持股比率

表 6-3　基本分析常用的變數

基本分析三層級	實質面	金融面
總體（經濟）	經濟（季）成長率景氣領先指標、景氣對策信號分數、進出口值	M_{1b} 成長率、消費者物價指數、銀行隔夜拆款利率
產業（經濟）	製造業生產指數	
上市公司	本益比 股價淨值比	負債比率 股本

五、人氣分析觀察重點

　　針對人氣、信心強弱，依序觀察對象、重點，請見表 6-4。有時數字並不會說話，例如三大法人進出動向分析，你就得看新聞報導或訪談，以瞭解當天外資賣超的原因。

表 6-4　人氣觀察對象——以《工商時報》21 ～ 28 版上資訊為例

投資人（結構）	總　體	個　股
一、四大基金（主要是勞退基金、郵政儲金、國安基金）	上市（或上櫃）類股資金動向（當天、30 日平均）、各類股佔成交值比重（第 20 版上市類股資金流向）	1.成交值前 20 名
二、三大法人	以訪問、新聞報導為主，請見第 21 版的「法人機構投資股市概況」	請見第 20 版
㈠外資 ㈡自營商 ㈢投信公司		外資買賣超前 20 名，自營商買賣超前 20 名，投信買賣超前 20 名。
三、上市公司		第 28 版

(一)集團		
(二)大股東		1.上市證券商熱門股進出表
		2.上櫃證券商熱門股進出表
四、業內（含主力）		
五、散戶	融資融券餘額表	

第二節 股市三大動力

　　股票市場是金融市場之一，市價取決於供需雙方力量，也就是「股票」只是一種商品，它的效益在於提供報酬。由這角度看來，我們常見的股市三大動力：景氣、資金、人氣行情，在表 6–5 中第 3 欄來看，只不過是大一經濟學中三種影響消費者（在股市稱為投資人）需求的因素，景氣、資金行情代表著投資人的購買力，人氣行情表現的正是在購買力支持下投資人的「欲求」(desire)、預期心理罷了！

一、股市三大動力圖解

　　「一張圖勝過千言萬語」(a picture is worth of a thousand words)，這句話印證在圖 6–1 可說再清楚不過了。由右邊可看出，股市三大行情其實是「結果」（股市有經濟櫥窗之稱），動力在於左邊的「原因」。

　　股市是經濟的櫥窗，景氣好，上市公司獲利好看，股價自然水漲船高；反之，像日本在 2002 年時上市公司合計虧損，難怪股市會往下探底，臺灣經濟成長率在 2001 年衰退 2.18%，大盤跌到十年低點（3441 點）。

　　在本章中，我們將以四節來說明如何在景氣行情中獲利，第三節景氣循環策略、第四節本益比策略偏向於股市趨勢、循環特性下的波段操作，第五節則透過資金預測，以分析資金行情何時會啟動。

二、人氣行情

　　景氣、資金（動能）都是中性的，就如同刀槍不會殺人一樣，股市漲跌的充分條件、主動力量在於投資人的信心，其實景氣也是如此，稱之為「人氣行情」。

圖 6–1　股市三大動力圖解

原因（三大動力）   結果

三、人氣、情緒   股價指數

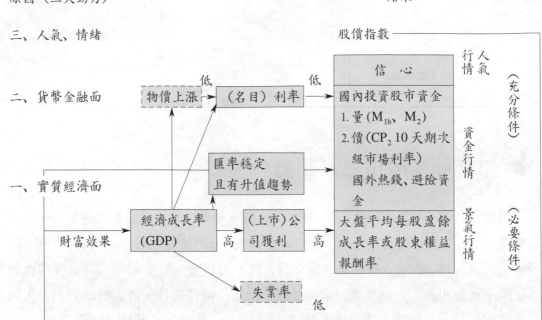

其中：名目利率＝實質利率＋通貨膨脹率（或稱消費者物價上漲率）
　　　虛線方格代表可有可無

表 6–5　股市三大動力和相對應投資策略

股市動力	對股價影響	對股市影響	投資策略	學術理論
三、人氣行情（俗稱「信心」, sentiment），但是往往容易樂極生悲的變成股市泡沫（或泡沫行情）。	充分條件	這是預期心理效果分為： ・超漲，本益比高達 50 倍， ・超跌，本益比僅剩 14 倍。	・逢高獲利了結，不當大傻瓜， ・「人棄我取」的反向操作。 §11.2	・雜訊理論 ・投資心理學 ・泡沫理論 ・行為財務，詳見 chap.11
二、資金行情 1. 低利率：例如一年期定存利率 2% 以下， 2. M_2 成長率大於 5%。	充分和必要條件	這是財富效果（即存量），反映在股市的便是資金和籌碼（股市市價總值）。	同上。	・貨幣銀行學 ・國際金融，主要是匯率對股市的影響
一、景氣行情	必要條件	這是所得效果（即	§9.6 股市效應策	・資訊經濟學

1. 經濟成長率 3% 以上， 2. (上市)公司權益報酬率 12% 以上。		流量)，反映在股市的便是平均每股盈餘成長率。	略， §6.3 景氣循環策略， §6.3 本益比策略。	• 基本分析, 例如總體經濟、產業經濟

靠「哈米攏不驚」，硬把股市撐起來的則屬 1990 年 2 月。景氣早在 1989 年 5 月到達高峰 (1989 年 4 月中央銀行對空地貸款實施選擇性信用管制，以替房市降溫)，但是股市一如黃鶯鶯的歌「雪在燒」，八千點時看一萬點，到了 1990 年 2 月 12600 點時，市場彌漫著 15000 點不是夢、18000 點看得到的氣氛。終於在 2 月 21 日，日股從 36800 點的泡沫破裂，臺股 (東京模式) 也如影隨形崩盤。如果不是身歷其境，很難體會當時人心的熱 (崩盤前) 與絕望 (崩盤後)。

(一)過度樂觀的超漲

投資人貪婪 (greed) 的本性表現在股價上則為超漲 (over value)，以 1986 年 9 月至 1990 年 2 月的股市上漲 30 倍，大盤本益比 48 倍，可說是「太多錢追逐太少貨物」(股市中即為股票) 所造成需求牽引型的金融資產「物價上漲」；如同啤酒一樣，當泡沫遠多於酒時，終究是不持久。也就是沒有景氣本質支撐的股價，光靠資金推動的可說是投機行情、泡沫股市。與其說是「資金行情」，倒不如說是「人氣行情」更真確。

這種預期心理所造成的搶購 (也會發生在民生物資)、炒作 (如 17 世紀荷蘭鬱金香、1990 年泰國生膠)，結局往往會到起漲點，上檔套牢一堆「接到最後一棒」、「最後一隻鼠」，稱為「大傻瓜理論」(bigger fool theory)。

實務上判斷股市過熱的指標，在美國叫「擦鞋童理論」，連錢少、識淺的擦鞋童都跳下股海，可見連邊際投資人都被動員了。在臺灣，俗稱連六根清靜的尼姑、和尚都忍不住出現在號子的營業廳，那就可見股市散發出的「致命吸引力」。

歷經 1990 年 2 月股市狂飆後崩盤的教訓，再加上散戶逐漸以三大法人進出馬首是瞻，所以要再來一次「激情」，恐怕不是那麼容易。不過，個股倒是還有機會，三大法人會針對個股公開發出「起漲」、「建議減碼或出清」的建議，所以公司派、主力仍有炒翻股價機會，個股超漲情形仍然存在。1998 年最戲劇化的首推台鳳，從 1 月 76 元起漲，7 月 8 日到達 257 元，上漲 3.4 倍；再暴跌，8 月 5 日跌至 89.50 元

附近才勉強止跌。從融券的變化可以看出，股價越漲，融券越多，聰明投資人賺傻瓜投資人的錢。

(二)信心不足的超跌

投資人因恐懼 (fear) 而表現出信心不足則會造成超跌 (under value)，最巨大明顯的有三次：

(1) 1988 年 10 月，當時財政部長郭婉容宣布 1989 年起開徵證券交易所得稅，股市連續 21 天無量下跌，

(2) 1990 年 2 月股市崩盤，10 月時指數跌到本益比 14 倍，2485 點，

(3) 1995 年 2 月到 1996 年 2 月，臺海軍事危機，再一次使股市濫到谷底，政府甚至組成股市安定基金，駐場護盤。

超跌時就可以渾水摸魚，來個逆向操作大撿便宜貨，也就是「人棄我取」。一般來說，一旦重挫、跌停，指數一開盤便跌停、躺平（呈現釣魚時釣魚線拋出形狀），那很可能是投資人如「世界末日」來臨般的過度反應，此時冷靜理性的投資人反倒可以跑個短線，賺了一天 7% 的價差。

(三)國際股市間的互動

在第三章第四節曾談及各國股市維持一個巧妙本益比的比價關係，這可說是站在資金行情的觀點，雖然外資只佔臺股 20%，這層影響力越來越大。而且心理作用更大，1986 ~ 1990 年臺股走「東京模式」，1995 年以後走「紐約模式」，只要美股屢創新高──尤其是以電子股為主的那斯達克指數，臺股便有「美股能，為什麼臺股不能」的藉口。

至於其他股市（如香港）等跟臺股互動性則較低，臺股跟著美股走，很大成分屬於心理因素，因為美股是世界最大股市，牽一髮而動全身，「美股打噴嚏，臺股感冒」，每次美國崩盤一定引起全球股災，臺股也不能倖免。難怪許多報紙報頭刊載重大財經行情，也一定會加上美股指數。

(四)雜訊理論

雜訊 (white noise) 是指謠言或無法判斷的新資訊，例如 1988 年解嚴時，一場示威遊行被投資人解讀為社會不安、政局不安，以致動搖股市。那時常看到證券研究員作表整理哪一種示威對股市有影響。1991 年以後，沒人在研究，因為投資人已知道示威不會「動搖國本」。

此外，投資人有悲觀傾向，對壞消息 (bad news) 常會過度反應，甚至對謠言也

抱著「寧可信其有，不可信其無」的心理，因此股市呈現出過度反應，連美股都不例外。

㈤投資人信心指數

投資人信心該如何衡量，至少有二種方式：

1. **技術分析**：技術指標中屬於人氣指標，詳見第九章第五節。

2. **調查法**：美國有一兩家投資機構對投資人進行調查，並編製「投資人信心指數」(investor sentiment index)，這跟消費者信心指數 (consumers sentiment index) 和採購經理信心指數的原理是一樣的，想從需求面來瞭解投資人的意向。

第三節　景氣循環導向投資策略

經濟成長對股市主要有短期和長期兩種影響，短期來講，經濟表現明顯超過或不如預期，那麼短期內將牽動投資人情緒；長期來說（例如三十年），經濟跟股市的表現會大致趨近，這在本節第一、二段詳細說明。

一、短期各說各話

由表 6-6 可見，股市漲跌未必只受經濟成長影響，以香港為例，金融類股佔香港股市市值的二分之一，但金融服務佔香港國內生產毛額 (GDP) 的比率卻只有五分之一。臺灣的情形也類似，佔股市市值 51% 的資訊科技類股，即使跟其他製造業合併計算，也僅佔臺灣 GDP 的 26%。

香港和臺灣在 2002 年預估經濟成長率分別達 2.1% 和 3.3%，兩地股市市值仍縮水 20%，經濟表現不錯，股市卻乏善可陳，原因或許正如瑞銀華寶公司 (UBSwarburg) 分析師報告中說的：「問題可能根本不出在經濟上。」（經濟日報，2003 年 1 月 25 日，第 3 版，林郁芬）

表 6-6　2002 年各國 GDP 成長率跟股市表現

國　家	經濟成長*	股市漲跌
大　陸	8.0%	−30%**
南　韓	5.9%	−10%
印　度	5.1%	+3.5%

泰　國	4.5%	+17%
馬來西亞	4.3%	−7%
菲律賓	4.1%	−13%
臺　灣	3.3%	−19.8%
印　尼	3.0%	+8%
新加坡	2.7%	−18%
美　國	2.4%	−17%
香　港	2.1%	−19%

＊瑞銀華寶公司預估值
＊＊上海股市
資料來源：瑞銀華寶公司、亞洲華爾街日報。

二、長期亦步亦趨

　　由表 6–7，1993 ～ 2003 年臺股跟景氣發展趨勢可見，當景氣向上時，股市也處多頭格局，當景氣反轉向下，股市也多為空頭。1993 年 6 月景氣揚升至 1994 年 11 月，股市也從 1993 年 1 月 3098 點漲至 1994 年 10 月 7228 點，景氣和股市多頭持續時間分別為 17 個月、21 個月。第二次的二者間關係更強，1995 年 11 月至 1996 年 3 月處低檔盤旋，而後上探 1997 年 3 月高峰，並到 1997 年 9 月均處高檔盤旋。股市則在 1995 年 8 月 4474 低點盤整到 1996 年 3 月後上漲到 1997 年 8 月 10256 高點；景氣和股市多頭時間為 22 個月、24 個月。

　　由圖 6–2 可見，最近一次景氣多頭是 1998 年 12 月落底、2000 年 1 月登高峰，股市從 1999 年 2 月 5422 點漲至 2000 年 2 月 10393 點，4 月見另一高峰 10328 點，二者多頭持續為 13 個月、14 個月。

　　2002 年 4 月景氣對策信號是由 3 月的 20 分升至 26 分，亮出 18 個月來第一個綠燈，景氣領先指標持續上揚至 102.8。尤其是 2002 年來景氣分數一直由金融面指標推升，但是在 4 月出現變化，在構成景氣對策分數五項實質指標中，除製造業新接訂單仍維持綠燈外，另外四項皆轉佳，工業生產、海關出口與製造業成品存貨都轉為綠燈。

　　從經濟數據看，應可確認臺灣景氣已邁向復甦，且實質指標轉強，更有助催動臺股行情。(經濟日報，2002 年 6 月 1 日，第 23 版，陳漢杰)

表6-7 1993～2003年景氣跟股市多空頭

多頭格局			空頭格局		
時間	景氣變化	指數變化	時間	景氣變化	指數變化
1993 ～ 1994 年	1993.6 低點 1994.11 高點	1993.1: 3098 低點 1994.10: 7228 高點	1994 ～ 1995 年	1994.11 高點 1995.11 低點	1994.10: 7228 高點 1995.8: 4474 低點
	持續 17 個月	持續 21 個月		持續 12 個月	持續 10 個月
1995 ～ 1997 年	1995.11 ～ 1996.3 低檔盤旋 1997.3 ～ 9 高檔盤旋	1995.8: 4474 低點 1997.8: 10256 高點	1997 ～ 1999 年	1997.9 高點 1998.12 低點	1997.8: 10256 高點 1999.2: 5422 低點
	持續 22 個月	持續 24 個月		持續 15 個月	持續 18 個月
1999 ～ 2000 年	1998.12 低點 2000.1 高點	1999.2: 5422 低點 2000.2: 10393 高點 2000.4: 10328 高點	2000 ～ 2001 年	2000.1 高點 2001.4 ～ 10 低檔盤旋	2000.2: 10393 高點 2001.9: 3411 低點
	持續 13 個月	持續 14 個月		持續 21 個月	持續 19 個月
2001 ～ 2003 年	2001.4 ～ 10 低檔盤旋 ? 高點	2001.9: 3411 低點 ? 高點			
	持續 ? 個月	持續 ? 個月			

資料來源：台灣經濟新報。

三、這樣看比較簡單明瞭

表6-7或許把你弄得一頭霧水，但是作圖就比較容易一目了然了。2000年第1季經濟成長率高達7.94%，股價自然在2、3月到達10393點的高檔。之後從第3季起，景氣每況愈下，2001年甚至衰退2.18%，股市甚至跌到2001年9月的3411點。之後，隨著景氣逐漸復甦，指數逐漸回到5000點的中期水準。

圖 6-2　各季經濟成長率跟大盤走勢

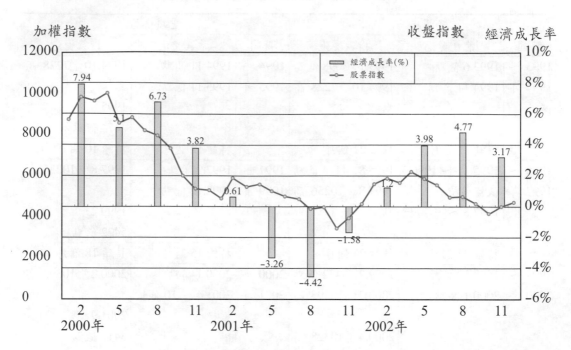

四、景氣循環導向的投資策略

　　股票投資跟著景氣起舞,由圖6-3可看出我們建議的景氣循環導向的股票投資策略。圖下第一列是景氣對策信號,這是「後知後覺」型投資人參考的數據,而第二列為景氣領先指標,則是「先知先覺」型投資人的望遠鏡。第三列是各景氣階段下的基金「投資策略」,這包括:

　　1.**持股比率:** 由經濟衰退時的三成持股比率到繁榮成長期的九成,足見悲觀情況下不要對股市絕望(死心),否則將賺不到錢。

　　2.**持股內容:** 不同景氣、股市階段,類股輪漲情況出現,所以持股比率跟著變,更細的說,持股內容(以股票型基金為例)也得配合變化。

(一)用經濟成長率區分景氣循環階段

　　圖6-3中的未來經濟成長率預測只是舉例說明,我們用經濟成長率數值來區分經濟景氣各階段。不過,對於景氣各階段的用詞,精準的說宜注意下列二點:

　　1.(狹義)**經濟衰退,臺灣不容易出現:** 雖然你常會聽說「臺灣景氣衰退」,其實這並不符合「經濟衰退」一詞的定義,它是指「經濟成長率為負」,例如1998

年 10 月，美國摩根銀行預測 1999 年美國第二、三季經濟衰退，成長率為負 2%、負 1%，這個用詞就很精準。

臺灣只有在 1974 年石油危機時第一次出現經濟衰退，以及 2001 年為 −2.18%，除此之外，臺灣可說對景氣衰退「免疫」。

日常用語如「景氣不好」、「景氣差」反而比較抓得住臺灣經濟狀況，縱使「時機歹歹」，但經濟成長率也有 2%，只是比「經濟繁榮」階段時少一個百分點罷了，不像開發中國家大起大落。

2.**更不會「經濟蕭條」**：比經濟衰退更慘的景氣谷底那一段便是「經濟蕭條」，民間常說「百業蕭條」也是指同一件事。東南亞各國 1997 迄 1998 年處於此一階段，臺灣經濟體質健全，經濟蕭條是「很少見的代誌」。

圖 6-3 景氣循環導向的股票投資策略（舉例）

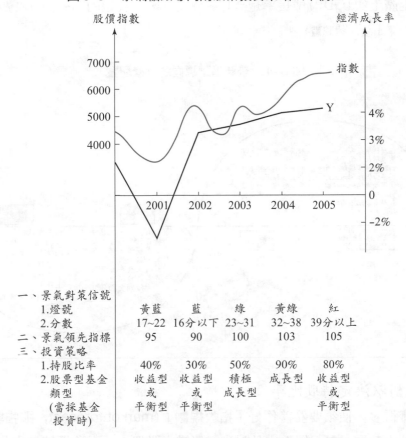

	黃藍	藍	綠	黃綠	紅
一、景氣對策信號					
1.燈號	黃藍	藍	綠	黃綠	紅
2.分數	17~22	16分以下	23~31	32~38	39分以上
二、景氣領先指標	95	90	100	103	105
三、投資策略					
1.持股比率	40%	30%	50%	90%	80%
2.股票型基金類型（當採基金投資時）	收益型或平衡型	收益型或平衡型	積極成長型	成長型	收益型或平衡型

從長期來看，既然「股市是經濟的櫥窗」，那麼跟著景氣作股票應是符合常理，

但是月有陰晴圓缺，在景氣衰退時，股市常常一蹶不振。此時資金必須尋找避風港，最常見的是具有保值性的資產，常見的是商品資產中的黃金和金融資產中的固定收益資產。

⑵ 2% 是繁榮衰退的分水嶺

最後，把依景氣循環來分配資產的建議列在圖 6–4 上，縱軸經濟成長率上的數字例子以臺灣為對象，2% 的經濟成長率勉強算及格，低於此，景氣已由盛轉「衰」，甚至進入蕭條期。

⑶ 羅奇認為 2.5% 是分水嶺

2003 年 4 月 4 日，摩根士丹利公司衡量全球衰退的標準是經濟成長率低於 2.5%，經濟分析部主管羅奇 (Stephen Roach) 在研究報告中指出：「我們調降對全球經濟成長率的預測，由原先估計的 2.5% 降至 2.4%。長久以來我們和同業一直認為，2.5% 的世界國內生產毛額 (GDP) 成長率是全球經濟正式陷入衰退的門檻。」(經濟日報，2003 年 4 月 5 日，第 1 版，林聰毅)

圖 6–4　景氣循環導向的資產配置

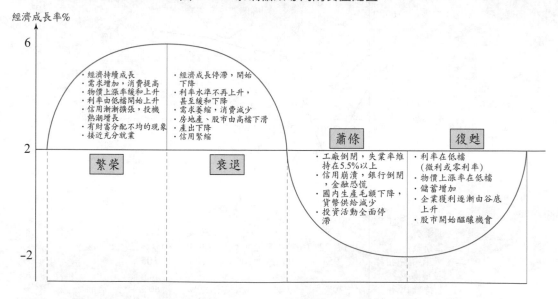

⑷ 指數規劃以決定持股比率

要想賺得多，便須要妥善作好「指數規劃」(market forecast，即指數預測)，不要大盤往上攻堅，自己卻看空的減碼，那鐵定賺得少。不論根據基本分析、技術

分析或是不足為訓的玄學，指數預測往往是很麻煩的事，圖6–4就是依基本分析所畫出的景氣預測，再據以算出股市預估本益比，最後得到股價指數可能的上下限（或稱高點、低點）。

　　實務上很少看那麼長，常見的是看三個月或一年，看太長，不可掌握的變數太多，難怪每年年底20家券商、投信對翌年指數高點、低點的預估，大多數皆摃龜，可見，也不須太有「先見之明」。

五、看領先指標來作股票

　　由表6–8最近三次景氣循環和股市的關聯表現可以發現，前二次從景氣谷底時的當月月底股價計算至景氣擴張至最高峰的當月月底收盤價，大盤在景氣回升時期的漲幅至少有50%以上。

　　如果計算一整個景氣循環期前後，大盤從最低點到最高點的漲幅更是將超過90%以上。（經濟日報，2002年5月2日，第21版，吳文龍）

表6–8　最近三次景氣循環的領先指標跟股市走勢關係

期間		時間	領先指標綜合指數	擴張點數	當月月底大盤收盤價	漲幅(%)	鄰近擴張期至緊縮期間股價最高漲幅
第一次	景氣谷底	1996.3	97.3	10.1	5032.35	62.69	129.22% (1995.8.15: 4474.32 ～ 1997.8.27: 10256.10)
	景氣回升最高峰	1997.12	107.4		8187.27		
第二次	景氣谷底	1999.2	95.9	12.6	6318.52	54.22	90.47% (1999.2.5: 5422.66 ～ 2000.4.6: 10328.98)
	景氣回升最高峰	2000.1	108.5		9744.89		
第三次	景氣谷底	2001.5	92.4	7.5	5048.86	22.15	90.08% (2001.9.26: 3411.68 ～ 2002.4.22: 6484.93)
	目前景氣回升狀況	2002.3	99.9		6167.47		
	景氣回升最高峰	-	-		-		-

資料整理：大華投信公司。

㈠小心使用數字

指數反映的是未來景氣可能的走勢，具同時指標性質的景氣對策信號資料公布，股市往往無動於衷，所以正確的說法是「跟著景氣領先指標作股票」才對。

不過，這也是有限制的，因為領先指標具有下列特性：

1. **景氣轉折點不易估計：**指數如果跟著領先指標「變臉」，但是問題是領先指標的轉折點不容易預測，這就跟美國英特爾公司董事長葛洛夫在《十倍速時代》一書中所強調的一樣。

2. **指標有鈍化情況：**景氣領先指標要連續三個月才可證實趨勢已形成，此外，各年的繁榮、衰退的景氣領先指標數值是相對的（雖然大都以 100 作為榮枯分水嶺），數值變化不大（皆在 95 ～ 105 間跑來跑去），而且有鈍化現象，使用時得額外加點經驗判斷。例如邱仁敏（1997 年，第 113 頁）研究結論指出，當領先指標（前後期）上漲逾 0.001 時買進，落後指標連續二次下跌時賣出持股，以此作為大盤擇時指標，在 1987 ～ 1996 年只錯過一次，尤其 1990 年崩盤後，落後指標更能提供逃離股市的警訊。

瞭解經濟數據的統計特性後，也就明瞭為什麼投資人（我不喜歡用「股市」之詞，因股市是中性的）不對失業率、消費者物價指數變動率等作反應，因為這些都是經濟景氣的結果，屬於同時或甚至是落後指標。

㈡不要瞎子摸象

由於領先指標不易解讀，所以有些投資人針對其七大成分之三來解讀經濟狀況。

(1)海關出口值變動率，但常見的為出超金額，

(2)製造業新接訂單變動率，

(3)貨幣供給（M_{1b}）年增率。

至於其他三者，投資人很少有所反應。

(4)製造業平均每月工時（小時），

(5)躉售物價指數年增率，

(6)臺灣地區房屋建築申請面積。

第七個成分當然是股價指數變動率。

使用資料前先瞭解資料特性，以「房屋建築申請面積」來說，因營建業從 1990 年以來一直處於衰退期，房市一直未見回春，所以此項指標已不具指標性。

　　此外，單看某一、二個指標來「一葉落而知秋」，滿容易犯了「瞎子摸象」的錯誤推論。例如 2002 年主要還是「外溫（即出超 180 億美元）內冷」支撐經濟成長，一、二個月民間投資不足也不用大驚小怪。

六、買賣點的掌握

　　一國的實質財富會由股市反映出來，可用股市總市值佔 GDP 比率來觀察股市是否過熱。1991 ～ 2001 年，由圖 6–5 可見，市值佔 GDP 比率的平均值為 102.71%，最高值出現在 2000 年 3 月的 168%（指數高點 10393 點）和 1997 年 8 月的 169.93%（指數高點 10256 點），此時可說「文勝質則野」，白話一點說「物（即股票）超所值」。

　　2002 年 1 月股市總市值佔 GDP 比率為 95.17%，低於平均值 102.71%，距最高點的 169.93%，還有一段差距。可見股市還沒有過度膨脹，長線指數仍有往上盤堅的潛力。（經濟日報，2002 年 1 月 13 日，第 3 版，吳文龍）

圖 6–5　　臺灣股市總市值佔 GDP 比率走勢

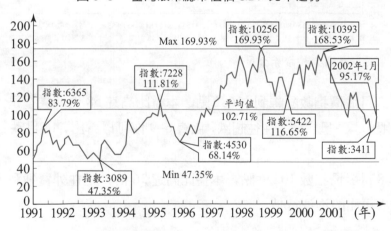

資料來源：台灣經濟新報

七、大盤本益比

　　比較直接了當的判斷方式，就是看「股價高低」，「賤買高賣」本來就是為商致富的方式。問題來了，如何判斷股價指數「太高了」，或是「跌過頭」了？我們在第三章第四節中已說明了，本處只是用過去資料來支持，此外，也說明資料來源。

　　看指數來論高低是沒有意義的,因為每年股市的每股盈餘都不同,比較重要的是大盤的本益比。

　　圖6–6反映出1989～1998年的歷史,指數就在17倍到32倍「本益比帶」(PE ratio band)中上下游走,低了就反彈、太高了就下滑,幾乎跟第三章第四節所談的資產均衡價格理論中所談的一模一樣。除非碰到心理因素,否則絕大部分時間來說,投資人整體滿理性的。

圖6–6　　1989年11月～1998年12月股價指數和本益比「帶」(或區間)

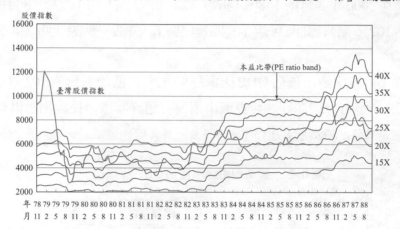

資料來源:日商大和證券公司

　　1990年2月股價指數狂飆到12682點,本益比高達58倍,完全是人氣行情所拱成的泡沫股市。一旦崩盤,往往超跌,由表6–9你可以看出,10月跌到2485點,本益比14倍。

　　1997年8月股價指數10256點,本益比高達36倍,是在外資獲利了結聲中,避免了再一次可能的泡沫行情。

表6–9　　臺股本益比20倍以下時,股價波段表現

時間 項目	1990年10月	1993年1月	1995年8月	1998年9月
本益比	14倍	18倍	18倍	18倍
背景	股市泡沫瓦解、第三次石油危機	經濟成長減緩	經濟景氣減緩、中共飛彈試射	經濟成長減緩、亞洲金融風暴
當時指數最低點	2485	3098	4474	6300

之後反彈高點	5459	7228	10256	7400
波段漲幅	119.68%	133.31%	129.24%	17%

八、跟著景氣走不止是慢半拍

跟著景氣循環（business cycle）作股票（含基金）不止是慢半拍，而且還是慢好幾拍，原因說明如下。

㈠景氣對策信號是落後指標

全面性判斷景氣榮枯的資料只有經濟成長率，但是只有季資料，而且資料公布有一個月以上的時差，也就是第一季經濟成長率的數字要到五月才會知道。

為了避免資訊太慢，所以經建會採取一些指標彙總為大家熟悉的景氣對策信號，用五種燈號來表達每個經濟景氣所處的狀態。不過，可惜的是，編製流程也有20天的時差，也就是8月份的景氣對策信號要到9月20日才公布。

再加上現在的景氣循環越來越短，走完一個週期（從衰退到繁榮，從谷底到峰頂）只要二年半，也許上9個月還是繁榮階段，第10個月便掉入衰退階段，可是由於景氣對策信號的「時差」，10月的情況要到11月20日才知道。根據這種有時差的資訊來作投資，就跟跳舞慢半拍一樣，鐵定會常常被你的舞伴踩到腳。

㈡股價指數領先景氣三到六個月

「股市為經濟櫥窗」這種說法還不足以說明股價指數和景氣循環間的關係，「股價看未來」，具體的說，不少投資專家認為「股價指數領先景氣半年」，經建會有項資料可支持，那就是「股價指數變動率」是景氣領先指標的七個要點之一，而領先指標「領先」景氣對策信號約 3 ～ 5 個月。

◆ 第四節　經濟預測

既然跟著景氣走能賺股票錢，接著的問題是如何享受「春江水暖鴨先知」、「向陽花木易為春」的好處？

一、課程環環相扣

只要經濟預測做得快又準，股市布局就比較穩當，不僅在轉好時比人搶先一步

賺了股市初升段的錢，也不會在股市轉空頭時慢走一步，以致被套牢。

由此可見，經濟系以外的系（或者說商學院、管理學院）的學生學習圖6-7中左邊4門課程，都只有一個最重要的簡單目的，以大二的總體經濟來說，便是做好經濟成長（率）的預測。以對投資學的運用來說，藉以預估各上市公司的獲利，最後預測如此的獲利水準能夠支持多高的指數。

圖6-7　大學投資相關課程的目的

二、景氣預測方法

景氣預測方法有三類，詳見表6-10。

表6-10　景氣預測方法

方法	計量模型	景氣指標法	（問卷）調查法	
			供給面	需求面
代表性機構	美國賓州大學華頓學院	日本經濟企畫院	德國IFO，詢問下列人士對於未來三個月景氣的看法	
內容	未來「一年」各季的經濟成長率和其他相關數字，例如失業率、消費成長率、物價上漲率、貨幣供給年增率……	1.景氣對策信號 2.領先指標 3.同時指標	企業調查法	・採購經理信心指數 ・消費者信心指數
臺灣編製單位	1.行政院主計處（第三局） 2.中央研究院經研所 3.中華經濟研究院	1.行政院經建會經研處「廠商經營調查」 2.台經院「製造業營業氣候測驗點」		・行政院主計處第三局編「消費者信心指數」

	4.臺灣經濟研究院		
對股市的適用性	缺乏月資料，所以只能看趨勢，而一旦有大變動，往往來不及修正	僅領先指標有用，因股市比景氣早反映3～6個月	調查法的缺點緣自於抽樣調查，包括： 1.抽樣偏誤，即樣本跟母體差異大 2.回答偏誤，不是公司負責人（如總經理）回答 所以投資人比較少對這類調查結果反應

㈠人之不同，各如其面

不同的經濟研究機構，對於經濟景氣的調查和分析，出現南轅北轍的結果，問題並不是出在哪家機構說對了、哪家機構可能猜錯了，而是各機構的調查方法、調查目的不同所致。

台經院發布的製造業問卷調查，每月固定發布，主要是依循受訪企業的主觀感受，訪問樣本經過人為篩選，而且接近末端市場，在景氣變動劇烈時期，比較容易出現悲觀的氣氛。

中華經濟研究院發布的總體經濟預測，是採行國際認可的景氣預測模型，參考數據也多來自海關和統計單位。由於2001年的經濟數據出現多項歷史新低，形成基期過低現象，讓2002年的經濟增長值比較「好看」，因此預估數字跟企業和民眾的主觀感受出現落差。

㈡路遙知馬力

路遙知馬力，日久見人心；哪一個機構預測比較準？令人意外的是，一改外界對公務人員的刻板印象，行政院主計處擁有「天時（公務資料取得快）、地利、人和（人員流失率低）」的優勢；長久來說，還是比較準確的。

至於行政院經建會的經濟「目標」，那是執政者的「（心）願（美）景」，聽聽就算了，不要太認真。

三、不只要看數字而且還要看內容

然而如同對於公司盈餘的分析，不僅需看其數字，而且還得看其內容。同樣的，

經濟預測不能只停留在看哪一家機構預測得準，而且還要能洞燭機先，解讀其背後所代表的涵義。

例如 1998 年 11 月中旬《經濟學人雜誌》指出，美股泡沫已創造出過去難以想像的榮景，但是過去四年來股價急速飆升和信用取得容易，這讓美國經濟泡沫因下列二項因素而吹彈可破：

⑴企業熱衷擴充，以致將面臨產能過剩問題，

⑵人民熱衷支出，造成民間儲蓄率新低。

該刊認為經濟成長力量隨時可能急速減緩，甚至步入衰退，只是時間早晚和程度輕重問題。這樣的暮鼓晨鐘，很多人覺得只是杞人憂天，因為第二季經濟成長率高達 3.3%，比證券分析師估計的還高出一個百分點；看起來美國完全不受亞洲金融風暴的影響。

迴光返照或是假性需求，1989 ～ 1990 年 2 月臺灣和《經濟學人雜誌》描述的美國雷同。

⑴股價狂飆，但是也很容易敏感的「重挫」（講好聽的為回檔整理），

⑵房地產狂飆，

⑶貨幣供給大額成長，拱成資產的資金行情，

⑷企業堆積存貨，以滿足賺大錢消費者急速擴大的消費能力，這部分往往形成「假性需求」，一旦股市崩盤，這些存貨過剩又將造成另一波景氣衰退。

四、經濟指標發布日期

各項經濟指標的發布均有固定日期（週例假日機動調整），專業報刊在週末版皆會公布下週擬公布的主要國家經濟指標。由表 6-11 可見，各個政府機構編製經濟指標公布日期。

表 6-11　各政府單位編製經濟指標公布日期

公布日期	政府單位	經濟指標
一、上月資料		
5 日	主計處	物價指數，如 CPI
7 日	財政部	全國稅收、進、出口金額
15 日	中央銀行	外匯存底金額
中旬	經濟部投審會	僑外來臺投資金額，我國對外

		（含大陸）投資金額
20 日	經濟部統計處	新接外銷訂單、工業生產指數
23 日	主計處	失業率
25 日	中央銀行	貨幣供給額、銀行放款、投資餘額
26 日	中央銀行	退票張數、金額比例
27 日	經建會	景氣對策信號、領先、同時指標、綜合指數
二、上季資料		
2、5、8、11 月	主計處	國民所得統計，尤其是上一季經濟成長率、全年估測經濟成長率
6、9、12、3 月	中央銀行	國際收支
3、6、9、12 月	中央銀行	理監事會議，決定貨幣政策

五、國際重要經濟數字

　　每週一，《工商時報》第 7 版有個「國際股市展望」，會把該週即將公布的美日歐等國經濟指標預測值、對股市影響刊出，可以參考一下，例子請見表 6-12。

表 6-12　2003 年 2 月 17 ～ 21 日重要國際指標

日期	指標	說明（股市預估）	預估對股市影響程度
2 月 17 日 （週一）	加拿大公布一月領先指標	比前月增長 0.4%	★★
2 月 18 日 （週二）	歐盟公布十二月工業生產	比前月衰退 1.6%	★★★
2 月 18 日 （週二）	英國公布一月零售物價指數	比前月下滑 0.2%	★★
2 月 19 日 （週三）	美國公布一月新屋開工	比前月增加 5.0%	★★★
2 月 20 日 （週四）	英國公布一月零售額	比前月衰退 0.4%	★★
2 月 20 日 （週四）	美國公布十二月貿易赤字	388 億美元	★★★
2 月 20 日 （週四）	美國公布一月生產者物價指數	比前月增長 0.5%	★★★
2 月 20 日 （週四）	美國公布一月紐約經濟諮商理事會經濟領先指標	上揚 0.1%	★★
2 月 21 日 （週五）	法國公布第四季國內生產毛額	比前季增長 0.2%	★★★
2 月 21 日 （週五）	美國公布一月消費者物價指數	比前月增長 0.4%	★★★★

國際財經新聞中心輯。

第五節　資金行情研判

注重大盤合理本益比就是俗稱的景氣行情,但是每年股價上漲、股市生力軍(新股、增資股)加入,總得有足夠的資金「動能」才能推得動股價往上走。由此可以說,景氣(例如經濟成長率3%以上)是大盤上漲的必要條件,而資金(至少央行需維持寬緊適中的貨幣政策、短期貨幣市場利率1.5%以下)則是另一必要條件,缺一不可。

一、央行對股市的直接影響

大部分國家的央行很少衝著股市來採取行動,但是央行的寬鬆貨幣政策營造出「臺灣錢淹腳目」、「閒錢太多」的資金行情,詳見圖6-8。其中我們把央行三項貨幣政策工具二分為量(貨幣供給總計數)、價(即利率)二項,實則三項皆會影響貨幣的量與價,第四～七段依圖6-7中第一欄(即投入)順序來說明。

圖6-8　貨幣政策對股市的影響過程

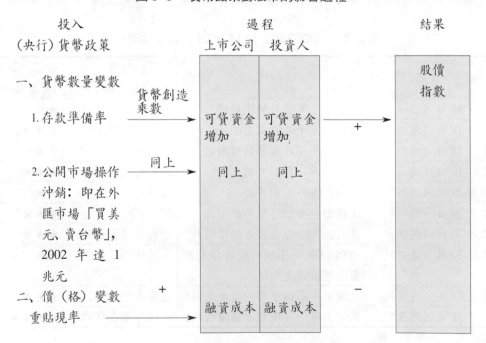

二、貨幣數量也無法推斷股市動能

　　既然資金對股市像「血液」一般，那麼是否有什麼科學方式（例如計量模式）以判斷股市動能是不是足夠呢？不過，可惜的是，無論從貨幣數量（貨幣供給額或年增率）、貨幣價格（即利率，常用的觀察指標為銀行同業隔夜拆款利率），並無法有效判斷。

㈠套用交易方程式

　　1998 年 4 月 14 日《工商時報》第 33 版刊登一篇中華投信公司的研究結果，把市值/M_2 和加權指數二條曲線畫在同一邊圖、表上，以此推估 1998 年第 2 季指數可望到達 9000 點以上。事後聰明來看，這預測當然不準，可見資金動「能」只是必要條件，投資人要不要「動」才是關鍵。貨幣銀行學上的交易方程式：

$$PT = MV$$

P：股價指數，以衡量所有股票的價格，

T：日成交量，

PT 的代理變數為市價總值，

M：貨幣供給量，可用 M_{1b}、M_2 各自算，

V：「股市」貨幣流動速度（類似周轉率觀念）。

　　我們使用 1998 年的舊例子，只因最近已很少看到有人這麼做了。

㈡我們的淺見：交易方程式不好用

　　例如在 1990 年 10 月出版的拙著《股市戰略論》一書中，我們曾依據上列交易方程式，去計算 1986 ～ 1990 年 5 月的「股市」貨幣流動數字。結果其值介於 13 ～ 24%，範圍極大，背後反映的是「人氣」，股市看好時，資金多做工，一分錢當二分錢用，所以周轉率高。股市看壞時，資金撤出觀望，殘留在股市的資金進出頻率降低（日成交量低於 800 億元），全國資金並沒多大變化，變化的是投資人的信心罷了。

㈢2002 年的新證據

　　可由總市值佔 M_2 比率來觀察股市是否過熱，如果數值愈高，代表投入股市的周轉熱度愈高；反之，則愈冷。從 1991 年以來，總市值佔 M_2 比率的平均值為 53.27%，最高值出現在 2000 年 3 月的 89.77% 和 1997 年 8 月的 78.63%。（經濟日報，

2002 年 1 月 13 日，第 3 版，吳文龍）

㈣ M_{1b} 跟 M_2 間的互動

　　絕對的貨幣供給數量是沒意義的，還得關心資金有沒有跑到股市（由 M_{1b} 年增率來判斷），否則像 1998 年 8 月調低存款準備率，但資金大都「避難」去了——跑到 M_2，M_2 是 M_{1b}（活期存款 M_{1a} 再加活期儲蓄存款）再加上定期存款（另加郵政儲金等），因此投資人引頸盼望的資金行情還沒有啟動。

　　另外有人把日線跟週線的黃金交叉、死亡交叉的原理用在分析 M_{1b} 和 M_2 的關係，把 M_{1b} 比喻成日線、M_2 為周線，例如：2002 年 5 月，M_{1b} 年增率突破 M_2 年增率，而且二條線皆呈上升趨勢，股市出現黃金交叉的資金行情。

　　2001 年 12 月，M_{1b} 線向上穿越 M_2 線，16 個月來首度形成黃金交叉，記者強調這顯示資金動能充沛，也印證臺股大漲確實屬於資金行情。（經濟日報，2002 年 1 月 26 日，第 2 版，傅沁怡）

　　上述這個有趣的發現當然是倒因為果，也就是投資人把定存解約投入股市，其中一部分暫未投入股市的資金先放在活存帳上，如此一來 M_{1b} 便大幅成長、M_2 有點下跌，結果 M_{1b} 成長率便高於 M_2 的。

　　我們特別提出，目的不在批評，而在告訴你如何培養觀察力來更細緻的瞭解一個極重要的力量（例如本例的資金行情），股市的分析還有很多大地方須要「小處著手」。

三、調降存款準備率的影響

　　每次中央銀行調降存款準備率，報上總會再刊登個表，說明每次調降後一週、一至六個月的指數表現，得到的結果為股市通常在調降後三到六個月，上漲一至三成，而且金融股漲幅往往超過大盤。

　　這地方我們就不列表說明了，主因在於存款準備率漸漸退流行，不再是美國等先進國家的貨幣工具，臺灣也快速跟上流行。以 2003 年的存款準備率近 4% 來說，幾乎已經沒有多少調降空間了，而調升則可能性更低。

四、富達投信分析方式

　　富達投信分析，根據統計資料顯示，M_{1b} 往往股價走勢呈現正相關，由 1977 年以來四次貨幣供給增加期間，對照大盤表現可發現，M_{1b} 往往領先大盤約二、三個

月，當 M_{1b} 出現上揚趨勢後，大盤往往將出現波段漲幅，詳見表6－13。

以 1997 年底為例，M_{1b} 持續四個月向上攀升，而大盤在 M_{1b} 連續上揚二個月後，即出現了延續二個月且達 25.79% 的波段漲幅。2002 年第四季 M_{1b} 連續上揚三個月後，也造就了 2003 年 1 月的資金行情。(經濟日報，2003 年 3 月 1 日，第 30 版，詹惠珠)

表6－13　貨幣供給 M_{1b} 跟股價發展關連

M_{1b} 上揚期間	1997.10 ～ 1998.2	1998.9 ～ 2002.2	2001.5 ～ 2002.2	2002.10 ～ 2003.1
M_{1b} 上揚幅度	+10%	+31%	+21%	+8%
M_{1b} 上揚後，大盤波段漲幅	25.79%	85.01%	55.39%	31.92%

資料來源：Bloomberg。

五、匯市影響股市

外匯市場對股市的影響，在 1995 年以前，臺幣呈升值趨勢時，一向是在出超情況下，中央銀行無限制收購民間所賺取的外匯，沖銷操作的結果當然是釋出臺幣。

尤其是 1997 年 10 月到 1998 年 9 月，臺幣從 28.5 元大幅貶值到 34.5 元，外幣存款高達 200 億美元，這還不包括永久匯出的，遠高於 1995 年 6 月到 1996 年 3 月臺海軍事危機中外流的 185 億美元。(工商時報，1998 年 3 月 21 日，第 11 版，林明正)

這二個時期匯市造成臺幣資金失血，中央銀行為了救股市，只好降低存款準備率來輸血。

匯市影響股市的資金行情，因此對於外匯走勢也變成觀察重點之一。

六、重貼現率對股市沒影響

接著我們想用 2002 年 11 月 12 日中央銀行宣布調降重貼現率半碼（即由 1.8% 降為 1.625%），來說明二件事。

(一)沒有知識，也要有常識

貨幣銀行學（或總體經濟學）上說明重貼現率是中央銀行三大貨幣政策工具之一，但是書上很少談及由於銀行擔心拿票子向銀行中的銀行（中央銀行）融通，等

於表示自己已經走投無路、無法從同業處拆到款，所以傾向於除非萬不得已，否則不會走上這條路。

因此，難怪《工商時報》1998年11月12日第17版的報導指出：銀行業者表示，重貼現率和擔保放款融通利率是項相當空洞的指標；調降其利率，只是中央銀行向銀行宣示利率水準有下滑的空間。

這也難怪市場人士習慣看更能反映資金狀況的短期利率，包括（由高往低排列）：

(1)銀行同業隔夜拆款利率，

(2)貨幣市場10天期初級市場發行利率或次級市場利率，

(3)公債附買回10天期利率。

《工商時報》、《經濟日報》在報頭的「經濟指標」中以前二者來反映短率走勢，這可見是迎合投資人的資訊需求。

(二)股市對重貼現率不敏感

前面我們談及許多總體經濟變數皆在窄幅內變動(例如經濟成長率、領先指標、貨幣供給年增率、利率、物價上漲率)，所以對於波濤洶湧的股價指數，不論採取哪種計量模式，其模式的解釋能力皆很低。由圖6-9一眼就可看出，想由重貼現率來預測指數走勢（多空）還真的很不容易。短時間來說，更是黔驢技窮，例如2002年11月12日起，重貼現率一直處於1.625%的水準，股價起伏不定。尤有甚者，

圖6-9　央行貼放利率

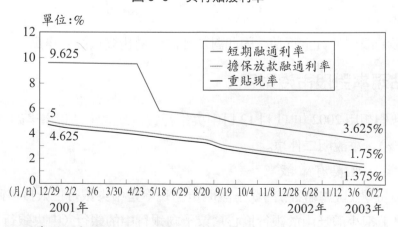

資料來源：中央銀行

2001 年 12 月迄 2003 年 7 月，重貼現率整整下跌 3 個百分點，但是股市還是跌跌不休，可見股市對重貼現率可說是「麻木不仁」!

七、如何未卜先知

如何預測資金行情? 中央銀行的貨幣政策（平時是利率部分）是影響貨幣供給重要力量，最好能事先看出端倪，作法如下：

㈠美國作法（他山之石可以攻玉）

美國聯邦準備理事會 (Fed) 主席葛林斯班就是美國利率動向的代名詞，他守口如瓶，所以外界只好察顏觀色，例如 NBC 電視臺有一個「葛林斯班公事包指標」，他們估計他開利率會議時公事包的分量，公事包內東西越多，降息機率越高。（工商時報，1998 年 11 月 7 日，第 5 版，徐仲秋）

㈡臺灣作法

由於中央銀行總裁常換人，所以行為研究較少。但由 1978 ～ 1998 年的統計可發現，調降存款準備率的各季次數如下：第 1 季 2 次、第 2 季 3 次、第 3 季 12 次、第 4 季 5 次。第 3 季（尤其 8、9 月）佔一半以上，這很自然，主因在於選舉大都於11、12 月舉行，為了讓資金行情能啟動，總得在四個月前便暖車!

個案　股神巴菲特的操盤手法

2001 年 12 月 10 日號的美國《財星雜誌》刊出投資大師華倫‧巴菲特 (Warren Buffett) 評析美股的精闢見解，這是繼 1999 年 7 月以來，巴菲特再次公開他對美股的看法。

一、股市的溫度計

一般人把股市表現看成為一國經濟的指標，股市總市值佔國民生產毛額 (GNP) 的比率可能是評估股價指數是否合理的最佳方法，評估股市是否過熱的一個最佳方法是股市整體市值佔一國 GNP 之比。比率低於80% 以下是投資人最佳的買點，比率接近200%，投資人無疑是在玩火。

巴菲特把 1964 至 1999 年的美股劃分成兩個階段。

㈠ 1964～1981

這期間，GNP 一共成長 373%，但道瓊指數幾乎原地踏步，股市虧待了經濟。

㈡ 1981～1998

這期間，經濟成長幅度較少，但道瓊指數卻從 875 點一路狂漲至 9181 點。美股市值佔 GNP 比高達 190%，當時就是一個股市過熱的強烈警訊。

針對美股此一違反股市為反映經濟基本面通說的情況，巴菲特曾以股票投資報酬率即將急轉直下的驚人之語警告投資人，替後來美股步入空頭提出精確的預言。美股三大指數中以藍籌股道瓊工業指數跌勢較小，他看空美股時道瓊指數為 11194 點，2001 年 12 月在 9900 點左右，但迄今仍無人反駁他對美股的精闢之見。

㈢ 2001 年 10 月

2001 年 10 月美股市值佔 GNP 已下降至 133%，巴菲特認為跟兩年前高點相較，這比率有相當的降幅，在美國經濟持續成長的情況下，股價已相對便宜，長期股票投資淨報酬率將達 7%，略高於兩年前他預估的 6% 左右。

二、利率、獲利率是股價二大變數

巴菲特認為影響股價的兩大變數為利率和企業獲利。

㈠利率

利率對於經濟的關係就如同物理中的重力，全球任何一個國家、在任何一個時期和任何一個產業都會受到利率變動的影響，利率的些微波動往往意味著金融資產價值的鉅額變動。在 1964 至 1981 年間，美國公債報酬率從 4.2% 揚升至 13.65%，利率上揚導致美股不振。之後至 1999 年，美國公債報酬率又回跌至 5.09%，於是促成美股大漲。

(二)上市公司獲利能力

1964 至 1981 年間，美國 GNP 成長幅度雖然可觀，但是企業獲利並沒有等幅成長，加上這段期間美國利率上揚，企業獲利又進一步遭到壓縮，兩種原因交相影響產生美股停滯。

三、選股小竅門

巴菲特提到一項個人的特別觀察，提供投資人作為選股參考。如果一家企業提列的退休基金投資報酬率愈高，公司獲利數據將愈高。以奇異電子為例，該家公司 2000 年預估退休基金投資報酬率達 9.5%，年終結算的投資獲利高達 17.4 億美元，佔公司整體稅前淨利的 9%。(工商時報，2001 年 12 月 12 日，第 2 版，林國賓)

四、2003 年第一季：盈餘成長 89%

2003 年 5 月 9 日，波克夏公司公布第一季淨利增加 89%，達 17.3 億美元，相當於每股 1,127 美元，高於 2002 年同期的盈餘 9.16 億美元（每股 598 美元）。這家投資與保險集團的營收成長 20%，達 114 億美元。

波克夏 1998 年收購全美最大再保險業者通用再保險公司 (General Reinsusrance)，2003 年轉虧為盈是波克夏盈餘大增的主因。通用再保藉提高價格、出售不賺錢的事業部，和減少巨額虧損的產險投保案件而得以擺脫虧損。

波克夏營業利益有 60% 來自保險產業部門，其他子公司獲利則因經濟景氣不振而減少。旗下的建材公司如班傑明摩爾油漆，和地毯製造業蕭氏公司 (Shaw) 盈餘下滑；以 NetJets 為主的航空事業出現虧損。

波克夏的稅前實現投資利得激增五倍，達 8.11 億美元，分析師歸功於出售垃圾債券。巴菲特 2002 年收購約 70 億美元低於投資評級的債券；2003 年 5 月 4 日他說，股票上漲已使垃圾債券不再值得買進。(經濟日報，2003 年 5 月 11 日，第 3 版，吳國卿)

● 充電小站 ●

股神巴菲特發跡史

巴菲特 (Warren Buffett) 是全球最成功的投資人，當然會有一些共同基金仿效他的投資策略，不過必須學對法門以免東施效顰。

美股從 2000 年 3 月開始的進入空頭市場，許多華爾街專家陰溝裡翻船，只有少數幾位大師依舊屹立不搖、巴菲特就是其中之一。的確，回顧巴菲特的長期投資紀錄著實令人瞠目結舌。

巴菲特在 1957 年開始第一個投資合作關係，目標是每年績效超過道瓊工業股價指數 10

個百分點，這在當時幾乎是個野心大得離譜的目標。但是在接下來的 12 年中，這合作關係每年的績效平均為 29.5%，遠勝過道瓊的 7.4%。

巴菲特在 1969 年結束此合作關係， 透過從事保險和投資業務的控股公司波克夏 (Berkire Hathaway) 進行投資。他的投資組合包括在許多公司持有高比例的股份，從可口可樂到華盛頓郵報等，報酬率非常好。

波克夏股價每股高達 6.84 萬美元，跟 1962 年以每股 8 美元收購此公司相比，簡直有天壤之別，1962～2002 年來股價每年平均成長 25% 以上。

想學巴菲特智慧的投資人不妨購買波克夏股票，但是每股 6.84 萬美元的天價的確是個高門檻，小投資人也可以考慮幾支倣效大師投資策略的基金，但是切記這些人成就絕對趕不上巴菲特。

原因之一是這些基金無法複製巴菲特的訣竅，他們只能試著運用他的一些投資原則，但是不見得都能奏效。想了解巴菲特的投資原則並不難，但是要如法炮製卻不容易。巴菲特比較不在意短期股價波動或企業獲利，反之，他的目標在於找出一家公司能永續經營的價值。他所要找尋的價值是一家公司是否擁有競爭優勢和創造高權益報酬率的能力，例如，他在可口可樂投下鉅資，因為他認為這家公司有堅強的品牌價值，而且全球市場使該公司甚具競爭優勢。(經濟日報，2003 年 3 月 25 日，第 3 版，林聰毅)

五、推薦閱讀

Hagstrom, Robert G. JR., *The Warren Buffet Way*, John Wiley & Sons, Inc., 1995.

<h2 style="text-align:center">◆ 本章習題 ◆</h2>

1. 以表 6–1 為基礎，分析一下去年第一名的股票型基金如何建構其投資組合？

2. 以表 6–2 為基礎，其餘同第 1 題。

3. 以表 6–3 為基礎，經濟日報的相關資訊在哪些版別、圖表名稱為何？

4. 以圖 6–1 為基礎，其餘同第 1 題。

5. 把過去五年每月的股市市值 /M_2 比率求出，分析其趨勢等。

6. M_{1b}、M_2 的黃金交叉是股市多頭的領先抑或落後指標，請以過去 3 次黃金交叉為例來說明。

7. 請畫出過去五年加權指數、重貼現率圖，二者相關程度高嗎？

8. 請畫出過去五年加權指數、景氣對策信號圖，二者相關程度高嗎？

9. 請畫出過去 24 個月加權指數、領先指標圖，二者相關程度高嗎？

10. 請向證券公司索取本益比帶資料，分析指數的壓力和支撐。

第七章

基本分析 Part II
——決定產業比重

大部分的人寧可希望自己買樂透彩券突然中大獎，而不願意細水長流地投資致富。

——華倫‧巴菲特

學習目標：

本章盼能快速訓練你具備金融業中的產業研究員（或稱分析師）所需的基本知識。

直接效益：

看了本章，坊間產業分析課程和書籍幾乎可以不用看了，如果想對各產業進一步瞭解，找本上市公司公開說明書或證券公司出版的研究月刊就可以了，替你省下一大筆錢。

本章重點：

- 只需一節就能讓你對產業分析快易通。§7.1
- 上市類股（上櫃可比照處理）各處於產業壽命哪一階段？圖7–1
- 產業資訊何處尋？表7–4
- 電子業的景氣指標。§7.1 七
- 產業、上市公司分析程序。圖7–3
- 電子、金融、傳產佔大盤成交比重。表7–5
- 國際手機概念股。表7–6
- 1998～2002年本國銀行財務狀況。表7–7
- 中國概念股的分類。表7–9

前言： 贏指數還要賺價差

　　1986～1990年股市黃金歲月，好像在鮭魚產卵區抓魚一樣，隨便撈就一大把。1991年以後，狂飆歲月不再，各股齊漲情況已不多見，衰退產業、敗落公司股價往往一蹶不振，所以選錯產業、挑錯了股，就會「賺了指數，賠了價差」。

　　如何避免這個「贏了面子，賠了裡子」的情況呢？那當然是慎選類股、個股。但20個類股、640支上市股票（上櫃類股股票320支），如何從大海中撈針，看似困難，但看了本章後，你才會發現只要懂得竅門，當然可以如此 easy!

一、同命不同運

　　表7-1是2002年全球股市表現，在一連串不確定因素影響下，投資普遍灰頭土臉，如果深入觀察各股市的投資成分股，可以發現代表一般性產業的藍籌經濟概念股和以 TMT（通訊、媒體、科技）為主的新經濟概念股，卻有著兩極化截然不同的表現。新經濟概念股多為成長導向投資，代表產業如電腦、通訊和媒體股等，從2000年高峰後持續下跌，在產業能見度不明下，美股、歐股、臺股的新經濟概念股均大幅下跌。

　　例如美國標準普爾500指數跌幅為23.37%，歐洲彭博500指數下跌31.34%，臺股下跌19.8%，而歐美的電腦服務、通訊設備股跌幅均在五成以上。藍籌經濟概念股多為價值投資導向，代表產業如食品、消費性用品、能源股等則展現相對的抗跌性。

　　藍籌經濟股的特色是跟經濟循環具連動性，但市場需求已經穩定，技術和製程已臻成熟，追求穩定的毛利為目標，2000年來也融入新科技降低生產成本，獲利和股價波動性較小，屬於防禦性投資組合。

　　匯豐中華投信分析，新經濟概念股的成長動力為創造需求、新產品研發、新製程發明、追求高毛利為主，獲利和股價成長性強，但波動性也大，屬於攻擊型的投資組合。（經濟日報，2003年1月11日，第11版，吳文龍）

二、先聽專家怎麼說

　　2003年元旦，針對臺股新年度走勢，工商時報邀請元大京華投顧總經理陳忠瑞、富邦投顧執行副總蕭乾祥和美林投顧副總裁張凌雲等三位專家對談分析，結論

表 7-1　2002 年美國、歐洲和臺灣類股表現

單位：%

	美國股市		歐洲股市		臺灣股市	
藍籌經濟概念股	家戶產品股	0.37	菸草股	11.53	金融股	−3.95
	食品通路股	7.95	食品股	−15.98	汽車股	153.66
	化學股	10.54	不動產股	−6.91	橡膠股	80.74
	銀行股	−3.88	天然氣	−9.91	鋼鐵股	73.9
	房屋建築股	−1	能源股	−18.37	塑膠股	41.21
	石油股	−2.72	消費用品股	−11.1	造紙股	41.62
	工業機電股	−2.17	銀行股	−29.76	運輸股	52.21
	黃金股	25.75	化學股	−22.29		
新經濟概念股	電腦股	−44.62	電腦服務股	−67.77	電子股	−38.12
	無線服務股	−59.71	通訊股	−59.92		
	通訊設備	−54.37	電腦軟硬體	−51.89		
	資訊服務	−57.07	媒體股	−41.3		

註：美國股市取樣自 S & P 500 指數，歐洲股市取樣自歐洲彭博 500 指數
資料來源：Bloomberg，匯豐中華投信整理。

詳見表 7-2。

　　其中第 5 欄產業配置是本章關切焦點，而第 6 欄則把第 5 欄中局部放大，討論中國收成股中值得投資標的。

表 7-2　2003 年臺股投資專家預測

投資專家	低利率和物價下跌，債券基金是否會鬆動	指數區間	資產配置	產業配置	中國收成股標的	特別操作建議
蕭乾祥（富邦投顧執行副總）	在大環境未改善前，投資人心態保守，債券基金籌碼不易鬆動。	低點：4000～4500 高點：6000～7000	傳統產業股，中華車、中鋼和中鼎有機會，電子股第一季有反彈機會。	中國收成股、高配息個股。	塑化、鋼鐵、汽車相關零組件股。	電子股營收成長 25% 以上且產品均價能上揚的個股，傳產股選擇高現金股利個股。

	壽險和基金會等法人機構的資金會釋出，尋求投資管道出口，並流入股市。	4200～7000	塑化、鋼鐵等不可能立即擴廠，且供需失衡的個股。	科技、中概和傳產股會在不同的季節輪流發酵。	跟食、衣、住、行相關開始展現獲利的股票。	股息、股票股利除以股價，比值低於10%者最佳。
陳忠瑞（元大京華投顧總經理）						
張凌雲（美林投顧副總裁）	當股市好時，部分資金會間接流入，但債券基金不致鬆動。	2003年比2002年樂觀	黃金、白金、貴金屬，體質好的公司債。	原物料股。	新加坡、香港、臺灣的中概股均看好。	科技股以資本支出較少的軟體和服務類股最佳。

資料來源：工商時報，2003 年 1 月 2 日，第 3 版。

第一節　產業分析快易通

產業分析 (industry analysis) 的目的是為了資金該如何分配在各產業（即產業比重或類股比率）。

基本分析無論上迄總體分析、下迄公司分析，皆在瞭解、進而預測研究對象（時間序列）的統計特性，由表 7-3 可看出，依重要性排列依序為趨勢、循環、季節（性）和波動。

表 7-3　以類比來說明產業分析的內容

時間長度	5 年以上	1～4 年	1～2 季	1～2 個月
時間序列統計特性	趨勢	循環	季節	波動
產業分析	同上	同上	同上	同上
決定因素	產品壽命週期（普及率）	經濟景氣	氣候	疾病等
麥克・波特的五力分析	替代品、供應商	消費者、經銷商、競爭者		
紫微斗數	年	月	日	時

八字算命				
	命	運		

一、公司分類

上市、上櫃產業約 20 大類，如何把上市公司歸入哪一產業，主要依據為證交所營業細則第 42 條的規定。以上市公司為例：

⑴過去任何一項業務的營收超過總營收一半，

⑵如果沒有前述情況，但有三個事業部營收佔總營收二成以上，則以綜合類股掛牌，

⑶不符合上述二項者，掛為其他類。

公司分類作業，每一年舉行一次，11 月公布，第二年元旦統一改類交易。

㈠投信公司對公司的分類

由於證交所對上市公司改類一年只辦一次，而且還有本質不符的也未就定位。因此，投信業者往往只看公司的實質不看虛名，例如匯豐中華投信公司把資產股併入營建類股，荷銀投信公司更把它單獨成立「資產類股」，這時對自行編製類股指數便有很大意義。

㈡形式上改不改類，不那麼重要

大陸動物國寶「熊貓」，看字面是一種貓，但其實是熊的一種。同樣的，股市老手也不會被上市公司分類迷惑，不會因為冠上電子類股，就一定會有百元身價，十幾元股價的照樣有。反之，堤維西是車輛業，股價卻不比大部分電子股遜色。

產業分類只是方便判斷，還是得看上市公司的本質。

㈢股票代碼一碼到底

上市公司 23、24 是電子類股，上櫃是 54，可是這樣的作法從 2003 年 6 月起，證券所實施上市上櫃公司「一碼到底」，因此股票代號前二碼將不再具有產業分類意義。（經濟日報，2003 年 5 月 29 日，第 32 版，馬淑華）

二、產業榮枯的決定因素

表 7-3 第四列中，可以一針見血的看出，決定產業趨勢的至少有二個大因素，最大的因素是普及率，像 2003 全球電漿電視 (PDP) 普及率不到 1%，所以成長空間

大，不像電視機，普及率快九成；其次是替代品（應指替代性產業）的興起，例如塑膠皮革的出現把合成皮業（普大、尚鋒、鼎營）拉下去了（由成熟到衰退）。

影響產業循環的主要力量則是景氣循環，景氣好時雞犬升天，景氣差時購買力差，百業大都勒緊褲帶。

至於「產業季節性」分析，主要目的是為了換股操作，像家電業有「冷氣機行情」（4至8月）、營建業有「年終入帳行情」，都顯出一些產業有明顯的淡旺季（或是大小月）。

最後是「波動性」，這常是一些抓不準的因素影響，像2003年4到6月流行的腸病毒，國人盡量避免往人多的地方去，所以百貨公司、遊樂園（像劍湖山、六福村）生意就很清淡。1998年2月的華航大園空難，國人生怕碰到「機瘟」，業績直到5月份才恢復正常，在此之前，可說是門可羅雀。

三、產業趨勢

產業趨勢就是產業的「命」，運可以改（十年河東，十年河西），但命卻很難移。

我們可以從產品壽命週期的觀點擴大來看產業，詳見圖7-1，這是臺灣上市類股的現況。大體來說，可以概略的分為二大類。

⑴高科技類股，又幾乎跟外銷（或歐美）概念股畫上等號，除了少數小行業如腳踏車（美利達、巨大）、高爾夫球頭（如大田）不屬於高科技類股。

⑵傳統產業，可說是內需類股，很少有大幅成長，橡膠中幅成長並不是來自內需，而是大陸設廠（像正新、建大），已變成中國概念股（中概股）。此外，紡織、塑膠、電器原本屬於外銷產業，由於東南亞各國競爭取代，已成為「艱困產業」！

四、產業景氣循環

產業有明顯景氣循環趨勢的並不多見，主要原因出在供給面，也就是「供給落後於需求」經濟學上的蛛網定理，尤其出現在石化、半導體等資本密集、設廠期間超過二年的行業。

營建類股在1991年以前有「七年一循環」的說法，這是因為觀察期間太短，不足為憑。以「核發建築物樓地板面積」來說，在1992年達到高點後便一瀉千里，由於「未出售成屋」（俗稱空屋）至少還有30（有人估100）萬戶（一年實銷12萬戶），而每年又新增建9萬戶以上，營建業從1991年以來呈現衰退趨勢，而不是呈

圖 7–1　產業趨勢圖——產品壽命週期觀點

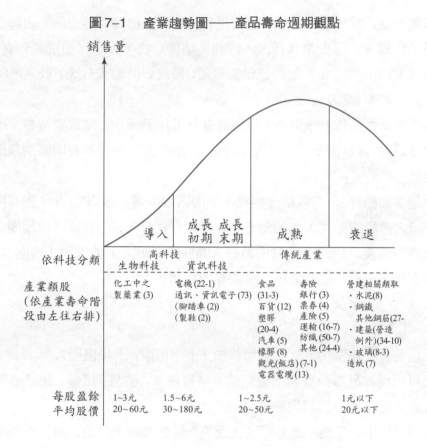

	導入	成長初期	成長末期	成熟	衰退
依科技分類		高科技		傳統產業	
	生物科技	資訊科技			
產業類股 (依產業壽命階段由左往右排)	化工中之 製藥業 (3)	電機 (22-1) 通訊、資訊電子 (73) (腳踏車 (2)) (製鞋 (2))		食品 (31-3) 壽險 百貨 (12) 銀行 (3) 塑膠 票券 (4) (20-4) 產險 (5) 汽車 (5) 運輸 (16-7) 橡膠 (8) 紡織 (50-7) 觀光 (飯店)(7-1) 其他 (24-4) 電器電纜 (13)	營建相關類取 ‧水泥 (8) ‧鋼鐵 　其他鋼筋 (27- ‧建築 (營造 　例外)(34-10) ‧玻璃 (8-3) 造紙 (7)
每股盈餘 平均股價	1～3元 20～60元	1.5～6元 30～180元		1～2.5元 20～50元	1元以下 20元以下

現產業循環中的「衰退」，至少到 2003 年才看到產業復甦。

　　我們透過這個例子想說明的是，傳統經驗法則有時禁不起（「拿出資料來」的精神）驗證。總之，營建業反映的是產業趨勢，而不是「七年一榮枯」的產業循環，或至少安全一點的說「十一年（1991 到 2001 年）一榮枯」。

　　跟著產業景氣循環投資，更面臨到資料可行性的問題，因為沒有人去編製各產業的（綜合性）領先指標，所以看到的都是歷史資料、零星資料。

　　連電子業的業者都很難抓得住下一季甚至下一個月的訂單，那就更不用說外人能夠抓得住電子產業循環。

五、成長、成熟產業獲利率決定因素——產業結構

　　夕陽產業中少有賺錢公司，但是成長產業中為什麼還有低獲利的「行業」（不是單一公司，那可能是個別差異）？主因在於產業結構，即經濟學中的完全競爭或

寡佔市場。

　　進入障礙的高低，決定產業競爭程度，這些包括原料取得（例如石油、瓦斯）、技術（含專利）和資本等。以電子業的個人電腦業來說，品牌業者（例如宏電、國眾）惟一的競爭武器只剩下售後服務（品牌），這是因為電腦的零售業太過發達，1980 年代消費者便可以在光華商場等地區通路要求店家自行組裝（DIY），這種稱為非品牌組裝電腦（clone）。1996 年起，聯強國際以掌握通路優勢，先加入 clone 這邊，甚至在 1997 年時自創品牌 Lemel（行銷學稱為通路品牌）。消費者可以依需要來組裝電腦，組合出來的電腦可能是採用華碩主機板、英特爾（奔騰）微處理器、明碁監視器、飛利浦光碟機、致福數據機，還有鍵盤、滑鼠、聲霸卡等，對業者來說這叫「接單後生產」（build to order, BTO），美國大廠如惠普、戴爾也都是這麼下單。

　　這也難怪系統業的利潤非常低，同時也可以解釋筆記型電腦為什麼會吃香，1998 年電子業的主流股便是英業達、仁寶、廣達等，一些兼營業者如倫飛、明基也沾到好處，甚至連生產主機板的華碩也在 1997 年底「下海」。這是因為筆記型電腦比較「一體成型」，消費者沒有多少自行組裝的空間。

圖 7-2　如何從行銷策略來反推產品壽命週期

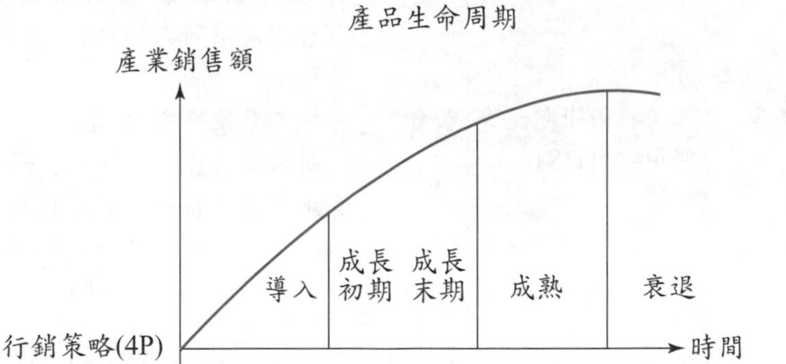

產品生命周期

行銷策略(4P)	導入	成長初期	成長末期	成熟	衰退
1.產品	特殊品	選購品		消費品（商品）	水貨仿冒品
2.售價	100%	21~80%		20%	10%
3.促銷	–	廣告		贈品	折扣
4.通路	直銷代理	專賣店		量販店	路邊攤
毛益率（舉例）	40%	20%		10%	5%

有時無須對產業深入研究，僅從業者的行銷策略大抵可以推測行業（假設該產品就是一個行業，例如傳真機、監視器、PC）壽命週期，由圖7-2可見。其中，從通路組合便可看出端倪，姑且稱為量販店指標；產品連量販店（或大賣場）都有賣，足見此產品已由特殊品進入消費品（或商品）階段，廠商毛益率將薄得可憐。這是因為量販店主要以價取勝，連帶的，公司的利潤也被壓縮了。當路邊攤（如夜市）也有賣時，表示此業可能已進入衰退期，毛益率連5%都不到。

六、產業資訊來源

產業分析所需的資料來源，詳見表7-4。如果你是投資人，不妨跟幾家往來券商索取資料（例如產業報告）。要是你需要撰寫產業報告，則還宜拜訪業內龍頭公司等，以迅速進入情況，而不致看數字說話，作出「想當然爾」的推論！

表7-4　產業資料來源

時序	歷史		最近	
	年鑑	月報	調查	統計、新聞
總體			台灣經濟研究院的《產業經濟》、《台灣經濟研究月刊》	經濟部編《工業生產月報》，有產值、銷值、產業指數
高科技產業	工業技術研究院資服中心(ITIS)	公會	資訊工業策進會（簡稱資策會）資訊市場情報中心	同左 工研院 IEK 《新科技雜誌》(月) 《環球資訊新聞》(週) 《資訊傳真周刊》 《資訊新聞周刊》
傳統產業	同上			《電子工業周刊》
上市公司	圖書館：證券暨期貨發展基金會圖書室（每次50元）		資料庫：台灣經濟新報社 線上：精業、儒碩、時報資訊	

* 網際網路上的網站有：
 1. 經濟部資服中心網址：infotimes.tol.com.tw/itis。
 2. 台經院網址：www.tier.org.tw。洽詢電話：(02)25865000轉645、649。
 3. 證券發展基金會「證券專業線上資料庫」網址：isfmd.com.tw/lib，主要為上市公司近三年財務報告、公開說明書、年報、剪報。洽詢電話：(02)23971222。

七、電子業的景氣指標──半導體設備 BB 值

半導體是電子類股中的重量級，因此對於電子股指數影響特別大，想瞭解全球半導體產業的現況，主要觀察指標便是由北美半導體設備暨材料協會（SEMI，類似公會）所發布的「出貨訂單比（率）」（book-to-bill ratio，BB 值）值來說。2003年1月其值為 0.92，表示設備廠商每賣出 10 元的產品，就可以收到 9.2 元的新產品訂單，這種情況下，就顯示半導體廠商正在持續減少買進設備中，而設備又是製造半導體的基本，因此在半導體設備 BB 值小於 1 的時候，多半是全世界半導體界正一片枯景時候。（經濟日報，2003 年 2 月 20 日，第 28 版，黃昭勇）

2002 年全球半導體景氣很差，BB 值好幾個月都小於 1，最低還曾滑落至 0.78（2002 年 10 月），也就是說，半導體設備公司賣出 10 元的產品，會收到 7.8 元的訂單，這種狀況對半導體設備公司的營業額來說，實在比以往萎縮很多。

最常見的分析方式是把半導體股指數（例如彭博臺灣半導體股價指數）或某半導體公司（如台積電等 9 家上市、上櫃股）股價跟 BB 值線畫在同一圖上，後者以柱狀圖表示。

◆ 第二節 產業比重的決定──可以投資的股票才 100 支

複雜的產業、公司分析問題，往往可以從實務界的作法獲得解答。所以我們先來看投信公司、綜合證券公司研究部的作業流程，也可以開門見山的發現「原來是這麼回事」。

從基金持股結果來看，你會懷疑為什麼「英雄（或英雌）所見略同」，報紙甚至用「基金怎麼都長得同一個樣子」來形容。

上市公司家數至少 640 家，然而 200 支股票型基金主要持股很少超過 50 支股票，有些基金經理更直截了當的說：「可以投資的股票才 100 支，值得投資的股票僅 50 支。」這種看法的根據詳見下面所述。

一、決定類股比重的程序

產業分析進行的步驟詳述如下，參見圖 7–3。

㈠先剔除不投資的產業

處於產業衰退階段（例如合成皮）產業大都沒人想碰，產業景氣循環中衰退行業（例如營建類相關類股）大家的興趣也缺缺，連投信公司都懶得找研究員寫產業研究報告，產業分析的大圖便是把各行業標在景氣循環「景氣、衰退、復甦」上。

圖 7-3　產業、上市公司分析程序

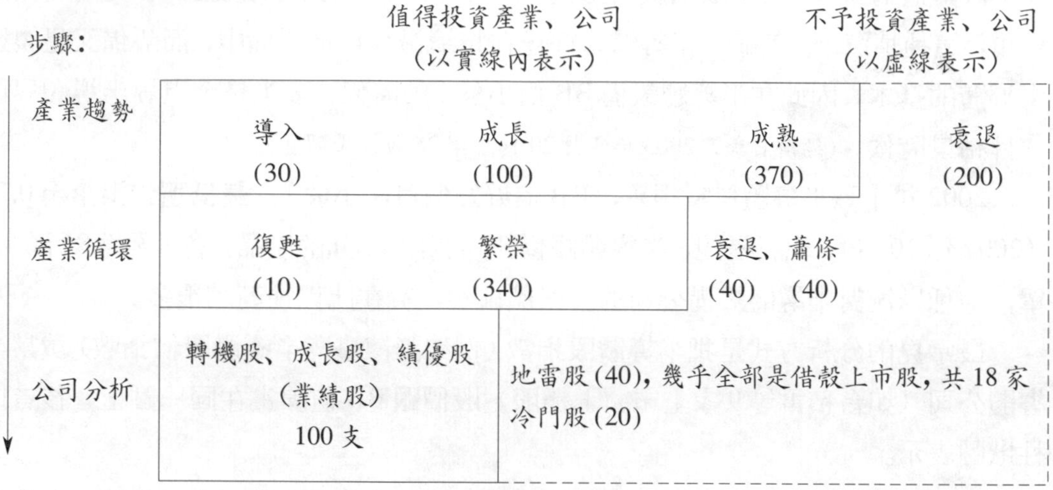

步驟：	值得投資產業、公司 （以實線內表示）			不予投資產業、公司 （以虛線表示）
產業趨勢	導入 (30)	成長 (100)	成熟 (370)	衰退 (200)
產業循環	復甦 (10)	繁榮 (340)	衰退、蕭條 (40)　(40)	
公司分析	轉機股、成長股、績優股 （業績股） 100 支		地雷股(40)，幾乎全部是借殼上市股，共 18 家 冷門股(20)	

（　）內代表上市公司家數，家數數目來自圖 7-1。

㈡再從中挑出想要的產業

再從可行投資的產業中挑出十種以內產業，依產業營收成長性、獲利能力來決定產業持股比重。以電子類股來說，1996 年以來一直處於主流股，佔加權指數比重還未達 25%，但股市成交量常佔六成，不少基金以 60% 持股比率來養電子雞，這種持股比率超過產業佔加權指數比重的方式稱為「加碼」(overweight)；反之則稱為「減碼」(underweight)。限於篇幅，本書無法介紹產業分析，這屬於產業經濟學或策略管理領域，想要走捷徑者可參考拙著《策略管理》（三民書局出版）第十三章第四節事業策略規劃運用實例（一）：兼論營運計畫書。

二、研究員人數反映產業冷暖

由證券、投信公司研究員的配置可看出產業榮枯，當紅的「電子雞」（資訊電子類股）有 300 家上市公司，有些行業（例如手機）便配置 5 位研究員，從產業上中下游各有專人負責。反之，衰退產業則甚至不配置研究員，你向券商索取一份鋼

鐵業的產業報告或某上市公司的報告，往往答案是「沒有人作」。

🔶 第三節 電子股

街景往往透露出一個國家產業的強弱，在臺北市等大都市，3C 量販、手機、電腦商場可說「三步一小店，五步一大店」；跟日本情況很像，電子業是臺、日的主流股。相形之下，香港的主流股則是金融（銀行為主）、地產（觀光飯店為主），反映出其主要產業。

一、產業基本分析

電子業產品種類眾多，技術術語多如牛毛，但是分析的重點在於「從最終產品來看」，像 2003 年個人電腦年成長率將不會超過 7%，因此從源頭的 IC 設計、晶圓代工、DRAM ……等行業，都不會有高獲利日子可過。

(一)1998 年以來電子一直是主流股

電子股因長期維持高獲利、高成長、高股利的基本面三大優勢，1991 年起是電子股開始拉風，1997 年，以「後來居上」之勢，躍居為主流股，取代傳統產業股和金融股，詳見表 7-5。

1997 年，電子股平均本益比僅約 10 倍，位居主流寶座的傳統產業股和金融股的平均本益比約 15 倍，受到電子業全球競爭優勢轉強和低本益比的強力挑戰，傳統產業和金融股進入本益比的大修正期。

表 7-5　1995 ～ 2003 年電子、金融、傳產成交比重

單位：%

年	電子類股成交比例	金融類股成交比例	傳統類股成交比例
1995	20.53	15.03	64.44
1996	22.58	11.36	66.06
1997	43.3	12.29	44.41
1998	51.39	12.71	35.9
1999	75.83	8.8	15.37
2000	59.11	21.58	19.31
2001	86.56	5.79	7.65

| 2002 | 70.21 | 8.64 | 21.15 |
| 2003.6.3 | 67.13 | 8.01 | 24.86 |

＊2003 年部分為本書所加

荷銀光華投信整理。

㈡2002 年電子股繁華落盡

沒有天天過年的事，隨著電子業產品大幅進入普及、飽和的成熟階段，年成長率 5% 以內，大部分電子業都變成微利的傳統產業。

1.**本業進入微利時代**：半導體股是電子股最大的族群，其次是 PC 族群，再其次是通訊族群。晶圓代工和 DRAM 等為半導體的領先指標，而主機板則是 PC 的領先指標。

臺灣電子業景氣跟美國高科技股關聯密切，並且跟全球高科技股息息相關。高科技股的趨勢已明顯進入不穩定的時代，產值最大的 PC、手機已進入成熟期，影響所及，臺灣相關公司易於被迫陷入殺價搶單；面對臺幣匯率升值，組裝代工業的毛益率遭壓縮，受負面影響最大，公司生存空間走向弱肉強食，強者恆強，弱者勢被淘汰。

通訊服務、無線通訊和網路的全球投資過剩，到 2003 年仍難以解決，這也是美、歐主要通訊公司 2002 年業績絕大多數不如市場預期的主因。臺灣的通訊代工組裝公司，多半也受通訊產業成長減緩的波及。

半導體產業「教父」、台積電董事長張忠謀 2002 年 7 月 25 日在公司法人說明會上指出「半導體下半年景氣難有起色」的一句話，顯示半導體、PC 和通訊等電子業高成長的時代已過去了，半導體產業的成長不如預期。

2.**大盤跌 19.8%、電子跌 38%**：2002 年 12 月 31 日封關日，電子類股指數收在 184 點，比 2001 年底的 297 點大跌 113 點，全年跌幅達 38%，大盤大跌 19.8%，電子類股表現很不理想。

3.**11 月，比重跌破五成**：2002 年 7 月，資金由電子移轉到傳統產業和金融的趨勢非常明顯，電子佔大盤比重於 11 月跌破五成，詳見圖 7-4，到了 2003 年 2 月 20 日才重返五成關卡。

圖7–4 臺股從3845點反彈以來主要類股成交值比重變化

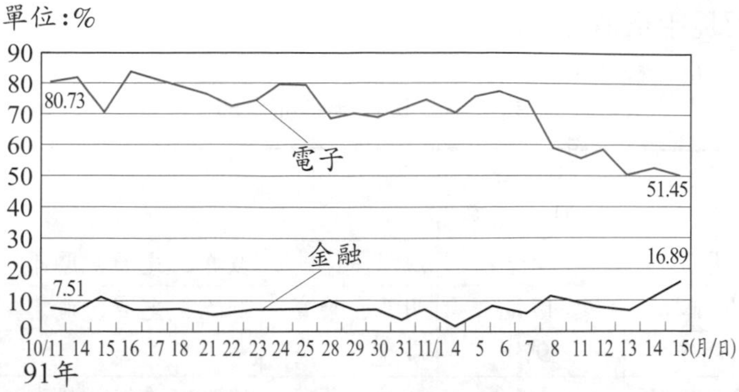

單位:%

資料來源: 台灣經濟新報

　　4.**壓縮大盤本益比**: 2002年以來從電子股股價走勢早就可看到「數字會說話」,電子股從4月下旬率先其他類股從高檔拉回且持續盤跌,就已預先透露出其景氣轉淡的訊息。

　　股市最擔憂的莫過於一直給予高權值的台積電、聯電頗高的本益比,2002年以來最高時曾達50倍以上。 這次在張忠謀保守看待半導體下半年景氣下引發外資的連續賣超,導致股價急挫,7月26日,晶圓雙雄的本益比分別急降到40倍、32倍。

　　當大盤龍頭股的本益比急降後,顯示原先股市認同較高的本益比被迫下修,過去的經驗,通常也會一併壓縮大盤本益比。初步壓縮情況是電子股比較嚴重,傳統產業股和金融股均比電子股輕。(經濟日報,2002年8月3日,第13版,吳文龍)

㈢2003年電子股「我將回來」

　　2003年,法人看好數位相機、手機、網路通訊和DVD播放機等消費性電子行業的市場年成長潛力仍大,逢低可進行中長線布局。(工商時報,2003年1月1日,第18版,林芳姿)

二、手機概念股

　　法人預期手機代工是臺灣下一波經濟成長的動力之一,預料國際手機大企業為了提高生產效率,將會逐步釋出代工訂單。手機市場前五名中,諾基亞、三星(2002年全球市佔率10%,是第3名)並沒有釋出代工訂單的計畫,諾基亞僅把不擅長的CDMA手機訂單委由南韓國企業代工。(經濟日報,2002年12月5日,第27版,陳雅蘭)

　　2002年12月3日,全球最大行動電話製造商諾基亞公司(Nokia)預估2003年

手機市場將只成長 10%。(經濟日報，2002 年 12 月 5 日，第 27 版，林聰毅)

由表 7-6 可見手機概念股的成員。

表 7-6　國際手機概念股

手機廠商	2002 年全球市佔率	組裝	組件
諾基亞	36%	鴻海	毅嘉、光寶、勝華
摩托羅拉	17%	明基、華寶	綠點、光寶、飛宏、正崴
西門子	9%	廣達	
索尼愛立信	6%	致福、華冠	綠點、美律、毅嘉、光寶
松下	－		

第 2 欄資料來源：各公司
第 3、4 欄資料來源：經濟日報，2003 年 2 月 19 日，第 9 版。

三、數位相機產業大趨勢

2003 年 1 月 15 日，光電科技工業協進會公布 2002 年光電產業產值達 4938 億元，預估 2003 年可達 5052 億元，成長 2.3%。而 2002 年前十大產值和成長率最大的十種光電產品中，產值前三名光電產品分別是：液晶顯示器 (2134 億元)、CD－RW 光碟機 (471 億元) 和 CD－R 光碟片 (327 億元)，成長最快速的產品則是電漿顯示器、可讀寫 DVD 光碟機和 OLED。

光電協進會專案經理葉德川認為，2002 年全球數位相機需求量約 2560.4 萬臺，2003 年預估為 3456.5 萬臺，增幅近 35%，可說是光電產品成長速度最搶眼的商品。

臺灣 2002 年產量約 788 萬臺，預估 2003 年為 1087.5 萬臺，增幅為 38%，雖然成長率超出全球，但仍無法盼到多數國際大企業的大量釋單，詳見圖 7-5。

圖 7-5　全球數位相機市場和臺灣產量

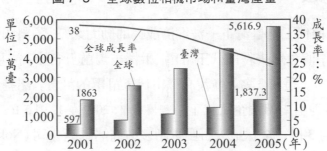

葉德川表示，佳能在 2002 年底已推出 1100 萬畫數的素位相機，顯現畫素的競爭還沒有停止，兩年內等到大家不再競爭功能時，將成為國際企業廠釋單、臺灣業者切入的最佳時點。（經濟日報，2003 年 1 月 16 日，第 29 版，李國彥）

四、DVD 播放機

2002 年底耶誕節旺季大陸 DVD 播放機零售價跌破 50 美元，折合臺幣僅 1700 餘元。半導體通路商評估，2003 年還有 15 ～ 20% 跌價空間，約 40 至 42.5 美元，一臺 DVD 播放機將低於 1500 元，加速 DVD 播放機市場進入平民化的普及階段。

DVD 燒錄器每臺市售價約 195 美元，2003 年可望續降為 155 美元。各類可讀寫 DVD 光碟，視規格的不同，每片售價 1 ～ 4 美元，2003 年可能會降至每片 0.6 美元以下，預料將會再反過頭來刺激 DVD 播放機的銷售。

通路廠商預估，在價格下滑刺激下，全球 DVD 播放機銷售量也將因價跌而量揚，2003 年將成長至 750 萬臺，詳見圖 7–6。（經濟日報，2003 年 1 月 6 日，第 28 版，李國彥、呂郁育）

圖 7–6　全球 DVD 播放機市場成長趨勢

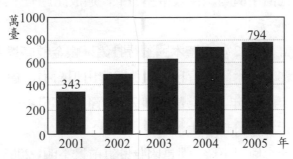

資料來源：業者提供

第四節　金融股

金融股因為股本大（以金控來說，股本 1000 億元）、資產更大，在很多股市都是主流類股。在 1998 年電子股成為主流股以前，金融股是臺股的主流股；之後退居次主流股。

一、產業基本分析

2002 年可說是金融股中主力銀行股最慘淡的一年，2003 年以後，經營則緩步改善，重點在於具有產業轉機的性質，詳細說明於下。

㈠政府的金融改革政策

1997 年下半年開始的東亞金融風暴，對臺灣金融業可說是一個轉折點，臺灣經濟屹立不搖度過難關，但是隨後發生的企業財務危機，逾放金額如同脫韁野馬般快速增長。全體銀行逾放比也呈現上升趨勢，詳見表 7-7。

幾年之間，逾放比已呈倍數增加，2002 年第一季逾放比更創高峰達 8.78%。隨後在政府積極推動金融改革、要求全體銀行大幅打銷呆帳的政策下，銀行間積極處理逾放，逾放比終於在第二季下降至 8.28%，總算獲得初步控制。

"258" 的金融改革目標就是兩年內逾放比降至 5% 以下，同時自有資本佔風險性資產比重（BIS，即資本適足率）維持在 8% 以上。

財政部於 2002 年 9 月中旬訂定出銀行分級管理措施，要求本國銀行把逾放比在 2002 年底降至 7% 以下，2003 年底降至 5% 以下。對於未達到標準的銀行將給予懲處，表現優異的則給予獎勵，在政策壓力下，逾放比應有下降空間。

㈡2002 年虧損千億元

根據財政部統計，2002 年全體本國銀行打銷呆帳金額高達 4000 多億元，是歷年最高金額。受此影響，本國銀行稅前盈餘首度出現虧損，虧損達 1045 億元，虧損家數初估 20 家，均為歷年首見，詳見表 7-7。淨值則下降一成，顯示景氣不佳、銀行過度競爭，銀行經營日趨惡化。

最近銀行逾放比率雖呈下降，但是因為景氣前景不明，2003 年 4 月逾放須以國際水準來定義，逾期放款 (non-performed loans, NPL) 指本金和利息超過 3 個月都不繳納，臺灣之前的定義為利息超過六個月不繳才算是逾放，這麼一來，銀行的逾放又水漲船高。加上政府持續要求銀行降低逾放，2003 年銀行盈餘恐怕仍須大量支應打銷呆帳。（經濟日報，2003 年 2 月 17 日，第 4 版，邱金蘭）

表 7-7　　1998～2002 年臺灣的銀行財務狀況

單位：億元

序號	年度 項目	1998	1999	2000	2001	2002	
①	資產總額	175479	192601	207751	217408	220970	
②	營業收入	12994.9	12985.9	13297.7	12795.8	9896.7	
③	稅前盈餘	1244.2	1040.6	967.8	575.9	−1045.8	
④	資產報酬率(%) = ③ / ①	0.7	0.54	0.46	0.26	−0.47	
⑤	純益率(%) = ③ / ②	9.57	8.01	7.27	4.5	−10.57	
	逾放比 (%)	4.93	5.67	6.2	8.16	第一季	8.78
						第二季	8.28
						第三季	7.82
						第四季	6.84
	淨值	13392	15066	15991	15964	14228	

資料來源：財政部金融局

工商時報，2003 年 2 月 21 日，第 8 版。

(三)銀行瘦了荷包，壯了筋骨

既然全體本國銀行的各項報酬率的指標（例如純益率、資產報酬率）等出現一路下滑的現象，為何股市對此會給予不錯的回應？打銷呆帳愈多的銀行，股價不跌反漲呢？金融局官員指出，這必須從銀行的資產結構來看。

本國銀行 2002 年的獲利和報酬出現負數，這是因為各銀行全力打銷呆帳，改善財務體質的效果。因此，不論是股市的反映，或是有外資機構跟金融局談及這種現象時，所給予的卻是正面評價。

這可以從本國銀行全體的逾放比率數據中看出來，2002 年第二季起，開始出現下降的趨勢，到了第四季，逾放比降為 6.84%。銀行的逾放比下降，資產結構也增強。（工商時報，2003 年 2 月 21 日，第 8 版，林文義）

(四)2003 年會更好

2002 年 11 月 15 日，景順投信副總經理俞大鈞表示，2002 年大部分銀行權益報酬率為負數，該公司預測 2003 年有機會轉正為 6 ～ 7%，比銀行利率還高，有利吸引中長線買盤進場。

二、股市表現

股市並沒有虧待銀行股，從 2002 年 11 月就掌聲不斷，詳細說明如下。

㈠2002 年 11 月 15 日噴出行情

2002 年 11 月 15 日，吃癟十年的金融保險類股「鹹魚翻生」曙光乍現，表現紅光滿面，上演久違的噴出行情，中長線技術面也翻多。

綜合投信法人分析， 金融股因短線上中央銀行降息而帶來降低資金成本的效益，加上類股漲幅仍低於大盤漲幅，獲得投資人青睞，多支個股直攻漲停。此外，資金進駐金融股主要是以 2003 年轉機題材為主，包括多家銀行大幅打銷呆帳後獲利具想像空間、本土公股金控釋股將營造利多氣氛、部分優質金融機構有可能成為潛在合併對象等多項利多題材。(經濟日報，2002 年 11 月 16 日，第 14 版，葉慧心)

㈡2003 年 1 月 2 日的主流股

由於投資人對電子股持股信心仍普遍不足，傳統產業股漲幅已高，金融股有機會躍升為吸金重鎮。

2003 年 1 月 2 日，金融類股收盤佔大盤成交比重 33%，超越電子股的 32%，成為主流類股，這是金融股的好「運」到!

不過，好景不常，2 月又降到 17%，電子股在 2 月 20 日重新佔 50% 比重，金融股「命」該如此。

三、選股建議

金融股股市瞬息萬變,在本書中所提的選股建議,偏重於運用本書內容的舉例。權益報酬率在 10% 以上較值得投資，2003 年 1 月初， 專家建議可注意股價相對低檔的兆豐金 (2886) 和獲利持穩、具金控題材且股價尚屬合理水準的建華金 (2890)、北商銀 (2808) 等，詳見表 7-8。

兆豐金股價淨值比低於一，股價表現相對較疲弱，2002 年受制於興票、國際證、倍利證合併，籌碼比較凌亂，2003 年中銀加入後，整體布局更為完整，股價也在相對較低位置，值得留意。建華金、北商銀因歷年獲利表現穩定，資產品質較佳，加上又具有金控合併題材，股價仍屬合理水準。(工商時報，2003 年 1 月 6 日，第 18 版，彭慧蕙)

表 7–8　主要銀行股

個股	股價（元）	淨值 2002.3Q（元）	ROE (%) 2002.Q3	ROE (%) 2003(F)	EPS 2002	EPS 2003(F)	PBR（倍）
彰　銀	16.6	14.60	−17.44	5.8%	−6.69	0.84	1.14
一　銀	23	14.55	0.96	8.3%	−7.41	1.21	1.58
北商銀	16.1	15.68	2.08	7.7%	1.10	1.20	1.03
萬泰銀	13.55	10.58	4.04	13.8%	0.91	1.46	1.28
遠東銀	9.55	11.29	1.06	8.1%	−2.84	0.91	0.85
大眾銀	6.5	7.83	−14.78	10.2%	−2.77	0.80	0.83
華南金	25.7	12.47	2.36	12.8%	−5.86	1.60	2.06
富邦金	27.6	20.80	3.60	9.4%	1.39	1.96	1.33
玉山金	14.95	10.99	2.76	16.1%	−1.19	1.77	1.36
兆豐金	17.2	17.63	1.39	7.4%	1.16	1.30	0.98
台新金	18	13.34	3.17	12.6%	1.60	1.68	1.35
建華金	14.4	11.80	1.38	11.0%	1.13	1.30	1.22
中信金	28.6	16.07	3.53	17.4%	2.60	2.80	1.78

資料來源：玉山投信整理。

第五節　中國概念股

2002 年，中概股為主的傳統產業成為股市主流之一，其中主要是由汽車相關族群所帶動。

一、起　頭

隨著臺商西進，大陸逐漸成為臺灣最大貿易順差來源，從 1997 年起，「美國概念股退燒，中國概念股接棒」。（工商時報，1997 年 8 月 25 日，第 16 版，張啟平）

在全球一片不景氣當中，大陸的經濟成長率卻能夠居高不下。2002 年達 8%，預估 2003 年仍可維持 7.2%，遠高於全球平均值的 3.0%。預估在未來的十年內，大陸仍將會是全球最具成長力的市場。

大陸市場的成長實力為臺灣廠商提供營運擴張的動力，且臺商赴大陸轉投資效益已經逐漸抬頭，中國收成股是投資人可留意的焦點。

二、分　類

中概股是泛指赴大陸投資設廠的上市公司，依這個標準，由台灣經濟新報資料庫來看，家數高達530家，中概股顯得過於廣泛。因此表7–9是一些常見的分類方式，藉以縮小範圍。

表7–9　中國概念股的分類

預期報酬率	低	高
一、產業	電子	傳產
二、依內外銷來分	外銷型，主要還是電子股	內需型，主要還是傳產股,包括汽車、石化、食品、橡膠、化纖
三、依投資獲利	中國耕耘股	中國收成股

中國收成股 (China play) 是指大陸廠獲利必須佔母公司獲利一定比重以上者，應符合「大陸廠獲利佔母公司整體獲利比重25%以上」或「大陸廠內銷比重達50%以上」等兩項標準。

依據建弘投信統計，符合上述任一標準的上市公司有32家，同時符合兩項標準的則有11家，例如塑化業的聯成、水泥業的嘉泥、汽車業的裕隆、機電業的永大和家電業的燦坤等；　其中聯成大陸子公司獲利佔母公司獲利比重達70%、嘉泥69%。

隨著臺商品牌和通路競爭力逐步強化,未來符合上述標準的上市公司應會持續增加。(經濟日報，2002年12月15日，第4版)

法人列為四大天王的中概指標股，裕隆、中華車、正新、建大等股。

日盛證券分析，根據大陸加入WTO時程表，預估大陸汽車市場潛在商機4000萬輛，對照2001年銷售量236萬輛和2002年銷售量估計300萬輛，2003～2007年大陸汽車市場年成長率仍為二位數。因此日盛證券建議中概黑馬族群，以汽車相關零組件和橡膠等股為核心。

裕隆在2000年跟風神汽車合資，成為臺灣第一家獲准在大陸生產轎車的汽車製造公司，搶攻微型和普通轎車市場。日盛證券預估2002年風神汽車大陸廠對裕

隆獲利貢獻為 33 億元，對每股獲利貢獻為 1.8 元。2003 年風神汽車在擴產效益下，對裕隆獲利貢獻將提升至 46 億元，對每股盈餘貢獻為 2.51 元。(經濟日報，2003 年 1月 7 日，第 30 版，夏淑賢)

三、里昂證券 2003 年的選股建議

2003 年 1 月 16、17 日，里昂證券舉行臺灣投資論壇，有 48 家企業與會，邀請美國、英國、歐洲、香港和新加坡等地逾 100 位機構投資人，跟上市公司進行產業資訊交流。

里昂證券維持加碼中概股、對科技股持中立，並減碼金融股的看法。2003 年中國收成概念股全年都有行情，上半年的撐盤效應更是明顯，下半年才由科技股接棒。

里昂證券相當看好中國收成股，中概股分析師張靖坤指出，臺灣部分下游製造廠在大陸的業務，大多是承接臺灣代工訂單，並不將此列入。中國收成股指的是大陸內需市場佔上市公司營收比重達二成以上，例如研華就是電子產業中的中國收成股。由於全球資金大幅匯往大陸，有利這些中概股的股價表現。(經濟日報，2003 年1 月 17 日，第 5 版，張志榮)

附錄　電子類股的各行業上市上櫃公司（23、24 為上市公司，53、54、61 為上櫃公司）

IC 設計		2363 矽統	2379 瑞昱	2388 威盛	2401 凌陽	2436 偉詮	2473 思源	2458 義隆 / 3034 聯詠
		5302 太欣	5314 世紀	5351 鈺創	5468 台晶	3041 揚智	3035 智原	5471 松翰 / 5473 矽成
		5487 通泰	6186 晶磊	6103 合邦	6104 創惟	6129 普誠	6147 頎邦	6113 亞矽 / 3006 晶豪
		6138 茂達						
IC 製造		2303 聯電	2330 台積電	2337 旺宏	2342 茂矽	2344 華邦	5326 漢磊	5436 立生 / 5347 世界
		5483 中美晶						
IC 封裝測試		2311 日月光	2325 矽品	2329 華泰	2369 菱生	2441 超豐	5336 華特	5344 立衛 / 5455 訊利
		5466 泰林	2449 京元	9101 福雷電				
DRAM		2337 旺宏	2342 茂矽	2344 華邦	2408 南科	5346 力晶	5347 世界	5387 茂德 / 2451 創見
		6138 茂達	6145 勁永					
主機板 (PCB)	一線廠	2331 精英	2357 華碩	2377 微星	2376 技嘉			
	二線廠	2397 友通	2399 映泰	2405 浩鑫	2407 陞技	2425 承啟	5364 梅捷	5414 磐英
		3046 建碁	5497 佰鈺	5498 凱崴	6161 捷波	6150 撼訊		
筆記型電腦 (NB)		2306 宏電	2315 神達	2319 大眾	2322 致福	2324 仁寶	2350 環電	2356 英業達 / 2357 華碩
		2362 藍天	2364 倫飛	2381 華宇	2382 廣達	3005 神基		
LCD 上游原料	機器設備	1516 川飛	2467 志聖	5443 均豪	5492 亞智	2479 和立		
	光罩	2338 光罩						
	玻璃基板	1802 台玻	2333 碧悠	2381 華宇				
	ITQ 導電玻璃	2349 錸德	2384 勝華					
	配向膜	3008 大立光電						
	彩色濾光片	2408 南科	2364 倫飛	2371 大同	2384 勝華			
	偏光板	1722 台肥	1605 華新					
	驅動 IC	2325 矽品	2337 旺宏	2342 茂矽	2344 華邦	2401 凌陽	2458 義隆	5314 世紀
		3034 聯詠	5302 太欣	2330 台積電	2359 所羅門	6103 合邦	6138 茂達	
	光源模組	1521 大億	1608 華榮	2409 友達	6120 輔祥	5371 中光電	1605 華新	2479 和立
		6156 科橋	6176 瑞儀					
中游面板	TN－LCD	2333 碧悠	2384 勝華	5315 光聯	6166 凌華	6167 久正		
	STN－LCD	2333 碧悠	2384 勝華	2475 華映	5315 光聯	1303 南亞	3038 全台晶	
	TFT－LCD	2409 友達	2475 華映	6116 彩晶	3009 奇美	3012 廣輝		
	面板模組廠	5432 達威	6167 久正	2359 所羅門				
下游應用產品	液晶顯示器	2324 仁寶	2346 源興	2352 明基	2489 瑞軒	3024 憶聲	5371 中光電	
	筆記型電腦	2306 宏電	2324 仁寶	2357 華碩	2362 藍天	2364 倫飛	2382 廣達	2356 英業達
	行動電話	2312 金寶	2322 致福	2324 仁寶	2381 華宇	2382 廣達	2352 明基	5304 大霸
		2359 所羅門						
	PDA/電子字典	2306 宏電	2312 金寶	2323 中環	2357 華碩	2377 微星	2398 博達	2432 倚天
	電子計算機	2356 英業達	2430 燦坤	5410 國眾	3040 遠見			
光電	LED	2336 致伸	2340 光磊	2346 源興	2349 錸德	2380 虹光	2393 億光	2394 普立爾
		2398 博達	2409 友達	2475 華映	2422 國聯	5315 光聯	3024 憶聲	3019 亞光
		5385 瑩寶	2486 一詮	3031 佰鴻	6164 華興	6168 宏齊	2499 東貝	2434 統懋

網路	2308 台達電	2332 友訊	2343 精業	2345 智邦	2350 環電	2444 友旺		
通訊設備	2314 台揚	2321 東訊	2419 仲琦	3025 星通	5353 台林	2485 兆赫	5442 世峰	3039 宏傳
	6140 訊達	6142 友勁	6143 振曜	6190 萬泰電				
網路設備	2326 亞瑟	2332 友訊	2345 智邦	2366 亞旭	2386 國電	2391 合勤	2413 環科	2419 仲琦
	2444 友旺	5306 訊康	5353 台林	3027 盛達	3047 訊舟	5442 世峰	4906 正文	4907 正華
ADSL 製造商		2321 東訊	2332 友訊	2386 國電	2391 合勤	2494 突破	2366 亞旭	
軟體族群	個人消費	5401 第三波	5478 智冠					
	中概型	2427 三商電	2432 倚天					
	企業消費	2343 精業	2471 資通	5395 普揚	5403 中菲	2473 思源	2468 華經	2490 皇統
		2480 敦陽	3029 零壹	3021 衛道	5209 新鼎	6183 關貿		
	其他	5201 凱衛	5202 力新	5204 得捷	5310 天剛	2482 連宇	5494 德鑫	6148 和平
		6123 上奇	6149 陸德					
網路軟體銀行	2306 宏碁	2323 中環	2332 友訊	2366 亞旭	2336 致伸	2317 鴻海	2347 聯強	2388 威盛
	2379 瑞昱	2348 力捷	2912 統一超	2487 友立資				
股票軟體	2343 精業	5201 凱衛	2432 倚天	5210 儒碩				
遊戲軟體	國內開發	6111 大宇	6169 昱泉					
零組件	2301 光寶	2308 台達電	2317 鴻海	2386 國電	2392 正崴	2402 毅嘉	2420 新巨	2421 建準
	2431 聯昌	2439 美律	5356 協益	2378 鴻運電	5388 中磊	5398 力瑋	2457 飛宏	2440 太空梭
	2488 漢平	5457 宣得	2460 建通	3002 歐格電	2427 美隆	6171 亞銳士	6172 互億	5425 台半
	6181 宇詮	3007 綠點						
3C 通路	2347 聯強	2353 宏碁	2373 震旦行	2374 佳能	2414 精技	2433 互盛	2430 燦坤	5384 捷元
	2450 神腦	6154 順發						
IC 零組件通路	2403 友尚	2410 普大	2416 世平	5325 大騰	2459 敦吉	2470 品佳	5434 崇越	5493 三聯
	3020 奇普仕	5452 佶優	3010 華立	3036 文曄	3028 增你強	5467 聯曄	5463 威健	6113 亞矽
	6119 大傳							
被動元件	MLCC	2327 國巨	2370 匯僑工	2492 華新科	5345 天揚	3026 禾伸堂		
	晶片電阻	2437 旺詮	2478 大毅	6173 信昌				
	鋁質電容	2375 智寶	2389 世昕	2483 百容	5317 凱美	2472 立隆		
	石英晶體	2484 希華	3042 晶技	6174 安碁				
	其他	2428 興勤	2466 冠西	2481 強茂	5328 華容	鈞寶		
電磁波測試	6146 耕興							
無塵室	6122 擎邦	6139 亞翔						
電腦廠	2353 宏碁	2315 神達	2319 大眾	2371 大同	5375 慧智	5410 國眾		
工業電腦	2463 研揚	3022 威達電						
機殼	5426 振發	5465 富驊	6117 迎廣					
電路板 PCB	2313 華通	2316 楠梓電	2335 清三	2355 敬鵬	2367 耀華	2368 金像電	2383 台光電	2418 雅新
	2429 永兆	2435 台路	5301 祥裕	5307 耀文	5318 佳鼎	5321 九德	5340 建榮	5349 先豐
	5355 佳總	3037 欣興	5372 十美	5376 東正元	5381 合正	5439 高技	5464 霖宏	5469 博德
	3044 健鼎	5475 德宏	5480 統盟	5498 凱崴	5481 華韡		6101 弘捷	6108 競國
	6114 翔昇	6153 嘉聯益	6141 柏承	6162 鴻源				
光纖通訊	光纖	1602 太電	1605 華新	1608 華榮	2321 東訊	5353 台林	2460 建通	2462 良得
	光纜	1609 大亞	1613 台一	2371 大同	2520 冠德	2496 卓越		
	光主動元件	2308 台達電	2317 鴻海	2396 精碟	2413 環科	2420 新巨		

	光纖網路設備	2332 友訊	2419 仲琦	2445 南方	5353 台林			
光碟機	2319 大眾	2331 精英	2341 英群	2346 源興	2348 力捷	2352 明基	8008 建興電	
光碟片	2323 中環	2349 錸德	2396 精碟	2490 皇統	2491 凱碟	2443 利碟	2406 國碩	
掃描器	2305 全友	2310 旭麗	2312 金寶	2319 大眾	2336 致伸	2348 力捷	2352 明基	2361 鴻友
	2380 虹光	5438 東友	3008 大立光	6160 欣技				
電源供應器	2308 台達電	2378 鴻運電	2420 新巨	5356 協益	2457 飛宏	3027 盛達	2469 力信	3043 科風
	6115 鎰勝	6121 新普	6132 銳普					
連接器	2317 鴻海	2392 正崴	5457 宣得	5491 連展	2462 良得	2440 太空梭	3011 今皓	5488 松普
連接線	3023 信邦	6126 信音	6133 金橋	6134 萬旭	6158 禾昌	6165 捷泰	6185 幃翔	
監視器	2304 誠洲	2308 台達電	2322 致福	2324 仁寶	2346 源興	2352 明基	2354 華升	
鍵盤	2310 旭麗	2341 英群	2352 明基					
滑鼠	2336 致伸	2365 昆盈						
PDA 個人數位助理	2306 宏電	2323 中環	2356 英業達	2357 華碩	2373 震旦行	2398 博達	2432 倚天	5410 國眾
	6170 統振	2498 宏達						
生化科技	1701 中化	1711 永光	1714 和桐	1716 永信	1720 生達	1729 必翔	1733 五鼎	4102 永日
	4103 百略	1731 美吾華	8925 偉盟	4110 博登	4104 東貿	4105 東洋	1734 杏輝	4111 濟生
	4106 雅博							
業外投資生化科技	1216 統一	1714 和桐	2303 聯電	2352 明基	2344 華邦	2883 開發金	1504 東元	2438 英誌
	2390 云辰	2323 中環	2324 仁寶	1712 興農	1731 美吾華	2382 廣達	5425 台半	2104 中橡
	2415 錩新	5442 世峰						
中概電子股	2301 光寶	2305 全友	2308 台達電	2313 華通	2316 楠梓電	2317 鴻海	2319 大眾	2324 仁寶
	2327 國巨	2336 致伸	2346 源興	2347 聯強	2348 力捷	2356 英業達	2357 華碩	2370 匯僑工
	2373 震旦行	2375 智寶	2376 技嘉	2378 鴻運電	2380 虹光	2389 世昕	2393 億光	2395 研華
	2394 普立爾	2402 毅嘉	2411 飛瑞	2413 環科	2425 承啟	2427 三商電	2430 燦坤	2438 英誌
	2439 美律	2457 飛宏	5381 合正	2467 志聖	2459 敦吉	5425 台半	2477 美隆電	2475 華映
	2469 力信	2476 鉅祥	3040 遠見	5478 智冠				
傳統產業中概股	1201 味全	1210 大成	1212 中日	1215 卜蜂	1216 統一	1303 南亞	1313 聯成	4205 恆義
	1402 遠紡	1417 嘉裕	1434 福懋	1440 南紡	1460 宏遠	1464 得力	1504 東元	1507 永大
	1516 川飛	1521 大億	1522 堤維西	1531 高林股	1532 勤美	1604 聲寶	1605 華新	1617 榮星
	1714 和桐	1802 台玻	1806 信益	1809 中釉	1810 和成	2010 春源	2012 春雨	2105 正新
	2106 建大	2109 華豐	2204 中華車	2506 太設	2911 麗嬰房	4415 勤龍	1538 正峰	9938 百和
	4506 崇友	9904 寶成	9905 大華	9907 統一實	9910 豐泰	9911 櫻花	9914 美利達	9919 康那香
	9921 巨大	9924 福興	9929 秋雨	9934 成霖	9936 欣錩			
線上遊戲	發行流通	6180 遊戲橘子	5478 智冠	5401 第三波				
手機	2322 致福	2352 明基	2382 廣達	5304 大霸				
通訊大哥大	1402 遠紡	1602 太電	2412 中華電	3045 台灣大	4904 遠傳			

◆ 本章習題 ◆

1. 以表 7–2 為基礎，予以更新，你認為未來一季主流股會是什麼？為什麼？

2. 把圖 7–1 更新。

3. 以一項產品來驗證圖 7–2 對產品壽命週期的觀察。

4. 把過去 12 個月的 BB 值跟台積電股價走勢畫在一起，分析其關聯程度。

5. 以表 7–5 為基礎，分析影響電子類股佔大盤比重的幾大因素，例如本益比等。

6. 以表 7–6 為基礎，比較 5 家手機組裝廠中手機對獲利的貢獻度。

7. 以圖 7–5 為例，畫出普立爾等數位相機概念股營收跟全球、臺灣整體營收比較。

8. 以圖 7–6 為例，畫出 TFT – LCD 的產業趨勢，並且把該產業四大天王（例如奇美電子、友達、翰宇彩晶、華映）的過去五年營收做一比較。

9. 把表 7–8 更新，由本益比、股價淨值比二項來挑選 5 支值得投資的股票。

10. 依據表 7–9 的分類，從本章附錄把中國收成股過去一段期間（例如一季、半年）股市報酬率找出來，看看哪種中國收成股最賺？

第八章

選股──公司分析

外資法人比以往更重視企業股利報酬率(dividend yield)，聯發科今年現金股利必須配達 6 元以上，才能符合外資的期望。

──蘇艷雪 (Sharon Su)　瑞銀華寶證券執行副總裁暨臺灣區電子產業研究部主管，《亞元》(*Asiamoney*) 和《機構投資人》(*Institution Investor*) 等雜誌所票選，全亞洲和臺灣最佳科技產業分析師

經濟日報，2003 年 2 月 17 日，第 30 版

學習目標:

倍數法是投資人買賣股票時最常用的股價評估方法,是相對的(視大盤狀況而定);在公司鑑價的運用則可視為初審方式,不脫離行情太遠的股票便可以考慮深入研究。

直接效益:

本章不僅討論三種倍數,而且更從計量經濟學中迴歸分析的角度來看,可說「一眼看穿」。此外,對於喜歡打破砂鍋問到底的人,我們還以公式說明各倍數跟淨現值法間的連結關係。

本章重點:

- 財務分析很難提供投資人預警功能。§8.1 一㈠2
- 如何判斷上市公司將出現財務危機? 表 8–1
- 如何從基本分析和技術分析找出值得投資個股? 表 8–2
- 為什麼產業類別、每股盈餘無法解釋少數股票出現的「高本益比」現象? 表 8–3
- 美林證券的投資評等。表 8–4
- 三種衡量公司獲利能力的指標。表 8–5
- ROE vs. EPS。§8.2 二㈢
- 如何預測 EPS? 表 8–6
- 每月營收公告對股價幾乎沒有影響,可見消息提早洩露、股價已提前五天反映。§8.2 二㈧
- Tobin's Q（托賓 Q）。§8.2 四㈠
- 巴菲特的價值投資理論。§8.2 四㈡
- 效率前緣在選股上的運用。§8.2 五
- 倍數法在股票鑑價的運用。圖 8–4
- 倍數法公式和比較標準。表 8–8
- 三種倍數法的優缺點比較。表 8–9
- 三種倍數法的各種名稱。表 8–10
- 常用二種本益比的缺點。表 8–11
- 股價淨值比。§8.6 二
- 淨值倍數法在選股的運用。§8.6 五

前言： 慧眼識英雄

選股票跟買衣服很像，很難找到一件百分之百滿意的；然而有些人三五分鐘便可挑件「可接受」的衣服，有些人卻「眾裡尋它千百度」，差別便在於老練（功力）。

在本章中，我們先不討論本益比等三種選股標準，反而先洩底的在第一、二節把投信公司的選股程序大公開，這樣做事效果才高。

一、先看專家露一手

元大京華投顧公司總經理陳忠瑞對 2003 年選股策略的建議如下：目前很多股票的本益比都在 10 倍以下，股價淨值比約 1.4 倍，是近十年來的第二低點，僅高於九一一事件時的 1.1 倍。如果再跟低利率和市值比較，股市下檔風險已相當有限。而且隨資金開始認同傳產股，預料配合大陸公共工程的展開，2003 年包括原物料、運輸、中國收成股和電子股會以輪動方式表現，投資人應慎選時機輪流介入。（工商時報，2003 年 1 月 2 日，第 3 版）

二、選股程序

選股 (stock selection) 跟買汽車等決策行為一樣，要想下對決策，程序和方法都很重要，詳見圖 8-1。第一、二節我們先說明投信公司如何化繁為簡的選股，這對投資人很有示範作用。

圖 8-1　選股的程序和方法

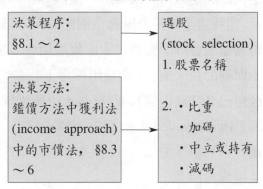

◆ 第一節 公司分析快易通——篩掉以找出可行投資股票

建構投資組合的最後一道工作就是決定各股的持股比率,當然最好能慧眼識英雄的從一堆石頭中找到寶石, 也就是發掘股價低估的潛力股 (hidden value stocks), 那往往有暴利可圖。除了專業眼光外, 找尋有投資價值的個股往往很費功夫。

怎樣快又正確的篩選出可行投資股票, 本節先說明在可行投資產業內, 「篩」掉不宜投資的股票; 再於第二節中, 從可行投資的股票 (約 100 支股票) 中「選」出 20 支值得投資的股票, 而此只佔上市家數的 5～10%, 可見值得投資的標的不多。

一、公司分析以決定各股持股比重

上市公司 640 家、上櫃股票超過 300 家, 沒有一家大型投信有能力全部研究。就跟產業分析步驟一樣, 公司分析 (company analysis) 步驟有二:

(一)步驟一: 先篩掉不要的

就跟挑結婚照一樣, 96 組中挑 24 組, 先剔除不要的再來挑自己喜歡的就比較簡單了。

1.**不要踩到地雷股:** 由圖 7–3 第三列, 你會發現我們在可行投資產業中把地雷股、冷門股排除在外。1998 年 9 月 (萬有紙業)、10 月 (安峰鋼鐵、東隆五金)、11 月 (國產車、新巨群), 因上市公司危機 (萬有被迫下市) 而引發「地雷股風暴」或本土型金融風暴, 投資人人人自危, 拖累股市。

財務危機公司只是地雷股中殺傷力最強的一種,稍弱的則為豬羊變色財務預測由盈轉成實際上的虧損。這種完全不符合財務預測應依保守穩健原則編製 —— 上市公司財務預測、修正皆需簽證會計師簽署, 才能報證期會 (第六組), 絕大部分是公司董事長藉著資訊不對稱的先天優勢, 期藉由報喜不報憂的方式以圖利公司 (例如現金增資價墊高) 或自己 (逢高出貨), 跟有些水果販把爛草莓藏在底下, 把好草莓擺在上面的「窗飾」(window dressing) 目的一模一樣。

這類公司一經發現, 宜列為「雷區」, 除非換老闆, 否則以後應把此類喊「狼來了」的公司列為「拒絕投資戶」。

2.**財務分析很難提供投資人預警功能:** 以前我在證券公司當研究員時, 主管還會要求以流動比率 (短期償債能力指標)、負債比率 (中期償債能力指標) 等財務

比率來分析上市公司的財務危機甚至破產的可能性。後來，大家才體會到財務比率分析很難提出早期預警，充其量只是落後指標（詳見表 8-1 第四欄），其原因為：

⑴上市公司財報有時差

上市公司一年須提交四季財報，第 2 季稱為半年報，在 8 月前公布，第 4 季稱為年報，4 月 30 日前公布即可。如此一來，便有財務揭露空窗期，例如 11 月到翌年 4 月，投資人能看到的是今年的第 3 季財報（10 月底前公布即可），這最長空窗期整整有 6 個月。

至於證期會要求針對重大影響資訊，上市公司須到證交所召開重大訊息說明會，或在重大基本假設變動後二日內透過即時資訊系統 (MIS) 揭露，預告大概數字，並在十天內，公告會計師調整後的新數字。不過上市公司仍傾向於壞消息「大事化小、小事化無」、「能拖則拖」，以致很少上市公司即時把家醜外揚；證期會為避免此情況發生，宣布將嚴格執法。（工商時報，1998 年 11 月 6 日，第 18 版，高政煌）

⑵惡性倒閉，騙你千遍也不厭倦

至於存心不良的上市公司董事長，連簽證會計師都可能被瞞過而對財報簽署「無保留意見」，外界人士不疑有他，把「假資料真分析」，連銀行、票券公司和信用評等公司全都被整得七葷八素的。更何況是跟上市公司沒有直接接觸的外界人士，更是霧裡看花，只能看報紙才知道某家上市公司爆掉了。

⑶春江水暖鴨先知

既然外界人士很難用上市公司的財報來建立財務危機預警系統，還有什麼方法可以聞出蛛絲馬跡呢？表 8-1 是實務界常用的方法，其中「股票質借比例逾三成」須說明，以一家上市公司董監事持股比率逾五成，而整個股票質借比例逾 15%，可見董監事幾乎皆把股票押在銀行了，董監事信用已極度擴充了，極可能因個人跳票而虧空公款來填自己的洞，進而拖累公司，1998 年 10 月東隆五金公司就是最佳例證。

㈡步驟二：再挑你要的

由基本分析、技術分析設定出一些門檻，自然而然的可以篩掉暫時不宜投資的股票。由表 8-2 第三列可看出，光從基本面第 1 個標準「未來獲利機會」來看，每股盈餘 2 元是許多外資法人認為上市公司獲利能力的及格標準。

不過報上的每股盈餘、本益比常會誤導人，使用資料前必須先瞭解資料的性質。例如不少報上公布行情表中皆有本益比一欄，假設資料來自證交所，證交所的每股

表 8-1 外界人士判斷公司財務危機的三種指標（財務預警制度）

主　體	領先指標	同時指標	落後指標
一、上市（上櫃）公司	1. 負債比率高於六成， 2. 淨值迫近或低於面值（10 元）， 3. 增資後資金用途變更*， 4. 財務經理臨時離職， 5. 突然更換簽證會計師， 6. 市場不利傳聞*， 7. 宣布跟其他公司交叉持股的策略聯盟。	1. 關係企業財務危機， 2. 退票， 3. 股價跌幅超過二成以上。	1. 銀行「雨中收傘」， 2. 股票停止信用交易、信用評等降級， 3. 銀行列為「拒絕往來戶」， 4. 公司股票暫停交易，甚至下市。
二、董事長	1. 集保股票質借比例超過三成**， 2. 股票質押八成以上。	尤其是董事長向地下錢莊、丙種（股市地下金主）借款。	

資料來源：

* 林明正，「地雷股爆發前有跡可循，掌握徵兆，才能防範未然」，工商時報，1998 年 10 月 30 日，第 18 版。

** 蕭世鋒，「企業財務危機，股票質借比例先預警」，工商時報，1998 年 10 月 29 日，第 3 版。

盈餘是過去四季值。再加上季報資料常有三個月時差，也就是第 2 季的資料要到 8 月才會出爐，所以你在 7 月看到的本益比，其中的每股盈餘其實是根據去年第 2、3、4 季和今年第一季每股盈餘加總的。

　　以歷史資料為基礎計算出的本益比實用價值較低，一般法人皆是根據自己對上市公司每股盈餘的預測（未來一、三、五年）來作判斷的。如果你要不到證券公司研究部的資料，不妨參考《工商時報》編印《四季報》或財訊《股市總覽》的預測值，至少比上市公司自行預測的客觀一些，2002 年有三成上市公司調降財測。（經濟日報，2003 年 1 月 4 日，第 17 版，陳漢杰）

　　經過前述篩選，剩下可投資的股票可能不到一百支，再扣掉一些籌碼供給過剩的、主力介入或玩爛的股票，和一些你不想費時間去瞭解的（例如化工類股業務很多人不懂），剩下可以投資的股票大概在 70 支左右。

　　對於一般公司來說，想作股票，挑股票最省力省時的方式，便是把投資績效前

表8-2　從基本分析和技術分析篩選個股

分析方法	淘汰標準	注意情況
一、基本面		
(一)未來獲利機會		
1.每股盈餘	2元以上 （以本業為主）	1.採用《四季報》等預測 EPS
2.本益比	30倍以下 頂多不宜超過40倍	2.轉機股、資產股除外
(二)現有資產價值		
1.每股淨值	12元以下	
二、技術面		
1.RSI（6日）	大於80，即超買	
2.線型（價）	呈現死亡交叉	小心技術指標鈍化情況
3.均量（6日、12日）	呈現死亡交叉	在多頭行情，死亡交叉
4.周轉率	冷門股	不見得出現空頭行情
5.其他		

三名基金的持股取其交集去買，那問題鐵定不大。

二、例外說明

依據本節的原則，你拿起股票行情表，很快就可以八九不離十的篩掉股票，但是「有原則就有例外」，還好例外只佔二成，否則原則也沒多大用途。由表8-3可以看出原因所在，要瞭解哪一家公司股價表現不跟「同類」（產業）一樣，甚至本益比高於40倍，前者是**產業因素 (industry factor)**，後者屬於公司因素。只要拿起《四季報》或《股市總覽》（財訊出版）等就可以把例外公司「對號入座」（看看究竟屬於表中哪一或多項因素）。

每年約有十家上市公司的產業類別會被重新歸類，主因是企業轉型（轉行）了。而依據證交所1997年11月公告「上市公司產業類別調整要點」，由1999年元旦重新歸類8家公司，主要為下列二種情況：

1.**轉行：**例如大同、台硝、震旦行、佳能皆改為電子工業類，而台灣農林、台灣工礦改屬貿易百貨業，中鼎工程由其他類改為建材營造類，名實皆相副。

2.**借殼上市類大都轉為營建類：**例如泰瑞興業原屬電器電纜類，1998年11月

表 8-3　為什麼產業別無法解釋股價

原　因	說　明	舉　例
一、產業因素	成熟產業為何有高獲利公司、成長產業怎會有低獲利公司？原因如下：	
1.地區分散	例如工廠、市場以大陸為主，已成為中國概念股，	(1)橡膠：正新、建大 (2)鞋：豐成、泰豐
2.行業因素	化工業中的製藥業漸走向新興的生技業，	如生達、永信
3.產品因素	掃描器、電腦終端機等生產低價、低毛利產品，	(1)掃描器：全友、鴻友、力捷 (2)終端機：源興、中強、美格、明基、誠洲
4.管理因素	壽險業呈中成長。	新壽險公司因管理問題，賠多賺少
二、公司因素	為什麼會有高本益比的上市公司？原因如下：	
1.資產價值	股價主要反映的是資產價值，三商銀就是一例，	‧老牌資產股：台鳳、農林， ‧士林三寶，如士電、新纖， ‧飯店股如第一飯店。
2.轉投資	尚未達改類（包括綜合類股）標準，	(1)大同靠華映 (2)統一靠統一超商等
3.公司派（大股東）或公司（透過子公司）「護盤」	以借殼上市公司為例，母公司把子公司股票價炒高，再拿股票去銀行質押，甚至套借再買下一家上市公司，標準的「槓桿買下」(LBO) 的運用。	1998年11月上旬爆發違約交割的新巨群集團旗下的台芳、普大、亞瑟。此外，禾豐集團旗下的國產車。*

*資料來源：工商時報，1998年11月4日，第2版，陳駿逸。

23日改名為林三號國際發展公司，1999年元旦改類為建材營造類。(工商時報，1998年11月10日，第18版，周克威)

　　由於改類每年皆有二次固定時間（例如5、11月），但是投資人早已經把各上市公司依實際營業內容而在心中先予重分類了。

三、選股外包

　　很少人這麼努力照上面程序來做，很多人都是把選股工作外包，常見的有券商、

投顧公司（傳真會員、語音會員）和週刊、日報（例如《財訊快報》）等，藉以縮小範圍。接著介紹美國二項報明牌方式。

㈠美國證券公司的投資評等

2002年9月9日，華爾街主要投資銀行推出新的投資評等制度，以因應由業界自律組織全美證券商協會(NASD)以及紐約證交所(NYSE)的要求，藉以避免分析師在最近幾年避免指定「賣出」這個最低的投資等級。美林把其買進、表現突出、中立、表現平平以及賣出五級評等，縮減為買進、中立和賣出。不過新制仍將輔以低、中或高的價格波動等級，詳見表8-4。（工商時報，2002年9月11日，第6版，陳虹妙）

表8-4　美林證券的投資評等

美林	瑞士信貸第一波士頓	中分類 投資評等	價格波動		
			低	中	高
✕	✕	買進(buy) 表現突出	未來12個月股價走勢比較容易掌握		未來12個月股價走勢不明朗
✕		中立(neutral) 表現較差			
	✕	賣出(sell)			

✕表示沒有此項目

㈡明牌股，美國電腦挑選股票

2002年8月，全美最大的量販經紀商嘉信理財公司(Charles Schwab)，為避免分析師與銀行部門間的利益衝突，減少個人偏見，推出電腦選股供客戶參考，並把電腦推薦的明牌納入股票基金和避險基金的投資組合。

1.**1965年就有了**：但選股分析則交由電腦自動並有系統的執行，嘉信理財並非首開電腦選股的先例，包括價值線公司(Value Line)、查克斯投資研究公司(Zacks Investment Research)，早已推出類似的服務。價值線從1966年開始，自行研發出一套電腦選股標準，吸引不少股友注意。投資人一年只繳600美元，每週便可收到由電腦挑選的「明牌股」。

此外，微軟公司的MSN Money網站(moneycentral. msn. com)和直覺公司的Quicken. com網站，也提供免費的電腦選股系統。

2.**電腦比較客觀**：賓州大學華頓商學院金融管理教授梅翠克(Andrew Metrick)

表示，電腦是否比人或飛鏢更會選股，至今依然無解，不過唯一可以確定的是，電腦不像分析師那麼愛推薦股票。

根據查克斯投資研究公司統計，多數分析師強烈建議買進的股票佔其研究類股的59%，強烈建議賣出的比率僅3%。反觀電腦選股系統，建議買進和賣出的比率比較相等且偏低，像價值線追蹤的1700支個股中，獲得最高和最低評等的均為6%，嘉信理財電腦選股系統給予A級和F級評等的比率各為一成。

3.**路遙知馬力**：市場分析師表示，目前還無法判定電腦選股系統跟人為選股孰優孰劣。儘管電腦選股系統都利用歷史資料測試過，但顯然無法滿足投資人對預測模型的要求。（經濟日報，2002年8月26日，第13版，郭瑋瑋）

第二節　個股比重的決定──選出值得投資的股票

藉由刪除法，先把不宜投資的股票擺一邊；接著針對可行投資股票深入分析，這個樣子才會快又低成本（資訊成本和分析成本）的找到值得投資的股票。簡單的說，刪除法的目的在於找到「物美」、「貨真」的股票，而本節則在找出「價廉」、「價實」（或物超所值）的股票。

一、公司價值評估

公司價值評估或公司鑑價 (corporate valuation) 的目的主要在找出股價被低估的股票，然後買進；反之，如果是嚴重高估則融券作空。上市公司的價值評估比未上市公司容易，因為許多資訊皆攤在陽光下，而且簽證會計師的可信度較高。評估方法依據評估目的的不同，也不一樣，至少有二大類、十二小類方法可以選擇。限於篇幅，本書無法深入討論，有興趣者可參看拙著《公司鑑價》（三民書局出版），有些財務管理系甚至把它獨立開門課呢！本章只討論已上市公司的投資評價，詳見第三～六節。

二、公司獲利能力指標

溫度的表示方式有華氏、攝氏，量長度有公尺和英尺，那麼公司獲利能力有很多種衡量方式也就很自然了。由圖8-2可見，在第一層，臺灣投資人選擇盈餘來代表公司獲利，在第二層，又採取每股盈餘所計算出的本益比來評估股票的價值；底

下將詳細說明。

圖8-2　公司獲利能力指標的衡量方式

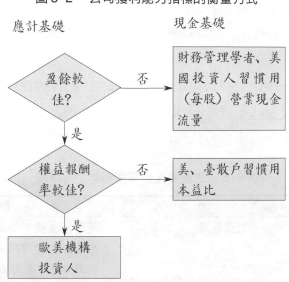

應計基礎　　　　　　　　現金基礎

盈餘較佳?　──否──→　財務管理學者、美國投資人習慣用（每股）營業現金流量

是

權益報酬率較佳?　──否──→　美、臺散戶習慣用本益比

是

歐美機構投資人

(一)為什麼強調（自由）現金流量?

投資人習慣用每股盈餘來衡量公司每股的獲利能力,財務學者主張用**每股現金流量 (cash flow per share, CFPS)**, 即來自現金基礎 (cash basis) 所計算出的每股盈餘。

財務學者以（自由）現金流量取代盈餘的原因有二:

⑴避免操縱會計方法（例如存貨評價）以操縱盈餘。

⑵避免報表詐欺, 2001 年 12 月～ 2002 年 7 月美國大型上市公司會計弊案,就是虛構盈餘,但是帳上數字作得漂亮,可惜現金沒有等量齊觀,便可見這盈餘是「人造的」!

(二)盈餘還是會計師的最愛

雖然每股現金流量觀念看起來很吸引人,但是誠如美國投資大師華倫‧巴菲特認為應該採取（每股）「股東盈餘」(owner earning) 來解決「每股現金流量」觀念的缺陷,也就是漏了考量要維持「今天」這樣的獲利能力,公司「明天」仍必須汰舊換新,也就是至少要有維持現狀的資本支出。繞了一圈著實而論,還是跟每股盈餘沒有顯著差別(參見表 8-5),因為:

⑴稅後現金流量所加回來的折舊、商譽分期攤銷（例如購買別人公司才會有此

項目），這些佔營收比重常不到 3%，佔盈餘比重也很少超過 20%。

(2)縱使前述非現金的費用攤提比重不少，但是減掉必要的資本支出（可視為根據重置成本法算出的折舊金額）和其他相關的營運成本。一加一減之後，可能還比原來稅後盈餘還少，更何況，除非是專業投資機構，否則又有幾個人曉得必要資本支出等金額呢？

所以難怪繞了一圈還是回到原點，使用每股盈餘不見得沒知識，而採取每股現金流量來分析也不見得比較有學問。還記得在第二章第三節中我們作未來五年現金流量表時，也是採取同樣處理方式嗎？

表 8-5　三種衡量公司獲利能力的指標

獲利能力	計算方式	缺點
一、（每股）盈餘	稅後盈餘。	是應計基礎下的盈餘，未考慮非現金支出的費用攤銷，此部分其實在公司手上，應為公司價值的一部分。
二、（每股）營業現金流量	稅後淨利加上折舊、分期攤銷（例如商譽）等非現金支出。	漏掉資產的維護，甚至是重置成本等資本支出，這跟「自由現金流量」觀念相似。
三、巴菲特的股東盈餘 (owner earning) *	「現金流量減掉資本支出」（這部分稱為自由現金流量）和其他可能需要的營運成本。	除非極專業的投資機構，否則沒有多少人有專業、有時間去瞭解必要資本支出和營運成本的金額。

* 周曉琪，「選擇低於淨值個股進行長期投資」，工商時報，1998 年 2 月 16 日，第 15 版。

(三)股東權益報酬率 vs. 每股盈餘

每股盈餘是臺灣投資人衡量公司獲利能力最主要的指標，不過，站在股東的角度，公司不只是拿資本額來做生意，還包括保留盈餘和資本公積，也就是整個業主權益。所以，應該拿股東權益報酬率 (ROE) 來作為衡量公司替股東賺了多少，這個道理，可由表 8-6 看得一目了然。A、B 二家公司業主權益、稅後盈餘相同，股東權益報酬率皆為 10%。因為二家公司的業主權益結構不同，A 公司股本 5 億元（一股面額 10 元），所以每股盈餘 2 元，但 B 公司股本 10 億元，每股盈餘只有 1 元；看起來，B 公司顯得比較不會賺錢。當然，這只是個錯覺罷了。

在歐美，投資人比較關切股東權益報酬率，例如圖 8-2。

表 8-6　股東權益報酬率 vs. 每股盈餘

	A 公司	B 公司
(1)資本	5 億元	10 億元
＋保留盈餘	－	－
＋資本公積	5 億元	－
(2)＝業主權益	10 億元	10 億元
(3)稅後盈餘	1 億元	1 億元
(4)每股盈餘＝(3)／(1)×0.1	2 元	1 元
(5)股東權益報酬率 (ROE)＝ (3)／(2)	10%	10%

㈣稅前 vs. 稅後盈餘

中華徵信所編印的《臺灣地區大型企業排名 TOP 5000》，各項排名中，對於獲利指標的標準，TOP 5000 採用稅前純益，而不採用稅後純益，也是在排名指標上跟其他機構不同的地方。因為許多公司都享有政府所給予的稅負優惠，如果獲利指標採用稅後純益，那麼部分原本稅前虧損的公司可能因稅負優惠而轉虧為盈，並無法反映其真正的獲利績效。 而惟有採用稅前純益才能不受公司稅負抵減因素的影響，真實呈現公司經營績效。(經濟日報，2002 年 7 月 28 日，第 12 版，劉任)

㈤盈餘的品質

對上市公司「每股盈餘」的關心，不只是針對其數量，而且「盈餘品質」(earning quality) 也一樣重要，這包括下列二項。

1.盈餘的內容：應該關心的是「每股純益」，也就是剔除「不務正業」、「非恆常性」的營業外收益（主要為處分不動產、股票等收益和匯兌利得），也就是不看重「每股盈餘」。

當然，有些實質上有控股公司色彩的公司，轉投資收入已成恆常性收入，那只好自行判斷調整。

2.盈餘的波動性：盈餘波動越小的公司，代表公司風險（主要是營運風險）較小，以公司價值評估來說，投資人要求的必要報酬率較低，也就是權益資金成本較低，公司價值無異水漲船高，股價也就會有較好的表現。

㈥何必捨近求遠？

預估每股盈餘是影響股價的重要因素，其方法詳見表 8-7。不少碩士論文試盡

各種方法想由財務報表等歷史資料，透過計量模式來預測本益比。不過，令人洩氣的是，預測準確率只有七成，而且還比外界財務分析師（以《工商時報》編製《四季報》為代表）的稍微差一點，詳見藍順德（1997 年，第 117 頁）。

表 8-7 每股盈餘預估的方法

機構、方法 / 預估 EPS	上市公司	投資人從財務報表去預估	外界財務分析師	
			四季報	證券公司研究員
一、盈餘（內容）				
1.營業純益	✓	1.財務報表分析中之趨勢分析（即最簡單之方式）	✓	✓
2.營業外收益	有些有，有些不估	−	−	
二、股本(或股數)				
1.期初股本	✓	✓		
2.當年預估（加權平均）股本	−	−	−	✓
三、預估每股盈餘＝一／二		2.單元時間序列法（ARIMA）、類神經網路（BPN）*		
優點	理論上，公司擁有最多之經營資訊，故預測應較外界準。	當缺乏（上市）公司財測或不可信賴時，只好假設「數字不會說謊」。	有加上對上市公司財測的主觀判斷，應該比較客觀。	應該比《四季報》或《財訊月刊》等準確。
缺點	不肖經營者藉高估財務預測，甚至假財報，以欺瞞投資人，以致 1996 年以來，地雷股屢有所聞，1998 年 9～12 月甚至引發地雷股效應。	1.財務比率的趨勢分析太過簡單，2.陳政初(1995年，第 68 頁)準確度只有 68%，Logit、ARIMA 更差。	一季只預測修正一次。	甚至連外商券商也只是挑重點公司進行研究，往往不超過 100 家，不到上市公司的二成。

有些證券業者宣稱有用上市公司財務資料去預測本益比，那可能還不如買本《四季報》來得快又好。

(七)預估股本（或股數）

不過《四季報》上的預估本益比是基於當年度預估盈餘再除上當時股本，這便不搭調，外國券商還會去預估年底股本，以此作為計算預估每「股」盈餘的基準。

預估年底股本，這涉及下列三件事。

(1)除權，包括股票股利（即無償配股）、現金增資（即有償配股），前者可由過去的股利政策去推測。

(2)約當股數，這是對有發行轉換公司債（含海外轉換公司債，ECB）的公司，須預測到年底前，股價超過履約價格的機率（例如四成），再乘上可轉換股數（例如 400 萬股），二者相乘，便得到可能轉換 160 萬股，這便是約當股數。

(3)會不會減資，這情況鳳毛麟角，一年頂多五家。

(八)每月營收公告的影響

盈餘只有年度財測，但每季（或每月）報紙會發布上市公司盈餘達成率，據以判斷公司是否有希望達成財務報表預測上宣稱的盈餘目標。因此，每個月十日前上市公司公告並申報上月份營業額就成為投資人惟一可用最短時間的財報資料，並據以推估月盈餘。

蘇弘哲（1995 年，第 104～105 頁）指出，1992 年 2 月迄 1994 年 11 月間，發現正面（利多）營收公告在公告日前五個交易日即已反映在股價上；負面（利空）營收公告則在前四個交易日便已反映在股價上。而第一、四季時，由於有季報等空窗期，所以月營收對股價的影響力比第二、三季時還大。

三、經營者分析

一家公司的價值如何才能確保、成長？關鍵不在外表的市佔率、技術領先等這些可維持的競爭優勢，而是造成這結果的源頭——經營者，也就是董事長。好的總經理就跟千里馬一樣，惟有伯樂才識才，所以換總經理對公司營運不會有大影響。

美國不少實證指出，績差公司更換董事長（專職管理者）常會有一段「慶祝行情」，當然如果只是換湯不換藥，投資人也不會給予「掌聲」（股價上的肯定）。

同樣的道理，臺灣投資人也越來越注意成事在「人」（董事長）的道理，例如 1998 年 11 月 10 日中鼎工程通過人事案，原董事長 81 歲轉任榮譽董事長，新任董事長為李鎮海，56 歲、現任中興電工董事長和中鼎董事。《經濟日報》11 月 11 日第 11 版，記者黃昭勇作了一個「突出股評析」，標題為「中鼎今測慶祝行情」，可

見專業媒體的報導，反映出課本上關心的事。

實務上、學術上針對經營者的「意願」，則常從其持股比率來分析，當董監事進行巨額轉帳（30 萬股以上之集中市場以外之交易）、股票質押等，皆發射出經營者可能有下列之一問題訊號：

(1)不看好該公司，所以「腳底抹油——先溜」，

(2)權益代理問題可能嚴重，大股東可能欺侮小股東。

四、發掘潛力股：決策

仔細瞭解公司的**基本價值**（intrinsic value，一般稱為**實質價值**）後，再跟股價比較，看看是否股價低估了。有二種判斷方式，其適用時機如下：

㈠托賓 Q（Tobin's Q）

雖然 Blose & Shieh (1994) 針對托賓 Q 的分子、分母更詳細的計算，而且思考的對象是整個公司價值。但是實際運用時，不少人把分子定為股價，分母定為每股淨值，報上常以此股價淨值比來作為值不值得投資的指標。姚明慶（1996 年）的研究結果，支持此比率具有輔助投資決策的作用。經驗法則是普遍來說，股價淨值比低到 2 時，往往會止跌，因為投資人認為股價已快貼到肉了！詳見第六節三。

這是 1960 年代的老方法，只考慮公司價值中的現有資產的價值是否被低估，滿適合分析沒有盤商交易價的未上市公司。美國有些商業資料庫（例如 COMPUS-TAT, CRSP）公司有販售上市公司機器設備等重置成本資料，這才是托賓 Q 的分子「重置成本」。

㈡巴菲特等

巴菲特方式比較偏重公司價值中的未來獲利的價值是否被低估，隱含假設在長期評估公司價值時，生財器具和資產的折現值將幾近於零，不過，這假設是錯誤的。殘值價值常常不菲，不應當做破銅爛鐵，詳見拙著《公司鑑價》第六章第四節。

華倫·巴菲特卓著的基金管理能力，引起臺灣基金經理群起效法因他而紅的「**價值投資理論**」（value investment theory）。平實而論，他們只是跟 1998 年的葡式蛋塔風潮一樣罷了，上市公司，尤其是大股東（即董事長）皆會護盤，所以除非大盤跌到本益比 14 倍（像 1990 年 10 月）那種超跌，可用遍地黃金來形容股市。否則多頭市場時，想找到股價被低估的股票那常是鳳毛麟角；頂多只能站在比價的角度，說該股本益比比類股中其他股低，股價被冤枉了。

五、傳統效率前緣在選股上的運用

效率前緣 (efficient frontier) 在選股上的運用，大抵是挑那些落在該線上附近的股票來納入投資組合中，如同職棒球員選秀一樣。在此處，我們以傳統效率前緣線來舉例說明。

照理說圖 8-3 中的縱軸是以期望（或預測）報酬率、橫軸該用預測標準差，實務運用時，為了省事，反而採取歷史資料。例如在 2003 年 1 月時，便可以用 2002 年的股價資料等畫出圖 8-3，看看究竟哪些股票落在效率前緣線上，以作為本月選股的參考。

至於（要是有）連續三「期」（月、季或年）都連莊上了效率前緣排行榜的股票，顯示股市有「強者恆強，弱者恆弱」現象，這種股票往往會被投資人情有獨鍾的列為基本持股。

圖 8-3　效率前緣上的股票

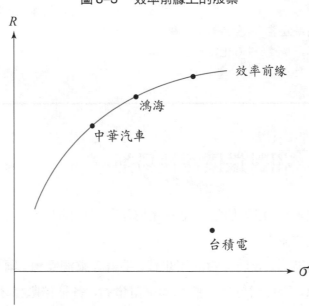

六、值得長抱十年的十支股票

講了一堆原則，如果只能挑十支股票，我會挑那十支呢？

詳見表 8－8，挑股原則：

1. 獲利每股盈餘 **3** 元以上，
2. 成立滿 **20** 年（最好 **30** 年）以上：經歷歲月考驗，公司失敗機率較低，
3. 產業龍頭：高科技產業惟有技術領先，內需服務業則為市佔率大才會躍居第一名寶座，而且產業有「大著恆大」的趨勢。

表 8－8　推荐十支值得傳子孫的臺灣股票

產業分級	進出口	內需 （不受加入 WTO 不利影響）	外銷
三、服務 　（三級產業）		1.零售：統一超商 2.電子通路：聯強國際 3.金融：中信金控	
二、製造 　（二級產業） ㈠高科技產業			IC 設計：聯發科技 晶圓代工：台積電 零組件代工：鴻海
㈡傳統產業 電腦代工：廣達 腳踏車：巨大 一、農業		食品製造：統一 石化：台塑	

📖 第三節　相對鑑價法快易通

最難堪的是成本法、淨現值法等絕對鑑價法所求出的基本價值，皆遠低於股價，所以只好另覓他途來解釋。

在沒有皮尺的時候，我們會嘗試用步伐、手臂等來測距離。同樣的，在投資時，由於缺乏公司資訊，所以只好拿一些指標來量量看，各種倍數法才應運而生，看看哪些財務指標（盈餘、淨值、營收）才抓得住股價，背後假設營運性質類似的公司應享受相近的倍數。

倍數法 (multiple valuation approach) 可說是投資判斷準則（其中淨值比最明顯），用以判斷股價是否合理。圖 8–4 是三種常用的倍數法，由左邊可看出，淨值倍數法比較偏重現有資產價值，而本益比法、營收倍數法偏重未來獲利機會。再詳

細來看，倍數法算不上獨立的方法，它只是把成本法、淨現值法中的盈餘折現法所得到的結果，拿來除以股價罷了。

圖8-4　倍數法在股票鑑價的運用

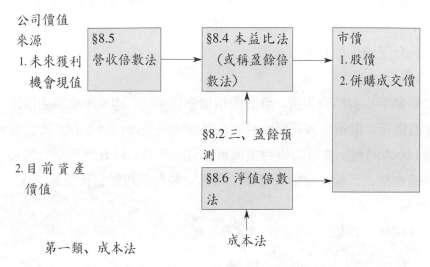

倍數法又稱為相對鑑價法，它本質上不是種鑑價方法，而是鑑價方法的運用。在股票投資時，更可能演變出各種修正版。但是如同股票的技術分析可分為價、量、時三大類一樣，倍數法也是有三種常用的。在本節中，我們像提肉粽時要提繩頭般的，先來個全面比較，讓你第一次看就上手。

一、相對鑑價法的優點

運用股價倍數可免去淨現值法中對未來數年的獲利成長預測和資金成本假設的立論辯證，而把這些假設歸因於股市價格機能的動態客觀存在事實。

各種倍數只是一個比值，重點還在於人們靈活運用，就跟消費者分析一樣，根據消費者的人文屬性（年齡、學歷、職業、性別、婚姻狀態、區位）去分析其消費行為。同樣的，相對鑑價法也可得到這些結果，例如怎樣屬性的上市公司，投資人願意接受比較高的倍數，這是「絕對鑑價法」做不到的。

美國雅虎也這麼做

美國雅虎網站上的股票資訊，除了行情表外，額外還會附 5 項「股價價值比」

(valuation ratio)，就是把本章各種倍數法運用出來罷了。由此可見，投資人多麼重視相對鑑價法。

二、作表最容易一目了然

三種倍數法的基本精神都是一樣的，只是因公司狀況不同，只好「窮則變，變則通」一下，難怪公式長得一個模樣，詳見表8-9。

比較具有爭議性的有下列二項。

㈠比較標竿

比較標竿至少有四種可選，最好跟相似公司來比，即「西瓜跟西瓜比，橘子跟橘子比」的道理，但很少公司像台積電、聯電「既生瑜，何生亮」的這麼相似，只好跟行業 (sector) 比。像華碩橫跨主機板、NB、手機，只好取三個行業加權平均，再往上則是產業、大盤，像中華開發工銀等比較對象可能是大盤。

㈡比較期間

當年（預測一年值）、過去三（或五）年平均值。

表 8-9　倍數法公式和比較標準

鑑價方法、倍數	公式	比較標竿，b (benchmark)
一、獲利法		由大到小依序：
1.本益比 (PER)	$EPS_i \dfrac{P_b}{EPS_b}$	M (market)：大盤，以平均股價代表
2.股價營收比 (PSR)	$Sale_i \dfrac{P_b}{Sale_b}$	I (industry)：產業（如電子股）
二、成本法		
股價淨值比 (PBR)	$B_i \dfrac{P_b}{B_b}$	S (sector)：行業（如電子類中的主機板、NB 指數）
		C (comparable company)：營收、資本額相似的同業，例如台積電、聯電

i：標的公司。

三、三種倍數法的適用時機

三種倍數法各有其適用時機，最優先的為本益比法，其次是淨值倍數法，最後是營收倍數法，詳見表 8–10，所以常常不是三者都拿來用用看。

由圖 8–4 可見，市價法中的市價有二，主要是指股價，依此而得到的倍數又稱股市倍數法 (market multiples)；其次才是併購成交價。

表 8–10　三種倍數法的優缺點比較

	本益比法	營收倍數法	淨值倍數法
優點	跟淨現值法比，省事好用，只消求出第一年盈餘、盈餘成長率便可	1. 盈餘、淨值為負的（財務困難）公司，照樣可進行鑑價 2. 盈餘（本益比法）、淨值（淨值倍數法）常受會計制度（如折舊、存貨計價方法）影響，本法沒這問題 3. 營收倍數比本益比穩定，因為營收比較不易大幅波動 4. 可研究產品定價變更對公司價值的影響	1. 淨值長期穩定 2. 當會計制度相同時，跨公司比較有意義 3. 可適用於沒有盈餘的公司鑑價
缺點	1. 不適用於沒有獲利的公司，但（過去五年）平均本益比只能減輕此問題的嚴重性 2. 對景氣循環股 (cyclical firms)，本益比上下檔游走空間較大	營收跟獲利不必然正向一比一相關	1. 不適用於淨值為負的公司，否則股價淨值比會出現負的 2. 服務業、新高科技股，因缺乏固定資產，所以淨值可能很近似於零 3. 相似公司（包括會計制度）難找，所以跨公司比較的意義不大

資料來源：整理自 Damodaran, Aswath, *Investment Valuation*, John Wiley & Sons, Inc., 1996, pp. 291 – 307、318 – 319、338.

四、不一樣的稱呼，同一件事

古人有名、字、別稱、雅號，像武當派祖師之一的張三丰，名「通」，字「君

實」，號「三丰」，反倒很少人知道他的本名，高中唸國文時背得苦不堪言；但是這次我們有備而來，由表 8–11 可見，三種鑑價法有些人喜歡以乘數稱之，有些人喜歡以比率（簡稱「比」）稱之；因結果大都為倍數（如本益比），其實以倍數較合適。

表 8–11　三種倍數法的各種名稱

倍數	比率
一、1.盈餘倍數法 (earnings multiple)	1. －
2.股價盈餘倍數 (price earnings multiple)	2.本益比　(price/earnings ratio, PE ratio 或 PER)
二、營收倍數法 (sales multiple)	股價營收比 (price/sales ratio, PS ratio 或 PSR)
三、股價淨值倍數 (price/book multiple) 或股價淨值倍數 (price/net worth multiple)	股價淨值比　(price/book (value) ratio, PBR 或 P/B) 或股價淨值比 (price/net worth ratio)

比率小於一的情況大都出現在逆向思考的定義，即淨值股價比、益本比（即本益比的倒數）。

㈠吹毛求疵一下又何妨？

倍數法 (multiples) 又稱「股市倍數法」(market multiples)，後者更明確，因為三種倍數法，分子都是股價，這是多加上「股市」一詞的原因。至於有人譯為「乘數」，我們擔心跟「加減乘除」中的乘數弄混了，所以寧可用「倍數」一詞。

㈡高空懸吊，上下顛倒

就跟在英國開車靠左行駛一樣，有些人也習慣逆向思考，例如益本比 (D/P)、營收股價比、淨值股價比 (B/P)，正好是我們常見的倍數法取倒數，那麼在推論時也必須反著說——例如益本比越大的股票，股價上漲空間越大。

㈢分子都是股價

縱使以倍數法來看，為了省事起見，也都盡量用簡稱，例如股價營收倍數 (price/sales multiple)，連美國人都以營收倍數 (sales multiple) 來稱呼，背後假設你知道分子是股價。

㈣以每股平均為單位

同樣的，分子都是以每股平均表示，例如以每股盈餘來取代盈餘，以每股營收來取代營收，以每股淨值來取代淨值。所以，複雜一點說的話，營收倍數的全名是「股價／每股營收倍數」(price/sales per share multiple)。

五、理論基礎

倍數法的歷史很悠久，例如淨值比可追溯到 1938 年，但由於太過簡單，反倒無法登大雅之堂。直至財務管理大師、芝加哥大學二位教授 Fama & French (1992) 的論文，才喚來財會學者更多關愛的眼神。

透過財務管理中的杜邦圖，可以把營收、獲利（毛益、純益、權益報酬）都串連在一起。也就是營收比、淨值比皆可跟盈餘折現法結合，只需稍加移項，便可套用盈餘折現法的速算公式。既然已知道淨現值法跟倍數法的連結（或函數關係），剩下的事就單純多了，以股價股利比來說，不過只是股利折現率移項罷了。

六、戰術上的限制

㈠重大限制

既然倍數法源自淨現值法，那麼先天上就帶著後者的缺陷（例如對成長率的天真假設）。然而更重要的是，倍數法因地（各國）、因時（股市或各產業多頭 vs. 空頭）、因人（各股票變現力程度）而有不同，所以在比較時宜特別注意，詳見表 8-13。

㈡技術上的缺點

本方法嚴重限制如下：

⑴對於快速成長的公司出現鑑價偏低，因為未來的盈餘會更高，特別是由虧轉盈的轉機公司。

⑵對於週期性變化大的行業比較難適用，因為產業景氣盛衰時，每股盈餘差異將很懸殊，像營建業。

⑶資產股（主要是飯店股）主要價值在資產而不在獲利，這也就不足為奇，像蔡宗榮 (1999) 的碩士論文得到如下結論：股利鑑價模式 (dividend-paying capacity model) 比較適用於股利穩定的行業（例如塑膠、鋼鐵），尤其是上游的價格領導大公司；而不適用於股利起伏甚大的電子業。

◆ 第四節 盈餘倍數法快易通——本益比法

盈餘倍數法的精神，在於投資人願意出多少錢來"購買"公司目前的盈餘。以公司併購為例，賣方公司每股盈餘 (EPS) 1 元，買方公司願意支付目前的盈餘 15 倍

的價格（即本益比 15 倍）來購買賣方公司股票，即每股購買價格 15 元，詳見表 8-12。至於本益比如何決定呢？可參酌跟賣方公司相似風險等級公司的本益比。

表 8-12 「本」、「益」比分解

	以定存為例	以股票投資為例
一、本（即投資人的成本）	本金(P)	股價，即買股票的成本
二、益（即獲利）	利息(interest)	每股盈餘，即當股東的獲利，不考慮資本利得部分。

此法導源於權益鑑價常用的方法——盈餘折現法，認為普通股的價值或普通股應當具有的價格等於本益比乘上每股盈餘，此處每股盈餘指正常 (normal) 的每股盈餘，所以須把因罷工、炒股票等突發因素而引起的異常盈餘（或營業外收支）或臨時盈餘 (transitory earnings) 排除不計；此法頗適用於公司間（大股東）換股情況。

一、同一件事

盈餘倍數法可說是學名，而本益比法、價盈比可說是俗稱，不一樣的名稱，但卻是同一件事；只是盈餘倍數法還有個特例，即以股利來取代盈餘，稱為股利鑑價法。

二、股價是可以預測的

盈餘倍數法隱含可用財務、會計變數來預測股價 (predictability of stock returns)，也就是股市不符合半強式效率假說。這個結論來自 1988～1994 年期間，無數美國頂尖財務學者的實證結果。美國聯邦準備理事會的研究員 Lander (1997) 等三人的論文，以此為基礎去深入研究，更凸顯出盈餘倍數法的實證基礎。

三、股市二種本益比皆不足為訓

臺股投資人、投資專家常用的本益比有歷史、預測本益比，詳見表 8-12。歷史本益比由證交所提供，以行情為主，所以不宜發布預測本益比；報紙行情表也基於同樣考量。

股價看未來，所以預測本益比應該比歷史本益比更具有資訊價值。但頂多也只是五十步笑百步罷了，因為這也太遽下結論了：「小時（未來一年）了了，大未必佳」、「球是圓的，不到最後一秒不能分勝負」。這麼簡單的方法僅適用於盈餘成長率為零的公司，但是這樣的公司是不存在的。

「盡信書不如無書」，同樣道理，不要說權益鑑價，連股票投資，都不宜參考表 8-13 中的本益比。反倒是美國股票大師華倫‧巴菲特所主張的「一張股票如果你不想持有十年，那就不應該買它」。值得持有十年，前提是能未卜先知——預測它未來的獲利、終值（採重置成本法）；不看十年，至少也得看四年。

表 8-13　常用二種本益比的缺點

本益比種類	每股盈餘	缺點
歷史本益比：證交所、報紙行情表提供	以 2003 年 1 月來說，過去一年盈餘指 2001 年 10 月至 2002 年 9 月（第 3 季），因 2002 年 10～12 月季盈餘，跟 2002 年年報（至遲 2003 年 4 月 15 日須出爐）一起	歷史不太會重演
預測本益比：投顧、券商、投資刊物提供預測每股盈餘	以「年」為單位，2003 年 3 月所用的預測年度為 2003 年，而不是「滾期的一年」（即 2003 年 3 月迄 2004 年 2 月）	1. 犯了「一葉落而知秋」的局部謬誤 2. 技術上，應以未來 12 個月為預測期

四、實際運用

本益比法（或擴大的說倍數法）因為有股價因素，所以受時空影響頗大，比較不像基本價值那麼穩定，在實際運用時宜特別注意表 8-14 中的要點。

表 8-14　本益比法運用時注意要點

比較標竿	說明
一、跨國比較	1. 考慮變現力 2. 考慮各國預測 GDP 成長率（會反映在上市公司的盈餘、股利成長率）
二、同一地區 　(一) 跟其他資產比	1. Fed 公式：報酬率以十年期公債為準 2. 實務公式：益本比 > R_f + 8%

㈡跟其他股票比	
1.跟大盤比	希望有比價倫理存在，如大盤PER 30X、電子股（或台積電）是其1.5倍，即45X
2.跟同一產業比	小心負債比率不同
3.跟相似公司比	相似公司不好找，尤其是併購時（有併購溢價）
三、跨時（趨勢）分析	1.可做出本益比帶（PE bang），瞭解上限、下檔
	2.實際—預期本益比線圖（缺口）關係

五、盈餘倍數法的衍生

權益獲利有很多種衡量方式，包括權益自由現金流量、盈餘、現金股利，那麼本益比法中的「益」就沒有一定要用每股「盈餘」不可的道理，本益比二種衍生型也就呼之欲出了。

㈠股價股利比

把股利折現法視為盈餘折現法的特例，同樣的，股價股利比 (price/dividend ratio) 也有人用。

$$股價股利比 = \frac{P_0}{DPS_1} = \frac{1}{股利報酬率}$$

本方法的優點在於可倒算出股利報酬率，然後跟無風險利率相比，基於資產間的比價倫理 （如第三章第四節所採的權益必要報酬率等於無風險利率加8個百分點），去判斷股價是否高估。或是純粹實證導向的，採取迴歸方式，以研究權益風險溢酬跟股票報酬率間的關係。

㈡股價現金流量倍數

盈餘的雙胞胎是現金流量，那麼邏輯上來看，也可用自由現金流量來代表。

◆ 第五節　股價營收倍數法

對於沒有盈餘的公司，本益比無用武之地；窮則變，變則通，於是找「未來」盈餘的代理變數、領先指標，營收便是第一人選；因此便發展出營收倍數法。1996年以來，本法最常用於沒有盈餘、低淨值的網路股的鑑價，詳見圖8-3。

一、跟股利折現法連結

營收比也可以跟股利折現法牽上關係，由下列定義的運用，帶入股利折現法的戈登成長模式，便可得到最後的關係式。

$$DPS = EPS_0 \times \frac{D}{EPS_0}$$

$$= Sales \times \frac{EPS}{Sales\ per\ share} \times \frac{D}{EPS}$$

$$純益率 = \frac{EPS_0}{每股營收}$$

$$股利支付率 = \frac{D}{EPS}$$

$$P_0 = \frac{DPS_1}{R_e - g} \cdot \frac{D}{P}$$

$$\frac{P_0}{Sales} = PS \frac{純益率 \times 股利支付率}{R_e - g}$$

二、運用於品牌鑑價

營收比常用於價值經營（尤其是行銷中的定價策略）和品牌鑑價，後者主要的邏輯在於品牌有價，即「超額利潤」或「品牌溢價」（brand name premium），簡單的說：

1. 以權益價值表示

$$品牌價值 = (PS_b - PS_g) \times 營收$$

b：全國著名品牌

g：一般性產品（generic product），常見的是地區品牌，甚至沒沒無名品牌、無印良品

2. 以公司鑑價表示

$$品牌價值 = [(\frac{CV}{Sales})_b - (\frac{CV}{Sales})_g] \times 營收$$

營收比在品牌鑑價能派得上用場，主因在於第一段中，它包含純益率，把營業

淨利 (operating income) 取代盈餘 (net income)。

第六節　股價淨值倍數法

「漲時重勢，跌時重質」，這是股市投資的經驗法則之一，如何衡量「質」，最具代表性的方法便是股價淨值倍數，例如股價跌破淨值 1 的，便以股價見骨來形容，指出已超跌。每次股市一重挫，報刊上便可看見「股價淨值比率」，指出股市哪裡有便宜貨。

一、帳面價值 vs. 淨值

光一個「帳面價值」(book value) 並不足以達意，在股價帳值比中指權益帳面價值 (book value of equity)，也就是淨值、業主權益。難怪有些人使用股價（每股）淨值比 (price/net worth ratio) 此一名稱，這比每股帳面價值達意，因為帳面價值易讓人誤以為是總資產的帳面價值。實務上，也以「股價淨值比」此一名詞比「股價帳面價值」（或簡稱股價帳值）通用，這點我們樂於入境隨俗。為了跟本益比對仗起見，我們稱它為淨值比，這比淨值倍數「節約」用詞一些。

二、股價淨值比

股價淨值比以資產負債表的每股淨值為核心，所以有「資產負債表法」的稱號；在倍數法工具之中，屬於比較靜態特性的方法。應用於製造業似乎比服務業為佳，主要原因在於服務業公司沒有高比率的固定生財設備，因此，資產的帳面價值不十分重要，反而是獨特的創新技術和服務比較重要。把企業的經營期間拉長來看，每股淨值的正值通常是反映長期的盈餘累積，呈現負值的情形十分罕見（除非經營不善倒閉或是經營者舞弊）。因此，以股價淨值比作為衡量投資標的價值有其穩健性和妥適性。

三、淨值倍數法衍生型

㈠托賓 Q——價值投資法的運用

美國學者、諾貝爾經濟獎得主托賓 (James Tobin) 所推出的 Tobin's Q（或托賓比率，有些用小寫 q 表示）也是屬於淨值比的修正。由〈8－1〉式可見，只是用重

置成本取替分母的帳面價值，長期來說，托賓Q趨近於1。

不過，要由托賓比率大於1（或1.2）來推論股價偏高，似嫌勉強；因這只考慮現有資產的價值，沒有考慮未來獲利機會的價值。

$$\text{Tobin's Q} = \frac{\text{股價}}{(\text{每股淨值}) \text{ 重置成本}} \underset{<}{\overset{\geq}{=}} 1 \quad \begin{array}{l} \text{股價高估} \\ \text{股價低估} \end{array} \quad \cdots\cdots \langle 8-1 \rangle$$

㈡重置成本在投資時的運用——重置成本概念股

在空頭行情時，投資人重質（即「跌時重質，漲時重勢」），因此重置成本概念股往往會抬頭。以1997年9月，臺股因受東南亞金融風暴影響，從10210點下跌，許多股價跌破（每股）重估價值（或稱為重置成本）——例如臺芳、立大、源益和新銀行等資產類股。大抵來說，這屬於價值投資的特殊情況。

四、限 制

樹長得再高，也長不到天上去；縱使淨值比可跟盈餘連結上，但盈餘跟股價的關係卻很淡，因此站在鑑價立場，淨值比的用途實在很有限。膚淺的說，淨值只是業主權益的歷史成本表現罷了，並沒衡量未來獲利機會。

美國加州大學柏克萊分校教授Stephen H. Penman（1996）的研究並不支持權益報酬率是本益比、淨值比的好指標，他的研究期間涵蓋1968～1986年，每年研究對象約2574家上市公司。

五、淨值倍數法在選股的運用

㈠在大盤的運用

2003年2月，華寶證券（UBSW）副總裁暨臺灣策略分析師林傳英（Herald van der linde）指出，根據UBSW評估，臺灣上市公司的股東權益報酬率（ROE）平均僅有10～11%，跟亞洲地區其他國家（包括東南亞地區）相當，因此臺股不應該享有比較高的鑑價。臺股應跟其他股市一樣，以1.5倍的股價淨值比為標竿；換算後，也大約是臺股現在的指數水準（4600點），自然難以吸引外資的「低接」買盤。大概是臺股指數跌破四千點後，才可能吸引較明顯的外資買盤入場。（工商時報，2003年2月17日，第2版，沈耀華）

㈡跌時重質的防禦股

　　元大京華投顧總經理陳忠瑞指出,個股的股價淨值比並沒有絕對的高低比較標準, 一以上或是達三、四的個股, 也不能說股價有偏高之虞。但是可以確定的是, 淨值比低於一的個股, 股價都太委曲; 因為, 就算是公司清算, 投資人也可以淨值拿回投資金額, 股價淨值比不到一的個股有極大的投資魅力。以股市長線看多的情況下, 這類低淨值比股票勢將吸引資金持續流入, 股市終將還其公道。(工商時報, 2003 年 1 月 16 日, 第 18 版, 周克威)

　　2003 年 1 月 29 日, 仍有 228 家上市公司股價在淨值以下, 其中又以營建和紡織二大類股最明顯。(經濟日報, 2003 年 1 月 29 日, 第 25 版, 陳漢杰)

　　1. **股利報酬率選股──有用**: 財務管理學中的股利政策中有「一鳥在手理論」, 敘述著股東對現金股利的渴求大於公司配發股票股利為股東創造的美夢, 因為未來股價不確定性太高, 時機歹歹, 希望公司多配現金股利, 提早落入口袋, 應該是人之常情。

　　「好的股利政策就是投資報酬率的最佳保證」, 港商霸菱證券指出, 無論是多頭或空頭市場, 股利報酬率通常是比較好的選股方式。

　　以霸菱證券所研究的 332 家亞洲公司來說, 有 41% 公司的股利報酬率高於其國內定存利率, 有些國家的整體比重更高於 50%, 例如泰國 71%、新加坡 57%, 以及香港跟大陸合計的 56%; 臺灣、南韓、馬來西亞分別為 31.5%、36.9%、30.5%, 屬於中段, 而菲律賓、印尼為 5.2%、3.1%, 則略顯低。

　　從股價淨值比、股價營收比或股利報酬率來看, 股利報酬率在多頭或空頭都有用, 在多頭時期, 股利報酬率約佔報酬率的 59%, 更遑論是空頭時期, 股利報酬率也是主要的報酬率來源。

　　根據霸菱證券 1991 ～ 2002 年來的統計, 如果以股利報酬率作為選股工具, 其中有十年的報酬率優於整體市場, 僅有 1993 和 1998 年兩年, 呈現落後情況, 股市報酬率分別達 41%、15%, 也意味著股利選股策略確有其效用。(經濟日報, 2003 年 1 月 27 日, 第 30 版, 張志榮)

　　2. **2003 年的新流行**: 2003 年 2 月 13 日, 摩根富林明資產管理集團全球投資總監崔西 (Chris Tracey) 表示, 全球基金經理的選股已逐步回歸到鼓勵「報酬率至上」, 他針對這項議題研究長達十年。(經濟日報, 2003 年 2 月 14 日, 第 19 版, 張志榮)

　　3. **歐洲抱股票比買債券划算**: 從股價和每股盈餘的角度, 以及股市相對其他資產的投資價值角度來看, 歐股在經過三年的大幅修正後, 這些指標已經呈現較過去

吸引人的水位。

由表 8-15 來看，許多股票配息率已超越公債報酬率。截至 2003 年 1 月 24 日為止，德國十年期公債報酬率為 4.1%，然而義大利米蘭 30 指數的股票報酬率為 4.7%、荷蘭阿姆斯特丹證交所指數 (AEX)，為 4.2%。顯示現在如果精挑細選，不但可找到享有比債券高的收益，還加上資本利得成長的機會。(經濟日報，2003 年 2 月 22 日，第 24 版，顏鳳伶)

表 8-15　歐股配息率和公債報酬率

國　別	歐股配息率	十年期歐債殖利率	基準日期
英　國	4.25%	4.155%	2003.2.19
德　國	3.23%	4.021%	2003.1.24
法　國	3.26%	4.542%	2002.12.3
義大利	4.70%	4.200%	2003.1.24
荷　蘭	4.20%	4.015%	2003.1.24

資料來源：富達證券。

4.**臺灣的定存概念股**：2002 年 10 月初，臺股在 4000 點之下持續盤跌走勢，日盛投信指出，科技產業股價面臨嚴重修正，資金將重新進行價值型投資，不少「定存概念股」在股價紛紛回跌下，表現已經優於定存和債券型基金，建議投資人在股市跌破 4000 點大關之際，可以逢低布局定存概念股，例見表 8-16。

日盛投信統計，過去五年來上市公司平均配發現金股息的金額除以股價，所得的報酬率，約有 110 支以上個股年報酬率高於 2.5%，高於定存和債券型基金的報酬率；其中更有 27 支個股的年報酬率高達 8% 以上。這顯示有不少價值股相當值得投資，也說明臺股已修正至相對低點，投資價值已浮現。(經濟日報，2002 年 10 月 10 日，第 14 版，夏淑賢)

表 8-16　定存概念股

股價 2002.1.8　單位：元

代號個股	近五年平均配息（元）	股價（元）	年報酬率（%）	代號個股	近五年平均配息（元）	股價（元）	年報酬率（%）	代號個股	近五年平均配息（元）	股價（元）	年報酬率（%）
2206 三陽	1.138	5	22.76	2608 大榮	0.5	5.35	9.35	2371 大同	0.42	6.8	6.18
9928 中視	1.38	7.2	19.17	1321 大洋	0.68	7.6	8.95	2029 盛餘	1.2	19.5	6.15
9931 欣高	0.84	6.05	13.88	3001 協和	1.276	14.8	8.62	1614 三洋	0.64	10.5	6.10
2453 凌群	1.368	10.8	12.67	1507 永大	1.36	16.2	8.40	2523 德寶	0.4	6.65	6.02
1308 亞聚	1.36	12.3	11.06	2906 高林實	0.632	7.6	8.32	1611 中電	0.392	6.7	5.85
1315 達新	0.7	6.7	10.45	2612 中航	0.472	5.9	8.00	9905 大華	0.74	12.7	5.83
2705 六福	0.7	6.85	10.22	2431 聯昌	0.8	11.9	6.72	1236 宏亞	0.46	8	5.75
1215 卜蜂	0.5	5.05	9.90	2013 中鋼構	0.82	12.4	6.61	9922 優美	0.06	1.07	5.61
2002 中鋼	1.53	15.9	9.62	1109 信大	0.54	8.25	6.55	1525 江申	1.14	20.8	5.48
1810 和成	0.5	5.2	9.62	1311 福聚	1.2	18.5	6.49	2903 遠百	0.28	5.25	5.33
2501 國建	0.7	7.45	9.40	1102 亞泥	0.29	9.1	6.48	2548 華固	0.4	7.85	5.10
1528 恩德	0.6	6.4	9.38	2606 裕民	0.41	6.6	6.21	2546 根基	0.2	3.96	5.05

資料整理：日盛投信。

個案 四大美系券商買進鴻海

2003 年 2 月，零組件大企業鴻海精密 (2317) 公司紅得不得了，成為外資持股新寵。底下是美國四大券商的分析。

一、高盛證券

高盛證券表示，鴻海股價修正已近尾聲，而根據過去八次的歷史紀錄顯示，只要鴻海股價在一個月內重挫 19% 以上，不但會馬上出現反彈行情，而且幅度更高達 15%。證券分析師指出，如果歷史不會騙人，那麼這波股價修正風潮應屬於短期因素，鴻海的股價在重挫後總是有所支撐。

高盛證券立論基礎，主要是認為臺股類股輪動的結果，終將轉到電子股身上，但並不是全面性的買進，而是謹慎挑選已具投資價值的個股。鴻海正能符合證券分析師的預期，因而把投資評等從「表現跟大盤相仿」調升至「表現優於大盤」，但是目標價格和每股獲利並沒有更動。

二、所羅門美邦證券

所羅門美邦證券亞太區下游科技產業首席分析師楊應超指出，鴻海 1 月營收雖然不如股市預期，但是他認為應是淡季效應、新力訂單 PS2 出貨減緩，以及基期較高等因素。展望 2003 年，新力和新惠普 (HPQ) 仍將是鴻海的兩大主要客戶，各佔營收比重達 20%，而且切入面板產業的機率相當高，預估每股可賺 10.55 元。

三、美林證券

美林證券指出，臺股在第二季前不易有大漲格局出現，在股市資金充沛、年底選戰將近，以及科技產業需求可望回溫的情況下，分析師認為台股下半年比較有機會表現，但是鴻海股價（2 月 19 日 110.5 元）已修正得差不多，以 11.2 倍的本益比來看，宜納入投資組合名單中。

四、JP 摩根證券

JP 摩根證券把鴻海列為首要買進個股，權重從 6.5% 調升至 12%。分析師看好鴻海的原因，包括 2002 年第四季營收驚人，平均單月 226 億元；公司高層對 2003 年的營收展望相當有信心；鴻海 2003 年 1 月營收雖然出現下滑，但是仍比 2002 年 1 月成長 63% 即可看出。（經濟日報，2003 年 2 月 20 日，第 33 版，張志榮）

◆ **本章習題** ◆

1. 你同意倍數法是「先有股價再來計算各種倍數」的說法嗎？即隱含「存在就是合理」？

2. 以表 8 − 8 為基礎，因三種標竿來計算股價，看看那種倍數法最準？

3. 以表 8−8 為基礎，把過去 3 年的電子產業三種倍數數值找出來，做趨勢分析。

4. 跨國各股的本益比（例如英特爾 vs. 臺積電）比較，有道理嗎？

5. 預測本益比或歷史本益比，那種比較準？

6. 對高爾夫球桿頭或主機板產業公司採用營收倍數法，分析是否適用？

7. 營收倍數法是否適用於控股公司型態的公司？

8. 任意找一篇用 Tohin's Q 為實證的碩士論文，你是否會發現他們像背口訣般的皆假設物價上漲率皆為3%？

9. Tobin's Q 才是巴菲特價值投資的依據，而不是股價淨值比，原因何在？

10. 價值型基金表現乏善可陳，原因何在？

第九章

技術、市場分析
——弱式效率市場假說

如果你一直跟著風向移轉，你就不可能發財。

——華倫‧巴菲特

學習目標：

本章旨在使你具備綜合券商自營部、投信公司交易部人員的基本知識，技術分析不限用於股票，外匯、期貨也都通用，讀完本章，後二者專書中的技術分析章節可以跳過。

直接效益：

技術分析是坊間股票投資課程中最熱門的，至少 12 小時（初、中、高級班），少則 6000 元，貴則 20000 元，唸完本章 4.5 萬字，這筆錢可以省下了。坊間的書挑像杜金龍、王錦樹等的補充一下本章實例，那就綽綽有餘了。

本章重點：

- 基本分析和技術分析，二選一。表 9–1
- 技術分析投資法則檢定程序。圖 9–1
- 如何克服技術指標的盲點？§9.1 四
- 多頭市場、空頭市場的英文用語。表 9–2
- 技術指標的分類。§9.1 六、表 9–4
- 電腦自動執行的「智慧型技術分析」。§9.1 九
- RSI、MACD、KD、Bias 等四種常用價格指標。§9.2
- K 線、寶塔線。§9.3 一、二
- 常見的幾種線形。圖 9–3
- 線圖的綜合判斷，包括多（空）頭排列、黃金（死亡）交叉。圖 9–4
- 波浪理論、黃金切割率。§9.3 四、五
- 價量配合、價量背離圖。圖 9–7
- 價量關係。表 9–9
- 攻擊量、窒息量。§9.4 二
- 三篇碩士論文推翻「量先價行」、支持「價漲量增」。表 9–10
- OBV、VR、均量、融資融券餘額等量能指標。§9.4 四、五
- ADL、ADR、OBOS、每筆買（賣）單等人氣指標。§9.5
- 股市（超額報酬）效應和實證結果。表 9–12

前言：說穿了，技術分析一點也不神秘

縱使像美國紐約這樣成熟的股市，技術分析是否無用武之地？答案是否定的，無論是預測大盤或個股支撐或壓力，技術分析仍有其「有限的」適用性。

技術指標約有 40 餘種，在臺灣股市，各階段的經驗法則、判斷標準也不同。

一般投資人常覺得技術分析高深莫測，以致高不可攀，本章將以方法論作為架構脫去技術分析神秘面紗，讓你能善用技術分析以協助投資策略、政策的擬定、執行。竅門之一在於不要在本文中陳示各技術分析的公式，盡可能直接看其運用，不瞭解溫度計、濕度計原理的人，照樣看得懂溫度計上的讀數，計算公式請見附錄三、四。

◆ 第一節　技術分析基礎和限制

技術分析所得到的操作準則，和農民根據農民曆來判斷氣候是一樣的，知識的起源主要來自歷史資料的歸納，只有少數來自演繹（參見圖 9–1，主要指波浪理論）。這跟任何知識的創造過程一模一樣，自然沒有神秘之處。

技術分析比較像中醫把脈、西醫的超音波（核磁共振等），基礎在於所有的資訊（包括內部資訊）皆會形之於價、量等資訊，無所遁形，所以沒有必要往上游去做基本分析。

一、基本技術 vs. 技術分析，從一而終？

生活智慧中、計量經濟學最大的弔詭來自「兩種方法各有優缺點，所以截長補短，應當優於任何一種方法」。同樣的，有人認為如果能融合基本分析、技術分析於選股，可說相互印證，錯誤機會比較少。可惜這種浪漫想法在實際很少出現，常見的是「基本分析認為宜買進（如本益比落在 16 倍以下），但是技術分析卻未出現買進訊號，以致蹉跎歲月；當技術分析出現訊號時，股價已達本益比 20 倍以上，基本分析不建議買進，就這樣錯失買點」。同樣的，找賣點時也常出現基本、技術分析背離情況。所以台壽保投信公司總經理周良樹認為基本分析、技術分析兼容並蓄的想法只會得到「捉龜走鱉」的結果。

技術分析基本教義派（例如股市專家林新象）認為技術分析的精義在於不需看基本面，因為已全部反映在「價、量、氣」等數值上。

基本分析論者頂多只能接受「基本分析選股，技術分析決定買賣點」，但本質上仍是以基本分析為主。

這二種主張各有其採用者，詳見表 9-1；然而我們想再度強調的是「基本、技術分析兼容並蓄，但由於二者的結果南轅北轍，結局往往是歧路亡羊」。

表 9-1　技術分析 vs. 基本分析決定選股、買賣點

	只看技術分析	基本分析以選股，技術分析決定買賣點
主張人士	林新象等「惟技術分析」或「技術分析基本教義」派	例如投信公司等基金經理選股，交易員依技術分析決定買賣點
操作方式	技術分析、主力進出等決定買賣點	下檔支撐（如頸線、上升趨勢線時）買進，上檔壓力（如下降趨勢線、套牢區）賣出或（部分）調節

二、經得起檢驗的技術分析法則

不少投資人皆有不傳之秘的技術分析指標（判斷法則），再加上報刊上投資專家故弄玄虛的賣弄，最後技術分析軟體業者推陳出新的新技術指標，讓投資人如墜五里雲霧，如同到了巧克力王國瑞士的蘇黎世百貨公司，看到整個 200 坪大賣場陳列各種巧克力，真的不知道該怎麼挑選。

在 Discovery 頻道中有一集探討基督裹屍布的真像，不管如何引經據典，舉出千項證據支持此為真跡，但終究經不起碳 14 年代分析的科學檢定，而證明其為贗品。同樣的，某技術指標（或準則）是否能協助投資人「多賺點錢」（學術上稱為獲取超額報酬），必須能經得起統計方法的檢定，不宜抱持著下列態度：

⑴迷信權威，例如某某技術分析大師屢試不爽，他（或她）的宣傳詞是 "Trust me, you can make it!"，

⑵人云亦云的「大家都在用，總不會那麼多人都是傻瓜吧?」

⑶寧可信其有，不可信其無。

在圖 9-1 中，任何技術分析指標是否有效，皆必須經過這些方法之一的統計檢定。建議你找一、二篇碩士論文為架構，依樣畫葫蘆（只消變動研究期間等實驗設計），當做家庭作業，如此額外學到的東西都是自己賺到的。我建議你抱著 "I know,

圖 9-1　技術分析的投資法則檢定程序和本章相關各節

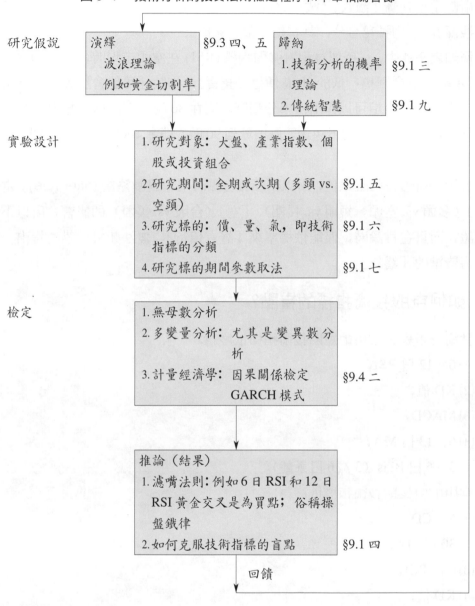

I can do it" 的態度。

三、歸納法研究假說的發現——漲跌機率理論的建構

看人家表演魔術，總覺得神乎其技；看了魔術破解節目後，才體會到「說穿了，

不值一毛錢」的道理。同樣的，每次看有些股市專家自信滿滿的舉出一個技術指標的魔術數字來判斷「漲跌」（或稱買賣點），總差點稱他為神，而這些人往往「天機不可洩漏」，一副神秘兮兮，其實是「故弄玄虛」！

例如表 9–4 中，一般認為相對強弱指標 (RSI) 在空頭市場時，超過 80 便是「超買」，指數可能會回檔；低於 20 時便是「超賣」，指數「可能會反彈。我們用「可能」二字，便代表這可以作出機率分配圖，而在 80 時，下跌機率超過 80%，投資人認為此機率很高，足夠下決策，無須等到 90 時、機率 100% 時再來賣股票，那時已太遲了。

歸納法所獲得的經驗值，用以判斷買賣點時稱為濾嘴法則 (filter rule)。當然受「時」（多頭 vs. 空頭，短期 vs. 長期）、「空」（台股 vs. 美股）的影響，所以不僅需要驗證，而且在推論時，僅能依機率來「謹言慎行」，無法斬釘截鐵的提出一個放諸四海皆準的「鐵律」。

四、如何克服技術指標的盲點？

技術分析專家常用的短期技術指標依序為：
(1) 6、12 日 RSI，
(2) KD 值，
(3) MACD，
(4) 6、13 日 MA，
(5) 3 – 6 日 Bias（3 減 6 日乖離）。
常用的中長期技術指標依序為：
(1) MACD，
(2) 30 日 MA，
(3) 6 日 RSI，
(4) KD 值，
(5) OBV。
如果短期指標間發生多空看法分歧的情形時，技術分析師們依序採用下列方法來推論：
(1) 依前面介紹的指標的相對性。
(2) 以較長期的技術指標（例如 24 日 MA、MACD）來克服短期指標的盲點。

(3)以短期指標的個數（好似五戰三勝一樣）為判斷依據。

至於其他輔助方法：

(1)參考基本面。

(2)參考市場心理狀況（例如買價、殺盤力道）。

(3)由當日盤勢變化（例如指標股和價量配合情形），再加上成交量和個股狀況。

(4)參考過去相類似時期的結果。

雖然如此，技術指標也常有失靈現象，那麼讓技術分析專家跌破眼鏡的原因有哪些呢？

(1)太多人使用同一指標，以致有提前反應的情況發生。

(2)股市結構和成熟度結構變化，以致原指標適用的準則（例如多頭市場時，RSI常超過 85 才屬超買）和時機改變。

(3)市場主力和業內人士反向操作，尤其個股當出現「作線」（做出線型）情況。

(4)突發性的重大利空或利多出現。

(5)投資人情緒反應，以致出現「該漲而不漲，該跌而沒跌」的結果。

因此使用技術分析時宜小心，否則盡信指標不如不信。

五、多頭 vs. 空頭

股市慣用語不少緣自老上海時，以最常見的多頭、空頭來說，其意義、英文用詞對照，詳見表 9-2，順便我們也可以跟景氣循環階段對比一下。

偶爾情況下，我們會看到把英文 bear market 譯成「熊市」，一方面表示投資人遭「熊吻」，非死即傷，另一方面 bear 關聯字 bearish 可說是憂傷的股市。跟 bear 相反的便是 bull market，譯成「牛市」，用公牛來形容股市上漲趨勢，大概跟中國人所說的「龍馬精神」意義一樣吧。每年初美股新年開紅盤，紐約證交所找來象徵「多頭」的牛群，奔馳通過證交所前的大道，希望為新年股市帶來好彩頭，也算是股市花絮。此外，證交所前也有公牛的銅雕。

至於英文教科書用詞則比較中性，up market 表示多頭；down market 表示空頭，簡單明瞭，一目了然。

表 9–2　股市多頭、空頭行情的用詞

股市	上升趨勢 (up trend)	盤整	下跌趨勢 (down trend)
中文 英文 ・實務界 ・教科書	多頭（行情、格局） bull market up market	回檔 oscilation	空頭 bear market、correction（修正） down market
經濟景氣	復甦 繁榮 高峰	衰退 蕭條 谷底	

●充電小站●

多頭市場

多頭市場 (bull market) 有許多定義，例如：

・根據 msn. com 辭彙的定義，股價穩定上漲持續數月。

・期貨交易商網站 ThePitMas-ter.com 說，當市場創下「比高點還高和比低點還低的價位時」。

根據部分定義，道瓊工業股價指數目前仍未進入新多頭市場：

・奈德戴維斯研究公司 (Ned Davis) 說，道瓊指數必須在 50 個日曆天後上漲 30％或 155 天上漲 13％，才稱得上是多頭市場。

・如果根據道氏理論，道瓊指數必須成功地重新測試 9 月 21 日的低點，並強勁回升到超越前一高點，才稱得上踏上多頭市場。

（經濟日報，2001 年 11 月 21 日，第 9 版，陳智文）

六、技術指標的分類

分類是人類學習的主要方式，否則常常會因木失林。同樣的，技術分析的資料來自每天交易、行情表，萬變不離其宗；如何執簡御繁呢？本段我們嘗試提出「鳥瞰圖」（即表 9–4），在附錄三、四，我們把價格、量能和人氣指標計算公式和判斷法則分類列出，才發現各中類技術指標其實大同小異，套用統計的觀念，各中類技術指標間相關程度一定很高（跟同卵雙胞胎一樣）；難怪各中類技術指標實際運用的只有二、三種。

由於篇幅有限，本章只能介紹報刊上常見的技術指標。

㈠技術指標的叢林

開車的人最怕路標板上密密麻麻的，很容易歧路亡羊。同樣的，像《經濟日報》週一至周五第 26 版「加權指數一分鐘看大盤」（詳見表 9–3）羅列一、

二十種技術指標，並以符號表示各項指標的多空看法，提供資訊的券商並不奢求你採取「多數決」，而是每個人所用的技術指標不同，它只好像自助餐式的全部擺出來，讓大家各取所需。

表9-3　加權指數一分鐘看大盤

6月2日

收盤價	4692.94	KD（10日） D		80.2 +
最高價	4706.55	OBV（10日） 百萬		39333.70
最低價	4612.10	DMI（10日） +DI		44.43
十日均價	4427.20	DMI（10日） −DI		12.27
三十日均價	4342.22	DMI（10日） ADX		27.35
七十二日均價	4421.22	MACD (6, 12, 10)		36.16
三～六日乖離率	1.47	DIF (6, 12, 10)		81.25
六～十二日乖離率	2.94	價漲量增		
六日 wRSI	89.15	每筆平均張數		5.78
十日 wRSI	78.52	OBOS（10日）		1860
KD（10日） K	87.86	實塔線		紅

資料來源：經濟日報，2003年6月3日，第26版。

表9-4　技術指標的分類和運用方式

大分類 運用方式	價格指標	量（量能指標）	氣（人氣指標）：上漲、下跌家數
一、濾嘴法則： 　　單一指標	1.RSI（相對強弱的指標）大於80超買、小於20超賣， 2.K線（實塔線）， 3.日乖離率(Bias)、3－6日乖離， 4.MACD（平滑異同移動平均線）， 5.KD值（隨機指標）， 6.DMI（趨向指標）， 7.%R(威廉指標)，濾嘴法則跟RSI相同。	1.OBV（能量潮）， 2.VR（動量指標）， 3.散戶指標、融資、融券餘額。	1.ADL（騰落指標）， 2.ADR（漲跌比率）， 3.OBOS（超買超賣線）， 4.PSY（心理線）， 5.每筆買單、賣單。
二、智慧判斷 　(一)趨勢	1.趨勢線（升降線分析）， 　(1)上升趨勢線， 　(2)下降趨勢線， 　(3)頸線。		

	2.波浪理論, 3.線形（例如旗形）。	
㈡黃金交叉 vs. 死亡 交叉	1. 6 日 RSI vs. 12 日 RSI, 2.K 線 vs. 6 日均線, 3. 6 日均價 vs. 12 日均價, 4.K 大於 D，9 日 K 大於 9 日 D。	10 日均量 vs. 30 日均量。

㈡技術指標分成三大類

技術指標雖然有 40 餘種，但根據其性質可粗分為價格、量能和人氣指標，詳見表 9–4。以價格指標來說，不管指標公式為何，萬變不離其宗，皆是根據個股股價、類股指數、大盤指數去加工計算出來的。

㈢技術指標運用方式

各類技術指標使用方式至少可分成二大類：

⑴機械式的濾嘴法則的買進、賣出訊號等臨界值，可查表參考。

⑵智慧型。

綜合使用幾個技術指標，則必須藉助投資人的經驗、判斷，最常見的便是黃金交叉、死亡交叉，詳見第二節。

七、期間參數的取法

無論以均價或均量作為技術分析的對象，對於「期間參數」的選取，則因各國交易日型態不同而有差異，詳見表 9–5。以最常見的「週線」為例，這二個字當然是約定俗成的用法，技術分析軟體不會給你這名稱，它只會在線圖上方給你三條均線空間。當你選取 6、24、72 日平均線，也就是你在「日期參數選項」中自己選定、輸入，此時除了原有的日線（即 K 線）外，又多了三條平均線。

以 6 日作為週線，那是因為 1998 年才開始實施隔週休二日，1997 年以前，每週正常皆有六個交易日，所以 6 日就是週。但是在美股，早已週休二日，所以 5 日平均才是週線。

不過大差異反而在月線（有 24 日、30 日）、季線（72 日、90 日），只是 24、72 日比較多人使用罷了。

表 9-5 均價、均量「期間參數」的選擇

線名稱	臺股：每週5個交易日	美股：每週5個交易日
極短線	3	–
週線	6	5
半月線（雙周線）	12	10
月線	24 或 30	24
季線	72 或 90	72
半年線	144	130
年線	288	260

八、實證結果舉例

實證文獻很多，我們隨手以二篇碩士論文為例：

㈠ DMI、MACD 有效

臺灣大學財務金融所高梓森（1994 年）碩士論文，研究期間為 1987 到 1993 年，支持以 DMI、MACD 二種技術指標作為買賣依據，扣除交易成本後的投資績效顯著優於買入持有策略。但是 KD 則失靈，可能原因是美國葛蘭碧（Granvile）所說的：「一個能夠持續獲得超額報酬的分析方法可能是未公開或未普及的。」

㈡ RSI、Bias 失靈

同一研究所翁龍翔（1994 年）碩士論文，研究期間長達二十四年，指出均線、TRB 有效，但是 RSI、Bias 則失靈。

九、智慧型技術分析的執行

無論在作技術指標歸納研究或篩選應用時，投資人常苦於股票總數太多（2003年時已近 1000），以致作技術分析的功課非常吃力。

如何迅速且耗費少的做好此工作呢？不妨採用電腦，以靈活的程式來模擬人工智慧，進而一層一層的找出答案。

㈠吃得苦中苦，方為人上人？

國際著名小提琴家簡名彥，曾在美國阿肯色大學醫學院完成基礎醫學課程，融合醫學知識和小提琴演奏經驗，致力於肌肉過度使用或錯誤使用所造成傷害的研究。並於 1994 年 2 月「安全與健康年會」上，提出「小提琴肩」（類似著名的網球

肘)的討論，經由肌動學、運動醫學，破除一般表演工作者所執著的錯誤傳統觀念：「吃得苦中苦，方為人上人」(No pains, no gain)，並提出破解小提琴練習和演奏的盲點。

在本段中，我們說明 "work smarter, not harder" 的電腦自動執行的技術分析。

㈡濾嘴法則的搜尋

利用類神經網路軟體，很快可以搜索出任何相關變數（例如總體經濟變數）、技術指標變數跟研究對象（例如大盤或個股）的關係，以決定買賣點，這稱為濾嘴法則。

㈢執行濾嘴法則：篩選出可行投資股票

以表9–6為例，要是你想用技術指標來找出適合投資的股票，您可指定篩選的條件，依序首先為短期黃金交叉，合乎條件股票有80支；其次，由RSI來判斷，在此80支股票中只挑出RSI值小於70者，約有60支。循此方式執行到第5步驟，篩選出合乎條件的股票只剩20支。

表 9–6 人工智慧的技術分析選股系統

步驟	技術分析條件	意義
1	K線 > 6 日均線	短期多頭排列
2	RSI < 70	未呈現嚴重超買
3	MACD > 0	中期買進訊號
	K > D	中期買進訊號
4	Bias < 7%	短期不致回檔
5	日量 > 3 日均量 × 1.3	攻擊量，價量配合良好

由於電腦執行速度非常迅速，就本例來說，全部股票僅需三分鐘便可分析完畢，而使用人工來篩選，每支股票最少須一分鐘，每天最少要花1000分鐘或17小時，對個人來說那是「不可能的任務」。

因此，要是你每天都必須重複做這些技術分析工作的話，不妨學學中信證券，建立此套人工智慧輔助技術分析選股電腦系統的效益很大。

第二節 價格指標㊀：入門篇

價格資訊最多（例如開盤價、最高價、最低價、收盤價、平均價、報酬率），而且技術指標主要的用途在於預測未來走勢，進而決定買賣點。所以站在時間序列方法用於預測的立場，以價格資訊為主的技術指標，理所當然的應該佔技術指標家族的一半以上。

一、相對強弱指標(RSI)

相對強弱指標 (relative strength index, RSI) 是技術分析上最常用的指標之一，尤其在短線操作上更是不可或缺。

其主要功能在於計算出某一段時間內，市場上多空力量互相消長的情形，觀察其超買、超賣的程度，以作為買進或賣出的參考依據。

最常用的強弱指標為 6 日和 12 日 RSI，技術指標採用基期天數太短則太敏感，天數太長則反應太慢。一般來說，RSI 在 50 以上為多頭，50 以下為空頭；80 以上表示已進入超買區，為賣出訊號；低於 20 則視為超賣，宜買進。但值得注意的是，臺股常常會出現急漲暴跌，RSI 達到 90 以上時仍舊照漲，20 以下照跌不誤，造成 RSI 反應的鈍化。

因此在應用 RSI 時，必須輔以移動平均線來判斷，才不會有太大差錯，同時利用 RSI 走勢線切畫出支撐線或阻力線，藉以判斷未來走向，可以獲得比較準確的預測。

在低檔時，常常出現從底部突破頸線或下降趨勢線後，便出現大幅反彈，同時 6 日 RSI 穿過 12 日 RSI 和 50，3 個買進訊號同時出現，準確度很高。

利用 RSI 來操作，準確度相當高，尤其是比較有效掌握大波段漲跌，但是小回檔則易出現誤判情況，不過如果能輔以其他工具，則會有明顯改善。

二、平滑異同移動平均線 (MACD)

由於均線有落後股價的遞延性，常常在股價反彈（或下跌）一大段後，均線才會出現買點（或賣點），缺乏掌握先機的效果。因此有人把均線稍作改良，保留均線能明確發出買賣點訊號的優點，再加入平滑與加權的觀念，使得買賣點能更迅速

反映股價的反應，這就是平滑異同移動平均線 (moving average converge and divergence, MACD)。

MACD 比較能掌握明顯的漲升波段，可賺到整個大波段的八成；但是 MACD 也有死角，例如，盤局時會頻頻出現錯誤雜訊。

MACD 在重挫反彈後能最早發出買進訊號（簡稱買訊），但是正常波段回檔時則反應稍差；而且 MACD 跟 DIF 的交叉點，在零線以下會比在零線之上交叉的買訊更正確。因此大跌後找買點應優先使用 MACD，而當漲升一大段後，MACD 跟 DIF 常會在零線上交纏在一起，買進訊號準確度較差，最好避免採用。

三、隨機指標（KD 線）

一般的技術指標都只以收盤價作為計算基礎，忽略了期間可能出現的激烈震盪影響；而 KD 線 (KD line) 則加計了期間的最高價和最低價，因此更能貼切反映股價波動。加上 KD 線也融合了移動平均線的觀念，所以形成準確的買賣訊號依據。

KD 線（或 KD 值）跟 RSI 一樣，其數值永遠介於 0 到 100 之間，因此在掌握大波段上的效果遠不如 MACD，但是對中短期的行情掌握則見其優點。其研判技巧為當 K 線由下方向上突破 D 線是為買訊，當 K 線由上方跌破 D 線則為賣訊。另外 KD 線跟 RSI 一樣具有 80 以上為超買區，20 以下為超賣區的觀念。

KD 指標常用在期貨的操作，由於 KD 指標非常靈敏，在中短期的行情中，常比其他指標更具參考性；KD 指標具有交叉、型態和買進、賣出訊號等多重技術研判功能。

由於 KD 指標是以當日和最近數日的最高價及最低價來計算，所以它比移動平均線只考量到每日收盤價，更能彌補了每日股價的波動狀況。

KD 指標習慣使用的日數，均以 9 日（週、月）為一個周期。（經濟日報，2002 年 7 月 14 日，第 12 版，周德維）

㈠跟 RSI 一樣出現高檔低檔鈍化

由於 KD 指標的高低標限定在 0 至 100% 值之間，即當市場出現連續性下跌或上漲時，KD 指標的最多或最低數值也只能顯示 0 或 100% 值，所以會出現「高檔鈍化」或「低檔鈍化」的現象。

㈡參考其他指標

由於股市的漲升特性，常常在初升段時 KD 即進入超買區，而在主升段時常使

KD 線在超買區幾乎形成一高原帶。如果在 KD 到達超買區時即認為股價過熱而出脫，則很可能將錯失一大段行情。因此在研判上，當 KD 線在 20 到 80 間發出買賣訊號時可立即做出動作；但是如果 KD 線在 80 以上交叉向下時，應暫做觀望，確定 K 線跌破 80 時再做賣出的動作。同樣的，當 KD 線在 20 以下交叉向上時，為避免出現雜訊，應暫時觀望，等待 K 線突破 20 時再買進；把握這修正後的要點，KD 線可同時兼具短長之美。

在指標鈍化的情況下，代表當時市場在某一方向（多、空）的持續趨勢。一旦 KD 指標出現鈍化的現象時，投資人宜回歸到價量關係。

㈢KD 值黃金交叉

KD 指標能掌握大盤或個股中的波段買賣點。以月 KD 隨機指標為例，當 9 月 KD 隨機指標形成「黃金交叉」時，通常是臺股多頭市場的開始。

以 1986 到 2003 年間 9 月（期）KD 值呈低檔黃金交叉，而又出現漲幅逾千點的大波段行情共五次來看，顯示 2003 年 1 月 9 日 KD 值黃金交叉後的多頭現象不容忽視，詳見表 9–7。

即使 9 月 K 值及 9 月 D 值黃金交叉後，指數最少也會上漲 2500 點，比如 2001 年 11 月漲至 2002 年 4 月。(經濟日報，2003 年 1 月 17 日，第 25 版，陳漢杰)

表 9–7　1986 ～ 2003 年來各 KD 值低檔黃金交叉後指數漲幅比較

KD 值出現黃金交叉日期	9 月 K 值	9 月 D 值	KD 值交叉時加權指數	波段高點出現時間	波段高點加權指數	波段上揚時間	報酬率 %
1991.1	19.32	19.14	3142.59	1991.5	6365.61	5 個月	102.56
1993.2	35.55	23.97	3413.45	1994.10	7228.33	21 個月	111.76
1995.12	21.95	21.07	4716.24	1997.8	10256.10	20 個月	117.46
1999.3	31.50	24.26	6227.34	2000.2	10393.59	12 個月	66.90
2001.11	24.29	19.89	3910.84	2002.4	6484.93	6 個月	65.82
2003.1	35.44	35.39	4431.19				

資料整理：聯邦投信

2003 年 1 月部分為本書所加。

四、乖離率 (Bias)

光看乖離率 (Bias) 這名詞很難望文生義，但是統計上的意義卻很簡單，例如「6日乖離」代表今天收盤價減掉過去 6 天收盤價的「差異」（稱為乖離），後者可說是過去 6 天股票的平均成本。那麼 6 日乖離率 −4 也就很簡單了，代表過去股價比過去 6 天平均（收盤價）下跌 4 個百分點──尤其是過去 6 天每天皆以收盤價買股的投資人。

賭場的賭客心理是「賺錢離場，輸錢縮手」，這個道理可用乖離率來描述。

1. **多頭時乖離率較大**：多頭時，大賺小賠，所以乖離率甚至高達 13。

2. **空頭時乖離率較小**：空頭時，乖離率波動範圍較小，往往（上）乖離率 7（以內）時，股價便下跌，投資人像魚偷吃魚餌般，抱著「有賺就好」的心態，見好即收。反之，停損點也設定得比較窄一點，遇停損便「拔檔」。

乖離率是依據葛蘭碧法則推演而來，其特性為當股價距離平均線太遠時，會有向平均線拉回的可能；但由於乖離率僅用單線作為研判基礎，因此無法運用快慢速線交叉的原理作為買賣訊號，所以使用價值上比 MACD、KD 等較差。

N 日乖離率是「今天收盤價減 N 日均價」，從數學的角度便是日線跟均線的距離；嚴謹的說，這只是分子而已，可說是「乖離」，還得再除以今天收盤價，才算是乖離「率」。

前面說明過，均線代表平均成本；那麼均線便有點「心理」支撐功能。像 1998 年 9 月 3 日 6219 點、1999 年 1 月 6 日 5988 點，指數均跌破十年線，表示十年內「定時定額買指數（型基金）」的投資人全賠，而誰有這麼長的耐性，表示連原始股東可能都唉唉叫了。

從 1990 年 2 月 21 日 12682 點以來，指數 9 次跌破十年線、3 次跌破十二年線；十三年來跌破十年線才 9 次，可見十年線是低點，不易跌破，跌破便是買點。

當 1998 年 9 月迄 1999 年 1 月，股市還在十年線保衛戰時，翻開 1986 年 9 月迄 1990 年 2 月股市黃金時光的剪報，跌破 72 日線（季線）的機率小之又小。兩相比較之下，看起來，均線好像也沒什麼支撐作用。最常見的是指數跌破 6 日均線，便看 12 日線是否守得住，如果再被突破，再看 24（或 30）日線，這種邏輯可說沒多少道理；就像發生嚴重大車禍時，保險桿、安全氣囊、富豪車身照樣沒輒。

第三節　價格指標㈡：進階篇

單一價格指標的缺點在於容易鈍化，以至於犯了「一葉落而知秋」的局部謬誤。為了避免誤判，因此才有三種進階方式。

⑴線形，從短線（3日以內）的K線型態、寶塔線，到中線（4到12日）預測的線形，

⑵黃金交叉、死亡交叉，適用於中線買賣點的掌握，

⑶波浪理論，號稱可以推測股價的「價量時」，比較適合長線（1個月以上）預測。

一、線圖的單獨運用：K線型態，短線預測

只看K線圖，由開盤、收盤、高價、低價四個數字標示在一個線上（例子請見圖9-2），這種K線分析是最原始的技術分析，一如看血型來分析人的個性一樣，滿粗糙的。

K線的特殊型態，其實屬於無母數檢定中「連」檢定（run test）的運用，基本道理是「無三不成理」，即出現「強者恆強，弱者恆弱」的型態時，行情已不是隨機游走（random walk），例如：

⑴三根陽線（且每天收盤價高過前一日最高價）表示上升型態，此時宜踩油門。

⑵三根陰線（且每天收盤價低於前一天最低價），象徵下跌型態，此時宜腳底

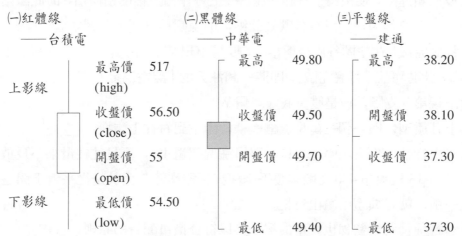

圖9-2　K線基本構造　2003.6.2（週一）

㈠紅體線			㈡黑體線		㈢平盤線	
——台積電			——中華電		——建通	
	最高價 (high)	517	最高	49.80	最高	38.20
上影線						
	收盤價 (close)	56.50	收盤價	49.50	開盤價	38.10
	開盤價 (open)	55	開盤價	49.70	收盤價	37.30
下影線						
	最低價 (low)	54.50	最低	49.40	最低	37.30

抹油。

在各種技術分析指標中，寶塔線屬於相當簡單明瞭又易於操作的技術工具。投資人只要依照寶塔線一翻紅就買進，一翻黑就賣出的原則，即可應用，不必刻意去預測股價要漲到多少，或者跌到多深。這背後隱含著股價（指數）有「連漲，連跌」的特性，或者套用比較統計味道的形容詞，係假設股價不呈現「隨機游走」的特性。

寶塔線比較適宜波段操作，無法買到最低點、賣到最高價，但卻能擁有中間一大段利潤。所以使用寶塔線唯一的優點在於，能獲取一個波段的利潤及逃掉一個波段的跌幅。但由於臺股暴漲暴跌的特性，使得買進或賣出訊號出現後，往往出現無量飆漲買不到，或是無量下跌，根本賣不出去的情形，因此該項指標僅適用於大盤，對於某些個股走勢可用性較低。

一般使用的寶塔線繪製方法，往往會在盤局時，由於時而翻紅、時而翻黑，買進、賣出訊號出現過於頻繁，往往令投資者難以決定。為了彌補寶塔線在盤局中的善變性，必須動用平均線作為輔助工具。

二、線型：中線預測

「橫看成嶺，側成峰」、「漸漸成形」這些可說是對於線形的生活化描述。也就是由 K 線的外形來預測其中線趨勢，常見的有上升型態、下跌型態、支撐三種，詳見圖 9-3。

(一)上升型態

1.**上升趨勢**：以上升趨勢線來說，便是取 K 線上「取樣期間」（例如 3 個月）內的二波低點連結，便成為上升趨勢線，往上可作為上檔的預測值，而此線則具有（心理上）支撐作用，一旦有效跌破此線，則線圖稱為「由多翻空」。

2.**打底完成**：在空頭谷底或盤整時，要是出現 W 底型態，且第 2 支腳低點比第 1 支腳高，此時可說「打底完成」，即將一翻沖天的「翻空為多」。要是打底拖得久，可能會出現第 3 支腳，或是雙重底（二個 W）。

3.**上升旗型**：跟一個三角型旗幟一樣，由左到右往上飄揚。

4.**噴出行情**：像火山噴出一樣，單日漲幅超過 4%，而且往往量來不及放大。2003 年 2 月 18 日股市 400 支股票幾乎全部亮紅燈漲停，由於是從平盤下開盤，漲幅高達一成，就是典型的噴出行情。

前述各種情況，當然也有量的配合，以符合價量配合的原則。

㈡下跌型態

下降趨勢線圖可說是上升趨勢線圖的倒影，不用贅敘。跟雙重底一樣，M頭（外形像英文字母M）也可衍生出雙尊頭（二個M）。

㈢支撐

常見的支撐圖形為頸線，從M頭也可畫出頸線。

㈣戲法人人會變，巧妙各有不同

線圖舉例說明易如反掌，而且看起來很漂亮，講起來頭頭是道。但問題在於：

1.很少人去作機率分配統計，更不要說驗證：別人可以舉出十支股票表示W底已形成，逢低買入正可大賺一筆，但是你要舉出20支股票W底為錯誤買進訊號也不難。問題出在很少人有系統的進行檢定機率分配。

2.大都是事後諸葛亮，有先見之明者不多見：寫書、開班授課（技術分析入門班、高階班），講線形皆很簡單，反正都是事後聰明。但是「站在今天預測明天」可不容易，以個股來說，主力操盤時故意「作線」打出W底，然後在第2支腳的右邊大舉出貨，之後，股價便一蹶不振；此時，對你反成為「騙線」，對主力來說是

圖9-3　常見的幾種線型

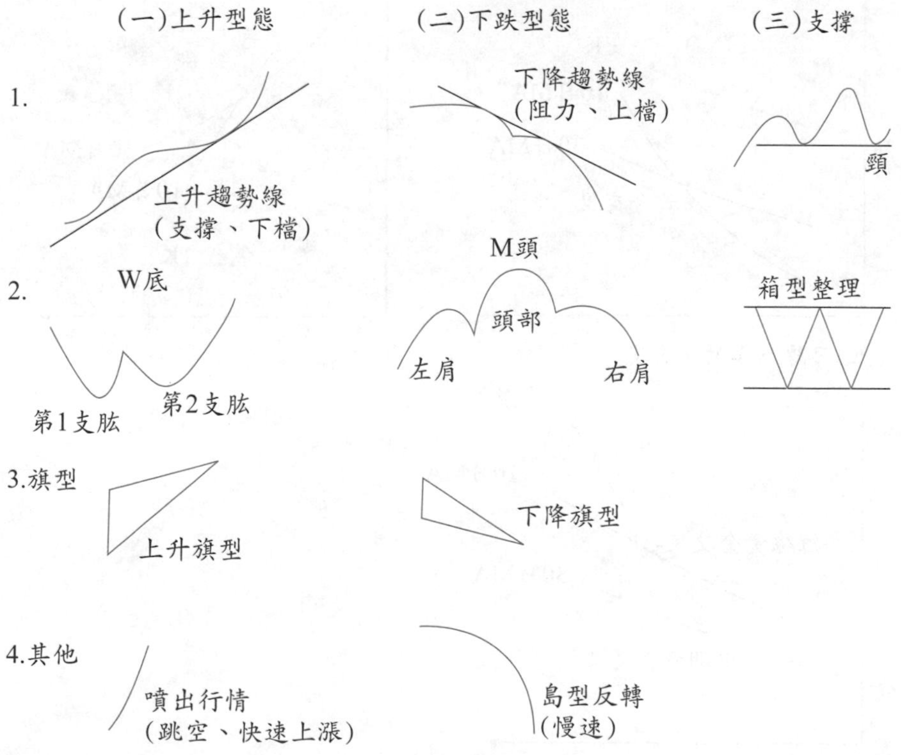

「逃命線」。

三、線圖的綜合運用：中線預測

前面只看 K 線線形來預測，另一種作法則是 K 線和均線綜合判斷。常見的有圖 9–4 的二種方式。

圖 9–4　線圖的綜合判斷

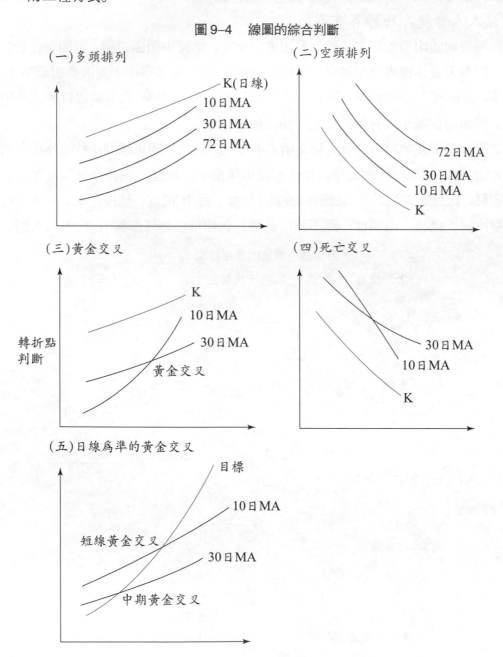

(一) 多頭排列

K(日線)
10 日 MA
30 日 MA
72 日 MA

(二) 空頭排列

72 日 MA
30 日 MA
10 日 MA
K

(三) 黃金交叉

轉折點判斷

K
10 日 MA
30 日 MA
黃金交叉

(四) 死亡交叉

30 日 MA
10 日 MA
K

(五) 日線為準的黃金交叉

目標
10 日 MA
短線黃金交叉
30 日 MA
中期黃金交叉

㈠多頭排列 vs. 空頭排列

從線形圖綜合來看股市處於多頭或空頭格局，最常用的方式為圖 9-4 上。

　1.**多頭格局**：當日線和均線呈圖 9-4 ㈠型態時，便稱為多頭排列。所代表的涵義為「買得越久（例如 72 日 MA），賺得越多」。

　2.**空頭格局**：跟多頭格局相反的是空頭格局，日線率先下跌，慢速線（如 72 日 MA）還倒掛在上面，所代表的涵義為「買得越短，賠得越多」。

㈡黃金交叉找買點

最常見的黃金交叉為圖 9-4 ㈤的型態，以 K 線視為一日均線，當短期均線（快速線）由下方向上突破長期均線（慢速線）時，如 K 線突破 30 日均線稱為中期黃金交叉，此為中期投資者買進訊號。K 線突破 10 日（少數為 6 日）均線，稱為短期黃金交叉，為短線操作時買進訊號。

至於圖 9-4 ㈢黃金交叉的定義，則為王錦樹的版本，提供你參考。

㈢死亡交叉找賣點

死亡交叉則跟黃金交叉相反，它指示著賣點。

不過「黃金交叉時買進、死亡交叉時賣出」此一法則在多空市場時正確機率並不一樣，不能視為鐵律。

㈣時間推算

由各快速、慢速線的推移，可計算出何時「彗星撞地球」（即黃金或死亡交叉），據以進行「價」、「時（間）」的預測。

㈤《經濟日報》這樣做

報上每天各股的行情外，附帶的技術指標（詳見表 9-3）如下：

⑴6 日 RSI、12 日 RSI，

⑵10 日 MA、30 日 MA。

都是為了提供投資人以此二種指標，由其黃金或死亡交叉來判斷買賣點。

㈥日線黃金交叉的實例

2003 年 1 月 13 日，元大京華投顧總經理陳忠瑞表示，2003 年 1 月中旬，10 日、月、季、半年線密集交會在 4600 到 4700 點附近，形成臺股平均三年發生一次的四線支撐，技術面符合上升均線架構，詳見圖 9-5。（經濟日報，2003 年 1 月 14 日，第 3 版，陳漢杰、夏淑賢）

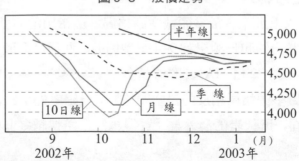

圖 9–5 股價走勢

㈦5 週跟 13 週的黃金交叉

聯合投信統計，臺股本波是在 2003 年 1 月 8 日出現 5 週跟 13 週均線黃金交叉，觀察過去 5 週與 13 週均線交叉後大盤表現，由表 9–8 可見，1993 ～ 2003 年中，漲幅比較小的 1996 年 3 月和 2000 年 12 月，主要是當時政經環境不穩，以致 5 週和 13 週均線交叉後反彈幅度較小。其餘多數都上揚達 7 週以上，漲幅最高更有六成以上。

（經濟日報，2003 年 1 月 22 日，第 33 版，陳漢杰）

表 9–8　1993 ～ 2003 年臺股 5 週和 13 週均線黃金交叉後表現

時間	波段低點	波段低點上漲到 5 週均線與 13 週均線交叉所需週數	交叉後波段漲幅 (%)	漲幅持續週數 (週)
1993.10.23	3955.99	1	62.53	10
1996.3.16	4692.40	2	17.79	3
1996.8.24	5988.12	3	27.37	27
1997.5.17	7893.73	5	16.10	7
1999.2.16	5422.66	6	22.45	15
1999.11.11	7261.31	5	33.29	9
2000.12.30	4555.91	4	2.46	2
2001.9.28	3411.68	7	45.01	21
2002.10.11	3850.04	5		

資料來源：大師資訊／聯合投信整理。

四、波浪理論：長線預測

道氏理論 (the Dow theory) 最早是由道氏 (Charles H. Dow) 於 1884 年所提出

趨勢的概念，之後 William P. Hamilton 把它整理和編寫成道氏理論。其後經過演進，趨勢線理論和波浪理論逐漸出現，成為技術分析的重要工具。

　　波浪理論可說是技術分析中的易經，精通此道的技術分析師宣稱股價指數一如波浪，可以預測「價」（指數高峰、谷底、量、時）。由於此道氏理論很「藝術」，我們只能說明基本波動和黃金切割率。

　　道氏理論主要是以「掌握趨勢」和「順勢而為」作為中心思想，道氏認為研究股市變動，掌握大勢最重要，因為方向抓對了就不會逆勢而為，造成愈買愈賠的下場。多頭或空頭一旦確立，絕不能做相反操作行為，要隨勢操作至訊號出現，才能轉換先前的操作方向。

㈠多頭五波三段

　　由圖 9-6 可見，波浪理論認為多頭市場有 "12345" 五波，其中 135 波是上升波，其名稱分別為初升段、主升段、末升段；回檔波有 2、4 二段。

圖 9-6　波浪理論圖形示例

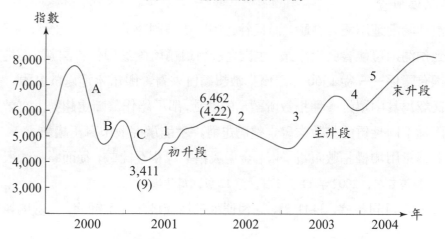

　　圖中的走勢只為說明起見而舉例，當然基本波動 (primary moves) 中還有拓延波，即大波段中還有小波段，所以真實圖形不會像圖中那麼簡潔。

　　1. 初升段：此一階段屬進貨期，一些有遠見的投資人覺察到雖然目前處於不景氣階段，但卻即將會有所轉變，而在大部分投資人並未開始轉變悲觀心態時，開始進場暗中進貨。

　　2. 主升段：此階段交易量十分穩定的上升，由於包括總體經濟、企業景氣趨勢

上升和公司盈餘透露出正面消息，投資人開始投入股市。在這個階段，使用技術分析的交易通常能獲得最大利潤。

3. 末升段：此一階段出現時，代表市況成交沸騰，隨著投機氣氛高漲，成交量也持續往上攀升。冷門股交易開始頻繁，沒有投資價值的低價股股價也急速上升。而此時點火炒作的大戶卻會利用整個趨勢，在盤中換手之際暗中出貨。而此階段，一般就是多頭行情的末端，要是當時有任何風吹草動的利空傳出，往往將造成股市重挫。此一階段通常也會出現連續大成交量，一旦巨量行情結束，也就是一波下跌走勢。

㈡空頭：三波

空頭市場來臨時，走勢基本上分為 ABC 三波，B 波又稱為反彈波，往往會被誤認只是末升段的延長波，但看準的人則趁此時逃命。少數人則套用上升 5 段的說法，把下跌五波命名為 "ABCDE"，其中 A 波為初跌波、C 波為主跌波、E 波為末跌波。

㈢不要以偏概全

波浪理論的運用需要經驗，而且往往用歷史資料來分析，可以說得頭頭是道；但是談到預測則可能會失之準頭，主因在於對目前所處波段位置誤判，而這又跟觀察期間很有關係——從 1966 年股價指數起編日來看，股市永遠處於多頭。

道氏認為其中單純一種指數所顯示的變動，都不能作為斷定趨勢上有效反轉訊號。用兩種不同性質的指數來確定整體走勢，才能掌握股市真正趨勢。

臺股通常用加權指數跟電子股、金融股指數等相互比較，從而掌握類股間的強弱變化。(經濟日報，2002 年 11 月 3 日，第 12 版，周德維)

2002 年 9 月到谷底，3441 點，之後便隨著景氣於第 4 季觸底，指數開始步入多頭。

五、黃金切割率的運用

波浪理論從波峰、波谷、多頭波形、空頭波形歸納出一些經驗值，繼續衍伸就是費波納奇「比率」(一種級數)，俗稱為「黃金」切割率。「黃金」二字緣自於黃金比率，例如金字塔、日本流行美女的 9 頭身比例。

用下面這個例子更可以看出 0.382、0.618 這二個數字的涵義。

已知：最近波段高點 2003.1.24　　5057.32 點

最近波段低點 2003.4.30　　4148.07 點

得知回檔（下跌）　　909.25 點

由費波納奇比率計算

1. 弱勢反彈 0.382（或 38.2%）

$$反彈滿足點 = 4148.07 + (5057.32 - 4148.07) \times 0.382 = 4495.40$$

2. 強勢反彈 0.618（或 61.8%）

$$反彈滿足點 = 4148.07 + (5057.32 - 4148.07) \times 0.618 = 4710$$

◆ 第四節　價量分析

春江水暖鴨先知，同樣的，技術分析中從「交易量」（包括成交值、成交筆數、平均每筆張數）也可預測股價。在本節第 1 段中我們先說明三種傳統的價量指標，然而在第 2 段中我們以二篇碩士論文來推翻「量先價行」等傳統的價量關係，提供你另類思考、檢驗「人云亦云的傳統智慧」的方法。

本節仍然採取第二、三節價格指標的討論步驟。

一、必也正名乎

用成交量來預測或輔助價格指標，多增加一項資訊，邏輯上應該是有利無弊的。不過，一開始時，我們得字斟句酌的澄清，價量技術中的「量」其實是指成交（總）值，而不是指成交總數量，以 2003 年 6 月 2 日，成交值 1238.8 億元，成交總數量 20.76 億股。

二、傳統的價量關係

傳統認為價量配合，詳見圖 9-7 ㈠，這樣的盤才健康，否則，價量背離，則後市不妙，詳見圖 9-7 ㈡，背後的理由詳見表 9-9，這倒滿符合直覺的。只有少數情況例外：

⑴價漲量縮也不見得壞，此種「惜售」、「總買進」情況很少見，這也可從委買張數、委賣張數二數字看出端倪。

⑵價跌量縮也不見得好，此時如果是來自買盤縮手、賣單如排山倒海。

所以不能只看已成交的價量關係，還得看總需求（如委賣張數）、總供給（如委買張數），才能看出背後玄機。

投資人習以為常的價量關係有二，藉此以判斷後市。

㈠價量配合 vs. 價量背離

圖 9-7　價量關係

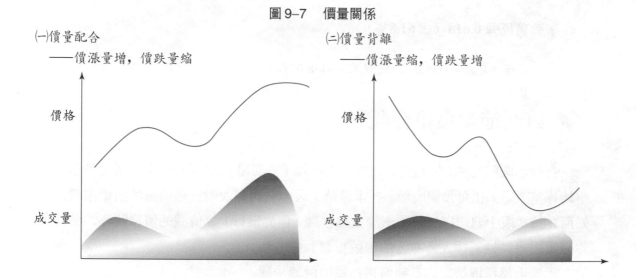

（一）價量配合
——價漲量增，價跌量縮

價格

成交量

（二）價量背離
——價漲量縮，價跌量增

價格

成交量

表 9-9　價量配合

量／價	量　增	量　縮
價　漲	價量配合，表示投資人看好後市，勇於追高買進。	價量背離，表示追價意願不高，買盤縮手，後市漲幅乏力。
價　跌	價量背離，表示投資人看壞後市，殺低求售，賣方力量轉強，此地方稱為「頭部」、套牢區。	價量配合，表示投資人不看壞後市，所以產生惜售現象，賣方力量轉弱，此地方稱為「底部區」。

㈡量先價行（量是價的先行指標）

「大軍未動，糧秣先行」這句話頗足以印證「量是價的先行指標」這項傳統智慧。即投資人看好個股，「大」買進，才推動股價上漲；反之，惟有投資人殺（股票）到手軟，量縮後價才會止跌。以 GARCH 模式來說明「量先價行」的道理，以

交易量來作為訊息（流動率）的代表。

但多大量才算「量增」、多小量才算「量縮」呢？由附表可見其定義。例如以3（或6）日均量600億元來說，日成交量要增加三成，到800億元以上，才算是「叫好又叫座」的攻擊量。反之，窒息量則是400億元以下才算。此外，二千億元的日成交量往往是頭部所在，激情過後，獲利了結賣壓湧現，股價回檔整做出右肩，或是走入空頭。反之，殺到手軟以致殺不下手的窒息量出現，指數跟著反彈，應驗了「行情總在絕望中展開」。

	有效量	定義
量增	攻擊量	大於3日均量30%
量縮	窒息量	小於3日均量40%

三、先有雞還是先有蛋？

國人飲食習慣為「飯後吃水果，有助消化」，但站在醫生的角度，這樣子做，因為滯留腹中的果糖發酵，會出現消化不協調現象，例如飽脹感、嘔逆、泛酸和曖氣等不舒服的感受，正確吃水果的習慣為飯前半小時或飯後三小時單獨食用。（聯合報，1995年10月15日，第12版，邱珮玲）

採取「價量關係」(price-volume relation)中的因果關係，表9–10中的二種研究方法應是較正確的方法，因此在有關碩士論文中我們只引用這三篇的結論。不過，可惜的是，結論是豬羊變色，股價報酬率才是「原因」（變數），有了甜頭，成交量才會放大；有了苦頭，成交量跟著縮小，成交量和價格互為因果。

表9–10 三篇價量關係的碩士論文

	研究對象	期間	方法	結論
陳昆晞 (1996年)	大盤	1980～1994年，日模型	因果關係檢定，如Granger test、Sims test	1.因：報酬率絕對值 2.果：成交量、交易筆數、每筆成交量
駱淑芳 (1996年)	大盤		GARCH模型	交易量僅能解釋很小部分的股價報酬率的波動現象
黃文芳	大盤		因果關係檢定	價量互為因果，量先價

| (1996 年) | | | 行頻率高於價先量行 |

四、量能指標

簡單的價量配合看起來太短線了些、太粗糙了點,所以才會有量能指標的推出,常見的有下列二個指標。

㈠能量潮 (OBV)

能量潮 (on balance volume, OBV) 線把靜態的成交量轉變為動態的指標, 使投資人可以體會股市動能的變化;此外,成交量多寡代表人氣興衰,所以能量潮又稱為人氣指標。

能量潮只是數日成交量的累計數目,所以跟單日成交量受同樣的限制,容易因一日影響而豬羊變色,所以比較適用於短線。

㈡動量指標 (VR)

動量指標係基於「量是價的先行指標」、「量和價同步同價」的觀念而設計出來的, 這由其公式便可看得清楚。

可由歷史資料得到動量指標濾嘴法則的經驗值,但也可以採取趨勢線、線圖(如頭部、底部) 來分析。不過後者並沒有任何巧妙之處,日線跟 K 線照樣可以進行此類技術, 只是很少人這麼做罷了。

㈢均量操作

除了運用股價移動平均線尋找買賣點外,利用成交量的增減變化也是研判漲跌的方法,方法仍以黃金交叉、死亡交叉的運用為主。均線比較常用的有 10 日均量、30 日均量,不過黃金交叉作為買進訊號的準確性 (或機率) 較死亡交叉作為賣出訊號高, 後者正確機率只有五成。

大部分情況下,均量會比均價線更早出現黃金交叉和死亡交叉;不過,均量線買賣訊號在時間上仍比 MACD 要慢。

但均量移動線比較適用於判斷大勢的漲跌,卻不適用於個股操作上;因為不少股票以籌碼炒作為主,時常出現無量飆漲的現象,因此均量線常出現與股價走勢相異的詭譎配置,造成個股研判上的失誤。

均量的黃金交叉正確性比 MACD 和均 (價) 線高, 在個股運用上, 其買訊仍具價值。

五、依信用交易來判斷買賣點──散戶指標

很多人採用融資餘額、融券餘額來判斷後市。融資跟指數呈正向關係，至於誰領先誰、相關（或迴歸）係數為何，則有待驗證。反之，融券餘額大致跟指數背道而馳，越是空頭行情，融券賣空的人越多，真是應了「過街老鼠，人人喊打」的俗語。

㈠融資太過則有量能不繼之虞

融資為股市動能來源之一，由於證金機構融資能力有其上限（例如五千億元，融資且成數隨指數遞減），但融資餘額太高（例如五千億元）時，則來自信用擴充的「子彈」將不足，所以無法推升股價上漲。

反之，融資餘額適度減肥，則可孕育上攻力量。

由於融資能量也有起伏，所以有人以「融資額度佔市值比率」來判斷，約為 2.5～4%，太高或太低皆不宜。

「融資」具有「水可載舟，亦可覆舟」的功能，一旦個股（尤其大盤）下跌三成，融資戶會出現斷頭跡象，再把股價殺低一次，直到斷頭股票賣光，才可能出現強力反彈契機。

㈡融券太多則有軋空行情

融資的分析方式則跟融資背道而馳，最常見的是個股（或大盤）融券張數太高，往往只要拉個三支漲停，融券戶紛紛空頭回補，引發另一波漲勢，此稱為「軋空秀」、「軋空行情」。

所以融資、融券間隱含著「禍兮福所倚，福兮禍所伏」（《史記賈誼傳》）的關係。

㈢融資融券餘額怎麼運用？

以股價跟融資融券來判斷多空頭走勢，請見表 9–11；底下以 2003 年 1 月為例來說明。

2003 年 1 月 2 日到 16 日為止，大盤出現開高走高的局勢，一度站上 5000 點大關，信用交易呈現「股價大漲、融資餘額增加、融券餘額小減」的走勢。

大盤受到國際股市反彈的影響，加上外資重新進場，使得多方形成壓倒性的優勢，統計近兩週大盤指數累積大漲 418.42 點或 9.25%。

期間融資餘額明顯加溫，並突破 2300 億元關卡，融資餘額累計增加 148.45 億

元或 6.78%，融資使用率小增 0.13%。融資張數持續增加 956939 張或 5.7%，融資張數增加幅度略低於融資金額，顯示現階段融資買盤雖仍以低價股為主，但是買進平均單價水漲船高。

融券空單出現停滯的情況，顯示空方對於本波強勁的彈升力道，不敢輕舉妄動。最近兩週融券餘額小降 4003 張，融券使用率由 3.85% 降至 3.35%，由於「資增、券減」，大盤券資比由 7.24% 下滑至 6.83%，下降 0.41%。

在融券指標方面，融券餘額在加權指數穿頭的過程之中，整體變化並不大，融券增加超過 1 萬張的股票共有九支。具備融券軋空實力者以皇統、久津、燁輝、旺宏、東聯、台苯和宏達科為代表，都是兼具高融券使用率和高券資比的股票。(經濟日報，2003 年 1 月 18 日，第 22 版，許派一)

表 9–11   以股價跟融資融券來判斷多空頭走勢

價	量		意涵
價格	融資	融券	
↑	↑	↑	多頭
↑	↑	↓	空頭認賠，　例如空頭回補
↑	↓	↓	短線見高點
↑	↓	↑	
↓	↓	↓	1.投資人在高檔區居高思危 2.人氣開始退潮，　可能演變成多殺多

資料來源：整理自許派一，「大盤步步走高，　融券追價升溫」，經濟日報，2003 年 1 月 18 日，第 22 版。

第五節　人氣指標

就近取譬來比喻，價格、量能指標比較偏「序列尺度」，所以可運用統計學來推論。由於價、量皆容易受單一（尤其是大型）個（或類）股的影響，尤其是暫時性的國安基金點火（特別是佔指數比重大的三商銀），所以難免有時會有失真情況。套用數學的觀念，價、量皆屬加權平均結果；而人氣指標的基本組成成分，例如「上

漲家數 vs. 下跌家數」、「上漲天數 vs. 下跌天數」等則可說是簡單平均；或可用「名目尺度」來形容，宜使用無母數檢定來推論。

「上漲家數持續減少」便是人氣指標最粗糙的數字，接著我們介紹一些加工過的人氣指標；基本的道理跟價量關係一樣，把人氣取代量能以預測價格走勢罷了！人氣指標（除了心理線外）因為需要用到上漲、下跌家數資料，所以僅能作大盤的推論，不能運用於個股，所以適用的深度大打折扣。

最後，從方法論的角度，一如無母數檢定，由於原始資料相當粗糙，所以不同檢定方法偶爾會出現不一樣的結論，人氣指標也是如此，所以大都只能作買賣點研判的配角，比較不能當「最佳女主角」。

一、騰落指標 (ADL)

騰落指標 (advance decline line, ADL) 是指 N 日內上漲家數之和減掉下跌家數之和，有點像能量潮 (OBV) 的計算方式，至於收盤平盤的股票，因不影響當天指數，所以不列入計算。

「騰落」指標這二個字用得很古老，「騰」（空）是指上漲家數、「落」是指下跌家數，懂得原文、公式，再來記名詞就容易多了。下一段漲跌比率跟騰落指標英文只有一字之差，但用詞卻很白話，可見騰落指標宜譯為漲跌家數指標。

既然跟能量潮的計算觀念相似，那麼絕對數值意義就不大，主要是看「騰落、價量關係」，以及騰落指標的勢，例如「價量背離情況之一：當騰落指數上升 3 天但股價指數卻下跌」，則後市看漲。

二、漲跌比率 (ADR)

漲跌比率 (advance decline ratio, ADR) 是騰落指標的延伸（由附錄四公式可看得一清二楚），習慣上以 10 日 ADR 為判斷依據，其判斷方式跟相對強弱指標比較像。

三、超買超賣線 (OBOS)

超買超賣線很原始，例如「10 日 OBOS」是指 10 天內上漲家數總和減掉下跌家數總和。

由於很容易受極端值（例如有一天總買進、另一天總賣出）影響，所以不怎麼

靈光,只能輔助價格指標,不足以獨撐大局。

四、每筆買單、賣單——散戶盤 vs. 法人盤

想瞭解誰是當天的主要買盤、賣盤力量,常用的方法為平均每筆買單、賣單,由於三大法人,每筆單最低量為 10 張(200 元以上股票例外),所以當每筆買單大於 6 張時,大抵是法人買的多,稱為法人盤;反之,低於 6 張,則以散戶為主導,稱為散戶盤。一般來說,法人持股期間較長、買賣較理性,所以法人盤時(個股)盤勢比較「健康」,而散戶盤時比較容易出現風聲鶴唳的多殺多情況。

不過此種指標比較適用於日內分析,較少橫跨好幾天、弄成像移動平均的 6 日 MA 那一類來分析。

第六節　股市效應導向投資策略——市場分析的運用

每個股市皆可能有其特殊現象(稱為效應或效果,effect),投資人可以掌握這種效應並進而獲得額外報酬,而這背後代表著弱式效率市場假說不存在,也就是聰明投資人可以藉此賺傻瓜投資人的錢。

為了避免你因木失林,在表 9-12 中第 1 欄,我們先把股市效應依層級分為三大類:大盤、產業和個股,再來詳細說明其中各項效應。

表 9-12　股市(超額報酬)效應和實證結果

層級	英文	實證結果		實證論文
		多頭市場	空頭市場	年代頁數
一、大盤		一月效應	十月效應	陳俊勛
㈠日曆效應*	calendar effect	—	週末效應	(1997 年,第 97 頁)
1.月效應				金傑敏
2.週一效應(反面稱為週末效應)	weekly effect		不靈無	(1996 年,第 79 頁)
3.日效應(拉尾盤)	daily effect	無		
㈡選舉(謝票或慶祝)行情		—		
㈢除權行情			—	徐鴻維 (1996 年,第 114 頁)

㈣年底、季底、作帳			—	黃士青 （1997 年，第 67 頁）
二、產業 　1.產業效應 　2.某某「概念股效應」	sector effect			吳祚吉 （1997 年，第 127 頁） 邱振祥 （1997 年，第 83 頁）
三、個股 　1.（股本）規模效應 　2.除息行情 　3.股利率效應 　4.除權行情（除權前後） 　5.假除權現象 　6.董監改選行情 　7.股價淨值比 　8.負債權益比	size effect dividen yield effect	U 形	— — 有	黃肅員 （1997 年，第 76 頁） 金傑敏 （1996 年，第 78 頁） 彭國根 （1996 年，第 77 頁） 張憶萍 （1992 年，第 99 頁）

一、大　盤

由表 9-12 可以看出，以大盤的日曆效應（calendar effect）中最常見的「月效應」（monthly effect）來說，美臺多頭市場時「一月效應」（January effect）存在，也就是最遲在元旦休假後開盤時買股票，月底賣出，這個月賺的會比其他 11 個月賺的還要多，不過空頭市場時卻是「十月效應」。令人奇怪的是，不論美國或臺灣，只要是八、九月就比較會重挫（有人說是暑假行情），然後十月份股價又漲回來，該月賺的往往比其他月份多。

此外還有「換月（或月底）效應」（turn-of-the-month effect），認為月底因法人為了粉飾投資績效所以會拉股價（即月底作帳行情）。

在美國月底效應的原因跟臺灣不同，投資人每逢月底有現金入帳，會轉投入股市，造成股價上揚。英屬哥倫比亞大學研究員韓塞爾（Chris R. Hensel）和單伯（William T. Ziemba）作的研究卻最完整，1928 到 1993 年的 S＆P 500 等資料都納入其中。

他們發現，某月最後一個交易日到次月頭四個交易日的平均價格變動率，是其餘交易日平均變動率的六倍。（經濟日報，1995 年 12 月 1 日，第 7 版，戚瑞國）

接著我們由年初到年尾說明常見的幾種日曆效應。

(一)首季行情

1988～2003 年的十六年內,第一季指數的漲跌,只有三年第一季呈現下跌的走勢,換成機率表示,第一季上漲的機率八成,是一年四季中,上漲機率最高的,就季的行情表現來說,第一季作多的成功率較高。(經濟日報,2003 年 1 月 19 日,第 11 版,陳嫻瑩)

表 9–13　1988～2003 年臺股首季行情

年	季漲跌(%)	第一季高點距去年12月收盤幅度(%)	第一季低點距去年12月收盤幅度(%)	1月漲跌(%)	2月漲跌(%)	3月漲跌(%)
1988	44.19	51.07	−1.42	21.54	23.04	−3.58
1989	44.36	49.92	−9.24	20.28	13.76	5.51
1990	11.76	31.78	−0.30	25.25	−3.26	−7.77
1991	13.46	16.02	−30.63	−11.18	25.09	2.12
1992	4.35	18.66	0.27	17.19	−4.62	−6.64
1993	42.88	43.65	−8.25	−0.07	29.93	10.05
1994	−13.53	10.70	−15.57	0.73	−11.45	−3.06
1995	−8.43	0.28	−13.43	−11.46	3.19	0.23
1996	−2.73	0.69	−9.68	−7.93	0.72	4.89
1997	15.44	24.02	−2.09	5.04	8.13	1.64
1998	11.04	14.55	−9.94	−1.24	13.82	−1.21
1999	7.22	11.13	−15.52	−6.55	5.34	8.91
2000	16.64	23.02	−2.35	15.34	−3.17	4.44
2001	22.34	30.79	−1.29	25.26	−4.41	2.17
2002	11.10	13.96	−3.17	5.78	−3.00	8.28
近15年平均	14.67	22.68	−8.17	6.53	6.21	1.73
近10年平均	10.20	17.28	−8.13	2.49	3.91	3.63
近5年平均	13.67	18.69	−6.45	7.72	1.72	4.52
2003		9.32	−0.48	8.49	?	?

資料來源:中信期貨公司。

(二)一月行情

從 1986 至 2002 年,2 月指數位置與前一年 12 月指數間差額作報酬率分析,發

現這十七年間，有 13 次投資報酬率呈正值，只有 1994、1995、1996 及 1999 年報酬率呈負值，使得一月行情效應確實可以期待。(經濟日報，2003 年 1 月 17 日，第 25 版，陳漢杰)

㈢春節效應

依聯合投信統計 1993 ～ 2003 年農曆年前、後和新春開紅盤結果發現，農曆年封關前二週及前一週上漲機率分別為七成和八成，平均漲幅約 2 ～ 3%。新春開紅盤當日上漲機率高達七成，新春開紅盤後一週和後二週上漲機率更高達八成，平均漲幅 1.5 ～ 2.8%，漲勢並可望延續到開紅盤後一個月。(經濟日報，2003 年 1 月 16 日，第 33 版，陳漢杰)

不過春節效應在 2003 年卻落空，主要是美國是否攻打伊拉克懸而未決，令投資人忐忑不安，大盤就走跌了。

表 9–14　1993 ～ 2003 年農曆年前、後大盤漲跌表現

年	封關前兩週大盤漲跌幅(%)	封關前一週大盤漲跌幅(%)	農曆年封關當日漲跌幅(%)	開紅盤當日漲跌幅(%)	新春開紅盤後一週大盤漲跌幅(%)	新春開紅盤後兩週大盤漲跌幅(%)	新春開紅盤後一月大盤漲跌幅(%)
1993	−11.45	−2.21	2.59	−2.54	3.16	8.86	24.63
1994	8.34	4.62	0.60	−4.43	−8.11	−13.37	−17.47
1995	−8.17	−4.77	0.13	1.73	3.12	3.89	3.92
1996	0.96	1.42	−0.57	1.16	1.42	0.01	6.62
1997	2.69	2.65	0.43	0.87	4.02	5.22	14.69
1998	1.50	4.05	−0.16	3.95	6.79	9.30	10.04
1999	−5.19	0.94	1.30	4.73	8.87	11.99	18.98
2000	7.24	5.16	1.14	1.55	3.51	−4.30	−13.40
2001	23.40	7.56	1.35	−2.87	0.02	4.38	−4.54
2002	7.30	1.37	1.40	0.72	−7.19	1.44	4.39
平均漲幅	2.66	2.08	0.82	0.49	1.56	2.74	4.79
上漲機率	70	80	80	70	80	80	70
下跌機率	30	20	20	30	20	20	30
2003	0.48	1.30	0.85	−3.62	−10.39	−9.31	−12.32

資料來源：彭博資訊
2003 年為本書所加。

(四) 9 月逢低布局常大賺

　　建弘投信總經理蕭一芳說,景氣週期性變動和跨年資金行情,是臺股適合在 9 月布局的原因。主因 7、8 月是電子股傳統淡季,而且全球基金經理多半利用淡季休假,造成股市成交量萎縮,大盤不易上攻,這種現象多半會持續到 9 月中。(經濟日報,2002 年 9 月 7 日,第 2 版,陳漢杰)

　　由表 9-15 可見,1992～2002 年的十一年內,9 月逢低買股票,到次年 2 月底,11 次有 8 次會賺,最多在 2001 年賺 67%,那恰巧是美國 911 事件造成股市超跌。至於不巧碰到虧損的,大盤跌最多的也只有 2000 年的 8%。

　　八年平均漲 26.72% 跟三年平均跌 4.5%,9 月份看起來很值得逢低加碼。

表 9-15　　1992～2002 年臺股 9 月最低點至次年漲跌幅

年	9 月最低點	次年 2.28	指數漲跌幅 %
1992	3306	4384	33
1993	3740	5414	45
1994	6829	6509	-5
1995	4772	4751	-0.5
1996	6197	7875	27
1997	8599	9202	7
1998	6219	6318	2
1999	7415	9432	27
2000	6155	5674	-8
2001	3411	5696	67
2002	4191	4432	5.75
指數平均漲幅 (8 年漲)			26.72
指數平均跌幅 (3 年跌)			4.5

建弘投信整理
2002 年為本書所加。

二、類　股

　　傳統的研究主題為類股效應 (sector effect),投資人作的很原始,便是每月把各類股指數算漲跌幅 (其實每天收盤時也有) 比較,看什麼類股賺比較多。1995～2001 年以來,電子類股皆是惟一主流股,2002 年傳產股、中概股抬頭,此題取鹹

魚翻身。

　　此外，報章上還經常依產業基本特性來報導「家電業冷氣機行情」、「營建業年底入帳行情」。

　　1.**長期趨勢**：像中國概念股、外銷類股，這些比較受益於地區分散，所以投資風險比較低。

　　2.**臨時流行的**：像「大哥大概念股」、「高鐵概念股」、「機場捷運概念股」、「國建概念股」、「英特爾概念股」……，皆代表因某事件而可能受益的股票，往往經過媒體報導而成為流行時尚，股價短期亮麗表現。一旦像中華高鐵聯盟沒拿到高鐵標的，其麾下個股如中華開發、中華工程等16家股票已回到原狀，而台灣高鐵聯盟晉升為「高鐵得標股」，股價也就不會大起大落。

三、公司因素

　　太基本面的公司因素 (company factor) 其實不宜擺進來市場分析，例如本益比效應、帳面價值市價比、淨值市價比或負債權益比。

　　不過，表9–12有一些倒蠻值得注意。

(一)除息行情

　　不管股市狀態為何，大部分股票皆有除息當天便填息的現象。那麼說，除息日前賣股票的人就吃虧了。

(二)除權行情

　　只要在除權前二天買，除權二天後賣，便可賺到除權行情報酬率的一半。而「假除權」（針對信用交易戶補差價）行情則不存在，也就是除權前六個營業日為假除權日，不會有人先棄權的情事。

(三)規模效應

　　「辣椒小的才辣」這句話是規模效應 (size effect) 中「小型股效應」(small caps effect) 的最佳寫照，由1998年8月前後，共有六家投信公司推出中小型企業股票型基金，以資本額50億元以下的上市公司為主要（至少七成）投資標的，他們不約而同的宣傳詞皆是：

　　(1)籌碼少，易拉抬（市場面因素），

　　(2)公司經營靈活，不像大型上市公司患了「公司恐龍症」。

　　他們舉證說明中小型上市公司比大型上市公司漲多、跌少，而且還以美國《證

券分析師雙月刊》1998 年 3/4 月號文章佐證，使用渾身解數，想說服投資人基於小型股效應來投資此基金。

不過再一次的，讓我們來動動腦看看這些投信公司的主張錯在哪裡：

(1)跟實證結果不一致，四、五篇實證文獻不僅有「反向規模效應」出現，甚至金傑敏（1996 年）1981 ～ 1995 年的研究結果，指出規模效應不存在。投信公司透過取樣期間、取樣公司和未風險調整報酬率等三種方式，讓投資人覺得小型股效應存在，

(2)跟邏輯不合，要是中小型基金真的這麼好，那麼其他類型股票基金將逐漸相形見絀而不受投資人青睞。投資人此時只要問投信公司投資顧問（即業務代表）一句話：「那你們為什麼還推出其他股票型基金?」

結論是，既然小型股效應不存在，那也犯不著全買中小型基金或光挑小型股。讀書之用，再一次很輕易的可運用於投資決策上。

(四)董監改選行情

上市公司股東會和董監改選的高峰期在每年的四到六月，但從 2002 年起股東會停止過戶期間延長為二個月，因此，有意爭取上市公司董監席次者，年初便須開始布局。

1.**董監改選行情的動機:** (1)擬買殼上市的策略性投資人，(2)市場派（美國稱為**禿鷹基金，vulture fund**）炒作，主要是透過逼官，威脅公司派高價空頭回補，市場派藉此賺取「贖金」(greenmail)，獲利了結後退場。

表 9–16　2003 年可能會有董監改選行情的公司

董監改選的公司	每股淨值	董監持股%
中石化	8.98	18.79
宏益	10.71	10.99
宜進	11.15	15.88
聯發	11.54	15.67
太電	9.18	4.69
永豐餘	12.24	17.54
中橡	16.79	14.14
仁寶	17.42	8.67
碧悠	10.14	5.26

智邦	22.76	4.59
美格	0.46	10.14
亞旭	15.27	9.18
瑞昱	29.97	7.64
世昕	15.48	8.88
北商銀	15.68	8.87
華票	9.71	22.24
聯邦銀	11.42	10.83
遠東銀	11.29	14.01
寶來證	14.61	6.9

董監持股比重、每股淨值統計至 2002
年 11 月底

資料來源：金復華提供。

2.**可能對象：** 根據金復華投信統計，2003 年有董監事改選的上市公司即達 48
家，詳見表 9–16。如何篩選出這結果呢？ 表 9–17 是一些常見的標準。

表 9–17　具有董監改選行情股票的條件

條件	說明
充分條件	董監持股比率低，尤其是董監質押比率超過八成，即大股東財務實力較差
必要條件	1.股本小，至少股價低 2.最好是資產股，或業績具轉機性，例如寶來證

3.**大魚吃餌的操盤方式：** 有意取得董監席次者，自然希望壓低成本，因此，操
作上普遍相當低調，股價短線未必飆漲，以免目標太顯著、太多人馬介入而成為標
靶。但是，董監改選題材個股，也因低檔買盤的照顧，常在震盪行情中有相對硬朗
走勢；不過如果董監改選股票遭市場「禿鷹族」盯上，股價便可能出現急漲，常逼
得有心人士中途放棄或是以劇烈震盪洗籌碼。(工商時報，2003 年 1 月 18 日，第 19 版，
黃邦)

㈤實務運用、較少研究的效應

常見的一些效應，實證還來不及驗證。例如「**價格效應**」(price level effect)，

在空頭市場時，可能流行投資人買得起的低價股 (20元以下)；反之，多頭市場時，可能流行高價股 (70元以上，甚至所謂百元俱樂部)。空頭市場時，還可能流行低本益比股，此即「本益比效應」(PE ratio effect) —— 不過鍾漢澤 (1996年，第 65 頁)、張憶萍 (1994年，第 99 頁) 等實證指出此不存在。

所以常看到投資顧問建議買「三低 (低融資、低股價、低本益比) 股」股票，看起來也不見得有所依據。

四、極短線的市場分析——市場個體結構

隨著大範圍、長時期的研究都已無新意，研究人員就往市場個體結構 (market microstructure) 去研究，其中最具代表性的便是研究股市日內型態 (intraday pattern)。從一天三小時 (9點到12點) 盤中時間，去抓出一些可以預測收盤漲跌的型態，臺股每天交易約有二成屬於極短線的「當日沖銷」(簡稱當沖) 交易 —— 即當天買賣同一股票且持平部分，在下單時須特別向營業員指明是當沖單，日內型態的研究就變得很重要。

這個題目偏碩士班程度，我們無法多說，只以王耀輝 (1996年，第 161 頁) 的一個重要研究結論來說明：不論在多頭或空頭市場時，報酬率平均數呈現 9:00 ～ 9:05 特別高，9:05 ～ 9:10 特別低，其餘「區段」(5分鐘) 報酬率則在 0% 上下波動。這個結果在極短線投資上的涵義為，開盤前先對某股掛賣單，開盤後立刻確認，如果成交，則於 9:05 ～ 9:10 時空頭回補 (平倉)。為什麼會有這樣的日內型態，主因在於極短線投資人有先買後賣的習慣。

股市專家林新象所創「開盤八法」，便是日內效果的一種經驗歸納，當沖交易常用。而日內效應也不只限於當日，也有研究遞延影響的，例如王耀輝 (1996年，第 9 ～ 11 頁)。

⑴隔一天的，例如開盤間 (open-to-open)、收盤間 (close-to-close)。

⑵不同週天 (day-of-the week)。

甚至還有細到「分內」(intra-minute) 行為——各股盤中成交資訊上可細到每一檔。

五、避免用詞混亂

許多「某某效應」其實只是一體兩面 (此消彼長)，為了避免混淆，讓人一眼

就知道「效應」是指當該條件成立時，利用此效應去投資，便可以獲得額外報酬。依此看來，下列名詞其實不宜使用，因為它是負（或低）報酬的、反向的。

⑴週末效應，只要說週一效應便可，

⑵九月效應（主要來自暑假行情），似應該說十月效應，

⑶長假效應，用假日後效應會更清楚。

我們在唸書時常須背誦不同效應對報酬率影響的方向，但只要稍微用心便可化為同一方向，例如「負債權益比效應」是反向的──即負債權益比越高、股票報酬率越低。如果改成「權益負債比」（類似自有資金比率）的觀念，那不就變成正向了嗎？

當然用詞的亂源起自美國，本書是寫給國人看，所以寧可 "keep things simple"。

上述大盤本益比帶用於持股比率的抉擇，同樣也可以用於產業、個股，只是要有研究資料來源罷了。

附錄 選舉對股市的影響

臺灣每年都有選舉，那麼選舉對股市會有怎樣的影響呢？在詳細看表 9–18 的分析前，先開門見山的說明二個結論：

1.**選前**：選前政局不安是常態，投資人比較觀望，所以成交量下跌、股市下跌為主。

2.**選後**：對整體經濟有影響的只有總統選舉，但是觀察樣本太少了，1996 年李登輝連任本屬意料中，2000 年 3 月 18 日陳水扁險勝。選後 1 個月股市上漲，但是 5 月 20 日上臺後，股市卻跌跌不休。足見，不是選舉對股市的影響越來越小，而是得看總統選舉以及誰當選。

一、荷銀投信的結論

荷銀投信指出，統計歷年來幾次選舉前後臺股的走勢，雖在選前臺股時有盤整情形，但從 1989 年以來，11 次大選後一週及二週內，大盤都有不錯的表現。

表 9–18　1989 年以來 11 次選舉前後二週股市表現

時間	名稱	選舉結果 (依得票率)	選前一週 指數漲跌幅	成交量 (億元)	選前一天 指數	選後一週 指數漲跌幅	成交量 (億元)	選後一月 指數漲跌幅
1989.12.2	立法委員暨鄉鎮市長選舉	國民黨大勝	−8.62%	4975		−5.86%	4496	10.32%
1991.12.21	國大代表選舉	國民黨勝	−2.83%	1252		2.82%	1014	15.45%
1992.12.19	立法委員選舉	國民黨得票 63%	−2.26%	443	3657	−5.52%	457	−6.48%
1993.11.27	鄉鎮市長選舉	國民黨險勝	−1.96%	1161	4163	10.68%	3367	31.88%
1994.12.3	北高市長、省縣市議員選舉	國民黨勝	0.62%	1868	4809	3.75%	5013	8.82%
1995.12.2	立法委員選舉	三黨不過半	3.13%	1683	6479	1.56%	1826	6.98%
1996.3.23	☆總統選舉	李登輝得票 53.5%	2.54%	1861	5066	−0.68%	1281	6.58%
1997.11.29	縣市長	民進黨 12 席、國民黨 8 席	−1.39%	4266	7797	5.73%	8545	3.35%
1998.12.5	立法委員、北高市長、議員選舉	國民黨險勝	1.62%	3889	7201	−3.64%	4124	−14.5%
2000.3.18	☆總統選舉	民進黨險勝	−7.07%	7315	8763	8.21%	10032	6.20%
2001.12.1	立法委員、縣市長選舉	民進黨險勝	−1.71%	4807	4441	20.10%	7469	24.99%
2002.12.7	北高市長、市議員選舉	北市長國民黨勝 高市長民進黨勝	1.99%	3671		?		?

資料來源：荷銀投信、聯邦投信。

二、選　前

2002 年 12 月上旬，受到選舉的影響，臺股選前觀望氣氛濃厚，不但大盤指數始終在 4600 至 4800 點間盤整而且週成交值明顯萎縮。

三、成交量

在股市成交值變化上，即使選後指數上漲的空間不大，選後在不確定因素消除之後，股市成交值卻明顯成長。（經濟日報，2002 年 12 月 8 日，第 3 版，黃惠聆）

四、聯邦投信的結論

聯邦投信指出，從 1992 至 2001 年分析，其中選後第一天下跌者有四次、五次上漲；選後一個月指數有七次上漲，三個月上漲的有六次，可見選舉對臺股後市影響有限。

2000 年 3 月總統大選，擁有執政權的國民黨落選，首度出現政權輪替，指數選後第一天下跌 2.59%，但選後一個月卻上漲 6.2%。（經濟日報，2002 年 12 月 8 日，第 4 版）

◆ 本章習題 ◆

1. 以表 9–1 為基礎，參考《財訊快報》等，以一支股票為例，看看分析師如何決定買賣點？

2. 技術分析有「放諸四海皆準」的鐵律嗎？如果有，請舉例說明。

3. 舉一種技術指標的盲點，以及如何克服的實例。

4. 以表 9–4 為基礎，6、12 日 RSI 比較準，還是 5、10 日 RSI 比較準？

5. 以表 9–5 為基礎，找一個實例來說明如何綜合運用技術指標？

6. 以表 9–6 為基礎，KD 準確率如何？

7. 以圖 9–3 為基礎，把指數的上升、下降趨勢線畫出來。

8. 以圖 9–4 為基礎，畫出指數的黃金或死亡交叉。

9. 「量是價的先行指標」、「追價」這二個因果不一的說法，哪一個比較對？

10. 一月效應存在嗎（過去 10 年資料來驗證）？為什麼？

第十章

股票投資組合規劃

買股票有點像打獵，你要有耐心，靜靜的等待獵物進入射程之內。
當適當價格出現時，你就可以扣下板機了。

——凱伯　某基金創始人

學習目標:

主要在讓你站在投資經理、投資人員的立場, 打一場「可控制」(損失) 的戰爭。此外, 風險管理部或稽核部也可藉本章 (尤其是 §10.1) 來評估股票、債券「部位」(或投資組合) 的風險暴露。

直接效益:

本章由於專業層次較高, 所以一般投資課程、書籍較少談及, 只有綜合券商、銀行延請學者講授 (表 10–1) 所羅門兄弟證券公司 VaR 的方法。VaR 模型詳見第十七章第三節。

本章重點:

· 投資組合 (風險) 分析是投資人員選擇不同投資方案的評估方式, 特別是金融商品創新時, 這是必經的程序。一般書籍、臺灣實務界在這方面著墨尚少。§10.1

· 投資的損失控制方式, 可分為事前的「財務風險」控制, 即只能短期融資三成來作股票。§10.2 一

· 事後方式有: 停損、停益。§10.2 三、四

· 透過「分散」以控制投資風險, 依重要性依序為地區、持股、時間分散, 再一次強調「隨時買」或「定時定額投資」的時間分散方式並非「鐵律」, 而是有條件的, 看了第三節就知道了。§10.3

前言：不知死，焉知生？

捉蛇的人不是不怕蛇咬，除了眼明手快外，要是沒有解毒血清在旁備用，他們也不敢搏命演出。同樣的道理，投資是件富貴險中求的事，投資的第一步不是如何找到發財機會，而是學會怎樣逃命，以免被風險壓死了。

所以在本書中，我們以本章先說明如何立於不敗之地，怎樣才能少輸就是贏，只要布局穩當，晚上看電視新聞碰到大利空也不怕，正所謂「不恃『空』之不來，正恃我有以待之」。

◆ 第一節　投資組合的風險衡量

以各股的組合來建立股票投資組合，透過第二章第一節的效率前緣觀念，便可以進一步決定該投資人最佳投資組合。但是問題來了，談到效率前緣，其縱軸有關投資組合期望報酬率的衡量倒比較省事，　但是橫軸投資組合風險的衡量則人言言殊，本節重點在於解決此問題。

一、投資組合風險衡量方式

投資組合風險 (portfolio risk) 的衡量是投資組合管理的重心，也是爭議性頗大的領域。由表 10–1 可看出二種普遍衡量投資組合風險的方式，其中馬可維茲的波動性有不少缺點，所以實務上不少人使用振幅觀念，稱為「風險值」(value-at-risk, VaR)，並且認為這才能真正反映出風險。從長江後浪推前浪的觀點來看，馬可維茲的分析方法反倒成為「傳統」投資組合理論了。「風險值」是指在某一期間、某一信賴水準內期望最大損失。那麼，風險值模式 (VaR model) 便是在估計某一金融工具（例如台積電股票）風險值的方法；歐美許多銀行採取此方法。

不過美國高盛證券倒是同時考慮波動性和風險值二種指標，可惜，似乎沒有更進一步地把個股的風險值加總為投資組合風險。

表 10–1　投資組合風險二種常用的衡量方式

方　法	說　明	缺　點
波動性：馬可維茲的方	對於報酬率分配的衡	使用共變異矩陣來衡量

法	量，平均數為 0 的常態分配是最常用的投資組合風險衡量方式。	投資組合的波動性,隱含假設投資組合跟市場係線性趨近,但像衍生性金融商品卻可能呈指數函數關係。其實波動性應該用 GARCH 模式來衡量才比較抓得住它實證分配的性質。
風險值 (VaR)：美國高盛證券等實務的方法	在某一期間，發生多少損失的可能機率，比較像振幅的觀念。Litterman(1996) 認為 VaR 才正確反映真正的風險。	對於發生機率較低的(利空)事件不易估計。

二、投資組合風險的高低

「打敗市場」、「打敗指數」這些都是投資組合報酬率高的客觀標竿，但是你手上投資組合或是許多投資組合方案的風險究竟是高或低，這跟「預算跟實績」的缺口分析道理是一樣的。

延用 Litterman 文章或者說美國高盛證券公司的二個例子來說明，至於比較的標竿可以是下列三者之一（在 §3.1 二中我們已說明過了）：

⑴市場指數，以臺股來說，可以是大盤、工商時報、大摩等指數，

⑵出資人（例如退休基金委託人）所訂的策略性標竿 (sponsor's strategic benchmark)，

⑶其他。

(一)以債券投資組合為例

由圖 10–1 來說明「市場暴露」(market exposure) 的觀念，它是指某投資組合跟市場指標的距離。以圖中的債券為例，假如以存續期間還剩十年期的政府公債作為市場標竿，那麼存續期間也是十年的債券投資組合的市場暴露等於 0。套用股票為例，此時股票投資組合跟大盤（假如以大盤當做市場）的「報酬率、風險」的機率密度函數一樣，所以來自市場變動所造成的變動方向、幅度皆像一個模子印出來

的一樣。在 Z 點右邊，存續期間超過十年的債券投資組合，利率風險比市場標竿高，所以可用「看多」、買超 (long the market)、加碼來形容。反之，在 Z 點左邊也可同理類推。

(二)以股票投資組合為例

同樣的道理也適用於股票投資組合，無需藉助資本資產定價模式，照樣可以比較各投資組合方案市場風險的高低。當某投資組合跟市場標竿相關程度大於 0 時，套用圖 10−1 中來比喻，Z 點是相關係數等於 0，右邊便是大於 0，顯示該投資組合的風險大於市場，此種可說是具有攻擊性 (aggresive) 企圖的。反之，在左邊的便是風險小於市場，這可說是防禦性 (defensive) 企圖。

圖 10−1　以債券為例說明投資組合的市場風險

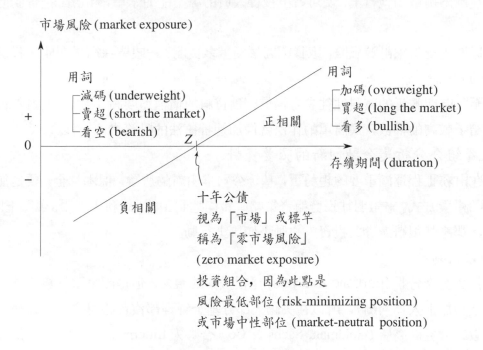

少數情況下，有人會挑跟市場負相關的投資組合，尤其在預期大盤看空時，該投資組合內「逆勢股」所佔比重必定很大。逆勢股是指跟大盤走向反其道而行的股票，有可能是非主流的績優股。也只有在這種例外情況下，才會出現水火同源的異象，也就是股票部位是正的（即買超），但其實是看空市場，所以大幅持有逆勢股，想來個反向操作。

㈢知道缺口便知如何下手

既然知道其投資組合的市場暴露，無論想往上或往下調整，便有個方向，不會不知道東西南北。

至於要調整投資組合內哪一種資產，一般來說，可採「80：20」原則，往往有可能投資組合中的三支股票便能解釋六成的風險,透過投資組合風險分解便可以找出主要風險 (dominant risk) 所在。

三、風險衡量的執行

就跟食品的衛生檢查（例如生菌數、大腸桿菌）一樣，投資組合的風險衡量是專職投資人每天必做的功課之一，尤其是負責風險控管的風險管理部。

在風險衡量的執行上，便可看出投資人員的專業能力水準，和風險控管制度是否落實。

以歷史資料來計算風險，取樣期間該涵蓋多長呢？一般皆採衡量期間比投資期間長的方式。

至於時間較近的資料往往參考價值比舊資料的價值還要高,所以一般對新資料皆會給予較高的權數，最簡單的作法就像加速折舊法的計算方法一樣。

㈠投資組合分析是金融創新的必要資料

在財務工程逐漸重要的趨勢下，基金公司推出新的避險、保本基金，要是無法以電腦模擬方式，來證明其投資組合策略確實能達到預期「獲利率下限、風險上限」目標，那麼就很難讓專業投資人心動不如馬上行動。

㈡知難行易

投資組合分析 (portfolio analysis) 是很成熟的觀念，但是因電腦計算費時耗工（往往須加上人為判斷），所以在美國大部分基金經理都沒費心思去作。難怪美國數一數二的券商高盛 (Goldman, Sachs & Co.) 合夥人 Litterman (1996) 在一篇投資組合風險管理的經典之作中，也呼籲投資人員在這方面應加把勁。連美國都如此，臺灣更得加油了。

❖ 第二節　投資風險管理㈠──損失控制

股票投資風險管理的動機至少有下列之一：

⑴虧損上限限制，例如退休基金管理、保本基金，

⑵在報酬率不動情況下，降低風險，進而使風險平減後報酬率極大化。

降低風險方法有五類（詳見表 16-3），其中隔離、迴避（利用衍生性金融商品，詳見 §18、§19）、移轉（利用保險），本章不予討論，只討論透過損失控制、組合（包括投資組合保險），以做好「富貴險中求」的事。損失控制包括事前的財務風險控制、事後（投資後）的停損和停益。

一、控制財務風險，勿搏得太盡

財務管理中把公司風險分為營運風險、財務風險二大項，同樣的，到了金融投資時，營運風險改成市場風險，而財務風險依舊，二者合稱「投資風險」(investment risk)。

財務風險來自借款時無法還本還息時，可能會被銀行（或證券金融公司，當投資人採取信用交易時）強制停止質押、拍賣抵押品（俗稱「斷頭」）的風險。投資環境比公司的經營環境更瞬息萬變，所以要維持投資風險於可接受範圍，只好壓低財務風險，也就是甚至不要有財務風險，採取「零負債」投資的融資政策。

(一)不要在斷頭、利息壓力情況下作股票

或許你會覺得奇怪，為什麼我不主張平時便動支信用額度、借錢來買股票。往往瀕臨銀行催繳利息或融資補繳保證金以免被證券金融公司斷頭的壓力下，有些人可能會困獸猶鬥，乾脆一不做二不休的搶短（甚至作當日沖銷）或買投機股，以致常常屋漏偏逢連夜雨的情況。

為了避免兩邊挨耳光情形發生，作股票最好不要有債務壓力，如此才不至於在時間壓迫下，反而不按牌理出牌，被迫走偏鋒，鋌而走險。作股票壓力已夠大了，再加上債務壓力，絕大部分人會受不了，如果不是身臨其境，很難體會那種蠟燭二頭燒的感覺——如果還記得歌星黃鶯鶯的一首歌「雪在燒」！

(二)持股比率——預留後路，不要搏得太盡

去美國賭城拉斯維加斯豪賭的人，至少會把回家的車錢、機票預先留好。不少人出國旅遊，額外還會把救命錢藏在皮帶夾層中，這些是個人出門在外的應變之道。

同樣的，公司投資於股市，風險管理之道的第一步在於「不要搏得太盡」，也就是不僅資金應為自有、閒置資金，而且還不宜百分之百持股，留點預備金以備不時之需。由表 10-2 可見，在資金可用期間不同情況下，最高持股比率也不同。

以中短期投資資金來說，由於資金可用期間在一個月到一年，可能碰到一個空頭來臨，又沒有採取停損，那可就沒有多餘資金下場撿便宜貨。站在上市公司的角度，此種逢低承接，還可以減少手上持股的平均成本，讓股票投資備抵損失減少一點。資金預備隊的目的在於撈一筆，但是如果買的標的是原先套牢的股票，在會計上還有「攤平」的副產品，可說一石二鳥。

表10-2　不同資金來源和最高持股比率

情況	最高持股比率	逢低承接的預備資金
一、長期投資資金， 如： 1.保留盈餘 2.封閉型共同基金、壽險公司	96%	1.融資額度 2.銀行過度貸款 (excess borrowing)
二、中短期投資資金 1.企業當年內盈餘 2.自然人	85%	1.未動用的資金 2.融資額度

要是新買的跟舊的持股不同，那也可以透過這救命錢小賺一點，以減少損失金額（也就是翻本）。除了這15%的第一預備金外，如果看得準行情，還可動用融資額度這第二預備金，上限不宜逾三成。也就是說第一、第二預備金加起來佔投資總額45%，比率不可說不大。

二、下方（損失）風險的預防——每股淨值法的應用

如同諾貝爾經濟學獎得主、財務大師馬可維茲所說，淨值是股票投資時的重要依據。同樣的，從事併購、股權投資型策略聯盟時，尤其是賣方公司屬於服務業，由於商譽所佔比率頗高，一旦投資後，如果投資人被迫撤資，則很容易因實體資產比重較低，投資人勢將遭受比較高的撤資損失。簡單的說，企業在從事投資時，如果想維持下方（損失）風險，其中作法之一是介入溢價比率較低的產業（例如：製造業）、公司（例如：資產雄厚公司）。由圖10-2可看出，隨著溢價比率的提高，企業所冒的風險不僅不是等比率增加，甚至是遞增的。

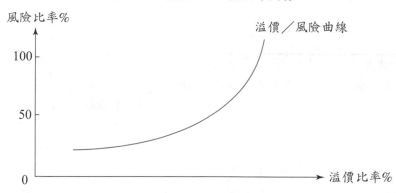

圖 10-2 溢價——風險比率關係

三、停 損

就跟踩煞車以避免車禍的原理一樣，停損（stop loss 或 cut loss）的作用在於控制投資損失於一定範圍。 停損對於股票投資、 高槓桿操作 （highly-leveraged transaction, HLT， 衍生性金融商品和保證金交易） 都非常重要，尤其是股票常出現「急跌緩漲」現象，想賺錢得花很久時間，但是賠錢的速度有時就跟自由落體一樣。

㈠停利停損在期貨操作的重要性

期貨投資人必須認知，交易策略首重健全資金管理，即風險管理，停損／停利可視為整個交易計畫核心，而停損又可為資金管理的靈魂所在，由此可見落實交易策略、嚴守停損對期貨市場的常勝軍的重要。

下場前，首要工作便是先衡量自己可以「輸多少」，建立自己的底線，特別是期貨不比現貨，如果沒有嚴格執行停損和停利，後果往往不堪設想，更不是現貨那種不賣就不賠的錯誤觀念可以相提並論的，所以正確觀念應是「少賠一點」重於「多賺一些」。期貨操作也是如此，不論這一口部位的賺賠，一旦多空方向錯誤，便應斷然了結虧錢部位，以期把損失降到最低，如同在下大雨前把棉被收進來一般，而不是人云亦云的「不賣（不平倉）就不算賠」。（經濟日報，2002 年 11 月 3 日，第 12 版，張俊郎、簡春旺）

停損點設定方式至少有三種，詳見表 10-3，其中成本基準是最常見的方式，例如你以 100 元買進英業達，設定跌 20%，也就是跌到 80 元左右，便認賠殺出，這80 元便是停損點。以時間基準作為停損點則比較少見，以中信局在操作衍生性金融

商品來說，如果是投機交易，不論賺賠一週內都必須平倉（即軋平部位）。

表 10-3　三種停損點的設定方式

方法	說明	缺點
一、成本基準或稱資金停損法	低於成本 20% 便自動斷頭： 1. 美、日「程式交易」或丙種金主， 2. 復華等證券金融公司， 3. 保證金交易。	1. 在假跌破而迅速反彈時，可能賣得太早，而錯失反彈時機， 2. 在一致性預期時，會造成「多殺多」情況，甚至驚慌性賣盤，以致有行無市。
二、技術分析基準 　1. SAR 指標 　2. 移動平均 　3. 道氏理論	由年線、頸線、趨勢線、黃金切割率等來判斷下檔支撐，要是跌破支撐，則認賠了事。	技術分析的準確性是機率問題，而且隨著時間經過，下檔關卡價也每天變動，所以使用者必須相當熟悉技術分析。
三、時間基準	買進後一週內必須平倉賣出，不管賺或賠，比較適用於跑短線的衍生性金融商品交易。	比較不適用於盤整格局，因為容易買高賣低。

(二)賠二成就認賠的背後假設

許多習以為常的投資「傳統智慧」，很少放諸四海皆準的，察覺背後隱含假設便能發掘其適用時間，而不宜不假思索的迷信權威、照單全收。

前述以成本基準「賠二成就認賠」的停損準則，只適用於（半年內）的短期投資，持股成本跟市價沒差多少，碰到中長期投資那可不能一體適用，例如你持有英業達二年，平均成本（含除權除息後）已低至 60 元，而股價至少在百元以上。賠二成是指股價已跌到 48 元（以下），這時股價已「崩盤」（從高點下跌一半以上），這時再來認賠殺出已不是皮肉傷，而是傷及骨頭，那亡羊補牢可說為時已晚。

(三)「浮動」停損點？

有些人採取浮動停損點，絕大部分是以技術分析為基礎，最簡單的便是當 6 日 RSI 14（多頭市場時）或 7（空頭市場時）便斷然賣出。

不過浮動停損點常會令人有得過且過的心理上漲時，停損點往下修正，反倒模糊了停損的觀念。此外，技術分析有盲點（即鈍化）、相互矛盾等現象。要採取技術指標基準來設定停損點，最好能從一而終；不要歧路亡羊，看見其他技術指標仍

未出現賣超訊號，因而不捨得賣出；最後只能後悔不按原計畫行事。

四、停益（或獲利了結）

賠錢要有限度，同樣的賺錢時也該有分寸，不要太貪而想賺到「買到波段最低點，賣到波段最高點」，太貪的結果往往接到最後一棒而當了最後一隻老鼠。

停益的基礎在於縱使大多頭行情中，總有大漲「小回」（即第 2、4 波的回檔波），投資人賺多了總會有人想落袋為安，並轉向其他相對較低本益比、漲得少的股票，這種情形在同一產業內稱為比價現象；如果出現在類股間，則稱為類股輪漲。

人性本貪，賺的時候想賺更多，比較難體會「有賺就好」、「握在手上的錢才是真」的金玉良言。就跟停損觀念一樣，克服貪念最簡單的方式便是採用程式交易的自動執行。

◆ 第三節　投資風險管理㈡——分散：（投資）組合方式

「不要把雞蛋擺在同一個籃子」這是投資組合最平易的流行解釋，不過「分散」(diversification) 至少有三種作法，依其重要性順序由高往低詳細說明於下，其優缺點請參見表 10–4。

趨吉避凶是投資組合主要的功能，不過一般人比較熟悉投資組合的避凶之道，反倒忽略了它趨吉的積極功能，也就是如何在「風險一定情況下，求投資報酬率最大」，尤其是要能打敗股票市場。

一、區域分散

1994 年 12 月拉丁美洲金融風暴、1997 年 7 月的亞洲金融風暴，讓許多人刻骨銘心，也體會到不僅一個國家景氣會有循環，甚至連區域經濟也有這現象。因此，不僅不要只把資產集中在一個國家，甚至不能單押某一個區域；這就是「國家分散」(country diversification) 的涵義。

1997 年流行的投資國家是美國（股市）、1998 年流行投資地區是歐洲，共同的特色是都在亞洲金融風暴暴風圈之外；「國家分散」最極端的作法當然是購買全球型基金。

國家分散的最主要缺點在於匯兌風險的控制，這個在第二十章第三節和第二十

一章第四節中會詳細說明。

表 10-4　三種分散持股方式及其優缺點

分散方法	精　神	方　法	缺　點
一、　地區分散 (region diversification)	避免單一國家或地區 (如香港) 的個別影響。	購買全球、區域型海外共同基金。	1. 匯兌風險, 2. 管理可行性。
二、　產業分散	最標準的「不要把雞蛋擺在同一個籃子」, 至少持股要分散在 5 個以上非衰退性產業。	最簡單的作法是指數型基金, 其次是買投資三個產業以上之基金。	管理可行性——當自行投資時。
三、　時間分散, 即資金分配方法中的資金成本平均法 (dollar cost averaging)	藉由定時 (分散時間) 買進, 以避免買到最高價; 藉分散時間賣出, 以免賣到最低價。	1. 定時定額投資, 尤其是對基金, 2. 自行操作時, 即正三角形賣出, 倒三角 (或金字塔) 形買進。	1. 不是賺最多, 2. 適用於 5 年以上之投資。

二、產業分散

持股分散 (stock diversification) 並不是指隨機分散, 否則叫猴子射飛鏢就可以了, 持股分散的作法如下:

　1. 先剔掉衰退產業 (例如合成皮、農藥): 有些產業在臺灣已走入歷史, 毫無「十年河東, 十年河西」的機會, 這種產業宜敬鬼神而遠之。

　2. 再從可投資的產業中挑股票: 持股分散是指產業分散, 最好分散 4 到 8 個產業, 而不是指隨機分散, 否則挑到踩了就爆的「地雷股」, 那可是令人欲哭無淚。

　3. 從 8 個產業中各挑一家績優股: 所挑的股票最好是你日常熟悉的, 尤其是老牌績優股。不要挑你不熟的, 否則到時不好管理, 一個人要精通 8 個產業、8 家上市公司也不是挺容易的事。

不要分散太多支股票、也不要去投資你不懂的股票, 否則會因一知半解而增加了「管理風險」, 以美國投資大師巴菲特來說, 每一年持有的股票通常不到十種,

但由於他對這些公司的營運瞭若指掌，因此無往而不利。(工商時報，1998 年 2 月 5 日，第 6 版)

三、時間分散

透過投資時間分散來降低投資風險，這個傳統智慧最近又被某位理財專家納入致富口訣「隨便買，隨時買，不要賣」，其中的「隨時買」便是時間分散的口語表達方式。

時間分散 (time diversification) 最極端的主張則是把每一期買進的同一支股票（例如台塑）視為不同股票，例如 2002 年 10 月 60 元買進、11 月 65 元買進、12 月 70 元買進。2003 年 1 月時，當股價為 75 元時，2002 年 10 月買進的一股便賺 15 元，同理類推。

時間分散最典型的方式便是定時（每個月）定額（至少三千元）的投資於共同基金。

(一)時間分散的方式

1.**分散買進時點**：例如在一到二週內，分三次買進該股，以避免集中一次買進時可能「買到當日盤中低點，但卻是該波動的高檔」。

分散買點最典型方式則為金字塔（或正三角形）買入方式，你可由低往高設定三個（頂多五個）買點，越往高價，投資金額越少；例如在第 1 個買點出現時，投入想買該股資金的 50%，但到了第 2 個買點時，只投入 30%，餘類推，詳見圖 10-3 (一)，實際運用詳見圖 10-4。至於比較懶惰的作法是採取平均比率的投資方式，詳見圖 10-3 (二)。

要是第 1 次買進後卻碰到股價不漲反跌，此時必須重定第 2、第 3 個買點。甚至當停損點出現時，可能在操作上必須暫時轉買為賣。

有些投信把新基金投入股市的方式也採取金字塔方式，只是縱軸參考座標是大盤，第 1 次買進的為基本持股、第 2 次為核心持股、第 3 次為攻擊持股。(工商時報，1998 年 3 月 6 日，第 13 版，施珠璣)

2.**分散賣出時點**：同樣道理，在賣出時也是逐漸出脫，以免賣到最低點。只是把圖 10-3 (一)倒過來，稱為「倒三角型賣出」罷了，例子請見圖 10-4 右側。

你可以發現，在個股買賣時，由於擔心誤判，所以採取時間分散方式、邊走邊瞧，以免一失足而成千古恨。當然，也不是只把焦點放在目標股的股價上，也得看

圖 10–3　金字塔形買進方式舉例

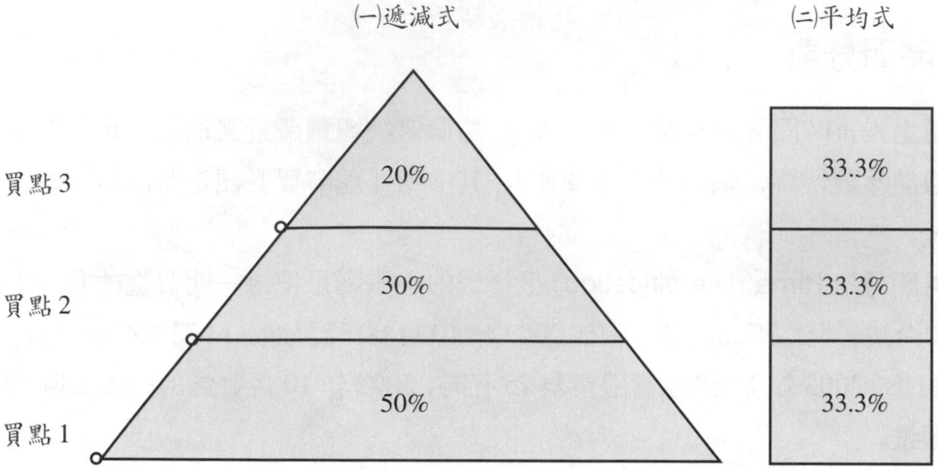

(一)遞減式
(二)平均式
買點 3
買點 2
買點 1
20%
30%
50%
33.3%
33.3%
33.3%

圖 10–4　台積電為例說明三角形分散買賣點

台積電日線圖
股價
50
53
51.5
50
20%
30%
50%
正三角形買進
50%
30%
20%
倒三角形
賣出
2003年
時間

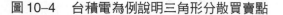

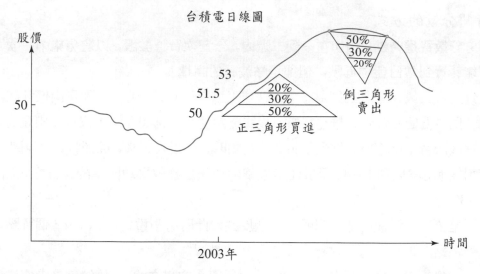

指數的動向。

(二)「時間分散」適用時機

如果對學術研究有興趣的人，可能會捏一把冷汗，美國實證研究對於時間分散是否有用，或者說「股票長期投資的風險比短期投資小」的爭議仍然存在，反對者也包括諾貝爾經濟學獎得主薩繆森 (Paul Samuelson)。本書無法贅述，有興趣者請參考下列文章：

Kritzman, Mark, "What Practitioners Need to Know about Time Diversification", *Financial Analysts Journal*, Jan./Feb. 1994, pp. 14 – 18.

　　你應該可以感受得到，我們並不推崇時間分散在長期的降低風險的功能。「時間分散」適用情況只有一種：即股市要有起有伏，計量上的用詞「回復均值」(mean-reverting)，下去了還得能上來。否則碰到「規避均值」(mean-aversion) 的日本股市，從 1990 年 2 月 21 日 36800 點，下挫至 2003 已 14 年，仍在 8000 點附近打底，這 14 年內定期定額投資日本股市的結果則是層層套牢。臺灣股市跟日本股市比也好不了多少，1990 年 2 月 21 日指數 12600 點，到 2003 年整整 14 年還沒恢復，14 年沒賺而大賠六成。所以難怪美國紐約福特基金會投資部的投資政策研究主管 Siegel (1997) 呼籲，時間分散是個傳統智慧，但可能給人統計上的幻覺，但事實上卻可能事與願違。

㈢實務上買盤時間分散較常用

　　基於全球股市大都呈現「緩漲急跌」的走勢，因此甚至連在美國，機構投資人買單分散期間大於賣單分散期間，美國賓州大學教授 Keim 和南加大教授 Madharan (1995) 發現這特色。這也難怪在臺灣三大法人很少出現總買進的情況，但是常見總殺出情況，例如 1998 年 3 月 5 日（週四），三大法人聯手大賣超 168 億元，幾乎佔當天成交量的十分之一；主因在於 3 月 4 日，美國英特爾公司發布第 1 季獲利恐不理想的消息，美股重挫，臺股也跟著重挫；沒想到第二天三大法人便卯起勁來殺股票。

◆ 本章習題 ◆

1. 以表 10–1 為基礎，參考其他書來補充投資組合風險衡量方式。

2. risk、exposure 這二個名詞有何異同？

3. 以股票為例，說明加碼、持有、減碼的意義。

4. 分析一下，不同融資比率下的持服財務風險。

5. 分析一下高 (95%)、中 (80%) 持股比率對股票型共同基金績效的影響。

6. 以表 10–2 為基礎，驗證共同基金、壽險公司等持股比率的異同。

7. 以一個行業（例如 NB）為例，驗證圖 10–2 的關係是否存在？

8. 以表 10–3 為基礎，以一支股票為例，分析哪種停損點方法比較少賠？

9. 以表 10–4 為基礎，分析哪種分散方式最少賠？

10. 以圖 10–3 為基礎，說明如何運用在一支股票的買賣點決策上。

第十一章

投資心理學
——專論行為財務

彼得‧林區建議的投資情緒商數(EQ)、七大投資心理：
1. 瞭解自己
2. 解析自己的投資屬性
3. 設定切合實際的獲利目標
4. 別預測市場走勢
5. 長期投資
6. 分散風險
7. 定期定額投資

——彼得‧林區(Peter Lynch) 前富達麥哲倫基金基金經理

學習目標:

決策科學、決策心理學一直是決策的重心,本章從心理層面出發,分析投資人「為何不按牌理(即基本分析)出牌(行動)」,以及知道為何犯錯是避免犯錯的第一步,進而提出作對決策的措施。

直接效益:

個性決定命運,投資人決策往往感性會凌駕理性,如何讓自己頭腦清楚,市面上相關書籍多如牛毛,閱讀本章能讓你一覽全局,節省時間和購書成本。

本章重點:

· 財務管理歷史發展三階段。表 11-1
· 行為財務的相關族譜。圖 11-1
· 心理財務學相關的心理學派及相關內容。表 11-2
· 展望理論。§11.2
· 價值函數。圖 11-2
· 以台積電為例說明展望理論。表 11-3
· 股市泡沫、泡沫理論。§11.3
· 鬱金香熱 (tulipomania)。§11.3 一
· 二次中外股市泡沫時的本益比和後勢。表 11-4
· 引發(股市)泡沫的因素和過程。圖 11-3
· 葛林斯班對股市泡沫的看法。§11.3 七
· 程式交易。§11.4 二

前言：要想怎麼收成，先得那麼想

許多實證指出，人的感性往往會超過理性；對投資來說，投資人的策略決策不見得是最佳的，本章目的就如同豐年果糖的廣告詞一樣：「讓你變得更聰明。」

沒作過股票（或任何投資）的人，總會天真的以為「（以步槍射擊舉例）瞄得到就打得到」，要是如此，那麼神射手可說滿街跑了。同樣的，要是大家都照基本分析表投資，那麼億萬富翁也不足奇，可惜人性的貪嗔癡戀卡死了理性分析，甚至知行不一。

如同策略管理中把心理因素列入考量時稱為決策心理學，以別於數量化的決策科學（管理科學的核心）。同樣的，把人性因素列入證券決策考量，此時稱為證券、投資心理學。

◆ 第一節 行為財務的時代來臨

1996 年起，「低失業、低物價」的新經濟 (New Economics) 現象出現，可說是人類新經驗，有別於數百年的「高失業、低物價」或「低失業、高物價」的舊經濟 (Old Economics)。

同樣的，在財務管理領域（投資只是其中一大項目）中，2002 年可說是完全邁入行為財務紀元。雖然許多書一時跟不上潮流，仍停留在「現代」財務時期。

一、財務發展三階段

新財務的先鋒 R. A. Haugen (1999) 很早就把財務管理的歷史發展分成三時期，詳見表 11-1。

數典不忘祖，財務管理在管理學七大管理中的發展比較晚，因此其研究方法往往延續著管理學。

(一)管理學派

如果說行為財務跟管理學中的 1940～1960 年行為學派相似，那麼舊財務 (old finance) 可說是科學管理，現代財務 (modern finance) 跟科學管理比較相似。

(二)策略管理

對於行為財務的基本主張：「投資人是感性的或是不理性的」，在拙著《策略管理》（三民書局）第七章〈決策心理學——克服能力、性格缺陷，提高策略品質〉，

可說是七管中比較深入討論人的不理性行為的。此外，會計學中也有類似的討論。

表 11-1　財務管理三時期發展

斷　　代	舊財務 (old finance)	現代財務 (modern finance)	新財務 (new finance)
年代 又名	1960 年以前	1960～1980 年 標準財務 (standard finance) 或財務經濟學 (financial economics)	1980 年以來 心理財務學 (psychological finance) 之一的行為財務學 (behavioral finance)
主要精神	以會計和財務報表分析為主	1.投資人是完全理性的 2.市場具有效率，即效率市場假說 (efficient market hypothesis, EMH)，這是完全理性的外在表現	1.投資人是有限理性 (bounded rationality)、有限意志力 (bounded willpower)、有限自利 (bounded self-interest) 2.市場缺乏效率 (inefficient market)
主要理論		1.資本資產定價模式 (CAPM, 1965) 2.套利定價模式 (APT, 1976) 3.選擇權定價模式 (OPM, 1973)	1.Kahneman and Tversky (KT) 1979 年的展望理論 (prospect theory) 2.其他，例如框架相依 (framing dependence)
跟管理學學派相比	科學管理 (1900～1920)	管理科學 (1945 年以後)	行為學派 (1940～1960)

二、現代財務──效率市場前提必須理性

財務大師、芝加哥大學教授法瑪 (Eugene F. Fama) 1969 年在美國金融協會年會中發表劃時代的論文，他寫道：「在一個效率市場中，價格『完全反映』可得的資訊。」換句話說，在效率市場中，除非取得內線消息，否則投資人無法擊敗市場。既然如此，又何必嘗試？

支持效率市場理論者認為，股價隨機波動，因為跟股價有關的可知資訊都已完全反映在股價上。換句話說，股價的任何變動只是反映新的訊息，但新訊息是不可預測的。

但是這套理論要成立，前提為投資人行為必須是理性的。不過，不可能每位投

資人都理性，一堆不理性的投資人在不同層面表現出不理性行為，彼此互相抵消。這個理論的破綻是，萬一不理性行為未能完全抵消，理性的投資人就可利用市場短暫的瘋狂時刻進場，把股價推向該走的方向，並從中牟利。

㈠打不贏他，就加入他

完全理性的個人稱為經濟人 (homoeconomica)，其極致表現便是效率市場假說，1970 年代學術界對此假說的狂熱可以說到達顛峰。

此時，效率市場理論不但成為學術主流，更把觸角伸向華爾街。一開始，他們跟華爾街的關係相當對立，抨擊業者支付基金經理和証券分析師高薪划不來。1970年代的大空頭市場，更促使投資人思考自己的基金經理是否值得信賴。這種思維的必然產物是指數型基金，這種基金不以超越大盤表現為目標，只是投資於指數成分股，所收的管理費用比積極型基金低很多。

富國投資顧問公司在 1971 年推出第一支法人指數型基金，針對一般投資人的第一支指數型基金，則由先鋒集團於 1976 年推出。

那種邏輯，加上別的因素，催生了指數型基金，目的在模仿而不是擊敗標準普爾 500 和威爾夏 (Wilshire) 5000 這類股價指數。今天，這種基金約佔美國股市總市值的一成。

㈡資本資產定價模式

在華爾街大力宣導效率市場的是夏普 (William Sharpe)。他認為，在效率市場勝過大盤的唯一方式是承擔更多的風險。他根據市場過去的波動，設計出貝他 (beta) 值這個指標，可簡單衡量風險，以建立平衡的投資組合，並評估積極型基金經理是否勝過大盤，還是在冒額外的風險。

在學術雜誌上談論這個觀點不能讓夏普滿足，他還撰寫有關投資和財務的教科書，並且對華爾街券商和退休基金提供建言。1996 年更成立金融引擎網站 (Financial Engines) 對散戶提供諮詢服務。儘管夏普是效率市場的信徒，他花很多時間幫助投資人作決策，最後反而成為行為財務學派的虔誠信徒。

三、行為財務起而抗衡

由於陸續發現一些傳統定價理論和效率市場假說的相反結果，行為財務 (behavioral finance) 從 1970 年代開始發展，到 1980 年代後期方開始受到重視。

行為財務學是以心理學上的發現為基礎，輔以社會學等其他社會科學的觀點，

嘗試解釋傳統財務經濟理論無法解釋的各種紛亂和異常現象。這些異常現象包括:
過高的股價波動性和交易量,而且股票報酬不論在橫斷面上或時間序列上,都存在
相當的可預測性。例如, 在橫斷面方面, 實證文獻發現規模溢酬 (size premium,
即小公司規模效果) 和價值溢酬 (value premium, 股價淨值比效果),而且傳統的
定價理論 (包括 CAPM, APT 和 CCAPM 等) 也無法合理的解釋資產間的橫斷面報
酬差異。在時間序列方面, 除了週末效應、一月效應、假日效應等現象外, 股價不
論在短期或長期也都存在相當的自我相關。

以股票價格的決定為例, 股價的變動可能來自公司本身價值的改變 (反映經濟
環境的變動),也可能反映投資人因個人 (心理) 因素而對其評價的改變,或者二
者都有。古典經濟或現代財務理論把人視為理性,因此價格變動主要來自於基本面
因素 (包括經濟環境的變動、公司營運狀況的改變),而個人和群體的決策過程則
幾乎完全被忽視,「人」的變數在理論中的重要性被降到最低。相反的, 行為財務
學提升「人」的地位,而經濟變數的重要性則相對降低。

行為科學家如今儼然金融學術圈的主流,鞏固行為科學學派勝利的現實世界現
象是 1990 年代末期的股市泡沫。

㈠數典不忘祖

由圖 11-1 可見, 一般人把財務視為經濟學的分支,那麼行為財務也應該可以
視為是行為經濟學 (behavioral economics) 的支派,前者由心理學上的理論嘗試探
討或解決經濟學上所關心的議題,而後者則是著重於研究個體在經濟體系中的行為

圖 11-1　行為財務的相關族譜

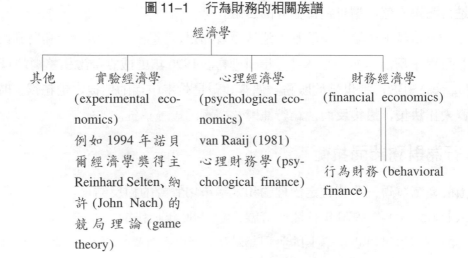

和相關心理現象。但是有些人以為，這樣的區別並沒有太大的意義，反而把二者視為名異實同。

(二)心理財務學的源頭

　　既然行為財務大部分來自心理學運用於財務管理領域,那麼各心理學派也會對行為財務有一定影響。由表 11–2 可見，很多行為財務的理論、相關研究都可以硬歸根於那一個心理學派。

表 11–2　心理財務學相關的心理學派及相關內容

心理學派基礎	認知學派 (cognitive psychology school) *	行為學派 (behaviorism) **	完形學派 (gestalt school) ***
時代	源自俄國巴夫洛夫的古典制約學習	1913 美國華森的「刺激—反應」	1912 年德國 1930 年代傳入美國，強調行為的整體性
行為財務的代表主題	經驗法則偏誤 (heuristic driven-bias) 1. 易獲性偏誤 (availability heuristic) 2. 代表性原則偏誤 *** (representativeness heuristic) 3. 過度自信 * (over confidence) 4. 定錨和調整 (anchoring & adjustment) 5. 後見之明 * (hindsight) 6. 模糊逃避 (ambiguity aversion) 7. 無關效果 * (disjunction effect) 8. 神奇性思考 ** (magic thinking) 9. 準神奇性思考 ** (quasi-magic thinking)	(一)展望理論 (prospect theory) 1. 確定效果 (certainty effect) 2. 反射效果 (reflection effect) 3. 分離效果 (isolation effect) (二)相關研究 1. 機會成本和原賦效果 2. 沉沒成本效果 3. 後悔和處分效果 (disposition effect) 4. 跨期賭局的選擇 5. 心理帳戶	(三)框架相依★ (framing dependence) 1. 認知失調和歸因理論 2. 自我控制 3. 貨幣幻覺 4. 處分效果 5. 心理帳戶 * 6. 私房錢效果 7. 原賦效果 8. 規避損失

★為了節省空間起見，「框架相依」屬於行為學派。

* 為各行為財務的細類主張源自那一心理學派。

㈢第一次受諾貝爾獎肯定

早在 1978 年西蒙 (Herbert Simon) 以結合心理學獲得諾貝爾經濟學獎，其中有限理性 (bounded rationality) 的概念更是融入經濟學的理論。

㈣第二次受諾貝爾獎肯定

行為經濟學近來大行其道，2002 年的諾貝爾經濟學獎得主之一，就是行為經濟學大師卡尼曼 (Daniel Kahneman)。

㈤其他獎項肯定

兩年頒獎一次的美國經濟學會約翰·貝茲·克拉克獎，1999 和 2001 年的得主也出自行為經濟學派。 在大眾文化方面， 懷疑效率市場理論的耶魯大學教授席勒 (Robert Shiller)，2000 年的暢銷書《非理性榮景》，已成為經濟學家近來熱烈討論的書籍，詳見第四節第 4、5 段說明。

四、2000 年開始嚐到走紅滋味

2000 年 8 月 29 日，根據《倫敦金融時報》「新新投資人」(New New Investor) 專欄日前在一篇題為〈我們不知道的投資〉的評論中指出，行為財務理論的信奉者已開始利用人類心理所造成的股價反常來套利。行為財務理論認為，投資人是凡人，總會有一些非理性的投資行為，使得股市受到扭曲。而股價反常的情況，也恰恰提供了投資機會。

《金融時報》指出，「星艦迷航記」(Star Trek) 的瓦爾肯軍官史波克曾以指出其地球同僚的不合邏輯行為而聞名。如今愈來愈多的投資經理相信，投資人跟企業號星艦上的人類組員同樣容易作出不理性的決策。

行為財務理論的迷人之處在於，人類總是以一貫的態度偏離理性。這使得基金經理得以利用這種行為所造成的股價反常現象獲利。一份報告估計，美國有 700 億美元以上的投資都是運用行為財務理論，甚至連主流的基金經理也開始採用。

自從全球股市上漲到違反許多正統投資指標的價位之後， 這種理論就特別受歡迎；席勒所著的《非理性榮景》等書籍已一再強調，投資所涉及的心理因素。

五、書　紅

2002 年行為財務的書在臺灣大放異彩，其中賣得最好的首推有「德國的華倫·巴菲特」美譽的安德烈·科斯托蘭尼 (Andre Kostolanys) 在二大連鎖書店商業、企

管類前十名排名如下：

    ⑴金石堂書店第 3 名：只有下表中的第一本書。

    ⑵誠品書店第 2 名。

名次	書　名	出版社	作（譯）者
2	《一個投機者的告白》	商智	Andre Kostolanys（唐峋）
	《一個投機者的告白之金錢遊戲》	商智	Andre Kostolanys（丁紅）
	《一個投機者的告白之證券心理學》	商智	Andre Kostolanys（林瓊娟）

六、基金也紅

　　股市中出現一些自認可以藉由投資人非理性行為獲利的基金，主要是預測投資人非理性的行為，並且以此為依據來進行投資。雖然非理性的投資行為頗多，不過這些基金主要是從兩種類型獲利：

　　⑴反應過度：如果市場出現突發新聞，尤其是利空面的，投資人往往會反應激烈。例如美國菸草和食品公司菲利浦摩里斯 2001 年 1 月 31 日意外宣布獲利低於預期，當天股價重挫 91 美分，至 44 美元，不過第二天便反彈到 54.79 美元，這就是經驗法則偏誤中的定錨和調整。

　　⑵反應過慢：在某些情況，投資人反應過慢，而這通常是出現在變化逐漸形成，而非突然生變的情況。例如某家公司一向業績不振，不過已出現穩定改善。而有些分析師和投資人不願承認他們對此公司看空的看法是錯誤的，因此會盡可能一直堅持他們的看法，此即框架相依中的認知失調和歸因理論。

　　專家表示，投資人對突發新聞反應過度，以及對長期變化反應過慢，都是常見的非理性投資行為，而基金經理可以利用這樣的情況來獲利，例如在公司獲利超過預期的新聞出現後，趕在投資人改變對該公司看法而紛紛加碼之前買進。(工商時報，2001 年 2 月 16 日，第 10 版，王曉伯)

行為財務基金的例子

　　⑴ 1999 年，歐洲比例投資基金，

(2) 2000 年 4 月，歐洲行為財務基金，

(3) 2001 年 2 月，亞洲第一支行為財務基金，荷蘭銀行的日本行為財務基金。

（工商時報，2001 年 2 月 16 日，第 10 版，王曉伯）

第二節　展望理論——行為財務中的諾貝爾

行為財務在許多重要問題上都大有斬獲，不過，比較沒有像現代財務中那些巨星級的計算模型，其中最著名的當屬 2002 年諾貝爾經濟學獎黃袍加身的展望理論。

一、諾貝爾光環加身

根據傳統觀念，大部分的經濟研究是基於人性自利與理性決策的假說，經濟學被視為無法實驗的科學，必須仰仗對現實的觀察。

2002 年 10 月 9 日，瑞典皇家科學院宣布諾貝爾經濟學獎得主，由來自美國普林斯頓大學的卡尼曼和喬治梅森 (George Mason) 大學的史密斯 (Vernon L. Smith) 兩位美國學者共享此經濟學界的最高榮耀跟一百萬美元的獎金，得獎理由是兩人首先把心理和**實驗經濟學** (experimental economics) 運用於決策制定過程的研究，是該領域的先驅者。這是諾貝爾經濟學獎第三次把頒獎焦點放在人類行為學。

瑞典皇家科學院褒揚 1934 年次的卡尼曼的傑出貢獻在於「把心理研究的洞見整合入經濟科學，特別是處在不確定性下，人類所作的判斷與決策」。卡尼曼主要研究處在不確定情況下的決策，他想展現人類決策可能系統性地偏離根據標準經濟理論所預測出的結果。

卡尼曼的研究也發現，人類的判斷可能基於簡單的錯誤嘗試法，導致系統性地偏離了基本的機率理論。他的研究啟發了新一世代的財經研究者，投入研究認知心理學對內在動機所造成的影響，豐富了經濟理論。（工商時報，2002 年 10 月 10 日，第 6 版，林正峰）

二、著名的 S 形曲線：價值函數

人們通常會簡單地以習慣法則、個人偏好，甚至隨機選擇，來達到快速處理決策的目的。卡尼曼針對非理性決策行為下，提出利得與損失的判斷解釋。

有關決策行為的研究，已經發現人們不可能清楚地計算每一選項的風險，也沒

有能力把所有的可行方案納入考量，更不要說評估各方案的成本效益。因此，每當面對不確定情況（situation，或譯為情境）而且關係重大的抉擇時，就容易讓人們遲疑不前。卡尼曼提供了一個針對非理性決策行為的解釋機制，而受到諾貝爾經濟學獎評審團的肯定。

卡尼曼跟其研究夥伴特弗斯基（Amos Tversky，1996 年過世），一起建立展望理論 (prospect theory)，用以解釋不確定情況下的風險決策。其主要主張為，每個人在面對決策情境時會在心底形成一個「分割點」，用以判斷當下面對的是「利得」或是「損失」情況。

處於「利得」狀況的人會有確保既得利益的風險迴避傾向，處於「損失」狀況的人會有冒險賭一把的風險尋求傾向。

(一)價值函數

1979 年提出展望理論，發表於經濟學頂尖期刊《經濟計量學雜誌》（*Econometrica*），證明展望理論比期望效用理論更能解釋偏好逆轉的現象。依據展望理論，人類面臨不確定性下的選擇或決策情境時，心理上先把決策問題和替代方案加以「編輯」(encode)，以便簡化後續的評估和抉擇。在編輯階段，決策者依心中的參考點，把方案的後果編輯為「利得」或「損失」，至於利得或損失對決策者的感覺和程度為何，則視為決策者的「價值函數」而定。由圖 11–2 可見，投資人的**價值函數** (value function) 自變數是投資人的損益而不是財富或消費的絕對水準。 價值函數的形狀是一條中間有點拐彎的 S 形曲線，獲利部分是凹函數、虧損部分是凸函數。在處於獲利狀態，投資人厭惡風險，願意提早賣出持股以鎖定獲利；要是處於虧損狀態，此時投資人變成風險愛好者，願意繼續持有股票，不願意認賠殺出。投資人不是從資產組合的角度來作投資決定， 而是按投資組合中各資產的損益水準分別對待。

圖 11-2　價值函數 (value function)

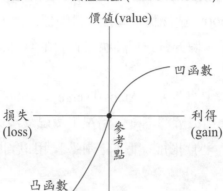

展望理論跟經濟學的期望效用理論,最明顯不同處在於期望效用理論的效用為財富的函數, 但展望理論的價值為利得或損失（相對於某一參考點）的函數。(杜榮瑞、俞洪昭,「當經濟學研究走入實驗室」,會計研究月刊,2003 年 1 月, 第 35～36 頁)

㈡以台積電申請赴大陸投資為例

　　然而,每個人對於切割點的選擇是很微妙的,同一個問題有不同的呈現方式,就會讓人有不同的判斷。例如以 2002 年 10 月看好台積電向經濟部申請赴大陸成立晶圓廠案,以每股 50 元買進股票,2003 年 1 月跌到只剩 45 元,此時二種投資人的抉擇南轅北轍,詳見表 11-3。

表 11-3　以台積電為例說明展望理論

	2002 年 10 月	2003 年 1 月	切割點	抉擇
股價	50 元	45 元	50 元	把情況判斷為獲利狀況 (50～45 元),此人傾向於保守,會賣掉股票,落袋為安
事件	9 月,台積電申請在大陸上海成立 1 家 8 吋晶圓廠	申請案石沉大海　1 月日,政府答應在 2 月前答覆	30 元	把情況判斷為損失狀況 (30～45 元),此人會傾向於冒險,等等看台積電會不會過關
投資決策	買進股票	to be or not to be 的抉擇點		

從這個例子，可以瞭解到展望理論的重要性，這兩位教授的主張解釋了日常生活中的非理性決策行為，促成經濟學理論修正了「理性」和「一致性」的假設，更重要的是提供了一個能夠量化的數學模式，作為經濟學理上的解釋。（部分摘自經濟日報，2003年1月5日，第4版，鄭伯壎、林家五）

> **充電小站**
>
> **展望、價值命名小插曲**
>
> 展望 (prospect)：指的是一個賭局或風險性的選擇。
>
> 價值理論 (value theory)：在 KT (1979) 發表展望理論之前，原先是以「價值理論」(value theory) 命名。Bernstein (1996) 在 *Against the Gods* 一書曾提到，他曾好奇為何展望理論的名稱跟主題不是非常相關？卡尼曼解釋說他們只是要找一個容易引人注意的名字。

三、臺灣的證據——後悔和處分效果的實證

輔仁大學許培基、葉銀華、臺灣大學邱顯比和元智陳軒基等四位大學教授的研究，從1998年1月至2001年9月，依據53680個帳戶、1088萬筆成交紀錄，分析散戶的「售盈持虧」的投資性格。由於股市以散戶為主幹，加上散戶的股票平均換手率高居全球之冠，因此這項研究提供了一項更深入瞭解「售盈持虧」傾向的機會。

兼職而且投資知識有限的年長女投資人，在處置賺錢和賠錢股票時，展現出這種「售盈持虧」的不對稱傾向，比其他投資人來得更強烈，融資與融券投資人較不受制於「售盈持虧」的習慣。

這種投資性格理論源自於展望理論，並且由謝夫林 (Shefrin) 和史塔特曼 (Statman) 在1985年提出，旨在分析散戶會有一種傾向，對賺錢的股票太快獲利了結，但對賠錢的股票又持股太久。（經濟日報，2002年12月9日，第4版）

調查結果顯示，投資人習慣把賺錢的股票提前獲利了結，卻繼續抱持虧損股票，這種傾向比美國投資人強烈許多。平均來說，獲利了結的動作約為認賠殺出的2.5倍。

第三節 股市泡沫——行為財務最有力的證據

地震常毀屋奪命，天災恐怖；人禍威力往往比天災大十倍百倍。投資人最怕碰到股災，股災中最猛、最久的則為股市泡沫 (stock market bubble)。

一、鬱金香熱是泡沫的經典例證

1637 年荷蘭鬱金香熱 (tulipomania) 泡沫化，可說是一切投資、炒作泡沫化的經典例證，英國史學家戴許 (Mike Dash) 寫的《鬱金香熱》(時報出版，2000 年 5 月)，正是呈現這場商品經濟首度由炒熱到崩盤，清楚而完整的故事。

當年的鬱金香熱，絕不是少數人附庸風雅的沙龍活動，而是一場全民運動。短短十年間，紡織工人改行做花農，園藝家搖身變成花商，從事鬱金香交易的還包括泥水匠、木工、樵夫、鉛管工、小販、肉商、警衛、酒商和教師等。

大家下海炒作鬱金香，原因是這種花卉的價格充滿想像的空間。在 1634 年的一場拍賣會中，價格超過兩千荷盾的鬱金香球莖比比皆是，而當時一般家庭每年開銷也不過三百荷盾。

除了作為炙手可熱的商品，鬱金香還是期貨交易的焦點。因此，哪怕還埋在土中，還沒發芽的鬱金香球莖，所有權照樣可以一再轉手。每次轉手，價格就飆升一次。往來之間，只靠一個插在該株鬱金香所在土地上的標示牌 (證明它的重量、品種和主人名字)，以及一張註明交易行為的所有權憑證。

全盛時期，一張鬱金香球莖的所有權狀一天可以轉手十次，當時兩百萬荷蘭人口中，估計至少有五千人參與交易鬱金香的活動。

這場泡沫經濟的巔峰時期，小小一朵鬱金香，可以換到「一輛馬車，兩匹大馬，加上整套鞍具」。更不可思議的，飆起這波人類商品經濟想像炒作的狂熱，居然是當時以衣著樸實、飲食節制、清教徒性格濃厚、強調道德觀的荷蘭人。

不過，正如毫無預警的 1930 年代美國大蕭條，這場鬱金香熱的崩盤也是突如其來。當 1637 年的某日，一場拍賣會上，花商發現鬱金香的價格，無法像往常般扶搖直上，甚至降價求售都難脫手時，市場信心馬上崩潰，而且像瘟疫般，迅速席捲荷蘭。

短短三、四個月，曾經比黃金還昂貴的鬱金香，價格只剩高檔時的 1%。曾經富可敵國的花商，變成負債累累的過街老鼠，政府尷尬地被迫出面調查，是否有人在背後炒作這場投機買賣，並設法解決無以數計、無法履行的期票法律問題。(摘自天下雜誌，2000 年 7 月 1 日，第 238～239 頁，李明軒)

二、為什麼專挑股市泡沫來談？

由表 11-2 可見，行為財務的原則至少有 20 項，沒有一、二章很難講清楚、說明白。依據「80:20 原則」，我們挑「影響最廣（全國甚至全球股災）、最深（泡沫破裂，股價只剩高點時的一成）、最久（常常十年無法翻身）」的股市泡沫，來舉例說明行為財務中許多原則如何來解釋股市泡沫這個投資大眾最不理性的股市現象。

㈠股市泡沫的種類

由於人們錯誤認知，以致使股市高估，形成股市泡沫，可粗分為下列二種情況：

⑴理性的氣泡：不是根據謠言，而是根據現有資訊，但由於投資人愚蠢 (foolish) 以致誤判，而形成的泡沫。

⑵投機的氣泡 (speculative bubble)：投資人根據過去股市變動來形成預期，此時投資人不笨，而是「聰明反被聰明誤」的枉顧現實，以致自誤誤人。

㈡哪裡都有股市泡沫

歷史會再重演，股市泡沫也是如此，由表 11-4 可見 1990 年臺、日的股市泡沫，很多人可能時過境遷而不瞭解了。1997 年 6 月泰、馬股市重挫，終於在 7 月 2 日連帶引發匯率重貶，由東南亞金融風暴，進而波及南韓、日、香港，形成亞洲金融風暴；但這也是六年前的事。

表 11-4　各股市泡沫的前後情況

股市	期間	漲幅	跌幅	期間
美股（道瓊指數）	1921～1929 95 個月	497%	87%	33 個月
墨西哥	1978～1980 30 個月	785%	73%	18 個月
香港（恆生指數）	1970～1972 28 個月	1200%	92%	20 個月
臺灣（加權指數）	1986.9～1990.2 40 個月	1168%	80%	12 個月
美股	1993～2000.3			2000.3～2002.9
1. 道瓊	3000 → 11000	260%	30%	
2. 那斯達克	600 → 5048	760%	75%	

2000 年 3 月 17 日，美國那斯達克股市崩盤，對很多人則是記憶猶新，可見世

人無法從別人的失敗吸取教訓；那麼股市泡沫就十年八載的爆發一次。

㈢股市投資成為全民運動

2003 年 1 月 10 日，猶他谷學院 (Utah Valley State College) 教授伊斯蘭 (Faridul Islam) 在「太平洋盆地研討會」上指出，新經濟時代，投資人行為也跟以前大為不同，並且影響股票市場波動。

股票市場狂飆的因素，投資人的貪婪是重要原因，此外貨幣政策寬鬆、低物價上漲率等，都是可能的原因。

以美國為例，在 1990 年代初期，大約只有四成家庭投入股票市場。但到了 2000 年，三分之二的美國家庭或多或少，都有錢投入股市。在這段期間，除了股市曾經表現氣勢如虹外，那斯達克更受眾人矚目。

1990 年代投資人的行為已跟 1980 年代有所不同，例如過去，股票屬於長期持有的投資，但在 1990 年代中，每個人幾乎「都想成為比爾‧蓋茲」，貪婪的趨力大於以往，似乎更不理性。(經濟日報，2003 年 1 月 11 日，第 4 版，李惟平)

三、道瓊指數 36000 點不是夢——1995～2000 年的六年大夢

1999 年 9 月，美國企業研究所研究員葛拉斯曼 (James K. Glassman) 和駐所學者哈塞特 (Kevin A. Hassett) 共同發表《道瓊指數 36,000 點》的大作，強調股票價值數十年一直被低估，因此藉由新經濟的推波助瀾，美股指數絕對可望迭創新高。預測道瓊指數在三到五年內會漲到 36000 點，當時轟動華爾街，登上暢銷書排行榜。道瓊 36000 絕對是最大的賣點，就算以 2001 年 1 月時所達的歷史高檔 11700 點左右為基準，道瓊距該書所預測的獲利目標似乎還有很大的想像空間，投資人在看完該書後信心大增，進場加碼者不在少數。

法瑪對股市泡沫的看法

根據嚴謹的效率市場理論，股市的波動一定有合理解釋。財務管理大師法瑪形容一飛沖天的網路股股價有風險，但不算是瘋狂的賭注，因為這些賠錢的網路企業，或許有朝一日會像微軟公司一樣龐大。

四、股市泡沫怎麼產生的？

股市泡沫不是新鮮事，但是有行為財務的協助，第一波的泡沫理論 (bubble theory) 主要在 1990 年推出，研究對象為 1987 年 10 月 19 日美股一日內從 2300 點

狂跌500點，接著各種泡沫理論如兩後春筍般冒出。

其中我們讀到最完整的還是非席勒莫屬，在圖11-3中，我們把他在《非理性榮景》一書中的文字描述，整理成圖，以便於你一目了然的簡潔瞭解。

五、席勒的《非理性榮景》

2000年5月，耶魯大學經濟學教授席勒(Robert J. Shiller)出版《非理性榮景》（中文版由時報出版，2000年12月）一書中，形容1990年代末的多頭市場是投機性的金融泡沫，無法避免地將造成股票獲利長期不振。投資人過去對股市的期望有多高，現在的悲觀氣氛就有多重。

(一)投資人不笨，只是不理性

美國股市為何在進入新千禧年之際登上萬點高峰？ 哪些因素使得美股居高不下? 是否有強力的基本因素支撐? 為了回答這些問題，鑽研行為財務的席勒分別從歷史、心理學、社會學和經濟學等面向來分析，他認為心理學提供最重要的解釋，卻一直被忽略。投資人一窩蜂投入股市，這種非理性行為使得股價暫時維持在高檔，大眾似乎認定股價只漲不跌，這種想法相當危險。

席勒完全接受「股市有時候會被一時的流行或群眾瘋狂行為所左右」的傳統智慧，到1990年代中期，他相信股市進入群眾瘋狂期，因為本益比已相當高，他利用各種場合發出警訊，並撰寫《非理性榮景》一書。

(二)美股泡沫的歷史證據

席勒蒐集一百多年的資料來分析本益比跟股市報酬率之間的相關性，可以發現低本益比的年代接著而來的是較高的股市報酬率，而高本益比的年代通常跟隨而來的是低報酬率，兩者間的相關性在統計上具有顯著性。統計顯示，1880～2001年間本益比達高峰者有三次；但是從來沒有像2001年12月超過40倍以上，因此席勒認為美股價格被過度高估。

從歷史經驗來分析，最接近當時道瓊工業指數本益比水準的是1929年股市大崩盤時期，那一年股市崩盤後一直盤跌，直到1932年6月達到谷底，跌幅達80.6%，而道瓊工業指數並沒有馬上反彈回升，直到1958年12月才回升到1929年9月的水準。

由表11-5中1929年美股崩盤後三段期間仍愁雲慘霧來看，以美股本益比的水準來看未來十年的發展，實在很難令人樂觀。(工商時報，2000年12月6日，第5版，謝錦芳)

圖 11-3　引發（股市）泡沫的因素和過程

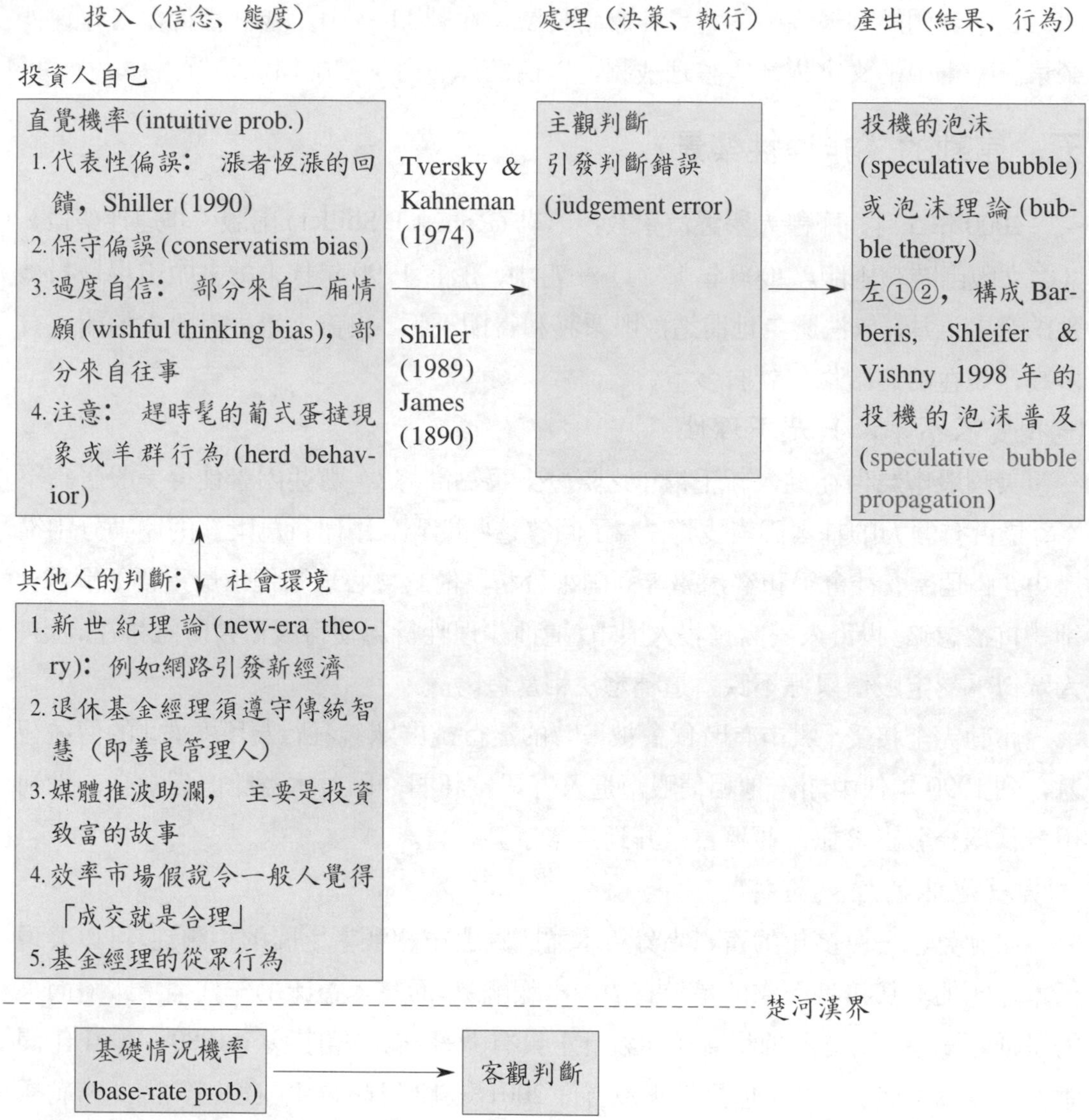

| 投入（信念、態度） | 處理（決策、執行） | 產出（結果、行為） |

投資人自己

直覺機率 (intuitive prob.)
1. 代表性偏誤： 漲者恆漲的回饋，Shiller (1990)
2. 保守偏誤 (conservatism bias)
3. 過度自信： 部分來自一廂情願 (wishful thinking bias)，部分來自往事
4. 注意： 趕時髦的葡式蛋撻現象或羊群行為 (herd behavior)

Tversky & Kahneman (1974)

Shiller (1989)
James (1890)

主觀判斷
引發判斷錯誤 (judgement error)

投機的泡沫 (speculative bubble) 或泡沫理論 (bubble theory)
左①②，構成 Barberis, Shleifer & Vishny 1998 年的投機的泡沫普及 (speculative bubble propagation)

其他人的判斷：　社會環境

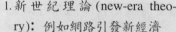

1. 新世紀理論 (new-era theory)： 例如網路引發新經濟
2. 退休基金經理須遵守傳統智慧 (即善良管理人)
3. 媒體推波助瀾， 主要是投資致富的故事
4. 效率市場假說令一般人覺得「成交就是合理」
5. 基金經理的從眾行為

--- 楚河漢界

基礎情況機率 (base-rate prob.) ⟶ 客觀判斷

資料來源： 整理自 Shiller (2002), pp. 19 – 25.

表 11-5　1880～2001 年道瓊 30 指數本益比 4 次高點

	1901	1929	1966	2001.12
本益比	25.2	32.6	24.1	41

平均報酬率
1930～1934 = −13.1%

$$1930 \sim 1939 = -1.4\%$$
$$1930 \sim 1949 = -0.4\%$$

(三)泡沫破裂

2003 年 1 月 28 日，英國《金融時報》報導，投資人集體崇拜股票的時代已結束。乍看之下，2002 年以來全球股市重挫或可歸咎於戰爭威脅、油價勁升、物價下跌或企業醜聞，但追根究柢，投資人嫌棄才是根本原因。

《倫敦金融時報》100 種指數從 1999 年 12 月 31 日的最高價位回跌逾 50%，巴黎 CAC 40 種指數也從巔峰跌落 59.6%，法蘭克福 DAX 指數更慘，比當年天價跌掉 67.5%。標準普爾 500 種指數也腰斬，比歷史峰頂低 44.7%。2002 年 3 月～ 2003 年 1 月，任何一次反彈都後繼乏力，逢低承接者事後證明都是傻瓜。

把股價下挫推說是戰爭陰影使然，非常方便，但 1991 年 1 月第一次波斯灣戰爭開打時，股價反而大漲。

如果說是企業醜聞的打擊，債市和股市理應同受其害才對。實則不然，美國 BAA 級跟 AAA 級的公司債價差反而縮小，從 2002 年 9 月至 2003 年 1 月已縮小逾 0.5 個百分點。

以上異常現象顯示，股市受到非基本面的因素左右。投資人似乎衝動性撤離股市，套句經濟學家金德柏格 (Charles Kindleberger) 的用語，此刻是空頭市場令人「反感」的階段。盲目崇拜股票的時代似已結束，1980 和 1990 年代賭股價會漲而耐心長抱者終有回報。如今，股票風險高，不論是基金或散戶，逐漸喪失信心。(經濟日報，2003 年 1 月 29 日，第 9 版，湯淑君)

(四)道瓊重回萬點，可能還要好幾年

2003 年 1 月 13 日，有些證券分析師表示，道瓊指數如果要重回萬點大關，前提是企業獲利好轉，股價跟企業獲利表現必須一致，這是一條漫漫長路。佛州 Edge 公司技術分析師卡包猜測，道瓊指數至少要花兩到四年才能回到萬點，畢竟道瓊指數 30 支成分股全是成熟、低成長、高股價的企業，這一切只能靠時間來改變。

股市專家一致認為，那斯達克鐵定是最後一個復原的指數。卡包預測，道瓊指數可能先跌後漲，2003 年 1 月道瓊指數的本益比為 23、指數 8000 點，比歷史平均本益比高出 12 到 15%，除非本益比下降，否則投資人不會輕言進場。

分析師普遍預測，2003 年道瓊指數可望上漲 10 到 15%，也有專家預測道瓊指

數會盤整多年；換句話說，指數要上萬點根本是遙不可及的夢想。(經濟日報，2003年1月14日，第9版，郭瑋瑋)

席勒建言小檔案

　　1996年12月5日，美國聯邦準備理事會主席葛林史班在一場演說中以「非理性榮景」(irrational exuberance) 來形容當時的美國股市，「非理性榮景」一詞從此成為葛氏名言。

　　葛林史班在演說前曾聆聽八位學者專家的意見，其中之一就是耶魯大學經濟學教授席勒，他在短短十分鐘的報告中指出，美國股市已經過熱，可能引發泡沫股市的危機。這個說法剛好跟葛氏的觀點不謀而合，他在二天後的演說中，以「非理性榮景」來形容美國股市，引起全球矚目，當時道瓊工業指數在6400點左右，在葛氏演說後，美股雖然短暫下挫，後來卻愈挫愈勇，逐步攀升至萬點高峰，2000年1月，更一舉衝上11170點的歷史高點。

　　然而好景不常，2000年3月，道瓊三十種工業指數從最高點下挫近二成；而那斯達克指數在4月14日單日跌幅將近6%，許多網路股和高科技股紛紛重挫。5月，席勒出版《非理性榮景》一書，針對當前股市泡沫化的現象提出精闢分析，並警告未來十年美股的前景黯淡，歷史經驗顯示，未來十年股市報酬率將是負值，賠本的機率非常高，因此呼籲投資人應該居高思危。

　　《非理性榮景》一書出版後立即登上暢銷書排行榜，1946年次的席勒則成為美國各大媒體爭相採訪的熱門人物，《美國商業週刊》封他為「空軍總司令」，《霸隆週刊》稱他為「新空頭先生」。不過，席勒對美股前景的悲觀論點，也引發不少爭議，尤其主張美股會登上萬點的多頭派群起而攻之，即使席勒的論文指導教授薩繆森(Paul Samuelson)也認為席勒似乎過度悲觀，他並不認為美股的泡沫如同席勒所形容的那麼大！(工商時報，2000年12月6日，第5版，謝錦芳)

六、巴菲特的股市集體幻覺

　　2002年9月28日，美國富豪投資大師巴菲特接受英國廣播公司(BBC)訪問時指出，科技泡沫時代籠罩股市的「集體幻覺」已進入終結階段。

　　巴菲特指出，跟數年前的股價泡沫時期相比，投資人現在變得「比較切合實際」，不再忽略常識的指導，不致成天只會作夢。

　　他還說，1995～2000年的集體幻覺侵蝕會計標準，以致2002年1～7月爆發破壞性強大的財務報表作弊醜聞。

他指出，要做一個成功的投資人，應該以長期觀點處理投資。

透過他掌舵的波克夏公司，巴菲特投資績效卓著，已躋身全球最成功投資人之列。

他的投資策略是專注購買股價被股市低估的公司，長抱這些公司的股票，而不做投機性短線進出。

在1990年代末期科技股泡沫膨脹到頂點時，巴菲特還因為不投資網路股、沒有搭上股價飆漲列車而遭到批評。

他指出，科技股飆漲時期的泡沫現在大多已經消失。「當公司股票市值漲到200至300億美元，但在某些人眼中這只是一線微光，我認為這代表投資人已陷入幻覺。出售公司的行情一度飆到瘋狂天價，但現在這一切均已終結，我認為這情況將可維持一陣子。」

詢及投資人當時為何這樣做，巴菲特說，人們「在群眾中容易瘋狂，失去辨識真偽的能力。」「群眾的行為有時像北極旅鼠，事涉錢財時他們只相信慾望。」

對於因股市崩盤而損失大錢的投資人，巴菲特說他沒有解決之道。他宣稱，不管散戶或專業投資人都一樣，「當你為某些東西付出錯誤的價格，這本身沒有補救之道。這在購買公司股票、商品、住宅或任何其他東西時也是一樣。」

市場幻覺導致安隆(Enron)公司、世界通訊公司等多宗美國企業會計作弊醜聞。

巴菲特指出，標準遭到「侵蝕」。「投資人變得非常陶醉，事事產生一些變化，會計行為日益墮落，公司董事會日趨貪婪，進而弊端叢生。」

他認為「美國公司執行長大致都頗具能力，他們是有修養的人，但是當他們見到某人賺的是3000萬美元鉅金，而非像他們只賺300萬美元，他們無法視而不見」。

對於美伊戰局，巴菲特說他不知道戰爭會對市場或經濟產生什麼影響，但是強調投資人應盡力不看短期因素。他敦促投資人尋找股價低估的公司，進行長期投資。

他宣稱：「只要用適當價格買進優質公司股票，終究會獲得極佳獲利。」(經濟日報，2002年9月29日，第5版，王寵)

七、葛林史班對股市泡沫的看法

2002年8月30日，美國聯邦準備理事會(Fed)主席葛林史班在堪薩斯市聯邦準備銀行主辦的年度經濟論壇發表開幕演說時指出，沒有任何指標可以有效預知股

市泡沫的形成。所以，央行也不可能準確採取預防性的貨幣緊縮來戳破泡沫。

㈠泡沫的成因

如同實證顯示，投資人也經常誇大基本面改善程度，這是心理面使然，泡沫也容易因此形成。同樣的，經濟榮景的末段也容易發生不合理的潛在需求預期，股價和股票溢酬因此被推升到無法持久的水準。

㈡聯準會公式依然寶刀未老

泡沫出現是因為投資人高估公司獲利的持續成長（泡沫破裂），或是因不實引用下修的預估獲利和股息折現率，其中的差別無法從股價區分，但是股票溢酬是否合理，是可經由股利收益率低於美國公債長期實質利率來判斷，此即著名的聯準會公式。

◆ 第四節　執行才能致勝——如何落實行為財務？

「知難行易」適用於大部分情況，（投資）道理不難懂，甚至大學學歷就夠用了，但困難的「人棄我取」時逆向操作的勇氣，因為此時「眾人皆醉我獨醒」、「千山我獨行」，怎知自己不是錯的？

簡單的說，要落實行為財務甚至所有的分析，便須作到股市技術分析專家林新象所說的：「作股票想賺錢，就得『沒人性』」，也就是做好情緒管理，一如老僧入定。

一、「沒人性」是強人所難

然而像夫差「臥薪」、句踐「嚐膽」的克服人類情性的高執行力作法，或是美國包熙迪 (Larry Bossidy) 和夏藍 (Ram Charan) 在 2002 年名著《執行力》（天下文化，2003 年 1 月）、IBM 前任董事長葛斯納 (Lou Gerstner) 名著《誰說大象不會跳舞》（天下出版，2003 年 1 月），這些例證皆指出「理想（公司稱為願景）人人皆有，但是執行力才能使公司美夢成真」。

既然自古無場外的舉人，許多人對股票投資的決策常得「天人交戰」一番，而執行時又七折八扣。如何困知勉行呢？在自操部分則是透過程式交易，要是仍然手癢，只好採取「眼不見為淨」的代客操作方式，這是本節的主要內容。

二、以法則代替權衡的程式交易

在貨幣銀行學中，有個著名的主張「以法則代替權衡」(rule vs. discretionary) 套用在投資學中，法則便是機械式的操作方式，也就是照章行事、照表操課 (by the book)。以買賣台積電股票為例：

⑴上檔壓力 50 元時**賣出** (sell)。

⑵下檔支撐 38 元時**買進** (buy)。

㈠用電腦超越人性弱點

投資人希望藉由程式交易 (program trading)，經由機械化的判斷來克服人性在投機交易中最大的兩個致命傷——貪婪與恐懼，反映在操作上就是賺錢不敢大賺、賠錢不肯停損，或是該獲利了結卻抱單到虧損的毛病，這是所有偉大操盤手都必須面對的人性弱點，唯有跨越這道障礙才可能邁向成功之路。

㈡運用程式交易的歐洲共同基金

一家歐洲資產管理公司十分擔憂旗下的基金經理會跟別人一樣犯錯，乾脆把選股過程自動化。該公司利用電腦程式投資 2.4 億歐元在荷蘭銀行的 Ratio 投資基金，其中並運用四項原則來挑選股價被低估的股票。

上述基金的經理帕斯馬的博士論文即為行為財務理論，他表示，把決策交給電腦其實並不容易。「當我看到資產組合時，我緊張得要命，如果我讓我自己的情緒介入其中，我根本不會買進那些股票。」他說。

迄今，操作績效令他的客戶頗感滿意：該基金從 1999 年 4 月成立以來已達到 26% 的報酬率，比大盤指數多八個百分點。在這種情況下，如果人為的去干預電腦的選擇，將是「十分不合邏輯」。（工商時報，2000 年 8 月 30 日，第 5 版，蕭美惠）

㈢選擇程式交易的軟體

程式交易在臺灣股市也相當風行，不論現貨或是期貨市場，專業法人、投顧業者、甚至散戶採用程式交易者皆不在少數。

由於散戶長期為虧損所苦，又想獲得簡單不需動腦筋的最佳獲利方式，因此市面上鼓吹販售程式交易者多如過江之鯽，其洋洋灑灑的獲利績效著實令人動心，但其中多半魚目混珠，投資人不可不慎。

以下就列舉幾項篩選程式交易時必須特別留意的重點以供參考。

1.**獲利能力**：首先必須注意其勝率，因為一套勝率太低的程式可能使得小額投

資人在未能獲利之前就已經「畢業」出場，而且也可能提早失去信心；再者，應注意其獲利集中程度如何,是否僅因為少數幾筆大幅獲利的交易而使得整體績效看起來相當出色。

2.**虧損程度**:應注意其單筆最大的幾次虧損,是否在自身資金可承受範圍之內,尤其是系統出現連續虧損時更是重要,許多著名的衍生性商品基金經理認為,這是他們選擇交易程式最重要的考量。

3.**系統的歷史績效**: 除了有效交易筆數必須達到一定水準（越多越好,至少在200筆以上）之外，還須注意其歷史績效紀錄涵蓋範圍,是否僅僅集中在特定市況,例如完全集中在盤整盤、多頭市場或是空頭市場等,應選擇績效紀錄能涵蓋全部可能市況的交易程式。(經濟日報，2002年8月4日，第11版，寶來期貨)

三、資產配置交專人，克服谷底恐懼症

元大投信總經理杜純琛認為,投資基金獲利有兩大關鍵:買對基金、選對時機。但多年以來發現許多投資人未於高點贖回,最後只是紙上富貴一場。資產管理公司站在專業管理者角度,應透過資產配置機制,幫助投資人在對的時機選擇對的基金,破除心理障礙。

㈠2 in 1 定時定額

以往定時定額只限單一類型的「股票型」基金，賺賠全得看股市的表現，加上投資人往往見「賠」就收,不但之前低檔累積的單位數不能於高檔贖回,甚至因而中斷原先的長期投資計畫,錯失低檔再次布局的大好獲利良機。元大投信因而改良設計了2 in 1這項革新性的產品，其設計原理為運用大盤漲跌自動配置股票和債券基金的投資比例,當股市相對較低時則買進股票型基金,股市相對高時則買進較穩健的債券型或平衡型基金,以達到降低投資風險和維持穩健報酬的目的,最適合追求穩健報酬的投資人，詳見表11-6。

㈡定時不定額

定時不定額是另一種「改良式」定時定額，在低檔強迫加碼的投資方式，可有效克服投資人「谷底不敢買」的心理壓力! 運用「逢低加碼、逢高減碼」投資組合保險 (portfolio insurance) 原理,如大盤在5000點下,扣款金額加倍、在5000～8000點維持原金額、8000點以上減半扣款,藉由扣款金額增減,達到低檔累積較多單位數的方式,降低平均成本;前提是股票屬於多頭,要是處於空頭走勢,此舉會層層

套牢，而且越套越多。

(三)債券型定時定額

　　傳統股票型定時定額屬於比較積極的方式，適合追求較高報酬和能承受風險的投資人。除了傳統的單一股票型定時定額外，為了因應物價下跌的來臨，有些投信也陸續推出債券型定時定額商品，其特色主要強調的是資金的靈活性和穩健收益。

(四)停利再投資機制

　　把股市停損和停利（即獲利了結）原理應用到基金投資上，投資人可依個人風險承受度，自設停損和停利點，一旦達到設定的停損停利點後將由投信公司主動通知，投資人可依據大盤或個人狀況逐步調整基金部位。（大部分修改自經濟日報，2003年1月14日，第19版，杜純琛）

表 11-6　股債基金定時定額投資績效比較

比較項目	傳統股票型定時定額	定時不定額	2 in 1 智慧型定時定額	債券型定時定額
每月投資金額	3000 元起，投資金額固定	3000 元起，投資金額不固定	5000 元起，投資金額固定	3000 或 6000 元起，投資金額固定
扣款基金別	固定單一基金	固定單一基金	搭配積極型與穩健型基金，做資產配置	固定單一基金
風險	較高	較高	較低	低
扣款機制	不論股市高低點，均扣款固定金額	十年線以下：金額加倍　十年線以上：金額減半	十年線以下：增加股票　十年線以上：增加債券	扣款固定金額
適合族群	比較積極	比較積極	積極和穩健	保守和穩健

四、絕對報酬

　　2002 年下半年開始，臺灣的基金開始流行「絕對報酬」(absolute return)，即不考慮大盤指標，追求為投資人在多、空市場都賺到錢的投資策略。

　　股票型共同基金大都以打敗大盤作為目標，在股市行情不佳時，基金表現就算

贏了大盤，還是跟著指數下跌，投資人照樣賠錢。

此時追求「絕對報酬」的投資策略就應運而生，它起源2003年在海外大行其道的衍生性金融商品基金，臺灣採取此方式的基金詳見表11–7。

1993～2002年海外衍生性金融商品基金規模已成長7倍，並在2002年底達到5千億美元，支數超過4千支，就是拜基金經理利用衍生性金融商品在股市放空套利，每年創造兩位數字以上投資報酬率所賜。(工商時報，2003年6月8日，第17版，洪川詠)

表11–7　絕對報酬策略模式投資的共同基金

基金名稱	基本策略	每年追求報酬目標	備　註
中信銀全球組合	動態調整全球股票基金、債券基金的比重，追求中長期穩定投資報酬	高於定存，6～7%	集合信託管理帳戶
怡富平衡	以三七原則彈性調整股債比重，市場超漲時降低股票比重、市場超跌時增加股票比重，一達獲利目標即將多數資金轉至債券	–5～10%	平衡型
怡富安家理財	彈性調整組合β組，並以債券基金為主，當預期有較大波段上漲時即增加股票基金比重、增加積極市場部位或把資金轉移到已重挫市場，一旦達獲利目標即將多數資金轉至債券基金	–8～10%	組合型：6/12募集
富鼎精選組合	股票基金部位不超過50%，採取持盈保泰、趨勢追擊兩種策略	正報酬	組合型：募集時間未定
復華人生目標	股票：多數時間低持股，研判大盤翻升時提高持股以賺取每年一至二波的波段利潤。債券：以轉換公司債為布局重點	7～8%	平衡型
寶源新興市場債券	彈性佈局公債、公司債、高收益債，追求最佳報酬	10～15%	債券型
寶源亞洲債券		8～10%	債券型

資料來源：各銀行、基金公司。

個案一　靠人性弱點賺錢

根據倫敦《金融時報》指出，利用人類心理盲點來進行投資獲利的行為財務理論，已逐漸蔚為主流，不少基金經理運用此心理法則替客戶賺得豐厚的利潤。設於美國加州聖馬提歐的富勒與泰勒資產管理公司 (Fuller and Thaler Asset Management)，更是精擅此道的行家。

該公司績效能夠打敗大盤，秘訣在於運用股市缺乏效率。股市之所以無法達到理想中的完全效率，原因在於投資人對於資訊的解讀不當所致，富勒和泰勒利用這一點，配合由下而上的研究方式，結合公司基本面研究與對行為財務理論的洞見，在股市中取得了不小的競爭優勢。

一、我相信……

富勒相信，他的公司可以運用行為財務理論，而不致作出不理性判斷。

富勒表示投資人犯下的許多錯誤似乎源於經驗法則行為，其犖犖大者就是受限於**代表性原則偏誤**(成見或既定的概念)(representativeness)。人們往往以狹隘的觀念來判斷投資，「投資人因而陷入窠臼，對於股票相關的一些關鍵字反應過度。當人們反應過度時，我們就趁機加以利用。」

經驗法則行為之一是**定錨** (anchoring)，也就是運用外部標準來達成決策。卡尼曼和特弗斯基等兩位心理學家，時常被視為行為財務理論的始祖，他們做過一項實驗，要求人們估計聯合國裡非洲會員國的比例。在他們回答前，心理學者先搖動一個數字由一到一百的滾輪，然後在他們回答之前，請他們先回答自己的答案比滾輪上的數字高或低，滾輪上的數字愈高，他們回答的答案也愈高。

定錨行為導致投資人參考以往的股價、類似公司的股價，或是整個產業的股價等其他指標，來作成決策。富勒表示，定錨行為讓人們無法對新資訊作出充分的評估；他又說，卡尼曼和特弗斯基應當獲頒諾貝爾經濟學獎。(工商時報，2000年8月30日，第5版，蕭美惠)

二、基本分析為主，行為財務為輔

雖然富勒與泰勒善於運用投資人的心理盲點，但是本身的基本面研究也相當扎實，譬如中小型成長基金的基本擇股標準有：盈餘大幅成長，而且必須是本業、市值要超過1.5億美元，以免發生變現力問題。接著還要觀察毛益率是否有長期改善的趨勢，以及經營階層對未來的看法等。最後，也是最關鍵的部分就是從基本面的合格標的中，再依據行為財務理論來挑選出股價未及反映實質表現的個股。

三、績效斐然

富勒和泰勒管理的資產達16億美元，其中最小的個別帳戶僅一千萬美元。因為管理的金

額不算高，所以該公司的資產管理策略也以投資中小型股為主，旗下主要有兩大基金，一為中小型成長基金，另一為小型股價值基金。

中小型成長基金從 1992 到 1999 年第 3 季為止的年平均報酬為 29.2%，總報酬率高達 612.7%。這段期間羅素 2000 成長指數的年平均報酬才 11.8%，總報酬率僅有 135.9%。另一個小型股價值基金成立較晚，但是從 1996 到 1999 年第 3 季的將近四年期間，總報酬率仍高達 98.1%，年平均值也有 20%，同一期間羅素 2000 指數的總報酬率為 45.5%，年平均值為 10.5%。（工商時報，2000 年 8 月 30 日，第 5 版，林正峰）

💡 充電小站

富勒與泰勒小檔案

富勒 (Rusell Fuller)：富勒與泰勒資產管理公司總裁兼投資長，美國內布拉斯加大學財務博士，剛出道時擔任證券公司的分析師，該公司後來被潘韋伯併購，成為潘韋伯旗下的一個事業部。富勒後來也在兩家投資顧問公司任職，一家是康諾斯投資人服務公司，擔任研究部主任，另一家為協和資本管理公司，擔任策略發展部經理。

除了金融界外，富勒在學界也相當活躍，離開學界前的最後一項工作是華盛頓州立大學財務系系主任。

富勒的投資著作相當豐富，包括一本投資學教科書，以及多篇期刊文章。並擔任《投資組合管理雜誌》、《金融分析師雜誌》的編輯委員，以及舊金山證券分析師學會的理事。

泰勒 (Richard Thaler)：公司執行長，羅徹斯特大學經濟學博士，芝加哥大學企管研究所的「行為科學與經濟學」教授，被譽為該領域的領導學者，他並擔任該研究所「決策研究中心」的主任，也在麻州理工學院和康乃爾大學任教。泰勒是國家經濟研究局的研究會員，經常在多個商務團體中發言或擔任顧問工作。泰勒所寫的行為財務理論書包括《贏家的詛咒——經濟生命中的矛盾與反常》，以及擔任《行為金融學的進展》一書的編輯，也在《經濟學展望週刊》中發表一系列的論文。（工商時報，2000 年 8 月 30 日，第 5 版，林正峰）

個案二 行為財務的運用: 發戰爭財

「驚驚沒得頂」這句臺諺指出怯場就不可能拿到冠軍,根據行為財務理論,人們有誇大利空的傾向,以致犯了歌星潘越雲名曲「錯誤的離別」中的結局,賤價售股。此時,正是千載難逢的機會,發揮「人棄我取」的「反向操作」;此時需要的不是更多資訊、分析,而是有沒有「千山我獨行,不必相送」、「眾人皆醉我獨醒」的膽識。謹以2002年8月~2003年4月,美國討論攻打伊拉克來舉例說明。

一、戰爭也不只是影響心理罷了!

2002年8月起,美國對伊拉克的戰爭陰影對經濟的影響非常明顯,美國2002年第四季經濟成長僅0.7%,企業持續削減資本支出,消費者支出變得退縮不前。同時,股市下挫,美元走貶,摻有戰爭溢價的黃金和原油行情居高不下,充分反映出金融市場的焦慮。

特別是油價,2003年2月中每桶已站上35美元。鑑於前四波經濟衰退都跟油價漲破每桶30美元脫不了關係,要是油價經年累月維持在30美元以上,對經濟的衝擊堪憂。

戰爭臨頭,企業唯恐戰爭期間難用現價進貨,於是紛紛囤積,油價節節上漲不令人意外。例如波斯灣戰爭爆發前,1990年6月油價約每桶16美元,8月海珊派兵入侵科威特時漲抵23美元,到10月更衝上40美元,後來盤旋在30美元左右,直到美軍展開空襲掃除不確定因素後,才跌回約20美元。(經濟日報,2003年2月13日,第9版,湯淑君)

二、歷史告訴我們

聯邦投信針對近年來海內外非經濟因素對股市的影響,由表11-8可見非經濟因素對臺股影響是短暫的。近年來最顯著的例子便是2001年的美國九一一恐怖攻擊事件,當時受到此一消息影響,臺股在9月13日開市後,指數下跌至3952點,跌幅高達5.37%。

但是911事件顯然影響臺股的時間是屬於短線的,因為從911事件後半年和一年的臺股走勢中,可以發現臺股呈現漲勢,事件後半年間的漲幅高達56.08%,可見非經濟因素其實影響股市有限。

另外,1991年1月的中東戰爭爆發、1992年8月中韓斷交,和中共於1995年7月實施試飛彈演習,以至1996年3月中共宣布在外海試射飛彈,均可發現在事件發生初期,對股市造成衝擊,但隨後半年股市卻大多能重新走穩並走揚。

聯邦投信表示,因此假若美、伊兩國近期開戰,對臺股的影響程度恐將有限,投資人反而應該利用美伊戰爭造成市場衝擊的時機,擇優布局中概、金融和原物料概念股。(經濟日報,2003年2月15日,第7版,夏淑賢)

表11-8 海內外非經濟因素事件對臺股指數的影響

單位：漲跌幅%

日期	各大事件	事件發生次日指數	1月後指數	半年後指數	1年後指數
1990.8.2	伊拉克攻科威特	5450.42	3574.89	4026.01	5012.45
		−5.56	−38.06	−30.24	−13.15
1991.1.17	中東戰爭爆發	3538.32	5048.48	5225.76	5045.94
		6.7	52.23	57.58	52.16
1991.8.19	蘇聯政變	3733.93	3569.93	3912.67	4093.41
		−1.03	−5.38	3.7	8.49
1992.8.24	中韓斷交	3850.68	3540.48	4049.5	3977.37
		0.73	−7.39	5.93	4.04
1995.7.21	中共試飛彈演習	5058.7	4773.38	5039	6159.08
		0.22	−5.43	−0.17	22.02
1995.8.15	中共二次飛彈演習	6284.93	6518.46	7598.93	9770.8
		−1.4	−2.27	19.22	53.29
1996.3.5	中共宣布在基隆和高雄外海試射飛彈	4792.74	5377.19	6304.96	8019.46
		−1.29	10.75	29.86	68.17
1999.9.21	921集集大地震	7759.93	7654.9	9004.48	6920.9
		−2.66	−3.98	12.95	−13.19
2001.9.11	911美遭恐怖攻擊	3952.49	3789.93	6196.26	4660.53
		−5.37	−4.11	56.08	17.91
2003.3.20	美伊戰爭開打*	4586.92	4648.12	−	−

註： 由於一些事件發生後股市休市（如921地震），故以復市後時間作計
算基礎。「美伊戰爭開打」為本書所加。

資料來源： 大富資訊／聯邦投信整理。

三、災難投資法

荷銀投信說，由表11-9可見1991年波灣戰後一年投資在全球股票基金、全球債券基金、股四債六穩健型與股二債八保守型的投資策略，均有兩位數字的漲幅。其中以採取「四六配穩健型」的投資成效來看，經歷戰事醞釀期最大下跌幅度為4.32%，到戰後一年上漲獲利則可達15.58%。採取「二八配保守型」的投資成效，戰慌期最大下跌幅度為0.26%，戰後上漲獲利則可達14.2%，顯示這種在股市恐慌性下跌時進場投資的「災難投資法」，能讓投資人爭取較高的投資績效。

根據 ING 安泰投顧統計，2002 年 8 月美國熱烈討論對伊拉克動武以來，歐洲、美國和日本股市跌幅約超過一成，歐洲 500 指數跌幅更超過一成七。相較之下，債券市場表現亮麗，富蘭克林投顧統計 2003 年元旦至 2 月 13 日，全球股市平均下跌 5%，但是全球債市持續上揚近 1%，其中以高收益公司債和新興債市表現最為出色，分別上漲近 4% 與 2.5%，歐洲債市表現也不落人後，漲幅超過 1.75%。（工商時報，2003 年 2 月 14 日，第 9 版，洪川詠）

表 11-9　波灣戰爭前後全球股票、債券表現

戰事情況	全球股票基金	全球債券基金	股四債六穩健型	股二債八保守型
戰事醞釀惡化期 (1990.8.2〜10.15)	−16.49%	3.80%	−4.32%	−0.26%
戰事持續期 (1990.10.15〜1991.1.17)	0.76%	3.12%	2.18%	2.65%
美國反攻期 (1991.1.17〜1.27)	1.36%	1.83%	1.64%	1.74%
戰後半年 (1991.1.27〜7.27)	11.40%	−0.98%	3.97%	1.50%
戰後一年 (1991.1.27〜1992.1.25)	19.70%	12.83%	15.58%	14.20%

資料來源：Lipper，荷銀投顧整理。

四、想發戰爭財？牢記四大禁忌

2003 年 2 月 9 日，CNN Money 網站報導，隨著美國對伊拉克開戰的可能性不斷升高，投資人也應該開始針對萬一最後並未發生戰爭，設想如何預留操作的後路，以免屆時措手不及。

CNN Money 提醒投資人須牢記四大忌諱。

1.切莫以單一事件作為投資的：沒有人敢打包票美國在伊拉克問題上一定會「成功」，更不要說成功的本身根本缺乏明確的定義。此外，其他的因素也一直拖累著股市，而景氣也不可能一夕之間就否極泰來。證券分析師警告，寓長期投資決策於短期事件的可能演變之中，代價將相當昂貴。

2.不要想等到「情勢完全底定」：換句話說，投資人宜習慣跟不確定性共舞，因為股市背負著許多種壓力，對伊戰爭只是犖犖大者。對 2000 年來，眼見持股的價格節節下滑，卻一直捨不得脫手的投資人來說，這一點尤其重要，因為他們可能寄望單一事件（美伊衝突）就能扭轉整個股市。不論開戰與否，最好還是仔細檢查手中的投資組合，務求在資產種類、報酬率和

風險程度上，都能跟個人的目標契合。

3. **不要冒自己無法承擔的風險**：鑑於不確定性和波動性是股市當前寫照，此時投資人更應該把風險調整到自己所能容忍的範圍之內。

例如，如果以五年或更短作為投資期限，特別是退休在即者，就應該盡可能著墨於防禦型的資產，而投資期間愈長，股票所佔的比重就可以愈高。

4. **不要一窩蜂地擠向「避險天堂」**：分析師建議，黃金、債券和現金等向來被視為戰時避險天堂的資產，在任何時候都是投資組合中「有用」的部分。但是如果矯枉過正，就將不利於個人儲蓄的長期增值。須知，目前金價已飆至六年來高點，政府公債的報酬率則處在四十一年來的低檔，利率一旦終於反向走高，公債價格將大跌，恐將使相關投資部位蒙受重大損失。

（工商時報，2003 年 2 月 10 日，第 3 版，李鏱龍）

◆ 本章習題 ◆

1. 舉你自己一個例子來說明「情感戰勝理智」的情況。

2. 舉例說明行為財務中的後悔成本。

3. 把 KT 的展望理論再舉三個例子，舉一反三，才能由懂到通！

4. 股市泡沫真如美國聯準會主席葛林斯班所說：「無法預測（或判斷）」嗎？

5. 2000 年 3 月美國股市（尤其是那斯達克）泡沫破裂，號稱六成投資人是法人的美股，怎會如此不理智呢？

6. 2000 年 3 月股市飆到 10393 點、本益比 48 倍；1990 年 2 月 12682 點的股市泡沫歷史是否重演？

7. 以第十三章第五節美國房市泡沫的分析為基礎，據以分析 2002～2003 年大陸房市是否泡沫化呢？

8. 舉一個「人棄我取」逆向操作獲利的例子。

9. 舉一個例子來說明，程式交易如何運用在（期貨）套利交易？

10. 舉一個例子來說明，如何以法則代替權衡來決定個股的買賣點？

第十二章

股票投資組合決策
——兼論直接投資

　　以「打麻將」來比喻臺灣創投業 10 多年來的發展，具備麻將的四項不可或缺條件，第一是資金，第二是人才，第三是產業，第四是技術。創投人就好比替人在打麻將一樣，需要非常謹慎。

——王伯元　創投公會理事長、怡和創投集團董事長

經濟日報，2003 年 1 月 29 日，第 30 版

學習目標：

具備投資經理、人員或是創投公司、投信公司的基金經理所需的基本知識。

直接效益：

創投公司、直接投資的基金經理光看本章第三節，就值回花錢買本書的代價。

本章重點：

· 結合本益比策略、技術分析，以決定指數在各區間時宜採取的持股比率（以 2003 年為例）。表 12-1

· 基金經理把持股分成三種目的：前鋒（攻擊持股）、中鋒（核心持股）、後衛（基本持股），這樣的布局，就像球隊一樣，退可守、進可攻，很值得學習。§12.1 二

· 伍氏投資組合選擇理論，是實務界（如自營商）常用方法的成文化表現。§12.2

· 上市股票投資組合管理等觀念如何運用於「未上市股票」（或稱直接）投資組合管理。§12.3

前言：富貴險中求，富貴更得智取

當已決定有70%資金或折合7000萬元可投資於上市、上櫃股票，投資期間為一年，問題又來了，集中市場640支股票、店頭市場也有超過300支股票，投資人員要怎樣建立股票投資組合，並選擇最佳的股票投資組合？本章從投信公司基金經理的立場，來說明如何決定持股比率、產業比率、個股比率。公司投資人員可能命運多舛，不僅投資績效要能打敗指數，而且甚至老闆還要求能超越基金經理。

更進一步在第二節中我們結合技術分析以運用於第二章第一節中所介紹的資產投資屬性，提出我們自創的投資組合決策方式。

分析不難，下決策很難，看了本章，你至少可以知道該如何在作戰時「布陣」！

◆ 第一節　基金經理的投資組合管理方式

1993年以來，媒體稱呼股市法人時代來臨，而投信公司如雨後春筍成立，共同基金如波浪般推出，散戶越來越體會到「信任專家可以賺更多」。不少投資講座也推出洞悉三大法人操盤手法來取代以往的作手追蹤，許多訓練課程名稱為基金經理訓練班。

基金經理的投資組合管理方式只是作多情況的投資組合管理，因為基金不能作空，由表12-1可見其重點在於二部分：

(1)透過持股比率的調整以預先反應大盤合理價位，至少是順應大盤走勢，

(2)透過產業分析，拜訪上市公司，以發掘股票的基本價值，慎選持股、不盲從。

表12-1　2003年持股比率和投資組合

加權指數	3800～4200	4200～4800	4800～5200	5200～6000	6000～7000
歷史本益比 (2003年3月)*	27～30	30～34.29	34.29～ 37.14	37.14～ 42.86	42.86～50
預期波段	初升段	主　升　段		末　升　段	
持股比率	90%	80%	70%	60%	30%
投資組合					
(一)攻擊持股：					
短線(1個月內平倉)	10%	10%	10%	10%	－

(二)核心持股: 中線（7～12個月）	50%	40%	30%	20%	10%
(三)基本持股: 長線（1年以上）	30%	30%	30%	30%	20%

*2003年3月31日指數4321.22點，市場平均本益比47.81倍，本處採用不含金融保險類的本
益比29.72倍，據以計算各指數時的本益比。

一、持股比率

　　大部分投信都會有自己預估的大盤本益比和指數對照圖，當指數漲到該投信認
為太高了（例如65倍本益比），在這之前便會陸續減少持股比率，以免泡沫破了時
受傷太重。由表12-1可見，在2003年，指數如果到達6000點左右時，大盤歷史本
益比預估為42.86，賣壓將會沉重，一旦預估2003年的上市公司每股盈餘成長率呈
現正成長，否則自然而然的相對於42.86倍本益比的大盤指數也就水漲船高；所以
指數本身的意義不大，無需計較一萬點是否太高了。

　　至於大盤本益比多少才算合理，至少有二個判斷標準：

(一)持股比率跟著大盤本益比走

　　持股比率有二種決定方式。

　　1.絕對標準：也就是跟無風險報酬率比，當一年期定存利率為1.525%時倒算
出本益比為65倍。投資股票需多冒一些風險，假設多冒一倍，那麼大盤的可接受
本益比為130倍。

　　2.相對標準：1997年以來，投資人喜歡把臺股跟美國紐約道瓊、那斯達克（屬
高科技類股為主）比較，出現跨國本益比比價現象，這在國際資產組合理論來看是
很自然的事。

　　跟著前面的車前進，必需小心前車拋錨，以免追撞。當絕大部分投資人都還傻
傻的停留在「美國能，為什麼臺灣不能」的簡單比價心理時。聰明的基金經理會留
心美國股市是否過熱，何時會出現大回檔甚至崩盤。

(二)最低持股比率被卡死了

　　不過基金管理被基金契約、證期會綁手綁腳，其中最重要的便是持股比率下限，
至少不得低於70%。

　　至於個人、公司操盤則可以靈活些，可以降到0，不過最好以20%為下限。手

上有股票，至少會關心股市；此外，手上空空的人常期望跌到最低點時才買，但往往錯過初升段而只能在主升段時才進場。手上有股票，想作空時也比較有膽，此即「有遮蓋」(covered) 的預售方式。

二、三明治式的持股方式

一般基金跟海洋很像，是由三部分組成的，由表 12-2 可見，詳細說明如下。

1. 基本持股（類似足球隊的後衛）：就跟 180 公尺以下的海水一樣，幾乎不流動，構成海洋的本體。

2. 核心持股（類似足球隊的中鋒）：這是海面下 20 到 180 公尺的洋流部分，是造成潮汐、影響全球氣候的主要原因。

3. 攻擊持股（類似足球隊的前鋒）：這是海面到海面下 20 公尺的部分，在風平浪靜時它只是波浪，當暴風雨來時，它則是巨浪、海嘯。

表 12-2　三種持股的功能和其適合股票

持股功能、動機	獲利來源	判斷標準	適合股票
一、攻擊目的 攻擊持股 2～3 支	資本利得。	周轉率必須高，以免出脫無門。	1. 高成長的電子類股， 2. 最新流行概念股， 3. 轉機股， 4. 套利差價（例如買 GDR、融券賣臺股）。
二、進可攻退可守目的 核心持股 3～4 支	資本利得為主，股利為輔。	EPS 多年大於 1.5，PER 略低於大盤。	1. 大型績優電子股， 2. 股價低於基本價值的潛力股， 3. 價內而折價的轉換公司債， 4. 轉型股。
三、防禦（保本）目的 基本持股 2～3 支	股利為主，資本利得為輔。	EPS 多年大於 2 元，PER 小於 20。	傳統類股如塑化、金融。

三、30% 的基本組合，有如船錨、房屋地基

新基金介入股市時，第一個月內一定先把基本持股買齊；至少佔資金比重二成，最多很少超過四成。

基本持股主要功能在於創造現金收入，以支應開放型基金的贖回壓力。對一般投資人來說，基本持股的功能就跟船的壓艙底的石塊一樣，在於使投資組合穩定，尤其在指數重挫時，基本持股比較能發揮中流砥柱的抗跌功能，以收少輸就是贏的效果。

由於基本持股持有期間在一年以上，因此所挑的股票大都是老牌大型績優股。當產業興替時，基本持股也會換股操作，原股獲利了結，改換新股。

四、50% 的核心組合，進可攻退可守

核心持股佔資金比重最大，可說是投資組合獲利最主要來源。其選股方向則「攻中帶守」，也就是挑些有業績、資產支撐的中高成長股或是潛力股。

核心持股比率的伸縮彈性也是最大的，可以在大盤本益比 40 倍時，高達 50%；但當大盤本益比偏高時（70 倍），持股比率也可降到 10%。

由於產業變化速度不會一日數變，所以一般核心持股所挑的產業（例如電子、金融），至少半年才會更換。

五、20% 的攻擊性組合，不嫌多但也不會太少

攻擊持股可說是打了就跑的游擊戰，用少數資金在有機可趁時賺點「橫財」（即資本利得），作風比較像自營商；管理得當，往往是投資報酬率的第二大功臣。適用時機如下：

⑴大盤搶反彈，最好搶回升，

⑵個股搶短。

一旦達到獲利目標，這些投資就得「拔檔」，千萬不能戀戰，否則從短期投資一拗再拗，變成中期投資，屆時一旦崩盤，三個月跌五成，把過去二年漲三成都跌光了不打緊，而且連本都賠進去了。

要是你想多賺點錢，那麼可以把攻擊（或冒險）比重提高到三成，而把基本比重由五成降至四成。不過心裡要有準備，要是有個三長兩短，則年報酬率可能會呈現負的，連本金都被拖累了。

六、基金組合套餐

站在一般公司投資經理的角度，由於人力有限，因此最好透過財務工程方式，

也就是像雞尾酒的方式來「截長補短」。方式如下：

㈠以多個「類股基金」來建立自己的投資組合

自從 1994 年起，投信公司開始推出投資集中於單一產業的類股型基金，千萬不要誤認為怎麼連投信都這麼不懂得持股分散的道理，這類基金的功能在於提供投資人自助式的建立自己想要的投資組合。

例如對電子、公共工程有興趣的投資人，則可以把資金六四比的購買電子類股共同基金（例如高科技基金）、公共工程類共同基金（例如國建基金）。

至於有些新基金，性質上不是類股基金，但是卻押寶式的把六、七成資金擺在電子類股上，電子股漲時此種基金很風光；但是電子股容易大起大落，這種基金跌得也比大盤、其他中規中矩的基金多。所以建議你對此類高風險基金要特別注意。

有些銀行、投信甚至用餐廳套餐的觀念，把基金組合分為保守型（即收益型）、成長型（即平衡型）、積極（成長）型、冒險型四種。

㈡進行波段操作

前述已提及一般基金皆有最低持股比率的限制，因此連崩盤時也跑不掉。聰明的投資人只要決定買賣基金的時點，進而賺取波段利潤。

七、謹守操作紀律，打了就跑

打棒球時就妄想打個安全上壘的短打，卻貪心想打全壘打。同樣的，在管理投資組合時，投資經理在買進報告書上必須明白標示何時買進的哪一支股票是屬於基本、核心或攻擊持股。攻擊持股的風險比較大，因此投資經理必須監督交易員確實照章行事，例如：

⑴設定停損點、停益點，

⑵一個月內「平倉」（此處為多頭部位軋平）。

既然是搶短，便不宜持有超過一個月；屆時，縱使未達獲利目標，也必須出場。至於以後有買點，以後再說。

八、部門設計、權責歸屬

大型資產管理公司分工仔細，組織設計原理仍是依管理功能來區分，由表 12-3 可見，由二大資產管理公司（投信公司、綜合券商）和大型公司投資部的部門設計，雖然名稱略有差異，但大體皆依規劃、執行、考核這些最基本的管理功能來分工。

第三欄中便是責任歸屬(accountability)，以求責任分明。其中研究員負責的是選股報酬(selection return)，或許推薦 70 支股票，這地方便成為基金經理的標竿報酬(benchmark return)。要是實際績效無法顯著超越此及格標準，那基金經理往往會被打回到研究部「再加強磨練」。

基金經理是直線人員，負操盤輸贏責任，但主要工作在於決定持股比率，以及其所創造出來的組合績效(portfolio return)。基金經理往往由資深研究員出任，求其擅長整體布局。

至於例行性、針對選定個股低買高賣的「擇時績效」，則由交易部交易員負責。他們專長在技術分析（找出上檔壓力、下檔支撐）、人氣分析（例如當日盤中指標股）。

表 12–3　三種公司在投資管理活動的部門設計

管理功能	內容	責任歸屬	投信公司	綜合券商	一般公司投資部
一、規劃 (一)分析	基本分析 ・總體 ・產業 ・公司	選股報酬 (selection return)	研究部	同左 或對外獨立稱為投顧公司	分析科
(二)決策	・產業比重 ・個股比重	組合報酬 (portfolio return)	基金管理部	自營部、債券部衍生性商品部	投資經理
二、執行	技術分析 ・買賣點	擇時報酬 (timing return)	交易部	同上	交易科
三、控制	・績效計算 ・控制評比	稽核室	稽核室	風險管理部稽核室	會計部

九、產業比率部位控制

股票投資風險管理原則之一為產業分散，具體來說，可用工廠的看板管理來作，參見圖 12-1，由大到小有三層部位限制：

⑴（總）持股比率，以 95% 為上限，

(2)類股比率，單一產業類持股上限不宜超過40%，以免過度集中，反而成為類股基金（一般類股基金持有該產業下限為70%），由此看來，至少須分散在三類股，

(3)個股上限，持有單一股票不宜超過10%，縱使全賠，靠其他持股也有可能立於不敗之地。由此看來，持股數目至少為10支。

圖12-1　持股比率部位控制圖

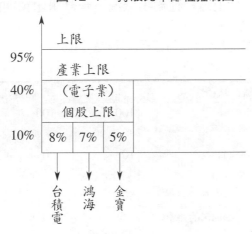

第二節　實用投資組合選擇理論

要是不採取馬可維茲的投資組合選擇 (portfolio choice) 方式，那還有什麼其他選擇呢？本節便是採用虧損率或風險值來取代標準差，其他組合選擇觀念照舊，稱為「實用投資組合選擇」(practical portfolio choice)。

一、風險：預期虧損率

投資前預期投資該股的虧損率，可套用技術分析中下檔支撐的觀念。如表12-4中所示，對於投資期間訂在 1 至 3 個月的投資人來說，最簡單的運用技術分析方式，便是以月線、季線、半年線作為下檔支撐點，省得找頸線等其他需要經驗判斷的方式。至於找均線適用期間，必需跟預期投資期間配合，例如持有期間如果在一個月以內，則下檔支撐點可用週線、月線、季線。

由表12-4可看出：

1.**預期虧損率：** 以今天買進成本為 100 元，第一個下檔支撐為月線 90 元，此時如果明天後股價下跌，最可能的損失金額便是 10 元，可能虧損率為 10%。你很容易可以看出，為了方便舉例，我們以 100 元作為持股成本，以便化為百分比。

2.**下檔發生機率：** 越短期均線越容易跌破，以投資期間一個月來說，跌破月線的主觀機率假設為 50%、跌破季線機率 33%，而跌破半年線機率則較低 (17%)。

3.**小計預期虧損率：** 把上述三種虧損狀況下合計求出預期虧損率為 15.85%。

表 12-4　技術分析為基礎的風險分析

單位：元／股

成本和報酬、風險	可能情況		
(1)持股平均成本	100	100	100
(2)下檔支撐	月線 90	季線 80	半年線 75
(3)可能損失金額 = (2) - (1)	10	20	25
(4)預期虧損率 = (2) - (1) / (1)	-10%	-20%	-25%
(5)下檔發生機率	50%	33%	17%
(6)小計預期虧損率 = (4) × (5)的總和	-5%	-6.6%	-4.25%
	= -15.85%		

(一)實際的機率分配

當然比較費工的作法，則是把過去一段期間的股價分配圖畫出來，由各價位的頻率作為其發生的機率，此種客觀的機率分配來取代本處所用的主觀機率。

(二)券商資本適足率的觀念也相似

1999 年實施的證券商資本適足率制度，風險性資產中的風險包涵市場、交易對象和基礎三種風險，以其中的市場風險來說，臺灣證交所的初步想法是，上市股票的風險係數是 15%、上櫃股票 25%、包銷取得的未上市（櫃）股票和全額交割股及管理股票 100%。

如果把風險係數看成是虧損率，那麼連券商資本適足率的觀念也跟本節的主張相通。

二、報酬：預期報酬率

同樣道理，我們也可以用技術分析來提供上檔壓力，以作為預期報酬率的參考。例如：

1.**黃金切割率 0.168、0.382：** 這是一般人採取波浪理論來計算上漲滿足點,當然惟一的差別在於每個人對於起漲點的認定標準可能不一。

2.上檔套牢區: 這是俗稱的「鍋蓋」、「鐵板」,有些喜歡短線操作的人,當股價漲到套牢區時便獲利了結,不喜歡再纏鬥下去。

三、投資組合分析

就跟調雞尾酒一樣,想酒味重一點就多放點酒,想酒味淡些就多放點蘋果西打一樣。精挑細選的股票,個股比率適當調整,就可以得到千變萬化的多種投資組合,表 12–5 只是舉其中一個例子罷了, 個股這樣搭配的結果得到一個預期報酬率38.7%,可能虧損率23.22%的投資組合。如果你對這樣的報酬率不滿意,則可增加第5、6支股票的持股比率,不過如此一來,可能虧損率也會跟著水漲船高了,這就是「富貴險中求」的道理。

心思細的讀者會發現表 12–5 中隱含假設個股間沒有相關,但這種情況其實不多見。大部分個股都會隨著大盤起舞,彼此間常呈正相關,因此預期報酬率、可能虧損率都會比本例高一些。

表 12–5 　投資組合分析示例

股票名稱	(1)投資金額(萬元)	(2)持 股 比 重 = (1) / 總投資	(3)個股預期報酬率(年)	(4)個股對組合報酬貢獻 = (2) × (3)	(5)個股可能虧損率(年)	(6)個股對組合虧損率的影響 = (2) × (5)
股票 1	10	10%	22%	2.2%	−13.2%	−1.32%
股票 2	10	10%	25%	2.5%	−15%	−1.5%
股票 3	15	15%	30%	4.5%	−18%	−2.7%
股票 4	20	20%	40%	8%	−24%	−4.8%
股票 5	20	20%	45%	9%	−27%	−5.4%
股票 6	25	25%	50%	12.5%	−30%	−7.5%
投資組合小計	100	100%	–	38.7%	–	−23.22%

四、投資組合選擇

由於上述個股們的持股比率只要稍一變化,便可得到全新的報酬率和風險的組合。投資人究竟會選擇哪一個投資組合,主要還是看投資人的效用函數而定。簡單的說,由於大部分人都是風險逃避者,因此由圖12-2上的效用曲線可看出,當風險每增加一單位,投資人所要求的報酬率卻是遞增的。

投資人對風險的逃避可分為絕對、相對風險逃避,而這二種情況下,又可再細分為遞增、固定、遞減三中類。大多數實證結果指出大多數投資人為「財富增加時投資於風險性資產的投資量也增加」的遞減絕對風險逃避,這個屬性可用大一經濟學中的正常財來比喻,也就是當所得提高,對該財貨的需求也提高,而劣等財則恰巧相反。

實務運用時,不少代客操作或是私人銀行業者不會這麼用心去描繪出投資人的效用曲線。無論是問卷或是訪談方式,皆只要投資人回答一個簡單的目標:期望年報酬率和可容忍的虧損率。

圖12-2 三種風險容忍度的風險逃避者的目標

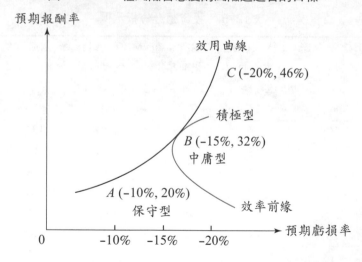

圖中A君可說是「要的不多」的投資人,他要的年報酬率20%,但可容忍的虧損率也在10%以內;絕大部分的保本基金就是為這種投資人設計的。同理類推,B君可說是中庸型投資人, 至於C君可說是積極型投資人; B點便是最佳投資組合(optimal portfolio)。

　　由投資目標（例如 B 點）再來反推投資組合的成分，就好像醫生下藥得看病人病情、身體狀況一樣，這種方式可說是量身訂做的投資組合。當然，隨著時間經過，個股預期報酬率、虧損率皆會變化，等到變化超過一臨界值，則個股比重也得重調以恢復均衡，這便是動態調整的重點。

五、跟其他財務理論相比

　　我們所提出的投資組合選擇方式跟資本資產定價模式、馬可維茲投資組合理論的差別請見表 12–6。一言以蔽之，我們的方法比較簡單、實用，靈感來自實務的作法，只是實務人士很少全套形之文字罷了。

表 12–6　三種理論對投資組合預期報酬率、風險的處理

理論	預期報酬率	預期風險
一、資本資產定價模式	由 CAPM 算出個股必要報酬率，再以持股比率 (w_i) 來加權平均 $$E(R_p) = \sum_{i=1}^{n} w_i E(R_i)$$	各股系統風險的加權平均 $$\beta_p = \sum_{i=1}^{n} w_i \beta_i$$
二、財務工程（緣自於馬可維茲的投資組合理論）	個股預期報酬率，再加權平均計算出投資組合的預期報酬率。	先計算 σ_i，再加權平均求得 σ_p
三、實用（本書建議）	同上	以個股預期損失 $E(L_i)$，再加權平均計算出投資組合的預期損失率上限

說明：i 代表各股
　　　　p 代表投資組合，有無限多種組合方式
　　　　w_i 代表各股所佔投資組合比重
　　　　E 代表期望、預期

 # 第三節　直接投資組合管理

　　許多公司轉投資收益早已超過本業獲利，可說是實質的控股公司。甚至連電子

類股也不乏案例，例如以數據機聞名的致福，1997 年業外收益佔盈餘八成；截至 1998 年 3 月轉投資家數 63 家，其中有 4 家將於未來二年上櫃上市。無論是基於追求獲利的攻擊性多角化，或是防止本業淪入落水狗階段的防禦性多角化，多金的臺灣企業自 1988 年起大步展開多角化步伐。

本節所稱的「直接投資」(direct investment) 是指純粹以財務收益為目的，不介入被投資公司經營的直接投資，由於持股比率常低於 20%，在轉投資科目上，係以成本法來認列盈虧。

一、單兵無以為戰力

「直接投資以達多角化目的」的最大迷思在於它頗具吸引力，縱使是賺錢的公司，也難保有旦夕禍福。例如食品股本業獲利名列前茅的聯成食品公司，專營冷凍豬肉出口；1997 年 3 月發生的豬口蹄疫，八十年才發生一次，就跟哈雷彗星行經地球的週期一樣，誰又料得到天有不測風雲？

但是對於不是「靠天吃飯」（農產品居多）的產業，而且處於產業成長、成熟初期階段，不宜把事業陣線拉太廣，以免有限的資金備多力多；反而宜集中資源形成局部兵力優勢，把企業推到高速成長。

簡單的說，五年平均每股盈餘 2 元以上，資本額 15 億元以下的公司，手上閒置資金有限、本業發展仍需要資金，似暫無積極直接投資的本錢。

二、透過創投公司進行直接投資

一般公司可行投資金額不是很大，頂多二億元以內，而且是二、三年內陸續儲蓄下來的，鑑於「不要把雞蛋擺在同一個籃子」的原則，至少總得投資三個以上不同公司。但是問題又來了，哪有那麼多好的案子可以投資，除非是至親好友，否則哪一個老闆願意「肥水流入外人田」？而且縱使想跟別人分一杯羹，也往往會找二種投資人。

1.**策略投資人：**許多上市公司、創投公司、中小企業開發公司，除了帶來投資資金外，往往還能帶來其他的策略好處，例如技術、客戶；同樣是出資，這種有附帶好處的天使投資人 (angel investor) 往往會雀屏中選。

2.**財力雄厚的財務投資人：**找投資資金的成本不低，所以許多公司都希望一勞永逸的找幾個大金主，而且最好在認股協議書中就寫好「未來三年內，該股東應再

投資 3 億元於本公司的增資案，股價依增資基準日淨值而定」。所以，只能出一次錢的投資人常常會吃閉門羹。

鑑於人微言輕，有些公司只好加入直接投資俱樂部，除了少數是非正式性質外，正式組織最大規模的便是**創業投資公司** (venture capital company, VC)，家數逾 160，管理資產 1000 億元。此時你便是把創投公司或其旗下的那一支創投基金當做是「共同基金」來看，它發揮了專業投資、風險分散的功能。

每家創投或創投管理公司（類似投信公司），往往最少管理二筆以上的創投基金（可視為封閉型共同基金）。

㈠提防手腳不乾淨的專屬創投公司

投資於別人專屬創投公司，最擔心的就是遇人不淑。有些上市公司成立創投公司，往往公器私用，把自己所持有的集團內未上市公司股票高價轉給創投公司。例如創投公司董事長把該未上市公司股票以 45 元股價轉給創投公司，而此時盤商交易價為 35 元，每股整整比行情高了三成。這種「偷吃」還不懂得擦嘴的老闆，還真是把創投公司當做他個人「**專屬創投公司**」(captive VC company) 呢。

當你不知道哪家上市公司老闆手腳乾淨時，還不如把資金投資給專業獨立經營的創投公司或管理公司，例如和通、開發科技等，免得被人「近水樓臺先得月」的發生了「董事長 A 董事」、「大股東 A 小股東」的權益代理問題。

㈡分散二家創投

就跟買共同基金、委託代客操作一樣，在資金可行範圍內，最好投資於二家不同創投公司，以分散風險。最簡單的作法是：

1.**先投資歷史悠久、績效卓著的老創投**：這種創投公司比較不會倒，而且已有獲利，所以投資人每年可分到一些投資利得，有助於投資人的流動性管理。

2.**以後有錢再投資新創投**：1997 年以來，隨著電子股當紅，創投公司爆天量成長。一時僧多粥少，不少創投資金只好往處於公司種子期、創建期的電子、生技公司投資；這些公司正處於兒童甚至嬰兒期，夭折率較高，因此新創投的風險也較高。

此外，由於必須以高獲利吸引投資人，所以更必須採取「養小雞」甚至「孵小雞」方式，要等到小雞長大會生雞蛋還有很長一段期間。1997 年成立的創投投資報酬率很可能跟定存利率差不多，往往不僅沒錢分配投資利得，而且還可能向投資人要求增資呢。

㈢取得臨時董事席位

　　對於三、五年以後自己打算成立創投公司或進行直接投資的公司，不妨先到天竺取經，慎選一家績優創投公司，花四、五千萬元，取得其旗下一個創投基金管理委員會的董事席次，一般任期為二年，屆滿後你甚至可以撤資，就跟開放型共同基金一樣。

　　藉著每個月一次的董事會，以觀摩如何管理一家創投公司或學習怎樣做個好「直接投資基金經理」(DI fund manager)。董事會主要功能在於投資決策，總經理往往會提數個投資案以待董事會決策。

　　縱使自己以後並不想成立創投公司，先到別人主導創投公司去見習當董事，附帶好處還有，創投公司有些投資案自己不適合投資，往往會轉介給自己的董事，當然有些創投公司會酌收服務費。此外，有些投資案，創投取得投資額度不想自己全吃，總會邀自己董事一起投資，此種情況下，站在你的角度，便是透過創投公司替你尋找、評估投資案，如果你決定聯合投資，那此種平行投資方式，無異把「投資企劃部」外包了。

三、自己進行直接投資

　　當公司羽翼豐滿、經驗老到，此時便不需再搭別人的順風車，而可以自己來進行直接投資。

　　直接投資或者金融投資（例如共同基金管理）的道理都是一樣的，依序必須注重安全性、變現性和獲利性。安全性是一切投資的第一篩選因素，沒有七成以上把握就不要玩，只有五成把握的投資，就跟賭場中「賭大或小」的賭局一樣，輸贏靠運氣而不是憑實力，那是賭博，比投機的風險還大，更不要說跟投資相比了。

(一)安全性

　　持股分散是落實安全性最重要的方式，而時間分散有時效果有限，尤其碰到空頭來時；當然，投資地區分散也是方式之一。持股分散步驟如下。

　　1.產業上限：一個好的投資經理，不會把六成以上的資金押在電子股，所以董事長宜針對幾個可行投資產業訂定投資比率上限，以做好部位控制。

　　2.被投資集團、公司上限：縱使在同一產業中，也不能全押在同一公司（包括同一集團），否則風險太集中。縱使是同一集團，往往因為垂直整合或公司間資金借貸，而容易發生骨牌效應。建議你對單一對象的投資比重不宜逾20%；共同基金的限制更嚴，即對單一公司持股不准超過基金的10%。

㈡獲利性

雖然財務管理中有一說法即「好經理做中長期投資，能力差的經理人只做短利的投資」，但是對於偏向財務利潤的直接投資，董事會的耐性往往不會超過二年。

直接投資往往冀望中長期報酬，但是一個新的投資經理要是把七成以上資金押寶養小雞、孵小雞，弄得連續二年投資報酬率不到一成，你看董事長會不會跳腳。你可能得捲舖蓋走路，下一個投資經理可能啥事都不用做，只需坐享其成便可。

所以不少投資經理為了績效好看起見，總會把三成以上資金押在「有配息配股」的投資對象，也就是把整個資金弄成「成長收益型」基金，而不是「積極成長型」基金。

㈢變現性

直接投資的資金來自於公司的中長期資金，所以一年半載內沒有獲利並不構成問題。當然，要有局部變現力，以因應公司不時之需的方式之一為，直接投資資金持股比率以九成為上限，留一成以上投資在固定收益型證券（債券、票券）上，作為第一預備金。不過，美國共同基金經理大都不這麼做，縱使不捨得賤賣持股，也往往會把持股拿去質押，借錢來發現金股利。也就是說，除非暫時找不到好的投資標的，否則直接投資資金理應以百分之百去化為目的。

為了符合變現力的目的，投資資金至少宜有三成以上投資在有配息的被投資公司或是已上櫃、上市公司，至少出脫股票不致有行無市。

除了每年自然挹注的新資金外，直接投資資金必需能自給自足，甚至有分到配息。要是反過來還向公司要錢，例如被投資公司想要現金增資，而你手上沒多餘的錢；為了不務正業的投資還來向董事長要錢，往往自暴其短，落得不擅理財的壞名。這並不少見，有些新成立的創投公司就是如此。

四、財務報表分析有用嗎？

有些投資管理書籍以一章來說明財務報表分析，重點在藉此以作為預測被投資公司發生財務危機甚至倒閉的機會。對已上市公司來說，從獲利率、償債能力比率大抵可判斷公司出現財務危機的時間。但是未上市公司因財務資料可信程度參差不齊，與其盡信倒不如不信。

有關透過財務比率以建立早期警報系統，以免股票抱到爛掉，本書不擬討論，有興趣者請看拙著《策略管理》（三民書局出版）第十八章第三節建立早期警報

系統。

五、直接投資績效的及格標準

直接投資由於缺乏可資比較的資訊(例如未上市交易股票沒有任何一個指數),所以投資人員的績效究竟好或壞也就缺乏客觀標準。在窮則變、變則通情況下,倒可以拿標竿指數等來衡量。此處我們引用美國加州 Wilshire 公司的方法,其公式簡單說明如下,有興趣者可參看該公司二位副總裁 Nesbitt & Reynolds (1997) 的文章。

標竿指數 $B = W_S S + W_F F (1 - t)$

其中 $W_F = (DE_S - DE_B)/(1 + DE_S)$

$W_S = 1 - W_F$

符號說明

B: 直接投資(組合)的標竿指數

S: 適當的股票指數

F: 適當的債券(固定收益證券)指數

W_F: 債券部分佔比

W_S: 股票部分佔比

t: 營所稅稅率,一般為 25%

DE_S: 標竿指數的負債對權益比

DE_B: 本直接投資個案(或投資組合)的負債對權益比

一般公司由於直接投資佔總資產比重不大,比較不需要煞費周章的照這方法去做,但一些專門鎖定未上市股票投資對象的金融業者,像創投公司、工業銀行,實在有必要針對「未上市股票市場」(private market) 去編製標竿指數。

◆ 本章習題 ◆

1. 以表 12-1 為基礎，提出第四列中你的持股比率、投資組合。

2. 以表 12-2 為基礎，分析去年第一名股票型基金各項持股的功能、動機。

3. 以表 12-3 為基礎，分析荷銀投信、元大京華證券的投資管理活動的組織設計。

4. 以圖 12-1 為基礎，分析去年第一名股票型基金如何控制其個股持股比率？

5. 以表 12-4 為基礎，以一支股票為例來分析。

6. 以表 12-5 為基礎，以去年第一名股票型基金為例來詳細分析一下。

7. 以圖 12-2 為基礎，找一篇這方面的碩士論文來分析一下。

8. 以表 12-6 為基礎，以去年第一名股票型基金為例來分析。

9. 投資別人的創投公司或是自行管理財務利潤比較高？

10. 如何評估創投公司的經營績效？

第三篇

不動產和固定收益證券投資

第十三章

不動產投資管理

　　不管作何決定，絕不要受到情感的影響。如果你以100美元買了一支股票，而現在卻跌到5美元，別因賭氣而堅持繼續緊抱它。

　　不管你抱得多緊，也絕對不可能再回到泡沫的頂端。所以忘掉救回老本的念頭，那不是重點，你必須接受以前作了錯誤決定的現實，重新評估情勢，然後再出發。

　　——艾波蓋特　賓州艾利森派克市財務規劃師
　　經濟日報，2002年10月6日，第3版

學習目標：

本章站在董事長、非營建公司不動產開發部、財務長立場，來看土地、房屋等企業資產該如何管理（組織設計），以及開發過程的融資等問題。

直接效益：

不動產管理或許不歸財務長管，但是財務長宜秉持專業幕僚角色，提供董事長最適組合、融資的建議，本章諒應足以讓你在這方面有稱職的表現。

本章重點：

- 不動產投資在資產配置中所扮演的重要角色。§ 13.1
- 公司制定不動產投資管理決策流程。圖 13–1
- 不動產管理辦法。§13.1 三
- 不動產開發部的組織管理。§13.2
- 公司內不動產範圍不只是狹義的指閒置土地和房屋。§13.3 一
- 不動產開發方式。表 13–5
- 不動產證券化。§13.4
- 美國房市泡沫。§13.5

前言：有「土」只是斯有財的第一步

　　不動產投資不僅是個人投資的主要項目之一，有不少企業老闆更把個人理財觀念運用在公司資產配置上，從積極的整軍經武，成立營建事業部甚至土地開發公司；消極則為處置閒置不動產，甚至機會式的搶短，賺點不動產投資利得。

　　本章有系統的說明無論是把不動產當做一種生產要素，必須設法追求房租、土地成本的最低；或是把不動產當做一種資產，如何有效投資管理，以追求最大投資效益。希望你讀了本章以後，會像世界網球選手張德培的廣告詞一樣：「讓你耳目一新。」

◆ 第一節　不動產投資和管理政策的制定

　　公司財產管理 (property management)，以前是消極的總務、資材事務，只求財產帳不要錯、財產不要被貪污掉。現代投資管理站在積極角度，來探討如何把公司財產發揮投資效益。公司財產中最大宗的當推房地產，在美國，公司房地產的價值高佔公司資產的 25～40%，因此，實在有必要重視公司不動產的投資和管理。

一、不動產在資產配置中的重要性

　　如同第十四章第一節中討論固定收益證券的重要性，同樣的，關於不動產在資產配置中的重要性係來自於其具有下列二項屬性：

　　⑴美國多篇實證指出，不動產投資報酬率跟股票報酬率之間相關係數是負的，而前者跟債券報酬率的相關係數是負的或微幅正的，

　　⑵傳統智慧認為不動產有對抗物價上漲 (inflation hedge) 的能力，土地不僅能保值而且還會生財，難怪俗話說：「有土斯有財。」不過由於 1986 迄 1990 年不動產價格狂飆，以致供過於求，餘屋要到 2001 年以後才消化得光，像 1987、1988 年那種漲幅超過三成的暴利時代已成歷史；甚至 1990 到 1998 年的投資報酬率還出現負數。(經濟日報，1998 年 3 月 3 日，第 7 版，李佳諭)

　　由第 1 項特性來看，套用效率前緣的觀念來說，把不動產納入股票、債券的投資組合中，將可使效率前緣往左邊移動，也就是投資組合期望報酬率會提高，而且風險會降低。美國學者 Fogler (1984) 研究結果，建議不動產佔資產配置比重應超過二成。

(一)不動產出租：賺點租金，不無小補

　　回顧 2002 年臺北市辦公市場，對一向以北市 A 級辦公大樓市場為主的高科技公司和金融業來說，因為獲利情況並未改善，為了降低營運成本（主要是減少房租支出），紛紛從較佳的區域，搬遷至市中心以外區域或臺北縣。

　　從供給面來說，2002 年新增加的辦公大樓包括：國泰金融大樓、宜陸 21 世紀大樓、前瞻 21 大樓、力麒商業大樓、昇陽之光大樓等，共計約 4 萬多坪。但是臺北市辦公大樓歷年平均年消化量約 2.4 萬坪，在整體市場需求疲軟下，供過於求成為空置率居高不下和租金下滑的主因，詳見表 13-1。

　　2003～2005 年，供給量仍將大幅增加，租金下探和空置率提高的壓力大增。瑞普國際物業總經理曾東茂表示，2003 至 2005 年臺北市 A 級辦公大樓，至少新增 19 萬坪，其中國泰人壽信義大樓、臺北 101 金融大樓、華新麗華總部、統一國際大樓等四棟大樓，約 13 萬坪均位於信義區。因此，信義區未來供給量將大幅增加，成為臺北市 A 級辦公大樓的主要集中地區，臺北曼哈頓商圈儼然成形。

　　新供給不僅對信義區原有的辦公大樓將造成壓力，甚至可能排擠其他區域需求。（經濟日報，2003 年 1 月 5 日，第 2 版，倪子仁）

表 13-1　2002 年第四季辦公大樓租金市場

		開價租金 （元／坪／月）	成交租金 （元／坪／月）	淨有效租金 （元／坪／月）	議價空間 （%）	空置率 （%）
分級	平均	2128	1933	2465	9.17	9.14
	A 級	2623	2378	3193	9.34	7.50
	B 級	1958	1783	2214	8.95	9.75
	C 級	1616	1459	1844	9.67	10.63
分區	民生—敦北區	2322	2099	2596	9.58	7.83
	敦南區	2224	2027	2590	8.83	6.16
	信義區	2038	1838	2441	9.79	8.87
	西區	2149	1987	2511	7.56	11.14
	南京—松江區	1986	1818	2258	8.44	11.87
	南京—復興區	1966	1747	2263	11.11	11.74
	南京東路四、五段	1862	1701	2178	8.67	12.95

資料來源：瑞普國際物業。

(二)不動產出租可列何種收益名目？

　　固定資產包含不動產的土地和房屋，公司對不動產投資的財報表達，因其使用方式不同而有別。一般人的觀念是供營業使用者列為固定資產，不是供營業使用者，按其性質列為長期投資或其他資產（財務會計準則公報第一號第 21 條）。

　　什麼是供營業使用？每個人可能有不同見解，一般多以是否以收取租金為目的來判斷。因此，不動產如有出租事實，即屬於非供自己營業使用，究竟應列為固定資產、長期投資或其他資產，實務上頗不一致，由表 13–2 可見一斑。

表 13–2　上市公司不動產出租及其相關收益會計表達

單位：家數

帳列科目 業別	固定資產	長期投資	其他資產	營業收入 （租金收入）	營業外收入 （租金收入）
營建業	24 (73%)		9 (27%)	23	10
保險業		12 (100%)		12	
食品業	1 (6%)	1 (6%)	16 (88%)	2	16
化學業	5 (23%)	2 (9%)	15 (68%)	4	18
紡織業	16 (41%)	5 (13%)	18 (46%)	5	34
鋼鐵業	3 (20%)	1 (7%)	11 (73%)	1	14

資料來源：整理自 2001 年上市公司半年報。

　　眾信聯合會計師事務所會計師洪國田把國稅局所發布的相關準則或解釋函，列舉如下：

　　(1)商業會計處理準則第 20 條第 1 項第 4 款：非以投資或出租為業的商業供作出租的自有資產，應列為「其他資產」項下的出租資產。

　　(2)證券發行人財務報告編製準則第 8 條第 1 項第 2 款：長期投資為謀取控制權或其他財產權益，以達其營業目的所進行的長期投資，如投資其他公司的股票、購買長期債券和「投資不動產」等。

　　(3)人壽和財產保險業財務業務報告編製準則第 10 條第 1 項第 3 款：依保險法規定所進行的「不動產投資」，包括出租（含待出租、待出售）的土地、房屋取得成本和重估增值、累計折舊（房屋）、在建房地和預付房地款等科目。

　　以鋼鐵業為例，出租的不動產有列為固定資產，也有列為其他資產或長期投資；相關的租金收入列為營業收入或營業外收入者皆有；營建業作法也不一致。

　　至於供出租的不動產應列為「長期投資」或「其他資產」，則視其持有目的或

是否為法定營業項目而定。公司持有不動產的目的是要供長期出租以獲取利益及增（保）值，則應列入「長期投資」。反之，如果只是暫時地把閒置之不動產作有效運用，將來伺機仍會轉回供營業使用，或將來準備予以處分變現，則應列入「其他資產」。

營建業的營業項目如果包括出租和出售不動產，則其持有的目的相當明確，應比照保險業的處理，把出租的不動產列為長期投資。長期投資必須按資產負債表日的公平價值評估，而固定資產則係以歷史成本按期提列折舊。

其次，依不動產在資產負債表上表達科目的不同，相關收益的歸類也因之而異。如果帳列長期投資，則相關的租金收益應列為營業收入；反之，如果帳列為其他資產，則租金收益應列為營業外收入。（經濟日報，2002年6月2日，第23版，洪國田）

㈢化不動產為動產

地方政府缺錢缺得兇，不僅為籌措年終獎金、員工薪資等年終難關資金缺口叫窮，為了中長期發展經費所需，更不得不各出花招自力籌錢。各縣市政府都不約而同的開始「清箱底」，紛紛把各自的縣市有地、重劃區土地，甚至畸零地重新搬出來標售或承租，創下地方政府籌錢史上的新花招。

1. **桃園縣——挑好的賣**：財政缺口高達180億元的桃園縣庫，除了拚命想辦法向各銀行低利借貸因應外，為了讓資金調度更為靈活，2003年1月積極動腦筋尋覓財源，桃園縣長朱立倫有意把位於黃金地段的桃園分局和桃園縣消防局公開標售，以救平日趨嚴重的財政赤字。

桃園分局位於桃園市統領百貨跟衣蝶百貨間，佔地二千餘坪，鄰近麥當勞附近，土地公告現值每坪達一百萬元，可變更為商業區出售，對公庫有數億進帳。位於桃園市三民路的縣消防局辦公廳，交通位置佳，出售後也有數千萬元以上的進帳。

2. **臺北市——低價出售**：臺北市政府早在2002年即已未雨綢繆，把全市積壓已久的六、七百戶國宅重新整理，以打折或宣稱十萬元就可入籍的方式促銷，結果，真的清出許多餘屋，入帳十餘億元。

3. **臺北縣——出租**：在2003年年關前必須籌到40億元的臺北縣政府，除了持續促銷位在臺北市境內的縣有地外，更計畫把位在蘆洲的縣立大學大樓，以分層出租的方式籌措部分財源。（工商時報，2003年1月9日，第15版，產業新聞中心）

㈣不動產獲利以美化帳面

因應2002年的不景氣，美國企業或為美化帳面或為拚現金，求現方式已轉至

不動產，詳見表 13-3。根據《華爾街日報》的報導指出，花旗集團、AT & T 和朗訊等大公司近期皆有出脫不動產的交易，花旗因交易標的座落紐約精華地段，而變賣後為第三季公司獲利挹注 3.2 億美元，是該公司第三季獲利成長 23% 的關鍵因素之一。

花旗集團紐約總部大樓每平方英尺售價超過 600 美元，高單價得力於大樓地處紐約精華地段。相較之下，科技業群聚的大都市商辦大樓行情則持續萎靡，通訊設備製造商朗訊出脫兩筆不動產，變現金額僅 7000 多萬美元，其中座落麻州馬波羅市 50 萬平方英尺大坪數商辦大樓，只賣得 2700 多萬美元，換算每平方英尺單價 55 美元。（工商時報，2002 年 10 月 30 日，第 6 版，林國賓）

表 13-3　2002 年美國公司變賣商辦大樓成交資料

賣　方	地　點	面積（平方英尺）	交易金額（美元）	每平方英尺價格（美元）
花旗集團	紐約市	168 萬	10.6 億	631
美林*	科羅拉多州美里迪安市	42 萬	5300 萬	125
AT & T	新澤西州貝斯金山市	130 萬	2 億	154
北電網絡	加州聖克拉拉市	37 萬	2400 萬	65
朗訊	加州密爾匹塔斯市	35 萬	4700 萬	135
朗訊	麻州馬波羅市	50 萬	2800 萬	55

*該筆不動產 2002 年 10 月為待售狀態。

二、不動產投資和管理決策流程

無論是採取集權或分權的組織設計，公司必須制定一般性的公司房地產政策，其決策流程參見圖 13-1。

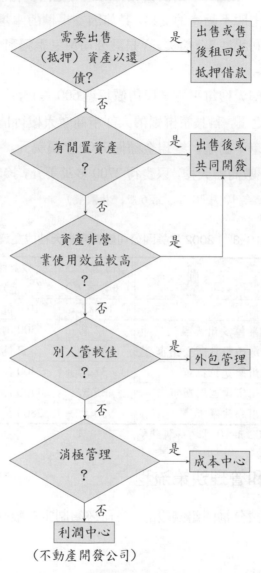

圖13-1　企業不動產管理決策流程

資料來源：整理自 Hines, Mary A. and Clarence W. King "Management of Global Corporate Real Estate", 中山大學 "The Fourth International Conference on Comparative Management, 1991", pp. 35 – 44.

㈠買或租？

　　美國全錄 (Xerox) 公司由於財力有限，傾向於採用租屋的方式；反之，財力雄厚的美國 IBM 則以購屋方式免得經常得為房事煩惱。

　　當然，租或買的決策不會僅考慮租金一項，企業持有不動產的動機還包括下列各項：

　　⑴有固定資產，以便申請股票上市（上櫃），尤其是服務業最需要如此安排。

　　⑵作為企業儲蓄方式之一，本業不佳時，可處置不動產，以獲利來美化帳面。

　　⑶作為抵押貸款的抵押品。

㈡自行開發或共同開發？

　　妥善的作好房地產的存貨管理，可發現哪些房地產適合處置，常見處置方式有現狀出售、開發後再出售或「部分開發、部分出售」。如果要開發，是自行開發或共同開發呢？

　　一般考慮共同開發情況有二：

　　1.財力未逮：所以自己只出地，讓別人出錢，也就是所謂的地主合建。至於零散土地跟周遭地主合建，那則是不得不的方式。

　　2.永續經營時，借重地產開發業者：像食品類股中的台鳳、農林，碰到數百億元的開發案，還是會找太平洋建設等營建業者一起興建、共同營運，以借重此類業者的專業能力。

　　共同開發中新流行方式便是套用 BOT 方式，例如台鳳公司屏東縣內土地開發採取此方式。

㈢自用或「自用兼營利」？

　　這個決定比較單純，一般企業總是盡可能把整個集團、公司擺在一起上班，以便於溝通協調。當行有餘力，有多餘的空間，再拿出來出租，像位於臺北市信義區的震旦大樓。

㈣自己管或託管？

　　一般來說，自用的房地產以公司自己管理為多，以確保控制權；如果是商業用途的，是否委託專業的建築物管理維護（簡稱建管）業者管理，則取決於下列情況。

　　1.招租能力：像以外國來華商務人士租用的商務出租公寓，甚至連專業的地產開發公司都缺乏招租能力，有不少是委託跟海外客戶有密切接觸的國際觀光飯店來管理。

　　2.單純的建築物管理：單純的大廈管理範圍包括保全、清潔、水電維修（含中央空調）、出租等一般事務等，除非大廈戶數少，房東自己可以兼著管，否則一般半大不小的，大都委託業者管理。業者家數至少在一千家以上，屬於完全競爭市場。

尤其是企業再造熱潮下，公司資源追求集中 (focus) 運用，支援性活動盡量外包，而大廈管理也包括在總務行政的支援性活動之中，所以原則上宜外包。

3.**加值的投資管理：**至於加值性的物業投資管理，服務項目包括物業投資開發可行性評估、物業使用規劃和代理執行、租賃管理和仲介銷售等。有能力提供此類服務的公司，大都為大型建管公司，例如太平洋建築物管理維護公司等。這幾年不少業主也體會重視專業的重要性，也開始委託此類業者。（經濟日報，1998 年 3 月 13 日，第 43 版，徐愛菊）

4.**海外的不動產管理：**至於位於海外的不動產，則宜委託當地或全球性不動產管理公司 (estate management firms)，每年費率為房租收入的 3～5%；國際性房地產管理公司以英國籍較著名，例如 Richard Ellis 和 Jones Lang Wooton，不僅代客管理房地產，並且提供其他收費的顧問服務。至於配銷倉庫，甚至可委託當地的加盟連鎖店代管。

㈤**監視房地產行情**

縱使以自用為目的，在房地產價格有利可圖時，也可以來個「短線操作」，例如採取售後租回的方式，等到價格走低時再「空頭回補」。因此無論自用或營利，公司內部皆須有專人搜集、分析房地產價格的趨勢。

㈥**房市溫度計：房地產指數**

2003 年 2 月 27 日市由國泰地產集團的國泰建設公司、政治大學台灣房地產研究中心聯手公佈第一個全國性房價溫度計「國泰房地產指數」，顯示 2002 年第 4 季全國房價指數已比第 3 季價量微縮，展望 2003 年房價走勢，下跌空間十分有限，優質的產品尤具有市場性，不良債權應不致干擾房屋市場正常的交易價格。

張金鶚從 1991 到 2002 年底，總計六年，針對臺北縣市、臺中、高雄和臺南等四大都會區，一共 3911 個新推個案作為研究樣本，指數基期訂在 2001 年，結果得到一個結論：全臺平均房價每坪約 15 萬元，且房價跌幅正逐季縮小，並接近築底完成。（工商時報，2003 年 2 月 28 日，第 5 版，蔡惠芬）

三、不動產管理辦法

就跟公司的背書保證、處置重大資產辦法一樣，有些不動產雄厚的大公司（例如臺灣銀行）還訂定不動產管理辦法，包括買賣、出租、交換和開發不動產等處理原則，以作為管理階層的指導原則。（工商時報，1998 年 3 月 6 日，第 14 版，張明暉）

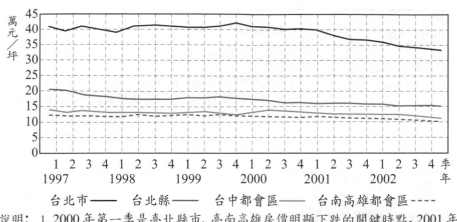

圖 13-2　房屋單價趨勢圖

台北市——　　台北縣———　　台中都會區————　　台南高雄都會區----

說明：　1. 2000 年第一季是臺北縣市、臺南高雄房價明顯下跌的關鍵時點，2001 年
　　　　　第一季後，臺中房價才明顯下跌。

　　　　2. 2002 年四都會區房價跌幅已縮小，其中北縣、高雄更為趨堅。

　　其他如「房地產訴訟政策」、「公司選址政策」、「財產的政治風險管理」和「外國人使用土地所需的政府核准程序」也包括在房地產政策的範圍內，此處不擬贅敘。

第二節　不動產開發部的組織管理

　　不動產政策的具體落實，有賴適當的組織管理，其中非常重要的便是組織結構的設計。

一、不動產開發部門的組織設計

　　在集權的組織結構下，母公司擁有整個公司房地產處置的決策權，透過預算、授權額度給予各子公司、事業部局部權力。至於母公司內的房地產部門，除了主管外還包括許多專業幕僚，例如環保專家，詳見表 13-4。一般來說，不動產部門在公司內為二或三級單位，而且部門人員數目並不多。

　　一個完全獨立自主的不動產部門，其管轄範圍還包括對其部門內人員的人事管理、不動產開發基金管理。至於對於海外子公司所遭遇的問題，許多情況下，只好求助國際性房地產顧問公司。

表 13-4　不動產部門組織型態

功能＼組織	組織設計	績效評估	隸屬部門	工作範圍
幕僚	成本中心（或單位）	「被服務部門」（俗稱房客）的績效（獲利）	財務部、營建工程、總務	房地產買賣、租售、營建、開發，以最低成本的方式，達到被服務部門的需要。
直線	全部或局部利潤中心	財產利潤	總經理或財務副總	房地產取得、修護、出租、開發、撤資。

二、成本中心或利潤中心？

　　大部分全球企業的不動產皆是以自用為先，先有餘力再求營利。往往為了營利目標而另外成立不動產開發公司。把公司所擁有的不動產視為商品，逢低買進、逢高賣出以牟利，此時不動產部門自然應為局部或全部利潤中心。局部利潤中心是成本中心跟全部利潤中心的折衷，該部門對公司內部仍須提供不動產等後勤服務，對外追求將本求利的營利目標。

　　把成本中心轉型為利潤中心制成功的公司為美國的柯達 (Kodak) 公司，1989年成立不動產事業部（簡稱 CREO），歸財務長管轄，負責柯達全球的不動產的開發和管理，對外還包括跟房東洽商房租。不動產開發成功案例可用柯達把香港各子公司合署辦公來說明，然後把空出來的小棟大廈的開發權 (development rights) 出售，收入 5200 萬美元，而合署辦公的費用（如搬家）只花了 300 萬美元。對公司內外來說，CREO 扮演房東角色，透過跟承租戶代表所組成的大廈管理委員會的每月會商，和每年對承租戶隨機抽樣調查，CREO 可進而確保承租戶的滿意程度。

㈠組織層級位階要跟策略配合

　　組織設計要是不能配合策略所需，往往會把策略執行績效大打折扣。以本身有不少房地產且又可能接管臺灣省屬的五千餘筆土地的臺灣銀行來說，對於不動產的開發係由總務室的第二單位負責，並沒有提升位階到不動產管理部，記者張明暉擔心此層級太低。（工商時報，1998 年 2 月 24 日，第 3 版，張明暉）

　　相形之下，彰化銀行將成立不動產開發管理公司，統籌管理該行承受的不動產抵押品、自有房舍和土地，便顯得比臺灣銀行積極重視。（工商時報，1998 年 3 月 20

日，第 14 版，劉佩修）

㈡對外成立土地開發公司

公司的土地存貨規模夠大，足以支持成立土地開發部時，便會考慮成立土地開發公司。例如台塑集團對土地開發便以專區或專線為分工，成立土地開發公司，第一家亞台開發負責林口工五開發案，1998 年又成立台塑開發公司，統籌關係企業建廠土地的取得、開發，並預留一些土地，以增進集團土地調度的彈性空間。（工商時報，1998 年 2 月 6 日，第 29 版，陳國瑋）

2003 年 3 月 31 日，光寶科技董事會，為因應專業分工，提高包括光寶新建營運總部大樓在內的不動產經營績效，決議把該公司原有不動產管理事業部，以「光寶不動產管理公司」為名，成立子公司，並把資產移轉自該子公司，光寶科技總資產和股東權商將不會受到重大影響。分割給光寶不動產公司的資產預計 34 億元，分割讓與的負債預計為 2200 萬元。（經濟日報，2003 年 4 月 1 日，第 27 版，林貞美）

◆ 第三節　不動產投資政策的執行

不動產投資政策的執行，財務部仍扮演重要角色，在本節中可見在各種不動產投資情況，不動產投資開發階段中，稱職的財務長不僅不宜被動的等待上級要求配合，而且還宜積極但有技巧的尋求參與，以協助不動產開發事業部門下對決策。

一、不動產的範圍

不動產的範圍劃分，不僅對計算不動產佔總資產的比重有意義，而且往往還涉及不同部門的職責，不動產可粗分為二大類。

㈠不動產

不動產包括狹義、廣義二個範圍。

⑴狹義：僅包括閒置土地和房屋。

⑵廣義：不僅包括閒置不動產，而且還包括營運用不動產，這類資產也可以重新部署 (redeployment)，以創造資源更有效率運用。

㈡不動產連動的資產

這些包括：

⑴基於投資目的買進的高爾夫球證、度假中心會員卡。

(2)不動產開發公司，最具代表性的便是購物中心公司的募資案，臺灣高鐵、機場捷運等 BOT，多少有點味道。

(3)其他，就本質來說，上市公司中的營建股、典型資產股（像台鳳、農林、台芳），也應該列為不動產範圍；至於一般資產股（例如士電、新纖）則可依其資產對盈餘（或股價）的比重來認定其資產股的程度。

不動產的投資決策往往不歸財務長管，只有不動產連動的資產大抵是財務長的責任區。由於有二個以上部門涉及不動產的投資管理，所以宜作好職掌區分，以免發生二不管或是職權衝突的情事。

二、投資資金的來源

在第二章第三節中，我們已說明除非想成為「不務正業」的金融投資公司，否則不可本末倒置的為了財務投資而去現金增資，甚至提高負債比率，造成資金排擠效果。

拿這個道理來看企業的不動產投資，應該以自償性為主。就跟對未上市股票的投資一樣，要想進行新投資，則資金來源為過去投資收益或是今天處分股票。

不動產投資的資金需求可分為二個階段：

1.**買地、養地：**由於養地所需時間常高達一、二十年，為了避免買地成本長期佔用舉債空間，所以買地、養地資金以自有的為宜，不宜大幅舉債。

2.**土地開發：**除非不動產開發具長期效益，這包括縱使只有一塊地時興建完工後只租不售或自營，否則一般公司頂多只有幾塊地，興建完就沒地可蓋；除非再買地，不過這已經把公司轉往營建類股方向，已經超過本書的範圍。否則，零星、賣斷式的土地開發案，其對盈餘的貢獻也只有二、三年，犯不著用現金增資來支應，以免將來盈餘被稀釋了。

三、投資金額的上限

縱使公司想多擺一些資金在不動產的投資上，有時也不能隨心所欲的，至少有三種限制因素會讓你把不動產投資金額（或佔總資產比重）訂個上限。

1.**現金增資時的限制：**養地階段，除非出租或蓋倉庫來低度使用，否則閒置資產也一併列入短期投資中，而不動產投資加上短期投資超過股東權益的 20% 或該次現金增資或公司債發行總額的 60%，証券發行申請案將會被證期會打回票。為了

符合規定，金融投資可以先處置用以還債，但不動產可就沒這麼靈活。

2.**財務調度壓力**：縱使養地資金為自有的，但是除非金額不大，否則勢必佔了不動產以外投資案的位置；不動產投資的機會成本其實不易衡量。

3.**資產配置上的限制**：縱使前二項皆不構成企業投資不動產的金額上限，僅站在財務投資的立場，從對效率前緣的影響，也可以逆推出究竟擺多少比率資金在不動產，才可以使資產配置落在效率前緣上。

四、不動產開發四部曲

許多公司都會擁有工業土地（工廠）、商業用地（辦公室），甚至住宅用地（員工宿舍或工廠地目變更），如何有效開發，常見經過下列四個步驟。

㈠不動產運用方式

不動產投資是門專門知識，比較像直接投資，而不像金融投資，開發方式詳見表 13–5，其主要程序有四，詳如下述。

表 13–5　不動產開發方式

	建　物	土　地
一、自用		
㈠租用		
㈡自有自用	如陽明海運的七堵新企業大樓	
㈢售後租回	如泰豐輪胎公司	
二、開發運用		
㈠短期開發	出租	出租
㈡中長期開發	1. 共同經營	畸零地開發為停車場
	2. 委託經營	
	3. 出租經營	
	4. 不動產證券化	
㈢處置		
1. 出售	如味全出售松江路大樓，搬到汐止	出售
2. 資產交換	換屋	以地易地

（二）開發的時程

不動產的開發頗耗時，一個個案完成開發循環往往得耗時三年五載。

1.**買地（一年）**：很少有一塊大面積土地等著出售，有時買地只能零零星星的買，而且難免有畸零地、共同持分地地主吊高價出售。共同持分地倒比較好辦，可用角邊地依比例撥給不願出售的持分所有人。至於畸零地（尤其是通路用）可不能意氣用事，有時以大局為重，只好忍痛以較高價來購買。

2.**養地（三～十年）**：「養地」主要是在等都市計畫變更（「工變住」、「住變商」），那無異是烏鴉變鳳凰，不過地目變更常不是二、三年能完成的，所以養地時間常需八年十載。

由於工業用地的升值潛力低於商業、住宅用地，再加上有些處分的時機限制，所以一般不會把工業用地列入投資標的。

⑴工業區：有些工業區內對土地使用效率管理比較嚴格，一旦發現廠商停止營業，便會要求廠商以市價賣回給管理處。

⑵工業區外的工業用地：除非公司預期未來一、二年有需要靠處置不動產來美化帳面，否則一遇到關廠或停止原訂投資案，大部分企業的作法便是立即設法把工業用地賣掉，把不動產套現變成動產，把資源轉用於其他投資效益更高的項目上。

3.**開發（一～二年）**：開發的範圍起自申請建築執照、設計、營建，到最後的申請使用執照。縱使像購物中心這種大型個案，頂多也只需三年便可完成。

4.**營運**：辦公大樓出租、購物中心招商，皆宜另請高明，不宜外行做內行事。

五、聯合開發案例

聯合開發案例之一為上市公司聲寶、智寶和新力公司，三家公司在土城土地毗鄰一起，三家覺得各自遷廠，把土地共同（1.7萬坪）進行工商綜合區開發最划算，所以三家公司合組宏寶開發公司以朝大型購物中心功能的工商綜合區發展。

為因應土地開發等資金需求，智寶於 1998 年底申辦 5.4 億元的現金增資，並於 1999 年 1 月完成資金募集。（經濟日報，1999 年 1 月 1 日，第 15 版，張義宮、姜曼苓）

🔖 第四節　不動產證券化

喜歡喝牛奶，不見得需養條牛，更不需買個牧場；同樣的，想享受不動產投資

收益，最小氣財神的作法便是購買不動產證券。

一、不動產證券化的用途

不動產證券化 (real estate securi tization)，簡單來說，就是把金額龐大的不動產切成小單位的受益憑證（即「不動產共同基金」）以供投資，詳見表 13-6

表 13-6　不動產證券化條例重要內容

項　目	主要重點	影響或意義
不動產證券化標的	限於已開發完成的不動產	已開發完成、有收益的標的較易推動，但未開發案無法作為標的，對促進土地開發效益略打折扣
不動產證券化受益證券類型	分「不動產資產信託」及「不動產投資信託」兩類	可拿不動產信託發行受益證券，或發行受益證券募集資金投資不動產
受益證券募集發行方式	可採公開發行或私募	可視標的不同作多樣化設計
受益證券收益所得稅課徵方式	採取分離課稅	不必併入綜合所計稅，有利高所得者，並提高高所得者投資誘因
防火牆機制	採用信託架構、證券化計畫須先報准、要求資訊揭露，對利害關係人作規範	避免利益輸送，保障投資人權益
受益證券募集發行機構	信託業及不動產業	有助於增加金融業、不動產業商機

資料來源：立法院、財政部。

㈠證券化的用途

對投資人來說，証券化的好處是投資人可以選定特定的不動產作為投資標的，不用負擔不動產開發公司經營所造成的風險。對於不動產業者來說，證券化提供除了向銀行貸款、發行股票，以及債券之外的另一種籌措資金的管道。

冠德建設董事長馬玉山認為不動產證券化開啟一條向資本市場募集資金的捷徑，他的著眼點是希望導入游資進入資本密集的大型購物中心、商業不動產市場，也可降低開發公司的財務風險。（工商時報，2002 年 4 月 23 日，第 13 版，蔡惠芳等）

㈡投資標的

以投資標的來分，不動產證券化可分為下列二種。

⑴收益型：是就已經存在的商業不動產加以經營，以分享大部分租金。

⑵開發型：指的是投資都市更新等土地開發方案,收益時間較長,風險也比較高。

㈢證券化方式

「不動產證券化條例」的精神不是同步推動二套制度，而是以美式為主，說明如下。

⑴美國式的**不動產投資信託** (real estate investment trusts, REITS)：這是受託人向投資人募集資金，設立不動產投資信託基金，再選擇特定的不動產標的物，發行不動產投資信託受益憑證。

⑵日本制的土地信託：是委託人先把不動產交付信託，大多數準備推出不動產證券化的業者，是屬這一類，然而這一類的案例，卻大都是財務面臨困境的公司，資產品質良莠不齊，預料將來一旦對外公開募集，勢必困難重重。

二、公司股票的證券化方式早已存在

資產證券化早已充斥在我們周遭，例如華納威秀，以信義計畫區內的土地，發展以電影院為中心的商場，由公司持有土地、商場等建築改良物，投資人經由持有該公司股權，間接享有土地和商場發展的獲利，這樣實質上就是一種不動產證券化。

三、大學設立系所、開課以因應

不動產證券化的專家、持續推動此議題十餘年的政治大學地政系教授張金鶚說，對於傳統以買賣為主的不動產投資，不動產證券化將產生革命性的變化。過去，一般人對不動產投資，多數為了賺取增值之後的買賣差價，不動產管理者主要任務就是買賣房子、推出房地產銷售計畫。不動產證券的經營卻是以長期收益、使投資人定期分享固定的獲利為主，如何穩定現金流量就成了攸關成敗的經營重點。因此，一位專業管理者，除了要具備不動產硬體的建築、規劃等知識，還必須擅長如財稅金融、人事管理的相關軟體運作。

許多大學看準不動產證券化後，不動產管理人才市場的大餅，紛紛準備在原本的課程中，加入更多不動產營運和金融管理的科目。政治大學商學院更針對不動產證券化後，管理者必須兼具「不動產」和「證券」專業，而準備「跨足」不動產經營，在 2003 年成立「不動產管理研究所」，以因應市場需要。(工商時報，2002 年 4 月 28 日，第 11 版，蘇立立)

四、小心路上的石頭

截至 2003 年由於臺灣至少還有三兆元的餘屋，潛在賣壓至少需要十年才能消化光，在上檔壓力嚴重情況下，投資標的自身大都有如雞肋，那麼其衍生的證券也就有如在煤渣堆中找鑽石了。

(一)已聞樓梯響

「不動產證券化條例」2003 年 7 月 9 日立法通過，許多財團、金融機構和建商均躍躍欲試。急欲搶搭不動產證券化頭班列車的業者，已經宛如過江之鯽，從 2001 年上半年迄 2002 年 5 月，光是企業界委託揭諦信託專業法律事務所負責人涂錦樹律師，已進行或規劃中的不動產證券化案例，至少就有 17 件，總共預計發行的不動產受益憑證金額近上兆元。

(二)先過銀行這一關

眾信聯合會計師事務所執業會計師陳文炯表示，許多公司擁有大筆不動產，而且積極準備開發，但在背後也有大量銀行貸款，結果都卡在債權銀行（尤其是第一、二順位抵押權）不願出具抵押權人在信託契約存續期間、不實行抵押權的同意書，因此抵押權遲遲無法塗銷。（工商時報，2002 年 5 月 20 日，第 14 版，蔡惠芳）

(三)不動產泡沫化？

淡江大學產業經濟系教授莊孟翰指出，以 2001 年新店秀岡山莊等三個案例偷跑為例，強烈質疑秀岡山莊以二十年之後的「未來值」662 億元，對外發行不動產「受益權憑證」，是以什麼為作價基礎？投資法人如何據以評估這些資產價值是否被灌水？實在令人懷疑不動產證券化等於「不動產泡沫化」。

莊孟翰認為，推動不動產證券化的最大盲點是法令配套欠周延，許多素質良莠不齊、不具開發效益的不動產，紛紛躍躍欲試。因此，對於未具開發價值的不動產，淪為不良債權，其標的物究竟有沒有市場，如何客觀估價，受託人和基金管理人財務如何透明化等，準備推出不動產證券化個案者（尤其是「需金孔亟」的公司），都必須通過嚴格的檢驗。

學者專家更擔心，以不動產證券化為名，行解套之實的業者，將競相搶先把不動產予以證券化，此將造成「劣幣驅逐良幣」的反淘汰現象。（工商時報，2002 年 5 月 20 日，第 14 版，蔡惠芳）

🔖 第五節　美國房市跟股市的互動

實例讓理論變得平易近人，在本節中我們以美國房地產投資為例，想說明二個

主題。

　1. **股市跟房市的互動**：股市跟房市的互動關係，在股市多頭時，股市、房市互補，即水漲船高的「**資產物價上漲**」(asset inflation)。當股市空頭時，房市中短期內可能逆勢上漲，但終究難逃有難同當的**資產縮水 (asset disflation)** 的衝擊。

　2. **房市泡沫**：這呼應第十一章第三節的股市泡沫。

一、這是全球現象

　2002 年 8 月 31 日，英國《經濟學人》雜誌報導，股市發財夢幻滅的投資人已轉戰房市，導致全球房市出現近幾年來少見的榮景。

　根據《經濟學人》所編製涵蓋 13 個國家和主要大城市的全球房價指標，過去一年來指標國家的實質房價幾乎全告成長，以英國 20.9% 的房價漲幅為最高，澳洲 17.3% 居次、西班牙 15.7%、加拿大 9.9% 和美國 7%。德國房價增幅較低，只有 1.6%。唯一的例外是日本，過去一年整體房價下跌 4.4%，是連續第十一年下跌。

　有趣的是，2001～2002 年全球房市飆漲，但股市卻告落難，一反兩者同漲聯跌的傳統。

　股價房價脫鉤有兩項可能：房貸利率處於三十年低檔，抵押貸款成本極低；民眾對房屋不再只是棲身的不動產，而是有可觀報酬率投資工具的認知大增。美國智庫密爾肯研究所一項研究發現，在不確定的時期，美國人的最佳避險工具已由房地產投資所取代，這是為什麼投資人在股市重挫之際，把錢轉進至房市的原因。(工商時報，2002 年 9 月 1 日，第 2 版，林國賓)

(一)供需分析

　房市的基礎穩固，從供給面來看，等著出售的房屋量不多，而受到青睞的居家區域建地稀少。就需求面來說，外來的移民增加，二戰後嬰兒潮世代早已具經濟能力，及針對低收入家庭所提供的優惠貸款方案，皆刺激首次購屋市場成長。這些嬰兒潮世代正值收入的黃金時期，渴望搬進比較大的房子，或購買一座度假屋。

　房地產是非常穩定的投資，儘管在 1970 年代油價飆漲的激情過後和 1980 年代晚期，分別可見德州和新英格蘭地區的房價重挫。整體來說，每年房價仍平均上揚 6.3%。部分原因是，即使在市場供需狀況變差時，房屋經濟學仍被奉為圭臬，抵押貸款利率可減免，而且一對夫妻在賣掉他們的房子後，可享有五十萬美元的收入免稅。

(二)盲目搶進？

房價漲勢如同 2000 年初期的思科股價般強勁，2001 年在亞利桑那州吐桑市和堪薩斯州托佩卡市這類並不繁華的城市，房價飆漲了至少 17%。許多買主甚至在未看屋的情況下，就出價購屋。錢潮大量湧進大型豪宅和度假屋，令人回想起 1995～2000 年資金大舉流向科技股的景況，也引發房市熱潮未來將驟退的疑慮。

(三)多好賺？

投資人棄股市、轉戰房市的心態不難理解，因為 2001～2002 年中等住宅的價格上漲了 13%，而同時間標準普爾 500 指數卻下跌 29%，那斯達克更重挫 44%。隨著愈來愈多投資人賣股買屋，社會已出現愈來愈多「富有的」有屋階級和「貧窮的」股市投資人。

以舊金山為例，中型住宅的價格於 2002 年第一季底，從 1995 年的 25.4 萬美元勁揚至 48.2 萬美元；相當於年平均報酬率達 11.3%，是歷來全美平均值的兩倍。舊金山灣區一棟中型住宅的價格，在 1989 年為 26.1 萬美元，當時房屋價值一年僅上漲 5.3%。

哈佛聯合中心的研究報告指出，2001 年 7 月到 2002 年 6 月，美國人花了 1140 億美元翻修他們的房子。這些錢有部分來自股票，但絕大多數是借貸而來。

二、樂極終究生悲？

就跟吹泡泡一樣，泡泡總是逐漸變大；冰凍三尺，非一日之寒。同樣的，就跟用溫水煮青蛙一樣，青蛙很少能立刻體會環境變燙，以致慢慢被煮熟了；美國房市也是露出「一而盛，再而衰，三而竭」的跡象，本段先說明 2002 年的「衰」，第三段再討論股市泡沫的「竭」（劫）。

(一)2002 年 10 月辦公室空置率持續升高

在需求持續未見改善的情況下，辦公大樓已連續七季出現供過於求的現象。分析師指出，從 2000 年開始走下坡的辦公大樓租賃市場，2003 年仍將維持疲軟的局面。

根據紐約研究公司 Reis 的報告，五十個主要辦公大樓租賃市場 2002 年第三季的空置率已由第二季的 15%，進一步攀升至 16%，也比 2001 年同期的 12% 惡化。

在供應仍高於需求的情況下，美國辦公室租賃市場仍未有復甦的跡象。此項最新辦公室空置率報告為辦公大樓租賃市場帶來不小的震撼，因為之前許多人仍樂觀

預期，該產業將在整體經濟復甦後約半年的時間即開始好轉。

美林証券分析師沙克瓦(Steve Sakwa)進一步指出，全美辦公室空置率已達17%，2002年底更攀升至18%的高峰。此外，他還表示，市場預期辦公租賃業將於數月後開始復甦的看法，實在「太單純」。

沙克瓦預測，至少要到2007年，美國辦公室空置率才會降低到10%的水準，屆時才會回到賣方市場。全美辦公室空置率曾於1991年達到19%，創下有史以來最高紀錄。(工商時報，2002年10月30日，第6版，林秀津)

(二)辦公室租金也在下跌

2003年1月2日，DTZ不動產集團公布2002年調查結果，全球主要城市的辦公室總租用成本，以北美區的跌勢最兇，平均跌幅6%，其次是西歐的3%，然後是亞太地區的1%。

DTZ調查時所用的標準為，以向主要中央商業區的現代化辦公大廈租用約一萬平方英尺(九二九平方公尺)的淨可用辦公空間時，其每平方英尺的平均總成本，包括租金、維護費用及房產稅，但不含裝潢支出。

全球前十個最貴城市中，有六個落點在西歐。DTZ表示，東京市中心及外圍區域的租用成本，下滑3%，主要是因為經濟疲軟和辦公空間供給看增的預期心理。

儘管全球辦公空間的租金普遍下滑，但是英國倫敦市的兩個區和日本的市中心區，仍繼續享有全球前三高的盛名。在2002年擠進前十高排行的城市，則有莫斯科和伯明罕。(工商時報，2003年1月3日，第7版，李鏻龍)

(三)辦公大樓「少蓋了」!

美國麥格羅希爾營造公司(McGraw-Hill Construction)報告指出，2002年美國建築市場景氣發展失衡，拜低利率之賜，住宅興建活動因需求強勁而相當熱絡；高速公路、橋樑、學校等公共設施的營建活動也穩定成長，營造業顯得生氣蓬勃。

在景氣走疲下，2002年商用不動產建築活動低迷，建築活動總額估計為4989億美元，僅略高於2001年的4962億美元。由於2003年建築市場的利空因素可能增多，例如商用建築的需求持續走疲、利率可能攀升，造成自用住宅需求減緩、美國稅收恐將減少，導致公共建設活動下降等，將使2003年的建築活動總額減少至4951億美元。

麥格羅希爾營造的首席經濟分析師穆瑞(Robert Murray)指出，美國1996~1999年的建築活動總額平均年成長10%，但是從2000年開始出現走緩情況，2003

年的建築活動甚至可能出現衰退。

　　商用建築需求低迷的情況遠較原先預期嚴重，就算經濟有所好轉，要是無法促成就業人口大幅增加，　仍不足以帶動商業不動產市場回春。　美國會計師事務所 Pricewaterhouse Coopers 全球策略性不動產研究部主管柯培茲表示，景氣不佳，營建業多認為，商業不動產市場可能得等到 2004 年才見起色。(工商時報，2002 年 10 月 30 日，第 6 版，陳穎柔)

㈣2003 年由熱轉冷

　　2000 ～ 2002 年摩根士丹利房地產公司股價指數漲幅已高達 44%，已連續三年表現突出的美國房市 2003 年可能將出現成長遲滯的局面。在 2002 年房地產價格攀升至歷史高峰後，許多重量級不動產投資人都已開始積極求售。擁有全美最多辦公大樓和公寓住宅的芝加哥富商翟爾 (Sam Zell) 從 2001 年至今已出售價值十億美元的不動產，2003 年出售規模預計將更為龐大。

　　賣方積極求售，但是主要潛在買主私人不動產基金 2003 年募集到的資金預估將大幅萎縮，約從 2002 年的 170 ～ 200 億美元減至 70 ～ 100 億美元。

　　隨著房市高潮結束，冷卻跡象已逐漸出現。舊金山房地產投資公司 Shorenstein 表示，雖然許多不動產最初投標價格仍居高不下，但在衡量基本面情況後，投資人往往會要求降低售價，甚至取消交易。

　　這些房市冷卻跡象已導致不動產公司股價反轉直下。摩根士丹利預期，美國不動產投資信託證券 2003 年報酬率預估大約在 5 ～ 8% 之間 （包括股利和資本利得），報酬率將不如標準普爾 500 指數的 10 ～ 15%。(工商時報，2003 年 1 月 3 日，第 7 版，林秀津)

三、房市泡沫來了！

　　養雞的人怕雞瘟，同樣的，房地產投資的最大殺手就是房市泡沫。1990 年 4 月，臺灣房市泡沫，造成近 130 萬戶空屋、銀行不良債權超過 1 兆元，到 2003 年還處於「永世不得翻身」情況。把報刊依時間排列，可看出美國房市泡沫在 2002 年已然成形，何時破裂，「不是不報，時候未到」。

㈠房市泡沫的指標

　　房市榮景的另一個問題在於有無泡沫之虞，評估房價是否高估的最佳指標是房價除以平均可支配所得的比率，就如同以本益比估測股價合理水準。愛爾蘭和荷蘭

的此一比率已處於歷史高檔,美國和英國則逼近 1980 年代末期房市高峰時的水準。

㈡還好嘛!

好幾年來房價上漲要比家庭收入增加的速度來得快,從 1990 年起,家庭收入一年成長 3.8%,而房價的增幅為 4.5%。中型房屋的售價是中等收入家庭年所得的 2.8 倍,要比 1990 年的 2.6 倍高。歷來這個比率介於 2.5 ～ 3 倍區間,因此,仍落在合理價值區內。

聯邦準備理事會主席葛林斯班在 2002 年 7 月 17 日的眾議院金融服務委員會上指出,「我們觀察泡沫問題,所下的結論是這種情形極不可能發生。」

㈢鐵口直斷的預言

根據《亞洲華爾街日報》的報導指出,美股 2000 ～ 2002 年空頭走勢,看在 1911 年次經濟學者金多伯格 (Charles P. Kindleberger) 眼裡完全不意外,這位前美國麻州理工學院資深經濟學教授早在 1996 年《金融危機史》第三版的序中向讀者提出警告:「科技股已疑似一個泡沫。」

除了股市泡沫外,金多伯格近期最熱中的議題是美國不動產市場,他一直以來都在搜集有關美國房市(特別是西岸)泡沫的剪報資料。雖然股市不振,經濟表現也仍不穩定,但是房市依然熱絡,2002 年 7 月美國房價的中位數已比 2001 年同期上漲約 7%。

金多伯格表示,他雖然無法斷定美國房市泡沫確已成形,「但我高度懷疑它就是」。美國房市泡沫的一項特徵是它不必然有擴散的現象,以 1925 年為例,佛州不動產價格暴漲後崩市,同樣的情況並未擴及美國其他地區。(工商時報,2002 年 7 月 31 日,第 6 版,林國賓)

㈣杞人憂天嗎?

擔心房市泡沫化的人指出,2001 年經濟走疲期間,房價甚至文風不動,顯示房市有它自己的膨脹空間。儘管上百萬美國人丟了工作,住宅銷售仍維持在紀錄高點。

《泡沫學》(*Bubbleology*) 一書的作者哈賽特 (Kevin Hassett) 指出,房價上漲的最大單一原因,在於住宅不動產的抵押貸款利率處於四十年來的低點。儘管價格大幅上漲,低利率讓人負擔得起買房子。如果抵押貸款利率上升三分之一,房價有可能會下跌。

加州州立大學安德森預測中心經濟顧問主管李默爾 (Edward Leamer) 認為,一廂情願的房市投資人將會大失所望。李默爾篤信泡沫說,他預期未來幾年利率走高,

將痛擊憧憬房價三級跳的人。（工商時報，2002 年 8 月 5 日，第 6 版，劉聖芬）

(五)鐵口直斷的羅奇

2002 年 9 月 22 日，摩根士丹利公司首席全球經濟分析師羅奇在《紐約時報》撰文指出，2000 年 3 月股市泡沫破裂是近年來衝擊金融市場的主要因素。股市飆漲創造的房市泡沫和消費支出泡沫可能也會在不久的將來破滅，美國有可能步上日本的後塵，到時美國將陷入連續幾年的衰退和嚴重的物價下跌。

他指出，支持房市泡沫的證據強而有力：美國房價從 1997 年以來大漲 27%，是 1945 年後最劇烈的五年漲幅，也是同期內實際房租漲幅的三倍。隨著房地產價格竄升，消費者也很快把房屋的增值轉換成消費力量，善用低利率的時機作二胎房貸，購買更多昂貴商品，因此過度擴張的房市泡沫已經成為無限制經濟文化的中心。
（經濟日報，2002 年 9 月 23 日，第 2 版，陳智文）

(六)看起來越來越「泡沫」

儘管近來部分數據顯示美國房市已有降溫的現象，但是不少唯恐錯過這波榮景的投資人仍義無反顧往前直衝。專家警告，這些人又犯了投資人最常見的錯誤：預期過去的獲利將會一直持續下去。

已有越來越多專家警告，美國房市泡沫儼然成形，其中尤其以房價節節高漲的舊金山灣區最為危險。實際上，在中等住宅價格於 2002 年 6 月攀上 16.4 萬美元的高峰後，美國房價就已開始下跌。

專家指出，房市最大的變數是利率的走勢，一旦目前創下四十年來新低的房貸利率止跌反升，房價下挫的速度將十分驚人。而如果房市泡沫預言成真，那些甫於股市重創的投資人是否能承受第二度致命打擊，將是美國未來經濟走向的一大考驗。（工商時報，2002 年 12 月 18 日，第 7 版，林秀津）

◆ 本章習題 ◆

1. 請找出內政部房價指數，把過去五年數字畫圖，以瞭解房價發展趨勢。

2. 請找出內政部營建署所編製的「建築申請延面積」，以分析存量是增還是減。

3. 請分析臺北市（或你所選的都市）辦公室租金行情，計算投資報酬率。

4. 不動產證券化跟金融資產證券化的異同為何？請作表說明。

5. 1990 年臺灣、日本的房市泡沫如何形成？

6. 以一家大公司（例如臺灣銀行、台塑）為對象，說明其不動產管理方式。

7. 以一個購物中心不動產證券化案為例，說明投資獲利方式。

8. 「低房價、低利率、低物價」三低是否一定會刺激房市榮景？請以 2003 年臺灣、美國、大陸來作表比較。

9. 大陸不是地狹人稠嗎？怎麼會出現供過於求的房市泡沫呢？

10. 2008 年北京舉辦奧運會，是否會興起房地產持久的支撐力量？（Hint：跟 2000 年雪梨、2004 年希臘雅典奧運比較）

第十四章

固定收益證券投資組合管理
——一般公司專用

反向操作的投資人，會覺得和大環境格格不入，但一定要有信心，
而且要能忍受孤獨。

——波納斯　基金經理

學習目標：

具備公司「資金調度人員」所需能力和債券投資人員（含債券基金經理）基本能力。

直接效益：

「票（債）券投資入門」在第二節中談完，替你省了 3000 元訓練費；「債券型基金」在第三、四節中介紹，又再替你省了一筆。

本章重點：

・固定收益證券在資產配置中的地位。§14.1 一
・是否有「最佳的股票、債券投資比率」? §14.1 一(二)
・三種投資目標和投資策略的搭配。§14.1 二
・票債券投資工具的選擇。§14.2 二
・票債券投資資訊和行情。§14.2 五
・一筆票券附買回的交易流程。表 14–5
・債券型基金分類。表 14–8
・獲 twA－f 以上評等的債券型基金。表 14–12
・股票連動式債券。表 14–14

前言：退可守，進可攻

　　不同風險性資產的存在，是為了滿足不同投資人的需求。如果以高粱酒來比喻股票，那麼債券等有附利息收入的固定收益證券就比較像啤酒，喝了有淡淡酒味（酒精濃度3.5%），又兼有飲料解渴、食物熱量（啤酒有液體麵包之稱）的多種基本功能。

　　固定收益證券便顯得具有「退可守（跟股票相比），進可攻（跟銀行定存相比）」的特色，所以是種滿熱門的投資工具，我們花二章一節來討論。由圖14–1可看出，由淺到深的投資策略，適用於哪種投資人和第十四、十五章和第十八章第一節的架構。

圖14–1　債（票）券交易的難度和本書相關章節

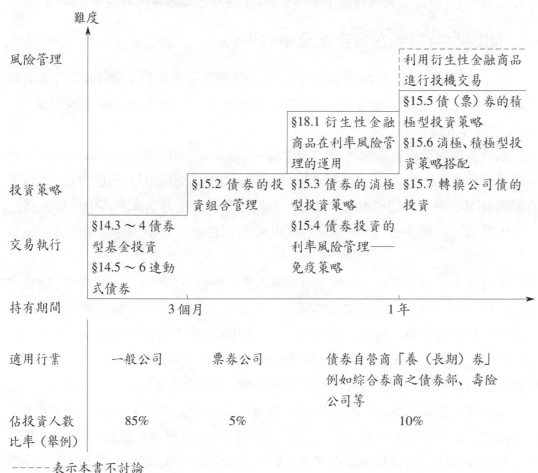

第一節　固定收益證券的重要性和投資人的投資目標

　　固定收益證券的成交額遠大於股市成交額，這點是許多人無法想像的，終究像公司的資金可用期間比較短，不太適合玩「長期風險高報酬高」的股票，所以固定收益證券自然而然的成為公司短期資金的最佳去處；此外，在長期的資產配置中，它也是不可或缺的資產。

　　我們使用「固定收益證券」(fixed-income securieties) 只是從俗，實則浮動利率債券 (FRN)、浮動股利轉換特別股的存在，都使得這類證券的收益不那麼「固定」。

一、固定收益證券在資產配置中的地位

　　固定收益證券在資產配置中的角色，至少跟股票是互補的（例如股票資金的暫時避風港），甚至是互相競爭的（大家都在搶拉客戶、爭取資金），詳細說明如下。

㈠魚與熊掌的抉擇？

　　如同老王賣瓜自賣自誇一樣，主張固定收益證券投資的風險平減後報酬率高於純股票投資者也大有人在。他們所持的理由是固定收益證券因有債息作底，所以下方風險有限；要是碰到利率大幅波動，而積極投資得當，資本利得也不遑多讓。

　　如果股票在投資工具中的重要性可用熊掌來比喻，那麼固定收益證券就是魚了！

　　1.美國未來二十年投資報酬率股票魅力將不如債券：2002 年 9 月中旬，德意志銀行 (Deutsche Bank) 一項最新研究顯示，未來二十年內股票的魅力將不及債券。

　　⑴美好時光不再：1980 ～ 2000 年間，物價跟利率下降、冷戰結束、戰後出生的一代投資股市，以及政府一些有利於股市的財政和貨幣政策，都是推升股票上漲的原因，股票報酬率超越債券的機率高達94%，如今這些因素已不復存在。

　　德意志銀行說，2002 年股市跌得很慘，但仍未完全反映各種風險，「我們認為，股票投資人還會吃到更多苦頭，而債券投資人的荷包將日漸充盈」。

　　風險溢酬的觀念是葛洛斯跟德意志銀行持此論點的原因之一，德意志銀行舉例說：「2002 年 9 月標準普爾 500 指數的股票風險溢酬為 2%，遠低於 40 年歷史均線 3.4%。」

未來十年內，股票將被視為是一種高風險、低報酬的投資，資金由股票大舉流向固定資產。

(2)債市的好日子來了：相對於股票，政府公債和公司債仍具吸引力。

未來二十年內股市報酬率超越債市的機率只有42%、超越債種公司債的機率只有23%。

德意志銀行這項研究結果跟太平洋投資管理公司 (Pimco) 債券經理葛洛斯 (Bill Gross) 的看法不謀而合，他在 2002 年 9 月 10 日表示，未來幾年內債券將是報酬率最佳的資產，而且道瓊指數跌至 5000 點才是合理的水準，詳見第十五章個案。

(3)這是非主流的看法：德意志銀行和葛洛斯的見解跟許多證券分析師的看法形成強烈對比，後者認為長期來說股票的表現優於其他資產。紐約投資顧問艾爾菲斯特說：「債券的利率目前處於歷史低點。」「只要政府支出增加，可能造成物價上漲升高，傷害債券。」(經濟日報，2002 年 9 月 16 日，第 11 版，林聰毅)

2.巴菲特投資公債賺翻了：巴菲特曾提醒投資人 2002 年美股獲利會下跌，近來專注在投資效益連續三年超過股票的債券。十年期美國財政部公債獲利率高達 12.3%，標準普爾 500 股價指數 (S & P 500) 下跌 20.4%。

根據波克夏公司向美國證券管理委員會提交的報告，該公司的投資公司 BH Finance，利用 2002 年債市大漲的時機賣出 2001 年買進的美國公債和政府機構債券，使得該公司 2002 年前九個月的稅前盈餘由一年前的 3.25 億美元暴增至 7.93 億美元，公司資產也增加一倍，達 420 億美元。

波克夏的股東是最大受益人，股價 2002 年上漲 5%，該股 11 月 27 日的收盤價為 71050 美元。(經濟日報，2002 年 11 月 29 日，第 9 版，陳智文)

3.臺灣債市多頭：2003 年 1 月 28 日，在資金行情帶動下，債市封關，各天期公債報酬率全面降至歷史新低，主流券十年期公債91－4期跌破 1.8% 關卡。

十年期公債向來是市場交易主流，2002 年農曆春節開紅盤當天，當時的主流券十年期公債90－1期報酬率為 3.7528%。但是 2003 年 1 月債市封關，此時主流券十年期公債91－4期報酬率僅 1.7874%，顯示市場報酬率在近一年內，大幅滑落 200 多個基本點（1 個基本點等於 0.01 個百分點），是債市成立以來首度發生。

市場人士估算，公債平均存續期間約 7.5 年，平均報酬率和公債加權平均票面利率各約 2.4426% 和 5.0757%，假設加權平均利率為市場持券成本，那麼市場參與者因這波利率下跌而獲取的利差約 263 個基本點，以銀行和票券公司合計持有的公

債部位約 1 兆元估算， 潛在未實現收益可達 2000 億元 （即 1 兆元乘以 263 個基本點）。（經濟日報，2003 年 1 月 29 日，第 7 版，傅沁怡）

㈡紅花跟綠葉

傳統看法認為固定收益證券和股票是互補的，一旦利率上揚，不利於股市發展，但是卻有利於債券的長期投資。反之利率看跌，則對股市有利，但是對債券價格也是看多。

從風險管理的角度，由於股票和債券報酬率相關性低，所以把兼具債券和股票二種資產的投資組合， 其報酬率理論上會高於債券投資組合或股票投資組合報酬率。更深入的說，以投資組合保險來說，透過風險資產（主要是股票）、無風險資產（例如現金、債券），則可創造出下方風險有限的投資組合。其中不見得非有債券不行， 但是有則更好，如果把股票比喻成紅花，那麼固定收益證券就是綠葉。

有研究精神的投資人會問：「股票跟債券之間是否有最適的比率分配?」也就是說類似平衡型共同基金的投資，該有多少資金比率擺在股票、多少放在債券?

雖然有一些研究指出「股票佔三成、債券佔七成」的資產配置方式，比其他組合方式的報酬率振幅較小。不過撇開這比率是否正確不說，這種資金分配方式只是風險較小，適合保守型投資人；但對於追求「高報酬、高風險」的冒險型投資人或「中高報酬、中高風險」的積極成長型投資人，甚至「中度報酬、中度風險」的成長型投資人來說，都不會喜歡這種「低報酬、低風險」的投資組合。

這又回到原點，直覺的來說，最佳的股票和債券投資比率，取決於市況和投資人的偏好，這是第十二章第二節的重心，本處不擬贅敘。

二、投資目標和投資策略

平實而論，股票、債券是二種重要的基礎資產，就跟化學元素一樣，很難甚至無法藉由另一（或一些）基礎資產的組合予以複製。也就是因為其獨特性，所以才有其死忠的支持者。

以固定收益證券為主要投資標的的投資人，一樣米養百種人，所以投資目標（或動機）也都不相同，由表 14–1 可見，至少可分為三類：追求當前獲利 (current income) 最大、追求總獲利 (total income) 最大和投機 (speculation) 套利。

表 14-1　三種不同投資目標和投資策略的搭配

投資目標	追求當前 獲利最大	追求總獲利最大	投機套利
獲利來源	利息	利息和資本利得	資本利得
風險水準	低	中	高
適用對象			
1.散戶	如退休人士	大戶	－
2.法人	如大學校務基金、退休基金	公司、銀行等金融業者（含債券型基金）	同左
投資策略	消極型策略	積極型策略	積極型策略，尤其是集中在到期日將近的債券
操作方式	保護本金安全	短線交易 債券交換	同左，再加上債券保證金交易
所需具備投資能力	低	高，尤其是利率預測	最高，尤其是衍生性金融商品

㈠固定收益資產報酬率比較

「武大郎玩夜鷹——什麼人玩什麼鳥」，這句俚語說明任何投資工具不存在單一最佳的，而只有「弱水三千，吾只取一瓢飲」的各取所需！

由表 14-2 可見 6 種固定收益投資工具的稅負跟 2003 年 7 月的行情（稅後報酬率），每個人稅負不同，因此偏好也就不同。

表 14-2　主要利率商品的稅後報酬率

項目	30 天期 短期票券	債券附條件 交易	定存	債券型基金	普通公司債	證券化 商品
參考利率	1.10%	1.30%	1.4%	2.25%	2.30%	2.40%
利息稅負	20% 分離課稅	25% 營所稅（法人） 免稅（個人）	預扣 10%，需扣抵 25% 營所稅(法人) 利息所得 2 萬元以上需預扣 10%。享有 27 萬免稅額，其餘納入綜所稅課徵（個人）	草案擬採 20%分離課稅	預扣 10%，就持有期間計算（法人） 預扣 10%（個人）	6% 分離課稅

稅後報酬率	0.88%	0.975%（法人）1.3%（個人）	1.144%（法人）1.372%（個人）	1.84%	2.07%	2.256%

㈡固定收益資產的三種投資時機

1.股市不佳時的資金避風港： 當股市下跌時，資金往往會流向固定收益工具，而債券型基金往往是最佳選擇。主因在於債券型基金的報酬率高於下列二種大額短投方式：

(1)票券附買回，

(2)債券附買回。

2.公司極短期資金的最佳去處： 公司資金在活存，利息收入薄得幾乎看不見，為了避免資金浮濫，所以短期內就先擺在債券基金，反正「沒魚，蝦嘛好」。由這點來看，為什麼投信公司要拿債券型基金跟一個月期定存利率來比，而不跟一年期比，也就不言而喻了。

債券型基金的優點之一是「今天贖回，明天入帳」，所以有一天的時差，這在資金調度上必須列入考量。

3.趁利率下降之前介入，賺點資本利得： 積極從事債券投資的人，皆不會錯失利率下降（債券價格上漲）之前，也就是債券多頭市場來臨之前，買入債券（型基金），賺取短暫的、可遇而不可求的資本利得。

第二節　債（票）券附買回交易決策和執行
——短期多餘資金的最佳去處

債（票）券附買回交易是最淺顯、交易金額最大的固定收益證券的交易方式，它的優點是年報酬率約在 0.88% 以上，交易期間最短可為一天（即隔夜），而且天期可以自行約定（大都在 180 天以內），所以投資期間很有彈性。

一、票券附買回交易的動機

公司從事票券附買回交易 (repos, RP) 的動機至少有下列二種。

1.短期資金不要爛： 企業的資金可以濫，但卻不可以爛；爛就是財務部的責任。所以對於可用期間在一、二個月以內的短期資金，其最佳去向則為固定收益證券（底

下簡稱票券）附買回交易，至少利率比銀行的活存利率還要高。

　　2.**票券附買回是股市資金的避風港**：前述短期閒置資金偏向於營運活動，至於來自理財、投資活動也會有短期資金跑出來，其中尤其是投資股市的資金暫時退場觀望，所以稅後報酬率約 1% 的票券附買回交易便成為資金最佳避風港。

　　由於這二種心理都偏向於「沒魚，蝦嘛好」，所以一般公司對於此項投資都不會太重視，再加上交易單純，高職學歷專員一天可以進行十餘億元的票券附買回交易，對他們來說很稀鬆平常，當然對於利率走勢也得有個瞭解。甚至可進行套利交易，例如發票券存定存，不過由於可能的套利空間頂多也只有 0.1 ～ 0.2 個百分點，所以除非金額很大才稍有賺頭，否則一般公司不會熱衷此事。當然，如果要進行此項交易那可需要主管同意，　不像票券附買回交易那樣可以授權最基層財務人員處理。

二、交易工具的選擇

　　撇開無擔保公司債不談，短期資金的最佳去處，主要決定因素依序如下：

　　1.**稅後報酬率**：檯面上的報酬率是毛報酬率，投資人關心的是減掉交易成本（交易稅、經紀商手續費）和所得稅後的淨報酬率，由表 14-3 可見，如何計算四種債券投資工具的淨報酬率。

　　2.**利率風險**：附買回交易是固定利率，但是債券型基金則是浮動利率，不過除非金額大，碰到激烈行情，否則二者不會相差太遠。

表 14-3　四種固定收益證券的報酬率和交易成本

	票券	公債	金融債券公司債	債券型基金
一、　稅後報酬率以 2003 年 7 月 1 日 30 天期 RP 為例	1.10%×80% = 0.88%	4.00%	－	－
二、交易成本 (一)稅 　1.交易稅 　2.營所稅（資本增值稅）	－ 分離課稅，稅率20%	－ －	0.1% * －，但配息仍得繳稅	同左

(二)經紀商手續費	– 買賣價差 0.15 個百分點以上	交易量少於 500 萬 元時,0.100%,逾 500 萬元時, 0.075%;逾 5000 萬元時, 0.050%	同左	
三、交易條件				
1.最低投資期間	隔夜	同左	同左	二天
2.最低交易金額	100 萬元	5000 萬元	100 萬元	10 萬元

*1999 年 2 月行政院經建會「強化經濟體質方案」中擬取消此交易稅。

3.**其他考慮因素**: 許多公司習慣先考慮票券附買回,但是在市場資金浮濫時,買方常「一票難求」,只好被迫去買債券型基金。由於公債有最低投資金額限制,卡住不少人,所以投資人口當然比票券少,詳見表 14–4。

三、買賣交易

在 1999 年 8 月以前, 債券交易皆是客戶直接跟債券經紀商電話議價成交, 頂多只是把成交紀錄(利率、金額)回報給台北市券商同業公會,客戶可透過路透社等即時金融資訊看到各經紀商的雙向報價(買進、賣出價)。

櫃檯中心推出「債券電腦議價系統」(類似股票交易中的電腦撮合),投資人多個公平公開的議價環境;債券自營商只消淨額結算便可, 減輕資金調度壓力。(工商時報, 1999 年 1 月 16 日, 第 14 版, 陳國瑋)

表 14–4　票券附買回、債券型基金交易優缺點比較

	票券附買回	債券型基金	
		跟投信作	跟債券經紀商作
一、報酬率	票券利率×80%(因 20%分離課稅)	較票券附買回略高,因投資組合中有不少中長期債券。但報酬率須迄解約日淨值出來時才能計算	
二、額度	有時買不到票子,尤其當資金浮濫時	比較不會有左述問題	
三、交易風險的控制	1.不要買無擔保公司債 2.當金額大時, 分散幾家票券公司作	避免所謂的「垃圾債券基金」(junk bond fund), 也就是組合中對無擔保公司債持有比率太高者	
四、賣回時匯款	到期日 14:00 前款項匯入	分天要求解約,今天要求解約,第	

	你指定（成交單上）帳戶	2個營業日（明天）入帳
五、訊息揭露	不需要	上市公司購買某一債券基金逾一定金額（例如一億元）需登報揭露訊息

四、公債的集保存摺

就跟股票的倉庫為集保公司一樣，1999年1月15日無實體公債轉換作業開跑，也就是投資人可以把手上的公債轉換為公債存摺——稱為發錄形式公債，俗稱無實體公債。其好處在於避免實體公債遺失（尤其被偷）、不易辨識和保管等問題，並加速買賣交易時的結算速度。

五、交易資訊來源

票券交易屬於櫃檯交易，不像股票集中市場交易採取電腦撮合，所以報價資訊大都是參考價，大金額交易往往有議價空間。至於昨天、今天、下週的資訊來源詳見底下說明。

（一）當日成交資訊來源

昨日成交資料在《工商時報》第8版、《經濟日報》第23版皆有作表整理，至於當日即時債市、貨市、匯市行情，精業等即時系統皆有提供，甚至還可進行技術分析。

（二）週預測資訊來源

有關當週債券市場報酬率、貨幣市場短期利率、臺幣匯率的區間預測，《工商》、《經日》兩報皆有詳細分析。

《經濟日報》每週一在第6版「企業財務版」中的「本週市場觀測」專欄中，會針對債市（七、二十年期指標公債）報酬率、貨市短期利率（隔夜拆款利率、30天期商業本票次級市場利率）和臺幣匯率區間作預測。許多財務人員仰賴這些資訊甚重，除非有未預期的重大衝擊，否則預測準確程度滿高的，上下誤差往往不會超過2個百分點。

六、交易流程

金融交易流程大都大同小異，差別大都在交錢交貨的交割日 (delivery date)，票券附買回交易是標準的「一手交錢，一手交貨」，當天成交，當天必須銀貨兩訖。

以表 14-5 票券附買回交易為例，來說明金融交易流程，重點在於一旦輪到你新手駕駛，也可以立刻上手。當公司資金調度員由商情網路看到各票券公司的報價後，便去電看看有沒有票子，要是買單太大，有時必須拆單，在二、三家票券公司買票。一旦口頭成交，票券公司會在 15 分鐘內傳真一張交易單給你，這時你應核對利率是否跟電話中談定的一樣、利息有沒有算錯。如果正確無誤，你再填上匯款的銀行帳戶，再傳真回去給票券公司，這算「初步交易」，因為還沒蓋上你的公司章和授權章。當然如果你的上級不核准這筆交易，這筆交易也可取消，無需對票券公司負任何法律責任。

剩下的內部表單流程就很容易明瞭，無需贅敘。

表 14-5　一筆票券附買回的交易流程

	你的公司	票券公司或債券經紀商
財務部	電話成交 ─────────────▶	
	◀─────────────	Fax 交易單
	Fax 交易單 ─────────────▶	
	（缺公司章）	
會計部	財務部把票券公司交易單、自己公司內買進報告書、擬開支票（或轉帳單）彙交會計部	
	會計部憑上述交易憑證「製票」（製作交易傳票）	
款項支付核章	1. 小公司：總經理，甚至董事長核章，尤其是支票	
	2. 大公司：例行交易授權財務主管核章（含票券公司傳真來的交易單）	
匯款等	匯款（含 FEDI）─────────────▶	
（財務部）	Fax 交易單 ─────────────▶	
	（已蓋公司章、授權章）	

🔶 第三節　債券型基金快易通

「蜀中無大將，廖化做先鋒」、「山中無老虎，猴子當大王」、「沒魚，蝦嘛好」，這些俚語皆說明「次佳」(second best) 方案。2002 年大盤重挫 19.8%，定存利率一路降到 1.5% 的微利時代，報酬率 2～2.6% 的債券型基金因此出線，基金規模一暝大一寸，共增加 3000 億元，2003 年 4 月突破 2 兆元的大關。

2002 年股票型基金規模大幅減少 700 億元，只剩 2200 億元，約只有債券型基金的十分之一，可說天壤之別。

因此，對於債券型基金不能草草帶過，得詳細討論才行。

一、債券型基金的好處

債券型基金主要（八成）收入來源為利息，次要（二成）收入來源為債券的價差（即資本利得），只要操作得當，不要出現資本損失，那麼債券型基金可說是所有固定收益基金中獲利最高者。

以賺利息錢為主的固定收益型基金 (fixed income fund)，至少有三種：

⑴貨幣（市場）基金 (money market fund)，投資於貨幣市場中的交易工具，

⑵外幣存款基金（或外匯基金），

⑶債券型基金 (bond fund)，主要投資於政府公債、金融債券、公司債、定存等。

㈠沒魚，蝦嘛好！

2000～2002 年，由於債市表現已連續三年優於股市，債市相當受到投資人矚目，素有資金避風港之稱的美國債市 2002 年交易量增加了 25%，成交量創下新高，凸顯出債市的吸金魅力，詳見表 14–6。

2002 年美國股市的投資困難度相當高，年初有企業會計醜聞傳出，經濟成長也從第二季出現顯著降溫，使得美國股市在第三季再度出現走低，並曾在 9 月出現近六年來的低點。多家投資機構紛紛建議投資人，對於股市的預期報酬率應設定在 10% 左右的水準才較為合理。

面對多變的市場，投資人為了逃避市場中過高的投資風險，多半把資金由股市流向債市或是黃金等避險投資標的。

　　投顧業者分析，2003年美股的波動水準位在十年來的高點，仍超出許多投資人願意接受的範圍，2002年表現突出的黃金和債券預估2003年仍比股市具有投資吸引力。（經濟日報，2003年1月29日，第19版，陳欣文）

表 14-6　　2002 年各產業指數表現

指數名稱	美元報酬 全年漲跌幅	第四季漲跌幅
HSBC 全球黃金產業	34.79%	6.10%
摩根士丹利全球高收益債	24.93%	26.16%
摩根士丹利全球新興市場債	13.12%	12.52%
摩根士丹利美國政府公債	12.21%	0.41%
摩根士丹利全球能源產業	−5.87%	7.19%
摩根士丹利全球銀行產業	−9.91%	6.14%
歐洲彭博 500	−16.84%	11.07%
摩根士丹利全球醫療產業	−17.64%	1.27%
標準普爾 500	−22.09%	8.43%
摩根士丹利全球生化產業	−30.08%	13.11%
摩根士丹利全球科技產業	−38.56%	19.47%

資料來源：Bloomberg／AIG 友邦投顧整理。

　　臺灣也難獨善其身：「覆巢之下無完卵」，全球經濟情況大環境如此，臺灣也難置身度外，表14-7是臺灣四種基金的報酬率和現金流量，跟表14-6一樣。

表 14-7　　1998～2002 年基金報酬率、基金規模

單位：%　　　　　　　　　　單位：億元

期別 基金	一年 (2002)	三年 (2000～2002)	五年 (1998～2002)	2002 年	2001 年	2000 年	1999 年	1998 年
臺灣股票	−21.79	−42.57	−30.16	−222	554	−76	581	15
海外股票	−20.15	−48.41	−9.87	−203	−239	−14	375	222
債券	2.78	13.15	26.30	1274	445	773	372	704
平衡	−8.30	−93.25	−27.20	19	−67	120	205	−5

資料來源：台灣經濟新報。

㈡賣基金，對銀行比較好賺

　　銀行資金苦無去路，部分銀行近期將大額存款視為洪水猛獸，一些債券基金代售或保管銀行，除「婉拒」巨額存款，還積極建議公司把資金轉向債券型基金。

　　金融人士指出，銀行一年期定存利率為 1.4%，收取 1000 萬元一年定存，一年下來利息支出便是 14 萬元，對於欠缺放款管道又不缺資金的銀行來說，這負擔沉重。反之，銀行要是代售 1000 萬元債券基金，以手續費 0.1% 計算，銀行還可收取 1 萬元手續費，一來一回便差了 15 萬元。

　　要是以保管費來看，債券型基金費率約 0.05 到 0.1%，債券基金規模如達 200 億元，銀行一年保管費便有 1000 到 2000 萬元，銀行當然爭相成為債券型基金保管銀行。一些銀行信託部積極籌備募集貨幣型基金，也是著眼保管費收取，並想藉以減輕吸收活期存（儲）款的資金壓力。

　　對於投資人來說，債券基金 2.25% 的報酬率比銀行定存利率水準高，調度靈活性較佳。因為債券基金仍會隨市場波動有投資風險，未必百分之百保本，又不像銀行存款有存保機制保證，才讓保本為主的投資人仍獨鍾銀行定存。(經濟日報，2003 年 1 月 16 日，第 19 版，傅沁怡)

二、債券型基金的分類

　　分類的目的是藉此以簡單的瞭解複雜的世界，但是如果只是為了分類而分類，則淪為老生常談。

　　由表 14–8 可見，很幸運的，前三種分類方式，共同得到一個結果，套用圖 2–1 的資產屬性（表 14–8 第一列），而把債券型基金分成三類，詳細說明於下。

表 14–8　債券型基金分類

預期　報酬率　　虧損率	低 (2.0 ~ 2.2%)	中 (2.3 ~ 2.5%)	高 (2.6% 以上)
一、投資「對象」（或標的）	公債　因為債息免稅，所以又稱免稅基金 (tax-exempt income tax)	1. 有擔保公司債　2. 資產抵押擔保債券 (asset-back obligation fund)，在美國有專門投資於不動產貸款證券化，稱為房地	1. 無擔保公司債，又稱垃圾債券 (junk-bond) 或高收益債券 (high-yield bond)　2. 轉換公司債，但是持有轉換公司債者大抵可歸類為平衡型基金

		產抵押債 (GNMA)	
二、投資期間	附買回 (repo)		買斷 (outright)，債信、利率風險較高
三、債信評等	A 以上（投資級，investment grade）	BBB 以上	BB 以下（投機級，noninvestment grade），基金管理風險也較高
實來投信的分類	投資級債券型基金	一般債券型基金	積極債券型基金
四、贖回限制	無限制		有買回期限限制，例如 180 天內不可贖回，此類基金很少
五、投資地區	國內		國外，尤其是新興市場債券型基金 (emergent market bond fund)、亞洲債券型基金
六、付款日	T＋1 日	T＋1 日	T＋2 日 （因為有 CB 部位）

㈠投資級債券型基金

這類基金的風險性相對較低，在風險管理上絕對可讓投資人安心。以固定收益為投資目的的退休人士或是想以債券型基金取代定存的保守型投資人，已獲信評的債券型基金很適合你來投資。

㈡一般債券型基金

以一般收益的債券型基金來說，在報酬率上由於投資標的篩選標準較為靈活，因此此類基金的報酬率表現有機會超越獲信評的基金，因此如果有資金停泊需求的穩健型投資人，此類基金就很適合你來投資。

㈢積極債券型基金

臺灣的積極債券型基金承作公債買賣斷或是布局轉換公司債，因此有機會比一般債券型基金獲取較高的資本利得，報酬率也會高出其他兩類債券型基金。因此如果想獲取高於一般債券型基金收益的積極型投資人或是在資產配置中需要納入積極型債券商品的標的，此類基金就是合適的選擇。

不過這類基金也需負擔資本損失的風險，以公債買賣斷部位高的債券型基金為例，一旦債市多頭反轉，殖利率往上，則可能蒙受的損失也將增大，因此選擇投資

買賣斷投資比率較高的債券型基金，需隨時注意債市的變化。

積極型債券基金報酬率呈現南轅北轍，有的遠高過一般債券基金，但是也有三、四支積極型債券基金投資報酬率呈現負值。報酬率高低並不代表債券基金有問題，有些因債券基金屬性，有些是受限於債券投資工具。

其中債券基金績效最佳，投資報酬率近8%的大華安益債券基金經理鄭振家表示，積極型債券基金約有八至九支，其中有一半是可以作轉換公司債。在殖利率走高時，基金經理可以把資金從政府公債轉進轉換公司債，便可以規避利率走高的風險，這也是大華安益債券投資報酬率可以高過其他債券基金的原因。(工商時報，2002年3月24日，第3版，黃惠聆)

1.臺灣：債券型基金並沒有高收益或月配息基金，一些強調積極型的債券型基金，頂多在投資標的中加入公債買賣斷和轉換公司債。

2.國外：2002年以來包括寶源、駿利、大聯和全盛等提供月配息的海外債券型基金，都已引入銀行通路代銷。

市場利率持續走低，使得債券型基金獲利日益困難，如果觀察1998～2002年海外高收益債券型基金和全球債券型基金績效，一般債券型基金獲利還優於高收益債券基金，詳見表14-9。追究其主要原因，因高收益債券基金通常是購買評等等級比較低的公司債，而近幾年在景氣低迷狀態下，企業破產事件頻傳，公司融資不易，部分公司因需金孔急，自然提高發債利率（票面利率），表面上利息似乎較高，但是也容易違約變成地雷債， 顯示企業違約所造成的損失嚴重影響高收益債券報酬率，風險頗高。(經濟日報，2003年2月11日，第19版，德盛安聯證券投顧)

德盛安聯投顧表示，美國破產協會2003年1月初曾表示，2003年美國破產件數可能再創新高，因此現階段介入高收益債券的風險仍高，投資人可能面臨企業高度違約風險，並誤觸「垃圾債地雷」，建議投資人等到美伊緊張情勢轉緩、經濟回復穩定成長軌道，以及企業獲利改善之後，再考慮介入高收益債券基金。

德盛安聯投顧指出，高收益債券型基金多以高配息為號召，但是從過去五年高收益債券淨值走勢來看，高收益債券的配息並不是來自投資報酬，而是把本金拿來發放，此舉對一般法人欠缺吸引力，一般投資人則常因為誤將高配息等同於高收益，而大量投入資金，等贖回時才發現淨值可能被用來配息，因此不增反減。(經濟日報，2003年1月29日，第19版，傅沁怡)

表 14-9　1998～2002 年美元高收益債券跟全球債券型基金績效

單位：%

日期	高收益債券基金		全球債券型基金	
	配息前	配息後	配息前	配息後
2002	−1.97	−7.82	12.97	8.73
2001	7.68	1.05	10.30	6.12
2000	−2.03	−7.94	10.01	5.36
1999	2.49	−2.62	−7.67	−11.29
1998	−1.42	−5.49	8.00	1.63
合計	4.75	−22.82	33.67	10.55

註：以上基金淨值成長率是以臺灣已核備基金，Micropal 分類平
　　均值為準，且是以臺幣計價。

資料來源：S & P Micropal.

三、投資地區

　　海外債券型基金延續 2002 年的投資熱潮，成為 2003 年投顧業者主打的基金投資商品。

　　海外債券型基金 2002 年績效第一名的友邦債券基金，原幣報酬率為 7.92%、臺幣報酬率高達 28.77%。除了是因為瑞士央行在 2002 年二度降息，激勵十年期政府公債報酬率下滑 125 個基本點，另外，國際政局緊張也促使強勢貨幣瑞士法郎升值。同理，2002 年以歐元計價的海外債券型基金，臺幣報酬率也多高達 20% 以上，便是受惠於歐元升值影響所致。

　　AIG 友邦投顧建議，投資人可考慮在歐元走高而且前景持續看好之際，把部分資金轉移至歐洲債市，以期獲取比較高的投資潛力。(經濟日報，2003 年 2 月 11 日，第 19 版，陳欣文)

四、新興市場債券型基金

　　在美國政府債殖利率創四十餘年新低水準後，未來漲幅相對有限，2003 年起投資人可提高環球公司債、新興市場債和亞債部位。

　　歷史驗證包含亞債在內新興市場債中長期表現明顯優於公債，例如 1996～2002 年新興市場債累積報酬率 130.9%，是全球公債 48.15% 的 1.7 倍，但波動幅度

僅是公債的 1 倍左右，顯示其每一單位風險的相對報酬率是較高的。

環球公司債、新興市場債與亞債都屬於債信相關產品，除受利率影響外，信用評等升降、企業債信破產等議題都會影響其獲利空間。(經濟日報，2003 年 1 月 15 日，第 18 版，張翠玲)

五、歐債基金魅力無法擋

2002 年整體海外基金市場中，表現最風光者就屬歐洲債券型基金。根據 S ＆ P Micropal 的統計資料顯示，九支歐洲債券型基金平均報酬率達 25.58%，是所有各種不同區域債券型基金表現最優異的，詳見表 14–10。而 2003 年隨著歐元持續走強和歐洲債券利率仍比美國高的情況下，歐洲債券型基金依舊備受矚目。

以臺幣計價、含息計算，2002 年歐洲債券型基金平均報酬率漲幅達 25.58%；同期間，美國債券基金僅 8.51%、美元債券基金 7.69%、全球債券基金 12.97% 和全球新興市場債券基金 7.76%。

德盛安聯投顧表示，2000 ～ 2002 年美國利率的巨幅調降，歐洲央行僅把基準利率從 4.75% 調降至 2.75%，使得歐美利差擴大至 1.5 個百分點，不僅使歐債殖利率比美債高，利息收入較佳；且更提高歐洲未來降息機會，可望創造資本利得，使得 2003 年的歐洲債券依然具吸引力。(經濟日報，2003 年 1 月 22 日，專刊 2 版，李佳濟)

表 14–10　2002 年歐洲債券型基金報酬率

基金名稱	近一年	近三年	近五年	近十年
德盛德利歐洲債券基金	26.92	41.37	38.81	176.28
霸菱歐洲債券基金	26.19	37.38	30.74	175.43
興業歐洲債券基金	26.09	38.75	32.07	151.96
百利達歐洲債券基金	27.33	40.57	32.40	146.47
天達環球歐洲債券基金	22.06	33.29	24.95	131.08
花旗歐洲債券基金	25.41	38.18	26.91	127.12
美林歐洲債券基金	24.02	34.85	31.28	–
MFS 歐洲債券基金	26.43	38.82	–	–
寶源環球基金——歐洲債券	25.77	37.04	26.46	–
平　均	25.58	37.81	30.45	151.39

計算基期：2001.12.31 至 2002.12.31

資料來源：S ＆ P Micropal，臺幣計價、含息，單位：%。

六、視市況機動調整

2003 年 1 月 24 日，大聯資產管理公司資深經濟分析師希瑟 (Salig L. Sechzer) 表示，債券市場中最看好的是高評等公司債、高收益公司債和新興市場債券，預估 2003～2007 年將分別能帶給投資人 4%、9.4% 和 8.6% 的年化報酬率。

雖然未來高收益債券相對高信評公債具有較大的表現空間，但鑑於戰爭和恐怖主義威脅仍是重要未知因素，建議債券部位選擇複合型債券基金（美國公債＋公司債＋新興市場債券），由基金經理依照市場趨勢調配不同類型債券的比例，不但保有降低組合波動風險的功能，並能掌握市場趨勢，詳見表 14–11。(經濟日報，2003 年 1 月 25 日，第 24 版，黃若蘭)

表 14–11　債券市場未來五年展望

債券種類	2003 年 1 月報酬率	預估 2007 年後報酬率	預估未來五年年化報酬率	平均到期日（年）	平均存續期間（年）
美國國庫券	3.10%	5.00%	1.7%	8.93	5.88
高評等公司債	5.51%	7.50%	4.0%	9.62	5.62
房地產抵押債	3.88%	6.13%	3.8%	2.55	2.17
高收益公司債	13.15%	11.00%	9.4%	8.00	4.61
日本國債	0.68%	2.00%	2.2%	6.01	5.58
歐洲公債	4.44%	5.50%	3.5%	8.18	5.81
新興市場公債	12.30%	12.50%	8.6%	12.93	5.87

資料來源：大聯資產管理公司。

第四節　債券型基金投資

45 家投信公司、90 支債券型基金，競爭非常激烈，不少投信公司為了多賺點管理費，挖空心思透過合法、不合法方式拉高基金報酬率，以吸引投資人加碼。因此，挑選債券型基金就有一些竅門，這是本節主要內容。

債券型基金由於有下列三項風險，所以不見得一定賺得比一個月定存、票券附買回、債券附買回多，所以在挑選基金時必須額外注意。

一、信用風險

有些投信公司比較敢衝，把債券型基金投資比重擺比較多在無擔保公司債，以追求較高的報酬率。但是如果稍微冒險些，持有債信較差的公司債，主要以上市公司中營建、鋼鐵類和上櫃股為主，一旦遇到發行公司跳票，債券型基金得扛下跳票損失。

債券型基金最大的問題在於信用風險 (credit risk)，也就是買到「芭樂票」公司債，即無擔保公司債一旦跳票，基金將遭到血本無歸的傷害，這在 2002 年 9 月茂矽公司有財務危機時，最引起債券型基金投資人恐慌，造成一股贖回壓力。投資人該如何選擇債券型基金，有二個保守的建議：

㈠不要偷雞不著蝕把米

信評公司還沒有對全部上市公司進行信用評等，因此，信評公司無法對債券型基金進行分類評比。

不管哪一支債券型基金，一年下來，最高和吊車尾的報酬率很少超過二個百分點，犯不著為了蠅頭小利去買進「垃圾債券型基金」，也就是基金部位中有四分之一以上擺在上述債信差的無擔保公司債。

如果你覺得自己詳查債券基金投資組合很費事，那麼提供你無信用風險的幾支債券型基金名單：元大萬泰、友邦巨輪、大眾債券、寶泰台灣債券和台灣新光吉星等。

在一片雌雄莫辨中，有些投信公司只好自清，像 1998 年 10 月募集的亞太投信金亞太債券基金便聲明不投資無擔保公司債，以免投資人有後顧之憂。（工商時報，1998 年 10 月 8 日，第 18 版，朱珮瑛）

㈡有信評標誌的比較安全

一些財務狀況較差或新成立的公司因其信用評等較低，常以高利率發行債券來吸引投資人購買，此種債券相對來說無法履約的機率也較高，因此信用風險也較高，各投信公司發行的債券型基金逾 80 支，獲得中華信評 twA – f 評級以上的只有 13 支（詳見表 14-12），而其中獲得 twAA – f 評級的僅有 6 支，顯示在債券型基金熱賣的情況下，投資人投資標的所獲的信評保障並不多。

不過要是投資人選擇信評等級高的債券型基金，就不用擔心會發生信用風險的問題，因此保守型投資人還是以通過信評的基金作為首選的標的較為安全可靠。

中華信評對債券型基金評等項目主要有六項，分別包括「信用品質」、「交易相對人之風險」、「變現性」、「分散性」、「基金經理」、「投信公司」等，等於在事前就已為投資人檢核債券型基金投資組合標的的信用是否優良，同時也可檢核債券型基金對信用風險的承受能力。

2003年5月14日，穆迪臺灣分公司首度公佈三支臺灣債券型基金評等：保誠威寶基金 Aa. tw/MR1. tw、國際投信萬能基金 Aa. tw/MR2. tw 和復華投信債券基金 A. tw/MR2. tw。(經濟日報，2003年5月15日，第19版，張瀞文)

表 14-12　獲 twA – f 以上評等的債券型基金

基金名稱	信用評等	損失保障程度	公布日期
富邦如意基金	twAf	強	2003.5.8
富邦如意三號基金	twAf	強	5.8
寶來得利基金	twA + f	強	1.14
景順中信債券基金	twAA – f	相當強	2002.12.17
倍立寶元基金	twA + f	強	10.21
保誠獨特基金	twA – f	強	8.27
保誠威鋒二號基金	twA – f	強	8.27
保誠威寶債券基金	twA + f	強	8.27
荷銀鴻揚債券基金	twA + f	強	5.16
元大萬泰基金	twA + f	強	4.24
怡富第一債券基金	twAA – f	相當強	8.21
怡富台灣債券基金	twAA – f	相當強	8.21
德盛債券大壩基金	twAA – f	相當強	6.27
荷銀精選債券基金	twAA – f	相當強	5.16
荷銀債券基金	twAA – f	相當強	5.16

資料來源：中華信評公司，2003年5月8日。

二、利率風險

債券到期期間常為三到五年，所以利率一變動（例如利率調高），債券價格跟著走低，此時手上抱滿債券（即買斷）的債券型基金，將遭遇很大的資本損失。這個現象在1997年10、11月，中央銀行透過提高利率來支撐臺幣匯率時，看得特別清楚。

在各種固定收益工具中，債券和債券型基金的利率風險 (interest rate risk) 最大。具體的說，看錯邊的基金經理，其基金報酬率可能會比一個月定存利率還低。

三、管理風險

管理風險 (management risk) 主要是指基金經理力有未逮或是使壞，以致危害到基金報酬率，本段說明基金經理使詐的二種作法。

㈠養　券

在業界以「養券」方式提高報酬率的手法相當普遍，養券的作法是有一些在次級市場幾乎沒有流通的公司債、轉換公司債和票券，如果基金經理在發行之初便跟公司談妥，把價格和利率鎖定。因此，就算是後來經濟環境有變動而造成利率下跌，但該基金的報酬率仍可維持亮麗的成績。

養券跟股票型基金的換單性質很像，皆是不合法的，對投資人也是有害的，具有飲酖止渴的效果。

㈡作　價

在養券之中，還有搭配寅吃卯糧的作價手法，例如，在變現力不夠的公司債中提出一小部分，以比較高的利率轉售給特定人後，其他未轉售的部分在以較高的利率計算後，報酬率也立即上升。但是隨著債券到期日逼近、作價所得的利率需回歸票面下，此種手法是把未來的利得提前實現。為了維持高報酬率，使得部分基金經理必須再提出另一個公司債再度作價，因而陷入高報酬率背後、無法自拔的「困境」中，只有當發行公司發生財務危機、還不出錢時，所有的謊言才會被揭穿。(工商時報，2002 年 3 月 24 日，第 3 版，周志威)

四、報酬率資訊全都露

在投信投顧公會網站 (http://www.sitca.org.tw/) 上，每個月都會公布各家債券基金的獲利來源，你從當中就可以查查，算算整體債券基金資本利得平均值後，在平均值之上的債券基金，就是你該注意的標的。

五、鑑往知來

2002 年第三季起，公債市場演出多頭行情，使得布局政府公債的債券型基金表現突出，根據統計，2002 年債券型基金表現最佳的前 3 名全為積極型債券基金。

2002年全年成立滿一年的74支債券型基金中，平均一年報酬率為2.78%，而績效超過3%者共計14支。

奪得第一名的「大華安益債券基金」沒有買回期限限制，因布局公債得宜，報酬率高達5.20%，連續兩年績效為沒有買回期限限制債券型基金最高。大華投信表示，現階段就技術面、總體經濟、籌碼面觀察，債市多頭仍將持續。

表14-13　2002年債券型基金績效表現前15名

單位：報酬率%

名次	基金名稱	近三個月	近一年	近二年	成立以來	2002.12.31 淨值（元）	有/無 買回期 限限制
1	大華安益債券	3.83	5.20	11.20 *	11.20	11.12	無
2	群益安利債券	1.35	5.08	12.28	24.14	12.4137	有
3	保德信元富瑞騰	0.79	3.75	8.45	31.20	13.1198	有
4	復華有利債券	0.75	3.41	8.97	15.16	11.5157	無
5	金鼎鼎益債券	0.72	3.41	8.75	15.16	11.5158	有
6	荷銀鴻揚	0.69	3.35	8.38	86.06	14.7846	有
7	富鼎優質債券	0.64	3.34	4.65 *	4.65	10.4654	無
8	景順中信積極收益	0.68	3.23	7.52 *	7.52	10.7516	無
9	永昌鳳翔債券	0.68	3.10	8.28	41.54	14.1535	無
10	永昌麒麟債券	0.66	3.08	3.86 *	3.86	10.386	無
11	復華債券	0.67	3.07	8.18	24.45	12.445	無
12	復華信天翁	0.67	3.07	5.10 *	5.10	10.5104	無
13	保誠獨特	0.64	3.04	8.07	43.68	14.3682	有
14	中央國際寶鑽債券	0.64	3.01	7.51	7.95	10.7948	無
15	群益安穩收益	0.66	2.98	7.80	38.47	13.8472	無

＊成立未滿二年，近二年報酬率自成立日起計

資料來源：台灣經濟新報。

名實相符的積極型債券基金

2002年債券型基金績效前三名全部由買賣斷債券比重較高的積極型債券基金囊括，而且報酬率明顯較一般型債券基金來得高。不過，投信業者提醒，操作公債買賣斷的積極型債券基金報酬率差異極大，顯示相對風險較高，投資人在追求高報酬的同時，也應考慮可能帶來的高風險。

投信業者表示，以銀行定存、公司債、附買回公司債、公債和商業本票等為主

要投資標的的「一般型債券基金」是以謀求收益穩定為原則。

　　大華投信表示，積極型債券基金的獲利，通常跟公債行情有關，在後市公債利率仍走低的前提下，比較適合投資此類債券基金，對保守投資人，仍是以一般型債券基金為首選。(經濟日報，2003 年 1 月 13 日，第 18 版，宋總瑢)

◆ 第五節　連動式債券快易通

　　在低利率時代，民眾當然不甘心將錢放在一年期利率只有 2.1% 的定存中領取微薄的利息收入，又不確定股市未來的發展動向，資金要如何才能有效運用，是民眾急欲解答的一個問題，所以兼具「固定收益型產品」和「衍生性金融商品」概念的「連動式債券」(linkage bond) 或結構化債券 (structured notes) 則是越來越受到投資人的熱愛。

一、2002 年的當紅炸子雞

　　由於股市不佳、投資人在對股票、股票型基金失望之餘，2002 年各家銀行轉而推出各式各樣的連動式債券，尤其以到期還本型的連動式債券最受歡迎。銀行及保險公司 2002 年連動浮動利率產品大約銷售了近 15 億美元，股票型連動式債券約 12 億美元，2003 年的銷售可望破 30 億美元。(經濟日報，2003 年 4 月 29 日，第 18 版，白富美)

銀行賺手續費

　　2002 年起，保險、銀行陸續推出的各種連動債券如過江之鯽，外商主管分析，除少數銀行是自家設計的商品外，多數的連動債券都是外國金融機構發行，臺灣的銀行僅是銷售通路，銀行從中賺取銷售的手續費，不負責投資的盈虧。

二、連動式債券的優點

　　連動式債券有哪些好處?

　　(1)保本: 保本比率會隨著每種產品設計不同而有所差別，一般都在 95% 以上的水準。

　　(2)報酬率較高: 目前利率持續走低，以連動利率的組合來說，都會有大約 5 ～ 9% 的預期報酬率。

⑶海外個人所得免稅：連結式債券是透過銀行指定用途信託方式投資，連動式債券獲利皆屬境外所得，更是自然人合法免稅的一項投資工具。

連動式債券的架構是把債券跟選擇權等「預期高風險且高報酬」投資標的組合在一起，在保障全額或一定比例本金之下，其獲利跟所連結的標的的漲跌幅有關。其中保障本金的比率為「保本率」，連結的項目可以是股價指數、匯率、利率或一籃子股票，詳細說明於下，參與標的獲利的幅度稱為「參與率」，在保障一定比率本金的前提下，下檔風險有限，又能享受標的上漲時的獲利，是一進可攻、退可守的投資工具。(經濟日報，2002年7月23日，專刊4版，王克庭)

三、黃金債券的平衡型基金

2003年1月21日，荷蘭銀行推出五年期「世界黃金基金連動債券」，投資標的主要是債券、美林世界黃金基金，由這兩項標的而製作出「世界黃金指數」作為連動債券的鎖定標的，配置是債券四成、黃金可達六成，可視金價波動操作，金價和基金淨值揚升時，提高黃金部位投資比重，反之則加碼債券，透過動態操作來提升操作績效。

這支債券免贖回手續費，申購手續費2%，為了做到保本必須支付避險和固定比率投資組合保險的成本，還有2.25%的維護成本費用，以確保五年後可保本贖回這支債券，此維護費是每日都會反映在基金淨值上。這是臺灣第一支可以隨時進出的連動式債券，投資人可視行情贖回或申購，並可以透過網路隨時得知連動式債券的最新淨值。(經濟日報，2003年1月22日，第17版，白富美)

四、投資型外幣定存

投資型外幣定存 (option link deposit) 是一種結合外幣定存跟投資的投資方式，存款人的本金存在銀行的定存帳戶中，而其所孳生的利息則用來投資在一些國際金融商品，標的從臺幣存款、外國貨幣、債券、全球股市、利率和黃金皆可。

國際金融市場的衍生性金融商品，琳瑯滿目，投資型外幣定存是其中一例。誠如英文名字，這種衍生性金融商品的設計，以選擇權為主架構，再連結到其他標的，選擇權本身有多種衍生型，加上連結的標的各不相同，銀行界以「結構性存單」(structured notes) 統稱，私人銀行更可為高淨值客戶 (high networth，富裕人士) 量身訂做。

外幣存款餘額，2000 年間一度高達 1.2 兆元，花旗、華信、富邦、荷蘭、香港上海匯豐、台北、第一等銀行競相推出各種投資型外幣定存，連結的投資標的有道瓊全球泰坦 (Titans) 指數、S & P 指數、道瓊全球泰坦指數連動債券、FTSE 的全球生化製藥指數、信用評等是 AAA 等級的公司債券如摩根史坦利、奇異集團，或作雙貨幣選擇權（通常是美元存款連結歐元或澳元等雙貨幣選擇權）。

針對雙貨幣選擇權商品，銀行為吸引投資人，替這項商品取的名字都很花俏，有的銀行稱為「雙貨幣圓舞曲」，有的取其優厚利率，直接稱為「優利定存」。

跟香港和新加坡相比，臺灣投資人投資在外匯的比重和興趣偏低，主要的差異是在投資人國際化的程度和市場開放不如港、新。投資人以持有美元外幣存款為主，頂多包括歐元、或國人移民比較多的加幣、澳幣，有的也承作日圓。（經濟日報，2002 年 4 月 3 日，第 9 版，白富美）

五、股票連動式債券種類

2002 年，銀行熱賣的股票連動式債券 (equity-linked note, ELN)，其連動標的至少有表 14–14 中的三種：一籃子股票、指數、一籃子指數。

表 14–14　2002 年股票連動式債券產品

產品名稱	多空獲利配息	股票連結式債券	雙元雙囍
銷售銀行	遠東、日盛、第一	大眾	國泰
債券存續期間	5 年	6 個月	4 年 6 個月
連動標的	全球十七個股價指數	臺灣股價參與憑證	全球知名 22 支股票
最低投資金額	10000 美元	10000 美元或歐元	同左（雙元）
預期報酬率	股價波動最小者的絕對值和 1.5% 取高者	5 ～ 5.5%	9.45%
保本率	100%	100% 或取回憑證	屆期本息 108%
募集期間	7 月 17 ～ 31 日	7 月 17 ～ 31 日	9 月
債券發行機構	SG 法興集團	所羅門美邦證券公司	
計價單位	美元	美元歐元皆可	
手續費	1.5%	1%	
信託管理費	視各家銀行而定	不收	
提前贖回	可	不可	

資料來源：各家銀行。

多空皆賺的投資型債券

2002 年 9 月 10 日，花旗銀行推出的四年期、多空雙贏「投資型債券」，就在克服全球金融情勢的不穩定，第一年給予投資人固定配息，美元是 4%、歐元為 5.25%。第二年的配息就以這支債券鎖定的 15 支全球知名股票為標的，以其漲跌幅的絕對值最小值再乘以參與率決定，如果當年的波動絕對值是零，就不配息，讓投資人在股市空頭和多頭都有賺頭，一改上半年股票連動式債券一味看好股市的多頭心態。

（經濟日報，2002 年 9 月 11 日，第 9 版，白富美）

六、股票連動式債券投資「停看聽」

連動股價指數（如：道瓊全球泰坦指數）、一籃子股票甚至是特定股票時，提醒民眾在購買時一定要詳細看清楚投資標的內容，避免落入陷阱而不自知。

㈠連動標的

以投資標的為一籃子股票時，如果報酬率是以股票漲、跌幅最低的幅度為「投資報酬率」，大多數投資人都會覺得「不管漲或跌我都不會虧」。

雖然投資人真的不會虧，但是如果投資人不瞭解這家公司的股價波動情況，很可能報酬率比放在銀行還低。過去國外曾發生連動式債券連動的投資標的根本就是「牛皮股」，股價平日少有波動，投資人購買類似的產品，投資報酬率可能僅有 1 或 2%，但投資人對於國外的股票並不瞭解，一直到最後贖回時才赫然發現「為什麼報酬率這麼低」。

㈡參與率

連動的投資標的漲或跌時，參與率高報酬率就高，參與率低報酬率就低。

舉例來說，連動的投資標的上漲 50%，參與率 100% 和 30% 的差距就很大，參與率達 100% 意指投資人可以獲得 50% 的報酬率；參與率 30% 情況，儘管投資標的飆漲 50%，投資人所分得的報酬率還是只有 15% 而已。（工商時報，2003 年 2 月 6 日，第 9 版，張慧雯）

七、缺點也不少

連動式債券受投資人批評的包括下列六點。

⑴有的連動式債券不是保本的，拿出 5% 本金購買指數選擇權者，如今連本金都遭侵蝕。

⑵變現力差：對投資人最大的困擾就是天期太長，動輒三、五年。

⑶無法隨時交易。

⑷提前贖回還要支付贖回費用。

⑸資訊不夠透明。

⑹發行人可提前贖回：2002 年上半年看多股市的連動債券，在 7、8 月間美股大挫時幾乎都失利，發行機構紛紛要買回，造成投資人投資期限縮短為半年，雖獲配高收益，但打亂原本投資規劃。（經濟日報，2003 年 1 月 29 日，第 18 版，宋繐瑢）

八、報　價

連動式債券報價方式不同於基金，由於前者是把大部分本金作保本型投資（例如投資債券），僅把少部分本金和利息收入做選擇權的投資，所以報價主要來自於債券的價值以及選擇權價值的加總，跟投資人所習慣的股票型基金淨值算法並不相同。

第六節　連動式債券專論——利率連動式債券

有些喜歡喝咖啡的人只想享受咖啡的原味，因此喝純咖啡 (black coffee)，同樣的，很多投資人比較熟悉利率，因此只考慮利率連動式債券 (interest-linked bond)。

一、利率連動式債券的種類

市面上最常見到的利率連動式債券大致可分為表 14–15 中的四種（倍數反浮動只是反浮動的變型），詳細說明於下。

三到五年期利率型的連動債券報酬率約 4 ～ 5%。

表 14–15　利率連動式債券比較

結構	正浮動	反浮動	倍速反浮動	利率區間	倍速利差
特色	利率越高報酬越高	利率越低報酬越高	利率越低報酬越高	利率區間決定報酬	利差越大報酬越高
連動標的	LIBOR	LIBOR	LIBOR	LIBOR	CMS、CMT *
計息	LIBOR 加碼	固定利率或步	固定利率或步	落在設定的利	長 短 年 期 的

方式		步高 利率減 LIBOR	步高 利率減 LIBOR 後的倍 數值	率區間內便給 息	CMS 或 CMT 的 利差倍數
基準 利率	以每配息期間的起始日前二日的 LIBOR 作為該期的計息基準，以期計息	以每配息期間的起始日前二日或配息日前二日的 LIBOR 作為該期的計息基準，以期計息	以每配息期間的起始日前二日或配息日前二日的 LIBOR 作為該期的計息基準，以期計息	每日的 LIBOR，採日計方式計息	以每配息期間的起始日前二日的 CMS 或 CMT，作為該期的計息基準，以期計息
優點	1.浮動利率結構，投資風險較低 2.利率走高時，獲利隨之升高	1.浮動利率結構，投資風險較低 2.利率走低時，獲利相對升高	利率走低時，獲利槓桿增值	1.日計息設計，投資風險較低 2.透過利率區間設計，提高票息獲利	1.利差走勢穩健時，獲利穩當 2.免看利率區間，報酬率為零的機率較小
缺點	在低利率時代，票息比其他結構缺乏吸引力	未來利率反轉走高時，獲利也反轉向下	由於採槓桿結構，利率反轉走高時，債券本身的折價幅度也深	利率區間的寬窄，直接影響未來獲利。窄區間的票息較高，但是出局機率也較高	利差縮小時，獲利隨之減少

* CMT: 固定期限國庫券利率 (constant maturity treasury)，和 CMS 均為常用的利率連動標的。
  CMS: 固定期限交換利率 (constant maturity swap)。

二、正浮動

　　未來利率走勢變化難預料，銀行推出的利率連結商品改變計息方式，有採利率加碼的「正浮動」結構（例如 LIBOR + 1.8%），利率走高則配息越高。

三、反浮動

　　2000～2002 年，利率持續低迷，票息便不誘人。而「反浮動」的設計，則採

固定利率或步步高利率減 LIBOR（如 8% – LIBOR），利率走低，配息反而越高，但如果未來數年內利率反轉走高時，獲利則越來越少。

參考利率以 3 個月期商業本票或 6 個月期美元拆款利率 (LIBOR) 二種為主。

例如當 LIBOR = 2% 時，此時反浮動利率 = 8% – 2% = 6%。

投資反浮動利率債券的比重不宜過高，免得風險過於集中，最好也能投資一些浮動利率債券，以平衡利率風險。（經濟日報，2002 年 11 月 6 日，第 17 版，傅沁怡）

四、倍速反浮動

計息方式隨著客戶需求而越趨複雜，衍生出採槓桿結構的「倍速反浮動」計息，以固定利率或步步高利率減 LIBOR 後之倍數值來計息（例如 4×(4% – LIBOR)）。好處是當利率走低，獲利會槓桿增值，但是當利率反轉走高，債券本身將面臨很大的折價風險。

五、利率區間

此種債券採用設定利率區間來決定報酬，如果在約定期間內，利率都落在所設定的利率區間，那麼投資人可得到預定的配息，例如 LIBOR 落在 0 ~ 4% 之間，就有配息 5%。但是採取以「日」計息，要是有幾天利率波動超過區間外，那麼投資人就少拿幾日利息。

利率連動商品所連動的期間，因為 3、6、12 個月期的 LIBOR 價格和走勢不盡相同，並應確認所對應的利率區間是否安全，一般來說，區間越寬越好，太狹窄的區間令投資人出局的機率升高。

一銀的四年期美元高利率連動債券

2002 年 9 月 20 日，第一銀行發行四年期美元高利率連動債券，半年保證配息年息 6.25%，投資門檻為 5 萬美元。

這支四年期的美元連動債券，每半年配息一次，第一次配息保證有年息 6.25%，第二個半年開始，則視 6 個月期 LIBOR 走勢而定，最高可享受 6.25% 的報酬率，但利率區間需介於 0 ~ 2.5%；第三個半年須介於 0 ~ 3%，才可享有 6.25% 的高配息。每半年利率區間放大 0.5 個百分點，依此類推。最後一次配息的利率區間須介於 0 ~ 5.5% 之間，如果 LIBOR 利率走勢平穩，投資人四年最高報酬率為 25%。（經濟日報，2002 年 9 月 20 日，第 9 版，武桂甄）

六、倍速利差

跟利差連動的計息結構，是針對長短年期之固定期限交換利率 (CMS) 或固定期限國庫券利率 (CMT) 的利差，以倍數來計算 (如 1.5% + 1.5 × (30 年 CMS − 2 年 CMS))，如此一來，不用看利率區間，報酬率為零的機率較小，但是當二年期和三十年期債券的利差縮小時，獲利隨之減少。

另外，要看清楚 CMS/CMT 連動標的長短期限，因為二年期跟五、十或三十年期之間的利差皆不同。

㈠四倍增息反浮動利率

2002 年 12 月 19 日，復華銀行推出四倍增息反浮動利率連動債券，發行人為全球資產排名五十的盧森堡國際銀行發行的五年期金融債券， 結合六個月的美元 LIBOR為連動標的，第一年固定利率為 6%，其餘四年以反浮動利率的四倍作為支付投資人利息的標準。

第二年起每季觀察指標利率，以該季付息利率上限減六個月美元 LIBOR 利率後乘以四倍，作為該連動債券的當季付息標準，如利率上揚超過當季付息利率上限 4 至 7% 不等，則當季不付息也不侵蝕本金，反之，要是當季下降至 0%，則最高報酬率可達 28%。

以投資十萬美元為例，第一年的利息收入為 6000 美元，第二年該債券的付息上限利率為 4%，假設當年六個月美元 LIBOR 平均利率為 2%，則第二年的利息收入為 10 萬美元乘以 (4% − 2%) 再乘以四倍為八千美元，依此類推，到第五年則將十萬美元全部償還予投資人。每季付息一次，五年到期，百分之百還本，投資門檻僅一萬美元。(工商時報，2002 年 12 月 19 日，第 10 版，林毅君)

㈡富邦的倍速利差

繼掀起倍速反浮動利率連動式債券銷售熱潮後，富邦銀行再度推出具倍速增息概念的「穩當得利倍速利差連動債券」。有別於 2002 年盛行的利率區間連動式債券，富邦銀行新推出的商品，首年採固定配息 5.75%，第二年起以利差倍速增息公式計息，依目前的利差水準計算未來預期年息高達 6.5%。

富邦銀行表示，「穩當得利倍速利差連動債券」為期六年，每季配息，連動標的為固定期限交換利率 (constant maturity swap, CMS)，最低申購金額為美金一萬元。

　　除了第一年的保障配息 5.75% 之外，第二年起採浮動利率設計，配息公式為 1.5% 加上 1.5 倍的固定期間交換利率利差。由於連動的固定期間交換利率分別為 30 年期和二年期，所以利差較短年期之利差水準高，觀察最近三個月之 30 年期和二年期之固定期限交換利率利差約在 2.9 ～ 3.3% 間，所以套入倍速增息公式，約可得到年息 6% 左右之預期報酬。

　　即使利差縮小至趨近於零，富邦銀行指出，投資人還有 1.5% 的配息，仍優於美元定存，屬於穩健型的到期還本型商品，適合所有類型的投資人。（經濟日報，2003 年 2 月 7 日，第 18 版，黃又怡）

七、臺幣計價的連動式債券

　　連動式債券大多以歐元或美元計價，投資人期滿贖回時，須承擔匯兌風險。2003 年 1 月，台新銀行推出首件臺幣連動式債券，以降低投資人匯兌和投資風險，適合風險承受能力比較低的投資人。

　　這支債券為五年期，連結標的是在信用評等連結澳洲、日本、香港、南韓和新加坡發展銀行債信，以降低投資風險，而且保證每年報酬率 3.3%，高於銀行長天期定存平均利率 1.55% 左右的水準，也比債券型基金約 2% 的報酬率來得高。（經濟日報，2003 年 1 月 22 日，第 17 版，傅沁怡）

◆ **本章習題** ◆

1. 以表 14–1 為基礎，各舉一個例子說明「追求當前獲利最大」、「追求總獲利最大」和「投機套利」三種目標。

2. 以表 14–2 為基礎，用現況予以更新。

3. 以表 14–3 為基礎，用現況予以更新。

4. 以表 14–4 為基礎，用現況予以更新。

5. 以表 14–5 為基礎，用現況予以更新。

6. 以表 14–6 為基礎，舉實例說明。

7. 以去年一支連動式債券為例，分析其報酬率的來源。

8. 股票連動式債券跟平衡型基金有何不同，各以一個實例來說明，最好有實際報酬率來分析。

9. 積極債券型基金是否在債市空頭時無計可施呢？

10. 信評在 twA – f 以上的債券型基金，三年以上的報酬率是否會位居前 3 名？

第十五章 ....

固定收益證券投資進階篇
——金融業適用

　　比較保守的投資人可以選擇質優的傳產股,雖然沒有股價大漲的快感，但是一段時間後會發現，投資報酬率不會輸給主流類股。

　　根據統一投信統計從 2000 年萬點高峰至 2003 年 1 月中旬，臺股早已腰斬，但個股還原其權息值的股價後，仍有 61 支股票的股價，已經突破萬點高峰時的股價，甚至再創新高點。其中億豐還原權值後的投資報酬率高達 253.36%，高居第一名。依照億豐的經驗，每年都會填權，2003 年億豐以目前的股本計算仍要賺 8 元，1 月 10 日的收盤價 70.5 元，本益比仍偏低。

——詹惠珠　經濟日報記者

經濟日報，2003 年 1 月 13 日，第 30 版

學習目標：

成為票券公司交易部副理或券商債券部副理、投信公司債券型基金經理所需具備的積極型投資組合能力。至於第一節則適用於一般公司的資金調度。

直接效益：

票券交易人員、債券基金經理研習班，看完本章你大抵不用再上課了，只要瞭解實務交易規定，當然還需謙虛的向老手、前輩請教。

本章重點：

- 利率風險的衡量方式㈠：存續期間。§15.1 一
- 利率風險的衡量方式㈡：凸性係數。§15.1 二
- 利率變動對債（票）券投資組合的影響。§15.1 三
- 債券投資組合中各債券佔比的計算。§15.2 一
- 如何建立債券投資組合？§15.2 二
- 如何透過複製指數法以建立指數型債券基金，適用於債券型基金管理？§15.3 二
- 未來有現金支出的情況下，如何作好短投配合，即現金配合法？§15.3 三
- 債券免疫策略在於規避利率波動所帶來的風險。§15.4 一
- 固定收益證券積極型投資策略跟股票一樣（雖然股票很少人這麼歸類），分為「預測」（有風險）和無風險的套利。§15.5
- 票券二種報價方式：利率報價、百元報價。表 15-10
- 債券交換其實就是利率交換，例如固定利率債券和浮動利率債券交換。§15.5　二（四）
- 債券消極型和積極型投資策略可以前後搭配使用。§15.6
- 轉換公司債資產交換。圖 15-4

前言：發揮後排殺球的效果

當公司決定把三成資金或折合3000萬元投資於固定收益證券，投資期間一年。投資人員該怎樣運用投資策略，最少要能消極的規避利率風險，也就是要做到「淨資產保障」。當然，最好能發揮積極功能，擇機進出，除了利息收入外，再賺些資本利得；發揮像排球比賽中後排殺球的功能，而不再讓前排（例如股票）投資專業於前。

本章深入討論固定收益證券消極型、積極型和混合型投資策略，頗適合專業的債（票）券自營商，一般公司也可見賢思齊。至於利率風險管理則是大家都遇得到的問題，尤其是負債、固定收益證券資產金額多的公司，看了第三、四節，無異替你的資產、負債打了預防針，不怕利率狂飆了！

◆ 第一節　利率風險的衡量──存續期間、凸性係數

債券投資風險的衡量比較明確，風險主要來自利率變動，所以債券投資組合的風險管理，談的就是利率風險的管理。同樣的情況也出現在債券的衍生性金融商品，例如利率交換(interest rate swap, IRS)，雙方交換的標的物其實是債券，所以可以稱為債券交換(bond swap)，當然貸款也可以用證券化的觀念來看，所以貸款可為利率交換的標的物，利率期貨、利率選擇權也是同樣的道理。

利率風險的衡量是借用經濟學中「彈性」的觀念，以債券的利率彈性來說，便是指「利率上升（或下降）多少（例如一個百分點），債券價格跟著下降多少」。而粗略的利率彈性便是債券的存續期間，要是想更精確衡量，便得額外計算出凸性係數，這是本節的重點。

一、存續期間

「存續期間」(duration)是指債券的平均到期期限，也就是利息和本金全部償付所需的時間。

一般（或馬考雷）存續期間計算方式

$$D = \frac{t_1 \times PV_1 + t_2P \times V_2 + \cdots + tn \times PV_n}{債券現值}$$

t_i：債券各期現金流量（本息）的時間距評估日（假設今天）的年數

PV_i：各期現金流量現值

由於存續期間跟債券到期期間呈正相關，零息票債券因為期中沒付息，所以存續期間等於到期期間；除此之外，所有付息債券的存續期間都會小於其到期期間。

由表 15-1 可見如何運用存續期間以瞭解債券價格的利率彈性（即修正的存續期間）；或是以水準值（債券價格）表示的價格存續期間，即利率上漲，債券價格會下跌多少錢。

整個債券投資組合的存續期間計算方式也很簡單，直覺的計算方式是把各持有債券存續期間計算出來，然後再加權平均計算求得。

二、凸性係數

存續期間是個滿粗糙的衡量方式，早從馬考雷(Frederick MaCaulay)1938 年提出的一般存續期間。其缺點在於假設債券價格跟利率的關係是負斜線的直線——即利率升、債券價格跌。但實際情況卻是一條凸向原點的弧線，因此線上每一點的利率彈性都是不一樣的——這情況跟消費者無異曲線是一樣的，所以惟有採取微分方式，才能正確衡量弧線上各點切線的斜線，這也就是凸性一詞的來源，可以說是用微積分來解釋利率彈性。

由表 15-1 可見，當計算出一般凸性係數後，可作為修正的存續期間的誤差修正項，如此所計算的利率彈性就更準確了。

以一個例子來說明存續期間、凸性係數如何用來計算利率彈性。

債券面額 100 元	計算出 →	一般存續期間 4.393（年）
票面利率 6%		修正的存續期間 4.265（年）
半年計息一次		價格存續期間 426.51
到期期間五年		一般凸性係數 10.833
今天殖利率 6%		價格凸性係數 1088.325
		＝一般凸性係數×P

表 15-1　債券和債券投資組合存續期間和凸性計算方式

	單一債券	投資組合
一、一般存續期間 　　(duration)		
1.一般存續期間	債券一系列未到期現金收入的 加權平均到期日	$D_p \sum\limits_{i=1}^{n} w_i D$
2.修正的存續期間 　　(modified duration)	$D_m = \dfrac{D}{(1+r/m)}$ 可說是利率彈性 m：一年付息次數	w_i：第 i 債券市值佔債券投資組合的比重
3.價格存續期間 　　(dollar duration)	$D_d = D_m \times P$ 可說是利率變動對債券價格的影響	2、3.方式同上精神上是把債券投資組合中的現金流量加總，也就是若把整個投資組合視為一支債券來處理。
二、凸性係數 　　(convexity)	由於債券價格和報酬率間的關係是凸向原點的弧線，因此在衡量報酬率波動大時，除了存續期間（一階）微分的風險外，還須考慮債券的凸性（即二階）微分（風險）。	
1.債券價格變動百分比 　　$\left(\dfrac{\partial p}{p}\right)$	$\dfrac{\partial p}{p} = \dfrac{\partial p}{\partial r} \times \dfrac{1}{p} \times \partial r + \dfrac{1}{2}\dfrac{\partial^2 p}{\partial r^2} \times \dfrac{1}{p} \times \partial r^2 + 誤差項/p$ $= -D_m \times \partial r + 一般凸性係數 \times \partial r^2$	
2.債券價格變動 (∂p)	$\partial p = \dfrac{\partial p}{\partial r} ar + \dfrac{1}{2}\dfrac{\partial^2 p}{\partial r^2} \times \dfrac{1}{p} \times \partial r^2 + 誤差項$ $= -D_d \partial r + 價格凸性係數 \times \partial r^2$	

狀況一：利率上漲一個百分點（即 100 基本點）

　　債券價格變動率

　　$= -4.265 \times 0.01 + 10.833 \times (0.01)2$

　　$= -4.16\%$

狀況二：利率下跌一個百分點（即 100bps）

　　債券價格變動率

　　$= -4.265 \times (-0.01) + 10.833 \times (-0.01)2$

　　$= 4.37\%$

推論:

以修正的存續期間 4.265 作為利率彈性乘數,所以當利率變動 0.01,則債券價格將變動 $4.265 \times 0.01 = 0.04265$,跟上述狀況一(或二)並沒差多少。所以修正的存續期間可作為利率彈性的粗估值。

由上述說明可見,存續期間、凸性係數是計算債券價格利率彈性的二個重要觀念、數字。

有些比較「偷懶」的投資人員,只以存續期間來衡量利率彈性,取其「雖不中亦不遠矣」的方便。至於一些專業的債券自營商,像大華證券公司的債券部則是每天照表操課,計算凸性係數等,以瞭解手上債券投資組合的利率彈性,進而逐行下列操作,例如預期利率即將下跌,此時宜買進存續期間較長的債券,因其利率彈性大於存續期間較短的債券。講白一點,當利率真的下跌,長券(bond,臺灣以十五年期指標為指標)價格上漲比中券(note,以七年期公債為指標)多。反之,預期利率上漲,則買短(券)賣長(券)。

三、利率風險的成分

利率變動對債券投資造成方向相反的二種效果,以表 15-2 中的利率上升來說,債券價格會下跌,此稱為價格風險 (price risk);但是領到債息再進行債券投資的收益就增加了,此部分稱為息票再投資風險。

表 15-2　利率風險的二大成分和免疫策略關係

風險種類　狀態	(債券)價格風險	息票再投資風險
利率↑	跟利率變動反向　↓	跟利率變動同向　↓
利率↓	↑	↑
投資期間 vs. 存續期間	跟右述相反	當投資期限大於債券投資組合存續期間時;再投資風險大於價格風險

至於加總來說,利率上漲對債券投資組合的價格和息票再投資風險究竟孰高孰低,答案也很簡單,當存續期間小於投資期間,則再投資風險大於價格風險。這道

理也很淺顯，假設你借了一筆二年期（即投資期間）貸款，而卻把錢押在一年期債券上，屆時債券到期本利和還可再運用一年，而那時，要是利率比現在低，那再投資風險就很大了。

◆ 第二節　債券投資組合管理

如果把投資組合管理比喻成打梭哈，那麼目的無非是追求報酬率最大，而風險控制在可接受範圍內。而固定收益證券無論在持股比率、風險衡量，皆跟股票不同，所以有必要詳細說明。

一、持股比率的計算

如果你想瞭解你的債券投資組合的內容，例如究竟有多少擺在無擔保公司債，可惜的是，股票投資組合中個股持股比率的觀念並不適用。由表 15–3 可見，在計算你手上一千萬元的股票投資時，是以對個股投資金額佔總投資金額作為該股佔投資組合的比重，例如遠紡佔二成。

但是債券投資組合可不是這麼算的，而是把各債券至投資期滿（尤其是附買回交易）的本利和現值加總作為分母，再回頭去計算各債券本利和現值佔投資組合的比重。例如遠紡公司債投資額 98 萬元，投資期間一年，屆期本金 100 萬元、票面利率 3%，而今天（編製報表時）殖利率恰巧為 3%，所以遠紡公司債本利和現值為 100 萬元。

表 15–3　股票和債券投資組合的差別

單位：萬元

證券名稱	股票投資組合		債券投資組合	
	投資金額	比重	本利和現值	比重
遠紡	200	20%	100	10%
統一	300	30%	500	50%
台積電	500	50%	400	40%
小計	1000	100%	1000	100%

二、如何建立債券投資組合?

建構債券投資組合的方法倒是跟股票很像,主要依序借助下列二道程序來進行「選股」(selection)。

至於資產配置、擇時二項,留待第三~六節再討論。

㈠效率前緣觀念的運用

套用股票效率前緣的觀念,把橫軸改成利率風險(存續期間),縱軸仍是預期報酬率,然後把各債券依此二項屬性標示於座標圖上。然後再隨手畫出一條以標竿債券(例如存續期間二年、殖利率為6.5%)為起點的45度角線,落在此線上方的代表具有超額報酬的債券,也就是每增加一單位風險,報酬率上漲得更多。

上述隨手畫法是簡易的作法,精確的作法是以預期報酬率為因變數,以存續期間為自變數,去作迴歸分析,畫出迴歸線。這跟資本資產定價模式所計算出的證券市場線的道理是一樣的,而且,債券迴歸式子的解釋能力會遠高於股票的。

㈡挑抗跌股還是指標股?

套用風險值的觀念,我們可以把橫軸以悲觀(或空頭)情況的預期報酬率,把縱軸以樂觀(或多頭)情況的預期報酬率標示,兩軸各找一個中點,把整個座標畫分為四格;再把可行投資債券依此二情況屬性標示於圖上。

圖15-1左上方一格的債券屬性屬於大漲大跌型,適合採取積極成長、攻擊性口味的投資人。相對的,落於右下方的債券屬於「多頭時漲不多,但空頭時抗跌」,頗適合防禦性投資人的胃口。至於右上方債券具有「漲多不跌」的性質,應加碼買進。至於左下格則是小漲大跌的「地雷股」,小心不要誤踩了。

圖 15-1　樂觀、悲觀情況下各債券可能的表現

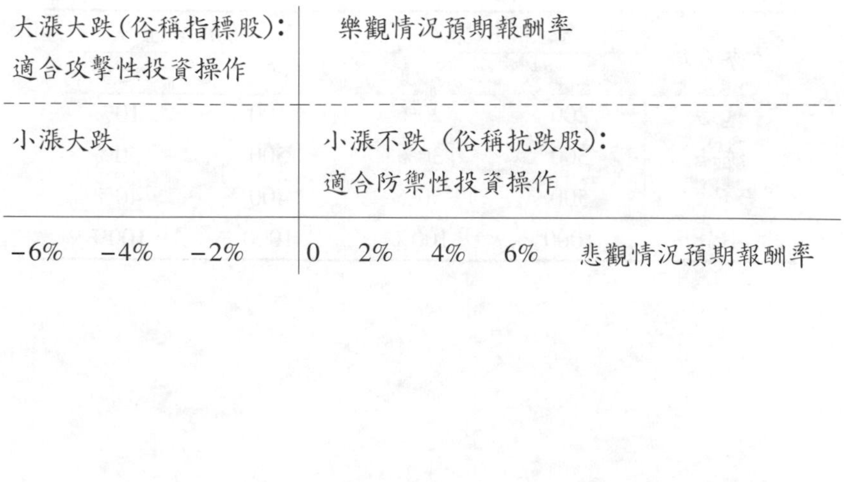

大漲大跌(俗稱指標股): 適合攻擊性投資操作	樂觀情況預期報酬率
小漲大跌	小漲不跌 (俗稱抗跌股): 適合防禦性投資操作

| -6% | -4% | -2% | 0 | 2% | 4% | 6% | 悲觀情況預期報酬率 |

第三節　債券的消極型投資策略

對於投資部編制小、人力精簡的一般公司，在債券投資比較傾向於消極型投資策略，不求多賺資本利得，只求報酬率穩當，而且還能配合公司的資金需求。

至於專業的金融業者，要是採取不求「有功」（打敗指數），但求無過的消極型投資策略，恐怕會丟飯碗了，因為看不出你的存在價值。雖然有些教科書會主張說「當債券市場屬於半強式效率市場時，採取積極型投資策略平均來說將賺不到橫財（即超額利潤），而且還會賠上交易成本，所以只好採取消極型投資策略」。但曾幾何時，這烏托邦式的半強式效率市場出現過呢？

接著我們將詳細說明表 15–4 中的四種消極型投資策略。

表 15–4　債（票）券的消極型投資策略

投資策略	說　明	缺　點
一、買入持有法或稱「到期策略」（maturity strategy）	跟股票投資時買入持有法一樣，認定市場符合半強式效率市場，所以利率預測無效。	不見得最賺,而且完全暴露於利率風險之中，至少有再投資風險。
二、複製指數法（indexation method）	跟股票複製指數法相同。	風險跟標竿債券市場（指數）一樣。
三、現金流量配合法（cash matching strategy）	又稱「指定的（債券）投資組合」（dedicated portfolios），比較偏向「一筆資產對一筆負債」，所以每筆負債都不怕沒錢付。	建構債券投資組合的成本比免疫法高,因為可選擇的債券範圍較窄。
四、免疫法（immunization approach），簡單的說，存續期間配合（duration match）	債券投資組合的存續期間（資產面）＝資金投資期限（即投資資金流量的到期期限）、（負債面）。由於上述二者一致，利率怎麼變動，將使資產、負債同幅度變動，如此便不用擔心因利率風險而造成無法償還負債的情況。	限制（假設）: 1.報酬率曲線呈水平線, 2.利率變動只會使殖利率曲線平行移動, 3.沒有信用和投資債券中途被收回（call）的風險, 4.隨著時間的經過,必需重新調整債券投資組合,因有「存續期間移動」問題。

一、買入持有法

就跟股票投資的買入持有法的精神一樣，可說是懶人投資法、傻瓜投資術的一種運用，也就是買進一支債券後持有至到期日，期滿領回本金再繼續投資於類似債券。在平時如果債券投資組合中的債券沒有到期的，投資人員便沒有需要再調整投資組合，很省時省工。

這方法的優點在於很容易掌握投資的現金流量，而且不需頻頻進出，所以容易、成本最低，缺點是比較不考慮現金流量收支配合，所以才會有下列三個方法的提出。

二、複製指數法

一般是債券指數型基金比較會採取複製指數法 (indexation method)， 以提供金融商品供人投資。

當然，跟股票指數複製法的另一項動機一樣，當有標竿指數存在時（其實可說是限定投資範圍），不求做得比標竿好，只求跟它一樣好就可以。

複製方法在於先把債券依存續期間、信用風險二變數作總分類，然後計算式各方格中債券所佔債券總額的比重。例如存續期間小於二年、信用評等 AAA 級的債券佔指數比重是 12%，而其中債券種類可能有 100 支，從中選擇一（至三）支債券，納入投資組合，而盡量使整個複製投資組合的債券數目不超過 30 支。當然， 選樣的過程必需借助電腦軟體才快。

但是就跟抽樣調查的原理一樣，樣本跟母體之間難免有抽樣誤差。同樣的，指數型投資組合的報酬率可能無法完全跟（債券）指數一模一樣，這差距就是循跡誤差 (tracking error)。

三、現金流量配合法

現金流量配合法又稱「配合融資法」(matched funding strategy)，常用於專案融資 (project financing) 中，顧名思義，也就是傳統的「一個蘿蔔一個坑」來解釋，即每期負債皆有相對應的資產可支應。常用的方法有二種，詳見表 15–5，說明於下。

說穿了，這種方法用線性規劃來表示，其實很簡單，每期負債金額視為限制條件， 有多少期就有多少限制式， 而各期都有錢還債， 所以稱為融資限制 (funding constraint)。至於目標則是在符合這些限制情況下，用最便宜的方式去買進債券資

產（也就是把債券視為投入因素去求解）。

表 15-5　二種現金配合法的內容

投資策略	目的	時機	方法	缺點
一、現金流量配合 (cash flow matching)	建構一個債券投資組合，藉此產生的現金流入來滿足未來一（或）多次的現金流出。	有固定支出的義務：1.代客操作，例如退休基金，2.負債融資所取得投資資金。	跟免疫法中用零息票債券來達到資產負債配合的方法一樣。	此方法比免疫法多需要3~7%的資金，因資金運用很缺乏彈性。
二、投資期間配合 (horizon matching)	同上，比現金流量配合方法在資金運用上更有彈性，所以成本較低（或資金比報酬較高）。	短期負債的預測。	某段(如前五年)採現金配合，某段（如後十年）採存續期間配合。	

㈠現金流量配合

現金流量配合 (cash flow matching) 就是傳統帳房的「一筆收入對一筆支出」的投資方式，例如在本期 (t，第1期) 時，進行下列交易，以支應投資期間內有多次現金流出（年金分期給付的通例）情況。

⑴買第1筆債券，使其到n期時獲利流量 (income stream) 的終值足以支應第n期的現金流出流量 (payout stream)。

⑵買第2筆債券，使其 n−1 期的終值足以支應第 n−1 期的現金流出。

⑶n−1，買第 n−1 筆債券，使其第2期終值足以支應第2期的現金流出。

此種方法稱為「指定的投資組合管理」(dedicated portfolio management)，此投資組合自然稱為「指定的投資組合」(dedicated portfolio)，或乾脆稱為 dedication。

為了符合本法所需的債券必需具備固定利率、不可中途收回等特性，如此才能確保各期收入的現金流量；而又可以再細分為下列二種作法。

⑴純粹現金配合指定投資組合

為達到一個蘿蔔一個坑的需要，最簡單的作法便是每筆皆購買零息票債券，如此可免去計算期間有附息票債券的再投資報酬。

⑵有再投資的指定投資組合

但是如果沒有那麼多天期的零息票債券可供選擇,那麼也可以考慮有附息票債券。不過隨著時間的經過, 投資組合得一再調整,但工也不是白作的。

㈡投資期間配合

現金流量配合法可說是負債管理導向,以能配合各期負債為先。反之, 免疫法雖然也是一種配合,不過都是總額配合,也就是整個債券投資組合價值至少等於負債,其缺點則為不講求各期負債的配合,所以有可能必需進行資金調度才能支應某些期的負債。有利就可能有弊,免疫法講究總額配合,小節出入可失,所以債券組合的選擇範圍大很多。

投資期間配合法 (horizon matching) 存在的價值便在於截長補短,把全期分成二個次期,初期採現金流量配合法;後期由於負債金額的預測誤差大,所以也犯不著假戲真做,僅需採取免疫法便可, 這段期間至少投資人員比較有發揮空間。

◆ 第四節　債券的消極型投資策略專論
——免疫策略在利率風險管理的運用

一、目標: 免於利率風險的威脅

許多公司每年調薪幅度至少等於上一年度的物價上漲率,以免員工的薪水變薄了。同樣的,也有不少人認為股票、房地產有對抗物價上漲的效果。那麼, 來自利率變動不利的影響又該怎樣規避呢?　這方法就是免疫策略 (immunization strategy),它的功能在於建構一個無利率風險投資組合 (risk-neutral portfolio) 或是利率免疫策略。圖 15–2 是採取免疫策略前的債券投資組合,有利率風險之虞,即當利率下跌 100 基本點以上時,資產會小於負債而出現資金不足 (fund deficit) 情況。要是採取免疫策略,情況就會像圖 15–3 所示。

二、方法: 打預防針以求免疫

免疫策略是由 Fisher & Weil (1971) 所提出, 名字是套用人類打預防針以形成免疫力好對抗一些傳染病。同樣的,免疫策略是把利率風險看成病毒,希望藉由免疫策略,好讓你的債券投資組合有不畏利率風險的能力。

圖 15–2 採取免疫策略前有利率風險下的債券投資組合

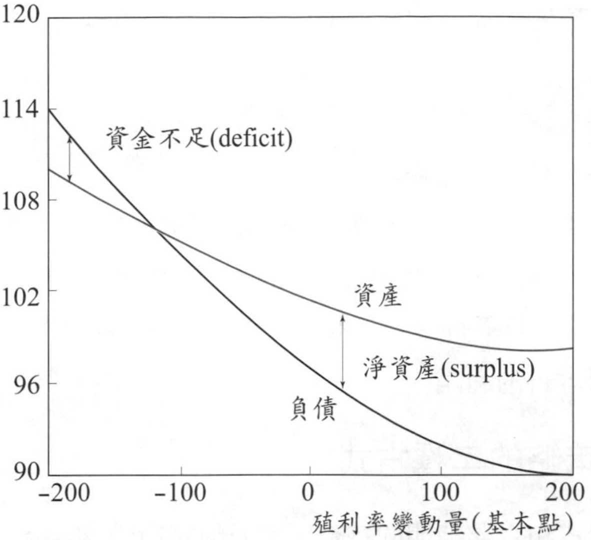

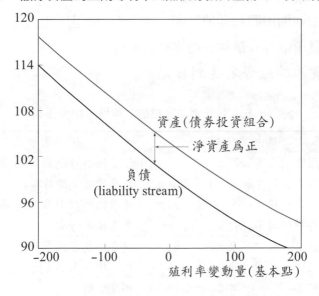

圖 15–3 讓淨資產為正的零利率風險債券投資組合——採取免疫策略

免疫策略的道理其實很簡單，就是設法把債券投資組合的存續期間弄得跟投資期間（或負債的到期期限）一樣。那麼不管利率怎樣變動，到期時投資組合的價值將不會比預期的資產價值低，而期末的實現報酬率也會等於期初設定的目標報酬率。

免疫策略的程度

免疫策略是存續期間配合觀念的運用，字斟句酌的說，由淺到深可分為下列四個程度：

⑴存續期間配合，

⑵存續期間和凸性係數配合，

⑶「有效的」存續期間和凸性係數配合，放寬「殖利率曲線為水平形狀」的假設，

⑷主要（或部分或 delta）利率存續期間和凸性係數（或 gamma）配合，允許殖利率曲線（各天期）非平行移動。本處所指的免疫策略當然是指第⑵項，至於第⑶、⑷項則已超過本書的範圍。

三、執行免疫策略的二種方式

為了使債券投資組合存續期間符合所需要的魔術數字，至少有二種方式，詳見表 15–6。

㈠全部押寶在零息票債券

零息票債券的到期期間和存續期間一致，可惜的是所需天期的債券常不存在，而且在臺灣，零息票債券真是稀有的像鳳毛麟角。

㈡透過附息票債券的組合來達到目標

表 15–6　執行免疫策略的二種債券組合工具

	零息票債券	附息票債券
優點	1. 沒有價格風險， 2. 沒有再投資風險，所以無須經常調整投資組合，以使修正的存續期間等於投資期間。	1. 債券組合可選擇範圍會比只用零息票債券寬廣許多， 2. 息票的再投資收入可享受來自利率上揚的好處。
缺點	零息票債券常不存在。	1. 沒有零息票債券的二項優點， 2. 短、中、長期利率並非同向、同幅度變動， 3. 想買的債券可能不存在，縱使存在，價格可能太高， 4. 存續期間減少的速度比時間經過還慢，講白一點，你的手錶經常慢時，所以必須經常予以校正。

表 15-7 中四種方式雖然都能達到所需希望的債券組合存續期間，但其風險卻是不同的。這是因為期間結構（或說殖利率曲線）的調整往往不是平行移動的，也就是各天期利率變動幅度常常不同。這麼一來，誠如 Fong & Vasicek (1984) 的研究指出，當投資組合付款日大於投資期限，那麼此投資組合的利率變動風險「倍數」就比較低。

由此看來，債券投資組合的風險由低往高排列依序為子彈式、集中式、樓梯式、啞鈴式。

至於在建構多期免疫策略的投資組合時，額外還得考慮一項條件，投資組合中需有長券 (bond)、中券 (notes)、短券 (bill)，且債券存續期間需比投資期限還長。

表 15-7　達成目標存續期間的四種債券組合方式

存續期間＼組合方式	目標						
	1 年	3 年	5 年	5.5 年	8 年	9 年	11 年
1. 子彈式 (bullets)				✓			
2. 集中式 (focus)			✓		✓		
3. 啞鈴式 (barbell)	✓						✓
4. 樓梯式 (ladder)	✓	✓	✓	✓	✓	✓	✓

㈢啞鈴式是萬不得已的選擇

既然啞鈴式債券組合風險最大，為何還有人採取此方式？最主要的原因是其他天期的債券不存在，只好拿一長、一短的債券，二一添作五的湊個中間數。

四、免疫策略的動態調整

你知道地球繞太陽公轉一圈要幾天嗎？絕大部分的人會回答：「一年 365 天」，正確答案是「365.25 天」，為求整數只好用 365 天來替代。但是每年多出來的 0.25 天怎麼辦？那就是每四年閏一天，也就是 2 月的 29 日；四年才校正一次。

同樣的現象也出現在以附息票債券所建立的免疫投資組合，由表 15-6 第二欄附息票債券在執行免疫策略的四個缺點，　皆是免疫投資組合三不五時需調整的原因。就以其中第 4 點來說，隨著日曆時間的經過，但是債券投資組合存續期間減少的速度稍慢。講白一點，把「存續時間」比喻成慢點的手錶，必須經常予以調整，重新調整方式 (rebalancing discipline) 如下所述。

㈠重新調整方式

就跟手錶慢分一樣，得三不五時的手動撥快校正一下，同樣的，不考慮利率變動下調整債券投資組合存續期間，常見方式有二：

⑴賣長買短，即賣掉一些較長天期債券改買一些較短天期債券；

⑵把已實現利息收入再投資在較短天期債券。

㈡重新調整的頻率

由於重新調整涉及債券交易，難免會付出高昂的交易成本，所以一般重新調整的頻率大抵採取下列二種方式：

1.**定期調整**：例如一季或半年調整一次，跟工廠歲修的道理一樣。

2.**動態調整**：透過動態規劃的計算方式，當存續期間和投資期間差距超過某一水準（例如 0.5 年），便進行調整。

五、整個投資組合的存續期間

擴大利率風險免疫策略的運用範圍，美國學者如 Leibowizt (1986) 甚至把存續期間由債券擴大到包含固定收益證券、股票的投資組合，並且同理可推至包括不動產等資產，他稱此為「全投資組合存續期間」(total portfolio duration)，藉以使整個投資組合皆免於利率風險的肆虐。

第五節 債（票）券的積極型投資策略

債（票）券的積極型投資策略跟股票投資道理是相同的，也就是不想被動的採取買入持有法，只賺取到期時的利息所得，還希望透過積極進出，賺取資本利得，好多賺一點。

債（票）券積極型投資策略有二大類，由表 15–8 可見其中還包括幾種中類的投資策略。

表 15–8　固定收益證券積極型投資策略

對未來利率預期或對票券價格預期	不變或上派（且殖利率曲線上揚）	上派 下跌	下跌 上派	不確定 不確定
一、利率預期策略	駕馭殖利率曲線	買短賣長，以降低	賣短買長，以提	票券輪換 (bill

(rate antici-pation strate-gy)	(riding the yield curve)，即當報酬率曲線斜率為正時，先持有存續期間一年票券3個月後，再出售。	票券投資組合的存續期間，二者合稱**利率衝浪**(interest rate swings)。	高票券投資組合的存續期間。	roll)，即手上持有的票券先進先出。
二、**利率套利**(in-terest arbi-trage)	國內外通貨間套利，即當遠期匯率不等於(例如大於)臺灣利率減美元利率所算出的換匯點時,借美元存臺幣；反之，同理可推。	同一票券，但是不同期間之套利，如上述預期價格將下跌時，買短賣長，二者合稱**價格價差套利**(price-spread arbitrage)。	不同種類票券(如CP、CD)但同一天期之套利，跟「**殖利率價差套利**」(yield-spread arbitrage) 類似。	

一、利率預期策略

　　跟股票投資一樣，根據對於未來利率期間結構(term structure)水準的預測，進而決定短期、中期應採多頭或空頭部位。票券金融公司，主要就是靠這策略以求多賺一些資本利得，這是票券自營商獲利的重要來源。

　　有關於利率水準、利率期間結構(簡單的說就是殖利率曲線)的預測，在1980年代還是美國學術界的熱門題目。不過，在發展已到成熟，再加上1990年代以來全球邁入「中高度經濟成長、低物價上漲、中低利率水準」的榮景下，各國利率水準波動性變小，所以這方面的研究也不像以前那麼蓬勃。

　　仙人打鼓有時錯,有時債券自營商也難免看走了眼。例如預期未來利率會下滑，目前進了一缸子的貨(例如殖利率6%或票券價格94元)，沒想到一個臺海緊張、東南亞金融風暴，利率不跌反漲(例如殖利率7%或票券價格93元)，這時不管哪種處置方式，皆可見自己對利率預期錯誤，金額如果很大，可能對你升官很不利。

　　⑴採取買入持有法，此時報酬率只有6%，而到屆期日要是利率皆持續調高在7%水準，這樣的投資績效可說羞於見人。

　　⑵採取賣斷(即股票中的認賠出售)或者跟他人進行附買回交易，此時只能以低於成本的93元賣出，發生一元的資本損失，這部分稱為「套損」，跟套利方向剛

好相反，但是至少會比第 1 種方式被套牢的損失要來得低。

(一)駕馭報酬率曲線

當報酬率曲線為正斜率時，且預期未來仍是如此時，許多票券投資人都會採取駕馭報酬率曲線的投資方式，也就是當資金可使用期間只有三個月，此時有二種方式可選擇。

(1)買入 90 天期票券，並持有至到期日，即買入持有法。

(2)買進 180 天（或更長）票券，持有 90 天後出售。這種方式雖持有期間僅 90 天，但是在此期間內每天都享有 180 天期票券的殖利率。而 180 天期票券日殖利率又高於 90 天期票券殖利率，所以此種「長券短用」方式報酬率（應考慮買賣價差）有可能超過買入持有法。

駕馭殖利率曲線此一策略在美國也有實證支持，像波士頓大學教授 Marcus 和 Freddie Mac 公司主管 Grieves (1992) 以美國 1953 迄 1988 年的期間，以一年期票券為對象。研究結果指出，持有三個月再出售、再投資，報酬率比買入持有法高，至於其他天期的持有再出售方式並不會比持有三個月再出售的報酬率高。

這個明顯違反「在同一時點，長天期利率應等於先買一個短天期利率再乘上剩餘天期殖利率」的乘法定律，根據二位作者推測，短期持有再出售，由於該票券存續期間已縮短，所以變現力較高；在整個殖利率曲線不變情況下，投資人會多付出一點變現力溢酬來接手，賣方當然就沾到好處了。

(二)輕鬆談利率商品，以利率沖浪為例

許多新手學債券、外匯投資常會被專業作者的說明搞得「霧煞煞」。為了免於把你弄得昏頭轉向，首先我們由表 15–9 可看出，對於一般人來說，比較熟悉的報價方式，還是以像股票交易一樣的價格報價，在債券市場便是百元報價。同樣的，債券市場多空也是以債券價格為主，交易者（例如債券型基金經理）著眼的還是債券的資本利得；即利率走低，所以債券價格將上漲。

此外，有效率的教學技巧在於只需站在一個身分（例如投資人），一個方向（例如利率下跌），其他則是同理可推，這有點像一個銅板的兩面。而且又用一種報價法從頭到尾把各種投資策略講到完，不要利率、百元報價同時並呈，那鐵定治絲益棼。

接著我們用「利率衝浪」來舉例說明。

表 15-9　債券和股票交易報價方式比較

工具	利率表示	價格表示
一、債券		
(一)初級市場	利率標	價格標
(二)次級市場	殖利率報價：至少票券市場如此	百元報價：含轉換公司債
二、股票市場	—	價格報價（一股多少錢）

1. **價格表示法**： 票券、零息票債券 (zero-coupon bond) 都是面額折價發行，屆期只是還「本」（面額）而已，因此由表 15-10 下端可看出如何用百元報價表示，而且票券價格剛好跟利率（或殖利率）呈負向關係，即利率漲、債券價格下跌。

表 15-10　利率、百元二種報價的票券價差交易示例

利率報價	90 天期票券	180 天期票券
今天	「買入」是站在票券公司角度，「賣出」亦然。	
買入	−1.50% ⎫ 買賣價差	1.55% ⎫ 買賣價差
賣出	1.15% ⎭ 0.35 個百分點	+1.20% ⎭ 0.35 個百分點
明天（或今天下午）	↓ 預期利率上漲 0.5 個百分點	↓ 預期利率下跌 0.5 個百分點
買入	8.030%	−7.40%
賣出	+7.90%	6.90%
報酬率	0.1%	0.1%
年化報酬率	0.075%	0.05% 合計 0.125%
百元報價	90 天期票券	180 天期票券
今天	+對投資人來說代表賣出，	−則代表買進
買入	+98.05	96.00
賣出	98.15	−96.25
明天（或今天下午）	↓ 預期債券價格將下跌，所以先賣後買	↓ 預期債券價格將上漲，所以先買後賣
買入	97.925	+96.30
賣出	−98.025	96.55
資本利得	0.025	0.025　　合計 0.075

* 短票百元表示法（百元報價）

$$= 100 - 當天報酬率 \times 100 \times T/360$$

T：代表存續期間

⑴預期 90 天期票券價格要跌：此時先賣出 90 天期票券，得款 98.5 元（的倍數）；等到當天下午（或明天或其他時候）債券價格下跌，再用 98.025 元回補。二者價差 0.025 元。要是你手上沒有現券，就只好發行票券，這跟股票融券交易的道理是一樣的。

⑵預期 180 天期票券價格要漲：先用 96.25 元成本買入 180 天期票券，等到「當天下午」價格上漲至 96.30 元立刻賣出，資本利得 0.025 元。如果都在當天發生，那就跟股票交易的當日沖銷交易一樣，這筆交易的資本利得為 0.025 元。

⑶二筆交易同時進行：上述二筆交易可以單獨進行，如果同時進行，則可說是預期整個利率期間結構將朝「短高長低」的方向變動。更複雜情況則如蝶型交易，即買進（或賣出）短券、長券，並同時賣出（或買進）中券的換券操作，來改變投資組合的凸性係數。不過，可惜的是，凸性係數跟殖利率間存在「有一好沒二好」的互換關係。

2.利率表示法：要是改採利率報價法，由表 15–9 可見，跟百元報價法相比，我們用以標示收入的"＋"號和成本的"－"號，方向恰巧相反，這就好像南半球、北半球四季時序正好相反一樣。

⑴預期 90 天期票券利率要漲：站在投資人觀點，預期 90 天期票券利率要漲，則把票券先以 7.80% 賣掉，再把錢準備好；等到利率上漲了，再以 7.90% 回補。整個交易下來，扣掉買賣價差後報酬率增加 0.1 個百分點或 10 個基本點（basic point, BP， 一個基本點等於萬分之一）。 這種先賣後買的方式稱為賣出價差（selling the spread）。

至於預期 180 天期票券利率會跌所進行的「先賣後買」的交易，可說是買進價差（buying the spread）。

⑵利率漲跌幅要夠大才划得來：票券交易有買賣價差存在，而且跟票券天期呈正比，以 2003 年 6 月為例，3 個月期買賣價差（買入利率減賣出利率）約為 0.4 個百分點，6 個月期為 0.5 個百分點。所以想藉由價差交易來賺錢，必須利率變動幅度超過買賣價差才有賺頭。

二、利率套利策略

顧名思義，利率套利策略是沒有風險的，最常見的方式就是在貨幣市場發行票券以取得資金，然後存在銀行固定利率的定期存款，這種套利機會導因於銀行經營

缺乏效率。隨著銀行競爭白熱化，這種連小孩子都看得到的利率套利機會往往就變得可遇而不可求了。

除此之外的利率套利方式都不太符合「沒有風險賺錢」的「套利」的定義，利率套利策略的投資方式常見的有下列四種。

㈠定價分析

就跟找出股票的基本價值高於市價的潛力股一樣，透過票券的定價分析（valuation analysis）以找出價值高估或低估債券，投資策略很直接，即「買低」（買進價值低估債券）、「賣高」（賣出價值高估債券）。

不過，由於公司債變現力比較差，所以有些公司債價格偏低，看似應該買進。但其實不然，如果把合理的變現力折價也考慮進來（例如比正常變現力的債券折價四個百分點），事實上可能價格就不偏低了；同樣道理也發生在轉換公司債、換股權證身上。

中華信用評等公司從 1998 年起才陸續公布上市公司的信用評等，在缺乏公司債、公債的各時期的信用狀態時，其實很難瞭解今天、明天、後天該用什麼折現率來計算債券（除了中央政府公債外）的價值。

下面有二個暫行措施：

1.**中華徵信所：**中華徵信所出版的《市場與行情》中，對 500 大企業債信進行評等，可視為違約風險的依據。不過，不少跟實際發行、成交利率最大差距高達一個百分點。

2. **YME 的估計方法：** 美國學者 Yawitz 等三人 (1985, YME) 提出一個估計違約風險的方法，頗具代表性。但因略嫌專業，本書不介紹，有興趣者可參考下列二篇文獻。

Yawitz, J. B. etc. "Taxes, Default Risk, and Yield Spreads ", *Journal of Finance*, 40, pp. 1127 – 1140.

Wu, Chunchi, "A Certainty Equivalent Approach to Municipal Bond Default Risk Estimation ", *Journal of Financial Research*, Vol. 14, No. 3, Fall 1991, pp. 241 – 247.

㈡信用分析

當你比信用評等公司更早一步預測出某支債券的信用評等等級將變更，此即信用分析 (credit analysis)；如果升級則利率（尤其違約風險）下降、債券價格上揚，此時宜買進；反之，則賣出。

㈢殖利率價差分析

每一個市場區隔（segment，例如政府的公債、公司的公司債）內的不同「種類」(sector) 的債券，各種類之間報酬率價差可能呈穩定狀態，例如 BB 跟 B 級價差 250 個基本點、B 級和 CC 級價差 400 個基本點。這跟股票類股內比價相似現象，透過殖利率價差分析 (yield spread analysis) 以預測這價差的變動方向，便有利可圖，此稱為利差分析策略 (sector spread analysis)。

在債券中的「種類」一詞是指到期日、信用評等、類別 (type)、息票皆相近的債券。在貨幣市場中，由於商業本票也經過票券公司保證背書，所以違約風險看似跟銀行承兌匯票 (BA)、銀行可轉讓定存單 (CD) 相仿。這些不同類別（即信用工具）仍被視為同一種類債券，難怪在次級市場的掛牌價均相同，本項投資策略也就沒有用武之地。

不過，在中華信用評等公司對債券發行公司進行完信用評等之前，此項投資方式可能暫時沒有用武之地。

㈣債券交換

透過跟對手進行債券交換 (bond swap) 或利率交換 (interest rate swap) 以改善債券投資組合的「品質」（報酬率提高和／或風險下降）跟任何資產交換交易一樣，交易對象可能不容易找得到，往往市場可能都偏向某一邊（例如銀行）居多。

這題材已屬職業選手水準，本書沒有足夠版面介紹，有興趣者請參考利率交換、利率風險管理等專題書籍。

㈤債券投資的績效指標

債券交易金額遠超過股市，很可惜的是一直沒有一個公認的債券指數，頂多也只有大華證券公司以交易量最活躍的幾支公債編製大華債券指數，但是卻沒有把公司債等單獨編列。

所以要評估你的債券投資績效好或壞，想找個標竿，可得跟直接投資一樣，自己量身訂做一個，方法不難，許多投資軟體都有「指數產生」的選項，使用者只消挑出投資工具、給予權數，程式自動會算出指數。

◆ 第六節　均衡一下──消極型和積極型投資策略的配合

很多時候，積極型投資策略跟消極型投資策略並不是水火不容的，有時也像廣

告流行語一樣：「均衡一下」。有下列二種不同順序的搭配作法。

一、先攻再守的權變免疫策略

就跟打乒乓球一樣，志在得分便會常採殺球進攻，要是想保持戰果，可能就改採防禦打法。同樣的，投資主管平時只許投資人員採取積極型投資策略，一旦苗頭不對，也就是投資報酬率將觸及低標時（例如目標報酬率打八折），投資主管則會建議、要求投資人員穩紮穩打，改採免疫策略，以鎖定最低報酬率；這種視情況而決定採用的方式稱為「權變免疫策略」(contingent immunization strategy)。

二、守中帶攻的免疫策略

免疫策略就跟外匯預售一樣，已經把獲利鎖定了，有得必有失，頂多只能賺這麼多，所以並不像積極型投資策略那樣有可能賺更多。

不過也不是說不能守中帶攻，在偶爾比較有把握的時候，也可以採取像股票投資中的攻擊性持股，以一部分金額跑個短線，採取積極型投資策略。一些債券型基金大體上想複製債券指數，但是卻想不費周章的打敗指數，因此，多多少少會投資一些高報酬債券，而後者可能不包括在指數的採樣中。

三、踩煞車的安全車距——轉換投資策略的安全邊際

就跟長途賽跑一樣，領先者先拉開一段領先距離，便可以比較沒有後顧之憂的跑。同樣的，在投資方面也是如此，這個觀念就是「安全邊際」，它可以是二種情況，事前有計畫的或事中轉向的。

安全邊際越大，投資人員的壓力越小，也比較有本錢放手一搏。反之，要是操作不當，以致安全邊際縮水，此時便不宜猛踩煞車，而宜逐漸踩煞車，改採免疫策略。

投資主管的責任在於根據日（或週）報表監督投資人員適時採取相稱的策略，就跟駕訓班的教練一樣，有義務適時提醒投資人員趁還來得及時踩煞車，以保持戰果。

♦ 第七節　轉換公司債投資

轉換公司債大都是壽險公司等長期資金的投資人在投資,少數投顧宣稱其具有套利功能, 這倒是漏了考量其成交少所造成的變現力折價 (liquidity discount), 想「套利」卻夢想成空的被「套牢」了。

一、半債半股的雙重性質

轉換公司債 (convertible bond) 就是公司債附有債券投資人得從發行日「後一段期間」(稱為凍結期) 起屆滿一定時日後, 在一定期間內享有按約定的轉換價格（或轉換比率）把公司債轉換成發行公司普通股的權利者。轉換公司債投資人原本是發行公司的「債權人」,但是又可以變成公司的「所有人」,可說是兼具債券和股票雙重身分的特殊有價證券。

二、轉換公司債將可直接換股票

㈠新制: CB →股票

2002 年 3 月 28 日, 證期會修改公司法印製實體股票的規定, 使得轉換公司債執行轉換後五日, 得以直接取得標的股票而不需經過權利證書的階段,解決轉換公司債大幅折價的困擾。(經濟日報, 2002 年 5 月 23 日, 第 21 版, 馬淑華)

㈡舊制: 多一道程序

已發行附認股權公司債不能適用新制, 仍然依照舊法, 先發放債券換股權證等變更登記後, 再換發股票。

例如投資人想把友達一轉換成友達普通股,在轉換申請後會先取得友達甲於市場掛牌交易, 待公司辦理股本變更登記後一個半月左右才能取得友達股票。

轉換時程長且一年通常只有四次的轉換基準日,對於取得轉換公司債而想轉換的投資人來說相當不便,也造成了變現力不佳的嚴重問題,這恰好說明了為什麼多數已有轉換價值的轉換公司債多數處於折價的情況。

三、投資策略

投資人投資轉換公司債時, 須先瞭解本身的投資需求和風險承擔程度, 來選擇

不同的轉換公司債投資。

1.保守的債券投資人：著重債券價值部分的投資人應著重在具有「賣回報酬率」或「到期報酬率」的券次，這是指目前買進轉換公司債持有到賣回日／到期日的報酬率，但是此報酬率是否越高越好則見仁見智，原因是轉換公司債基本上仍是債券，公司的債信是最大的考量。

某些轉換公司債的報酬率極高，詳見表15–11，可能隱含著市場對這家公司的債信有所疑慮，此時投資人應更瞭解發行公司債信，不然為了享有高報酬率最後卻損失所有本金，豈不是得不償失？

2.看好股票上揚的潛力：此類型的投資人可選擇百元平價較高，但溢價幅度較低的轉換公司債，例如百元平價在70元以上，溢價幅度在30%以內的，此種轉換公司債價格跟股票表現連動性較強。

表 15–11　2002 年 4 月市場上債券收益率較高的轉換公司債

轉換公司債名稱	到期日	最近賣回日	債券價格	百元平價	溢價幅度(%)	到期／賣回報酬率(%)
16051 華新一	2005.7.27	2002.7.27	131.00	82.60	59	7.11
23051 全友一	2007.4.29	2002.4.30	137.10	102.40	34	109.11
23401 光磊一	2008.2.19	2003.2.20	138.00	88.70	56	9.19
23422 茂矽二	2008.5.20	2003.5.21	121.85	71.60	70	17.86
53071 耀文一	2005.12.14	2002.12.15	121.50	62.40	95	18.57
53262 漢磊二	2005.10.8	2003.10.9	107.55	86.10	25	7.55
54431 均豪一	2005.4.25	2003.4.25	109.50	102.60	7	10.81
85008 力山一	2005.7.16	2003.7.17	92.50	32.90	182	24.44
85011 合機一	2005.8.18	2003.8.19	97.05	93.80	3	13.38

「百元平價」的計算方式為股票市價除以轉換公司債轉換價格再乘上100，因轉換公司債為百元報價，其涵義為把轉換公司債轉換成現股後約當目前的股票市價為多少，而轉換公司債市價超過百元平價的比率則稱為溢價幅度，反之則稱為折價幅度。

溢／折價率＝(CB 價格－百元平價)／百元平價×100%

一般來說，轉換公司債在百元平價低於 100 時（代表當時的股票市價低於轉換

公司債的轉換價格），此時轉換公司債還不具有轉換價值，因在公司沒有信用風險疑慮時轉換公司債具有保本的效果，因此轉換公司債市價大都處於溢價，如果溢價幅度太高，詳見表15-12，表示當時轉換公司債市價超過股票價值太多，可能會造成未來縱使股價上漲，但是轉換公司債價格反映卻不大的情況。

表15-12　百元平價高但溢價不高的轉換公司債

轉換公司債名稱	到期日	最近賣回日	債券價格	百元平價	溢價比(%)
53262 漢磊二	2005.10.8	2003.10.9	107.6	86.1	25.0
54431 均豪一	2005.4.25	2003.4.25	109.5	102.6	6.7
54531 華立一	2006.6.28	2003.6.28	128.5	117.9	9.0
54581 衛道一	2006.7.24	2004.7.24	115.0	99.6	15.4
60041 元大一	2005.6.7	2002.6.7	117.0	108.1	8.2
85001 勝華一	2005.1.28	2003.1.29	120.0	93.4	28.4
85018 博達一	2006.6.13	2004.6.13	102.5	90.8	12.8
85021 環科一	2006.8.15	2003.8.15	120.0	110.2	8.9
85024 品佳一	2006.6.4	2003.6.5	116.0	104.2	11.3
85026 敦陽一	2005.11.30	2002.11.30	116.0	110.1	5.3
85027 強茂一	2006.5.14	2004.5.14	120.0	108.9	10.1

投資人如果因為看好短期股價上漲爆發力,就該選擇百元平價高但溢價幅度不高的轉換公司債,此種轉換公司債價格跟標的股價的連動性較高,在股價上揚時可享受較高的獲利。(經濟日報,2002年4月28日,第11版,劉慧欣)

四、轉換公司債的資產交換

鑑於轉換公司債次級市場變現力不夠活絡, 證期會於2000年6月2日准予券商承作轉換公司債資產交換業務(CB asset swap)。

2001年3月30日由元大京華和大華證券首批取得承作轉換公司債資產交換業務資格後,11月,元大京華證券跟銀行完成首筆由券商拆解的轉換公司債資產交換。

2002年6月櫃檯買賣中心准予證券商可以申請轉換公司債資產交換交易選擇權再分拆轉售的新業務,券商扮演中間撮合角色,提供固定收益投資人和選擇權投資人另一投資選擇。

㈠一分為二

由圖 15-4 可見，「轉換公司債資產交換」透過拆解的過程，把債券售予債券端投資人（以下簡稱債券交易），選擇權售予選擇權端投資人（以下簡稱選擇權交易）。經過拆解後，投資對象增加，轉換公司債的成交量大為提升。

圖 15-4　轉換公司債資產交換

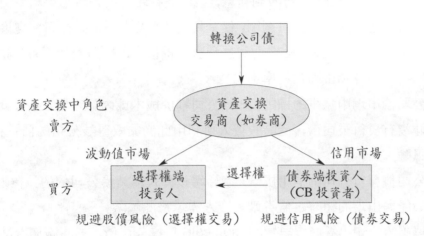

㈡轉換公司債資產交換──債券部分

債券端投資人在期初支付名目本金購入轉換公司債，並且在契約期間內跟證券商進行利率交換，把轉換公司債中的債券利息交換成雙方約定的利息支付方式，而券商取得在契約到期日前得隨時向債券端投資人買回該轉換公司債的權利，詳見圖 15-5。

圖 15-5　轉換公司債資產交換──債券交易

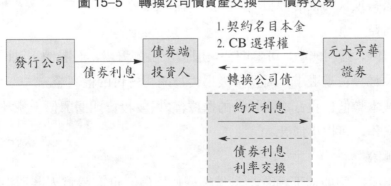

1.投資利益

⑴獲得比普通公司債高的報酬率：債券端投資人買入轉換公司債中債券部分，收取約定的利息，如同單純持有公司債。賣出轉換公司債中的選擇權（買權），因此可得到比一般直接投資高的獲利。

⑵現金流量更具彈性：市場上的轉換公司債票面利率多為0%，投資人通常需持有二至三年（賣回基準日）才可收到利息，但是債券端投資人可透過利率交換配合自身的現金規劃選擇利息的支付週期，使其現金流量更具彈性。在利率交換承做期間，買方須就該可轉債所支付的票面利息和賣回補償金的部分交給券商；並收受資產交換交易約定的浮動或固定利率利息。

⑶取得公司債市場中缺少的標的：部分公司基於成本或內部考量，只有發行轉換公司債，並沒有發行公司債，此時投資人可利用此商品取得該公司的債券。

2.投資風險

⑴轉換公司債發行公司的信用風險：債券端投資人為轉換公司債的持有人，當發行公司償債能力出現問題時，債券端投資人需承擔此風險。

⑵再投資風險：如果券商提早買回 (soft call) 轉換公司債，券商跟債券端投資人的契約將提早終止，產生再投資風險。不過券商行使買權時，表示此時股價上漲至一定幅度以上，股市表現相對亮麗，整體的經濟環境也較佳，債券端投資人在市場上投資機會也比較多。

⑶變現力風險：由於並沒有集中市場交易，所以變現力較低。

㈢轉換公司債資產交換──選擇權交易部分

選擇權端投資人只需於期初支付小額權利金，可取得在契約到期日前隨時以履約價格買入該轉換公司債的權利。

1.投資利益

⑴損失有限，獲利無窮：可參與公司股價上漲的好處，而股價下跌時，透過重設機制，損失較投資現股小，而且最大損失為期初支付的權利金。

⑵取得成本較低且投資期間較長的選擇權：只要投資期間股價上漲，即可獲利。

⑶槓桿操作：可以小搏大。

2.投資風險

⑴市場風險：當股價下跌時，該選擇權無價值，此時投資人將損失權利金。

⑵提早到期（發行公司發生信用危機或執行買回權）：發行公司行使買回權，

一般發生在個股的收盤價已經連續 30 個營業日超過轉換價格的 50%，此時選擇權端投資人只是被迫提早獲利了結。

⑶變現力風險：由於沒有集中市場交易，僅券商提供雙向報價服務。(經濟日報，2002 年 12 月 1 日，第 11 版，劉毓綺)

圖 15-6　轉換公司債資產交換──選擇權交易

證券業者分析，基於股權稀釋考量，轉換公司債主要投資人大都為公司大股東，透過轉換公司債資產交換，大股東可以把其部位轉化為現金，僅需支付一筆選擇權價值的成本，資金積壓的壓力可大幅降低。因此，轉換公司債資產交換主要客戶為大股東，而獲利最大的一環則在於出售選擇權部位的權利金收入，2003 年 1 月選擇權部位開放後，轉換公司債資產交換的交易量可望大增。(工商時報，2002 年 5 月 13 日，第 8 版，邵朝賢)

個案　美國債市 2003 年空頭來臨

　　跟股市指數預測相比，利率預測比較簡單，主要是利率比較理性的反映景氣狀況，而股市投資人的不理性行為比較多，詳見第十一章說明。

　　在本個案中，以「2003 年美國債市空頭來臨」為例，依時間把剪報排列，說明各專家如何循序的得到這預言。多練習幾次、舉一反三，那麼臺灣債市是否在 2003 或 2004 年由多翻多呢?

一、2000～2002 年債市三年多頭

　　2000 年 1 月～2002 年 9 月，美國債市多頭起因於 2000 年美股重挫、2001 年經濟衰退和聯邦準備理事會 2001～2002 年 12 次降息，把利率降至四十年最低點，詳見圖 15-7。2001 年 12 月迄 2002 年 7 月，投資人在上市公司爆發一連串作帳醜聞後，也視債市為資金避風港。

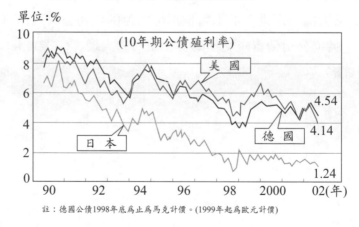

圖 15-7　歐美日長期利率

註：德國公債1998年底為止為馬克計價。(1999年起為歐元計價)

　　美股出現六十年來首次連續三年下跌紀錄，美元也是疲軟不振。與此同時，美債和黃金則上演避險資金行情，大有斬獲，美債表現尤其突出，是有史以來首次連三年表現超越美股，詳見表 15-13。

二、2002 年 10 月 9 日，債市由多翻空

　　美國政府債券三年來的漲勢可能已在 2002 年 10 月 9 日告終，債市基準十年期公債報酬率收盤曾跌到 3.56% 的四十年來谷底。然而，債券價格突然間似乎已觸頂回降，利率也從谷底翻揚。(經濟日報，2002 年 10 月 20 日，第 5 版，陳澄和)

三、葛洛斯的看法

表 15–13　一年期以上美國債券報酬率

	2000 年	2001 年	2002 年
一年期以上 美國債券	13.4%	6.7%	12.25%
股票指數 1. 道瓊			−17%（二十五年來最大）
2. 標準普爾 500			−24%（二十七年來最大）
3. 那斯達克	−39%		−31%

葛洛斯操作的「太平洋投資管理全報酬基金」(Pimco Total Return fund) 2002 年管理資產規模累計高達 655 億美元，躍居為全球規模最大的基金，基金 2001 年收益高達 9.7%。

2002 年 12 月 4 日，葛洛斯說，美國聯邦準備理事會進一步調降利率的空間極小，而預防物價下跌的決心和美國預算赤字擴大的展望，也都不利債券市場的後市，預料未來債券的投資報酬率會比過去數年遜色。

在 Pimco 公司的網頁上，葛洛斯說：「債市的青春年華已逝去。未來數年，平均年報酬率頂多只有 4 到 5%。」

葛洛斯相信，2003 年物價上漲率會攀升，美國公債的殖利率走勢也極可能上揚，也許會維持在比現在高一個百分點的範圍內。

他說，推測殖利率可能攀升，是因為聯準會官員最近已表明，願意竭盡所能維持經濟活力並預防物價下跌，並承諾必要時會提供充裕的資金刺激經濟，這場物價再上漲(reflation)跟物價下跌的戰爭，最後應是物價再上漲這方獲勝，債市的命運將隨之改觀。

儘管看淡美國公債後市，葛洛斯預期，賣壓可能是漸進式的，不會像股市泡沫爆裂那般，近年來帶給投資人劇烈的痛楚。(經濟日報，2002 年 12 月 6 日，第 9 版，湯淑君)

四、歷史分析

2002 年 12 月 5 日，芝加哥研究機構伊波特森合夥公司 (Ibbotson Associates) 認為，2000 到 2002 年這三年的公債表現應該會比股票更好，這是 1939 到 1941 年來首見。

如果把比較期拉長為四年，從 1929 到 1933 年這段美國經濟更黑暗的時期以來，公債從來不曾有連續四年表現優於股票的紀錄。(經濟日報，2002 年 12 月 6 日，第 9 版，王寵)

五、景氣復甦，利率上揚

展望 2003 年前景，市場分析師以美國經濟將穩健復甦和利率已至底部為由，警告今年美債行情可能由多翻空。(工商時報，2003 年 1 月 2 日，第 6 版，林國賓)

六、2003 年債市有泡沫化之虞

全球主要經濟體的債市，2003 年要維繫高報酬率恐怕難上加難，主要原因在於利率已達低檔，退無可退。

德魯曼價值基金經理德魯曼稍早就提出警告，債市可能已處於泡沫中，十年期美國公債報酬率在 4% 水平，是四十一年低點，但是物價、經濟表現不可能永遠處於當前的低檔，意即利率翻揚只是早晚的事，德魯曼因此建議投資人，現下不失為放空債券的好時機。摩根史坦利美國策略師葛布瑞斯看法類似，他比較股、債市資金流向的蹺蹺板作用後指出，美股稱不上便宜，但相較之下，債券卻太貴，才顯得股價有略嫌委曲的問題。（工商時報，2003 年 1 月 10 日，第 7 版，林正峰）

七、葛洛斯的看法

2003 年 1 月 27 日葛洛斯接受 CNNMoney 訪問時坦言，美國聯準會 2002 年底把利率調降至 1.25% 後，美國汽車貸款和設備貸款都已降至零利率。因此，他不認為再次降息還能產生什麼作用，聯準會這波降息行動幾乎已可宣告終結。隨著經濟逐漸復甦，他預估聯準會可能在第四季就會調升利率。

2003 年債券市場表現將落後股市，報酬率明顯不如過去三年的全盛時期。他指出，在此不利於債券表現的環境下，2003 年他仍將以公司債、歐債和新興市場債券等組合，替投資人守住 5～6% 的報酬率。（工商時報，2003 年 1 月 28 日，第 4 版，林秀津）

💡 • 充電小站 •

比爾·葛洛斯小檔案

2003 年 3 月 17 日，《美國商業周刊》(*Business-Week*) 公布 2003 年十大最佳基金經理，經過此次冗長空頭市場的嚴峻篩選後，上榜者大多名不見經傳，比較出名者是雷格梅森基金 (Legg Mason) 的米勒 (William Miller) 以及素有債券天王之稱的哈伯基金 (Harbor Fund) 基金經理葛洛斯。

他自豪擁有 30 年非凡的投資紀錄，自 1973～2002 年的 29 年間，有 23 年的績效勝過債券基金的重要指標雷曼兄弟綜合債券指數 (Lehman Bros. Aggregate Bond Index)。

這段期間期間他投資組合的報酬率每年平均 10.83%，只有三年績效為負數，其中最差者是 1994 年的負 3.36%。

他的報酬率優於雷曼兄弟綜合債券指數的 9.35%，與標準普爾 500 指數的年報酬比 11.49% 相去不遠。（經濟日報 2003 年 3 月 18 日，第 9 版，林聰毅）

◆ 本章習題 ◆

1. 以表 15–1 為基礎，以一支公債為例，計算其存續期間。

2. 以表 15–2 為基礎，以一支公債為例，計算其利率風險。

3. 以一支債券型基金為例，以表 15–3 為基礎，說明其債券投資組合。

4. 以圖 15–1 為基礎，舉一年為例。

5. 以表 15–4 為例，各找一支債券型基金為例來分析。

6. 以表 15–5 為例，其餘同第 5 題。

7. 以圖 15–2、15–3 為基礎，找一支債券型基金為例來說明。

8. 以表 15–6 為基礎，其餘同第 7 題。

9. 以表 15–7 為基礎，各找一個實例來說明。

10. 舉一支轉換公司債為例，說明套利。

第四篇

金融投資的風險管理

第十六章

金融投資的風險管理：
策略面

在投資的領域裡，沒有人可以把你三振出局，唯一可能讓你出局的是，不斷追高殺低，錯失良機。

——華倫・巴菲特 (Warren Buffett)　美國波克夏公司董事長，排行第二大富豪

學習目標：

財務長、投資經理看完本章，便可解決 "to be or not to be" 要不要避險這個惱人的問題。
稽核室、風險管理部看了第五節便瞭解怎樣管理投資部門的風險。

直接效益：

企管、財務顧問公司開授的避險課程大都偏戰技、執行性（例如談遠期市場、外匯選擇
權），不像本章站在策略、戰術層級，說明風險管理、暴露在風險部位衡量、避險比率等，
可說是實務上關鍵的課題。

本章重點：

· 投資風險管理流程。圖 16-1
· 風險管理程序。表 16-1
· 公司風險種類、定義和範圍。表 16-2
· 風險控制的五種手段。表 16-3
· 如何決定避險金額（或數量）？圖 16-2
· 如何衡量風險部位？§16.2 二
· 要不要避險，如何拿捏？§16.3 一
· 避險策略的種類及其適用時機。§16.3 二
· 為何有些公司不避險？§16.3 五
· 直接避險 vs. 交叉避險。§16.4 一
· 如何計算避險比率？§16.4 二
· 如何決定避險工具？§16.4 四
· 簡單避險 vs. 綜合避險。§16.4 五

前言：管理風險，別讓風險管理你

西方兵聖克勞塞維茨在其名著《戰爭的藝術》中強調，有遠見的將領在介入戰場前就應該明瞭在什麼情況下便須退出戰場。如果把這原則運用在企業經營上，一方面表示要見好即收（例如股票上市、公司出售），一方面也顯示在虧損到達何種程度便須急流勇退，以免全軍皆沒，後者在企業經營便是風險管理。尤其是公司的金融投資，不僅要懂得踩煞車以免衝過頭；而且還得裝上安全帶、安全氣囊、ABS 等，以避免或減少車禍時損傷。而在金融投資中，這些風險管理方式主要有風險移轉（即遠期市場、期貨、選擇權、資產交換）和風險自留（主要是投資組合保險、財務工程），如何拿捏，請詳見圖16–1，而這也是第十六～十八章的內容。

本章以最多人會遭遇到的匯兌風險為主題來說明，其他像利率風險、股價風險和商品風險管理同理可推。

🔷 第一節　金融投資風險管理的程序——衍生性金融商品在風險控制中的角色

金融投資既然是富貴險中求，那麼就應該打有把握的戰，縱使輸了，也不致傾家蕩產，當然最好是能全身而退。如何做好公司金融投資風險，我們不妨先鳥瞰整個公司風險的來源和控制手段，而金融投資只是公司風險的一部分，自然萬變不離其宗。此外，公司常透過金融市場來規避公司的一些風險（例如透過買商品期貨以鎖住原料價格），而執行責任落在財務部，這也是我們從公司風險來切入的另一原因。

一、風險管理的重要性

俗語說「不知生，焉知死」，日本諺語也說「不知其敗，終生將受其害」，公司金融投資也是如此。戰戰兢兢的經營也許五年才能還本，但可能因為出口計價幣值升值或一場火災，而在一夕之間血本無歸。因此在經營企業時，對於風險管理所付出的注意，不應少於對利潤的追求。

有鑑於此，為了避免你見樹不見林，實在有必要在本書中以三章的篇幅來強調企業金融投資風險管理的重要性和作法。

圖 16-1　投資風險管理流程和第 16 ～ 18 章架構

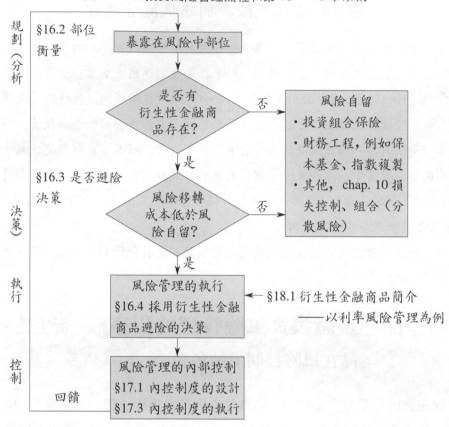

規劃（分析）

§16.2 部位衡量

暴露在風險中部位

是否有衍生性金融商品存在？　否 →

風險自留
· 投資組合保險
· 財務工程，例如保本基金、指數複製
· 其他，chap. 10 損失控制、組合（分散風險）

§16.3 是否避險決策

決策

風險移轉成本低於風險自留？　否 →

執行

風險管理的執行
§16.4 採用衍生性金融商品避險的決策

← §18.1 衍生性金融商品簡介
——以利率風險管理為例

控制

風險管理的內部控制
§17.1 內控制度的設計
§17.3 內控制度的執行

回饋

二、風險管理的程序

企業正常經營方式為在可接受的風險範圍內追求最大利潤，怎樣把風險控制在可接受的範圍內，答案可套用問題解決程序，由表 16-1 中左半部可看出風險管理的步驟，右半部即本章各節跟風險管理步驟的關係。

表 16-1　風險管理程序和第十六、十七章架構

風險管理的步驟	本章各節
1. 風險辨認 (risk identification)	§16.1 風險管理的範圍和程序
2. 風險衡量 (risk measurement)	§16.2 暴露於風險下資產部位的計算
3. 風險管理策略的選擇	§16.3 要不要採取避險措施
	§16.4 採用衍生性金融商品避險
4. 風險管理策略的執行和評估	§17.1、3 內部控制制度執行

(一)風險辨認——公司風險的種類

在現實生活中，經營企業不可能沒有風險，要做好風險管理必須先瞭解風險，那麼企業的風險來自哪二大方面呢？

由表 16-2 可看出，公司風險可分為投機風險 (speculative risks) 和純粹風險 (pure risks) 二大類。這種分類方式不同於把公司風險分為事業風險 (business risks) 和財務風險 (financial risks)。

表 16-2　公司風險種類、定義和範圍

風險種類	定義和範圍	說　明
一、投機風險 (speculative risks)，分析方法為成本效益分析。	為了牟利所伴隨而來的風險，包括下列三種： 1. 投入風險 (input risks) 2. 需求風險 (demand risks)， 3. 財務風險 (financial risks)。	 原物料等投入成本上漲卻無法轉嫁給消費者的風險。 商品價格風險，又如新產品開發可能不被需要。 利率、匯兌風險。
二、純粹風險 (pure risks)，分析方法為風險成本分析，屬於可投保風險 (insurable risks)。	只會引發損失的風險，包括下列四種： 1. 人員風險 (personnel risks)， 2. 責任風險 (liability risks)， 3. 財產風險 (property risks)， 4. 環保風險 (environmental risks)。	 員工偷竊、盜用公款。 因產品、員工、服務造成公司必須負責任的風險。 火災、水災、暴動造成財產損失。 環境污染所引發圍廠停工、賠償、罰款。

資料來源：整理自 Brigham & Gapenski, Intermediate Financial Management, The Dryden Press, 1993.

(二)風險控制的五種手段

如何選擇風險控制方法，以最低成本降低風險到可接受的範圍。由表 16-3 中可看出，風險控制的方法可分為風險分散 (risk diversification)、風險移轉 (risk transfer) 二大類，細分有五種手段。在風險分散情況下，公司憑靠自己的力量以吸收、降低風險，此適用於風險所造成的預期損失不大。至於風險移轉的適用時機，則是你認為風險所造成的預期損失無法接受，因此只好花錢消災，不是透過遠期市

場、期貨、選擇權、資產交換等迴避方式，便是採取買保險方式，把風險移轉給第三者承擔。

表 16-3　風險控制的五種手段和本書相關章節

降低風險方法	大分類	風險分散 (risk diversification)			風險移轉 (risk transfer)	
	中分類	隔離 (separation)	損失控制 (loss control)	組合 (combination)	迴避 (avoidance)	移轉 (transfer)
風險管理的對象		純粹和投機風險	同左	投機風險	同左	純粹風險
降低風險工具		獨立公司組織	提列損失準備	投資組合	衍生性金融商品： ・遠期市場 ・期貨 ・選擇權 ・資產交換	保險
本書相關章節		-	§10.2 財務風險停損	§10.3 股票投資，§12.3 直接投資，§15.3、15.4 債券投資，§21.4 全球投資匯兌風險管理。	chap. 16、18 衍生性金融商品	

◆ 第二節　暴露在風險中部位的衡量

　　風險管理的第二步驟是衡量風險的大小，以及本公司有多少資產曝露在風險之中。由圖 16-2 可看出，公司在決定避險金額（或數量）時，是以本節的數字作為基礎，再參酌避險比率和衍生性商品標準交易單位的限制（有點像股票集中市場交易以張為基本單位），最後才得到實際避險金額（或數量）。

一、避險期間 (how long)

　　避險的目的在於規避不利的價格變動，而隨著預期期間的增長，預期誤差（不能用預期值的信賴區間）也就越大；一年以後的事情，九個經濟學家搞不好有十個

看法。

　　未來避險期間該設定多長才恰當，我們傾向於接受美國學者如 Grinold (1997) 所提的「資訊期間」(information horizon) 的看法。也就是以你有把握的（至少50% 以上機率）期間來作為計算風險部位的期間。另一方面，也可避免太早有先見之明，以致先天下之憂而憂，反倒變成杞人憂天了。這個道理跟開車時眼睛所能看到的距離滿像的，霧區開慢一些，晴天時則視野較遠，可以開快一些。

圖 16-2　避險金額（或數量）的決定

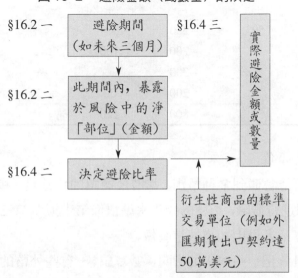

　　以臺安電機公司為例，匯兌風險的避險期間為未來三個月。

　　當然，第三節中也會談到在消極型避險策略下，只要是未來金額、時間明確的部位，皆應採取避險措施。例如出口公司在 11 個月後的今天將可出貨結匯獲得 1 億美元，此時便可以先敲定匯率，例如以 34.55 美元價位預售給外匯銀行，未來一筆外匯資產正部位恰巧被遠期市場的負部位所抵銷，就這筆出口交易來說，匯兌風險已不構成威脅。

二、風險部位的衡量

　　在避險期間內，估算本月和未來一季的外匯部位，當然這屬於第二章第三節中所介紹的現金流量預測的一部分。由表 16-4 可見，甲公司來自營業活動的外匯淨部位為負 750 萬美元，這是因為甲公司是進口農產品的內需型食品公司。

至於未來四個月來自理財活動的外匯淨部位為 150 萬美元，再加上營業活動的負部位 750 萬美元，甲公司四個月的外匯部位為負 600 萬美元。要是臺幣兌美元匯率貶值一元，甲公司勢必額外多花 600 萬元來買匯，所以這 600 萬美元的需求便是甲公司暴露於風險中的部位。

表 16–4　2003 年 1 月甲公司外匯部位預估

單位：萬美元

時　　間	營業活動		理財活動		小計
	+	−	+	−	
本　　月	50	−200			−150
下　　月		−200	100		−100
下二個月		−200			−200
下三個月		−200	50		−150
小　　計	50	−800	150		合計 −600

㈠多幣別的外匯部位

大部分公司可能會碰到多種幣別，這時最簡單的作法是「橋歸橋，路歸路」各自計算部位，分別進行避險，這樣的操作水準很像第十五章第三節所介紹的現金流量配合，非財務專業人員也知道該這麼做。

專業財務人員會把這些幣別的相關係數算出，有些外幣的升貶值方向恰巧相反，例如日圓看升、港幣看貶，假設二種貨幣相關係數為負一，而你手上有 115 萬日圓（折合一萬美元）和 78000 港幣（折合一萬美元）；其實你的外匯風險部位恰巧為零。要是二者相關程度為負 0.8，那麼外匯風險部位僅剩 2000 美元，避險僅需避這金額就夠了。

㈡集團企業的外匯部位

集團企業內如果有實施外匯淨額交易 (netting)，那麼在計算外匯部位時是以集團為中心，而不是以個別關係企業為對象，詳見拙著《國際財務管理》（三民書局）第九章第一節。

第三節　要不要採取避險措施的決策

風險管理的第三步驟便是避險策略的決定，這屬於董事長（或總經理）層級的

公司大事，除了常規性的避險政策外，針對特定情況（例如東亞金融風暴造成的匯兌風險），董事長也會介入避險的決策，而不再只是授權財務長自行處理。

一、要不要避險？(why)

在英國大文豪莎士比亞名著「哈姆雷特」一劇中，優柔寡斷的王子哈姆雷特曾說過一句令人難忘的名言："To be or not to be is the matter."（要作或不作真叫人為難。）這句話用在是否避險的決策再恰當不過了，就跟買保險需要支付保費一樣，一般常用規避財務風險的工具無論是遠期市場、期貨、資產交換、選擇權，購買這些避險商品有直接成本：

⑴手續費、買賣價差，這些是付給市場仲介者的，可視為替財務價格風險購買保險所付出的保險費，其中尤以選擇權的權利金最昂貴。

⑵但是對遠期市場、期貨、資產交換來說，最大的代價在於放棄上方利得的機會成本。有得必有失，這也符合 "no pains, no gains" 的精神。

天下沒有白吃的午餐，風險管理決策的第一個問題是「要不要避險」，也就是「付出這麼多代價來避險划得來嗎？」回答這問題的答案為，要是判斷錯誤，例如預期價格下跌卻反而上漲，那麼採取任何避險方式反倒不如以不變應萬變的不避險。反之，當預測正確時，採取避險方式總比坐以待斃的不避險來得損失得少（或賺得多），詳見表 16-5。同樣是不避險，如果判斷正確，稱之為「以不變應萬變」；要是判斷錯誤，卻被批評為「坐以待斃」，可見差之毫釐，失之千里。

表 16-5　不同情況下，各種避險方式效果分析

狀況	避險方式
判斷錯誤時 （如預期漲反跌）	不避險＞選擇權＞期貨
判斷正確時 （如預期漲而漲）	不避險＜選擇權＜期貨 此時 short put ＜ long call

＞表示獲利優於

二、避險策略的抉擇——全部避險或選擇性避險

不問匯率可能走勢，一律把外匯部位避險掉，稱為全部避險，可說是消極型避

險策略 (passive hedging strategy)。 至於只有當未來匯率走勢可能對自己不利時
——出口公司討厭升值、進口公司不喜歡貶值，才進行避險，此稱為選擇性避險，
可說是積極型避險策略 (active hedging strategy)；詳見表 16–6。

表 16–6　二種避險策略的適用時機

	消極型避險策略	積極型避險策略
目的（以外匯為例）	預售以固定住收入，預購以固定住成本。	減少避險成本，甚至賺些匯兌利得。
避險比率	朝向完全避險，以法則 (rule) 代替權衡。	機動調整，以權衡代替法則。
適用時機	1.價格沒有大幅波動， 2.自認判斷沒有把握時。	1.價格有（或將有）大幅波動， 2.自認判斷很有把握時。

(一)消極型避險策略

　　狹義的來說，消極型避險策略有二種形式：

　　1.自然對沖 (natural hedge)：以匯兌風險來說，像以出口導向的電子業來說，
收入 90% 以上都是外幣（主要以美元計價）；如果原料、機器設備、技術權利金等
費用支出也能調到跟收入等額的外匯，那麼外匯部位將自然軋平，這種稱為自然避
險（或對沖），也可稱為內部避險機制 (internal hedging mechanism)。

　　2.對象以營業活動為主：要是無法做到完全自然對沖，只好透過理財、投資活
動予以人為調整，也就是運用外部避險機制 (exernal hedging mechanism)，例如：

　　(1)發行美元計價債券：創造外幣負債，把等值的外幣資產的匯兌風險沖抵掉。

　　(2)採取衍生性金融商品：例如採取預售外匯方式，以免臺幣升值而侵蝕了本業
獲利。

(二)積極型避險策略

　　積極型避險策略倒不見得是想進行投機交易，而是想至少節省一些避險交易的
成本。財務人員視金融情況機動調整避險比率，沒有死板的釘住「百分之百避險」
的法則。在消極型避險策略情況下，財務人員完全沒有功勞，所以老闆也不會稱讚
他，甚至往往以高職學歷人員來處理。反之，積極型避險策略下財務人員就有表現
的空間了，當然也有誤判行情的壓力。

　　避險比率的決策跟任何成本效益分析是一樣的，取決於下列二個因素的輕重。

⑴效益，即風險所造成的損失有多大、避險者的效用函數，和現有避險工具的避險效果。

⑵成本，除了避險交易的直接成本外，還包括機會成本。

一般實證指出，採取積極方式時的最適避險策略只要方向正確，當然避險效果優於完全避險策略。

三、情境避險 (scenario hedging)

利用情境分析，以預測未來悲觀、樂觀情況下，對你手上證券的不利程度，進而決定避險策略。這種「情境避險」，不僅適用於避險決策，也適用於投資組合管理，這我們已於第十五章第二節債券投資組合管理中說明過了。

四、主觀判斷的避險決策

當然，在價格走勢極明顯有利的情況下，不避險遠比避險來得賺；然而天下哪有鐵定的事，煮熟的鴨子都可能飛掉。因此，避險似應為程度上的問題，而不是要或不要的問題。接著是如何決定有多少部位該避險，如下表所示，此經驗法則提供給你參考。

	自認判斷沒把握時	自認判斷只有五五波把握	自認判斷很準時
避險比率	80～100%	50%	10～20%

五、為何不避險？ (why not)

前面我們理性的討論企業該不該避險，然而實務上甚至連財務管理非常成熟的美國，也有許多企業不採取避險。原因何在？我們可用美國學者 Black & Gallagher (1986) 對《財星雜誌》500 大企業中 193 家公司所作的問卷調查結果來略窺一二，詳見表 16–7。

表 16-7　不使用利率期貨和利率選擇權的原因

	單位：%
成本（交易成本或機會成本）	100
董事會或高階管理者的反對	78
缺乏對避險工具的認識	69
會計／法律困難	38
無此類工具	44
其他（如先前不愉快的經驗）	–

資料來源：Black, S. B. and T. J. Gallagher, "The Use of Interest Rate Futures and Options by Corporate Financial Managers ", *Financial Management*, 15, Autumn 1986, pp. 73 – 78.

　　然而由於避險須付避險成本——主要是經紀商的手續費、取得權利的成本（在期貨為保證金的利息費用、在選擇權為權利金），這也是大部分公司不願避險的原因。

　　由表 16-7 中可看出第二個原因是非常不理性的，有 78% 不避險的原因是「董事會或高階管理者的反對」；財務主管有必要作好向上管理，以說服上位者體會避險的重要性。第三個原因更說不過去，也就是財務人員缺乏對避險工具的認識。財務主管實難辭其咎，隨著財務知識一日千里的進步，想作好財務工作已非率由舊章所能成事，必須抱著「今天不學習，明天就落伍」的想法，如此才能跟得上時代的進步。

　　其中「其他」一項主要是過去避險失敗的不愉快經驗，以上櫃股票力晶半導體為例，1997 年匯兌損失高達 11 億元，主因來自力晶作了美元和日圓的換匯換利交易，結果換進的資產日圓貶值（從 1 美元兌 115 日圓貶至 130）、換出的資產價位攀高（百元報價從 93.77 漲至 94.9）。結果力晶兩面挨耳光，因此力晶財務副總陳慶棟表示：「以後盡量少做衍生性商品。」（工商時報，1998 年 4 月 23 日，第 14 版，郭奕伶）

第四節　採用衍生性金融工具避險時的相關決策

　　要是得採用衍生性金融工具來避險，那麼進一步得決定避險策略 (hedge strategy)，可用 5W3H 來說明，其中有二個已經討論過了，一個是第二節的避險期間 (how long)、一個是第三節的要不要避險 (why)。

一、避險標的 (which)

有些金融市場不夠完整，以致該避險標的並不存在，所以避險標的又可分為二種。

㈠直接避險 (direct hedging)

臺灣的進出口公司，直接以臺幣為標的物來進行避險，例如出口公司擔心臺幣未來升值，所以先預售美元。

㈡交叉避險 (cross hedging)

以大陸臺商來說，　人民幣匯率的衍生性金融商品市場只有部分存在或不成熟（即成本太高），因此不少預期人民幣兌美元將貶值的進口商（或是外匯需求者），則透過港幣衍生性商品市場來規避人民幣的貶值風險，例如以港幣預購美元。

交叉避險的幣別必須跟標的資產匯率密切相關，　港幣和人民幣在 1997 年 7 月以來的亞洲金融風暴，對美元貶值最少，所以一旦要補跌，二者很可能如影隨形。當然，二者相關程度很可能只有八成，為便於說明起見，假設一港幣兌一人民幣，一口（假設 50 萬）港幣遠匯只能避掉 0.8 口（即 40 萬）人民幣的風險。如果想完全避免 500 萬元人民幣的風險，那便必需買進 12 口的港幣遠匯。

有些商品的衍生性金融商品市場不存在，例如飼料業者主要以黃豆粉為原料，而黃豆粉又是沙拉油的副產品，也就是飼料業者需向食用油業者買原料。然而期貨交易標的物只有黃豆，沒有黃豆粉，但是一斤黃豆可轉換為 0.6 公斤黃豆粉。所以，對於未來三個月需求 6 萬噸黃豆粉的飼料製造業者，　則可以購買 10 萬公噸黃豆的期貨來固定住黃豆粉的成本。

二、避險比率

由於期貨價格和現貨（cash 或 spot market）價格之間的關係並不是一對一，也就是採取期貨作為避險工具，不必然能規避（未來）現貨價格的風險，所以必須做一點「風偏」修正，這就是避險比率 (hedge ratio, HR)；也就是要買多少「口」（即契約）期貨，才能規避未來現貨的價格。怎樣估計避險比率，至少有二大類方法，詳見表 16–8。

表 16–8　二種計算避險比率的方法和案例

計算方法	計算公式和實例
一、簡單法 (naive method)	$HR = \dfrac{Qf\,期貨部位（數量）}{Qs\,現貨部位（數量）} = 1$ $Qf = 期貨一口 \times 期貨契約數$ 例如原油期貨一口代表 4.2 萬加侖，未來需要 200 萬加侖原油，折合 47.6 口期貨，所以可以買 47 或 48 口期貨。
二、迴歸法 (regression method) 風險最小法的運用	可採用三種不同的變數型：水準值、價差和百分比。 以價差型變數為例： $S_t - S_{t-1} = a + b(F_t - F_{t-1}) + \varepsilon_t$ 　　　　　$= 0.0029 + 0.8407(F_t - F_{t-1})$ $R^2 = 0.87$ 其中 S 代表現貨價格，F 代表期貨價格、0.8407 便是避險比率、R^2 代表現貨價格風險被期貨沖銷比率，稱為避險效果 (hedging effectiveness)。 當未來需要 200 萬加侖原油時，則需買進： $\dfrac{200}{4.2} \times HR = 40.03$ 口期貨 所以可以買 40 口期貨。

　　簡單法 (naive method) 恰如其名，簡單好用，但缺點是過於粗糙，一旦現貨和期貨市場相關程度不高（例如低於八成），則此法很可能導致過度避險 (over hedging)，也就是買的期貨數量超過自己所需要的。如此，不但增加避險成本，而且更增加了新的風險：「避過頭部分的期貨價格風險。」

(一)過度避險的例子

　　過度避險大都緣自於杞人憂天的過度反應，最常見的成語是「寧可錯殺一百，也不可錯放一人」。2003 年 3 月 20 日，英美聯軍進攻伊拉克，伊軍採取燃燒 600 座油田的焦土政策，來干擾聯軍的飛航；再加上戰事看似無法速戰速決，針對油價的預測越喊越高：

　　(1)戰事拖長一個月以上，油價將上漲至一桶 50 美元，

　　(2)戰事拖長至六個月，油價恐將上至 70 美元。

　　中油公司在政府的波灣戰爭應變措施中，奉命持有 105 天（即 3 個月）以上的安全存量。

　　但是 4 月 6 日，美軍宣布直搗巴格達市中心，衝擊國際油價因此繼續走弱，挫至 2002 年 11 月以來的最低水準，倫敦北海布蘭特原油和紐約輕甜原油五月期貨，比 4 月 4 日終場時均滑落逾一美元，每桶分別來到 23.5 美元和 27.38 美元上下，詳見圖 16-3。由於原油價格驟跌，市場擔憂中油和台塑石化原油手上庫存慘遭套牢，對此中油證實，因這波國際油價下跌，中油油品事業部累計至四月虧損恐超過 30 億元，因此短期間可能不再降油價。台塑石化表示，因部份油品外銷獲利，可彌補內銷部份的虧損，短期間也不可能再降油價。(工商時報，2003 年 4 月 8 日，第 7 版，李鏵龍等)

圖 16 − 3　北海布蘭特原油價格走勢圖

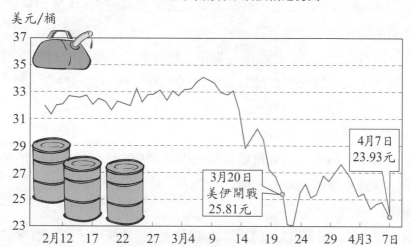

（二）迴歸法的執行

　　因此才有迴歸法 (regression method) 以求更精確的估計避險比率，由表 16-8 的例子可見，使用迴歸法時，只需買 40 口原油期貨，但簡單法卻需買 48 口期貨，多出 8 口。至於交叉避險時的避險比率，前述已用文字描述，數學式為 bd（其中 d 為：$S_2 = c + dS_1 + \varepsilon_2$, S_1、S_2 為二種相關商品，此時 S_1 可作為 proxy）。

　　迴歸法在實際使用時，有一些值得注意之處，例如 4 月 1 日買三個月期期貨，以固定 6 月底的價格。那麼估計期可能必須用去年 4 至 6 月份，以避免季節性影響。此外，所挑的自變數（期貨價格）則應該挑還有三個月便到期的期貨契約。當然，你也可以挑較長天期的期貨價格來取代本處所建議的近天期（或稱近月）契約，至於何者的避險效果比較好，恐怕得跑了迴歸後才知道。期貨契約依到期日遠近分為：

3 個月內到期的近天期契約 (nearby contract)、 91 至 180 天內到期的中天期契約 (mid-distant contract) 和 181 天迄 270 天內到期的遠天期契約 (distant contract)。

我們在期貨交易時才討論避險比率，但是在遠期市場、選擇權市場時也可以如法炮製。

(三)避險程度

當避險效果達到百分之百，也就是未來現貨部位的損失（或利得）完全被期貨部位的利得（或損失）抵銷掉，這種情況稱為「完全避險」(perfect hedging)，當循跡誤差不存在時的免疫策略就符合完全避險。當前者大於後者，此時稱為「避險不足」(under hedging)，常見的情況是估計避險比率小於實際的避險比率；這情況比較好，那是因為期貨價格的波動性常大於現貨價格的波動性；所以稍微把避險比率押在估計避險比率之下比較好。

反之，當後者大於前者，此種矯枉過正、避險避過頭的情況稱為過度避險，此時超過完全避險所需期貨的多餘部分，將形成「投機性期貨部位」；而過度避險將比完全避險、避險不足的風險更大。

(四)數量風險的規避 (how many)

像小麥之類的商品未來的收穫數量無法準確掌握，站在農場主人的角度，針對此數量風險，可資考量的避險方式有：

(1)不避險，

(2)採取不足避險，遠勝過過度避險；在實務上，往往採取經驗法則來推估避險不足的避險比率，例如農產品的避險比率大都為預期未來正常收獲量的 50～66.6%。

三、 風險程度的控制——多少金額從事衍生性金融交易？(how much)

無論基於避險或投機目的來從事衍生性金融交易，最主要的課題在於資產配置方面，即是拿多少錢來進行衍生性金融交易。

(一)避險角度

由於避險時大都採取避險不足或完全避險，避險比率大都是事前決定的。因此隨著時間的經過，還必須考慮採取連續或不連續的調整，以達到避險目標。

尤其是採取期貨避險時，由於損益係逐日結算；不管買方或賣方皆有補繳保證金的情況。但是當情況不利時，補繳保證金可能是無底洞；當然，此可透過停損點價位之設定予以避免；也就是替損失踩煞車；由此便很容易推論出用於衍生性金融

交易資金的上限。

㈡投機角度

對於採取積極投資哲學的投資人（即投機者）來說，從利潤目標來決定該配置多少資產於衍生性金融交易，二種不同行業又有不同標準。

1.金融業：對於如何避免加州橘郡事件重演,針對金融業從事衍生性商品交易,國際清算銀行 (BIS) 1994 年公布「金融衍生性商品自有資本與信用風險管制準則」,其中便規定金融業從事此類交易時, 應提撥甚至增加資本額以因應可能的損失,這便是「資本適足率」規定。

2.非金融業：資本適足率是似是而非的觀念,針對非金融業積極從事高風險的投資,宜從損益表的角度來思考。也就是在盈餘規劃時, 便應考慮在悲觀情況下,從事此類交易最多會賠多少錢,而這是否會顯著影響每股盈餘,例如每股盈餘從 2.2 元降至 2 元, 這水準還屬績優股之列。但要是從 2 元跌到 1.8 元, 那可是自砸績優股的招牌, 必須小心從事。

至於資本適足率的規定,對處於淨值邊緣的非金融業仍有其適用之處,不要存著想撈一筆的心理,以免反倒因賠過多,弄得股票跌破面額,對未上市公司來說,舉借新債將變得困難;對上市公司而言, 則可能慘遭降類的厄運。

四、避險工具的決定 (what)

自然對沖的避險方式是上策,可說是透過資產、負債的配合或投資組合方式,達到免疫效果。但是如果不能採取上策,那只好運用四種衍生性金融工具來避險,其各自優缺點詳見表 16-9。

表 16-9　衍生性金融商品運用於避險時優缺點比較

屬　性	遠期市場	期　貨	選擇權	交換交易
避險功能	維持現貨部位價值的穩定	同左	保有現貨價格有利變動時的利潤空間	風險降低只是目的之一，　尚包括降低成本等，　可視為遠期契約的投資組合
限制				
1.變現力	極差，　因契約非	佳，因契約標準	同左	稍差,其中以利率

	標準化, 幾無次級市場	化,次級市場活絡		交換交易較佳,因契約標準化
2.成本	買賣雙方皆需繳保證金, 債信良好者, 可用信用額度來擔保	買賣雙方需繳保證金, 一般為標的資產金額 2~10%	權利金 (up front premium) 可能高達標的資產價值 10%, 成本可能是四類中最高	-
3.新增風險				
(1)機會成本	機會成本最大	機會成本較低,因可提前平倉	買方:風險有限、利潤無窮;賣方:風險無限、利潤有限,提前平倉可停損	-
(2)管理風險	-	有, 因每日結算故有可能被斷頭	-	-
(3)過度避險	-	會, 因避險比率錯誤的高估	-	-
(4)其他交易成本	買賣價差、保證金		手續費、買賣價差	手續費 (up front 或 origination fees), 買賣價差比遠期市場小
(5)違約風險	有一點	無	無	很少
4.市場作業限制	不多	最多	比期貨少	不多,以債券(即利率)、貨幣(即外匯) 交易為主
(1)交易工具	有	臺灣沒有	有	有
(2)期間	1年內	1年內	1年內	5~10年為主
(3)期間種類	以1、3、6、9、12月期為主	以3、6、9、12月期為主	同左	1年期以上
(4)最低交易金額	3萬美元以上	6000美元	6000美元	500萬美元
(5)交割、清算	可現金餘額交割	同左	同左	實物交割為主

　　以匯兌風險來說,由於幾家銷售外匯選擇權的外商銀行,對選擇權權利金索價常高達金額的 1.5 ~ 6%,所以市場人士仍習慣採用遠匯市場來避險,看起來有點老

掉牙，但是沒有必要為了趕時髦而硬選用外匯選擇權。

　　至於換匯常用的時機為，例如今天手上有美元但想跟外匯銀行換進臺幣資金；一段期間（有時銀行願意承作十五年期）後，外匯銀行再還你美元，你還它臺幣。這段期間要是臺幣存款利率高於美元，那麼你還得付給跟你進行換匯的外匯銀行臺幣跟美元間的存款利息差，等於你向它借臺幣而它向你借美元。所以換匯適用的情況，跟遠匯、選擇權和期貨此三種單向買斷的交易是不同的。

五、避險工具的組合

　　一旦明瞭這四塊積木的屬性後，你便可以設計一套適合自己公司避險所需的避險工具組合；例如，由最單純的到最複雜的方式為：

　　⑴僅使用其中一類工具，例如購買利率買權。此種針對某一風險部位僅採取一筆避險工具的交易來達到避險目的，稱為「簡單避險」(simple hedge)、「簡易衍生性商品」(plain derivatives) 交易。

　　⑵混合使用避險工具，例如購買利率買權外，另以高價賣出另一個利率買權，以此部分的權利金收入來減少購買買權的成本。這種使用多種避險工具或同一避險工具但多筆交易（例如滾期買幾個短天期期貨以取代買一個長天期期貨），稱為「綜合避險」(composite hedge)，市場人士稱為「結構化衍生性商品」(structured derivatives) 交易，避險效果比簡單避險方式要好，只是得花點腦筋。

　　這種避險方式，又稱為「零成本選擇權」，其作用在於鎖定價位上下檔，所以效果跟「區間遠匯」(range forward) 是一樣的，在第二十一章第四節會以實例說明。

　　⑶融合避險工具到實際的證券中，例如進行利率期權交易。

　　這三種方式請詳見第十八章第一節。

◆ 本章習題 ◆

1. 以圖 16–1 為基礎，找一家公司實例來說明。

2. 找一本風險管理的書，來分析表 16–2 還有哪些公司風險分類方式？

3. 以表 16–3 為基礎，找一家公司實例來說明。

4. 以圖 16–2 為基礎，找一家公司實例來說明。

5. 以表 16–4 為基礎，找一家公司實例來說明。

6. 以表 16–5 為基礎，舉實例說明。

7. 以表 16–6 為基礎，舉二家公司為例說明。

8. 以表 16–8 為基礎，舉實例說明。

9. 以表 16–9 為底，依現況來做更新。

10. 哪些上市公司設有風險管理部？做哪些事？

第十七章

風險管理和內控制度

風險管理人員直接向董事會報告，非常有權力，但其功能絕對不是"pay to say no"（公司付錢叫他們來說不），應該更積極的指出繞過風險的途徑，讓營運計畫能順利運行。

風險管理人員就像軍隊裡的政戰人員，如果政戰官 say no，陸官就不能 say yes，但沒有一件事是完全沒有瑕疵的，如果風險管理人員每件事抓出五個瑕疵，就對整個計畫 say no，這會讓管理者非常火大。

風險管理人員的地位不見得總是比管理者大，風險管理部的任務不只是辨別風險，還要找到能繞道而行的途徑，如果行政部跟風險管理部的意見相左，最後就呈報董事會裁決。

——經天瑞　荷蘭銀行總經理

經濟日報，2003 年 2 月 14 日，第 18 版

學習目標:

風險管理制度是投資、甚至一般公司營運時,非常重要的預防損失方式,本章畢其功於一役的在本章中使你具備風險管理部、稽核部的基本知識。

直接效益:

由瞭解臺灣、日本券商的風險管理制度,舉一反三的進而可以運用在其他產業、業務。

本章重點:

· 五項風險。§17.1 二
· 市場風險。§17.1 二(一)
· 信用風險。§17.1 二(二)
· 作業風險。§17.1 二(三)
· 風險管理三要素。§17.1 三
· 風險管理的範圍。§17.1 四
· IOSCO 的券商風險管理內部控制的指導標準。§17.1 五
· 公司風險管理機制架構。圖 17–1
· 券商內部控制制度暨內部稽核制度。圖 17–2
· 日本券商風險管理的組織設計。圖 17–3
· 日本券商市場風險管理流程。圖 17–4
· 市場風險的定義。§17.3 一
· 以台積電為例說明風險值。圖 17–6
· 風險值模型運用時的相關細節。表 17–1
· 風險值三種計算方法及其優缺點。§17.3 三(一)、表 17–2
· 巴塞爾資本協定。§17.3 五(三)

前言：牙疼不是病，痛起來要人命

在超商中，客戶偷走一個電池，店家必須賣14個電池才能把被偷電池的損失彌補回來；被偷一個很快，但是可能二、三天才能賣出14個電池，而且縱使賣掉，也是白忙一場。

一個簡單例子，說明風險管理的重要性，尤其金融投資，價格波動大，虧本到沒褲子的速度可能只要一、二個禮拜。所以，風險管理也就比事業經營來得更重要了。

在本章中，第一、二節透過臺、日券商風險管理制度讓你可以清楚抓得住投資交易風險管理制度。第三節以風險值如何衡量市場價格下跌所造成的風險，更讓你可以明確計算損失（市場風險的結果）有多大，這樣唸起書來也比較有踏實感。

◆ 第一節　建立風險管理制度

縱使每個人都潔身自愛，是否還需要覆核 (double check) 這一類的內部控制機制呢？答案是「人非聖賢，孰能無過」，還是需要有人像飛機的副駕駛一樣監督正駕駛。最後，回到第一個問題，要求每個人像聖人一樣沒有邪思歹念那是違反人性的。

因此，不管投資人員是有意或是無心的犯錯，對公司所造成的損失會很快很大，因此如同在製程中推動全面品質管理 (total quality management, TQM) 並且設置品質保證部予以落實一樣，在金融投資的品質管理也必須透過風險管理制度來落實。本節第 1 段先說明風險管理的重要性 (why)、第 2 段說明風險種類 (what)、第 3 ～ 5 段說明如何建立風險管理制度 (how)。

一、損失會要你的命

從 1993 到 1997 年間，全球共有超過 10 個因衍生性商品操作不當導致損失超過 1 億美金的事件，其中損失金額最小的是英國 Nat Weat 公司的 45 億元，最大的是美國橘郡 (Orange County) 損失 634 億元。

學者專家曾經針對下列 4 個有名的金融弊案分析：英國霸菱銀行、日本大和銀行、德國梅特吉公司 (Metall Gesellschaft) 和美國橘郡。歸納出共同點：前二者是公司出現了惡劣違法的交易員，後二者起因市場風險；共同點是缺乏有力的風險管理

政策。

　　尤其是大和銀行美國分行發生的弊案，很難想像為何一位負責銅交易的交易員可以隱藏超額交易達十一年之久，挪用其客戶信孚銀行 (Bankers Trust) 的有價證券而沒有在每月的對帳中被發現。尤有甚者，當聯邦準備理事會前往檢查時，銀行主管還幫交易員掩飾損失，而且不顧理事會的警告，終於釀成大和銀行損失高達資本額 14.3% 的巨災。結果是聯邦準備銀行史無前例地勒令這分行結束營業，並且所有日本銀行必須額外付出高達 0.25 百分點的保險費，反映保險公司認為日本銀行非常缺乏風險管理政策。

　　下面這段出現在 1995 年《華爾街日報》的文字提醒我們：「英格蘭銀行 (Bank of England，即英國的中央銀行) 的官員指出，他們不會把霸菱銀行的問題視為衍生性商品特有的事件，此一事件是一位交易員從事未經授權的部位操作，真正的問題在於金融機構內部控管能力以及交易所和主管機關的外部監督能力。」(工商時報，2002 年 4 月 12 日，第 31 版，徐文伯)

二、風險種類

　　評估風險是為瞭解公司整體所面臨的風險為何?並計算可能發生的最大損失金額。以券商為例，券商的營運風險來源可分為下列五項。

㈠市場風險

　　市場風險 (market risk) 是因為利率、匯率、股價和商品價格的波動而造成持有投資部位發生損失的風險，而衍生性金融商品部位的複雜度也使市場風險變大。評估、衡量市場風險方法，廣為美國券商使用者為風險值法。

　　風險管理人員必須每天評估市場風險，並判斷是否超過管理委員會和風險管理部所設定的額度，如果發現有逾越的情事，應立即向管理委員會報告，由管理委員會召集各事業部 (business unit) 和風險管理部主管會商處理，以免風險擴大。

㈡信用風險

　　信用風險是指由交易對手因不能或不願履行其義務所造成損失的風險，在證券交易時稱為違約風險 (default risk)。衍生性金融商品所產生的信用風險遠比單純的股票買賣為大，信用風險依時間可分為下列二種：

　　1. 交割前風險：交割前風險 (pre-settlement risk) 指對手在交易循環未完成前即違約所產生的風險，券商最大的信用風險通常僅限於預先墊付的金額或客戶違約

時應給付的金額，然而對許多不在資產負債表顯示的衍生性金融商品交易中，並沒有預先墊付金額或本金的交易，因此損失風險則視對方違約情況而定。風險管理部對違約發生機率之衡量通常考量以下五個因素：

　　⑴交易對手的信用等級：信用等級愈高的交易對手，發生違約的機率愈低。

　　⑵交易對手集中程度：假設交易對象的信用等級相同，交易對手越集中於少數客戶，則券商所承受風險將越大。

　　⑶交易的到期時間：交易的到期時間愈長，交易對手的信用狀況越可能惡化，所以違約機率也越高。

　　⑷交易對手的交易動機：如果衍生性交易是用來規避本業上的風險，違約發生的可能性就比較低，如果是投機交易的違約機率相對較高。

　　⑸價格波動率：金融價格波動越劇烈越可能產生重大損失，以致交易對手的財務發生困難。

　　以上述因素計算發生違約機率，並透過下列公式計算潛在的違約損失：

$$潛在的違約損失 ＝（暴露風險－取回金額）×違約機率$$

　　2.交割風險：交割風險 (settlement risk) 是當券商履行其義務時，但是對手卻未履行其義務所造成的損失風險。交割風險通常跟結算制度有關，交易跟交割同時完成則交割風險就不存在；然而交易日跟交割日很少在同一天。就美國股票市場來說，交易日跟交割日（T＋3天）之間相隔三天，因此如果交易完成後，股價出現大跌，交易對手因此拒絕交割，券商將因此蒙受損失。對於交割前風險和交割風險，券商應分別計算並控制。

　　信用風險可藉由適當的風險衡量、持續的監視、適時重評對方信用等程序，以有效管理。要做好信用風險管理的先決條件是必須有確實的徵信制度，經過確實徵信後，再依據客戶信用和擔保品提供的情形決定信用額度。應隨時掌握客戶信用情形，美國大型券商已把信用管理電腦化，電腦可即時計算擔保品的變現價值以確保債權。跨國券商對於信用風險的管理大多集中由總公司控管，各分支機構的信用風險限額須經總公司風險管理部核准，如此才能計算整體公司承擔的風險。

㈢作業風險

　　作業風險 (operational risk) 係源於券商業務人員的疏失、電腦系統失效和內部

管理疏失所引發的損失風險，由稽核人員查核作業流程以瞭解作業流程是否有瑕疵，因為不當的作業循環可能使作業風險大幅增加。

有些券商實施「風險自評制度」(risk self-assessments) 以管理作業風險，要求業務人員必須積極參與。首先要求業務人員針對自己所負責的業務找出可能發生的風險並作成「風險控制檢查表」(risk control checklists)，之後定期依此表逐項自行檢查，以確保所有控制點皆已確實執行，單位主管和稽核部也定期或不定期檢查。

㈣變現力風險

變現力風險是指持有資產無法以當時合理的市價迅速變現，或償還到期債務的風險。要想有效管理變現力風險，券商必須訂定每日的變現力風險管理策略，此策略必須通盤考量公司各部門資金運用情形。風險管理部和財務部應經常檢討資金運用策略的允當性，此外必須假設可能的異常狀況，訂定緊急應變計畫 (contingency planning)，以因應現金流量的緊急需求。

㈤法律風險

法律風險 (legal risk) 是因財務、貨幣政策改變、價格管制、外匯管制、貿易管制、法令制度不健全導致企業發生損失的可能性，以及機構交易契約的規範和適法性不足，以致無法履約而產生的損失風險。跨國經營的券商因為對國外法律不熟悉，因此法律風險也比較高。如果在執行投資或簽訂契約等法律行為前，最好事先由法務人員針對其權利、義務進行評估，在法律風險可控制的情況下，才進行該項投資或簽訂契約，如此才能把法律風險降到最低。

三、風險管理三要素：覺醒、建制、行動

風險管理的目的不是要消除風險，而是透過有效率地管理風險，進而協助公司執行經營策略，把握競爭優勢，是在可接受的風險額度內，追求利潤的最大化。

要落實風險管理，最根本的是經營者必須覺醒（或自覺），認知並瞭解風險管理的重要性，進而反映在內部流程、管理規範和行為準則上。

四、這麼說，風險管理範圍很大

有些人討論風險管理跟內控、內稽間的關係時，採取下列看法：

目標：控制風險在可接受範圍

限制：（省略）

解決方案：　（風險管理的工具）

⑴內部控制，

⑵內部稽核，

⑶評估往來交易對手。

（部分取材自陳依蘋，「2003 財務長新挑戰」，會計研究月刊，2003 年 1 月，第 45 頁）

五、風險管理內部控制

IOSCO 提供券商風險管理內部控制的指導標準 (benchmark)，可以分成五個組成要素，詳見圖 17–1。

㈠控制環境 (control environment)

⑴公司必須建立一機制，來確保其有內部會計控制和風險管理機制。

⑵公司高階管理者（以總經理為主）必須確保風險管理系統，是由資深管理階層所設立和監督，並明確釐清各項控制系統的權責。

㈡控制的本質和範圍 (nature and scope of controls)

⑴內部控制指導原則必須涵蓋會計控制和風險管理。

⑵會計控制必須包含各種帳冊、紀錄的權責和規定，以保障公司的資產和客戶的財產安全。

⑶風險管理對象應包括公司整體和個別交易檯 (trading desk) 的各項風險。

㈢執行 (implementation)

⑴高階管理者必須把資深管理階層對於風險管理的指導原則，　傳達給各事業部，作為各層級風險管理的原則；而當資訊是給較小或個別的交易檯時，這原則應力求具體、詳細。

⑵公司應備置有關管理程序的書面文件。

㈣確認 (verification)

⑴公司管理階層建立控制系統後，須確認該系統已依規定設計，並在現行作業基礎上有效運作。

⑵公司經營階層必須建立一機制，以確認控制系統被確實執行，確認程序應包含內部稽核和外部稽核；內部稽核應獨立於交易檯和業務部，而外部稽核應該由獨立的會計師擔任。

⑶公司應確保控制系統能夠隨著產品和產業科技的發展，隨時擴充系統功能。

㈤揭露 (reporting)

　　1.公司應建立一套機制，在控制系統發生嚴重不足或損壞時，能夠及時向管理階層報告。:

　　2.公司應隨時準備提供有關控制活動的揭露資訊給主管機關,不同主管機關間應建立一套控制機制，以便分享資訊。:

六、券商內控暨內稽整合架構

　　以「證券暨期貨市場各服務事業建立內部控制與內部稽核制度實施要點」所規範的八大循環為主軸，編訂五大單元，其架構如圖 17–2。

第二節　日本券商的風險管理制度

　　「沒吃過豬肉，也要看過豬走路」，依此道理，縱使你沒在實務界工作，親身體會投資的風險管理制度。但是本書卻可作一扇窗，你可以在學校中看到實務的運作，限於資料的完整性，本節不以美系券商而以日系券商為例說明。

一、取法金融業

　　一般公司金融投資是兼著作的，比較像業餘的，至於金融業則是靠這個吃飯，因此「術業有專攻」。鑑於「取法其上，僅得其中；取法其中，僅得其下」，所以一般公司想做好投資的風險管理，最好向金融業「取經」。

二、為什麼不以臺灣來舉例?

　　臺灣券商據以參考訂定內部控制制度的「證券商內部控制制度標準規範」，從新版「證券暨期貨市場各服務事業建立內部控制與內部稽核制度實施要點」公告實施後，雖然經過多次修訂，仍以證券法令規章為主，內容比較偏重遵循法令和內部稽核作業。美、日等先進國家認為完整的內部控制制度應包含遵循法令、風險管理和內部稽核的標準，臺灣券商對於風險管理、風險評估的規範較為不足。櫃檯買賣中心員工訪談多家券商顯示，上櫃券商為符合「公開發行公司建立內部控制制度實施要點」第 31 點有關出具內部控制明書的規定，而每年辦理一次自行評估外，未上櫃券商大都未實施自行評估制度。

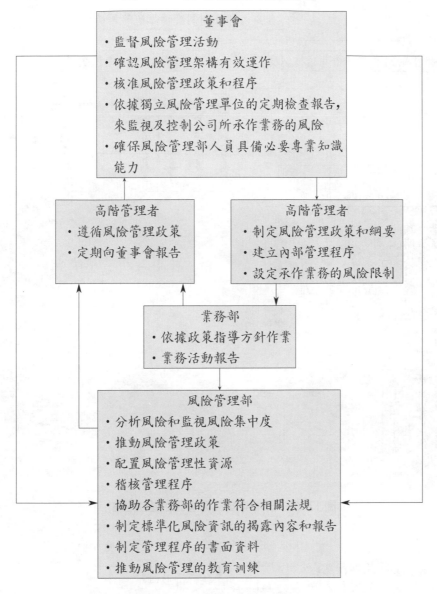

圖 17-1　公司風險管理機制架構

三、日本券商風險管理的組織設計

日本證券相關法規並沒有強制規定券商風險管理的組織應如何建制和運作，以下是歸納日本大型券商實務運作情形，詳見圖 17-3。

圖 17-2 「證券商內部控制制度暨內部稽核制度標準規範」架構

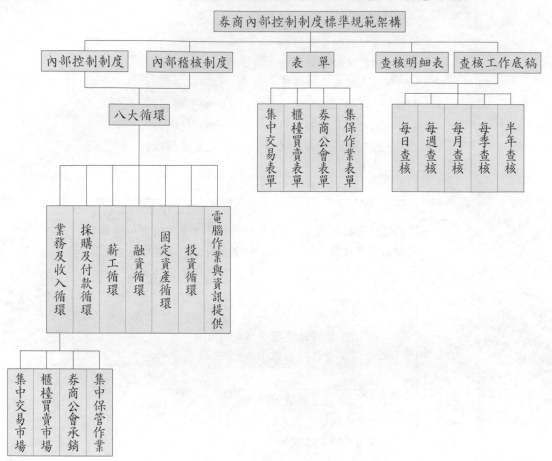

圖 17-3 日本券商風險管理的組織設計

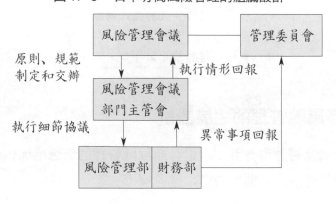

㈠風險管理會議

風險管理會議是日本券商風險管理的最高指導組織，其成員包括總經理、副總經理、各部門主管和監察人代表；每三個月開會一次，決定下列議題。

　　(1)市場、信用和變現力風險的管理方針，

　　(2)設定市場、信用和變現力風險的最高限額，

　　(3)制定各種風險管理相關規範，

　　(4)分析和檢討風險管理部提出的信用和市場風險評估報告，

　　(5)分析和檢討財務部提出的變現力風險評估報告。

㈡管理委員會

風險管理會議負責建立風險管理原則和架構，**管理委員會 (management committee)** 是由資深主管所組成，負責日常性事務的監督，並指導風險管理部和財務部處理異常、緊急情況。

㈢風險管理會議部門主管會

為了落實風險管理會議的決議，和協調各部門，因此設立「風險管理會議部門主管會」，成員包括商品部、各事業部（例如經紀）、承銷部、監察人辦公室、法務室、財務部和風險管理部的部門主管。會議大約每月召開一次，主要議題和任務如下。

　　(1)風險管理會議交辦的事項，

　　(2)針對風險管理會議已決定執行原則的案件的執行細節，

　　(3)分析和檢討風險管理部提出的信用風險和市場風險評估報告，

　　(4)分析和檢討財務部提出的變現力風險評估報告。

㈣風險管理部和財務部的分工

風險管理部主要負責信用市場和信用風險的管理，財務部負責變現力風險的管理，當發現異常情況時兩單位直接向管理委員會報告。

四、風險管理程序

㈠市場風險

有關如何計算市場風險，日本「證券會社之自有資本關係規則命令」的規定，市場風險約當金額的計算有下列二種方式可供券商選擇。

　　1.**第 6 條──個別法**：「個別法」跟臺灣資本適足率計算市場風險約當金額方

式相似,是券商資產負債表表內和表外部位,依其公平價值乘以一定風險係數所得的價格波動風險約當金額。

　2.**第8條──分解法**:分解法以風險值計算,其信賴區間應以99%計算,日本大型券商大多採行分解法。

市場風險管理流程詳見圖17–4,仔細說明於下。

　(1)風險管理會議依公司所能承受的風險總額分析,決定商品部所能持有的衍生性金融商品、有價證券投資等部位的限額。

　(2)風險管理部每日監控商品部持有的衍生性金融商品、有價證券投資部位,並計算其約當風險金額,以確定市場風險沒有超過風險管理會議決議限額。

　(3)風險管理部應每日向管理委員會報告市場風險管理情況。

圖 17–4　日本券商市場風險管理流程

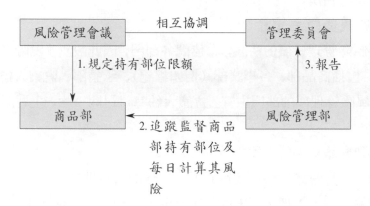

(二)信用風險管理

信用風險管理著重於衍生性金融商品和有價證券交易對手,日本券商也可替客戶發行商業本票、可轉讓定存單,因此發行公司的信用風險管理非常重要,信用風險管理流程如圖17–5。

　(1)風險管理會議規定公司對整體客戶授信的限額,即公司所願意承擔的信用風險限額。

　(2)當客戶到營業部開戶打算買賣衍生性金融商品、有價證券等,或有客戶委託公司代為保證和發行商業本票、可轉讓定存單時,營業部應蒐集客戶的基本資料、財務狀況、信用評等記錄等資料進行初步分析,當初步審核通過時,再把案件移送

至風險管理部以申請授信額度。

⑶風險管理部在接到營業部的申請案件後，　立即就該客戶的信用情況進行審核，並於考量（風險管理會議所規定的）整體信用風險限額後回覆營業部該客戶授信限額，　並隨時追蹤營業部對授信額度的管理情形。

⑷風險管理部應每日向管理委員會報告信用風險管理情形。

圖 17-5　日本券商信用風險管理流程

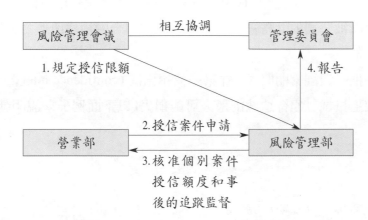

(三)變現力風險（資金調度風險）

變現力風險又稱資金調度風險，外部和內部環境的變動都可能嚴重影響券商資金調度的能力，資金調度出現問題可能導致券商信用受損甚至倒閉的危機。

變現力風險管理流程如下，其流程圖跟圖 17-4 相似。

⑴風險管理會議依公司資金運作的情形，　決定商品部所能運用資金的限額。

⑵財務部每日監督商品部資金使用情形，以確定其沒有超過風險管理會議決議限額。

⑶財務部應每日向管理委員會報告資金運用情形。

第三節　市場風險的衡量——專論風險值 (VaR)

2002 年，六個標準差 (6σ) 可說是臺灣最紅的企管觀念，可說跟女子三人組合唱團 S.H.E 一樣紅。同樣的，在金融業，最紅的則為運用標準差以衡量持有資產可能損失金額、機率的風險值 (value at risk, VaR)；也就是衡量部位的市場風險有多大。

在本節中，我們先說什麼是風險值等，在第五段才說明為什麼這觀念會這麼重要。

一、風險值快易通

風險值（value at risk, VaR，或稱涉險值）提供了一個彙總金融資產投資組合整體風險的數字。

風險值最常見的說法是：「有 X% 的可能性，在未來的 N 天裡，我們所持有的金融資產損失將不超過 V 元。」其中 V 代表的就是投資組合的風險值。

風險值逐漸被公司的財務管理者、基金經理和金融機構所廣泛使用。

㈠圖解風險值

風險值是指一段觀察期間內，在某一信賴區間 (confidence interval) 內，市場價格變動對金融工具或其組合造成的最大可能損失；以下面例子來說明就很容易令人瞭解了。

已知：

$\overline{X} = 50$ 元，2002 年台積電平均股價

$\sigma_R = 30\%$，2002 年台積電股票報酬率標準差

$1.65\sigma_x = 1.65 \times 30\% \times 50$ 元 $= 24.75$ 元

棄值 (critical value)

$= \overline{X} - 1.65\sigma_R\overline{X}$

$= 50 - 1.65 \times 30\% \times 50$ 元

$= 25.25$ 元

即台積電股價跌到 25.25 元以下的機率只有 5%!

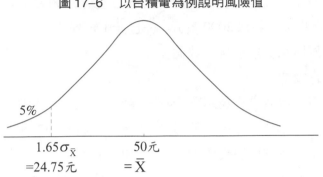

圖 17–6　以台積電為例說明風險值

㈡簡單的說

　　簡單的說，風險值是一種機率的運用，敘述投資組合價值受市場變數 (factor)影響，在某特定時段內發生波動，而造成的潛在變化。例如，在 99% 的信賴水準下，投資組合的每日風險值是 2000 萬元，也就是在一般正常市場狀況下，只有 1% 的機會，會產生超過 2000 萬元的虧損。這個數字，明確顯現其市場風險暴露程度，也可以讓高階主管瞭解價格下跌對該公司不利的變動。

㈢風險值在風險管理的運用

　　風險值可運用於各公司，作為風險暴露程度的參考，其運用方式 (application)可分類如下。

　　⑴消極性 (passive) 資訊回報：風險值最早的運用即是衡量總體性風險，可告知(apprise) 高階主管，所有交易和投資部位發生風險的可能性。

　　⑵防禦性 (defensive) 控制風險：公司可以風險值為依據，訂立部位限制 (position limits)。

　　⑶積極性 (active) 管理風險 (managing risk)：風險值已廣用於各公司的事業部、交易的資金配置，甚至是全公司的管理。(經濟日報，2003 年 2 月 9 日，第 17 版，范秋鳳)

　　除了作為風險管理外，風險值有資本計提、績效評估、商品定價、內部計息等具體功能。

㈣風險值的不足

　　風險值只是一個門檻，我們知道在未來損失超過此門檻的機率，卻不知道當損失超過此門檻時，究竟會有多糟。舉個例子，銀行本身持有的部位（包括債券、股

票和外匯等等）共 1 億元，而我們算出來的風險值為 2000 萬元，也就是說在未來十天有 1% 的機率損失會超過 2000 萬元。一旦此 1% 不幸的情形發生時，到底會損失多少呢？傳統風險值並無法告訴我們。

㈤條件風險值的優點

風險值雖然可供經營者作為風險管理的參考，但是一旦最糟的情形發生時，單單只考慮風險值的大小似乎是不夠的。近來也有越來越多的學者把研究重點放在條件風險值上，其中以佛羅里達大學的尤瑞塞 (Stanislav Uryasev) 教授最有名。

條件風險值 (conditional VaR, CVaR) 或稱為超越風險值 (beyond VaR)，是指當損失超過風險值時，損失的期望值為多少。同上一個例子，一旦損失超過 2000 萬元時，我們計算出其期望值為 3500 萬元，3500 萬元即為條件風險值。（經濟日報，2002 年 9 月 29 日，第 17 版，張大成）

二、風險值的相似觀念

風險值只是市場風險衡量方式之一，其他常見方式還有下列二種。

㈠不同類股擬訂不同風險係數

財政部的保險業風險基礎資本 (RBC) 制度計算辦法，把股票依不同類股給予不同風險係數，部分業者擔心影響股市行情，主張不分類股訂定風險係數。

2003 年 RBC 制度的實施，制度中有關風險計算方式，攸關新制實施後，保險業是否符合法定 200% 下限規定，備受業者關注。一旦不符合規定者，就須辦理增資或處分高風險資產。

依 RBC 專案小組的草案，對於上市股票的風險係數是依不同類股，訂出不同風險係數，共分十幾類，風險係數最高的是電子類股 0.45，最小的則是觀光類股 0.19，至於未上市股票一律是 0.7。

保險業者表示，電子產業的景氣週期原本就比較短，波動較大，因此電子類股的風險係數較高，應可理解。但是也有保險業者認為，如果依類股計算風險，一旦發布實施後，可能衝擊部分類股的行情，應像未上市股票一樣，不必分類股，所有上市股票均適用相當風險係數。

美國等部分國家對上市股票的風險，也沒有分類股，但是臺灣股市屬淺碟型市場，兩者情況不同，分類股作法可能造成股市波動，但是可以更精準掌握保險業的風險情況。（經濟日報，2003 年 1 月 27 日，第 25 版，邱金蘭）

㈡債券價格的利率彈性

　　債券價格的利率彈性 (price value of a basis point, PVBP)，評估利率每上升一個基本點，會導致債券或貸款多大的價格變動，銀行可先推算出損失上限是多少，可能是 80 萬元，可能是 150 萬元，都會比單給一個交易金額的上限有意義。

三、模型運用時相關計量問題

　　風險值模型的關鍵在於風險測度（risk measurement，風險衡量），這是投資管理書中的核心問題，相關議題和作法詳見表 17–1。表中的風險衡量比較合理的是採用半標準差，即僅衡量對自己手上部位不利的方向。不過，如果標準差跟半標準差相距不大，那麼兩者便可替換了。

　　風險值模型的執行步驟如下。

　　⑴風險因子估計，風險因子是指模型的自變數，

　　⑵相關性分析，

　　⑶風險值，

　　⑷壓力測試 (stress testing)，考慮真實情況對價格的影響，

　　⑸情境模擬，尤其是把悲觀情況考慮進來，

　　⑹敏感度分析。

　　其中預測期間的長短的取捨於下列二項因素。

　　⑴目標：主要是投資期間。

　　⑵預測誤差，即當模型向前預測期數越長（例如 5 或 9 期）則越不準，此時大可不必假戲真做，拿一些「不知對錯」的資料煞有其事的去研擬對策，此即資訊期間觀念的運用。

　　國際性研究機構 G30（或 G–30）在 1993 年 7 月所發布的「衍生性商品：實務和準則」，其中建議以 VaR(95%, 1 Day) 作為風險測度的共同標準。

表 17–1　風險值模型運用時的相關細節

相關內容	說明
一、風險測度	詳見拙著《實用投資管理》(華泰文化) §6.3 報酬率標準差專論。
㈠歷史標準差 (HSD)	

滾期 (roll-over HSD)	可說是風險值法中的歷史模擬法，或稱為歷史風險值法。
(二)隱含標準差 (ISD) 　1. 未加權 (ISD) 　2.加權平均隱含標準差 　　(WISD) 　3. 預測隱含標準差 (GAR 　　CH-ISD)	僅適用於選擇權類金融工具。
(三)預測標準差 (FSD)	常見方法為 GARCH 模型，其次為風險值方法；可說是風險值法中的蒙地卡羅法。
二、風險測度期間	
(一)預測期間 vs. 估計期間	1.模式（或風險）估計期最好為預測期間的三倍，即預測期為 90 天時，估計期宜為 270 天（即一年）以上。
(二)預測期：一期	2.分（日內的個體結構）、日、週、季，視需求、資料可行性而定。 但宜以 §10.3 風險部位的衡量中所說的資訊期間為限。
三、風險的機率分配	1.常態分配， 2.GARCH 等分配（厚尾）。
四、信賴區間（括弧內為常態分配的標準差倍數）	常見的為 95%（1.65 標準差）、其次 97.5%、90%（1.28 標準差），少見 67%。

(一)風險值的計算

有關風險值的評估方法，至少有三種主要方法，詳見表 17–2。

1.**歷史模擬法 (historical simulation VaR)**：歷史模擬法是利用過去一段期間內金融工具市場價格變動，計算其淨現值變動量（net present value change，即其報酬 returns），再以統計方法估計該項金融工具可能遭受損失的情形。

2.**變異數─共變異數法 (variance-covariance VaR)**：本法又稱解析式風險值 (analytic VaR)，把金融工具依其基本元素 (building-block) 或市場因素解析成 delta equivalent（即金融工具價格對某一因素之一階微分），建立其機率分配後，用標準統計方法計算風險值；通常使用歷史資料來建立市場因素的變異數─共變異數矩陣。現成軟體例如摩根銀行發展出的 risk metrics。這方法的優點為計算簡便，缺點則為假設常態分配或對數常態分配，而且不易處理選擇權商品。

3. 蒙地卡羅模擬法 (monte carlo simulation VaR)：蒙地卡羅模擬法是依據理論上的機率分配，隨機取得一組金融工具的市場價格，以取代市價。這種方法比較具有前瞻性，其缺點則為計算困難和缺乏相關衍生商品的機率分配，且其相關係數需由歷史資料計算。

表 17-2　VaR 不同估計方法的優缺點

估計方法	優　點	缺　點
歷史模擬法	容易使用和解釋。	預測要正確，必需是歷史會再重演。
變異數─共變異數法	1. 計算簡便。 2. 有現成資料庫和套裝軟體。	1. 假設常態分配。 2. 不能處理價格波動非線性關係的金融工具。
蒙地卡羅模擬法	1. 具有較大彈性。 2. 可分析價格波動非線性的金融工具。	分析的系統、電腦程式和資料建立等花費較大。

(二)要加上「本土化」的修正

臺灣證券市場有漲跌幅限制、債券市場和信用市場有成交量低的問題，因此許多的研究報告提出，在沒有經過資料或模型修正前，幾乎沒有一種風險值模型可以直接的套用於臺灣金融市場上。

四、風險值模型的執行

不同風險值模型的優缺點跟其風險衡量方式等有關，此處不再贅敘，只說明實務執行上的一些規定。

(一)風險評估的執行

在金融業，風險值通常由風險管理部的**數量分析師**（即海外俗稱的 Quant）在電腦軟體計算而得，由於計算常細到以盤中價來結算，所以軟體功能較高，軟體售價非常高（例如 30 萬美元）。

非金融業面臨的風險部位並不複雜時，風險值可藉由現成軟體算出，由財務人員兼任即可。

(二)銀行業最常使用

最直接被風險值模型風掃到的首推銀行業，因為**巴塞爾銀行監（督管）理委員**

會 (Basle Committee on Bannking Superrision) 要求其會員銀行 2004 年起遵循其「新資本協定第 2 版」(Amendment to the Capital Accord to Incorporate Market Risk 或 Basel II)，其中衡量市場風險方法有標準衡量法 (standardized measurement method)、內部模型 (internal model)，風險值方法屬於後者。

五、風險值模型的歷史演進

風險值並不是一天就紅起來，它也奮鬥了十年，它的歷史演進如下所述。

(一) 1993 年 G－30

1993 年 7 月，由全球先進工業化國家的銀行業者和財務學家組成的 30 人團體 (G－30) 發布報告，建議金融機構必須使用風險值系統去評估市場風險，且類似的建議已被信用評等公司（包括標準普爾和穆迪二家公司），以及一個交易團體國際交換與衍生性產品協會 (ISDA) 採用。

(二) 1994 年美國摩根銀行

1994 年，摩根銀行 (JP Morgan) 總裁魏樂斯 (Dennis Weatherstone) 要求財務部，在每天公司結束營業後遞送一頁報告給他，此份報告彙總該公司的全球性涉險程度，並且估計對未來 24 小時內可能遭受的潛在損失，這就是摩根有名的「4.15 報告」，因為報告必須每日下午 4 時 15 分前送到，也是風險值這個非常成功的管理工具的起始。

該銀行在 1994 年 10 月提出一套免費使用的風險矩陣系統，最初用來為 14 個國家的 300 多種金融工具衡量風險，並且擴張的十分快速。結果也使得金融機構的市場風險更加透明化，並且培養出許多潛在的使用者，以及激勵了競爭對手去做更多的學術研究和發展出更先進的風險管理系統。

(三) 1999 年巴塞爾資本協定

國際清算銀行 (BIS) 在 1999 年 6 月提出的巴塞爾資本協定，讓銀行發展自己的風險評估模型空間擴大，也就是銀行本身將有更多的機會計算風險值。雖然這個協定沒有法律上的強制力，卻為國際金融界所重視，協定內容將會對銀行的經營產生深遠的影響；因此風險值的衡量是銀行經營的重要課題之一。

以巴塞爾資本協定的規定為例，其 N 為 10，且 X 為 99。所以在計算銀行的資本適足率時，他們考慮在未來十天裡，預期發生損失超過風險值的機率只有 1%。

雖然 2003 年年底，此協定會更新，即新版巴塞爾資本協定（Basel II），但重

點在於銀行信用風險。(工商時報，2003年2月16日，第9版，陳駿逸、洪川詠)

㈣有糖就有蒼蠅

外國的信用評等公司陸續登臺，或是國際知名風險管理顧問與系統公司(例如 riskmetrics、KMV、Kamakura、新加坡技量等等，包括美、日、韓、新等國家)紛紛來臺爭取風險管理市場的大餅。

◆ 本章習題 ◆

1. 請你作表把五項風險整理於一個表上，以便記憶。

2. 每桶油價每上漲 1 美元，對華航的盈餘會降低多少？

3. 舉出最近一件大金額的股票投資人違約交割，都是哪些券商比較容易碰到嘔客戶？

4. 試說明風險管理、內部控制和內部稽核的差異。

5. 以圖 17-2 為基礎，上網查已上櫃的券商，哪些有照規定做？

6. 以圖 17-3 為基礎，餘同第 5 題。

7. 請說明市場風險（或市場價格）風險對 DRAM 等上市公司的影響。

8. 再找一個例子，重新說明圖 17-6。

9. 找一篇最近研究風險值的碩士論文，瞭解其如何運用風險值。

10. 如何運用風險值模型衡量你主科被當的機率？

第十八章 ━━━━━━━━━━━━━━━━━━━

衍生性金融商品快易通

　　贏家的想法與作法是一致的，贏家跟輸家的差別都只是在一念之間，對股市多、空，贏家不堅持己見，但輸家卻很堅持。

　　贏家在強勢股突破時加碼，輸家等到飆漲高峰進場，忍到末跌段才肯出場。

　　贏家在賠時很快停損，賺時再加碼；輸家在小賺時就跑掉，但大賠時卻往下攤平。

　　贏家作好資金管理，輸家投入全部資金。

　　投資股票、期貨分別只要五年及半年就可印證，可惜一般投資人的操作多半偏向輸家一邊，而超級大戶或在市場長期下來賺到錢的人，均採贏家手法。

——李文興　元大京華期貨公司總經理

　　經濟日報，2003年1月25日，第10版

學習目標：

財務長、交易人員看了第一、二節便可知道該採用什麼衍生性商品來避險。

直接效益：

看懂本章和 §21.4 匯兌風險管理，企管、財務等顧問公司所開授匯兌、利率和股票的避險課程大概可以不用去上，至少可省下 12 小時上課時間、2 萬元的訓練費用。

本章重點：

· 五分鐘讓你搞清楚遠期市場、期貨、選擇權和資產交換間的關係。§18.1 二
· 金融交換的種類。§18.1 三㈡
· 資產交換的定價並無理論模式，全憑供需力量。§18.1 三㈢
· 交權、期權、交換期貨是啥米碗糕？圖 18-2
· 以臺幣計價的衍生性金融商品。表 18-3
· 臺股期貨交易流程。圖 18-3
· 遠期市場、期貨、選擇權和資產交換定價的基礎。表 18-4
· 看懂（臺股指數）期貨行情表。表 18-5
· 遠期外匯的定價。§18.2 三
· 遠匯、利率交換的參考利率。附表一
· 未平倉量對多空格局的判斷。表 18-6
· 各類資產報價方式。表 18-7
· 基本點報價對萬元計價交易的影響。表 18-8
· 利率交換、換匯行情表解讀。表 18-10
· 外匯選擇權報價。§18.4 四
· 金融行情表「買入」、「賣出」價是站在金融機構立場。§18.4 五

前言: 避險不難, 投機卻需要功力

就跟買保險把風險移轉給別人, 就能花錢消災一樣, 同樣的, 不少營運 (或事業)、財務風險可以透過遠期市場、選擇權、期貨和資產交換等工具, 移轉給交易對手。

本章主要討論如何透過衍生性金融商品來規避風險, 但不討論如何藉此以投機獲利。學會安全開車很容易, 但想當個一級方程式賽車手可就需要十倍以上的訓練, 而且有這種需求的人也不多。在選擇權、期貨等課程中才會討論如何投機獲利。

第一節 衍生性金融商品快易通

騎馬之前, 要先瞭解馬性; 同樣的, 在運用衍生性金融工具來作風險管理之前, 也應熟悉其特性, 以免使用不慎反而被它「吃」了。

有些財務人員對於令人眼花撩亂的金融避險工具, 覺得有丈二金剛摸不著腦袋的感覺。其實, 只要瞭解其基本性質, 便可執簡御繁, 不致頭暈目眩了。

一、以生活案例來解構衍生性金融商品

由表 18-1, 套用日常生活的經驗來說明衍生性金融商品, 更容易不言而喻, 讓你可以很輕易的抓住這些看似艱深金融商品的本質。至於舉數字的例子來說明, 往往弄巧成拙, 反倒把新手弄得霧煞煞, 有鑑於此, 本書認為就近取譬, 學習效果會更好。

表 18-1　站在買方立場, 以外匯為對象來解構衍生性金融商品

衍生性商品	說　明	生活類比
遠期市場	預購	圖書預購
期　貨	跟選擇權相似, 但須繳保證金, 此外盈虧係逐日結算。當虧損超過保證金三成時, 需補繳保證金, 否則會被斷頭。	農牧產品的契作(保證價格收購)。
選擇權	付出一點權利金以取得一定期間內以履約價格取得商品的權利。	付訂金、頭期款等, 例如買預售屋。

資產交換	一段期間內以物易物。	交換學生
	1.換匯	
	2.換匯換利	

衍生性金融商品具有投資、避險 (hedging，或對沖) 的功能，因為篇幅有限，一般投資學的書皆站在避險交易者 (hedgers) 的立場來說明。我們也認為這樣的處理便足夠了，至於如何投機賺錢，那可不是三言兩語可以道破的。

二、五分鐘解構衍生性金融商品

衍生性金融商品包括遠期市場、期貨、選擇權與資產交換四大類工具，透過財務工程的驗證，依據選擇權定價大師 Fisher Black 的推理，這些避險工具是把「一天期遠期契約」此一基本積木 (building block) 加以安排後，所組合而成。為了讓你更能體會「太極生兩儀」的財務積木的說法，由圖18-1可看出，期貨、選擇權和資產交換都是從一天期遠期契約衍生出來的。

期貨在遠期交易上，加上可提前平倉、逐日結算 (mark to market)、標準化契約等特性。

圖 18-1　由遠期交易衍生出期貨、選擇權、資產交換

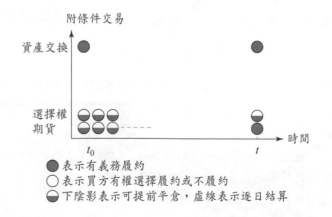

選擇權也是個固定屆期日，但是可提前履約 (就美式選擇權來說) 的遠期交易，除了加上可提前平倉交易此一特性外，額外還加上「買方有權選擇是否履約，賣方有義務履約」此一特性。

　　資產交換可說是跟現時交易方向相反的一個遠期交易的組合,具有附買回交易的精神。

　　這四類工具雖可協助公司避險,但也有其基本限制,參見表 16-9,因此仍無法達到規避各種風險的目標。金融業者為了滿足不同客戶的需求,透過財務工程,把這些工具適當組合, 便可創造出千變萬化的**金融創新商品 (financial innovation)**。無論以什麼面目呈現,但是萬變不離其宗,其基本成分仍像樂高玩具中的積木塊,因此又稱為積木理論 (building block approach)。

三、資產交換

　　1980 年代以來, **金融交換 (financial swap)** 是發展最迅速、影響最廣泛的一種金融商品;其魅力來自參與交換的雙方都是「各取所需,物超所值」,是增和遊戲 (positive-sum game), 而不像一般的交易可能是我贏你輸的零和遊戲 (zero-sum game)。從資產負債表的觀點來看, 金融交換包括**負債交換 (debt swap)** 和**資產交換 (asset swap)** 二種。

㈠資產交換的動機、好處

　　企業間交換資產的原因和利益至少有四項,彙整如下列四點。

　　⑴以交換方式取得資金可降低資金成本: 例如 A 公司取得短期資金成本較低,但卻需要長期資金;反之, B 公司取得長期資金成本較低,但卻需要短期資金。要是雙方各自出面取得其降低成本的資金,然後彼此交換,那麼雙方的資金成本皆可降低,各自發揮比較優勢,以創造、享受交換利益。除了不同金融市場的金融交換外,另一種方式為同一貨幣市場內固定利率貸款和浮動利率貸款間互換。

　　⑵以換匯方式調度資金: 可使資金調度成本降低或風險減少。全球企業子公司間對於二種外匯的供需如果能配合,則可透過換匯方式暫時互相調用,屆期時再換回;既可節省各自借入所需外匯的利率差距和買賣外匯的價差,而且又沒有外匯風險。

　　交換機會的存在, 提高了企業融資的彈性, 例如發行美元債券的最低金額為 2000 萬美元; 要是企業無力發行或不願發行美元債券, 那麼便可發行瑞士法郎債券,以交換等額的美元債券。既可享受發行美元債券的好處,而且又可規避其限制。如此融資的幣別、市場選擇性增多了, 所以融資的風險也減少了。

　　⑶以交換方式完成財務結構的調整: 可增加資產使用的效益,例如為了使資產

與負債存續期間配合，以建構不受利率波動影響的資產負債表，此外資產交換也可作為公司重建的工具。

⑷時效的掌握：預期未來資金取得可能受政府管制時，先發行長期債券，然後再交換一些短期債券。反之，如果長期資金取得比較困難，則發行短期債券以交換長期債券，透過金融交換，以達到對時效、期間的掌握。

㈡金融交換的分類

受限於標準性、變現力，實體資產的交換很少見，就跟「以貨易貨」貿易少見的原因一樣，因此大部分用於交換的標的物為金融資產。依據不同角度可把金融交換分為五類：

⑴不同貨幣交換的「換匯」(currency swap)、浮動跟固定（或浮動）利率工具交換的「利率交換」(interest rate swap, IRS)：至於幣別、計息方式皆變的則為「貨幣利率交換」(currency interest rate swap) 或稱為換匯換利 (cross currency swap, CCS)。

⑵負債交換、資產交換：負債交換的目的是為了低負債融資成本，例如平行貸款、背對背貸款。資產交換的目的則為了提高資產報酬率，例如放款或應收帳款等債權交換 (debt exchange)、換匯交易。

⑶財務交換 (swap finance)：跟外匯市場中換匯不同，這是指「同時買入和賣出等額的某一種通貨，但買賣交割日不同的外匯交易」。

⑷交換的目的如果是基於資金調度或避險需要，稱為「資金交換」(funding swap) 或避險交換 (hedging swap)。反之，如果目的在賺取利差或匯差，則稱為「投機交換」(speculative swap 或 trading swap)。

⑸交換方式如果是雙方直接進行則屬「直接交換」(direct swap)，反之，透過中介機構的稱為「間接交換」(indirect swap)。

㈢資產交換的定價

遠期匯率還有個利率平價假說作為主要依據、選擇權權利金報價也有選擇權定價模式計算出的理論價值可供參考，獨獨資產交換還帶有物物交換的精神，這因交換而產生雙贏的利益該如何分配，其實是看供需力量所衍生出的談判籌碼，雖然像利率交換等的主要對手是銀行，但是報價為什麼各個銀行有很大差異，背後便是反映這一點。

相不相信，懂得這個道理，臺灣大學財金系博士班1991年入學考試一題20分，

你就拿了大半了。

㈣利率交換

利率交換是資產交換的代表,例如持有浮動利率債券的投資人可以跟持有固定利率的債券投資人在一段期間內彼此交換債券; 債務人間也可以這麼做。

固定利率債券跟固定利率債券間交換的情形也有,最常見的便是有些債券交易商把手上的八七之三期的十五年期公債,再加碼2至4個基本點,向郵匯局換進變現力高的八七之一期公債。公債部位多的壽險公司、銀行,也想透過公債資產交換額外賺點交換利差。(工商時報, 1998年3月3日, 第13版, 柯滿鈴)

㈤油價交換

例如不少用油的公司(例如中華航空、長榮海運等航運業者)利用油價交換(oil swap)來避險,主要目的是把浮動油價改為固定油價,適用於當預期油價將走高時。例如, 以1998年4月來說, 西德州中級原油現貨價為每桶15.5美元; 業主可跟花旗等外商銀行進行油價交換, 一年期報價為16.8美元、三年期為17.15美元。

四、如何瞭解避險工具的混合物?

提及更複雜的方式,則是把資產交換、期貨、選擇權等三塊積木,兩兩結合,創造出新的避險工具,就如同馬跟驢交配生出騾、虎跟獅交配生出虎獅一樣,創造出來的產物名稱詳見圖18-2。

其中「交換選擇權」(swaptions)的標的資產是「資產交換」,也就是此選擇權的買方在有效期限內有權選擇是否依約進行資產交換,其他如期權、交換期貨的道理同理可推。

為了讓你更加瞭解交換期貨(swap futures)、期貨選擇權(future options)、交(換選擇)權的性質, 我們以利率避險來舉例說明, 由表18-2中第三列可看出三者的實際工具。

圖18-2　期貨、選擇權和資產交換的組合

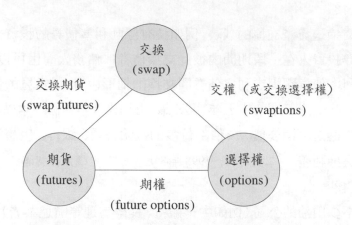

表18-2　利率避險工具的種類和衍生物

集中交易 市場工具	利率期貨	利率選擇權	利率交換
店頭市場工具	遠期利率協定 (FRA)，如歐洲美元期貨契約。	1. 利率上限 (caps)，如同賣權， 2. 利率下限 (floors)，如同買權， 3. 利率上下限 (col-lars)，如同買個 caps、賣個 floors。	遠期匯率協定 (FEA)，本金不交換，到期僅依換匯匯率 (swap rate) 之變動相互補償、平倉。
混合工具	利率期貨選擇權，例如美國長期公債選擇權 (options on T-Bond future)。	利率交換選擇權，可進行利率交換的選擇權契約。	
	利率遠期交換 (forward swap)，其實就是利率交換期貨，即未來某一天生效的利率交換。		

五、降低交易對手違約的信用風險

　　在第十七章第二節中我們已討論從事衍生性商品交易的風險，但偏重於內控制度的設計，至於有關外部、作業細則的一部分，在此說明。

　　期貨、選擇權等有集中市場交易的衍生性工具，由於有交易所負責交易對手的

違約清償，所以來自交易對手違約所造成的違約風險就比較小。

但是像遠期市場、資產交換等比較偏向議價成交的櫃檯交易，比較會有對手破產等因素造成的違約風險。以資產交換來說，因對手不履約造成我方遭受「交換風險」(swap risk)。經由下列作法，可以把交換的違約風險降到最低：

(1)慎選交換對手。

(2)慎選中介銀行。

(3)慎訂交換契約，跟附賣回契約、資產收購契約頗類似，重點在損害賠償條款。

(4)盡量減少交換金額，例如利率交換時不換本金，只換利息，而利息只交換淨額部分（例如固定利率利息和變動利率利息的差額）。換匯、換匯換利雖然需要交換本金，但利息部分盡量只交換利率差額即可。

(5)所有的支付時點盡量相同，以避免對方比你慢支付而污掉你支付的對價，以降低交割風險。

(6)設定抵押品，作為對方違約時的損害賠償保證。

(7)採取分散風險的策略，分散交換對手以減低國家風險和信用風險。

六、臺灣的衍生性金融商品市場

遠期市場、資產交換屬於直接交易，類似物物交換，因此出現的時機會較早。

至於像股票集中市場般的臺灣期貨市場的出現，遲至 1998 年 7 月才跨出第一步，交易的標的物包括期貨、選擇權、期權，初期商品以股價指數期貨、利率期貨等為主。

由表 18–3 可見臺幣資產的衍生性金融商品避險工具。

表 18–3　臺幣資產的衍生性金融商品避險工具

資產種類	遠期市場	選擇權	期貨	資產交換
（已上市）股票	–	認購權證選擇權	臺股指數期貨 股價指數期貨	–
利率	遠期利率協定 (forward rate agreement, FRA)	利率選擇權	–	利率交換 (IRS)
外匯	遠期外匯市場	外匯選擇權	外匯期貨（未開	換匯換利

	1. 一般 (DF) 2. 無本金 (NDF)	放)	換匯
不動產	–	–	–	土地交換

七、衍生性金融商品交易流程

　　期貨、選擇權屬集中市場交易，交易流程跟股票等集中市場交易皆大同小異，重點在於投資人帳上要有錢才能下單，以臺股期貨為例說明，詳見圖 18-3。

圖 18-3　臺股期貨交易流程

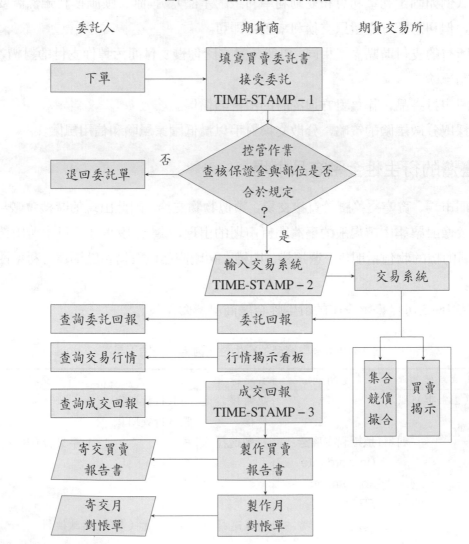

第二節　遠期市場、資產交換定價快易通

　　許多人覺得衍生性商品莫測高深，主因在於不知如何評估其價值，尤其是選擇權定價理論，很多人縱使唸過，但是苦於沒有電腦程式，因此也覺得似懂非懂。

一、說穿了，其實並不難

　　唸財務的書很容易被一大堆特定情況的評價模式、報酬率計算方法搞得暈頭轉向，反倒「只見毫末，而不見輿薪」，更慘的是「因木失林」，反倒被弄糊塗了。

　　「讀書不志（誌）其大，雖多而何為」，既然四種衍生性商品皆從一天期遠期契約衍生而來，而遠期市場跟即期市場最大的差異在於「未來存在著許多不確定因素」。也就是說四種衍生性商品的定價都是即期價格再加上未來預期，一般來說，就跟正常情況的利率期間結構一樣，長天期利率高於短天期利率，使利率（或報酬率）曲線呈現向上傾斜、正斜率。

　　至於四種衍生性商品價格（可視為前述長天期利率）比即期市場（可視為前述短天期利率）價格要高（或低）多少，是看供需雙方對未來預期是否有平衡點而定。因此，由表18–4可見，總的來說，除了下述二種情況外，本處的主張是適用的：

表 18–4　四種衍生性金融商品的定價基礎

商品	遠期市場	期貨	選擇權	資產交換
市場定價主要想法	對未來之預期。但是遠匯有特殊計算方式： 1.一般遠匯：利率平價假說， 2.無本金遠匯：利率平價假說再加上升貶值之預期。	對未來之預期。	以 Black & Scholes 為基礎的選擇權定價模式，計算出選擇權理論價值。	如同物物交換，以雙方談判力量找到平衡點。

　　⑴遠期匯率的決定「主要」（但並非完全）是依據利率平價假說，詳見下段說明。

　　⑵任何具有選擇權性質資產（最常見的為認購權證、轉換公司債）則「主要」

依選擇權定價模式來評價，將於第十九章說明。

二、期貨反映著預期心理

衍生性商品反映對未來預期的、隨手拈來的例子便是股票指數期貨，由表 18–5 可見，第 2 欄為天期，計有當月、次月。二個天期的臺股指數期貨，由第 7 欄成交價（或可說收盤價）可見。

1. 呈現正價差：投資人對後市只有稍微「看多」，因此期貨價格略高於現貨價格，呈現「正價差」，例如 2003 年 7 月期貨成交價為 4658 點，比 6 月 2 日當天現貨市場（即股票集中市場）收盤價點低 34 點，一個半月才到期的期貨為什麼比現貨價低一些，幾乎是供需心理，期貨理論價值頂多反映著保證金的利息成本，不是重要因素。

2. 遠天期期貨契約小生怕怕：由第 9 欄「今日預估成交量」可見，期限越長的期貨，成交量越少。

表 18–5　臺股指數期貨行情表　　　　　2003 年 6 月 2 日

商品名稱	月份	報價單位	開盤	最高	最低	收盤價	漲跌	今日預估成交量	前日未平倉
臺灣 TATEX 臺灣期貨交易所									
臺股指數現貨		點	4620.54	4706.55	4612.10	4692.94	137.04		
臺股指數期貨	6	點	4559	4670	4557	4665	155	35509	28486
臺股指數期貨	7	點	4555	4658	4550	4658	155	153	302

資料來源：經濟日報，2003 年 6 月 3 日，第 21 版。

三、遠期市場的定價

遠期市場中，以遠期外匯市場（俗稱遠匯）定價比較有公式，一般遠匯採取利率平價假說。以 2003 年 6 月 3 日為例，其結果：

$$遠期臺幣匯率 = 即期匯率 \times [1 + （臺幣利率 - 美元利率）] \times \frac{T}{360}$$
$$= 34.74 \times [1 + (1.525\% - 1\%) \times \frac{T}{360}] = 34.90 （一年期遠匯）$$
$$簡單算法 = 即期匯率 + 換匯點$$

$$換匯點 = 利差 \times \frac{T}{360}，銀行報價以換匯點報價$$

T 代表期間，此處為一年期

四、參考利率

遠匯、利率交換皆涉及利率差，那麼各銀行在報價時，又是參考什麼利率呢？請見附表 1。

◆ 第三節　期貨投資快易通

2003 年 2 月，期貨開戶數突破 60 萬戶，其中很多是衝著個股選擇權來的。

一、價差看預期

期貨的交易價格可視為市場多空雙方對結算日行情的預期，因此一旦市場氣氛對後市轉趨樂觀時，常常以正價差呈現；反之市場對後市悲觀時，多呈現逆價差。

藉由價差的變化，可感受目前市場的氣氛變化，不過市場的氣氛常會過分擴張；上漲時過分樂觀，下跌時卻又過度悲觀，此時投資人常會出現頭部追高底部殺低的動作。

期貨跟現貨具有結算日強制相等的規定，一旦出現價差幅度過大的現象，套利交易者將可藉著買賣現貨和期貨來賺取低風險的獲利，在此約束之下，市場上價差幅度多處於一定範圍之內。這時藉由價差幅度不正常的擴大，可以提供投資人警訊，一般來說如果價差幅度達到 2% 左右，便須提防市場有趨勢的轉向。

一旦市場出現較大的逆價差幅度，理論上來說，套利者將可進行買期貨放空現貨的操作獲利，不過現實條件卻無法執行，往往造成逆價差不易收斂的現象，2002 年 9 月底高達 4% 以上的逆價差便是最好的例證。

至於正價差幅度在市場效率化之下不易過度延伸，一般來說以套利成本等因素考量，2% 左右便面臨相當的修正壓力。

二、未平倉量

未平倉合約量（open interest, 簡稱 OI）是指還沒賣掉的買方口數（多頭部位）

或還沒回補的賣方口數（空頭部位）。由於買方跟賣方口數相等，因此未平倉多頭部位等於未平倉空頭部位，也等於未平倉合約量。

舉例來說，假設今日摩台指未平倉量為 5 萬口，則表示市場上還有 5 萬口多單和 5 萬口空單還沒有平倉出場。

由於期貨市場為零和交易，期指市場獨有的未平倉合約和價差變化，說明的是市場交易人的籌碼變化和心理層面變化。

㈠未平倉量分析重點在於數值變化

成交量代表當日市場成交的總數，代表投資人參與市場的意願。

未平倉量代表等量的多頭部位和空頭部位，而期貨契約大部分會在交割日前平倉，因此未平倉量多寡代表市場潛在的動能，未平倉量越大代表多空雙方僵持的動能越大。

由於期貨有固定的到期日，不同的期貨契約又代表相同的根本資產，因此分析價量和未平倉量關係時，正確的作法應是以交易最熱絡的近月契約當做價格指標，而把各月份的成交量和未平倉量加總合計作為觀察的對象。

未平倉量和成交量的分析重點，不在絕對數量的多寡，而在於變化數值的大小，通常由未平倉量的變化可以概略分析出當日交易者的動機，如果成交量增加而未平倉量卻減少，在漲（跌）勢中代表多（空）頭開始獲利出場，空（多）頭被軋而認賠回補；而在明顯的單邊趨勢中，不論價格的漲跌，成交量與未平倉量都要增加才能得到確認，這是期貨跟現貨的價量分析不同的地方。（經濟日報，2002 年 12 月 1 日，第 10 版，張滫文）

㈡輔以未平倉量來判斷多空

由表 18-6 可見，未平倉量分析跟價量分析的精神極為雷同，當價格上漲時未平倉量隨之增加則可確認多頭走勢，是為實多。同理，當價格下跌時，未平倉量也必須隨之增加才能確認空頭走勢，是為實空。反之，如果期貨價格上揚但未平倉量卻減少，則漲勢無法得到確認，是為虛多；價格下跌未平倉量減少，則跌勢無法得到確認，是為虛空。

表 18-6　未平倉量對多空格局的判斷

價格走勢	成交價	未平倉量	多空氣勢
上漲	增加	增加	強勢多頭，實多

上漲	增加	減少	半強勢多頭
上漲	減少	減少	弱勢多頭，虛多
下跌	增加	增加	強勢空頭，實空
下跌	增加	減少	半強勢空頭
下跌	減少	減少	弱勢空頭，虛空

(三)圖　解

　　由圖 18-4 可見，以一個完整的期貨價格波動為例，當價格上漲搭配成交量和未平倉量同步增加，代表漲勢強勁。價格上漲搭配成交量增加，但未平倉量卻出現下滑，顯示原先的參與者有平倉出場的動作，代表漲勢有機會趨緩。

　　如果價格上漲搭配成交量及未平倉量同步出現下滑，在市場參與的程度不高之下，可視為弱勢上漲；上漲如此下跌時也相同。

　　在考慮未平倉量增減時，須留意期貨合約到期日的限制，臨近到期日時近月期貨未平倉量出現減少的現象須加以區別。

　　未平倉量搭配價格的技術型態來運用，對走勢的判斷將更為有效，例如型態中的三角形、旗形、矩形、楔形等。在整理期間，配合未平倉量持續的攀升，則價格一旦突破盤整區間時，走勢將會相對凌厲。(經濟日報，2002 年 5 月 19 日，第 11 版，魏銘山)

圖 18-4　價格、成交量和未平倉量關係

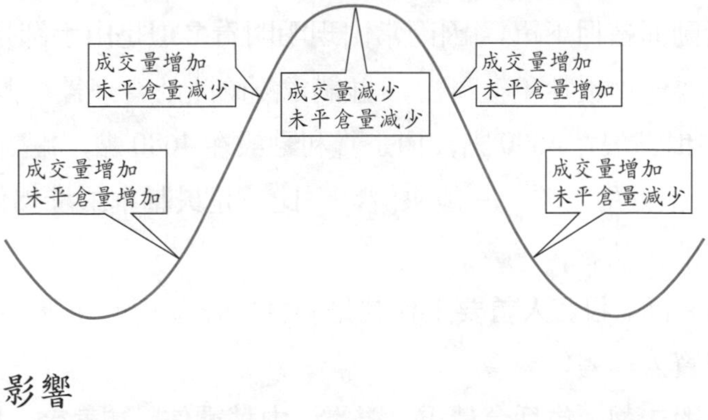

(四)考慮轉倉的影響

　　未平倉量分析有轉倉上的盲點須特別注意，尤其在到期日前最後交易日前三天更為明顯。此時未平倉量往往因為近月合約轉換到遠月合約的關係呈現大幅減少情形。投資人不可據此研判市場未平倉量大減而作出錯誤決策。解決方法雖然有很多，

但最簡單有效作法就是在統計未平倉量時把最近兩個月份的未平倉量一起加總計算。假設 4 月 20 日為 4 月份合約最後交易日，而 4 月 19 日期指大漲 150 點，但 4 月合約未平倉量從 10000 口銳減到 8000 口，此時如果 5 月合約未平倉量從 3000 口暴增到 7000 口，則投資人不可因為近月合約未平倉量減少 2000 口而研判當日漲勢為弱勢格局，因為加上 3 月合約未平倉量增加 4000 口部分，整體市場未平倉量仍舊是增加 2000 口，屬於多頭強勢格局。（工商時報，2002 年 3 月 19 日，第 8 版，寶來期貨）

三、操作策略勝過技術分析

一套好的操作紀律，遠勝過一套好的分析技術，然而投資人往往捨本逐末，盲目追逐號稱必勝的指標，到頭來只是造成更大虧損。

操作臺股期指，應遵守四個守則。

⑴以兩倍的保證金操作一口期指合約，因為充裕的資金控管可維持操作的冷靜度，不會因為短暫的震盪而失去信心或是被掃地出場。

⑵保持下單原則的一致性，以克服技術指標的盲點。技術指標的準確率大多僅 55 ～ 65%，因此如果因技術指標暫時性的失準而不斷更換，反而可能陷入無止盡的虧損當中，直到資金枯竭為止，有時守株待兔反倒有不錯的意外收穫。一次應用太多指標只會造成自己操作和判斷上的混亂，最好不要同時使用超過三個指標。

⑶對未來可能走勢作全盤規劃後再決定資金配置，投資人最常犯的錯誤就是憑直覺或是一時衝動而盲目下單，因而常出現明明看多但是出手卻是作空的情形。

⑷下單前先擬定停損點和獲利點，並講求酬險比的合理性。比方說，打算在 4650 點作多，停損點設在 4600 點，但是獲利點設在 4680 點，報酬／風險比為 30/50 = 0.6，就不是很好的策略。一般來說，一比一是最基本的進場條件，一比三應該是比較有勝算的作法。

在看盤技巧方面，投資人首要工作就是要在看盤前作好功課，以下提出一些重要觀察重點供投資人參考：

⑴前日權重股走勢，包括台積電、聯電、中華電信、國泰金、開發金、華碩、廣達等重量級個股技術面狀態，包括支撐壓力區的變化等，可幫助研判大盤漲跌力道。

⑵前日多空指標股走勢，研判趨勢是否轉向的重要條件之一就是多空指標股是

否能維持其先前強勢。

(3)前一日大盤的技術面狀態，包括 K 線、價量分析等狀況，都須確實掌握。

(4)期貨正逆價差的變化情形。

(5)美股收盤情形（那斯達克期指電子盤動向、台積電、聯電、旺宏 ADR 漲跌）。

(6)每天自己推算可能壓力與支撐區，以免大盤價位出現重大變化而茫然不知。

(7)前一日摩根電子盤走勢，有時會透露出隔天走勢，尤其在人工盤收盤後，如果出現重大消息面變化，可提早知道市場反應。

以上幾個重點是每天開盤前投資人必須作的功課。（經濟日報，2002 年 8 月 4 日，第 11 版，寶來期貨）

第四節　看懂金融行情表快易通

除了定價以外，衍生性金融商品令人深不可測之處還有報價方式，有時縱使懂原理原則，但行情表就是看不懂。

1998 年 10 月演員李立群替寶島眼鏡推出四合一眼鏡打廣告，其中有一句「把複雜的事情單純化，了不起」。同樣的在本節，我們也想讓你看懂複雜的金融行情表，其中期貨行情表已於表 18-5 說明過了。

一、不同度量衡制度在臺灣皆有其適用

有時覺得金融市場計價、報價紊亂難記，不過認真想一下，日常生活中度量衡何嘗不是公制、臺制、英制夾雜使用呢？以長度計算來說，雖以公制（公分、公尺、公里）為單位，但在一些場合，我們也用臺制、英制：

(1)臺制時，例如買布、桌子、磁磚、木材、房子。

(2)英制時，例如三圍（很少人去算 34 吋胸圍等於幾公分）、電視機螢幕皆以英寸來衡量，至於船速以節、英里、海里等用詞，等於 1.6 公里。

那麼到了金融市場，也是至少有三種報價方式，由表 18-7 第 2 欄可見。而且，隨著各國、各行業的不同，對小數點後數字也有三種表示方式，詳見表中第 3 欄；接著將詳細說明。

表 18-7 各類資產報價方式

資　產	報價方式	小數點後數字表示方式		
		10 進位	基本點表示	16 進位
股票 債券（如 CB） 外匯 商品	價格 百元報價	✓	（無本金）遠匯 參考匯率再加換 匯點	美制，如 IBM 股 價 90 1/16$
債券 票券	利率	✓	參考利率再加基 本點	－
外匯選擇權 權利金	費率	✓	－	－

二、價格報價

「買低賣高」本來就是人類獲利的習慣想法，所以絕大部分資產的報價皆是採取價格（元或百元）報價的。

㈠基本點的報價

許多交易以萬元為基本單位，一如股票交易以千股（一張股票）為基本單位一樣。由於以萬元（或其五、十倍數）為基本單位，細微價格變動，涉及損益不小，所以在報價時，常細到小數點後四位數，為方便報價，所以以基本點 (basic point, bp) 為簡稱，詳見表 18-8。

由表下的說明，可見計算損益非常迅速。

實際交易時，以 10 個基本點（即千分之一）為「基本跳動點」(tick size) ——跟股價的「檔」（例如一檔 0.2 元）一樣。也就是實際變化不會報價報到小數點後五位數。

表 18-8 基本點報價對萬元計價交易的影響

基本點	實際數	CB	票券	債券	銀行間 外匯	美國 期貨
		10 萬元	100 萬元	1000 萬元	50 萬美元	美元同左
1	0.00001	10 元	100 元	1000 元	50 美元	同左
10	0.0001	100 元	1000 元	10000 元	500 美元	同左

| 100 | 0.001 | | 1000 元 | 10000 元 | 10 萬元 | 5000 美元 | 同左 |

基本點 = 0.001 = 0.01%，萬分之一

基本點在運算上方便舉例，以債券交易，一天價格上漲 10bp 為例，

資本利得 = 10bp × 1000 萬元 = 10 × 1000 元 = 10000 元

即 bp 和萬元對消。

㈡遠匯的基本點報價

遠匯（尤其是無本金遠匯）也是採取基本點報價的，即期匯率再加上換匯點（以基本點表示）便是遠匯匯率。

㈢16 進位式的報價：利率

如果你看《亞洲華爾街日報》等，才會發現 2000 年 9 月以前美國股價小數點後面是以 1/16 為基本單位，每次看，還得去換算成十進位的數值。所幸，臺灣只有在一種罕見情況下，採取 16 進位方式來「形容」（不是報價），由表 18-9 可見，只有用在利率變動時。一「碼」等於 0.25%，這種行話可說是少數人的語言，銀行界說存款利率調降一碼，並不會比「調降 0.25 個百分點」來得省事多少，但卻會讓更多人霧煞煞。

表 18-9　16 進位報價和利率

美國 16 進位報價 （小數點後）	1/16	2/16 = 1/8	4/16 = 1/4
銀行業的用語	—	半碼	一碼
實際的數值	0.0625%	0.125%	0.25%

三、利率報價——資產交換報價

資產交換往往由銀行擔任中介、交換自營商 (swap dealer) 跟票券買賣道理一樣，銀行的立場是賺買賣價差，最好不要持有部位。我們可以由表 18-10 看出，美國商業銀行「臺幣對臺幣利率交換」的報價。

1.**報價期限：**只有五種期限。

2.**報價水準：**這報價方式也跟貨幣市場一樣，斜線之前的利率為「（銀行）賣出（給客戶）利率」(offer price)，斜線之後的利率為「（銀行從客戶）買進利率」(bid price)。由表 18–11 可見，銀行以浮動利率「債券」向 A 公司換進固定利率 6% 的票子，然後再以 6.5% 的利率向 B 公司換進浮動利率（以 90 天期 CP2 次級市場利率為指標）「債券」。一進一出，浮動利率債券部位為 0（即軋平），而賺取的利差為 0.5%。

表 18–10　利率交換、換匯行情表解讀

單位：%

報價期限 報價水準	1 年	2 年	3 年	5 年	7 年
臺幣對臺幣利率交換	6.50/6.00	同左	同左	同左	–
臺幣對美元貨幣交換	6.50/6.00	同左	同左	同左	–
臺幣存款利率	6.350				

以《工商時報》29 版〈金融行情表〉為例
美國商業銀行 1998.11.11。

表 18–11　銀行擔任利率交換自營商的報酬

固定利率部分	浮動利率部分
賣出 6.50	+
買進 6.00	–
（毛）收益率 0.5	0

四、費率報價——外匯選擇權報價

許多櫃檯交易選擇權的報價則採費率報價方式，例如一個月期外匯選擇權權利金 1.2%，即以當天匯率 34.70、履約價格 34.80 來說，50 萬美元一口，客戶必須付 20.82 萬元（或 6000 美元）。以百分比報價，可以省掉每天隨匯率重報一個明確價位（例如 20.82 萬元）。

當然，這 1.2% 的權利金費率也是主要隨著匯率波動率而改變的。

五、買價、賣價怎麼區分?

不管怎樣報價,金融機構掛牌,總會雙向報價,即掛出買價、賣價,但問題又來了,這是站在誰的角度來看的買價和賣價? 在回答這個問題之前,我們難得輕鬆一下,先說個相關故事,再來看答案,這樣會記得清楚些(不是指這個故事)。

㈠先從借記、貸記談起

美國紐約某銀行的出納,每天到了下午結帳時,偶爾會拉開左邊抽屜驚鴻一瞥,二十年來如一日。同事都很好奇究竟他在偷看什麼,清涼照嗎? 可是他卻不肯從實招來。直到有一天他退休了,同事拿了他交接出來的鑰匙,迫不及待的打開這個神秘的抽屜想一窺究竟,打開後才發現只有一張紙,上面寫著簡單的幾個字「靠窗戶那邊是貸方 (credit site)」。原來他在作帳時,為了避免把借方 (debit site) 和貸方弄混,所以才使出此招。就跟教小孩子拿筷子的手是右手的道理是一樣的。

不知道你學會計學時有沒這個困擾,不過,有些人倒是對行情表上「買入」(bid)、「賣出」(ask) 搞不清楚。

㈡只有一個角度: 金融業者

看行情表有個竅門,那就是永遠站在金融業者的角度,例如表 18-12 來說,臺灣銀行即期美元「參考匯率」(適用於三萬美元以下),臺銀以 34.690 向客戶「買入(美元)」,至於賣美元給客戶報價為 34.790;二者之差為一角,這就是銀行所賺的買賣價差 (俗稱匯差)。

如果行情表上沒有把「買入」、「賣出」文字標出,只標示出 34.690/34.790,那也很清楚,銀行不會作虧本生意,數字小的是它向客戶的買價,數字大的「價格」是它給客戶的售價。

表 18-12　銀行即期美元參考匯率

臺灣銀行	買入 (ask)	賣出 (bid)
即期匯率	34.690	34.700

資料來源: 經濟日報, 2003 年 6 月 3 日, 第 23 版。

◆ 本章習題 ◆

1. 以表 18–1 為基礎，第 3 欄「類比」你舉自己的例子說明。

2. 以圖 18–1 為基礎，說明期貨、選擇權有何不同？

3. 舉個利率交換的實例來說明資產交換。

4. 以表 18–2 為底，依現況予以更新。

5. 以表 18–3 為底，依現況予以更新。

6. 以圖 18–3 為底，分析跟個股選擇權交易流程有何不同？

7. 以持續正價差的近月期指數期貨為例，說明「期貨是未來現貨的不偏估計值」這主張是否成立？

8. 上述情況，以遠期匯率為例，驗證「遠匯是未來現匯的不偏估計值」這主張是否成立？

9. 舉一個債券實例說明，收盤價變動對資本利得的影響。

10. 以銀行即期買匯的參考匯率為例，說明跟上一個營業日的外匯交易公司的收盤匯率有何關聯？

第十九章

選擇權投資

未來走勢本來就是不確定的，你用高價買了一支股票，可能是因為
當時市場上人人都看好它，可是對於長期投資價值而言，不確定因素才
是投資者的朋友。

——華倫·巴菲特

學習目標：

具備選擇權定價、初學者投資步驟的基本知識，並兼具碩士班入學考之用。

直接效益：

個股選擇權是 2003 年 1 月的新興投資工具，唸了本章，報章雜誌上的相關報導就很容易看得懂了。

本章重點：

· 權證、選擇權和期指的交易規定。表 19–2
· 個股選擇權行情表。表 19–3
· 臺股指數選擇權行情表。表 19–4
· 選擇權權利金的理論價值曲線。圖 19–1
· 選擇權定價模式的財務意義。§19.2 三公式 〈19 – 1〉～〈19 – 4〉
· 選擇權定價模式的二大改良、發展主軸。表 19–5
· 以隱含波幅來帶入選擇權定價模式計算選擇權的理論價值，大錯。§19.3 三
· 選擇權功能、方式和適配的投資人屬性。表 19–6
· 選擇權交易策略。圖 19–2
· 履約價和獲利關係。表 19–7
· 買賣權獲利／風險比。表 19–8

前言: 小本也可能成為巨富

高槓桿操作的選擇權，只需花幾千元權利金便可擁有買進台積電等股票的好處，可說是小本錢也可能發大財的好機會。這在 2003 年 1 月以前，還是望梅止渴的事，直到 1 月 14 日，5 支個股選擇權上路，學校唸的選擇權終於能夠全部派上用場，不像認購權證那樣只能買進、作多。

在第二節中，我們以買房子付訂金方式說明選擇權定價模式，你會驚奇:「為什麼這麼容易懂?」第三節，我們破解此模式，讓你不致迷失在複雜的公式、計算例子中。

第四節，我們以實來期貨公司對新手建議的投資步驟為主，一步一步帶領你進入選擇權的投資決策。

◆ 第一節　選擇權市況

在第一節中，我們先說明選擇權市況，第二、三節再討論令有些人一個頭二個大的選擇權定價模式，這樣比較有趣些。

一、二種股票選擇權

選擇權在臺灣尚處於成長期，總共有二種商品: 認購權證和選擇權，先說明二種選擇權推出時機。

㈠2001 年 12 月臺指選擇權

2001 年 12 月 24 日臺指選擇權首日上路,臺指選擇權是臺灣選擇權市場建制的第一個商品，在我國衍生性商品市場的發展史上，為劃時代的里程碑。

㈡2003 年 1 月個股選擇權

2003 年 1 月 14 日證期會核准，股票選擇權在 20 日上路，初期推出台積電、聯電、南亞、中鋼及富邦金等五支股票選擇權，提供交易人多元化的避險管道; 未來證期會將視市場需要增加標的。

近幾年來，選擇權交易在全球各主要交易所成長快速，其中，股票選擇權契約的交易量更顯活絡，股票選擇權契約已成為全球選擇權市場的主流商品。

初次上市的五支股票選擇權涵蓋電子類、金融類、塑膠類和鋼鐵類。跟臺指選擇權不同的是，股票選擇權契約到期月份涵蓋三個近月和兩個季月，由表 19－4 可

見有 2 月、3 月、4 月、6 月和 9 月共五個月。而且，因股票選擇權和個股現貨形成密切連動，所以是採最後交易日的現貨收盤價為結算價。

(三)全球中的地位

選擇權交易在全球衍生性商品市場中的重要性與日俱增，尤其近年來，各國現貨市場長期呈現榮景，交易人對選擇權工具也日漸熟悉，促使股價選擇權（包括股價指數和股票選擇權）交易量大幅成長，以 2000 年全球股票選擇權市場交易值近 22.21 兆美元來說，其中個股選擇權交易值就佔了 4.93 兆美元，詳見表 19–1。從資產類別來看，1985 至 2000 年全球各種選擇權契約中，股票選擇權的交易量都高居選擇權商品中的首位。直到 2001 年南韓 KOSPI 200 指數選擇權異軍突起，躍居全球選擇權交易量第一，替指數選擇權交易量增色不少，股票選擇權交易量才退居第二。

表 19–1　1998 至 2000 年全球股票相關市場交易值

單位：兆美元

	1998 年	1999 年	2000 年	年成長率(%)
股票	17.07	37.86	39.75	104.99
股票選擇權	2.50	3.41	4.93	144.57
股價指數選擇權	10.26	12.49	17.28	138.35
股價指數期貨	18.24	20.26	28.03	138.35
總計	48.07	74.02	89.99	

資料來源：IOMA, Market Structure Report, 1998 ～ 2001.

(四)哈韓風

1997 年 7 月，亞洲金融風暴後，南韓經濟大幅衰退，後來帶動資本市場繁榮和經濟復甦的良方就是選擇權，從 1997 年下半年推出後，每年出現三倍成長。

2002 年有六成以上的韓國成人參與選擇權業務，不僅帶動韓股長期走高，且激勵南韓資本市場欣欣向榮，全民熱中為經濟打拼，促使 MSCI 調升南韓由開發中國家為已開發國家。

(五)老王賣瓜！

元大京華證券公司執行副總林武田指出，選擇權是臺灣資本市場未來最具爆發力的商品，預估 2006 年時，會出現選擇權的全民運動，2008 年時會成為國人最熱衷的一種金融商品，且會後來居上超越股市並且把全民財富一起綁在資本市場，很

有可能發展為振興臺灣經濟的一線曙光。(經濟日報, 2003 年 1 月 8 日, 第 26 版, 吳文龍)

二、股票選擇權和認購權證的比較

　　股票選擇權跟由券商發行、在證券交易所交易的認購權證,本質上相當接近,都具有選擇權的特性,但進一步看可發現兩者之間存在不少差異點,詳見表 19-2。

　　首先, 股票選擇權是買權、賣權同時發行, 但是迄今財政部僅核准券商發行認購權證 (即作多), 還沒核准發行認售權證。回顧 1997 年認購權證上市初期, 部分權證就因為成交量少、變現力不足, 對投資人造成相當大的變現力風險。

　　1999 ～ 2000 年時, 股市呈現漲勢行情, 認購權證交易量跟著活絡攀升, 但是 2001 年又因為證券市場蕭條而減少。股票選擇權, 由於兼備買權和賣權, 所以應較能滿足投資人在不同行情變化下不同的交易需求。

　　就存續期間來說, 認購權證的存續期間大多是一年以上、二年以下, 而股票選擇權的存續期間通常比較短, 一般存續期間最長為九個月。

　　因此, 權證存續期間較長, 時間價值較高, 所以權利金通常會比股票選擇權高, 也就是交易人必須投入的成本比較高。

　　就發行量來說, 認購權證由券商發行, 籌碼有限, 一經發行後就不會再增加, 所以流通在外數量都是固定限額, 之後只會隨著權證持有人行使權利而減少。

　　發行機構為了調整價內可能被履約的部位, 或是控制避險部位與在外流通數量的比率, 可能進場操作, 在市場上買回或賣出, 導致權證的價格可能受操控或扭曲, 變現力和價格調節機能較差。

　　股票選擇權沒有特定發行人, 在外流通數量是由買賣方所創造, 每天交易過程中, 只要有新的合約成交, 流通在外的數量或未平倉契約數量就會變動, 所以流通在外契約數並沒有上限, 變現力也會比較好。交易人透過各種交易策略, 進行避險或套利, 也會使市場價格較公平有效率。

　　最後, 就交易策略來說, 認購權證屬於單一商品契約, 沒有組合式交易策略, 縱使是重設型認購權證 (reset warrant), 也只有一個契約, 所以無法提供價差交易或組合式交易策略。

　　股票選擇權的契約可以形成一個序列矩陣,具有多個契約到期月份和多個履約價格,提供交易人進行垂直價差或是水平價差交易等組合式策略,可以更精確的控

制交易風險。（經濟日報，2003 年 1 月 5 日，第 12 版，期交所）

認購權證市場恐萎縮

2003 年 1 月 14 日，所得稅法第 24 條之 1 修正草案，在泛綠黨團力阻下遭到封殺，未來券商發行認購權證收取權利金仍要課稅，但損失卻不得認列。有些券商認為，此舉將影響日後發行認購（售）權證意願，市場有萎縮疑慮。（經濟日報，2003 年 1 月 15 日，林瑞陽、姜愛苓和陳漢杰）

表 19-2　權證、選擇權和期指的交易規定

	選擇權 認購權證	臺指 選擇權和個股	指數期貨
發行者 (writer)	由綜合券商擔任	–	–
發行期間	1～2 年	1 年以內	1 年以內
發行數量	有限	市場供需	市場供需
保證金	免，買方繳權利金	同左	
每日結算 (mark to the market)	–	–	✓
下單方式		價位（詢價和報價） 1.市價單，只能選時效單2、3 2.限價單，三種時效單皆可 3.組合單，只能選時效單2、3 時效 1.當日有效單 (ROD) 2.立即成交否則取消單 (IOC) 3.立即成交否則全部取消單 (FOK)	
撮合方式	開盤期間：集合競價 交易期間：逐筆撮合		
種類	同一支,只有到期日逐漸縮短,頂多加上履約價重設條款	買權、賣權不同履約價、不同到期月份,種類繁多	到期月份多為2、3個近月,加上一些季月

三、發展股票選擇權對現貨市場的影響

很多人擔心股票選擇權推出後，會對現貨市場產生一定影響，然而，期交所參考海外研究報告實證資料，觀察海外實際運作結果後發現，綜合來說，國外文獻資料多數認為股票選擇權的推出，具有下列三項影響：不影響現貨市場交易量、降低波動性和減少買賣價差。

㈠不影響現貨市場交易量

股票選擇權的推出，將增加標的證券及其選擇權投資組合，套利和重新建構報酬的機會，從而增進標的證券現貨市場的交易量，有助提升證券市場成交量。而且，規劃中的股票選擇權係採實物交割，選擇權買方可於到期日要求賣方履約。因買方行使權利，將刺激選擇權賣方於證券現貨市場買入或賣出應交付或應給付之股票現貨，促進證券市場新交易。

㈡降低波動性

股票選擇權的推出，因現貨價格資訊揭露和市場效率增加，將降低現貨市場價格的波動性。海外實證研究顯示，股票選擇權推出對現貨市場交易量影響實證結果並不顯著。其次，由於股票選擇權這項避險工具，使現貨市場的投資者無需隨市場暫時性因素（消息）進出現貨，現貨波動性因而降低。

㈢減少買賣價差

股票選擇權可降低波動性和買賣價差，是因為股票選擇權導致投機者進出和交易行為增加市場資訊，提高市場效率。

就價格形成來說，選擇權跟標的證券間價格的連動和現貨成交量的提升，將促進現貨市場價格更有效率地形成。

此外，選擇權提供現貨投資人有效率的避險管道，對保守的投資人來說，因股票選擇權可鎖定風險，而增加其投資現貨的意願。（經濟日報，2002 年 1 月 5 日，第 12 版，期交所）

四、行情表

表 19-3 很容易懂。

⑴第 3 欄月份：到期期間越長，其他條件不變下，時間價值越高，即權利金越高。

(2)第4欄履約價：由低往高排列，這是轉換成股票的成本，成本越高，售價（即股票市價）不變時，投資人利潤越薄，權利金越低。

表 19-3　個股選擇權行情表

6月2日

標的	類別	月份	履約價	最高	最低	最後價	結算價	漲跌	成交量	未平倉
台積電	買權	6	48	8	7	7	8.65	1.30	12	66
	賣權	6	48	0.30	0.20	0.20	0.12	0.03	16	181

工商時報，2003年6月3日，第28版。經濟日報，第21版。

表 19-4　臺股指數選擇權行情表

2003.4.21

類別	月份	履約價	最高	最低	最後價	結算價	漲跌	成交量	未平倉
買權	2	4400	270.0	199.0	230.0	230.0	−48.0	27	441
	2	4500	190.0	115.0	126.0	126.0	−64.0	418	999
	2	4600	120.0	41.5	48.5	48.5	−53.5	2634	3013
	2	4700	45.0	8.0	11.0	11.0	−34.0	3309	7468
	2	4800	13.0	1.6	2.0	1.7	−10.0	1205	5968
	2	4900	3.5	0.1	0.9	0.1	−0.8	462	9464
	2	5000	1.7	0.3	0.8	0.1	+0.7	413	11182
	2	5100	0.8	0.2	0.4	0.1	+0.3	81	12626
	2	5200	0.4	0.1	0.1	0.1	−	477	12072
	2	5300	0.5	0.1	0.1	0.1	−	1018	11434
	3	4400	297.0	260.0	270.0	270.0	−73.0	90	197
	3	4500	265.0	200.0	220.0	220.0	−42.0	252	445
	3	4600	199.0	126.0	160.0	160.0	−40.0	311	772
	3	4700	150.0	115.0	121.0	121.0	−29.0	662	1741
	3	4800	104.0	80.0	84.0	84.0	−26.0	1562	2471
	3	4900	79.0	54.0	55.0	55.0	−18.0	1264	3135
	3	5000	50.0	37.0	39.0	39.0	−7.5	1643	3364
	3	5100	38.0	22.0	26.0	26.0	−1.5	319	1410
	3	5200	28.0	15.0	17.5	17.5	+1.5	133	1560
	3	5300	20.0	9.1	11.5	11.5	+2.6	227	1371
	3	5400	15.0	6.0	8.0	6.7	+3.3	17	802
	3	5500	12.0	5.0	12.0	4.0	+9.6	46	1078
	3	5700	7.0	2.0	3.9	1.4	+3.5	99	2559

	4	5300	50.0	40.0	50.0	40.5	+16.5	13	531
						買權	成交量	16724	99570
賣權	2	4200	1.0	0.1	0.1	0.1	–	40	3247
	2	4300	1.3	0.1	0.2	0.1	+0.1	18	2517
	2	4400	3.0	1.0	2.0	0.8	+1.9	273	4429
	2	4500	9.0	5.0	5.3	7.2	+4.4	1000	3684
	2	4600	36.0	15.0	25.0	33.5	+15.5	1644	4140
	2	4700	100.0	51.0	83.0	90.0	+38.5	1581	7835
	2	4800	198.0	120.0	180.0	180.0	+60.0	1181	6297
	2	4900	295.0	240.0	288.0	288.0	+80.0	496	5599
	2	5000	394.0	330.0	388.0	388.0	+85.0	264	1777
	3	3600	7.0	6.6	7.0	0.2	+6.9	15	33
	3	3700	8.2	5.0	8.2	0.8	+8.1	35	134
	3	3800	15.0	5.0	12.0	2.0	+11.9	31	161
	3	3900	13.0	9.6	13.0	4.2	+12.6	25	159
	3	4000	19.0	15.0	16.0	9.8	+14.8	141	1365
	3	4100	23.5	17.0	20.0	18.0	+16.5	192	784
	3	4200	32.0	21.0	25.0	25.0	+16.7	399	1056
	3	4300	50.0	35.0	45.0	45.0	+28.0	595	1415
	3	4400	74.0	51.0	71.0	71.0	+38.0	701	1766
	3	4500	110.0	61.0	103.0	103.0	+45.0	558	1426
	3	4600	154.0	122.0	145.0	145.0	+49.0	275	1466
	3	4700	210.0	175.0	194.0	194.0	+48.0	727	1621
	3	4800	275.0	231.0	259.0	259.0	+49.0	346	806
	3	4900	350.0	310.0	332.0	332.0	+83.0	23	345
	4	4700	269.0	269.0	269.0	269.0	+95.0	30	467
	9	4100	185.0	175.0	183.0	183.0	+85.0	15	357
						賣權	成交量	10642	57645
						總成交量		27366	157215

工商時報，2003 年 4 月 22 日，第 28 版。經濟日報，第 21 版。

 # 第二節　選擇權定價模式快易通

　　本書中並沒有必要介紹選擇權定價模式，但是為了讓你可以明瞭它只是市價法

的精密加工型，所以不得不言簡意賅的介紹。

一、最常見的選擇權：訂婚、預售屋

光看「選擇權定價理論」，首先「選擇權」三個字便可能讓你不知所云，「定價」看起來一定是很難的事，至於「理論」則常是很高深的學問，弄得許多人望而卻步，再加上「老師說得很清楚，你聽了很模糊」，有許多財金碩士畢業後，對選擇權仍停留在「玄而又玄」的認知。

不先談這理論，其實選擇權來自生活，而且很常見。

(一)以預售屋為例

預售屋是房地產投資客的最愛，因為可以「以小搏大」，例如付 20 萬元的訂金便訂下一間房子，尾款還得繳 480 萬元，可以說：

(1)總價 500 萬元。

(2)槓桿倍數 25 倍 ($\frac{500}{20}$)，也就是用 1 塊錢做 25 塊錢的生意。

當今天交屋時，房屋市價 500 萬元，你頂多願意付 20 萬元作訂金。然而一年後交屋時，由於房價可能往上漲，所以訂金就不止 20 萬元，還得加上「活得愈久，領得愈多」的時間價值，就跟樂透彩券一張 50 元一樣，週二、五開獎後一旦摃龜，立刻成為廢紙，但在此之前三天，卻有機會中 1 億元。

```
                       權利金價值      房屋          尾款
                                              （分期付款）
1.今天到期時的預售屋價值   20萬元   =  500萬元  －  480萬元
2.一年到期的預售屋價值    45萬元   =   20萬元  +   25萬元
                       理論價值     基本價值     時間價值
```

選擇權定價理論的功用在於算出時間價值，再加上基本價值 (intrinsic value)，便是權利金的理論價值 (theoretical value)。

(二)畫個圖來看看

選擇權理論價值曲線千變萬化，也是令很多人對此題材敬而遠之的原因。以最基本的買進商品權利的買權來說，這並不難懂：

1.**先找出價平點：** 選擇權在價平時，當場履約可說不賺不賠，其他二個情況詳見下列說明：

標的證券市價		履約價格
S	>	X 價內 (in-the-money)，履約便賺
	−	價平 (at-the-money)，不賺不賠
	<	價外 (out-of-the-money)，履約便賠
500	>	
480	−	480
460	<	

2.**畫出基本價值的 45 度線**：在價平點（此例 480 萬元）畫一條 45 度直線，套用國一數學的觀念，此時 X、Y 軸是一比一關係（即此直線斜率為 1），當市價 500 萬元，比 480 萬元增加 20 萬元，反映在 Y 軸也是 20 萬元。

3.**再標出理論價值曲線**：最後從電腦軟體的計算，一一算出在各種標的證券市價（此處為房價）下，購屋契約的時間價值，基本上是一條曲線，左邊向 0 趨近，當房價到 400 萬元，一年內要漲二成到 480 萬元的機率微乎其微，此時權利金趨近於 0，也就是幾乎不會有人對此購屋契約有興趣。

4.**那權利金市價曲線呢?**：奇怪，怎麼還有一條權利金市價曲線，而且還跟理論價值曲線不同。這是因為選擇權定價模式有先天限制：

⑴價內時高估，即理論價值高於市價，源自於模式在價內時「樂觀」特性。

⑵價平時，模式才準，此時理論價值等於市價——在其他情況不變下。

圖 19–1　選擇權權利金的理論價值曲線

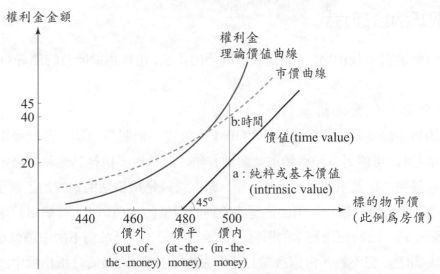

(3)價外時低估，即理論價值低於市價，源自於模式在價外時「悲觀」特性。

(三)訂婚也是選擇權

男方花點小錢（6小件禮再加上個訂婚戒指），便取得跟女朋友結婚的權利，把她變成「死會」，降低女友兵變的機率。至於訂婚請二桌，依習俗是由女方付錢，但有可能男方出錢，那頂多也只要4萬元（以凱悅飯店一桌2萬元來算）。

當然，除非碰到像美國影星茱莉亞‧羅伯茲主演「落跑新娘」中婚禮前逃跑悔婚的，否則「訂婚」可說是男方取得跟女方結婚選擇權，標的物是「結婚」。

(四)所有訂金都是選擇權

這麼說來，所有的預購（例如預購書、到統一超商預購禮品）、預售都含有選擇權性質。而金融商品中的選擇權（臺股中只有買權的認購權證）只是金融選擇權罷了，但卻「霸佔」了這個名詞。

二、靠太近，反而看不清楚

「模糊的近照」起因於相機太靠近人，以致沒有足夠距離把影像呈現出來；這是「靠太近，反而看不清楚」的生活實例。在財務理論中，最令人肅然起敬、使用最廣的模式則為選擇權定價模式 (option pricing model, OPM)——因係 Black & Scholes(1973) 提出基本型，因此又常稱為 B－S OPM，其餘大都只是其附帶考慮一些條件而局部修正，稱為 B－S derivatives。甚至有些財務金融碩士還摸不清選擇權定價模式的真義，只因公式太複雜。

三、取巧的處理方式

如何從迷宮中找出路？下述是我們取巧的作法，也適用於所有的語義（或學派）叢林。

(一)鳥瞰全局，化繁為簡

我的博士論文是有關於在 B－S OPM 中放寬一個假設（即以預測標準差取代歷史標準差），可說是拿顯微鏡來看鑑價方法，以致看不清楚其地位。必須拉個遠鏡頭看它最核心的公式，才會恍然大悟：原來它只是市價法的精密加工罷了！簡單的說，光是標的證券價格一項便佔選擇權理論價值的八成以上，報酬率標準差的影響力不到一成，而無風險利率的影響力可說微不足道。至於剩下的市價怎麼加工？那是技術問題，犯不著「愈描愈黑」、「失去焦點」，如同技術分析指標中最常用的

相對強弱勢指標 (RSI)，99.9% 的人皆只會用，而無法寫出其公式；至於如何計算，那是電腦軟體的事。

$$利潤 = 收入 - 成本 \cdots\cdots \langle 19-1 \rangle$$

Black & Scholes (B – S)（歐式）選擇權定價模式

$$\frac{權利金}{理論價值}C = \frac{S}{股價}\underset{股價機率分配值}{N(d_1)} - \frac{X}{履約價格}\underset{現值機率分配值}{e^{-rt}\ N(d_2)} \cdots\cdots \langle 19-2 \rangle$$

台積電選擇權（2003.6.3 經濟日報 21 版）2003 年 6 月 2 日收盤價 8.65 元，理論價值計算：

$$8.65 = (56.50)N(d_1) - 48e^{-rt}\ N(d_2) \cdots\cdots \langle 19-3 \rangle$$

台積電股票收盤價 56.50 元，為了簡化起見，此處不計算其到預估除息日的現值。

$$\underset{\text{(call premium)}}{選擇權價值} = \underset{\text{(intrinsic value)}}{基本價值} + \underset{\text{(time value)}}{時間價值（又稱為外部價值）} \cdots\cdots \langle 19-4 \rangle$$

$$8.65 = 56.50 - 48 + 0.15$$

$$\underset{\text{(actual price)}}{市價} = \underset{\text{(theoretical value)}}{理論價值} - \underset{\text{(pricing error)}}{定價誤差} \cdots\cdots \langle 19-5 \rangle$$

$$8.65 \text{ 元} = 9.515 \text{ 元} - 0.865 \text{ 元}$$

財務管理中定價模式的精神其實很單純，由〈19–1〉式便可看出，資產的價值來自於其能創造的利潤，而這又取決於（預期）收入減掉成本（如買股票的成本）。

用這樣的精神來看選擇權利金的「理論價值」的計算——即選擇權定價模式，那就顯得一目了然了。「選擇權」是指你可以用「履約價格」(exercise price 或 strike price）去取得「標的證券」(underlying securities) 的權利，我們由〈19–2〉式便可看得清楚，重點在於股價、履約價格，其餘項目只是基於未來股價的機率分配（以股價報酬率標準差衡量）、折現率來調整罷了。

由〈19–1〉式可看出我們以 2003 年 6 月 3 日台積電選擇權為例，其標的證券為台積電，選擇權收盤價 8.65 元，由〈19–2〉式可看出這包括二部分：基本價值（可視為屆期日時的價值，其他書稱為實質價值）和時間價值，基本價值隨時可算

出，所以選擇權定價模式要計算的是時間價值。

(二)就近取譬

選擇權最生活化的化身便是股市中的認購權證，因此，對於箇中老手來看本節，一定會覺得「就近取譬，真是易學易懂」。

💠 第三節　選擇權定價模式的限制

有些人把選擇權定價模式神化了 —— Black、Scholes 榮獲諾貝爾經濟學獎也是主因之一，以致人們只是跟著流行使用，殊不知它有三個不同程度的固有瑕疵，而嚴重錯誤的甚至會誤導你。

一、開近光燈，能照多遠？

選擇權定價模式最大的問題來自於佔模式解釋能力八成以上的 「標的證券價格」（一般為股價），但因一日股價不具有長期代表性，因此依單日（或某時點）股價所算出的選擇權的價格（在認購權證等買權時，即買權權利金），其代表性不高，有如汽車近光燈無法看清更遠的距離。

(一)這個太離譜了

選擇權的權利金跟付訂金（例如總金額 5%）取得預售屋的「登記權」是一樣的，而具有以大搏小的精神（比例為 20 倍），因此其價格變化幅度也是股價的 n 倍。例如 2000 年 3 月 21 日，大盤由低檔急拉而上，重登 9000 點大關，上下震盪逾 600 點，多支個股開盤後由跌停急拉到漲停，上下振幅達 10% 以上的個股達 260 支，振幅最大的權證為南亞中信 03，個股的振幅可說是小巫見大巫。由這個例子，可以看出選擇權權利金「上沖下洗」的暴漲暴跌本性，但用此來看實質投資，豈不「太誇大了」？

這樣來解構選擇權定價模式是不是清楚、簡單多了？

(二)大同小異，萬變不離其宗

選擇權定價理論是財務管理領域中的顯學，各種定價模式推陳出新，一如過江之鯽，連專攻選擇權定價的學者都可能吃不消。但從大的來看，這些「改良」可分為二大部分，詳見表 19-5；然而，千萬不要被複雜的公式、圖形弄得頭暈目眩，以美式選擇權基本型來說，對市價約有九成的解釋能力，後續在模式本身的改良只是

「畫蛇添足」，彌補 10% 的不足罷了。

表 19-5　選擇權定價模式的二大改良、發展主軸

類比於自然科學 類比於研發	基礎研究：製程技術	應用研究：產品技術
說　明	模式本身改良： 1.計算準確性，以避免系統性偏誤，尤其是： 　(1)隨機標準差 　(2)隨機無風險利率 　(3)除息值的預測（美式選擇權時） 2.計算精確性 　以差分方程式來設定函數 3.計算效率 　以節省電腦計算時間	附條件（或特殊情況）求解： 1.價差型、重設型選擇權 2.實體選擇權 3.奇異選擇權

　　至於基本型選擇權的產品改良，可衍生出各式各樣的情況，但萬變不離其宗，跟銀行的基本放款利率一樣，大部分企業貸款依此小幅加碼、減碼，但不會離太遠。同樣的，附條件選擇權的理論價值也是在基本型選擇權理論價值加加減減罷了，卻也八九不離十；說句「反智」的話，縱使沒用修正過的選擇權定價模式來鑑價，只憑經驗，往往「雖不中，亦不遠矣」。尤其是複雜情況（例如多重重設型權證）下的選擇權定價，可能缺乏現成軟體可用；難道 Black & Scholes 1973 年推出選擇權定價模式以前，具選擇權性質的證券（研究重點在轉換公司債）的定價就停擺了嗎？

㈢那麼把預測股價取代現行股價呢？

　　依「80:20」原則，提升選擇權定價模式長期解釋能力應從「股價」下手，例如以一年內預測高點（以台積電為例，2003 年為 80 元）來計算台積電股票買權的價值。

二、戰術層級的偏誤——系統偏誤

　　羅盤到了南北極會受磁場影響而失去準頭，同樣的，選擇權定價模式也只有在價平時比較準確（跟股價差距在 10% 以內），但其他情況則呈現「內高外低」的系統性偏誤（systematic error）。依 Hull & White (1987) 的實證結果來說，當股價和「股價報酬率標準差」（或簡稱波動性）正相關時，價內選擇權的理論價值高估，有凸

鏡的放大效果；價外選擇權的理論價值低估，有凹鏡的縮小效果。如果二變數負相關時，則出現「（價）內低（估）（價）外高（估）」現象。

由〈19–5〉式你可以看出，理論價值和市價（實際成交價）是不一樣的，即理論價值比市價高 10%（19 元除以 17.50 元，〈19–5〉式），也就是模式出現定價誤差，無法完全解釋市價。

所以美國、加拿大、多倫多選擇權市場，理論價值跟選擇權市價（在臺灣為認購權證價格）總有顯著差距。但不能由此推論市場無效率，反之，Gibson（1991）認為問題出在定價模式上。

三、戰技上的錯誤──實務人士用隱含波幅，可是大錯特錯

實務人士使用「隱含波幅」（即隱含標準差）來代入選擇權定價模式以計算理論價值，其作法是已知選擇權市價（因變數）、其他自變數時，倒推求得波動性；即類似 $X + 2 = 5$，$X = 3$ 一樣。

但是選擇權定價模式本來就有系統性偏誤，硬靠「標準差」這項目來撥亂反正，將會使得這數字被扭曲、每期上下波動很大（伍忠賢的博士論文，1997 年，第 22 ～ 24 頁）。就近取譬，我車左前輪向右彎，所以方向盤必須往左打 15 度才能校正、車子才會走直線。這種人為校正，久而久之對輪胎、軸承皆會有損傷，只好花 1000 元把它修好，這就是一個「系統性偏誤」的情況。

2000 年 4 月 11 日，國巨股價再度攻上漲停板，股價站上 58.5 元。不過，以國巨為發行標的的相關權證，例如元富 06、元大 15，卻因為隱含波動率已高，權證價格並未因現貨價格漲停而大漲。實來證券衍生性金融商品部表示，這兩支權證價內外程度分別為價內 30.94% 和價外 9.74%，隱含波動率分別為 77.54% 和 91.35%。（經濟日報，2000 年 4 月 12 日，第 19 版，夏淑賢）

這是一個報載使用隱含波動率所造成的錯誤，即標的證券股價大漲，而權證價格表現卻未如影隨形。

這個課題看似有點博士班課程的味道，然而我們特別挑出來談，只是再一次強調「盡信書不如無書」，不能人云亦云，美國少數學者作錯了，不明就裡的跟進，那就成為以訛傳訛了。

第四節　選擇權投資 step by step

投資人可透過股票選擇權的各種交易策略如單一部位、價差交易、複合式部位等，進行避險、合成、套利等交易或建立標的股票和股票選擇權的投資組合。

一、基本四式

選擇權的基本操作，有如表 19–6 的四種方式；此外，把其加以搭配運用，可建構出適合各種盤勢的投資組合。對於初學者，仍以四種基本操作來熟悉市場，待熟練後再進階操作組合策略。

表 19–6　選擇權功能、方式和適配的投資人屬性

功能	方式					投資人屬性
投機	選擇權的四種基本操作模式					在有限資金之下，想要放大其效益，因而偏好高槓桿倍數的操作。
	方向	操作	最大獲利	最大損失	資金需求	
	偏多	買進買權	無限	權利金	權利金	
		賣出賣權	權利金	無限	保證金	
	偏空	買進賣權	無限	權利金	權利金	
		賣出買權	權利金	無限	保證金	
套利						對盤勢有預期，但卻不願意承擔過大的風險損失，因而懼怕進入市場，不過常常對失之交臂的行情後悔不已。
避險	現貨 long ＋ 買進賣權（類似契作價）＝最低收入 現貨 short ＋ 買進買權＝最高成本					持有現貨或期貨，希望在回檔過程中以避險取代殺進殺出的操作。

㈠先學走再學飛

選擇權投資人若為買進買權或賣權，操作損失將僅止於權利金範圍而已，如果是賣出買權或賣權，風險即可能擴至無限大，因此建議一般投資人初期最好仍以買進為主，並以較近月份的契約優先，以控制可能風險。

㈡選擇權交易策略大圖

由圖 19–2 可見，投資人看多後市，可利用買進買權、賣出賣權、買權多頭價

差、賣權多頭價差等策略。看空後市，可買進賣權、賣出賣權、買權空頭價差和賣權空頭價差等。(經濟日報，2001年12月24日，第5版，馬淑華)

圖19-2　選擇權交易策略

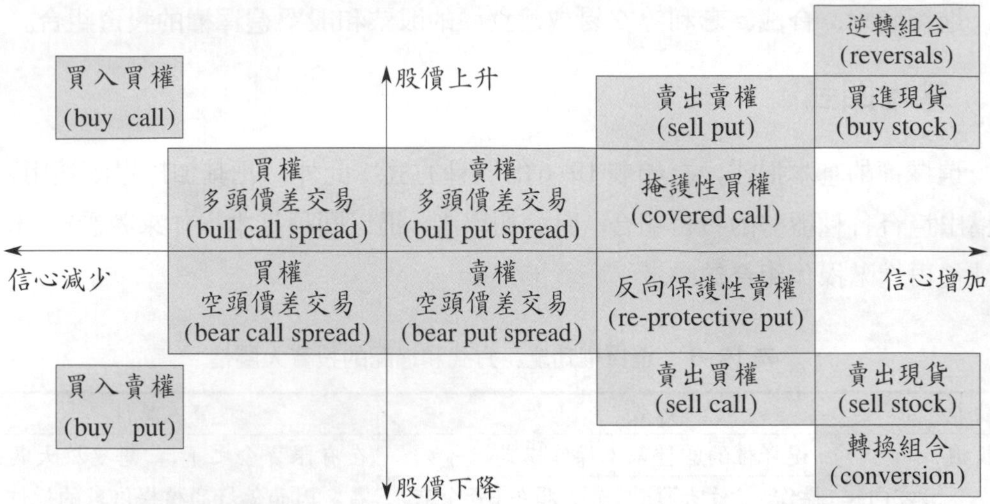

資料來源：永昌期貨

二、選擇權投資一學就上手

　　但由於選擇權商品特性遠比股票和期貨複雜，五花八門的交易策略更令絕大多數的投資人望之卻步，雖有心接觸但往往不得其門而入。

　　有鑑於此，寶來期貨研究部襄理賴聖唐，特別就選擇權上市以來的實務操作經驗歸納出幾項簡單的原則，捨棄艱深的理論與令人眼花撩亂的組合式操作，希望能在最短時間內幫助讀者掌握選擇權操作的訣竅。

　　建立單一方向的部位，是選擇權最簡單的入門操作方式，整個進場程序可以大致劃分為以下五個步驟，只要熟悉以下步驟即可快速建立有效率的多空部位。

㈠決定多空方向

　　決定多空方向是很簡單卻關鍵的第一步，後市看漲就買進買權，後市看跌就買進賣權。

　　選擇權下單的方式跟一般的金融商品相似，都需先決定買賣方，然後再依序決

定數量、月份、履約價格、買賣權、權利金，其中月份及履約價格必須根據期交所的規定有一定的間距，而權利金便是投資人願意出的買賣價格。選擇權操作可具有組合性的策略，因此下單時必須確定是新倉或是平倉單。

㈡選擇履約價

在決定買進買權或賣權後，接下來必須要選擇履約價。在選擇履約價時，最重要的考量就是對未來行情（最後結算價）的預期，再依此選出最適合的履約價。

如同表 19-7 舉例所示，如果預估大盤會上漲到 5000，那麼買進履約價 4500 的買權就可以在結算時賺取 500 點的利潤；如果選擇買進 4800 點的買權就只能賺進 200 點，因此在本例中顯然投資人應該選擇買進履約價 4500 點的買權。

同樣的道理也可以應用在賣權上，如果預估大盤會下跌到 5000 點，則買進履約價 5500 的賣權可以在結算時賺進 500 點，買進 5200 的賣權則只能賺 200 點。因此履約價的選擇對最終的獲利將產生決定性的影響，這點跟現股或期貨相當不同，投資人應特別留意。

表 19-7　履約價和獲利關係

買權獲利點數＝最後結算價－履約價		
對行情看法	選擇履約價	獲利（點數）計算方式
預期行情上漲到 5000	4500	5000 − 4500 ＝ 500
預期行情上漲到 5000	4800	5000 − 4800 ＝ 200
賣權獲利點數＝履約價－最後結算價		
對行情看法	選擇履約價	獲利（點數）計算方式
預期行情下跌到 5000	5500	5500 − 5000 ＝ 500
預期行情下跌到 5000	5200	5200 − 5000 ＝ 200

㈢決定進場成本

選擇權的另一特色是可以自行控制成本（風險），就買進買權或賣權來說，進場時支付的權利金就是未來的可能最大損失，而權利金的支出又因為履約價的不同而有高低之分。

就買權來說，履約價越低的買權，因為對買方較為有利，因此權利金越貴，而履約價越高的買權因為對買方較為不利因此較便宜；賣權正好相反，履約價越高的賣權對買方越有利因此越貴，履約價越低的越便宜。（經濟日報，2002 年 10 月 27 日，

第 41 版，賴聖唐）

(四)試算損益平衡點

　　在決定完履約價和付出權利金之後，接下來必須要試算出損益平衡點，再來決定這筆交易是否划算。舉例來說，由表 19-8 可見，買進履約價 5000 的買權，權利金為 220 點，則損益平衡點為 5220，也就是說大盤要漲到 5220 以上才開始獲利。買進履約價 5000 的賣權，權利金 180 點，則損益平衡點為 4820，即大盤要跌到 4820 以下才開始獲利。

表 19-8　買權賣權獲利／風險比

買權損益平衡點＝履約價＋權利金（進場成本）					
選擇履約價	權利金	損益平衡點	最後結算價	獲利	獲利／風險比
5000	220	5000 + 220 = 5220	4400	180	180 / 220 = 0.81
5100	100	5100 + 100 = 5200	4400	200	200 / 100 = 2.00
賣權損益平衡點＝履約價－權利金（進場成本）					
選擇履約價	權利金	損益平衡點	最後結算價	獲利	獲利／風險比
5000	220	5000 - 220 = 4780	4600	180	180 / 220 = 0.81
4900	100	4900 - 100 = 4800	4600	200	200 / 100 = 2.00

資料來源：實來期貨

(五)決定是否進場

　　上述買權的例子，由於此筆交易最大損失為 220 點（如果最後結算價在 5000 以下），因此如果投資人預期大盤會漲到 5400，則實際獲利為 180 點，相較於其最大損失 220 點，報酬風險比為 0.8，並不算是划算的交易，可以再考慮其他履約價。

　　假設此時履約價 5100 的買權權利金為 100 點，則上述報酬風險比將變為 2，相較於前一筆交易顯然划算得多，同樣的例子也可應用在賣權上。因此，在最後這個步驟裡，報酬風險比可以幫我們篩選出最划算的交易。當然，這個數字越大越好，建議最起碼要大於 1。

(六)獲利出場

　　投資選擇權不一定都得持有到結算才能獲利，到期日前隨時都可低買高賣權利金來賺取價差。以臺指選擇權為例，出場的方式有二種

(1)直接在市場上進行同一契約的反向操作。

(2)持有部位到結算日以現金結算。

◆ 本章習題 ◆

1. 以表 19–1 為基礎，各拿一支個股選擇權、認購權證實際來比較。

2. 表 19–4 背後有什麼邏輯？（Hint：詳見表 19–3 說明）

3. 以圖 19–1 為基礎，挑台積電選擇權近月期來畫畫看。

4. 〈19–1〉～〈19–4〉，還有哪些投資工具可用此方式來衡量。(Hint：現金增資、壽險保單、股票……)

5. 以表 19–5 為基礎，把你所唸的書中有關各種情況的選擇權定價方法比對一下。

6. 什麼是隱含波幅？問題出在哪裡？

7. 選擇權具備哪三種功能？以及如何發揮達到這些功能？

8. 股票型共同基金在什麼情況下適合運用臺指選擇權？

9. 以表 19–7 為基礎，舉一支個股選擇權為例。

10. 以表 19–8 為基礎，舉一支個股選擇權為例。

第五篇

外幣資產投資

第二十章 ····················

全球資產配置

我們的基金過去績效之所以表現良好，是因為在一支股票要成為票房毒藥之前，我們已及早殺出。

——威克　基金經理

學習目標:

站在公司財務長的立場，投資資金必須有多少放在外幣資產、是否須要避險，自己管還是代客操作為宜；如何把外幣資產配置在各通貨、各「國」(股市)。

直接效益:

具備投信公司全球型或區域型股票基金所需的基本觀念能力，剩下則為對各股市的現況瞭解。

本章重點:

· 從學術角度瞭解資產國際化的好處。§20.1 二
· 外幣資產佔總資產比重的決定方式。§20.1 四、表 20-4
· 如何決定各通貨所佔比重及匯兌風險避險比率？§20.2 三
· 依各國本益比來決定各國股市進出時機。§20.3 三
· 全球資產配置實例。表 20-8
· 投資海外股票二種方式：買海外基金、請國外券商代客操作。§20.4

前言：賺錢無國界

錢是不分國籍的，只看你有沒有能力才賺得到，這句話不僅適用於海外直接設廠的「無國界經營」，而且更適用於 24 小時無休的理財。隨著 1990 年的股市大崩盤、房地產大蕭條，1990 年代的臺灣投資人，越來越體會到投資不能單押在某一國，還得適度國際化，否則一國金融風暴，國內所有投資工具就跟骨牌一樣，摔得東倒西歪。再加上臺灣企業國際化程度越來越高，國際資產該怎麼管理，反倒是錢多了以後才體會投資的必要性。

本章說明投資的資金該如何分配於外幣資產上，至於實戰方法則於第二十一章仔細說明。

◆ 第一節　為什麼資產要國際化？

你有沒有注意生活中的一些東西是哪一國生產的？

(1) Sony 電視——日本，

(2) 可口可樂——美國，

(3) 雀巢咖啡——荷蘭，

(4) 童裝——南韓。

我們生活在「聯合國」所製造的產品、服務中，它提供我們更多、更便宜的選擇空間。公司把金融投資的範圍擴大到全球，無非也是基於同樣的考慮。

一、亞洲錢淹腳目，躍居全球新金主

2003 年 1 月 20 日，《亞洲華爾街日報》報導，十年河東，十年河西，曾經是全球已開發國家的債務人的亞洲，正逐漸躍居為西方最富有國家的新金主。

約翰霍普金斯大學跨大西洋關係研究中心全球經濟學者昆蘭 (Joseph Quin-lan)，在一篇有關美元的報告中指出，亞洲已是美國事實上 (de facto) 的金主。

外資持有的美國國庫債券中，有一半握在亞洲人手中。日本、大陸和其他亞洲國家已躍居為美國證券的最大外來投資源，其流入美國股票和債券的新增淨額，已在 2002 年底時超越歐洲。這股資金及時遞補撤退的歐洲資金，雖不足以讓美元重振雄風，卻也力保美元得以逐漸、有秩序地走軟。

美國企業和全球大借款人，愈來愈視亞洲為集資聚寶盆。亞洲資金充沛，堪稱俯拾皆是，以至於全球許多借款人均以亞洲為其集資說明會的首站，以期能帶動需求，推高他們所發行債券在全球其他地方的價值。

美國福特汽車旗下的福特汽車信用、奇異電器旗下的奇異資融和美國房屋抵押貸款市場大戶聯邦住宅托押放款公司 (Freddie Mac) 等美國大企業，已定期向亞洲投資人銷售其公司債。

歐洲企業則一魚兩吃，除了鎖定亞洲發行美元計價債券外，同時再透過私募或結構式債券等管道，發行歐元及英鎊債券，銷售給急於避險的亞洲投資人。

亞洲投資人對歐洲資產趨之若鶩的程度，已引起美國分析師的擔憂，深恐亞洲資金如果持續向歐元區轉進，則美元可能不支倒地。

曾任比利時財長的歐洲投資銀行總裁麥斯達特 (Philippe Maystadt) 表示，亞洲投資人已是該行最大的放款人。美國聯邦國家抵押協會 (Fannie Mae) 執行長雷恩斯 (Franklin Raines) 坦承，從 1998 年起，亞洲投資人就是該機構所發行指標債券的最大一股國際投資勢力，近來，宣傳手冊和事實紀錄也都附上中文譯本。

流轉於亞洲銀行體系之間的閒置資金，約達 9500 億美元，而這主要是亞洲金融危機的產物。

表 20–1　持有美國國庫債券的全球前十大國家或組織

排名	國家或組織	金額（億美元）
1	日本	3592
2	大陸	904
3	英國	728
4	加勒比海銀行中心	711
5	香港	459
6	石油輸出國家組織 (OPEC)	445
7	南韓	424
8	德國	400
9	臺灣	343
10	國際及區域組織＊	298

＊主要是指世界銀行、美洲開發銀行及亞洲開發銀行。
資料來源：美國財政部，數據統計迄 2002 年 10 月。

美國國庫債券仍是亞洲投資人最鍾情和覺得最安全的標的，不過，亞洲投資人追求投資多元化，也開始把觸角小幅度地伸向信用等級略低的資產。(工商時報，2003年1月21日，第5版，李鏗龍)

二、資產國際化的好處

投資追求的是風險平減後的報酬率極大化，那麼全球投資的確具有此雙效合一效果。

(一)透過地區分散來分散單一市場系統風險

透過資產分散在不同國家，以規避單一國家的市場風險，這是許多公司進行全球金融投資的主因之一。

許多實證文獻指出，分散金融投資在數個國家，確能使效率前緣往左移動，成為一條會有國際資產的國際效率前緣 (international efficient frontier)。

我們可以用一個具體的例子來說明資產國際化的好處，Solnik (1974) 的實證指出：

(1)以分散持股來降低單一持股的風險，那麼當美國持股數到20支，風險只剩下單一持股的30%。

(2)要是把持股分散到國外股票，那麼分散到20支時，美國國內單一持股的風險降到只剩下11.7%。

(二)唯利是圖才是最大動力

「天下有賺不完的錢」，這是國際貿易流行數千年的主要動力，而國際金融投資的主要目的當然是逐利而來。

如此一來，投資人所面臨的可行投資集合就變成「路是無限的寬廣」，整個效率前緣曲線就往左移動了一大段。

由表20-2可見，當2002年臺股下挫二成，投資人只是輸多輸少罷了。可是有些股市（例如印尼、泰國）還是有不錯表現，這也是為什麼以全球股市為投資對象的全球型基金 (global fund) 的報酬率不容易二年以上出現赤字（除非碰到全球股災）。

2002年，全球73個主要指數中，表現最佳的前十名均由新興市場包辦，不論是亞洲、東歐或是拉丁美洲股市均表現優異，巴基斯坦股市以漲幅超過一倍居冠，第十名的印度股市僅上揚3.45%，差異相當大。

　　表現殿後的股市則以歐美股市與科技股指數為主,經濟走勢疲軟的德國股市跌幅超過四成,成為 2002 年跌幅最深的股市,不少西歐和北歐股市跌幅也超過三成,此外由於科技股持續重挫,南韓 Kosdaq 指數以及那斯達克 100 指數跌幅也相當深。(經濟日報,2003 年 1 月 1 日,第 12 版,陳欣文)

表 20-2　2002 年全球主要股市表現

單位:%

地區＼指數	漲跌(%)	地區＼指數	漲跌(%)	地區＼指數	漲跌(%)
印尼	8.39	新加坡	−17.40	香港	−18.21
馬來西亞	−6.85	美國標準普爾 500	−23.40	法國	−34.59
泰國	17.32	美國道瓊	−16.85	美國那斯達克	−31.32
菲律賓	−12.81	英國	−25.24	德國	−43.94
臺灣	−19.79	日本日經	−18.63	南韓	−9.54

資料來源:彭博資訊。

㈢利之所在,勢之所趨

　　2003 年 4 月,央行公布國際收支統計,1998 ～ 2002 年來國人海外證券投資是大幅成長,網路科技泡沫的 2000 年,國人海外投資成長 108%,2001 年海外投資雖已趨緩,但不受全球股市重挫影響還成長 23%。2002 年成長率更達 25%,海外投資證券總計逾 155 億美元,其中股票達 109 億美元、債券投資計有 46 億美元,詳見表 20-3。(經濟日報,2003 年 4 月 29 日,第 18 版,白富美)

　　5 月 20 日公布的數字, 2003 年第一季居民的投資國外債權淨流出 43.38 億美元,約 1,500 億新臺幣,不但比去年同期倍增,也創下單季歷史新高紀錄。政策調整和利率低都是原因。(經濟日報,2003 年 5 月 21 日,第 2 版,徐碧華)

表 20-3　1998 ～ 2002 年臺灣的海外證券投資金額

單位:億美元

	1998	1999	2000	2001	2002
股票	38.93	50.58	92.65	93.58	109.49
債券	3.27	−2.23 *	8.22	30.69	46.04

資料來源:中央銀行。

1999 年網路科技泡沫,國人紛贖回海外債券投資而加碼海外股票。

三、最保守的投資人做最不保守的投資

許多人都誤以為海外金融投資隔行如隔山，要有三兩三才敢過梁山，其實困難的是「資產國際化」這個觀念，剩下的只是如何執行問題。謹舉二個例子來說明連最保守的投資人都進行了看起來不保守的國際金融投資。

⑴交通部郵政總局1997年2月起，以300萬美元投資海外共同基金，其中東南亞基金報酬率不佳，但是歐洲、英國的報酬率卻很棒，所以年報酬率也有16%。1998年3月，郵匯局再加碼400萬美元。

⑵為因應利率走低的大環境，2003年2月底國泰、新光安泰、遠雄人壽均向財政部申請對外投資比重將調整資產結構，以提高資金運用的報酬率，並將目標訂在6%以上。

3月，國壽已經財政部核准把上限提高至35%。（工商時報，2003年3月17日，第2版，邵朝賢）

四、外幣資產佔總資產比重的決定方式

外幣資產究竟佔總資產多少才合適？回答這問題的答案是：「這看目的而有不同」，詳見表20-4，說明如下。

㈠消極型策略

就跟免疫策略一樣，外幣資產佔總資產的比重或是外幣資產的金額該有多少，得看外幣負債有多少，一個蘿蔔一個坑，此時外幣資產存在的目的主要是為了規避外幣負債的匯兌風險。

以一家一季需要3.47億元買匯的進口公司來說，帳上最好有1000萬美元（等值）的外幣資產，如此，至少在未來三個月，公司暫時不用擔心臺幣貶值。當然如果閒錢多一些，不妨多擺一些在外幣資產。

表20-4　外幣資產佔總資產比重的決定方式

	持有金額	持有方式	持有期間
一、外匯避險	未來3個月所需外幣淨額	以傳統遠匯避險	不宜超過6個月
二、資產風險分散	至少佔總資產10%，至多不超過50%，直覺的	同上	6個月以上

	說30%		
三、套匯套利：積極策略之一	短打 1.停益點 2.停損點 3.投入金額	同上	不宜超過 3 個月

㈡積極型策略

在積極方面，也把外幣投資視為賺錢來源之一，至少宜佔總資產的二成，才夠分量影響總投資報酬率。不過，也不用擺過頭，不宜把三分之一以上資產擺在外幣資產上，一方面是因為主要股東絕大部分是國人，也就是現金股利是用臺幣計價的，不是發港幣或美元，所以不宜玩過頭的重洋輕土。

此外，想擺多少在海外資產也不完全能隨心所欲，法令上對一些行業的國外投資有其上限。

有些行業的投資金額和範圍皆受到法令限制，以壽險業來說，可投資於國外金融商品的金額以其可運用資金的 35% 為限，而且對於國外投資的金額是以結算時的臺幣匯率去換算，而不是以投資時的臺幣匯率來計算購入成本。一旦臺幣大幅貶值，帳上國外投資的成本自然水漲船高，其他情況不變下，可投資餘額勢必縮水。

◆ 第二節　全球資產配置㈠：通貨配置

如何決定國際金融投資的資產放在哪些通貨，這個**通貨配置** (currency allocation) 的問題，就跟任何出口商選擇出口市場的考慮因素是相近的，一般皆會分成二道程序，第一道是淘汰賽、先篩掉不要的通貨，第二道再來決定中選通貨的比重。

一、以國家風險作為初步篩選的標準

一如任何國際直接投資一樣，外匯匯出管制等造成的國家風險，在決定可行投資範圍時是篩選的主要因素，秉持的原則是「危邦不入」，也就是縱使在地主國投資賺翻天，如果資金無法合法順利匯出，這情況也只能以紙上富貴來形容，看得到卻吃不到。

在國際金融投資方面，常用**主權信用評等** (country credit rating) 來衡量國家風

險的高低，像是東亞金融風暴後，南韓等國的債信從投資級被降到跟垃圾債券同等級的投機級。

信用評等常是事後聰明的落後指標，依美國投資大師索羅斯的看法，當一國的外債遠大於外匯存底時，此種通貨便有崩盤式貶值的可能。這也是他以英鎊一役聞名，1997 年又大賺馬幣、泰銖、韓圜貶值匯兌利得的原因。有鑑於此，三家全球性的信用評等公司穆迪、標準普爾和歐洲銀行評等機構 IBCA 也急著亡羊補牢，希望能洞燭機先而又不無的放矢，所以信用評等仍有其用武之地。(經濟日報，1998 年 5 月 2 日，第 9 版，王寵)

二、決定匯兌風險處理方式

大部分國際淘金都把匯率視為一項限制因素，心態上只求消極的規避匯兌風險後，海外投資如果還能分散單一股市風險，那麼國際投資就值得進行。

對於匯兌風險的態度，由表 20–5 可看出，依避險比率來分可分為全部避險、選擇性避險和不需避險三種涇渭分明的主張。對投資人來說，可能莫衷一是，但是其實這並不是三選一的選擇題，而是不同情況下該採不同的匯兌風險管理政策，也就是各有其適用時機，接著我們將詳細說明。

表 20–5　全球金融投資的匯兌風險處理方式

	全部避險	選擇性避險	不需避險
學者	Perold & Schulman (1988)	Benari (1992)	Jorian (1989)
主張	匯兌避險為白吃的午餐，投資人應多加利用。	1.不避險時機：海外投資（如股市）和該匯率相關係數為負的：避險適得其反， 2.避險時機：海外投資和該國匯率呈正相關時。	海外資產比重很低時，有無規避匯兌風險對投資組合報酬率的變異影響不大。
學者	Eun & Resnick (1988)	Medura & Reiff (1985)	Madura & Tucker (1992)、Hauser 等三人 (1994)

| 主張 | 匯兌風險不易以分散國家來降低,建議採取遠匯方式來規避匯兌風險,且不必犧牲期望報酬率。 | 1. 不避險時機: 外幣升幅預期超過遠匯溢價時,
2. 部分避險時機: 外幣匯率走勢相當平穩或不明顯時。 | 由於股市和匯市的相關係數為負, 不規避外匯風險, 有助於減低國外股市投資的風險, 尤其在全球股災發生時。 |

資料來源: 整理自許綺珍, 風險股票與債券投資組合及其避險策略, 臺灣大學財金研究所碩士論文, 1993 年 6 月, 第 25～28 頁。

㈠消極作法: 全部避險

就跟吃金桔只吃甜的皮、不吃酸的果肉一樣,有一派學者認為採取匯兌風險避險措施後,可以更進一步降低國際投資組合的風險,所以匯兌避險可說是「白吃的午餐」(free lunch),投資人應採取完全避險。

其決策準則是如果計算匯兌損失後仍有滿意的報酬率,則願意投資以該幣別計價的證券, 這就是「通貨—資產配置方法」(currency-asset allocation method)。

針對國際投資「通貨—資產配置」問題,尤其是固定收益市場,美國 JP Morgan 投資管理公司副總裁 Adrian F. Lee (1987) 的研究結果指出, 針對 1971～1985 年期間,以美、英、日、德等十國債券為研究對象,得到一個值得參考的全球資產和通貨配置的建議:「分別考慮資產、通貨幣別可顯著改善國際固定收益投資組合的績效,而對匯兌風險則透過遠期市場加以規避,因此無須對未來匯率走勢有任何預測能力。」

㈡匯兌風險無需規避

至少有下列三個理由, 支持海外投資時不需要規避匯兌風險。

1. **長期來說, 匯兌風險較小**: 以富蘭克林投顧公司的抽樣期間來說,主張在長期海外投資 (尤其是定期定額投資) 時, 匯率變動因素 (尤其是臺幣升值造成海外投資匯兌損失) 的影響程度很小。當然, 由於歷史不必然會重演,所以有時有些人比較不相信鑑往知來。

2. **匯兌風險、股市風險互抵**: 縱使投資在新興市場 (emerging markets) 股市, 由於這些國家匯率和股價背道而馳,所以外國投資人不採取匯兌避險措施,正可以藉由此特性來降低股市的波動性, Hauser 等三人 (1994) 對 12 個新興股市, 橫跨 1968 迄 1991 年的研究結果再次指出此結論。

3.匯兌升貶互抵：此外，不需避險的全球投資還包括當全球投資極度分散時，例如全球型基金， 此時各國匯兌風險已經由世界指數投資組合而分散； Solnik & Noetzlin (1982)、 齊仁勇 （1996 年） 實證皆得到如此結論。

實務上是否遵照學者的建議呢？ 那倒不必然，以怡富全球股票基金為例，對歐陸投資對象主要是德國股市，1997 年對馬克有進行匯兌避險。但是 1998 年因看好馬克兌美元的升值走勢，所以已停止馬克部位的匯兌避險操作。（工商時報，1998 年 5 月 13 日，第 15 版，王麗玉）

㈢中庸作法──選擇性避險

美國證交所新商品發展部副總裁 Gastineau (1995) 一篇專文指出，隨著匯兌避險工具的蓬勃發展， 學術界或實務界皆傾向於接受對匯兌風險的管理抱持積極態度。簡單的說，宜有選擇性的規避匯兌風險，這篇文章的貢獻在於把國際投資是否該規避匯兌風險的爭辯作個了結。

選擇性規避匯兌風險可分為事前避險（例如換匯）和投入該國股市後，看匯率苗頭不對所採取的事後避險。這種問題只是我們在第十六章第三節所討論的「要不要採取避險措施的決策」的一小部分。

除了採取衍生性金融商品來規避匯兌風險外，許多專業投資人還採取下列避險方式。

1.巧妙的規避匯兌風險：既想享受海外證券的收益又想毫無匯兌風險，最簡單的作法，便是像美國富達基金公司的拉丁美洲共同基金一樣，很大比重放在拉丁美洲國家上市公司的美國存託憑證，也就是資產是以美元計價為主，因此就不怕墨西哥披索重貶。這樣一來，可投資範圍就縮小很多，但有時也是沒辦法的事，因為許多新興市場很缺乏外匯避險工具，甚至實施外匯管制。

同樣道理，在臺灣想投資美國股市，最沒有匯兌風險的方式便是挑美股來臺上市的臺灣存託憑證， 例如福雷電子。

2.套用自然對沖、交叉避險的觀念：還有些投信的避險作法頗具爭議，例如台灣投信的新光日本基金，雖然近期日圓處於跌勢，但由於避險成本太高所以並不採取規避匯兌風險措施。只把投資標的偏重出口導向的日本公司，也就是隱含著透過被投資公司的匯兌利得來間接部分對沖掉自己的匯兌損失。（工商時報，1998 年 5 月 5 日，第 15 版，王慧蘭）

有時匯市和股市是連動的，當匯率看貶、股市看空，這樣的國家可真是「姥姥

不愛，舅舅不親」，自然不會被海外投資人青睞。以元富投信的亞太基金來說，主要投資國家為日、紐、澳、新、馬。1996、1997 年的匯兌避險風險方式主要為遠匯市場，但是 1998 年以來，日圓匯率持續貶值、經濟沒起色連股市也看空；因此，亞太基金經理減少對日股的投資比重，如此一來也無需規避匯兌風險了。

　　3.**多幣別時的匯兌風險規避**：為了降低避險成本，有時多幣別的海外投資只規避其中一段的匯兌風險。

三、放諸四海皆準的避險比率公式？

　　匯兌避險比率的問題很熱門，大趨勢當然是「避險不足」，甚至連美國選擇權定價理論的創始人之一布萊克 (Fisher Black) (1989) 也提出個放諸四海皆準的「全球避險比率公式」(universal hedging formula)，以適用於全球股票投資的情況，由表 20–6 可看出他嘗試化繁為簡的主張。

$$全球避險比率 = \frac{\mu_m - \sigma_m^2}{\mu_m - \frac{1}{2}\sigma_e^2}$$

表 20–6　Black 全球避險比率示例

符號	符號意義	例子
μ_m	世界股市的預期「超額」（大於無風險利率）報酬率	$\mu_m = 8\%$ $\sigma_m = 15\%$ $\sigma_e = 10\%$
σ_m	世界股市的波動性	代入上式得全球避險比率
σ_e	世界匯市的平均波動性	= 0.77

對他的主張有興趣的讀者可參閱原文。

Black, Fisher, "Universal Hedging: Optimizing Currency Risk and Reward in International Equity Portfolios", *Financial Analysts Journal*, July/Aug. 1989, pp. 16 – 22.

四、積極作法

如果有機可趁，在決定通貨比重時，不少國際投資老手想兩邊都賺，不僅賺當地股市的錢，而且還賺匯差，這種投資態度可說兼具外匯、國外股市雙重積極投資策略。對於四十歲左右的人，當不會忘記在 1986 年 9 月迄 1990 年 1 月臺灣股價指數從 600 點上漲 20 倍，有約 200 億美元熱錢流入，既套匯賺臺幣升值的錢，更推波助瀾的使大盤節節上升。或許大部分人對歷史失憶，但是可能不會忘記，臺灣股市 2002 年 6 月起由於外資獲利了結，大幅匯出，結果股市逐漸下跌、臺幣匯率也從 33 元逐漸回貶到 34.8 元。

一樣的股市，二樣情節，顯示股市對匯市的影響越來越大；當然，匯市對股市的影響本來就是眾所周知。對於從事國際投資的人，想左右逢源的賺股市資本利得、匯兌利得，不僅要耳聰目明、手敏腳快，而且更要有熊心豹子膽。

◆ 第三節　全球資產配置㈡：挑國家

如何決定投資在哪些國家 (country selection)，基本的道理跟在單一股市內挑哪些股票投資的道理是一樣的，也就是把每一個國家股市 (不管一國有多少個證交所) 當做一支股票，而納入摩根史坦利世界指數內的國家皆可視為單一股票。

一、新興股市可能必需剔除

新興股市具有暴起暴跌的特性，比較不合適納入國際投資標的之中，由下列二個金融風暴便可見一斑。

1994 年 12 月拉丁美洲金融風暴，不少拉丁美洲共同基金淨值腰斬。

1997 年 7 月起爆發的東亞金融風暴，不僅東南亞各國哀鴻遍野，連南韓、日本都身受重傷，三年內無法復原。

新興市場股市頗類似臺灣的轉機股甚至全額交割股，美國有些實證指出把新興股市納入國際投資組合更可以使效率前緣往外移動。假如硬要投資於新興市場的股市，美國第一芝加哥投資管理公司 Erb (1995) 的實證指出，國家信用評等等級反倒比其他方法更能發掘高或低報酬率的投資組合。簡單的說，國家信用風險評等便「代表」該國股票投資報酬的全貌。

二、決定各國的投資比重

就跟國內投資一樣，決定各國股市的投資比重的方法可分為消極型、積極型二種策略，各有其適用時機。

(一)消極型策略

消極型策略以指數複製為代表，不管是全部複製或只投資在部分國家的局部複製，但對各國股市投資比重基本上仍以摩根士丹利等世界指數為依據。

但是消極型策略只能作為一個標竿，例如日本股市為全球第三大股市，1997年2月，在美國註冊的股票型基金中持股比率還有21%，但是1998年2月卻降低到14%，遠低於日本股市在世界股市的權重。國際基金經理把日股看成燙手山芋，主因在於日本經濟復甦沒有起色，而且不少銀行隨時會倒閉，連不少日本人也憂心忡忡的把錢轉存風險較低的外商銀行。甚至連世界指數中各國的比重、個股也常在變動，所以指數複製比較適用於設計出指數基金和指數期貨等金融商品。

(二)積極型策略

投資股票是看股票的相對價值，適用在個股的道理，經過高盛公司紐約分公司 Asness 等 (1997) 的研究，證明也適用作為挑選各國股市和在某股市內挑選個股，請詳見表 20-7。不過他們修正以美國股市內個股為研究對象的一項研究結果，也就是大市值股市的報酬率高於小市值 (small cap) 股市，即「大者恆大，強者恆強」的道理。至於小市值股市（像印尼）可能因為周轉率太低，以致不僅外資不介入，連本國人都意態闌珊呢！

表 20-7　挑選被投資國家的三個指標

報酬率預測指標	股價淨值比	股本 (market equity)	過去一年報酬率 (momentum)
美國股市，Fama & French (1994)	低	小	上漲，即強者恆強
跨國股市，Asness etc. (1997) 研究 1.該國股市 2.各股	低	大	上漲
實務界	經濟本質佳		

$$該國 GDP / 全球 GDP > 該股市市值 / 全球市值$$

㈢把國家股市分類

就跟股票可依股本、每股盈餘和營收成長率等指標來予以分類一樣，有些人也套用市場區隔理論，嘗試把全球股市依其性質劃分為幾個市場區隔（segmentation）。同一區隔內的各國股市，同質性（或稱整合性，integration）較高，甚至可以說是一支股票。

有些學者煞有介事的用資本資產定價模式來分類，但是實務上的方法很粗糙，也就是把全球證券市場以地理區域劃分為亞洲、美洲和歐洲股市。除非有全球共通股災，否則這三大區隔可說各行其道，像 1997 年 7 月東亞金融風暴，對美股只有短暫影響，歐股可以說只被颱風尾巴掃到。

不管透過什麼方法把全球各國股市分類，其主要的作用在於：

⑴假設以臺股或其世界指數作為標竿，以找出哪些國家股市跟標竿異質性高，這些國家股市便可納入全球投資組合中，以助於降低風險。

⑵同樣的道理也可細分到以某一國或多國的資產（例如股票）作為分析對象，這就是挑股票的事了。

三、如何選投資地區？ ──如何依各國本益比來決定進出場時機？

把全世界的金融資產視為可行投資範圍，以股票投資來說，資金當然從本益比高的國家流向本益比低的國家，以追求較高利潤。在「高賣低買」情況下，世界各國股票本益比便逐漸維持一個相去不遠的均衡水準。當然，中短期內超漲超跌的過度調整都一定會出現，此時，也正是聰明投資人有機可趁的時候。

因此，國際投資人不僅要知道各國股市的絕對狀態（多頭、空頭或盤整），而且更得畫出像圖 20-1 這樣的圖，才能判斷哪些股市有可能有國際資金行情。這種世界本益比套利的運用，可預期的是，2003 年起隨著亞洲國家景氣逐漸復甦，世界投資人將會發現本益比才十倍的東南亞股市遍地是黃金， 而歐美股市本益比三十倍，顯得高了些，資金又會回流到這邊。

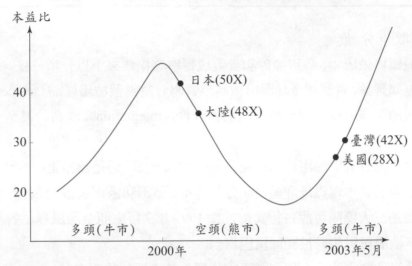

圖 20-1 2003 年 4 月世界各國股市本益比相關位置

大部分開發中國家，因為人民資金有限，作股票的人不多，所以股市周轉率很低（一年如果低於一就算低），像印尼等股市周轉率才 0.2，新加坡雖然國民所得很高，但是股市周轉率也很低，臺股周轉率常為世界第三，2002 年 2.2 倍。

周轉率低的股市，投資人買了股票後很難脫手，尤其手上股票多的時候，所以買賣價差很大；臺灣的郵票就是一個標準情況，集郵社跟你買郵票一套 100 元，但賣給你卻開價 500 元。

開發中國家（或地區）股市的本益比，應該是已開發國家股市本益比打六折以上，計算方法如下：

已開發（或股市年周轉率大於 1）國家股價指數本益比 × 0.6 = 未開發（或股市年周轉率小於 0.8）國家股價指數本益比

這麼說來，當拉丁美洲股市本益比為 12，其實是等於美國的 20 本益比（假設二地會計制度一樣、財務報表品質相同）。

四、這不是件容易的事

看各國本益比來作股票（買賣國家型基金），這個主張基本上是正確的，但不是件容易的事，原因如下：

㈠各國會計制度不一

買過車的人大抵都知道，汽車「馬力」其實沒有世界統一標準，有分為德制、日制、美制等標準；同樣的，由於全球各國會計制度不一，所以每一個國家上市公司每股盈餘所代表的意義也差很多。此外，開發中國家會計簽證品質比較差，許多上市公司故意高列盈餘，以支撐較高股價，這種美化盈餘的作法，在臺灣照樣屢見不鮮，更不用說開發中國家了。

㈡資訊不易取得

就以臺灣來說，假設你相信以下的買賣鐵律「（大盤）本益比為 17 倍時總買進，大盤本益比 30 倍時大賣出」。問題就來了：

1. **資料在哪裡?**：海外股市的本益比，你可以打電話問臺灣的海外基金公司在臺分公司。

2. **歷史本益比還是預測本益比?**：縱使幸運的有大盤本益比的資料，接下來你要關心的是：這是根據過去一年歷史、還是當年預測的每股盈餘算出來的? 投資人關心的當然是預測本益比，一般證券、基金公司發布的也是，但是各國的證券交易所提供的是歷史資料，所以它發布的當然是歷史本益比。

㈢測不準定理的應用

雖然看相對本益比作海外股票時有困難，卻是最主要的方式。所幸，雖然各國會計制度有差異，但也不是天跟地的差別，頂多只是大同小異，說白一點的，臺灣的每股盈餘若為 2.2 元，也許在美國只算 2 元，但不會離譜到變成 1.2 元，甚至 0.2 元。套用物理學中「測不準定理」來說，各國會計制度算出來上市公司的每股盈餘「雖不中，亦不遠矣」。

按這道理說，會計簽證嚴格的歐美上市公司，其大盤本益比可以比臺灣高，當臺股為 20 倍時，美股為 28 倍，已經比臺股高出四成。如果美股本益比變成 40 倍，那已經比臺股高一倍，而不只是高百分之幾而已。

所以投資人所需的各國本益比是經過「總體經濟分析，進而求得上市公司每股盈餘成長率，　再計算出大盤預測本益比」。　例如 1998 年拉丁美洲經濟成長率為 2.5%，可支持上市公司每股盈餘 11% 的成長率，股價並沒有同幅上升，所以大盤本益比可能偏低。

㈣基金公司的全球基金的資產配置

幾家著名基金管理公司的資產配置，有些偏重集中於歐美（像宏利、水星、德利、富達、寶源），有些則比較分散（像怡富、富蘭克林坦伯頓）；僅以表 20–8 舉

例說明。

表 20–8　美國富蘭克林基金公司 2003 年第 2 季投資組合建議

	保守型	穩健型	積極型
美國股票	全球型股票基金 40 美國公司債基金 25 美國政府債券或 全球債券型基金 35	全球型股票基金 40 美國公司債基金 40 美國股票型基金 20	美國股票型基金 30 亞洲成長型基金 30 高科技型基金 10 美國公司債基金 30

資料來源：富蘭克林投顧，經濟日報，2003 年 5 月 28 日，第 31 版。

五、無國界經營：挑產業、挑個股

歐洲貨幣聯盟 15 國於 1999 年起，固定各會員國跟歐元間的匯率，2001 年 7 月停用各國貨幣而邁入單一貨幣時代。在這種貨幣整合情況下，評估匯率風險以歐元為對象，至於歐盟 15 國則可視為單一國家，從中間挑產業，甚至挑個股。例如怡富的大歐洲基金以摩根史坦利歐洲指數作為參考指標，把整個歐洲看作一個國家，從中挑選金融保險、生化製藥和持續性併購題材等產業。

第四節　委外操作——購買海外共同基金、代客操作

海外投資方式的決策屬於第四章第二節所介紹的「代客操作或自行管理」範疇，一開始金額較小，大都委託給外界，從小金額的購買共同基金，到 50 萬美元以上足以量身訂做請人代客操作。至於自行管理情況，則另於第二十一章第一、二節中再說明。

一、購買海外共同基金

購買海外共同基金是最省事方便的海外金融投資方式。海外共同基金的投資致勝之道，這是個大題目，在此只說明幾個重要決策。

1.國內或國外投信發行的基金：國外基金公司發行的基金，由於有天時地利人和之便，所以一般來說，投資績效會比臺灣的投信公司發行的投資海外的共同基金為高，只是投資人得設法規避臺幣升值的匯兌風險。

2. **自助餐還是定食?**:不少銀行推出海外共同基金組合套餐,這可說是日本料理的定食。要是不見得適合你的口味,這時候你可得費心去挑選搭配,就跟吃自助餐一樣。當然最簡單的方式就是買全球基金,永遠不必怕單一國家或地區發生金融風暴。

對國外基金投資有興趣的讀者可參考拙著《投資海外基金的第一本書》(商周出版,1998 年 10 月)。

二、委外操作

在下列情況下, 宜把國際投資資金全部或部分委託給海外的代客操作業者操盤。

1. **投資金額大到足以請人代客操作**:在台灣,代客操作的門檻金額是一千萬元;國際上,大抵為 50 萬美元。

2. **對海外投資較缺乏瞭解**:俗語說隔行如隔山,更何況是隔個國界,除非你能聘請到當地股市操盤人員,否則強龍不壓地頭蛇,最好還是信任合格的專業資產管理公司。像中央銀行擁有 1600 億美元以上的外匯存底,在紐約、法蘭克福等世界金融中心都設有辦事處,以就近瞭解市況。但是從 1996 年起,央行也把小比率的外匯存底委託給摩根、高盛等操作,央行主要目的還在於藉此以訓練自己的行員。

以新光人壽來說,1998 年 5 月跟第一銀行簽訂「指定用途信託資金契約」,可說是量身訂做的委外操作方式。(經濟日報,1998 年 5 月 9 日,第 7 版,邱可君)

不少上市公司海外金融投資都是委託日本、香港和美國等資產管理公司代管,公司財務長的角色變成監督者。如果操盤績效不佳,則另請高明。有時為了套匯,只好把委外操盤的外幣資產變現,轉成套匯熱錢,這部分的責任則直接歸屬財務長而不是海外的資產管理公司。

三、委外顧問

光靠彭博 (Bloomberg) 的資訊來瞭解國際金融其實是不夠的,不少投資機構撒在地主國聘請當地投資顧問來作「帶路鳥」、「嚮導」,例如臺灣銀行的海外金融投資便聘請英美等二家投資顧問公司提供諮詢服務。

存款依幣別來分,可分為臺幣存款、外幣(例如美元)存款;同樣的,基金依投資地區不同,可分為國內基金 (on-shore fund)、海外基金 (off-shore fund)。

海外基金另成一單元，本書篇幅有限，不能深入說明，但是由於投信公司也發行很多海外基金，所以我們在此處執簡御繁的，提供你瞭解海外基金投資屬性的方法。

四、依投資地區來分類——國家、跨國、區域、全球

在決定投資資金的分配時，最重要也是第一個問題便是把資金投資在哪裡？第二個問題才是投資在哪些資產（債券、股票商品、衍生性金融商品等）。

投資地區的大小和區位對投資報酬、風險的影響，我們可用附表2的「投資地區股票報酬率、虧損率倍數表」來舉例說明。

圖 20-2　基金依投資地區分類
——以臺灣股市為標竿說明其性質

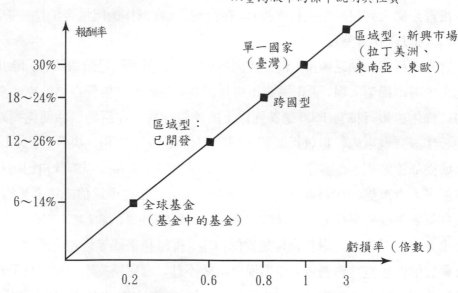

說明：本圖虧損率的倍數是以臺灣股市為基準（設定為1＝100%），詳見附表2第3欄。

由圖20-2，我們大抵可看出，如果以臺灣股市（簡稱臺股）作為單一國家的標準（風險倍數為一），那麼全球基金的虧損率只有臺股的0.2倍，可見全球基金可以大幅降低單一股市的風險。區域型基金的風險倍數可分為二種情況：北美、歐洲（不含東歐）等已開發區域，其風險倍數為0.8，也就是比臺股低二成；不過，新興市場的區域型基金，風險倍數至少在3以上，也就是比臺股高2倍以上。

用臺灣股市來類比

　　許多人都作股票，但不見得買過基金，由表20-9可見，我們可以依海外基金投資地區的大小來跟股市相比，例如國家基金(country fund)就好比單一個股，跨國基金就等於買二支個股，區域型基金(region fund)則可說是類股，全球基金(global fund)可用大盤或綜合性共同基金來比喻。

表 20-9　以投資區域來分類的海外基金和單一股市類比

海外基金	國家型	跨國型	區域型	全球型
以單一股市類比	個股	同一產業內二支股票，或二產業類股	產業類股	大盤
優點	暴起暴落	介於左右二個極端之間	像共同基金	
缺點	找潛力股，恰如煤碳堆中找鑽石。		風險最小，可選擇範圍變大。	

五、依基金公司註冊國家分為二類

　　就跟進口車可分為原裝、臺裝的一樣，同樣是投資於海外的基金，依基金公司註冊國家的不同，可分為臺灣的投信公司發行的海外投資基金和國外基金公司的海外基金。

㈠臺裝海外基金──海外投資基金

　　投信公司中有九家發行了十八支投資於海外的基金，在國內信託基金淨值表中歸類為「海外投資基金」，為了便於稱呼，我稱為「臺裝」海外基金。跟原裝海外基金在交易方面的不同之處為：

　　⑴最低申購金額：一萬元，而原裝海外基金最少三萬元，

　　⑵基金淨值計價幣別：以臺幣為計價幣別，基金經理可針對臺幣匯兌風險採取避險措施。原裝海外基金計價幣別大部分為美元，其次為被投資國貨幣(例如英國基金則為英鎊)。

㈡「原裝」海外基金

　　「海外基金」(overseas fund)最簡單的說，是由國外基金公司所發行的基金，也就是基金是在外國登記註冊，投資對象也在國外。海外基金要在臺灣銷售，必須經過證期會的核准。為了方便稱呼，我稱這類老外發行的海外基金為「原裝」海外基金。

個案 1999～2003 年美股追蹤

「美國打噴嚏，全球感冒」，這句話貼切形容美股對全球股市的影響，因此，不管在哪裡投資股票，每天都得知道美股的動態。因此，我們在本個案中，細數 1999～2002 年美股的經歷，並預測 2003 年走勢。

●充電小站●

美國股市小檔案

美國在全球經濟體系中扮演火車頭角色，美股三大指數（道瓊工業指數、那斯達克綜合指數、標準普爾 500 指數）對各主要股市具有關鍵影響，像是代表高科技產業的那斯達克綜合指數便跟臺灣科技產業股價走勢連動甚密。道瓊工業指數由 30 支基本面佳、具國際知名度的公司組成，跟總體經濟動向息息相關；那斯達克綜合指數並不只涵蓋資訊工業的公司，一般工業、運輸、通訊、銀行，甚至是 2001 年以來最獲成長期待的生化科技也在其中；標準普爾 500 指數代表全美市值五百大的企業體表現。

美國有很多交易所，分散在各主要城市，其中前兩大為紐約證券交易所 (NYSE)、美國證券交易所 (American Stock Exchange)。紐約證交所是最大、最老、最有人氣的市場，英特爾、微軟等公司均在此掛牌上市，總市值約七兆美元。美國證交所是一個中小企業股票上市的場所，股價偏低；那斯達克交易所的上市公司多半為小型的新公司。

直接投資美國股市可以讓投資人在前

一、看它樓起，看它樓垮

亞洲華爾街日報把那斯達克指數光環漸失分成 8 個時期來說明。

1. 1999 年是股市極盛期：道瓊工業指數在年底以 11497.12 點作收，一年來漲幅高達 25%。那斯達克指數全年漲幅更是驚人，高達 86%，以 4069.31 點作收。

1999 年底的股市彷彿著火般快速前衝，數百萬美國投資人加入投機行列，買進剛創立不久、名不見經傳的小公司，科技股炙手可熱，不少股票在一年內漲 10 倍。

1998 年，泡沫市場形成之前，資訊科技和通訊類股僅佔標準普爾指數市值的 15～25%，隨後一路向上竄升，到了 2000 年，已達 45%。

2. 2000 年初是泡沫幻滅期：道瓊工業指數 1 月 14 日觸頂，收 11722.98 點，比 1999 年底再攀高 2%。那斯達克指數 3 月 10 日觸頂，收 5048.62 點，比 1999 年底勁揚 24%。

聯準會（美國央行）開始由降息轉為升息，股價不知不覺自高點翻跌。在 3 月底到 4 月中的三週期間，那斯達克指數總計跌掉三分之一。

3. 2000 年 5 月是第一波假多頭起點：道瓊指數跌為 10811.78 點，比峰頂低 8%；那斯

線接觸我們熟知的世界性龍頭企業如微軟（代碼為 MSFT，交易時係以英文簡寫代表）、國際商業機器 (IBM)、奇異公司 (GE) 等。投資美國股市最大的優點是，由於上市公司資訊透明度高，投資人可以在各類公開資訊中取得，提供了較大的投資保障。（經濟日報，2003 年 2 月 24 日，第 26 版，寶來證券）

達克指數回到 3958.08 點，跟峰頂有 22% 差距。

投資人相信股價在重挫後勢必反彈回升，再度進場買進，漲勢持續整個夏季。

但是科技股在 8 月底再度重挫，秋季時，投資人終於覺悟網路榮景只是泡沫。

4. 2000 年 11 月是第二波跌勢的底部：道瓊指數跌為 10899.50 點，比峰頂低 7%；那斯達克指數挫為 3333.39 點，距峰頂 34%。

傳統績優股成為避風港，科技股日益失寵，直到聯準會在 2001 年初宣布降息，科技股才強勁回升。

5. 2001 年 3 月是另一波假多頭的谷底：道瓊指數跌為 10450.14 點，比峰頂低 11%；那斯達克指數降到 2183.37 點，離頂點達 57%。

美國經濟悄悄陷入衰退，聯準會多次降息也未能扭轉頹勢。直到春末股價才自底部回升，漲勢持續到 5 月下旬，空頭重新佔上風。

6. 2001 年 9 月股市觸底再回升：道瓊指數 9997.49 點，跟峰頂差距擴大為 15%；那斯達克指數 1770.78 點，跟峰頂差距加大為 65%。

受 911 恐怖攻擊影響，股市暫停交易一週，恢復交易後股價一度暴跌，一週後強勁回升。

7. 2002 年 1 月起企業頻傳假帳醜聞：道瓊指數 10073.40 點，離峰頂 14%；那斯達克指數 1979.25 點，離峰頂 61%。

1 到 3 月期間股市雖然力圖振作，但是企業醜聞頻傳和景氣復甦力道不足令股價指數在 8 月跌到更深谷底。

8. 2002 年 8 月為恐慌性賣壓初期底部：道瓊指數 8506.62 點，距峰頂 27%；那斯達克指數 1280.00 點，距頂點 75%。

指數春、夏兩季狂跌，跌穿 911 後底部，最後道瓊指數在 10 月跌至五年新低，那斯達克指數也落到 1996 年來新低。之後多頭連續逞威八週，但是投資人不敢相信空頭結束。（經濟日報，2002 年 12 月 18 日，第 9 版，王寵）

圖 20-3 1996～2002 年道瓊和那斯達克股價走勢

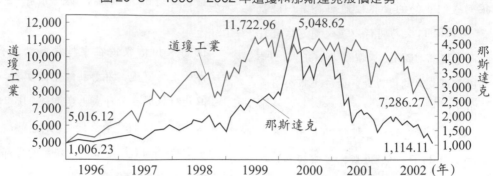

資料來源：彭博資訊。

圖 20-4 1999～2002 年那斯達克指數走勢

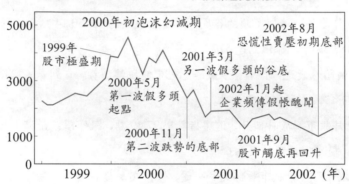

資料來源：彭博資訊。

二、三年跌掉 8.5 兆美元

威爾夏合夥公司 (Wilshire Associates) 表示，追蹤整個美國股市市值的威爾夏 5000 種股價指數 (Wilshire 5000)，2002 年 10 月 9 日收盤時，比 2000 年 3 月 24 日的巔峰下挫達 50.22%，相當於損失約 8.5 兆美元的市值。

8.5 兆美元相當於日本國內生產毛額 (GDP) 的兩倍。

當年股市狂飆時，最讓巴菲特這類投資人坐立難安的事，莫過於美國股市的總市值已升到美國國內生產毛額的 1.6 倍。如今，美國股市總市值減少 8.5 兆美元後，已遠低於美國國內生產毛額的 10.2 兆美元。(經濟日報，2002 年 10 月 11 日，第 3 版，陳澄和)

●充電小站●

全球主要股市總市值

2002 年底，歐美和亞洲九個主要股市的總市值為 17.7 兆美元，比 2000 年 3 月巔峰時期的約 30 兆美元縮水四成。比 2001 年減少約 20%，即縮水約 4.6 兆美元，創歷史新高，詳見圖 20-5。主因是資訊科技泡沫破滅和企業作假帳，使得全球股價隨美國和日本走低。(經濟日報，2003 年 1 月 4 日，第 8 版，孫蓉萍)

圖 20-5　全球主要股市總市值

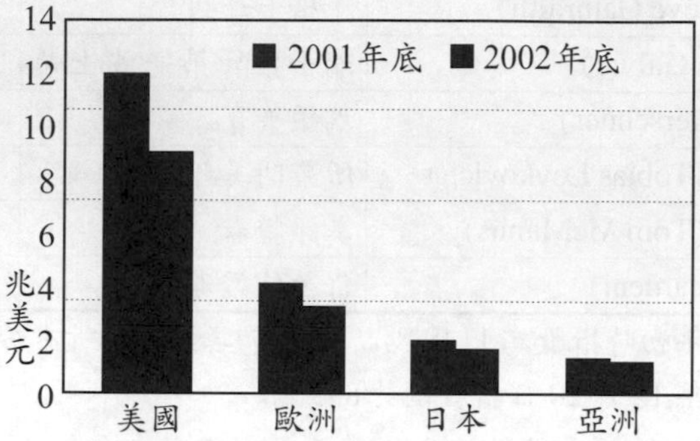

註：美國包括紐約證交所和那斯達克，歐洲包括
　　倫敦、法蘭克福和 Euronext，亞洲包括香港、
　　南韓和臺灣股市，東京為東京證交所第一類
　　股。

資料來源：日本經濟新聞。

三、神算克里戈特 2002 年獨贏

2002 年年初時獨排眾議，看跌該年股市的 JP 摩根公司證券分析師克里戈特 (Doug Cliggott)，接受美國有線電視新聞網 (CNN) 專訪，談及他對目前股市的看法。

克里戈特是主要券商分析師中唯一看壞股市的，詳見表 20-10。他預測 2002 年年終標準普爾 500 種股價指數會跌到 950 點，並建議股市部位只佔投資組合 50%。

當後來股市表現低迷，證實克里戈特預測正確時，他決定離開 JP 摩根，轉任瑞典衍生性商品基金業者 Brummer 合夥公司美國研究部主任。

他長期觀察這兩個值，發現財報獲利約是營運獲利的 85%；所以他估價時，就以營運獲利打 85 折來估。這樣的話，2002 年標準普爾 500 種股價指數的獲利就在 40 美元附近，以 16 倍

本益比來講，合理價位應在 640 點，他看 2003 年還下不到這個點。(經濟日報，2002 年 12 月 22 日，第 5 版，林郁芬)

表 20–10　　2002 年初各家分析師對標準普爾 500 股價指數年底的預測值

分析師	公司	預測值
克里戈特 (Doug Cliggott)	JP 摩根	950
艾波蓋特 (Jeff Applegate)	雷曼兄弟	1350
伯恩斯坦 (Rich Bernstein)	美林	1200
柯恩 (Abby Joseph Cohen)	高盛	1300～1425
蓋布瑞斯 (Steve Galbraith)	摩根士丹利	1225
賈爾文 (Tom Galvin)	瑞士信貸第一波士頓	1375
柯斯納 (Ed Kerschner)	瑞銀華寶	1570
列夫柯維契 (Tobias Levkovich)	所羅門美邦	1350
麥克曼那斯 (Tom McManus)	美銀證券	1200
雅登尼 (Ed Yardeni)	保德信證券	1300

註：1. 2002 年初時指數為 1148 點，除了克里戈特外所有分析師均看漲。
　　2. 2002 年 12 月 20 日指數位於 895 點。
　　3. 艾波蓋特和賈爾文已在 2002 年秋天被裁員。

四、股市傳奇人物畢格斯看好美股 2003 年將大漲

2003 年 2 月 11 日，《錢雜誌》(Money Magazine) 報導，美股傳奇人物、摩根士丹利公司全球策略師畢格斯 (Barton Biggs) 從歷史觀察，認為美國股市目前很像 1970 年代，在 1974 年打下雙重底後，1975 年大漲 50%，隨後股市進入大盤局，直到 1982 年。2002 年 7 月和 10 月的低點可能是這波空頭市場的底部，美股 2003 年可望出現一波大漲，從 2002 年的低點回升達 50%。

70 歲的畢格斯是華爾街的活傳奇，三十年來在摩根士丹利公司工作，他一直是全球投資的大師級分析師，善於預測股市泡沫的形成，曾準確預測日本股市、生物科技股和網際網路股的崩跌，使客戶得以安然趨吉避凶。(經濟日報，2003 年 2 月 12 日，第 9 版，吳國卿)

五、2003 年 5 月，多頭確立

2003 年 5 月 8 日，一些分析師發現，標準普爾 500 種指數的技術線圖已出現多頭市場確立的跡象，詳見圖 20–6。(經濟日報，2003 年 5 月 9 日，第 9 版，吳國卿)

圖 20-6　2002.11～2003.5 標準普爾 500 股票指數走勢

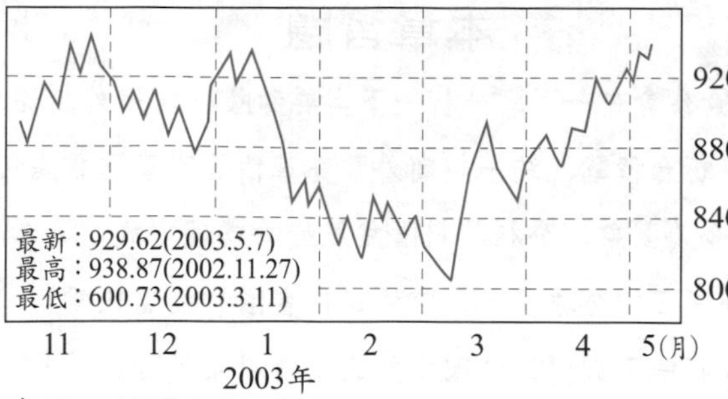

最新：929.62(2003.5.7)
最高：938.87(2002.11.27)
最低：600.73(2003.3.11)

資料來源：彭博資訊。

六、推薦閱讀

Schwartz, Nelson D., "How Low Can It Go?", *Fortune*, Oct. 28, 2002, pp. 51–56.

◆ 本章習題 ◆

1. 每年 6 月以後，去壽險公會查一下，分析一下主要壽險公司海外投資金額的變動情況。

2. 以表 20–4 為基礎，分析台積電、統一超商外幣資產佔總資產比重為何不同？

3. 以二支臺裝的海外基金為對象，分析其對匯兌風險的處理方式。

4. 以表 20–7 為基礎，分析三支全球基金如何決定對各國的投資比重？

5. 以圖 20–1 為基礎，分析一下近況，跨國本益比比價現象是否存在？

6. 把三支全球基金的資產配置表作出來，分析其差異面的原因。

7. 找出去年原裝海外基金前 10 名，分析其原因。

8. 以圖 20–2 為基礎，把去年的真實數字代入，來驗證此圖，差異原因是什麼？

9. 以去年績效為基準，臺裝、原裝海外基金（以全球基金為例）哪一種比較會賺？

10. 為什麼有些散戶要自己買國外股票（例如買美國的 WalMart）？

第二十一章

全球投資組合管理

對我來說，賠錢是各種困難中最輕微的一個。認賠停損之後，賠錢已不再困擾我。做錯——不認賠——才會傷害口袋和心靈。

——J. L. Livermore　美國 1920 年代的期貨大師

學習目標：

站在財務長的立場如何作好匯兌風險管理(不必然海外金融投資時才用得到)，交易人員如何 DIY 的進行外幣存款、外匯、票券、債券和股票交易。

直接效益：

唸過 §16.2～4、§21.4 四節，企管、財務管理顧問公司開的「匯兌風險管理」課程 6 小時、6000 元可以放心的不用去上了。

如果你想深入瞭解此主題，請參閱拙著《國際財務管理》(三民書局，2003 年 8 月) 第 12～19 章。

本章重點：

· 如何透過外幣存款賺匯兌利得？ §21.1 一
· 如何套匯？ §21.1 四
· 遠匯市場和外匯選擇權報價。§21.1 五
· 海外債（票）券投資的目的跟國內大同小異。§21.2 一
· 海外債券投資時匯兌避險決策。表 21.3
· 上市公司發行的海外轉換公司債、全球存託憑證的套利。§21.3 一
· 如何利用遠匯市場避險？ §21.4 一
· 透過「零成本外匯選擇權」（或「區間遠匯」）以降低匯兌避險成本。§21.4 二
· 如何進行換匯換利交易？ §21.4 四
· 國際投資的績效標竿。§21.5 一

前言：全球金融投資 DIY

　　當資金中有三成或 3000 萬元要擺在外幣資產，可用期間為一年，面對比國內更琳琅滿目的投資工具，有些投資人員很快就傻眼了，該如何「弱水三千只取一瓢飲」呢？本章回答如何從簡入繁的自己動手作外匯、海外債券和海外股票投資。

　　當然，在第四節中，我們一定得討論 2002 年的當紅炸子雞金融投資的匯兌風險管理的執行，至於風險部位衡量（§16.2）、要不要避險（§16.3）、用什麼工具來避險和避險比率（§16.4）、避險動態調整，這些都已於前面詳細討論過了。

第一節　外幣存款、外匯投資 DIY

　　海外固定收益證券的投資（包括外匯投資），由於相對簡單，而且往往都是搭著外幣資金調度而來的，交易頻率較高，所以大部分都由公司財務部自行管理。

　　由圖 21-1 可見，固定收益的海外投資，橫軸為依難易程度來分，比較簡單的是外幣存款、外匯投資；中難度的是票、債券投資，高難度的則是半債半股類的海外轉換公司債等的投資。縱軸則以風險程度區分為低、中、高，什麼人玩什麼鳥，你適合在圖上哪一（些）方格中投資，那就看你的投資期間、風險容忍程度和投資能力了。

　　外匯投資包羅範圍很廣，僅適合個人操作的是外幣存款、套匯；至於公司還可藉由遠匯市場、出售外匯選擇權來牟利。

一、外幣存款

　　外幣存款從 1995 年 10 月臺海緊張開始，大幅成長，2000 年因政權替換、臺股重挫、外資匯出，以致臺幣匯率重貶更有推波助瀾的效果，外幣存款餘額高達 1.2 兆元，2003 年 3 月下跌至 1.05 兆元。（經濟日報，2003 年 4 月 29 日，第 18 版，白富美）

　　公司投資於外幣存款的動機大抵可分為消極、積極二種。

　　1.當未來有外幣需求時——消極避險： 這種積穀防飢的方式，以現貨外幣多頭部位來因應未來外匯的需求（即空頭部位），也是一種規避匯兌風險的方式，只是外幣存款利率不能比臺幣存款低很多，否則財務人員會被老闆打屁股的。

　　2.純粹想賺利差、匯差——積極投機： 對於純粹基於財務利潤打算的外匯存款，

圖 21-1　海外固定收益投資種類和風險

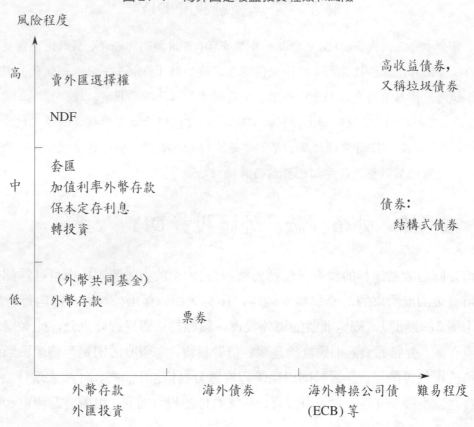

一般都希望能一石二鳥，利差、匯差同時兼得，像 2002 年投資報酬率較高的外幣存款依序為英鎊、歐元。

至於瑞士法郎則為避險貨幣，由於利率低，所以只適用於當美元被摜壓時。

一般來說，此種投機目的的外幣存款，跟任何投機活動一樣，要想大賺，「存得久，不如存得巧」，也就是要能掌握住存款貨幣升值前便去存，以賺取升值的匯兌利得。

對於喜歡換跑道的存款戶，則可透過外幣綜合存款帳戶，透過電話指示方式，迅速把外幣存款的幣別轉換，例如由美元換成歐元。

二、保本定存，利息轉投資

對於想保本又不甘於只有定存利率收入的人，則可考慮投資外幣定存，套用第

四章第八節所談保本基金的觀念，這種兼具保本、投資雙重功能的外幣定期存款，是把外幣利息投資於外匯、衍生性金融商品，用利息來賺錢，縱使摃龜，至少還剩下本金，花旗銀行提供此類商品。（工商時報，1998 年 4 月 10 日，第 19 版，江今葉）

三、加值利率外幣存款

跟「投資外幣存款」很像，但稍微複雜一點的便是「加值利率存款」(premium deposit)，又稱為「雙元通貨存款」(dual currency deposits)，這個名字就比較能指出它的意義。簡單的說，假設美元一個月期存款利率為 0.6%，但是加值利率美元存款卻可能高達 1.6%，這額外多出來的 1 個百分點，並不是銀行平白送給存款戶的禮物。存戶額外要給銀行一個權利，即銀行以 1% 的超額利率取得一個賣權，也就是存款到期時，可用約定的匯率用另一通貨（例如一歐元兌 1.2 美元）來支付給存戶。也就是銀行取得一個外匯賣權，把匯兌風險移轉給存戶，如同轉換公司債跟認購權證差別一樣，轉換公司債還有點票面利率給投資人墊墊底，不致外表看起來不像投資而像玩選擇權般的投機。

以這個例子來說，這種存款滿適合未來需要歐元的進口公司——例如進口賓士車的車商，等於一方面以履約匯率固定住美元和歐元間價位；另一面又可多賺一點權利金（即超額利率部分）。

這種存款 1993 年便引進臺灣，大部分都是外商銀行在承作。

四、套　匯

就跟股市漲跌都有人賺錢一樣，匯率升值貶值也都有賺錢機會，也就是套匯，這個道理連升斗小民都明瞭，無需多費唇舌說明。

外匯投資也可能讓你因看走眼而兩面挨耳光，所以不僅眼光要準，膽識更要夠，就像 1998 年 5 月因日圓重貶，連帶的東南亞各國貨幣也再度蒙塵。這時想發危機財的投資人，正可運用「危機投資法」，趁泰銖、馬幣跌到谷底時把外幣存款幣別改成此弱勢貨幣，等其升值時，再轉成美元。（經濟日報，1998 年 5 月 8 日，第 5 版，全澤蓉）

㈠套匯要知所節制

有時賺錢機會擺在那裡，但卻必須知所節制；例如 1997 年 11 月中央銀行徹查，不准銀行借錢給客戶去炒外匯，以免加重臺幣的貶值趨勢。1998 年 4 月，中央銀行

更清查無本金遠期外匯交易，以打擊市場預期臺幣貶值的投機心理。這些看起來被評為開倒車的作法，也不只是發生在臺灣；南韓也有，例如 1998 年 3 月 27 日韓國《京鄉新聞》頭版頭條報導，法國量販店家樂福南韓公司的員工擬非法套匯 2500 萬美元出去，東窗事發被逮到。南韓政府採取息事寧人作法，要求把美元重新匯回，而且增加在韓的投資金額。（經濟日報，1998 年 3 月 29 日，第 8 版）

　　大規模套匯往往被地主國政府認為是不義之財，除非以後老死不相往來，否則許多跨國企業皆不會太熱衷於打落水狗的套匯交易，以免上了政府的「黑名單」，到時可真是要嘆「因小失大」了！

㈡避免上當被騙

　　外匯投資的非法經營業者，大都打著年報酬率 30% 的「高獲利」來吸引投資人，而且往往都打著新加坡、南非等名不見經傳的銀行的名號。這些仲介業者皆是非法經營，大部分的公司名稱為國際管理顧問、財務顧問公司。像其中一家打出「定點套匯」的銀行外幣存款理財，已有受害者提出告訴。（經濟日報，1998 年 3 月 20 日，第 7 版，李佳諭）

五、遠匯市場和外匯選擇權

　　遠匯市場常會出現套利機會，但由於最低交易額為 100 萬（有些為 50 萬）美元，雖然不少免繳保證金，僅需有授信額度便可。但由於交易門檻較高，所以不少中小企業由報上、交易螢幕上看到有下列所述的套利機會，但是「看得到，吃不到」，可說是心有餘而力不足。

　　同樣的情況也出現在出售外匯選擇權，以賺取權利金，底下將詳細說明。

㈠遠期外匯市場

　　一般遠匯 (DF) 和無本金遠匯 (NDF) 間的價差如果夠大，則有套利空間，以 2003 年 6 月 3 日的無本金遠匯來說明。

表 21-1　2003 年 6 月 3 日 NDF、DF 換匯點

	NDF	DF
3 個月期	0.04/0.045	−0.1/0.1
說明	銀行 買入價	銀行 賣出價	同左

由表 21-1 可見，你可以用今天匯率再加 0.045 元買入 3 個月期美元，為了簡化討論起見，這 0.045 元換匯點就是你預購美元的成本。然後以今天匯率 (34.74) 再加 0.04 元把 3 個月期美元預售給銀行，這一買一賣間，便出現 0.16 元的價差，也就是每 100 萬美元可以賺取 16 萬元的匯差。

中央銀行於 1998 年 5 月 25 日起，規定國內公司（除銀行外）不得承作無本金交割遠匯，只允許國外法人透過海外銀行，向在臺外匯銀行下單。身手矯健的公司將利用國外公司名義，轉個圈又進行 NDF 的套匯交易。(工商時報，1998 年 5 月 23 日，第 3 版，郭奕伶)

此外，在國外外匯市場中，上述套匯交易仍可進行。

㈡外匯選擇權

由於少數進口公司以買美元買權的方式避險，所以對於出口商來說，則可以扮演外匯買權的賣方，賺取權利金，例如臺幣兌美元，一個月期 100 萬美元的買權契約，履約價為 34.5 元兌一美元，權利金 7900 美元。

跟出口公司出售買權對稱的，進口公司則可以出售賣權，讓未來取得外匯的公司固定住售價，而進口公司則可進而固定住未來買匯成本，這跟預購最大差別是，出售賣權有權利金收入，以當天匯率為履約價；三個月期的權利金收入約為 1%，也就是每百萬美元賣權契約的權利金為 1 萬美元。(工商時報，1998 年 3 月 30 日，第 13 版，尤惠玲)

◆ 第二節　海外票券、債券投資 DIY

1986 年以前，大都只有銀行會涉及國外票券、債券的交易，隨著臺灣企業國際化程度越來越高，無論是出口或是海外子公司營收，不少企業資產帳戶中有一缸子的外幣資產。像遠東紡織、統一企業等許多公司皆設有國際金融部，專門負責海外融資和海外金融投資，其中交易最頻繁的仍為海外票券、債券交易。

一、國外債券投資的好處

投資國外債券的動機，至少有下列三種。

1. **地區分散式的風險分散**：前面已經說明國際股票組合的風險低於單一股市的股票投資組合，要是同時投資國際股市、債市，那麼此平衡型國際投資組合的風險

將低於純股票型的國際投資組合。

在本土債券投資組合中，把國際債券的比率由零增加到三、四成，由於各國債市相關程度低，所以能使債券投資組合的風險降到最低。

2. **作為海外股票投資的避風港**：以海外股票為主的投資，道理也跟國內股票投資一樣，假設股市短期回檔，股市減碼的資金可能暫以當地債券作為避風港。

當然，如果股市是下跌趨勢，甚至盤整，那麼外資常常會拔檔，轉入其他國家股市，對各國政府來說，這種大陸學者稱為「幽靈資金」，在國際外匯市場稱為「套利資金」，看起來可說是金融秩序的亂源。但是對企業來說，「人往高處爬，錢往利字求」本來就是天經地義的事。

3. **作為外幣資產保值兼投資方式**：對於以持有外幣資產以維持短期外幣流動資產於適當比率，甚至想作為套匯熱錢的中繼站，那麼海外債券報酬率可能會高於外幣存款，而且名目上看起來也比較不像是想賺臺幣貶值而存的外幣存款，這海外債券的出售結匯回臺幣，押匯的理由是短期投資匯回，看起來可以稍微避開中央銀行的炒匯檢查。

二、海外票券投資

購買海外票券的動機跟買國內票券是一樣的， 可說是短期多餘資金的最佳去處，詳見第十四章第二節。

三、海外債券投資

許多公司把海外金融投資擺在報酬率比定存利率高的債券，例如東元電機公司1998 年起開始買進信用連動債券 (credit-linked notes)。

四、海外高收益債券投資

根據投信投顧公會的資料及各項商品的計算，在臺幣計價的海外債券基金、國內債券基金、連動式債券、臺幣或外幣定存中，年報酬率以海外債券基金領先群倫，報酬率可達 5% 以上，比起一年臺幣定存利率約 1.5%，報酬在數倍以上。且因此類商品以臺幣計價，投資人更不需直接面對匯率變動風險，詳見表 21-2。(經濟日報，2003 年 5 月 25 日，第 14 版，李正和)

表 21-2　全球主要國家信用評等和公債殖利率情況

國家	S&P信評	公債殖利率	國家	S&P信評	公債殖利率	國家	S&P信評	公債殖利率
臺灣	AA−	1.720%	挪威	AAA	5.323%	美國	AAA	3.969%
紐西蘭	AAA	5.890%	英國	AAA	4.435%	加拿大	AAA	5.050%
澳洲	AAA	5.334%	法國	AAA	4.230%	瑞典	AAA	4.713%

資料來源：彭博資訊，2003.4.23，公債殖利率為各國十年期公債殖利率。
資料整理：德盛安聯投信。

五、何時該規避匯兌風險？

　　海外債券投資是否該規避匯兌風險？這個問題看起來很矛盾，海外債券投資的目的是追求海外債券較高的報酬率，那麼採取遠期市場（例如預售該國外匯）規避匯兌風險，依據匯率理論中的利率平價假說，你透過投資海外債券所賺到高於本國（例如臺灣）利率，然而一旦採取遠匯市場或換匯方式避險，這賺的利差將全部被匯率貶幅（俗稱遠匯貼水）所吃掉。所以這樣做，理論上得不到好處，甚至還賠上外匯交易的買賣價差。

　　那麼該如何決定海外債券投資是否該規避匯兌風險呢？ Hauser & Levy (1991) 的研究結果頗值得參考，詳見表 21-3，他們假設投資人投資期間僅 1 個月，而債券存續期間越長越不需要避險。

表 21-3　海外債券投資時匯兌避險決策

避險比率	全部避險	選擇性避險	不避險
說明	債券存續期間短，例如0.5年。此時匯兌風險對國際投資組合變數影響較大，所以宜全部或部分規避匯兌風險，以收國際投資的好處。	中，例如2年。同左	長，例如5年。匯兌風險對投資組合的影響力降低，所以國際分散投資的利益愈大。

資料來源：同表 20－5，第 26～27 頁。

 ## 第三節　海外股票投資 DIY

　　或許你會認為只有台塑、台積電等大公司才有資格投資海外股票，其實世人皆

知臺灣錢淹腳目，連在新竹科學園區行政大樓的餐廳，都有不少國際銀行業者舌燦蓮花的銷售海外股票給園區的員工。打開上市公司的年報、公開說明書，赫然發現連小型股公司的手上也有數千萬元的海外股票，其中不少股票還是海外未上市公司。

臺灣企業對海外股票的投資，可用表 21-4 說明，大抵從表中第二欄開始，由風險低的股票開始投資起，也就是臺灣上市公司發行的海外證券，賺了錢後再逐漸藝高人膽大的往風險高的對象去投資。至於海外未上市股的投資，大都是第二輪，也是先從比較容易瞭解的臺商公司股票投資起，再逐漸延伸到其他國家未上市股票。

表 21-4　海外股票投資 DIY 的投資標的

投資對象／風險程度	未上市	已上市
高	其他國家未上市股票	大陸等 B 股 美日等上市股，
低	臺灣上市公司海外子公司，且股票有可能上市者。	臺灣上市公司海外發行 ECB、GDR。

一、套　利

跨國套利往往是誘使海外股票投資的第一個動力，由於沒有風險，投資期間又短，所以不少人獲利後不僅會食髓知味，而且胃口也養大了，會增加海外股票投資範圍，不再僅限於搶短的套利。

臺灣投資人最常接觸的，也是很容易熟悉的國際套利機會有下列二種。

(一)全球存託憑證套利

臺灣上市公司在海外發行的全球存託憑證 (GDR)，在試銷期間 (gray market)，往往可能折價銷售，此時便出現套利機會。海外 A 公司買下甲公司全球存託憑證時，B 公司同時也在臺股融券賣出。等到 A 公司拿到全球存託憑證時，再要求轉成臺灣股票，在市場中出售，而此時融券賣出的 B 公司則空頭回補。

這套海內外市場套利，需要在國外(例如香港)成立一家空殼公司(即 A 公司)。

如果沒人向你兜售全球存託憑證，此時不妨考慮購買「全球存託憑證套利基金」，像建弘投信發行的「全球臺商基金」便具有此種色彩。(工商時報，1998 年 3 月 6 日，第 32 版)

㈡海外轉換公司債套利

不少上市公司發行的海外轉換公司債(ECB)，國際券商買入後把它拆成純粹債券和選擇權二部分銷售，由於票面利率皆在 1% 以下，且是固定利率；經過利率交換後，轉變為以倫敦同業美元拆款利率 (LIBOR) 加碼 1 個百分點以上的浮動利率債券，其中潤泰建設公司加碼高達 7.5 個百分點，報酬率高達 13%，更吸引投資人的注意。(工商時報，1998 年 2 月 7 日，第 13 版，郭奕伶)

二、臺商公司股票

不少臺灣上市公司在海外成立子公司，有計畫的在當地股票上市，而其母公司在臺的承銷商，便扮演投資銀行業者角色，甚至在公司發起階段，便進行股權私下募集。例如聯華電子 1997 年在新加坡成立新加坡聯測公司，在臺灣便募集不少小股東。

三、大陸股票

由於沒有語言障礙，再加上大陸佔臺灣對外直接投資一半金額，所以不少大陸 B 股股票，甚至未上市公司的私募案件，有不少國際銀行業者興致勃勃的在臺招募。有時他們三寸不爛之舌把投資機會描寫得「特權才有，百年難得一見」，以引君入甕。

大陸 B 股成交量低，股價因而欲大不易，已被形容為「大套房」，不少投資人深陷泥淖。1997 年北方通訊全球公司大釋股，更造成全球大套牢，對於大陸股票的綺麗幻想才漸漸夢醒。

隨著兩岸往來更趨密切，將會有更多大陸股票來臺銷售，用平常心來評估其投資價值便夠了，其他浪漫情懷可免，也不用昧於大陸公司背後的黨政特權等神秘色彩，往往言過於實，否則「好東西（股票）怎會跟你這個陌生人共享」呢？

與其自己碰運氣，還不如購買「中國基金」，這些在香港設立的共同基金，有 12 支已經掛牌交易。其中之一為臺灣的荷銀投信公司參與管理的「滬光基金」。此外，1998 年 3 月，金鼎證券香港子公司也私下募集成立一支中國基金；未來將有更

多臺資以基金方式投資大陸股票。(工商時報，1998年4月27日，第16版，何曼卿)

四、從委外管理到自己操刀

由表21-5看得出來，投資國外股票要有規模經濟，自己管的還是不多，強龍還是難壓地頭蛇。

當海外股票投資規模夠大時，不少公司便可能不再委託外界代客操作，而收回來自己管。以國民黨旗下的九大控股公司來說，在1998年以前，對歐洲的投資採購買英國基金管理公司旗下基金方式。但是1998年起，開始採取直接投資方式。

表21-5　臺灣的投信公司的跨國性基金的操盤和資訊

投信公司	海外基金	實際操盤人	海外資訊來源
光華	泰　國	光華香港分公司	－
台灣新光	日　本	日本野村投信	－
怡富	亞洲等	自己	全球企業內網路
元富	亞　太	自己	國際部
國際	全　球	自己	美國富蘭克林公司

資料來源：整理自王慧蘭，「操盤舵手」，工商時報，1998年5月5日，第15版。

⑴光華投資公司和捷克股東成立一家創投公司，以尋求在捷克和東歐的投資機會。

⑵中央投資公司取得國際性旅館管理公司RGL三分之一以上股權。

五、資訊來源

大部分有海外金融投資的公司，都會職有專司的設立國際部等單位，來負責行情分析，而國際金融資訊來源大都為路透社、彭博、偉達 (Knight Rider) 等。

此外，你下單的券商也一定會給你晨報、日報、週報和月報等研究報告。

隨著網路下單交易的普及，一些虛擬券商也在網路上提供資訊、不過一分錢，一分貨，有價值的資訊 (像內線消息) 絕對需要付費的。(經濟日報，1998年5月2日，第7版，湯淑君)

✦ 第四節　全球投資的匯兌風險管理

全球投資的匯兌避險該怎麼做?由於臺灣並沒有臺幣外匯期貨,所以只能透過其他三種衍生性商品來避險。

一、遠匯市場

利用遠匯來避險可採取表 21-6 中的二種方式:

1.**一般遠匯**:其優點是站在買匯的一方,預購匯率較佳,因為大抵是根據利率平價理論去算出「換匯點」(國際匯兌上稱為貼水、貶值幅度),當然在預期心理很強時,銀行也會把預期貶幅加一些進來,銀行盡可能不做虧本生意。但是,當預期升值時,外匯銀行報價則不會把此項因素加入。

一般遠匯的缺點是必需全額交割,以 34.7 元的匯率預購 100 萬美元,屆期真的要搬 3470 萬元來買匯,這對許多公司資金調度都很不理想。

2.**無本金交割遠匯**:此工具的優缺點正好跟一般遠匯相反。

表 21-6　DF、NDF 性質和適用情況

	一般遠期外匯	無本金交割遠期外匯
資格	需出示進出口相關文件	僅限國外法人
類比	交易型商業本票 (CP_1)	融資型商業本票 (CP_2)
銀行額度	總額度或遠匯契約風險額度	同左
匯率	換匯點	換匯點再加升或貶值預期
契約最低金額	50 萬美元,有些為 100 萬美元	無限制,但左述情況者也有
市場額度	屬正常交易,中央銀行不會管制	易受中央銀行管理匯市而有僧多粥少情況
保證金	需要,可用存款餘額充當	同左
交割	實物(即全額)交割	淨額(屆期日現匯減 NDF 訂約時之匯率)交割

二、零成本外匯選擇權

還記得我們在第十六章第四節中所說的區間遠匯嗎?在本處,我們用表 21-7 中

具體的例子來說明零成本外匯選擇權的匯兌風險避險方式。由表中可見，在不同價位買進、賣出一個外匯買權，而權利金支出、收入剛好皆為契約金額（一口 100 萬美元）的 1.5%，收支正好相抵，所以稱為「零成本選擇權」。

至於此種買權的組合策略的報酬 (pay-off) 如何？ 可由表 21-7 中最後一欄看出，當臺幣匯率升破 34.65，看似該公司會出現損失，也就是他的對手可用 34.65 賣匯給該公司。但該公司卻藉由出售此買權，把買匯成本固定在 34.65 元，勉強可說跟預購遠匯的效果是一樣的。

表21-7　以 2003 年 6 月 2 日報價為例說明區間遠匯

履約價（美元）	一個月期買權	權利金	報 酬
			1.獲利時機匯率貶破 34.85
34.85	+（買入）	−1.5%（成本）	2.無風險時機匯率在 34.65 ～ 354.85
34.65	−（賣出）	+1.5%（收入）	3.損失時機為匯率升破 34.65
*當天即期匯率 34.70			

三、換　匯

一般公司用到換匯的機會並不多，比較常見的是：

(1)一筆臺幣資金暫時投資歐洲共同基金，跟外商銀行進行換匯，今天「存臺幣、換美元」，三個月後「給美元、換臺幣」。這筆交易，其實是銀行向你借臺幣、你向銀行借美元，要是臺幣利率比美元利率高，那麼銀行還得付你利率差（在匯率上稱為換匯點）。

換匯可說是同時進行即期市期、遠期市場二筆交易，優點是不需負擔買賣外匯的價差。

(2)作為資金調度和短期拆借的工具。

四、換匯換利畢其功於一役

換匯再加上利率交換便成為換匯換利， 例如歐洲復興開發銀行來臺發行 66 億元臺幣債券，透過跟荷蘭銀行同時進行下列二筆交易。

1.**換匯：**缺臺幣資金的荷蘭銀行拿美元跟歐洲開發銀行換進臺幣資金，雙方各

取所需貨幣。

2.**利率交換：**荷蘭銀行替歐洲開發銀行付 6.75% 利率的臺幣債券利息，而歐洲債券則以LIBOR減碼 0.4 個百分點的美元利率付給荷蘭債券，這是筆「固定利率─浮動利率」的利率交換。(工商時報，1998 年 3 月 27 日，第 13 版，郭奕伶、許瑛欣)

五、電腦輔助的匯兌風險管理

當外幣資產、負債交易筆數太多時，便不得不引進電腦資產管理系統。宏碁公司於 1998 年 5 月，耗資 50 萬美元買進路透社風險管理系統，以便迅速掌握全球各據點的匯兌、利率資產暴露。(工商時報，1998 年 4 月 28 日，第 14 版，郭奕伶)

 # 第五節 全球金融投資績效評估

1998 年 5 月 7 日的《經濟日報》中，一則新聞標題為「國際全球基金績效比摩根指數高，在首屆傑出基金獎中脫穎而出」。這個報導看起來事不關己，但是如果你是當事人，尤其當你是公司的海外金融投資人員，你該如何證明自己的投資績效不凡呢?

一、瞭解比較的標竿

還記得在第三章第三節中我們曾經說明投資績效好壞的判斷標準之一便是外界標竿。

全球不少基金評鑑公司或是資產管理公司都有編製下列三級股價指數，其中較有名的為摩根士丹利、高盛和所羅門兄弟等。

⑴全球股票指數，

⑵區域股票指數，

⑶國家股票指數。

如果你不想跟這些抽樣的股價指數比，也可以跟各國股市的股價指數相比。比較之前必需瞭解各種股價指數編製的原理，表 21-8 中只是舉例說明，大部分股價指數皆是採取發行量作為加權依據的。

當然如果你想更精確的比較，每個股市中還都有一些特殊指數。臺灣投資人最熟悉的莫過於美國羅素 (Russell) 2000 種指數，代表集中市場的道瓊工業指數，而

那斯達克綜合指數則是高科技股的代言人。

二、把績效分解開來

全球投資的績效主要來自投資工具本身和匯兌損益，如何分析出二者所佔比重，並進行修正操盤行為（甚至用人），這是件滿重要的事。

表 21-8　股價指數的權數基準和代表性指數

權數基準	代表性指數
一、發行量（市價總值，market cap）	全球大部分股市如美國標準普爾 (S & P)500、Russell 2000、《英國金融時報》指數
二、發行量和周轉率加權	智利 IPSA 指數、比利時 Bel20 指數
三、（修正）股價	日經 225 種股價平均、美國 Value Line 指數、Major Market 指數

當然，延續拙著《國際財務管理》一書（三民書局）第 19 章第 2 節中的主張，我們不建議採取會計公報上先進先出的方式計算匯兌損益，而是逐筆認定。

此外，真的要把績效拆解成二部分，不是三言兩語能道盡的，有興趣者可參考下列文章。

Singer, Brian D. and Denis S. Karnosky, "The General Framework for Global Investment Management and Performance Attribution", *Journal of Portfolio Management*, Winter 1995, pp. 84 – 92.

·充電小站·

S & P 500 指數小檔案

標準普爾股票價格指數和道瓊工業股票價格指數一樣，在美國甚至全球都具有非常大的影響力，它是由美國最大的證券研究機構（標準普爾公司）所編製的股票價格指數，該公司在 1923 年開始編製發表股票價格指數。

標準普爾股票價格指數 (S & P 500) 以 1941 至 1993 年抽樣股票的平均市價為基期，以上市股票數為權數，按基期進行加權計算，其基點數為 10。以目前的股票市場價格乘以基期股票數為分母，相除之數再乘以 10 就是股票價格指數。

標準普爾公司股票價格指數最初只選取了 230 種股票，編製兩種股票價格指數。到了 1957 年，才把股票價格指數的包含範圍擴大到 500 種股票，並分成 95 種組合。其中最重要

的四種是公用事業股票、工業股票、鐵路股票和金融保險類股票。雖然成分股票有變更，但始終保持500支股票，包括400家工業股、40家公用事業股、40家銀行和保險股以及20家交通事業股。

S&P 500指數成分股的股票市價總值，大約佔紐約證券交易所總值的90%左右，由於它涵蓋的範圍相當廣泛，可以說比道瓊工業指數更完整且客觀的反映美國股市整體情況，只是道瓊工業指數歷史較為悠久，因此許多美國民眾和媒體仍舊習慣以道瓊工業指數作為投資參考。(經濟日報，2003年2月26日，第26版，寶來證券)

◆ 本章習題 ◆

1. 以一支海外債券基金為例，分析其匯兌利得、債息利得和資本利得。

2. 舉一個實例說明套匯機會存在。

3. 舉例說明 NDF、DF 如何套利？

4. 海外高收益債券有哪些？

5. 你同意中央銀行總裁彭淮南的說法：「DF 便足供廠商避險用，無須對臺灣企業開放 NDF」嗎？

6. 舉例說明台積電、台積電 ADR 如何套利？

7. 舉實例說明投資外幣存款。

8. 舉一個實例說明換匯換利。

9. 以表 21-7 為基礎，舉實例說明區間遠匯。

10. 以表 21-8 為基礎，舉更多例子，像香港恆生指數等的權數基準為何？

附　錄

附表 1　各類資產應有的報酬率、虧損率比價表

資產類別		長期的投資屬性		以臺灣為例	
		報酬率 (1)	虧損率 (2)	報酬率(3) = (1)×2%	虧損率(4) = (2)×2%
衍生性金融商品	期貨	30×*	9.67×	60%	19.34%
	選擇權（如認股權證）	20×	6.33×*	40%	12.66%
股票型基金	積極成長型	4.8×	1.27×	9.6%	2.54%
	成長型	4.2×	1.07×	8.4%	2.14%
	收益型	3.6×	0.86×	7.2%	1.72%
	分散型	3×	0.67×	6%	1.34%
股票	股票（大盤）	3×	0.67×	6%	1.34%
	轉換特別股	2.6×	0.53×	5.2%	1.06%
債（票）券	轉換公司債	2.2×	0.4×	4.4%	0.8%
	無擔保公司債	1.5～2×	0.17～0.3×	3～4%	0.34～0.6%
	有擔保公司債	1.4×	0.13×	2.8%	0.26%
	資產擔保債券 (ABO)	1.3×	0.1×	2.6%	0.2%
	地方政府公債	1.2×	0.07×	2.4%	0.14%
	公債	1.1×	0.03×	2.2%	0.06%
	票券	1.04×	0.013×	2.08%	0.026%
商品	能源	1～3×	1×	2～6%	2%
	黃金	1～3×	1×	2～6%	2%
標竿 (b)：一年期定存		1×	0%	Rb = 2.0%*	Lb = 0%

為方便理解起見，臺灣一年期定存利率以整數 2% 來說明。

* ×代表倍數。

　　套用經驗法則，大抵可以把四大類資產依預期報酬率、可能的虧損率由高往低排列，大致可看出各類之間有個比價倫理在。

　　1.標竿（benchmark，下標符號代號為 b）：我們說空氣輕、鐵重，那都是相對

的，標準是以水當標竿，也就是水的比重是一，同樣體積（例如一平方公尺）的鐵一定比水重。

同樣道理，我們說股票賺得多，那是跟一年期定期存款利率比，由附表 1 來看，股票應有的報酬率為一年定存利率的三倍。由第三欄臺灣情況來看，一年期定存利率 2%，股票應有的報酬率是它的三倍，那就是 6%。

其他資產的報酬率同理可推，如果把第三、四欄換成別的國家（例如日本），只是標竿數字改變罷了。

2.「三比一賠率」的報酬率和虧損率關係：先把第一欄各類資產應有的報酬率依標竿為底換算出來，接著便可依「三比一賠率」去推算可能的虧損率。只是得額外注意一點，為求「多賺」必須冒險，這「多賺」的部分便是：

資產的超額報酬率＝資產報酬率－一年期定存利率

資產的可能虧損率＝1/3（資產報酬率－一年期期定存利率）

由右邊公式看來，股票的虧損率由 $1/3 (3X - 1X) = 0.67X$，其他同理類推。以臺股來說，標竿乘上 0.67 倍，就可得到第四欄的 1.34% 可能的虧損率。

附表 2　投資地區股票報酬率、虧損率倍數表（投資地區風險倍數表解說）

類別		報酬率、虧損率倍數(×)	
單一國家	開發中（如四小虎）	6×	4×
	新興工業（如四小龍）	4×	1～1.4%
	已開發	2×	0.8×
跨國	開發中和開發中（如泰馬）	2.6×	3×
	已開發和開發中（如美臺）	2.2×	0.8～1.2×
	已開發和已開發（如西葡）	2.6×	0.7×
區域	已開發（美、歐、亞、澳洲）	1.6×	0.6×
	新興市場	3×	2×
全球		1×	0.2×
標竿		全球股市＝1×	其他地主國＝1 臺股＝1×

地區越大，在經濟上開發程度越高，其投資風險越低，所以我們可以用三種不

同的基準來看投資地區的投資報酬率、虧損率間關係。

一、以全球（股市）為「標竿」（或基準）

以全球為標竿，可說風險值為一，區域基金的風險較全球高，又可分為已開發地區，風險係數為 1.6 倍，相形之下，新興市場型區域基金的風險係數至少是已開發區域的 2 倍。

二、以臺灣（股市）為標竿

「站臺灣看天下」，投資人熟悉的是臺灣股市、關心的是海外投資，因此以臺股作基底：

㈠單一國家來說

臺灣比上不足但比下有餘，所以像歐美等（日本除外）已開發國家的風險只有臺股的 0.8 倍，反之，像泰馬等開發中國家，風險可能比臺灣高 3 倍。

㈡跨國來說

跨國如果只是難兄難弟例如泰馬，這種二國皆開發中的風險值比單一國降低，但效果不大，比較大的是跨二洲的或結合已開發和新興工業國，例如寶來的美臺基金。

附表 3　價格指標計算公式——依英文字母順序排列

分析指標	計算公式	判斷法則
1.乖離率 (bias)	N 乖離率 = $\dfrac{(今天) 收盤價 - N 日 MA}{N 日 MA}$	多空情況的濾嘴法則皆不同，如同 RSI 一樣。
2.趨向指標 (DMI) (1)上升方向線 (+DI) (2)下跌方向線 (−DI) (3)趨向平均值 (ADX)	適合中長期，不適合短線操作，ADX 為輔助右述判斷法則的工具，例如當右述買訊出現，ADX 由下跌轉為上升，跌勢會更加重，直迄 ADX 開始下跌，才能判定跌勢已緩。	1. +DI 由下向上突破 −DI，買訊， 2. −DI 由下向上突破 +DI，賣訊，表示市場以較低價格賣股票。
3.隨機指標（KD 值）	$\dfrac{2}{3}K_{t-1} + \dfrac{1}{3}RSV$ $\dfrac{2}{3}D_{t-1} + \dfrac{1}{3}K$	1.K 值大於 D 值，即 K 線突破 D 線，買訊， 2.K 值 < D 值，賣訊。

	(未成熟隨機值) = $\dfrac{(今天收盤價-N日內最低價)}{(N日內最高價-N日內最低價)} \times 100$	
4.平滑異同移動平均線 (MACD) (1)N日「均線」(MA) (2)需求指數 (DI) (3)差離值 (DIF) (4)MACD	二條不同速度的「指數平滑」移動平均線 6日MA為過去6天的收盤價之和除6，左述(2)、(3)、(4)太繁複，本書不說明。	1. DIF向上突破MACD、O軸線，買訊， 2. DIF向下跌破MACD、O軸線，賣訊；DIF、MACD在O以下，空頭；在O以上，多頭。
5.相對強弱指標 (RSI)	$RSI = 100 - \left(\dfrac{100}{1+RS}\right)$ 其中 RS = $\dfrac{選樣期內收紅日的收盤價平均數}{選樣期內收黑日的收盤價平均數}$ ×第1天的RS值	1.大於80，超買， 2.小於20，超賣， 3.大於50，多頭；小於50，空頭。
6.威廉指標 (%R)	$\%R = \dfrac{N日內最高價-今天收盤價}{N日內最高價-N日內最低價} \times 100$	跟RSI一樣。

附表4　量能指標、人氣指標計算公式——依英文字母順序排列

技術指標	計算公式	判斷法則
一、量能指標 1.能量潮 (OBV)	1.收紅時，$OBV = OBV_{t-1} + 今天成交量$ 2.收黑時，$OBV = OBV_{t-1} - 今天成交量$	1.「量」價配合， 2.適用於短線， 3.值由負轉正，買訊， 4.值由正轉負，賣訊。
2.動量指標 (VR)	$VR = \dfrac{收紅日成交值總和+\frac{1}{2}(平盤日成交值)}{收盤日成交值總和+\frac{1}{2}(平盤日成交值)} \times 100 \%$	1.多空均衡，100%， 2.450%以上，超買， 3.10或50%以下超賣。
二、人氣指標 1.騰落指標 (ADL)	$ADL = \sum\limits_{i=1}^{M}(上漲家數-下跌家數)+ADL_{t-1}$ 跟「量」相比，可說是「一公司，一票」，不受某些個股成	可以把ADL看成是「量」，套用表7-8的價量關係去

2.漲跌比率 (ADR)	交值大小影響大盤成交值，只適用於大盤。 $ADR = \dfrac{N\,日內股票上漲家數和}{N\,日內股票下跌家數和}$	推論。 同上，此外 10 日 ADR 大於 2.5，超買，小於 0.5，超賣，均值為 1.5。
3.超買超賣 線 (OBOS)	$OBOS = N\,日內上漲家數總和 - N\,日內下跌家數總和$	常用 10 日 OBOS，同騰落指標推論方式。
4.心理線 (PSY)	$PSY = \dfrac{N\,日內上漲天數}{N} \times 100$	多頭時，12 日 PSY；1.大於 80%，超買；2.小於 40%，超賣。

參考文獻 （中文依出版時間順序排列）

一、為了提高本書的學術程度，對於從報紙所取得的資料已於書中以括號註明，不列入參考文獻之中。

二、為了節省篇幅，美國文獻的來源期刊將以縮寫表示，詳見如下。

FAJ：*Financial Analysts Journal*（《財務分析師期刊》）

JF：*Journal of Finance*（《財務期刊》）

JFE：*Journal of Financial Economics*（《財務經濟期刊》）

JFQA：*Journal of Financial and Quantitative Analysis*（《財務和數量分析期刊》）

JFR：*Journal of Financial Research*（《財務研究期刊》）

JPM：*Journal of Portfolio Management*（《投資組合管理期刊》），本期刊以實務導向為主，但不失學術嚴謹度，很適合碩士班、在職投資人士參考。

JREPM：*Journal of Real Estate Portfolio Management*（《房地產投資組合期刊》）

三、為求時效，中文、英文參考文獻以 1996 年以後為主。

四、全書通用之參考書籍：

1. 謝劍平，《現代投資學——分析與管理》，智勝文化事業有限公司，1998 年 2 月，初版。

2. 伍忠賢，《實用投資學》，華泰文化事業公司，1999 年 10 月。

3. 伍忠賢，《實用投資管理》，華泰文化事業公司，1999 年 10 月。

4. 徐俊明，《投資管理》，新陸書局，2001 年 2 月。

5. 伍忠賢，《財務管理》，三民書局，2002 年 9 月。

6. Bodie, Zvi etc., *Essentials of Investment*, McGraw-Hill Co., Inc., Fourth Edition, 2001.

7. Corrado, Charles J. and Bradford D. Jordan, *Fundamentals of Investments: Valuation and Management*, McGraw-Hill Co., Inc., Second Edition, 2002.

8. Damondaran Aswath, *Investment Valuation*, John Wiley & Sons., Inc., 2002.

9. Fabozzi, Franh J. and Harry M. Markowaitz, *The Theory & Practice of Investment Management*, John Wiley & Sons., Inc, 2002.

10. Reilly, Frank K. and Keith C. Brown, *Investment Analysis & Portfolio Management*, South-Western, 2003.

11.Stampfli, Joseph and Victor Goodman, *The Mathematics of Finance*, Brooks/Cole, 2001.

12.Wolberg, John R., *Expert Trading Systems*, John Wiley & Sons., Inc., 2000.

第一章　金融投資緒論

第一節　財務掛帥的時代來臨

Clarke, Roge G. etc., *Strategic Financial Management*, Irwin, Inc., 1988.

第二節　為什麼學投資管理

1.Hensel, Chris R. etc., "The Importance of the Asset Allocation Decision", *FAJ*, July/Aug. 1991, pp. 65 – 72.

2.Price Waterhouse Financial & Cost Management Team, *CFO-Architect of the Corporation's Future*, John Wiley & Sons, Inc., 1997.

第二章　資金規劃與資產配置

第一節　資產分類和資產配置

1.伍忠賢，《超越基金》，遠流出版公司，1999 年 3 月，初版。

2.Greer, Robert J., "What is an Asset Class, Anyway?", *JPM*, Winter 1997, pp. 86 – 91.

第二節　投資期間對資產配置的影響

1.林真如，投資持有期間與資產風險分散關係之研究，臺灣大學財務金融研究所碩士論文，1997 年 6 月。

2.Bierman, Harold Jr., "Portfolio Allocation and the Investment Horizon", *JPM*, Summer 1997, pp. 51 – 55.

3.Ferguson, Robert and Yusif Simaan, "Portfolio Composition and the Investment Horizon Revisited", *JPM*, Summer 1996, pp. 62 – 68.

第三章　資產配置和投資策略

第一節　「隨便買」和效率市場假說

1.黃寬彥，臺灣股票市場的長期績效，政治大學財務管理研究所碩士論文，2002 年 6 月。

2.Benning, Carl J., "Prediction Skills of Real-World Market Timers", *JPM*, Winter 1997, pp. 55 – 58.

3.Derman, Emanuel, "Valuing Models and Modeling Value", *JPM*, Spring 1996, pp. 106 – 114.

第三節　投資哲學、目標和策略

Clarke, Roger etc., "Portfolio Constraints and the Fundamental Law of Active Management ", *FAJ*, Sep./Oct. 2002, pp. 48 – 66.

第四節　資產市場均衡理論

1. 鄭雅如，動能策略與股票風格在臺灣股市的實證研究，政治大學財務管理系碩士論文，2001 年6月。

2. Arnott, Robert and Peter L. Bernstein, 'What Risk Premium Is 'Normal'? ", *FAJ*, Mar./Apr. 2002, pp. 64 – 85.

3. Bekaert, Geert etc., "Dating the Integration of World Equity Markets ", *JFE*, Aug. 2002, pp. 203 – 248.

4. Errunza, Vihang and Darius P. Miller, "Market Segmentation and the Cost of Capital in International Equity Market ", *JFQA*, Dec. 2000, pp. 577 – 600.

5. Longin, Francois and Bruno Solnik, "Extreme Correlation of International Equity Markets ", *JF*, Apr. 2001, pp. 649 – 676.

6. Neely, Christopher J. and Paul Weller, "Predictability in International Asset Returns: A Reexamination ", *JFQA*, Dec. 2000, pp. 601 – 620.

7. Patro, Dilip Kumar, "Market Segmentation and International Asset Prices ", *JFR*, Spring 2001, pp. 83 – 98.

8. Van Royen, Anne-Sophie, "Financial Contagion and International Portfolio Flows ", *FAJ*, Jan./Feb. 2002, pp. 35 – 49.

第五節　資產配置和資金分配

1. Campbell, John Y. and Luis M. Vicerira, *Strategic Asset Allocation,* Oxford University Press, Inc., 2002.

2. Elton, Edwin J. and Martin J. Gruber, "The Rationality of Asset Allocation Recommendations ", *JFQA*, Mar. 2000, pp. 27 – 42.

第六節　資產配置的執行

1. Ambachtsheer, Keith P., "Active Management that Adds Value: Reality or Illusion? ", *JPM*, Fall 1994, pp. 89 – 92.

2. Chopra, Vijay K. and Patricia Lin, "Improving Financial Forecasting: Combing Data with Intuition ", *JPM*, Spring 1996, pp. 97 – 105.

3. Liu, Jun etc., "Dynamic Asset Allocation with Event Risk", *JF*, Feb. 2003, pp.231 – 260.

4. Perold, Andre F. and William F. Sharpe, "Dynamic Strategies for Asset Allocation", *FAJ*, Jan./ Feb. 1988, pp. 16 – 27.

5. Philips, Thomas K. etc., "Tactical Asset Allocation: 1977 – 1994", *JPM*, Fall 1996, pp. 57 – 64.

第四章　投資方式的決策

第二節　委外代客操作或自行管理

1. 顏瑞秀，基金經理人過去績效與投資組合策略之長期分析，臺灣大學財務金融研究所碩士論文，1997 年 6 月。

2. 劉繼仁，投資人全權委託之投資策略，政治大學國際貿易系碩士論文，2001 年 6 月。

3. Beckers, Stan, "Manager Skill and Investment Performance: How Strong is the Link?", *JPM*, Summer 1997, pp. 9 – 23.

4. Benartzi, Shlomo and Richard H. Thaler, "How Much Is Investor Autonomy Worth?", *JF,* Aug. 2002, pp.1593 – 1616.

5. Saraoglu, Hakan and Miranda Lam Detzler, "A Sensible Mutual Fund Selection Model", *FAJ*, May/June 2002, pp. 60 – 72.

6. Sotaman, Meir and Jona than Scheid, "Buffet Foreight and Hindsight", *FAJ*, July/Aug. 2002, pp. 11 – 18.

第三節　人生各階段的投資組合

Rutherford, Ronald K., *The Complete Guide to Managing A Portfolio of Mutual Funds*, McGraw-Hill, 1998.

第五章　報酬和風險

第一節　報酬率快易通

1. Editors, "The Challenge of Performance Measurement", *International Securities Lending*, Dec. 1993, pp. 10 – 13.

2. Modigliani, Franco and Leah Modigliani, "Risk-Adjusted Performance", *JPM*, Winter 1997, pp. 45 – 54.

3. Stein, David M., "Measuring and Evaluation Portfolio Performance after Taxes", *JPM*, Winter 1998, pp. 117 – 124.

第二節　絕對報酬率

1. 蔡錦堂，「APT 聯結 CAPM 模型在台灣證券市場之實證研究——SUR 法之應用」，《台灣證券》，31 期，1991 年 9 月，第 24～50 頁。

2. 蔡漢珉，套利定價理論之研究——臺灣股票市場之實證分析，臺灣科技大學管理技術研究所碩士論文，1995 年 5 月。

3. 楊明栽，資本資產訂價理論在台灣股票市場之實證研究，淡江大學財務金融系碩士論文，1997 年 6 月。

4. Grundy, Kevin and Burton G. Malkiel, "Reports of Beta's Death Have Been Greatly Exaggerated", *JPM*, Spring 1996, pp. 36 – 45.

5. Korceski, Jason, "Returns-Chasing Behavior, Mutual Funds, and Beta's Reath", *JFQA*, Dec. 2002, pp.559 – 594.

6. Kritzman, Mark and Don Rich, "The Mismeasurement of Risk", *FAJ*, May/June 2002, pp. 91 – 99.

7. Roll, Richard and Steven A. Ross, "An Empirical Investigation of the Arbitrage Pricing Theory", *JF*, Vol. 35, No. 5, Dec. 1980, pp. 1073 – 1103.

8. Roll, Richard and Steven A. Ross, "The Arbitrage Pricing Theory Approach to Strategic Portfolio Planning", *FAJ*, Jan./Feb. 1995, pp. 122 – 130.

9. Wagner, Wayne H., "Ten Myths and Twenty Years of Betas", *JPM*, Fall 1994, pp. 79 – 84.

第四節　相對報酬率

1. 伍忠賢，轉換債券定價之研究，政治大學企業管理系博士論文，1997 年 7 月。

2. Das, Satyejit edited, *Risk Management and Financial Derivatives*, McGrawHill, 1997, chap. 9 "Estimating Volatility and Correlation Using ARCH/GARCH Models", and chap. 16 "Value at Risk Models".

第五節　資產定價模式無用論

1. 林則君，臺灣股市貝他值之研究，政治大學國際貿易系碩士論文，2002 年 6 月。

2. Lo, Andrew W., "The Statistics of Sharpe Ratios", *FAJ*, July/Aug. 2002, pp. 36 – 52.

3. Kothari, S. P. and Jerold B. Warner, "Evaluating Mutual Fund Performance", *JF*, Oct. 2001, pp. 1985 – 2010.

4. Sharpe, William F., "The Sharpe Ratio", *JPM*, Fall 1994, pp. 49 – 58.

第六節　修正的風險調整投資組合績效評估

Ben-Horim, Moshe, "The Cost of Capital, MaCaulay's Duration, and Tobin's q", *JFR*, Vol. 12, No. 2, Summer 1989, pp. 143 – 153.

第六章　基本分析 Part I──總體分析的投資策略

第一節　投資策略的決定程序

程慧明，《積極投資者》，金錢文化企業股份有限公司，1997 年 5 月，初版。

第二節　股市三大動力

Chende, Teushar S., *Beyond Techinical Analysis*, John Wiley & Sons, Inc., 1997.

第三節　景氣循環策略

1. 辜炳珍，「台灣地區景氣循環指標之研究」，《台灣銀行季刊》，36 卷 3 期，第 79～98 頁。

2. 邱仕敏，總體經濟與財務指標於投資台灣股市之應用，臺灣大學財務金融研究所碩士論文，1997 年 6 月。

3. 陳宗益，利用總經變數掌握臺股趨勢，臺灣大學會計研究所碩士論文，2001 年 6 月。

第五節　資金行情研判

1. 蘇松齡，探討匯率變動對股票價格之影響──以臺灣之股票市場為例，成功大學企業管理系碩士論文，1999 年 6 月。

2. 曹有隴，利率改變對股價之影響──以美國股市為實證研究，臺灣大學財務金融研究所碩士論文，2002 年 1 月。

3. 李政軒，匯率對股票報酬率影響及暴露係數決定因素之探討，政治大學國際貿易系碩士論文，2002 年 7 月。

第七章　基本分析 Part II──決定產業比重

第一節　產業分析

1. 林素妃，中華民國個人電腦與硬碟機產業之國際競爭力研究，淡江大學國際貿易系碩士論文，1997 年 6 月。

2. 王維新，台灣地區印表機市場經營效率之評估探討，淡江大學國際貿易系碩士論文，1997 年 6 月。

3. 吳雅卉，產業景氣指標與股價指數關聯性之研究，政治大學企業管理系碩士論文，2002 年 7 月。

第八章　選股——公司分析

1. English, James, *Applied Equity Analysis*, McGraw-Hill, 2001.

2. Maturi, Richard J., *Stock Picking*, McGaw – Hill, 1997.

第一節　公司分析快易通

1. 楊淑如，股票基本分析指標獲利性之研究，臺灣大學財務金融研究所碩士論文，1992 年 6 月。

2. 蘇志偉，應用廣義估計方程式於財務危機預測之研究，成功大學會計研究所碩士論文，1997 年 6 月。

3. 徐銘傑，資產流動性與企業財務危機之理論研究，臺灣大學商學研究所碩士論文，1997 年 10 月。

4. Drake, Philip and John W. Peavy III, "Fundamental Analysis, Stock Prices, and the Demise of Mini Scribe Corporation ", JPM, Spring 1995, pp. 68 – 73.

第二節　個股比重的決定

1. 謝劍平，「以公司托賓 Q 比率預測股價對公司投資變動的反應」，《管理評論》，14 卷 1 期，1995 年 1 月，第 33 ～ 46 頁。

2. 陳志和，價值導向投資策略在台灣股市之實證研究，政治大學財務管理系碩士論文，1997 年 6 月。

3. 藍順德，上市公司盈餘預測模式相對績效之研究，淡江大學會計系碩士論文，1997 年 6 月。

4. 羅若蘋譯，《勝券在握》，遠流出版公司，1998 年 2 月，初版。

5. 林聖哲，產業市價淨值比在臺灣股票市場投資績效之研究，政治大學財務管理研究所碩士論文，2001 年 6 月。

6. 鄭涼方，季盈餘宣告對股價影響之實證研究——月營收資訊盈餘預測模型之利用，臺灣大學會計研究所碩士論文，2001 年 6 月。

7. 顏信輝、丁緯，「我國成長型與價值型電子股財務特性之比較」(一)(二)，《會計研究月刊》，2001 年 12 月第 103 ～ 107 頁、2002 年 1 月第 91 ～ 98 頁。

8. 涂宗廷，公司內部價值之衡量對未來股價報酬率的影響，政治大學國際貿易系碩士論文，2002 年 6 月。

9. 施純玉，淨值市價比效果之探討，臺灣大學財務金融研究所碩士論文，1997 年 6 月。

10. Campbell, John Y. and Robert J. Shiller, "Valuation Ration and the Long-Run Stock Market Outlook ", *JPM*, Winter 1998, pp. 11 – 26.

11. Gilson, Stuart C., "Investing in Distressed Situations: A Market Survey ", *JPM*, Nov./Dec. 1995, pp. 8 – 27.

12. Koenig, Theodore L., "Avenues to Value in the Purchase of Troubled Companies ", *M & A*, Nov./Dec. 1993, pp. 10 – 15.

13. Lander, Joel etc., "Earning Forecasts and the Predictability of Stock Returns: Evidence from Trading the S & P ", *JPM*, Summer 1997, pp. 24 – 35.

14. Ramezani, Cyrus A. etc., "Growth, Corporate Profitability, and Value Creation ", *FAJ*, Nov./Dec. 2002, pp.56 – 67.

15. Tierney, David E. and Jeffery V. Bailey, "Opportunistic Investing ", *JPM*, Spring 1997, pp. 69 – 78.

16. Vuolteenaho, Tuomo, "What Drives Firm-Level Stock Returns? ", *JF*, Feb. 2002, pp. 233 – 264.

第三節 相對鑑價快易通

1. 曾寶璐,「20 檔巴菲特概念股」,《商業周刊》, 2002 年 8 月 19 日, 第 92 ~ 96 頁。

2. 林朝祥,臺灣股市評價與預測績效之實證研究,政治大學企業管理系碩士論文, 2002 年 7 月。

3. 伍忠賢,《公司鑑價》, 三民書局, 2002 年 8 月, 第十三章 〈倍數法——簡易的市價法〉。

4. Lie, Erik and Heidi J. Lie, "Multiples Used to Estimate Corporate Value ", *FAJ*, Mar./Apr. 2002, pp. 44 – 55.

第四節 盈餘倍數法快易通

1. Lamont, Owen, "Earnings and Expected Returns ", *JF*, Oct. 1998, pp. 1563 – 1588.

2. Tse, Raymond Y. C. ,"Price-Earning Ratio, Dividend Yields and Real Estate Stock Prices ", *JREPM*, May – Aug. 2002, pp. 107 – 114.

3. Leibowity, Martin L., "The Leveraged P/E Ratio ", *FAJ*, Nov./Dec. 2002, pp.68 – 77.

第六節 股價淨值比

1. 王豐雅,市價淨值比小於 1 公司特性之研究,成功大學會計系碩士論文, 2000 年 6 月。

2. 李坤池,上市建設公司盈餘、淨值與公司價值關係之探討,臺灣大學會計研究所碩士論文, 2002 年 6 月。

3. Griffin, John M. and Michael L. Lemmon, "Book—to Market Equity, Distress Risk, and Stock Returns ", *JF*, Oct. 2002, pp. 2317 – 2336.

第九章 技術、市場分析

1. 林佳嫻，中國股市技術分析實證，臺灣大學國際企業研究所碩士論文，2003 年 1 月。

2. Jobman, Darrell R., *The Handbook of Technical Analysis*, McGraw-Hill, 1995.

3. Pring, Martin, *Introduction to Technical Analysis*, McGraw-Hill, 1998.

第一節　技術分析基礎和限制

1. 簡金成、黃光廷，「技術分析的迷思」（上），《會計研究月刊》，2001 年 12 月，第 105 ～ 123 頁。

2. Brown, Stephen J. etc., "The Dow Theory: William Peter Hamilton's Track Record Reconsidered", *JF*, Aug. 1998, pp. 1285 – 1310.

第二、三節　價分析

1. 張嚶嚶、蕭長榮譯，《艾略特波浪理論》，眾文圖書股份有限公司，1997 年 6 月，初版，3 刷。

2. 王錦樹，《技術分析贏家經典——演繹法與歸納法實用》，金錢文化企業股份有限公司，1998 年 4 月，一版。

3. 洪志豪，技術指標 KD、MACD、RSI 與 WMS％R 之操作績效實證，臺灣大學國際企業研究所碩士論文，1999 年 5 月。

第四節　價量分析

1. 駱淑芳，台灣股市日內不同衡量期間下的價量關係，中正大學國際經濟研究所碩士論文，1996 年 6 月。

2. 呂澄河，股市成交量是否支撐股票價格變化之檢定，中正大學企業管理研究所碩士論文，1996 年 6 月。

3. 黃文芳，台灣股市價量線性與非線性關係之研究，成功大學企業管理研究所碩士論文，1996 年 6 月。

4. 高慈謙，股價價量因果關係的新檢定方法及其應用，臺灣大學經濟研究所碩士論文，1997 年 5 月。

5. 鍾淳豐，配合價量關係技術型態在臺灣股票市場的應用，政治大學財務管理系碩士論文，2001 年 7 月。

6. Badrinath, S. G. and Sunil Wahal, "Momentum Trading by Institutions", JF, Dec. 2002, pp. 2449 – 2478.

第六節　股市效應導向投資策略

1. 陳信吉，台灣股市季節性效應之研究，成功大學會計研究所碩士論文，1997 年 6 月。

2. 林介勝，影響臺灣電子股報酬之共同因素研究——以 LISREL 探討各影響因素間的可能關

係，臺灣大學財務金融研究所碩士論文，2000 年 6 月。

3. Harris, Larry, *Trading & Exchange—Market Microstructure for Practitioners*, Oxford University Press, Inc., 2003.

4. Huang, Roger D. and Hans R. Stoll, "Tick Size, Bid-Ask Spreads, and Market Structure ", JFQA, Dec. 2001, pp. 503 – 522.

5. Madhavan, Ananth, "Market Microstructure? A Practitioner's Guide ", FAJ, Sep./Oct. 2002, pp. 28 – 43.

6. Muscarella, Chris and Michael S. Piwowar, "Market Microstructure and Securities Value: Evidence from the Paris Bourse ", JFM, 2001, pp. 209 – 229.

7. Tong, Wilson, "International Evidence on Weekend Anomalies ", JFR, Winter 2000, pp. 495 – 522.

第十章　股票投資組合規劃

第一節　投資組合的風險衡量

第二節　投資風險管理(一)

Ferri, Michael G. and Chung-Ki Min, "Evidence that the Stock Market Overreacts and Adjusts ", *JPM*, Spring 1996, pp. 71 – 76.

第三節　投資風險管理(二)：分散

1. 沈中華等，「台灣股票市場報酬率之預測模型——平均數復歸行為之應用」,《管理科學學報》，2 卷 1 期，1995 年 3 月，第 43 ～ 62 頁。

2. Malkiel, Burton and Yexiao Xu, "Risk and Return Revisited ", *JPM*, Spring 1997, pp. 9 – 14.

3. Olderkamp, Bart and Ton C. F. Vorst, "Time Diversification and Option Pricing Theory: Another Perspective ", *JPM*, Summer 1997, pp. 56 – 63.

4. Siegel, Laurence B., "Are Stocks Risky? Two Lessons ", *JPM*, Spring 1997, pp. 29 – 34.

5. Thorley, Steven R., "The Time-Diversification Controversy ", *FAJ*, May/June 1995, pp. 68 – 76.

第十一章　投資心理學

1. Chew, Donald H. Jr., *The New Corporate Finance—Where Theory Meets Practice*, McGraw-Hill, 2001.

2. Goldberg, Joachim and Rüdiger von Nitzsch, *Behavioral Finance*, John Wiley & Sons, Inc., 2001.

第一節　行為財務的時代來臨

1. 周賓凰等，「行為財務學：文獻回顧與展望」，《證券管理》，2002 年第 2 季，第 1 ～ 48 頁。

2. Hirshleifer, David, "Investor Psychology and Asset Pricing ", *JF*, Oct. 2001, pp. 1533 – 1542.

3. Olsen, Robert A., "Behavioral Finance and Its Implications for Stock-Price Volatility ", *FAJ*, Mar. / Apr. 1998, pp. 10 – 18.

第二節　展望理論

1. Connad, Jennifer etc., "When Is Bad News Really Bad News? ", *JF*, Dec. 2002, pp. 2507 – 2532.

2. Daniel, Kent D. etc., "Overconfidence, Arbitrage, and Equilibrium Asset Pricing ", *JF*, June 2001, pp. 921 – 965.

3. Odean, Terrance, "Are Investors Reluctant to Realize Their Losses? ", *JF*, Oct. 1998, pp. 1775 – 1790.

第三節　股市泡沫

1. 柯順雄，台灣股市泡沫理論之實證研究，臺灣大學財務金融研究所碩士論文，1992 年 6 月。

2. Schnusenberg, Oliver and Jeff Madura, "Do U.S. Stock Market Indexes Over—or Underreact? ", *JFR*, Summer 2001, pp. 179 – 204.

3. Shiller, Robert J., "Bubbles, Human Judgement, and Expert Opinion ", *FAJ*, May / June 2002, pp. 18 – 26.

第四節　執行才能致勝

1. 邱顯比、洪財隆著，《投資心理學》，台灣培生出版股份有限公司，2002 年 10 月。

2. Vayanos, Dimitri, "Strategic Trading in a Dynamic Noisy Market ", *JF*, Feb. 2001, pp. 131 – 172.

第十二章　股票投資組合決策

第一節　基金經理的投資組合管理方式

1. 閔志清，臺灣基金資產配置之研究，臺灣大學財務金融研究所碩士論文，1998 年 6 月。

2. Grinold, Richard C., "The Information Horizon ", *JPM*, Fall 1997, pp. 57 – 68.

3. Litterman, Robert, "Hot Spots and Hedges ", *JPM*, Special Issue 1996, pp. 52 – 75.

第二節　投資組合選擇方式

1. 藍淑臻，動能投資策略績效與其報酬來源之探討，政治大學財務管理研究所碩士論文，2002 年 6 月。

2. AÏt-Sahalia, Yacine and Michael W. Brandt, "Variable Selection for Portfolio Choice ", *JF*, Aug.

2001, pp. 1297 – 1350.

3. Markowitz, Harry M., *Mean-Variance Analysis in Portfolio Choice and Capital Market*, Basil Blackwell Ltd., 1989.

第三節　直接投資組合管理

Nesbitt, Stephen L. and Hal W. Reynolds, "Benchmarks for Private Market Investments", *JPM*, Summer 1997, pp. 85 – 90.

第十三章　不動產投資管理

第一節　不動產投資和管理政策的制定

1. 王健安譯，「以『內部投資報酬率』分析不動產投資之現金流量」，《台北銀行月刊》，27 卷 7 期，1997 年 7 月，第 81 ～ 94 頁。

2. Irwin, Scott H. and Diego Landa, "Real Estate, Futures, and Gold as Portfolio Securities", *JPM*, Fall 1987, pp. 29 – 34.

第三節　不動產投資政策的執行

1. 張簡永從，「不動產證券化與不動產開發之課題研討」，《臺北銀行月刊》，27 卷 11 期，1997 年 11 月，第 83 ～ 91 頁。

2. 林左裕，《不動產投資管理》，智勝文化事業有限公司。

3. Benjamin, John D. etc., "Returns and Risk on Real Estate and Other Investment: More Evidence", *JREPM*, July – Sep. 2001, pp. 183 – 214.

4. Mueller, Glenn R., "What Will the Next Real Estate Cycle Look Like?", *JREPM*, May – Aug. 2002, pp. 115 – 126.

第十四章　投資方式的決策

第二節　債（票）券附買回交易決策和執行

1. Barber, Joel R. and Mark L. Copper, "Is Bond Convexity a Free Lunch?", *JPM*, Fall 1997, pp. 113 – 119.

2. Fabozzi, Frank J., Bond Markets, *Analysis and Strategies*, Prentice-Hall, Inc., 1996.

第五節　連動式債券快易通

張文毅，「結構化產品」，《證交資料》，2003 年 2 月，第 53 ～ 62 頁。

第十五章　固定收益證券投資進階篇

第二節　債券投資組合管理

謝劍平,《固定收益證券——投資與創新》,智勝文化事業有限公司,2000 年 2 月。

第三節　債券的消極型投資策略(一)

楊智元,台灣指數型基金之組成方式與績效評估,臺灣大學財務金融研究所碩士論文,1996 年 6 月。

第四節　債券的消極型投資策略(二)

1. 邱獻忠,金融機構利率風險管理之研究,東吳大學企業管理碩士論文,1996 年 6 月。

2. 李佳樹,政府公債免疫投資策略之研究,臺灣科技大學管理技術研究所碩士論文,1997 年 6 月。

第五節　債(票)券的積極型投資策略

Ryan, Ronald, *Yield Curve Dynamics*, Toppan Company PTE Ltd., 1997.

第六節　消極型和積極型策略的搭配

1. Fabozzi, Frank J., *Perspectives on International Fixed Income Investing*, Fabozzi Associates, 1998.

2. Sundaresan, Suresh M., *Fixed Income Markets and Their Derivatives*, South-Westen College, 1997, chap. 11 Portfolio Management Techniques.

第七節　轉換公司債投資

1. 曾俊瑋,可轉換公司債之套利研究,臺灣大學財務金融研究所碩士論文,1998 年 6 月。

第十六章　金融投資的風險管理：策略面

1. 伍忠賢,《企業突破——集團財務管理》,中華徵信所企業股份有限公司,1994 年 7 月,初版,第 7 章〈集團企業風險管理〉。

2. Schroeck, Gerhard, *Risk Management and Value Creation in Financial Institutions*, John wiley & Sons, Inc., 2002.

第一節　金融投資風險管理的程序

1. 李存修編著,《選擇權之交易實務、投資策略與評價模式》,中華民國證券暨期貨市場發展基金會,1993 年 8 月,初版。

2. 許誠洲,《衍生性金融商品徹底研究》,金錢文化企業股份有限公司,1995 年 6 月。

3. 李麗，《衍生性金融商品》，三民書局，1995年11月，初版。

第二節　暴露在風險中部位的衡量

1. 陳皇任，台灣認購權證評價與避險操作之研究，臺灣大學財務金融研究所碩士論文，1997年6月。

2. 羅士哲，利率交換之評價與應用，中山大學財務管理研究所碩士論文，1997年6月。

3. Trainer, Francis H. Jr., "Controlling Derivative and Other Risk ", *JPM*, Spring 1996, pp. 77 – 87.

第三節　要不要採取避險措施的決策？

1. 林培群，企業對於衍生性金融商品的態度與採納行為之研究，成功大學企業管理研究所碩士論文，2001年6月。

2. Geczy, Christopher etc., "Why Firms Use Currency Derivatives ", *JF*, Vol. LII, No. 4, Sep. 1997, pp. 1323 – 1354.

3. Hill, Charles F. and Simon Vaysman, "An Approach to Scenario Hedging ", *JPM*, Winter 1998, pp. 83 – 92.

第四節　採用衍生性金融商品避險時的相關決策

1. 張哲宇，股價指數期貨避險之研究，台灣科技大學管理技術研究所碩士論文，1997年5月。

2. 溫曜誌，以SIMEX摩根台股指數期貨規避台灣股價指數風險之研究，政治大學財務管理系碩士論文，1998年6月。

第十七章　風險管理和內控制度

第一節　建立風險管理制度

1. 伍忠賢，「金融投資的內控制度兼論衍生性工具交易的風險管理」，《會計研究月刊》，121期，1995年11月，第78～85頁。

2. 編者，「銀行操作衍生性金融商品之國際規範現狀」，《國際經濟情勢周報》，1110期，第6～12頁。

3. 洪祥洋，「衍生性金融商品揭露會計原則及其研究」，《台灣經濟金融月刊》，1996年6月，第13～22頁。

4. 黃靖雅，銀行衍生性金融商品風險控管之研究，中山大學財務管理研究所碩士論文，1996年6月。

5. 吳友梅，衍生性商品的市場風險管理之研究，政治大學財務管理系碩士論文，1996年7月。

6. 黃美虹，衍生性金融商品之會計與稅務處理，中山大學企業管理研究所碩士論文，1997年6

月。

7. 楊宗翰，風險衡量系統之架構及建立，政治大學財務管理研究所碩士論文，2002 年 6 月。

第三節　市場風險的衡量

1. 謝振耀，臺灣債券投資組合風險值之評估，政治大學國際貿易系碩士論文，2001 年 6 月。

2. 李三榮，"Basel II"，《台灣金融財務季刊》，2002 年 6 月，第 105 ～ 124 頁。

3. Brooks, Chris and Gita Persand, "Model Choice and Value-at-Risk Performance", *FAJ*, Sep./ Oct. 2002, pp. 87 – 97.

第十八章　衍生性金融商品快易通

第一節　衍生性金融商品快易通

胡宗偉，台灣新金融商品發展之研究，中正大學企業管理研究所碩士論文，1997 年 6 月。

第二節　遠期市場、資產交換定價快易通

1. 王雅惠，互換交易在財務管理上的應用，政治大學財務金融研究所碩士論文，1995 年 6 月。

2. 葉春金譯，《交換權教戰手冊》，金錢文化企業股份有限公司，1997 年 5 月，初版。

第十九章　選擇權投資

謝劍平，《期貨與選擇權——財務工程的入門捷徑》，智勝文化事業有限公司。

第二節　選擇權定價快易通

1. 滑明曙，《選擇權估價理論》，華泰文化事業公司，1997 年 8 月，初版。

2. 胡世芳、史綱主編，《認股權證投資與發行策略》，樂觀文化事業有限公司，1997 年 11 月，初版。

3. Jackson, Mary and Mike Staunton, *Advanced Modelling in Finance Using Excel and VBA*, John Wiley & Sons, Inc., 2002.

4. King, Alfred M., "Options Can Be Valued", *Strategic Finance*, Oct. 2002, pp. 50 – 54.

第二十章　全球資產配置

Zimmermann, Heinz etc., *Global Asset Allocation*, John Wiley & Sons, Inc., 2003.

第一節　為什麼資產要國際化？

Lofthouse, Stephen, "International Diversification", *JPM*, Fall 1997, pp. 53 – 56.

第二節　全球資產配置(一)：通貨配置

1. 張倩欣，國際套利定價理論在證券市場之實證研究，臺灣大學財務金融研究所碩士論文，1992 年 6 月。

2. 高子敬，國際投資組合的避險與投資策略，臺灣大學財務金融研究所碩士論文，1992 年 6 月。

3. 許綺珍，國際股票與債券投資組合及其避險策略，臺灣大學財務金融研究所碩士論文，1993 年 6 月。

4. 齊仁勇，國際資產配置與匯率風險之探討，臺灣大學商學研究所碩士論文，1996 年 6 月。

5. Akdogan, Haluk, "A Suggested Approach to Country Selection in International Portfolio Diversification", *JPM*, Fall 1996, pp. 33 – 39.

6. Akdogan, Haluk, "International Security Selection under Segmentation: Theory and Application", *JPM*, Fall 1997, pp. 82 – 92.

7. Asness, Cliff S. etc., "Parallels Between the Cross-Sectional Predictability of Stock and Country Returns", *JPM*, Spring 1997, pp. 79 – 87.

8. Griffin, Mark W., "Why Do Pension and Insurance Portfolios Hold so few International Assets?", *JPM*, Summer 1997, pp. 45 – 50.

第三節　全球資產配置㈡：挑國家

1. 張焯然，動態國際資產評價，臺灣大學財務金融研究所碩士論文，2001 年 1 月。

2. Erb, Claude B. etc., "Country Risk and Global Equity Selection", *JPM*, Winter 1995, pp. 74 – 83.

第四節　委外操作

1. 伍忠賢，《投資海外基金的第一本書》，商業周刊出版股份有限公司，1998 年 10 月，初版。

2. Masters, Seth J., "The Problem with Emerging Markets Indexes", *JPM*, Winter 1998, pp. 93 – 96.

第二十一章　全球投資組合管理

Stoakes, Chris and Andrew Freeman, *Managing Global Portfolios*, Euromoney Publications, PLC, 1989.

第一節　外幣存款、外匯投資 DIY

1. 張永清，多角套匯可行性研究，臺灣大學財務金融研究所碩士論文，1995 年 6 月。

2. 劉君偉，投資期間對外幣投資組合管理之影響，淡江大學金融研究所碩士論文，1996 年 6 月。

3. Solnik, Bruno, *International Investments*, Addison-Wesley Publishing Co., Inc., 1996.

第三節　海外股票投資 DIY

1. 施能哲，海外存託憑證評價模型與套利實證，中正大學財務金融研究所碩士論文，1996年6月。

2. 李昭瑩，海外存託憑證與普通股之間價格傳遞關係——台灣之實證研究，政治大學財務管理系碩士論文，1996年6月。

3. 林青青，國際股市之漲跌對臺灣及東南亞各國股市的影響，臺灣大學財務金融研究所碩士論文，1999年6月。

4. 吳禮祥，美國存託憑證的套利與價差交易，臺灣大學財務金融研究所碩士論文，2000年6月。

第四節　全球投資的匯兌風險管理

1. 程裕城，論台灣海外可轉換公司債之設計與外匯避險問題，政治大學財務管理學系碩士論文，1996年6月。

2. 林群雅，台灣匯率風險規避策略之探討，臺灣大學商學研究所碩士論文，1996年6月。

3. 李麗，《外匯投資理財與風險》，三民書局，1996年10月，增訂初版。

4. 鍾世英、孫光偉，《外匯避險策略》，全銘文化企業股份有限公司，1996年11月25日。

5. 伍忠賢，《國際財務管理》，三民書局，2003年8月，第一版，第15～18章。

6. 余昭慶，新奇選擇權產品——亞洲外匯選擇權與一般外匯選擇權之比較分析，中原大學企業管理系碩士論文，1997年6月。

7. Bookstaber, Richard, "Global Risk Management: Are We Missing the Point?", *JPM*, Spring 1997, pp. 102 – 108.

第五節　全球金融投資績效評估

Gastineau, Gary L., "Beating the Equity Benchmarks", *FAJ*, July/Aug. 1995, pp. 6 – 11.

中英對照索引

財務管理　伍忠賢／著

　　細從公司現金管理，廣至集團財務掌控，不論是小公司出納或是大型集團的財務主管，本書都能滿足你的需求。以理論架構、實務血肉、創意靈魂，將理論、公式作圖表整理，深入淺出，易讀易記，足供碩士班入學考試之用。本書可讀性高、實用性更高。

公司鑑價　伍忠賢／著

　　本書揭露公司鑑價的專業本質，洞見財務管理的學術內涵，以生活事務來比喻專業事業；清楚的圖表、報導式的文筆、口語化的內容，易記易解，並收錄多項著名個案。引用美國著名財務、會計、併購期刊十七種、臺灣著名刊物五種，以及博碩士論文、參考文獻三百五十篇，並自創「實用資金成本估算法」、「實用盈餘估算法」，讓你體會「簡單有效」的獨門工夫。

策略管理　伍忠賢／著
策略管理全球企業案例分析　伍忠賢／著

　　本書作者曾擔任上市公司董事長特助，以及大型食品公司總經理、財務經理，累積數十年經驗，使本書內容跟實務之間零距離。全書內容及所附案例分析，對於準備研究所和ＥＭＢＡ入學考試，均能遊刃有餘。以標準化圖表來提綱挈領，採用雜誌行文方式寫作，易讀易記，使你閱讀輕鬆，愛不釋手。並引用多本著名管理期刊約四百篇之相關文獻，讓你可以深入相關主題，完整吸收。

管理學　伍忠賢／著

　　抱持「為用而寫」的精神，以解決問題為導向，釐清大家似懂非懂的概念，並輔以實用的要領、圖表或個案解說，將其應用到日常生活和職場領域中。標準化的圖表方式，雜誌報導的寫作風格，使你對抽象觀念或時事個案，都能融會貫通，輕鬆準備研究所等入學考試。

國際財務管理　劉亞秋／著

　　國際金融大環境的快速變遷，使得跨國企業不斷面臨更多的挑戰與機會。財務經理必須深諳市場才能掌握市場脈動，熟悉並持續追蹤國際財管各項重要議題的發展，才能化危機為轉機，化利空為又一次的機會。本書內容共計四篇十六章，其中第一篇介紹總體國際金融環境，二至四篇則偏向個體觀念的架構，完整介紹國際財務管理的內涵架構。

期貨與選擇權　　陳能靜、吳阿秋／著

　　本書以深入淺出的方式介紹期貨及選擇權之市場、價格及其交易策略，並對國內期貨市場之商品、交易、結算制度及其發展作詳盡之探討。除了作為大專相關科系用書，亦適合作為準備研究所入學考試，與相關從業人員進一步配合實務研修之參考用書。

銀行實務（增訂二版）　　邱潤容／著

　　現代商業社會中，銀行已成為經濟體系運作不可或缺的一環。本書旨在介紹銀行之經營與操作，包括銀行業務之發展趨勢、內部經營及市場之競爭狀況。用深入淺出的方式陳述內容，著重經營與實務之分析，以利讀者瞭解銀行業者之經營以及市場之發展現況與趨勢，而能洞燭機先。

生產與作業管理（增訂三版）　　潘俊明／著

　　本學門內容範圍涵蓋甚廣，但本書除將所有重要課題囊括在內，更納入近年來新興的議題與焦點，並比較東、西方不同的營運管理概念與做法，因此本書，研讀後，不但可學習此學門相關之專業知識，並可建立管理思想及管理能力。

國際貿易實務詳論（修訂九版）　　張錦源／著

　　買賣的原理、原則為貿易實務的重心，貿易條件的解釋、交易條件的內涵、契約成立的過程、契約條款的訂定要領等，均為學習貿易實務者所不可或缺的知識。本書按交易過程先後作有條理的說明，期使讀者對全部交易過程能獲得一完整的概念。除進出口貿易外，對於託收、三角貿易……等特殊貿易，本書亦有深入淺出的介紹，以彌補坊間同類書籍之不足。

信用狀理論與實務 —— 國際商業信用證實務（增訂四版）
張錦源／著

　　本書係為配合大專院校教學與從事國際貿易人士需要而編定，另外，為使理論與實務相互配合，以專章說明「信用狀統一慣例補篇 —— 電子提示」及適用範圍相當廣泛的ISP 98。閱讀本書可豐富讀者現代商業信用狀知識，提昇從事實務工作時的助益，可謂坊間目前內容最為完整新穎之信用狀理論與實務專書。

管理會計（修訂二版）
管理會計習題與解答（修訂二版）　　王怡心／著

資訊科技的日新月異，不斷促使企業 e 化，對經營環境也造成極大的衝擊。為因應此變化，本書詳細探討管理會計的理論基礎和實務應用，並分析傳統方法的適用性與新方法的可行性。除適合作為教學用書外，本書並可提供企業財務人員，於制定決策時參考；隨書附贈的光碟，以動畫方式呈現課文內容、要點，藉此增進學習效果。

成本會計（上）（下）（增訂三版）
成本會計習題與解答（上）（下）（增訂三版）
費鴻泰、王怡心／著

本書依序介紹各種成本會計的相關知識，並以實務焦點的方式，將各企業成本實務運用的情況，安排於適當的章節之中，朝向會計、資訊、管理三方面整合型應用。不僅適用於一般大專院校相關課程使用，亦可作為企業財務主管及會計人員在職訓練之教材，可說是國內成本會計教科書的創舉。

政府會計──與非營利會計（增訂四版）　　張鴻春／著
政府會計──與非營利會計 題解（增訂四版）
張鴻春、劉淑貞／著

不同於企業會計的基本觀念，政府會計乃是以非營利基金會計為主體，且其施政所需之基金，須經預算之審定程序。為此，本書便以基金與預算為骨幹，詳盡介紹政府會計的原理與會計實務；而對於有志進入政府單位服務或對政府會計運作有興趣的讀者，本書必能提供相當大的裨益。

財務報表分析（增訂四版）　　洪國賜、盧聯生／著
財務報表分析題解（增訂四版）　　洪國賜／編著

財務報表是企業體用以研判未來營運方針，投資者評估投資標的之重要資訊。為奠定財務報表分析的基礎，本書首先闡述財務報表的特性、結構、編製目標及方法，並分析組成財務報表的各要素，引證最新會計理論與觀念；最後輔以全球二十多家知名公司的最新財務資訊，深入分析、評估與解釋，兼具理論與實務。另為提高讀者應考能力，進一步採擷歷年美國與國內高考會計師試題，備供參考。

行銷學（增訂三版） 方世榮／編著

　　顧客導向的時代來臨，每個人都該懂行銷！本書的內容完整豐富，並輔以許多「行銷實務案例」來增進對行銷觀念之瞭解與吸收，一方面讓讀者掌握實務的動態，另一方面則提供讀者更多思考的空間。此外，解讀「網路行銷」這個新興主題，讓讀者能夠掌握行銷最新知識，走在行銷潮流的尖端。

經濟學──原理與應用 黃金樹／編著

　　經濟學，一門企圖解釋關係人類福祉以及個人生活的學問。它教導人們瞭解如何在有限的物力、人力以及時空環境下，追求一個力所能及的最適境界；同時，也將帶領人類以更加謙卑的態度，相互包容、尊重的情操，創造一個持續發展與成長的生活空間，以及學會珍惜大自然的一草一木。隨書附贈的光碟有詳盡的圖表解說與習題，可使讀者充分明瞭所學。

統計學 陳美源／著

　　統計學可幫助人們有效率的瞭解龐大資料背後所隱藏的事實，並以整理分析後的資料，使人們對事物的不確定性有更進一步的瞭解，並作為決策的依據。本書著重於統計問題的形成、假設條件的陳述，以及統計方法的選定邏輯，至於資料的數值運算，則只用一組資料來貫穿每一個章節，以避免例題過多所造成的缺點；此外，書中更介紹如何使用電腦軟體，來協助運算。

人壽保險的理論與實務（修訂四版） 陳雲中／著

　　本書內容新穎充實，除廣泛取材國內外最新壽險著作，更詳引我國現行有關法令、保險條款及實務資料，讓讀者能於短時間內對人壽保險基本理論與實務獲得完整之概念，一窺當前壽險經營實務之梗概。本書適合大專院校人壽保險學課程教學之用，更是壽險從業人員自修、研究與實務參考的最佳資料。

保險學理論與實務 邱潤容／著

　　本書針對保險理論與實務加以分析與探討。全書共分為七篇，以風險管理與保險理論為引導，結合國內外保險市場之實務及案例，並輔以保險相關法令的列舉及解說，深入淺出地對保險作整體之介紹。每章均附有關鍵詞彙與習題，以供讀者複習與自我評量。本書不僅可作為修習相關課程之大專院校學生的教科用書，對於實務界而言，更是一本培育金融保險人員的最佳參考用書。